普通高等教育“十一五”国家级规划教材

船舶核动力装置

彭敏俊 主 编 王兆祥 主 审

原子能出版社

图书在版编目(CIP)数据

船舶核动力装置/彭敏俊主编. —北京:原子能出版社,2009. 8(2015. 1重印)

ISBN 978-7-5022-4636-5

Ⅰ. 船… Ⅱ. 彭… Ⅲ. 船舶-核动力装置 Ⅳ. U664. 15

中国版本图书馆 CIP 数据核字(2008)第 101752 号

内 容 简 介

本书以船舶压水堆核动力装置为对象,系统地介绍了核动力装置的组成、功能、设计要求、运行原理以及性能分析的原理和方法,内容涵盖了一回路系统、二回路系统、水质监督和水处理、热力分析理论和方法、运行与控制原理、动力学与核安全基础,并简要介绍了国外船舶核动力装置的发展概况及核动力技术的发展方向。

本书主要用作高等院校核工程与核技术专业高年级本科生的教材,也可供从事核动力装置研究、设计和运行管理的工程技术人员参考。

船舶核动力装置

出版发行 原子能出版社(北京市海淀区阜成路 43 号 100048)

责任编辑 付 真

责任校对 徐淑惠

责任印制 丁怀兰

印 刷 保定市中画美凯印刷有限公司

经 销 全国新华书店

开 本 787 mm×1092 mm 1/16

印 张 22. 125

字 数 552 千字

版 次 2009 年 8 月第 1 版 2015 年 1 月第 3 次印刷

书 号 ISBN 978-7-5022-4636-5

定 价 **58. 00 元**

 网址:http://www. aep. com. cn

前　　言

本书是《船舶核动力装置(第一版)》的修订版,2005 年被列入普通高等教育“十一五”国家级规划教材。

《船舶核动力装置(第一版)》是目前我国高校核工程与核技术专业本科生使用的唯一面向国防工业并兼顾压水堆核电厂的同类教材,是在原先使用的教材《船舶核动力装置原理与设计》(王兆祥等编,国防工业出版社,1980)的基础上重新编写的,2001 年该书荣获首届国防科技工业优秀图书奖。该书经过多年使用,得到了普遍认可。随着国内外核动力技术的发展以及高校本科教学改革的深入,为满足相关专业对高质量教材的需求,迫切需要对该教材进行重新修订,以更新内容,改善教材体系结构,进一步提高教材的系统性和完整性。

本教材主要面向具有国防特色的核工程与核技术专业本科生教学,以系统工程的观点阐述船用压水堆核动力装置的组成、功能、设计要求、运行原理以及性能分析的原理和方法,并在上一版教材的基础上,补充了目前开发和应用的先进核动力技术的状况以及未来的发展趋势、主汽轮机组原理及组成、船舶电力系统功能及组成、核动力装置运行与控制、核潜艇事故等内容,力图使学生能够从总体上把握核动力装置的基本组成和基本原理,深入理解核动力装置各个系统、设备之间的相关性,并激发学生探索、求知的兴趣。

本教材由哈尔滨工程大学彭敏俊主编,中国船舶重工集团公司第 719 所吴怀之参与编写了第 4 章,哈尔滨工程大学王贺参与编写了第 9 章。本教材承哈尔滨工程大学王兆祥教授主审,提出了许多宝贵意见,闫修平、宁新献、刁凡等同志协助绘制了插图,在此一并表示衷心的感谢。

核动力装置是一个极为庞大和复杂的工程系统,涉及众多工程学科,限于编著者的学识水平,书中难免有一些缺点甚至错误,希望广大读者批评指正。

编著者

2008 年 12 月于哈尔滨

目　　录

第1章　绪　论

船舶动力装置是指为船舶提供推进动力和其他所需能源（如电力、蒸汽、热水、压缩空气、压力液体等）的机械、设备和系统的总称，包括主动力装置和辅助动力装置两部分。其中，主动力装置为船舶提供推进动力，由主机、传动装置和轴系、推进器以及为这些系统和设备服务的辅助设备、管系和仪表所组成；辅助动力装置为船舶的正常航行、作业、生活杂用和其他需要提供各种能量，一般包括船舶电站、供应其他能源的辅助装置和系统等。

船舶动力装置采用直接传动或者电力传动方式驱动推进器，并提供船上各类动力。随着船舶向大型化、快速化、专用化和自动化的方向发展，要求动力装置具有能耗低、单机功率大、寿命长、可靠性好、推进效率高等特点。

1.1　船舶动力装置的主要类型及其特点

按照主机类型划分，船舶动力装置可分为蒸汽动力装置、内燃机动力装置、燃气轮机动力装置、核动力装置以及各种联合动力装置；按照消耗燃料的类型划分，可分为常规动力装置和核动力装置。

目前，在世界主要海军国家的水面舰艇中，采用燃气轮机动力装置占45.5%，采用柴油机动力装置占20.1%，采用联合动力装置占16.8%，采用蒸汽动力装置占14%，采用核动力装置占3.6%。

1.1.1　常规动力装置

以常规能源为动力的船用动力装置，主要有蒸汽动力装置、柴油机动力装置和燃气轮机动力装置。

1.1.1.1　蒸汽动力装置

船舶蒸汽动力装置于1884年问世，早期使用往复式蒸汽机，后来逐渐被蒸汽轮机取代，现在的蒸汽动力装置也称为蒸汽轮机动力装置。自1900年英国海军“蝮蛇”号鱼雷驱逐舰在世界上首次采用蒸汽轮机驱动以来，蒸汽轮机动力装置的应用和发展已历经了100多年，技术已经相当成熟。

现代船舶蒸汽动力装置以蒸汽轮机作为推进主机，主要由锅炉、汽轮机、冷凝器、轴系、管系及其他有关机械设备组成。燃料在锅炉内燃烧，加热锅炉水管中的水使其产生高温、高压蒸汽，蒸汽进入汽轮机内膨胀做功，将蒸汽的热能转换为汽轮机旋转的机械能，经齿轮减速器和轴系驱动螺旋桨，推动船舶前进。

最早的船舶蒸汽动力装置以煤作为燃料，后来过渡到煤和油。研究和实践表明，船舶蒸汽动力装置以油作燃料比用煤作燃料效率要高，因此自20世纪30年代以后，几乎所有的船舶蒸汽动力装置都使用燃油，锅炉也由燃煤时代的火管锅炉变为能产生高压蒸汽且带过热器的水管锅炉。

蒸汽动力装置具有以下优点：

(1)汽轮机单机功率很大,可以达到 1 200 MW,舰船用蒸汽轮机受螺旋桨重量尺寸的限制,单机功率达到 75 MW；

(2)汽轮机叶轮转速稳定,没有周期性作用力,机组振动、噪声较小；

(3)磨损部件少,工作可靠性高,大修寿命可达到 100 000 h 以上；

(4)可使用劣质燃油,滑油消耗率较低,仅为 0.1 ~ 0.5 g/(kW · h)；

(5)汽轮机结构简单、紧凑,管理使用方便,保养检修工作量小。

蒸汽动力装置存在的不足是系统复杂、重量尺寸大、附属设备多、初建费用高、热效率低以及机动性较差。20 世纪中叶,随着燃气轮机在舰艇上的大量应用,蒸汽轮机的应用开始逐渐减少,20 世纪 60 年代以后各国新建的护卫舰以上的水面舰艇已很少采用蒸汽轮机。

但是,蒸汽动力装置的优点在目前还没有其他动力装置能够完全取代,在需要单机功率较大、航速较高的大型舰船(例如航空母舰)上,蒸汽动力装置仍然有其一席之地。

1.1.1.2　内燃机动力装置

舰船用内燃机分为汽油机和柴油机两种。1876 年,德国人奥托发明了往复式汽油机,自 20 世纪初开始用于鱼雷快艇,船用汽油机的应用和发展历经了 50 年左右,至 20 世纪 50 年代以后逐渐退出;1895 年,德国人狄赛尔发明了柴油机,于 20 世纪初逐步用于舰艇,迄今已经成为船舶上用得最多的一种动力装置。

柴油机的工作原理是:进入柴油机气缸内的新鲜空气被活塞压缩到能使柴油自行燃烧的温度时,用高压油泵及油枪将燃油引入燃烧室并喷射成雾状与压缩空气混合,同时自行点火。燃烧后产生的高温、高压燃气在气缸内膨胀做功,推动活塞运动,通过曲柄连杆机构将机械功从曲轴输出,带动螺旋桨工作。表 1-1 所示为不同类型船用柴油机的特点。

表 1-1　船用柴油机的分类及其特点

类型	低速柴油机	中速柴油机	高速柴油机
单机最大功率/kW	40 000	20 000	8 000
耗油率/[g/(kW · h)]	126 ~ 140	125 ~ 170	160 ~ 180
燃料类型	劣质燃油	劣质燃油	中质或轻质柴油
传动方式	经轴系直接驱动螺旋桨	齿轮减速	齿轮减速
重量尺寸	设备简单、重量尺寸较大	小	较小
可靠性	工作可靠、寿命长	较长	使用寿命短
适用船舶	远洋和沿海货轮、油轮	滚装船、渡船、中小型军舰	舰艇和小型内河浅水船舶

与其他类型的动力装置相比较,柴油机动力装置具有以下优点：

(1)热效率高、燃油消耗率低于蒸汽动力装置和燃气轮机动力装置；

(2)辅助设备和机械较少,布置简单,结构紧凑,装置整体重量、尺寸较小；

(3)具有良好的机动性,操作简单、启动方便,正倒车转换迅速。一般正常启动到全负荷只需 10 ~ 30 min,紧急时仅需 3 ~ 10 min；

(4)易实现远距离操纵和自动控制。

柴油机动力装置的不足之处是:

(1)柴油机的重量和尺寸按功率比例增加很快,因而单机功率受到限制,限制了在大功率、高航速船舶上的使用;

(2)柴油机运行时振动、噪声较大;

(3)中、高速柴油机的运动部件磨损比较严重,高速强载柴油机的整机寿命仅为1 000~2 000 h,维修费用高;

(4)柴油机在低转速时稳定性差,影响船舶的低速航行性能。

1.1.1.3 燃气轮机动力装置

舰用燃气轮机是在航空燃气轮机应用以后发展起来的新型动力装置。20世纪40年代,国外开始研究舰用燃气轮机,1947年,英国海军在炮艇上首次装用燃气轮机动力装置。20世纪70年代以后,舰用燃气轮机进入迅速发展时期,装舰使用范围已由快艇发展到护卫舰、导弹驱逐舰、巡洋舰、直升机母舰、轻型航空母舰等大、中型水面舰艇,全世界已有30多个国家海军使用燃气轮机,其中俄罗斯的舰用燃气轮机的总装机功率居世界前列。

燃气轮机的工作原理是将燃气轮机的压气机送出的压缩空气在燃烧室中与燃油混合燃烧,产生高温、高压燃气冲击动力涡轮做功,动力涡轮通过减速齿轮箱等传动设备驱动螺旋桨。燃气轮机的优点是启动加速快、全负荷时燃油消耗低、振动与噪声小、结构紧凑、重量轻、辅机及系统简单、操纵方便、维修性好等;缺点主要是低负荷时燃料消耗率高、高温热源大、对环境敏感、进排气装置尺寸大、自身不能反转倒车、造价高等。

燃气轮机动力装置具有功率大、重量尺寸小、机动性好等优点,但机组结构较复杂,进、排气口附近噪声大,必须采取消声措施;由于燃气的高温,叶片使用的合金材料价格昂贵,工作可靠性差,寿命短;耗油率高;进、排气管道尺寸较大,给机舱布置带来困难。

1.1.2 核动力装置

船舶核动力装置以原子核裂变能作为推进动力,包括核反应堆、为产生功率推动船舶前进所必需的有关设备以及为提供装置正常运行、保证对人员健康和安全不会造成特别危害所需的结构、系统和部件。

1.1.2.1 船舶核动力装置的发展历程

1939年,具有划时代意义的原子核裂变现象被发现,揭开了人类利用核能的序幕。同年,美国海军就对舰船核动力装置的可能性进行了初步探讨,但在随后的“二战”期间由于集中力量研制原子弹而使核动力装置的研究暂时中断。

1946年,美国卡林顿研究所(现橡树岭国家实验室)提出了以加压水作为慢化剂和冷却剂的压水堆概念。1948年5月1日,在美国“核潜艇之父”里科弗的不懈努力下,美国原子能委员会和美国海军联合宣布了建造核潜艇的决定。1952年6月,第一座陆上模式堆S1W在爱达荷(Idaho)州沙漠中部的阿尔科(Arco)开始建造,次年3月建成并于5月31日开始发电,单堆热功率为60 MW。1954年1月21日,世界上第一艘核动力潜艇“鹦鹉螺”(又称“虹鱼”,Nautilus)号下水,装备了在S1W基础上改进研制的S2W压水堆核动力装置。

在从那时起到现在的50多年时间里,世界上已有近十个国家先后建造了大约470多艘采用核动力推进的潜艇、水面舰艇、客货商船、矿砂船、破冰船。事实充分说明,船舶在使用核动力装置以后,船舶推进能源又进入了一个崭新的发展阶段。

1.1.2.2　核动力装置的特点

核动力装置将核裂变能转换为推进舰船的动力，与常规动力装置相比，具有以下几个显著特点：

（1）核燃料具有极高的能量密度，燃料重量占全船载重量的比例较小

1 kg 铀-235 完全裂变所放出的能量，相当于 2 800 t 优质煤或者 2 100 t 燃油充分燃烧后放出的能量，也就是说，核燃料的能量密度是常规燃料的数百万倍。

以一艘推进功率为 74 MW 的大型快速船为例，采用常规动力装置全速航行 1 h 大约消耗 35 t 燃油，一年中若全速航行 9 000 h，累计消耗的燃油大约为 315 000 t；如果采用压水堆核动力装置，全速航行 1 h 仅需消耗 0.017 kg 铀-235。按照日本"陆奥"号核动力船的核燃料装载标准来推算，一年中全速航行 9 000 h 最多只需二氧化铀核燃料 27.5 t，其中铀-235 含量约 970 kg。与 9 000 h 满功率航行的燃油消耗量相比，二氧化铀核燃料的装载量只有燃油的 1/11 400。

使用具有极高能量密度的核燃料，核动力舰船不需要携带大量燃料，可以用节省下来的空间携带其他物资，提高自持力和战斗力；另外，也不需要像常规动力舰船那样频繁补给燃料，大大减轻了后勤补给的压力，扩大了作战范围。

（2）可为舰船提供较大的续航力和推进功率

续航力是指舰船一次装满燃料后所能持续航行的最大距离，是反映舰船战术技术性能的重要指标之一。核动力舰船反应堆一次装载的核燃料，可以保证舰船连续全速航行 300 d 以上，续航力超过 40×10^4 n mile（海里，1 n mile = 1.852 km）。例如，美国弹道导弹核潜艇"三叉戟"（Trident）的设计续航力为 100×10^4 n mile，以 30 kn（节，1 kn = 1.852 km/h）的速度可连续航行 33 400 h，相当于 1 391 d。

军用舰船因作战使命的需要，对最大航速有较高的要求。例如，航空母舰在飞机起飞时，要求高速逆风航行，以降低对弹射器和飞机的要求；舰艇在作战时，高航速有利于其快速占领攻击阵位、迅速脱离危险区域。一般来说，舰船的航速要提高 1 倍，动力装置的推进功率需要增加 8 倍，因此，大功率的动力装置是舰船获得高航速的先决条件。目前使用的舰船动力反应堆，单堆功率在 30 ~ 300 MW 之间，核动力舰船根据吨位、航速以及其他方面的要求装一个或多个反应堆，强大的动力可以使核动力舰船的航速达到 30 kn 以上，美国"海狼"级攻击型核潜艇的最高航速达到了 35 kn。

常规动力舰船受燃料装载量的限制，不仅续航力有限，而且以高速连续航行的时间也极为有限，对舰船的作战范围、作战方式都有制约作用，而核动力舰船在这个方面的优越性就非常突出。

对于破冰船、大吨位的矿砂船、油轮、集装箱货轮等民用特种船舶，如果采用核动力装置推进，由于需要装载的核燃料相对很少，还能提供极大的续航力，有利于增加货物装载量、提高船舶航速，从而提高运营的经济性。

（3）核裂变反应不需要氧气，有利于提高舰船的隐蔽性

与常规化石能源的燃烧反应不同，核裂变过程不依赖氧气。核动力装置在运行过程中，不像常规动力装置那样为了维持运行需要不断送入氧气并排出废气，因而核动力装置用于舰船推进，对于提高舰船的隐蔽性具有显著的优势。

采用柴-电推进方式的常规潜艇在潜航时用蓄电池给推进电机供电，由于蓄电池储能有

限,潜艇平均航速往往较低,而且每航行一段时间就必须浮出水面或上浮至通气管深度,利用柴油发电机组进行充电。而核动力潜艇只要携带了足够的给养和消耗物资,在艇员身体健康允许的情况下,核动力潜艇可以长期在水下高速航行。长时间的潜航能力,增加了潜艇的隐蔽性,极大地扩展了潜艇的攻击能力和防御能力。

水面舰船采用核动力装置,不需要像常规动力装置那样设置庞大的进气、排气系统。一方面简化了船体结构设计,使舰船上层建筑的设计更为灵活;另一方面,由于没有高温排气,降低了舰船的红外特征,减小了被敌方探测到的概率。

(4)核裂变反应会产生放射性,增加了核动力装置的复杂性

核反应堆在运行过程中,堆芯的核裂变反应会产生强烈的放射性,必须采取屏蔽与防护措施,以保护船员的身体健康,防止对环境造成污染;其次,反应堆在运行一段时间后停堆时,堆芯的裂变产物继续衰变,仍然会放出大量热量,需要设置相应的停堆冷却系统;第三,核动力舰船普遍采用压水堆核动力装置,反应堆的运行压力通常在 10 MPa 以上,冷却剂温度高达 300 ℃左右,一旦设备与管道破裂,高温高压的冷却剂将喷涌而出,将大量放射性物质带入环境,造成人员伤亡和环境污染,同时,反应堆也会因为得不到充分的冷却而使堆芯烧毁。为了避免出现这种事故,确保即使发生事故后也能使事故后果减到最轻,核动力装置中设置了一系列相关的安全和保护系统。因此,核动力装置与常规动力装置相比,系统更为复杂,运行和管理的要求更高。

另外,核动力装置在运行过程中会产生不同形态的放射性废物,由于空间限制,在核动力舰船上不能像核电站那样设置完善的放射性废物处理系统,一般都储存起来,回到基地再行处理,所以,在停靠核动力舰船的码头需要设置相应的处理设施。

1.2　船舶核动力装置的原理及组成

1.2.1　反应堆物理基础

1.2.1.1　质量亏损与结合能

所有原子核的质量都略小于组成它的各单个核子的质量之总和,这种质量的差异称为质量亏损。

根据爱因斯坦狭义相对论中著名的质能关系式

$$E = mc^2 \tag{1-1}$$

式中,E ——物体的总能量,J;

m ——物体的质量,kg;

c ——真空中的光速,$c = 2.997\,924\,58 \times 10^8$ m/s。

物体能量若有任何改变,则将引起物体质量的改变,而且满足以下关系式

$$\Delta E = \Delta mc^2 \tag{1-2}$$

对于一个体系来说,上式仍然成立,体系有质量的变化就一定有能量的变化。对于孤立体系,总能量守恒,也必然有总质量守恒。

原子核的结合能是指由单独的核子结合成原子核时所释放出的能量,或者将原子核分裂为组成它的单独的核子时所必须供给的能量。将 A 个单独的核子结合成原子核时,产生

质量亏损 Δm，必然有能量的释放 $\Delta E = E_B$，E_B 即为结合能。

不同核素的结合能差别是很大的。一般地说，核子数 A 大的原子核结合能 E_B 也大。原子核的结合能与核子数之比称为“比结合能”，即每个核子的平均结合能，表示为

$$\varepsilon = \frac{E_B}{A} \tag{1-3}$$

比结合能也表示了若将原子核分裂成自由核子，平均对每个核子所要做的功。

因此，比结合能 ε 的大小可用于表示原子核结合的松紧程度，ε 越大的原子核结合得越紧密，因而也就比较稳定；ε 越小的原子核结合得越松散，因而也就比较容易被分裂。

1.2.1.2　核裂变与链式反应

裂变反应是可裂变重核裂变成两个中等质量核并放出能量的反应，包括用中子轰击引起的裂变和自发裂变。

可裂变重原子核受到一个有一定能量的中子轰击，靶核俘获中子形成复核，复核的激发能约等于中子的结合能加上中子被俘获前具有的动能。当激发能高于某一临界值时，复核裂变成两个向相反方向运动的中等核，并释放出一定的能量和若干个中子，裂变过程平均所需时间约为 10^{-12} s。发生裂变所需的最小激发能称为临界裂变能，简称临界能 E_{cr}（critical energy）。

自然界中只有少数重原子核同位素是可裂变的，目前最重要的可裂变核是铀-233、铀-235、铀-238、钍-232 和钚-239 等。其中，铀-233、铀-235 和钚-239 可以由任意能量的中子轰击引起裂变，称为易裂变核；而铀-238 和钍-232 只能由高能中子轰击才能引起裂变。在自然界中，天然存在的易裂变核素只有铀-235。

目前反应堆中最常见的核裂变是热中子引起的铀-235 核裂变，其裂变反应式为

$$^{235}_{92}U + ^{1}_{0}n \longrightarrow [^{236}_{92}U] \longrightarrow X_1 + X_2 + \nu\,^{1}_{0}n + E \tag{1-4}$$

即当一个中子轰击铀-235 核后，先形成一个不稳定的复核铀-236，随即分裂成两个裂变碎片 X_1 和 X_2，产生 ν 个次级中子并释放出能量 E。

(1)裂变产物

核裂变反应生成的若干个中等质量数的裂变碎片及其衰变产物，统称为裂变产物。

核裂变方式有多种，绝大多数情况下可裂变核分裂成两个裂变碎片。几乎所有的裂变碎片都是不稳定的，通常要经过 2~3 次衰变，放出 β、γ 射线后，才会转变成稳定的原子核。

对于热中子引起的铀-235 核裂变，裂变碎片有 30 多种质量分配形式，质量数大都分布在 72~158 之间，大约有 80 种放射性同位素，而每一种又经过 2~3 次衰变，这样在最终裂变产物中可能包括了 300 多种不同核素的各种放射性及稳定核同位素。

(2)裂变中子

裂变中子是在裂变反应过程中放出的新的次级中子，这是最重要的裂变产物之一。

裂变反应放出的次级中子有 99% 以上是在裂变瞬间（约 10^{-14} s）放出的，称为瞬发中子。还有不到 1% 是裂变产物在衰变过程中放出来的，由于衰变过程有一定的时间延迟，因而这部分中子称为缓发中子。与瞬发中子相比，缓发中子能量相当小，但是在反应堆的控制上，这部分缓发中子却起着相当重要的作用。

每次裂变放出的次级中子平均数用 ν 表示，称为每次裂变的中子产额，简称 ν 因子。ν 包括瞬发中子和缓发中子两部分，ν 值的大小与可裂变核的种类及引起裂变的中子能量有

关,中子能量越大,ν 值也越大。实验表明,在很宽的能量范围内,ν 值随入射中子能量的增加而近似地线性增加,即

$$\nu(E) = \nu_0 + aE \tag{1-5}$$

式中,ν_0,a ——常数;

E ——入射中子的能量,MeV。

用热中子轰击铀-235 核,ν 值为 2.43;若用热中子轰击钚-239 核,ν 值为 2.98。

裂变时放出的次级中子的能量大部分在 5 MeV 左右,所以一般都认为裂变放出的是动能为 5 MeV 的快中子。

(3)裂变能

根据裂变反应前后核素间的质量亏损,可以计算出核裂变能。以铀-235 的裂变为例,一种典型的裂变反应为

$$^{235}_{92}\mathrm{U} + ^{1}_{0}\mathrm{n} \longrightarrow ^{137}_{56}\mathrm{Ba} + ^{97}_{36}\mathrm{Kr} + 2\,^{1}_{0}\mathrm{n} + E \tag{1-6}$$

裂变前一个铀-235 核与一个中子的质量之和为

$$235.043\,9 + 1.008\,67 = 236.052\,6\ \mathrm{u}$$

其中,u 表示原子质量单位,1 u 质量的能量为 931.501 6 MeV。

裂变后产生的裂变碎片与放出的次级中子的质量之和为

$$136.906\,1 + 96.921\,2 + 2 \times 1.008\,67 = 235.844\,6\ \mathrm{u}$$

裂变前后的质量亏损为

$$\Delta m = 236.052\,6 - 235.844\,6 = 0.208\,0\ \mathrm{u}$$

裂变过程中放出的能量为

$$E = 931.501\,6 \times 0.208\,0 = 193.752\,3\ \mathrm{MeV}$$

实际测定结果表明,铀-235 每次裂变释放出的能量约为 207 MeV,而可回收能量约为 200 MeV,裂变能量的分配形式如表 1-2 所示。

表 1-2　铀-235 裂变能的分配情况

裂变能形式	释放出的能量/MeV	可回收能量/MeV
裂变碎片动能	168	168
裂变中子动能	5	5
瞬发 γ 射线	7	7
裂变产物衰变缓发 γ 射线	7	7
裂变产物衰变 β 射线	8	8
中微子能量	12	—
俘获 γ 射线	—	3 ~ 12
合计	207	198 ~ 207

从表中数据可以看出,俘获 γ 射线的能量在一定程度上可以补偿中微子能量的损失。一般情况下,可回收能量取为 200 MeV。

一个铀-235 核每次裂变放出的可用能为 200 MeV,则 1 mol 的铀-235 全部裂变所释放

出来的能量为

$$6.023\times10^{23}\times200\ \text{MeV}=6.023\times10^{23}\times200\times1.6\times10^{-13}\ \text{J}$$
$$=1.93\times10^{13}\ \text{J}$$
$$=5.36\times10^{6}\ \text{kW}\cdot\text{h}$$

1 mol 的铀-235 重 235 g,因此 1 g 铀-235 完全裂变所释放出的能量为

$$\frac{5.36\times10^{6}}{235}=2.28\times10^{4}\ \text{kW}\cdot\text{h}=0.95\ \text{MW}\cdot\text{d}$$

裂变中子在适当条件下,会进一步引起其他核裂变而放出更多的裂变中子。如果裂变反应能如此持续下去,连续不断地释放出能量,这种过程称为链式裂变反应,简称链式反应。链式反应如不依靠外界的作用能持续下去,则称为自持链式反应。实现稳定自持链式反应的基本条件是,每次裂变必须正好产生 1 个能引起下一次裂变反应的次级中子。

由易裂变物质自身维持链式反应,可人为控制其裂变反应进行快慢的装置称为反应堆。在反应堆中,单位时间内产生的裂变数保持定值,称为临界;如果每次裂变可以导致一次以上的裂变,裂变率随时间而增加,称为超临界;如果每次裂变导致的裂变少于一次,裂变率随时间而减少,称为次临界。

1.2.1.3 反应性及其控制方式

反应性是表征链式核反应系统偏离临界程度的一个参数,可定量地表示为

$$\rho=1-\frac{1}{k_{\text{eff}}}\tag{1-7}$$

式中,k_{eff}—— 有效增殖因子;

$k_{\text{eff}}=1$ 时,$\rho=0$,反应堆处于临界状态;

$k_{\text{eff}}>1$ 时,$\rho>0$,反应堆超临界;

$k_{\text{eff}}<1$ 时,$\rho<0$,反应堆次临界。

为了启动反应堆以及将反应堆功率提升到所需水平,必须使 $\rho>0$;当功率达到规定水平时,再调节并保持 $\rho=0$;停堆时则必须使 $\rho<0$。

反应性控制的主要任务是:

(1)在确保安全的前提下,采取各种切实有效的控制方式,控制反应堆剩余反应性,以满足反应堆长期运行的需要;

(2)通过控制毒物适当的空间布置和最佳的提棒方式,使反应堆在整个堆芯寿期内保持较平坦的功率分布,使功率峰因子尽可能地小;

(3)在外界负荷变化时,能调节反应堆功率,以适应外负荷变化;

(4)在反应堆出现事故时,能迅速安全地停堆,并保持适当的停堆深度。

按控制毒物在调节过程中的作用和要求,可以将反应性的控制分为三类:

(1)紧急控制

反应堆需要紧急停闭时,反应堆控制系统能够引入一个大的负反应性,以快速停堆并达到一定的停堆深度。要求紧急停堆系统有极高的可靠性,以确保反应堆安全。

(2)功率调节

当外界负荷或者堆芯温度发生变化时,反应堆控制系统能够引入一个适当的反应性,以满足反应堆功率调节的需要。在操作上要求简单、灵活。

(3)补偿控制

由于动力堆的初始剩余反应性比较大,在堆芯寿期初,在堆芯中引入较多的控制毒物。随着反应堆的运行,剩余反应性不断减小,为了保持反应堆稳定运行,必须逐渐从堆芯移出相应的控制毒物。由于这些反应性的变化很缓慢,因此相应控制毒物的移动也很缓慢。

目前大型压水堆都采用控制棒、固体可燃毒物和冷却剂中加硼酸溶液3种控制方式,而小型压水堆采用控制棒和固体可燃毒物并用的方式来控制。

(1)控制棒

控制棒由热中子和超热中子吸收截面大的物质如B、Ag、In、Cd、Hf等制成,是中子的强吸收体,通过驱动机构使控制棒插入或抽出堆芯,改变堆内中子的非裂变吸收和泄漏量来控制反应性。控制棒的特点是移动速度快、操作可靠、使用灵活、控制反应性的准确度高,是反应堆紧急控制和功率调节不可缺少的控制部件,主要用来控制反应性的快变化。

(2)固体可燃毒物

为了减少控制棒的数量,在新堆中按一定分布插入硼钢管等可燃毒物。硼钢管的中子吸收能力随反应堆燃耗加深而明显降低,这种补偿不需要外部控制。在反应堆中合理地布置固体可燃毒物,既减少了控制棒的数量,还有利于展平堆内中子通量密度分布,提高反应堆的允许运行功率,延长堆芯寿期。反应堆内的固体可燃毒物一旦布置好,就不能随意改变,只能补偿变化缓慢的反应性。因此,这种方法不能单独使用,只能作为一种辅助的控制方法。

(3)硼酸溶液

硼酸的热中子吸收截面较大,通过向反应堆冷却剂中添加一定浓度的硼酸,可以用来补偿较慢的反应性变化,如温度效应、Xe和Sm中毒效应、燃耗反应性效应。

向冷却剂中添加硼酸溶液,只要混合均匀,不会引起堆芯功率分布的畸变,但是硼酸浓度会对慢化剂温度系数产生显著影响,当冷却剂中的硼酸浓度超过某一值时,慢化剂温度系数出现正值,使反应堆的自稳自调特性丧失,不利于反应堆的安全运行。

在功率运行过程中,冷却剂中的硼酸浓度根据运行需要可能随时调整,必须设置专门的系统来完成这一功能。船舶核动力装置由于空间限制以及机动性要求,一般不采用这种方式控制反应性。

1.2.2　船用动力堆类型的选择

常见的动力堆型有压水堆、沸水堆、重水堆、液态金属冷却堆、高温气冷堆等,迄今为止在舰船上装备的主要是压水堆和液态金属冷却堆。压水堆装备了数百艘核动力潜艇和包括航空母舰、巡洋舰、驱逐舰、破冰船、商船在内的水面舰船,液态金属冷却堆只装备了苏联的“阿尔法”级核潜艇和美国的“海狼”号(SSN-575)核潜艇。由于技术原因,“海狼”号(SSN-575)装备的液态金属冷却堆最终更换为压水堆,“阿尔法”级核潜艇也早早退役。这样,目前在役的核动力舰船全部装备压水堆,各国最新装备和正在研制的舰船核动力装置也无一例外地采用了这种堆型。

这种情况的出现,是由于核动力舰船需要长期在海洋中航行,受海洋条件的影响和船舶自身条件的限制,船用核动力装置必须满足一些与陆上核电站完全不同的特殊要求:

(1)复杂多变的海洋环境会使船舶产生不同程度的摇摆、倾斜和起伏,核动力装置必须具备在一定的摇摆、冲击和振动条件下稳定可靠运行的能力；

（2）船舶在航行过程中可能发生碰撞、触礁、火灾、沉没等各种海上事故，军用核动力舰船在作战时还有可能受到敌方攻击，核动力装置应该有可靠、完善的安全措施，在舰船发生意外和遭受攻击的情况下防止放射性物质扩散而引发核污染事故；

（3）由于船舶机动性的特点，核动力装置运行工况改变频繁，功率变化幅度较大，而且工作人员活动场所小，运行条件恶劣，运行管理难度很大；

（4）船舶航行长期远离基地、码头，维修和补给较为困难，核动力装置应具有良好的可靠性和较强的生命力；

（5）船舶尤其是潜艇的空间和载重量有限，核动力装置必须重量轻、体积小、布置紧凑；

（6）船上及港口人员密集，核动力装置必须具有良好的放射性防护措施；

（7）海洋气候潮湿，空气中含有盐分，核动力系统和设备应具有良好的抗腐蚀性能。

不同类型的动力堆各有自身的特点，在现有技术条件下对于上述船用条件的满足程度也各不相同。表1-3是压水堆与几种常见动力堆型的比较。

表1-3　各种常见动力堆型的比较

项目＼堆型	压水堆	沸水堆	重水堆	高温气冷堆	钠冷快中子堆
燃料	UO_2	UO_2	UO_2	UO_2+ThO_2	PuO_2+UO_2
富集度	3.3% ^{235}U	2.6% ^{235}U	天然铀	93% ^{235}U	15% Pu/(Pu+U)
包壳材料	锆合金	锆合金	锆合金	石墨	不锈钢
燃料元件	棒束	棒束	棒束	石墨球或柱	棒束
慢化剂	水	水	重水	石墨	—
冷却剂	水	水	重水	氦气	钠
控制棒材料	Hf/Ag-In-Cd	B_4C	Cd、不锈钢	B_4C	B_4C
堆内构件材料	不锈钢、镍基合金	不锈钢、镍基合金	锆合金、不锈钢	石墨、不锈钢	不锈钢、镍基合金
工作压力/MPa	15.5	7.0	11.0	≈4	0.9
压力容器材料	低合金钢	低合金钢	不锈钢	合金钢	不锈钢

1.2.2.1　压水堆

压水堆（Pressurized Water Reactor，PWR）属于热中子堆，一般采用低富集度的UO_2陶瓷燃料，以轻水作为中子慢化剂和冷却剂。为了防止冷却剂在堆芯出现汽化而导致流动不稳定和传热恶化，反应堆运行压力总是高于反应堆出口冷却剂温度所对应的饱和水压力，通常为11～16 MPa。

作为船舶动力堆，压水堆具有以下特点：

（1）结构紧凑，功率密度高，慢化剂温度效应和燃料多普勒效应使压水堆具有自稳自调特性，安全可靠性较高；

（2）作为慢化剂和冷却剂的轻水不会与反应堆金属材料产生化学反应，如果由于泄漏造成冷却剂装量减少，可通过海水淡化系统生产除盐水来补充；

（3）结构简单，坚固耐用，运行性能良好；

（4）压水堆在初期实践中就显示出良好的稳定性和可靠性，目前已经有许多堆年的经验反馈,技术更为成熟。

因此,压水堆核动力装置在核动力舰船中得到了普遍使用,其他堆型的核动力装置如果在性能上没有质的飞跃,将很难撼动压水堆在船舶核动力装置中一统天下的地位。

1.2.2.2 沸水堆

沸水堆(Boiling Water Reactor,BWR)与压水堆同属轻水堆,使用低富集铀作燃料,以沸腾轻水为慢化剂和冷却剂。沸水堆的主要特征是允许冷却剂在堆芯沸腾,堆内产生的汽水混合物通过压力容器上部的汽水分离器和蒸汽干燥器进行除湿,干燥后的饱和蒸汽直接引入汽轮机膨胀做功。图 1-1 所示为沸水堆的结构及工作原理图。

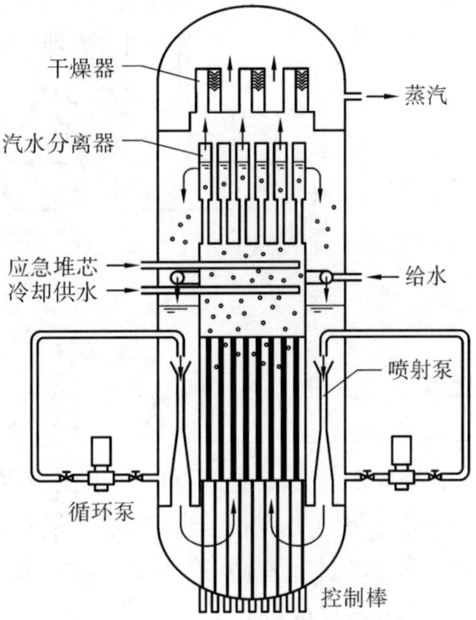

图 1-1 沸水堆结构原理

沸水堆的主要优点是运行压力较低,通常只有压水堆运行压力的一半左右,在一定程度上降低了压力容器等设备在制造工艺上的难度;具有很强的自然循环能力,一般为 40% ~ 50% FP[①],甚至可达 100% FP;可以利用汽泡的负反馈作用,通过改变堆芯冷却剂再循环流量使空泡份额变化来调节反应性。

沸水堆也存在以下一些不足之处:

(1)虽然省去了蒸汽发生器等设备,但堆内结构复杂,同时由于水汽对中子慢化能力减弱,所需要装载的燃料更多,相同功率下体积要大于压水堆,而且由于放射性会进入汽轮机等设备,因此所需要屏蔽的体积和质量大大增加,也加大了维护难度。

(2)控制棒从压力容器底部垂直向上插入反应堆内,压力容器下部有较大数量的孔洞,对压力容器的结构强度会产生不利影响;在控制棒驱动机械失效时,控制棒可能会掉出堆芯,造成反应性事故,在设计时必须特别考虑。

(3)沸水堆体积较大,在海洋条件影响下,堆内自由液面的波动引起反应性扰动使得反应堆功率难以稳定,以致在一定程度上抵消了沸水堆易于控制这一主要优点。

因此,在现有技术条件下,沸水堆不适宜用作船舶动力堆。

1.2.2.3 重水堆

重水堆(Heavy Water Reactor,HWR)以重水(D_2O)作慢化剂,以重水或者轻水作为冷却剂。由于重水的热中子吸收截面远小于轻水,可以直接使用天然铀作为核燃料。

重水堆按结构不同,可以分为压力容器式和压力管式两类。压力容器式重水堆的堆芯装在重水压力容器内,结构大体与压水堆相似;压力管式重水堆则将短棒束型燃料元件装在压力管内,堆芯由置于重水慢化剂中的许多压力管组成,冷却剂在压力管内流动,把热量导出堆芯外。重水堆核电站是发展较早的核电站,有各种类型,但已实现工业规模推广的只有加拿大发展起来的坎杜(CANDU)型压力管式重水堆核电站,图 1-2 所示为这种类型重水堆

① FP——Full Power,满功率。

的反应堆冷却剂系统流程图。

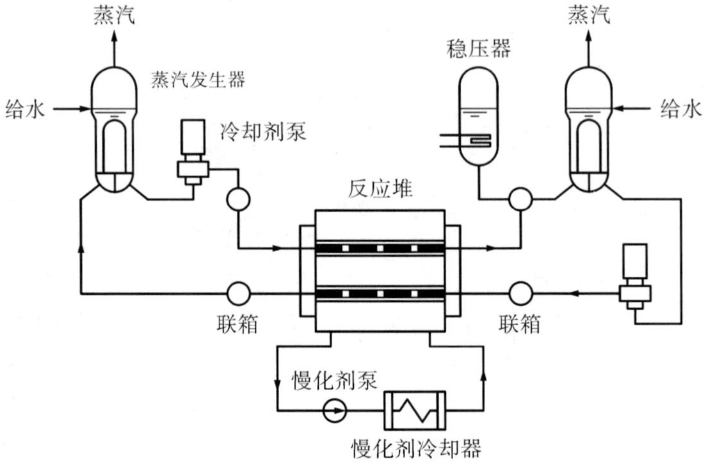

图 1-2　压力管式重水堆的反应堆冷却剂系统

由于重水的慢化能力要比轻水低很多,而且一般采用天然铀作为燃料,因此重水堆的堆芯体积要比相同功率的压水堆大 10 倍左右,不适合装备舰船;另外,由于增加了慢化剂系统和重水系统,使核动力装置的复杂性大大增加,重水堆的系统数目是压水堆的 2 倍左右;重水系统的胀接接头容易发生泄漏而影响正常运行,为此,重水堆的冷却剂系统压力比压水堆低 30% 左右,使得二回路的蒸汽运行压力较低。

1.2.2.4　液态金属冷却堆

液态金属冷却堆(Liquid Metal Cooled Reactor,LMCR)是使用液态金属作为冷却剂的反应堆,包括快中子堆(简称快堆)和热中子堆两种类型。其中,快堆由快中子引起链式裂变反应,采用具有很高传热率的液态钾-钠合金或者铅-铋合金作为冷却剂,不需要慢化剂;热中子堆依靠中能中子维持链式反应,采用石墨和铍作慢化剂。

快堆使用的核燃料为钚-239,裂变时放出的快中子被堆芯的铀-238 吸收后又生成钚-239,而且所产可多于所耗,能够实现核裂变材料的增殖,因而也称为快中子增殖堆。快堆动力装置通常采用三个回路,其组成形式如图 1-3 和图 1-4 所示。

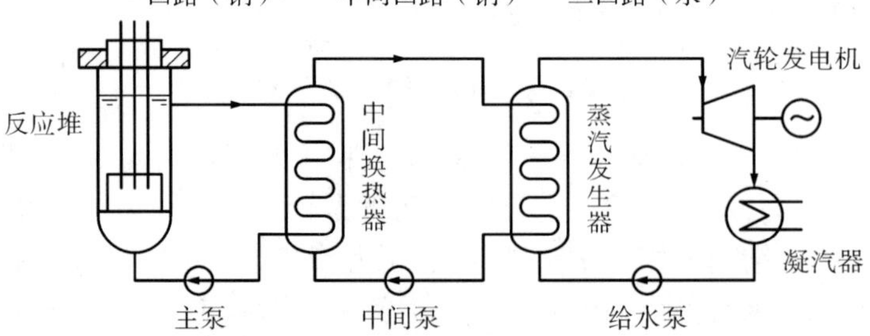

图 1-3　回路式钠冷快堆核动力装置

设置中间回路的目的是将一回路和二回路隔开,防止蒸汽发生器泄漏时产生的钠水反应波及反应堆,造成反应堆破坏事故。

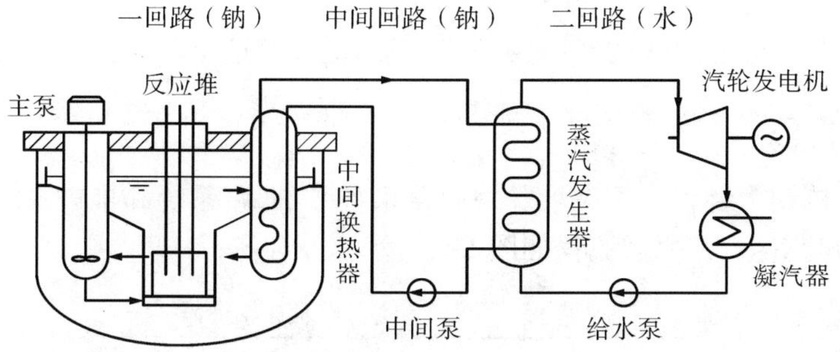

图1-4　池式钠冷快堆核动力装置

液态金属冷却剂的沸点高达800~900 ℃，一回路不需要加压就能达到较高的运行温度，目前采用奥氏体不锈钢作为燃料包壳材料和堆芯结构材料，堆芯出口温度可达550 ℃。由于一回路系统运行压力只有0.5~0.7 MPa，因而设计、制造和运行的困难降低，核动力装置也更加安全可靠；而堆芯出口温度提高，可以使二回路蒸汽参数也相应提高，从而改善核动力装置的热效率。例如，美国的S2G型液态金属冷却堆的效率达到22%，而同期的压水堆只有17%左右。

液态金属冷却反应堆的主要缺点是：为了使反应堆和管路内作为冷却剂的碱性金属保持液态，需要设置专门的加热设备；而处于熔化状态的碱金属在高温时化学性能很活跃，加速了系统的腐蚀；这种金属一旦和空气接触就会发生剧烈反应，可能发生爆炸和火灾；为了加强屏蔽，使装置的重量加大。

由于系统复杂，操作、维护困难，造价高昂，尤其是安全性问题还需要进一步解决，因此，液态金属冷却堆在短暂装备了美国“海狼”号（SSN-575）核潜艇和苏联“阿尔法”级核潜艇后即退出现役，目前各国在役的舰船核动力装置均没有采用液态金属冷却堆。

1.2.2.5　高温气冷堆

高温气冷堆（High Temperature Gas Cooled Reactor，HTGR）属于热中子堆，采用石墨作慢化剂，氦气作冷却剂，使用涂敷颗粒燃料。根据堆芯形状的不同，可分为使用球状燃料元件的球床型高温气冷堆和使用棱柱状燃料元件的柱床型高温气冷堆。图1-5所示为高温气冷堆装置结构示意图。

氦气具有化学惰性和良好的化学稳定性，可与反应堆结构材料直接接触。由于不像液体那样受沸点的限制，因而在较低运行压力下堆芯出口可达600~1 000 ℃的高温，能够提高装置的热效率。如果采用氦气轮机，可实现直接循环，简化系统并减少设备。另外，气体的中子吸收截面较小，泄漏时也不会像液体那样对堆芯反应性造成过大影响。

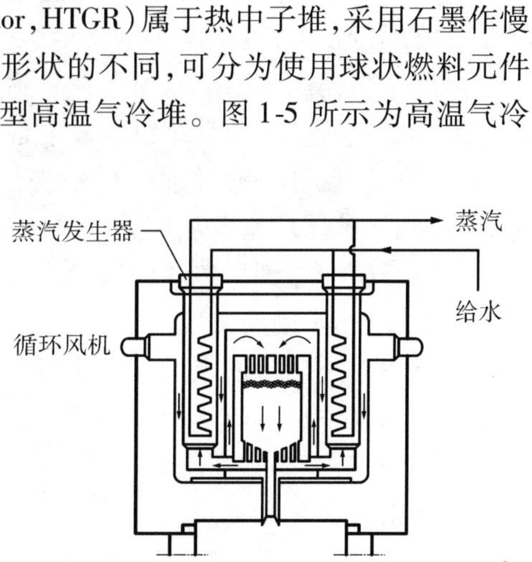

图1-5　高温气冷堆

高温气冷堆具有效率高、安全性好等突出优点。不足之处是：气体冷却剂的密度和比热很小，所以功率密度较小，堆芯体积较大；对管路材料的耐高温性和密封性都有很高的要求；气体工质的热物理性质还需深入研究。

气冷堆一直没有装备舰艇的经历，在短时期内也没有这个可能。

1.2.3　压水堆核动力装置的基本组成

船舶压水堆核动力装置由反应堆及一回路系统、二回路系统和推进系统几部分组成，分别布置在不同的舱室中，其原理流程如图 1-6 所示。

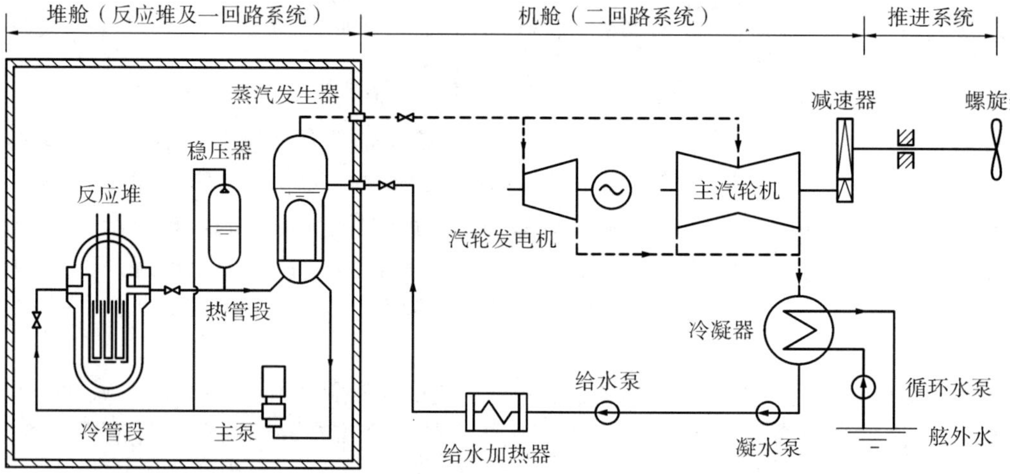

图 1-6　船用压水堆核动力装置原理流程

反应堆及一回路系统布置在具有屏蔽作用的反应堆舱内，防止可能的放射性物质扩散对其他舱室造成污染。核燃料在反应堆内通过裂变反应将核能转换为热能，冷却剂在主泵的驱动下流经堆芯将热量带出，循环至蒸汽发生器时将热量传递给二回路侧工质，使其产生一定温度和压力的蒸汽。在反应堆进、出口主管道上连接的稳压器，用于维持反应堆及一回路系统的运行压力，确保反应堆安全运行。

蒸汽发生器产生的蒸汽由蒸汽管道输送到二回路系统，供应主汽轮机、汽轮机发电机及其他用汽设备。二回路系统没有放射性，因而布置在没有屏蔽的机舱内。蒸汽分别在主汽轮机、汽轮发电机内膨胀做功，产生推进船舶的动力和全船所需的电力；汽轮机排出的废汽进入冷凝器，被循环水泵从舷外抽进的海水冷却成为凝结水；凝水由凝水泵、给水泵增压，在给水加热器中加热到一定温度后送入蒸汽发生器，开始下一轮循环。

1.2.3.1　一回路系统

一回路系统是从反应堆导出热量的反应堆冷却剂系统及其辅助系统的总称。其中，反应堆冷却剂系统是一回路的核心系统，一回路辅助系统用于保证反应堆冷却剂系统安全可靠运行，通常分为容积和压力控制系统、水质控制系统、辅助水系统、工程安全设施、放射性废物处理系统等几大类。

在正常运行时，一回路系统主要完成以下任务：

(1)反应堆启动和运行时，按预定方式向一回路供给冷却剂，以保证一回路所需的冷却剂装量及系统压力；

(2)使冷却剂在反应堆冷却剂系统内循环流动，带出堆芯核燃料裂变产生的热量，在蒸

汽发生器内传递给二回路工质,产生所需参数的蒸汽;

(3)维持一回路系统运行压力,防止系统压力超过允许范围,保证反应堆及一回路系统的安全;

(4)净化反应堆冷却剂,去除其中附带的杂质,保证冷却剂品质符合要求;

(5)监测反应堆冷却剂的质量和成分;

(6)搜集各系统排出的放射性废物并加以处置,保证船员及环境的安全;

(7)在反应堆停闭时,排出堆芯剩余释热,确保堆芯燃料元件不致烧毁。

在事故工况下,一回路系统必须完成以下任务:

(1)对堆芯进行应急冷却,防止堆芯熔毁;

(2)对堆舱进行喷淋,防止因超温超压而造成堆舱的屏蔽作用丧失,导致放射性物质扩散,危害船员和环境。

1.2.3.2 二回路系统

二回路系统的主要功能是将来自反应堆冷却剂系统的热能转换为船舶的推进动力和全船所需电力。主汽轮机是二回路系统中将热能转换为机械能的关键设备,为了维持主汽轮机组的正常运行,二回路设置了如蒸汽系统、蒸汽排放系统、凝给水系统、润滑油系统、循环水系统等若干辅助系统。

二回路系统的组成遵循朗肯循环,图1-7所示为组成朗肯循环的二回路主要设备及其理想的能量转换过程。

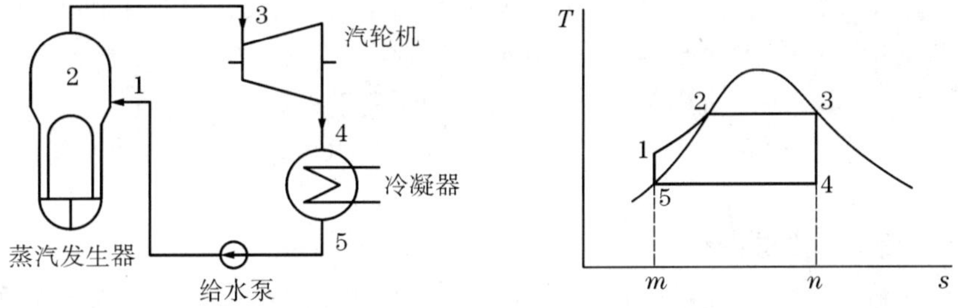

图1-7 核动力装置的朗肯循环

二回路给水在蒸汽发生器中沿过程线1－2－3定压吸热,产生干饱和蒸汽;蒸汽在汽轮机中沿过程线3－4绝热膨胀,向外输出机械功;汽轮机排出的废汽在冷凝器中沿过程线4－5定压放热,冷凝为饱和水;给水泵对凝结水沿过程线5－1绝热压缩,使水的压力升高进入蒸汽发生器,完成一次汽水循环。如此循环往复,源源不断地将蒸汽发生器一回路侧传递过来的热量转换为机械能。

根据主汽轮机组的配置情况,二回路系统可以分为单机双缸方案和双机单缸方案两种形式,如图1-8所示。

(1)单机双缸方案

二回路系统采用一台主汽轮机,分为高、低压两个缸,在高压缸出口设置汽水分离器,以降低低压缸进口蒸汽的湿度,提高低压汽轮机的运行效率和运行可靠性。正常情况下高压缸、低压缸串联运行,特殊情况下高压缸和低压缸均可单独运行。

主汽轮机配备一台主冷凝器,船舶及动力装置用电由另设的汽轮发电机组提供。

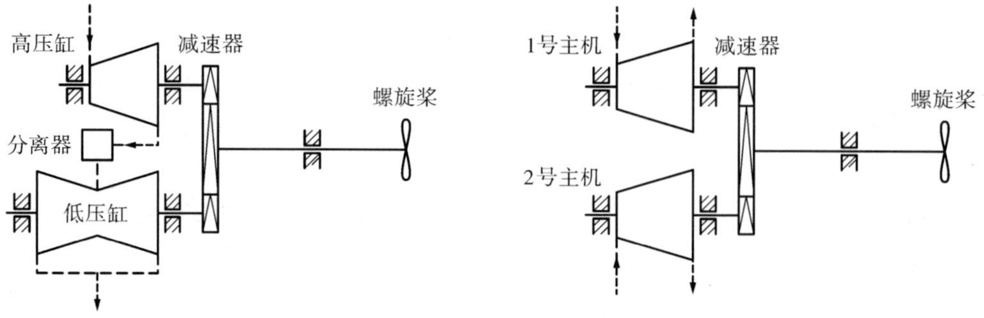

（a）单机双缸方案　　（b）双机单缸方案

图 1-8　主汽轮机设置的两种方案

（2）双机单缸方案

二回路系统采用两台相同且相互独立的单缸汽轮机作为推进主汽轮机，各自配有一台主冷凝器等辅助设备，两台汽轮机可并联运行，也可单独运行，简称为双机方案。多年来，美国、苏联/俄罗斯的潜艇核动力装置二回路系统普遍采用这种方案。

二回路采用双机方案的优点是：

①两台主汽轮机并联或独立运行，一台出现故障时，系统仍能运转，提高二回路系统的生命力；

②简化二回路系统、设备。双机方案中配有两台主冷凝器，在设计上可以将两台发电汽轮机的排汽分别排入两台主冷凝器内，可取消单机双缸方案中的两台发电辅冷凝器、辅凝水泵、辅抽汽器等设备和管系，简化二回路系统，有利于舰船的操作和管理。

③提高二回路的机动性。两台汽轮机可并联运行，也可单独运行，对于调节舰船的航速非常有利。

1.2.3.3　轴系及推进系统

轴系是将主机的能量传递给推进器的装置。船舶种类不同，设置的螺旋桨个数也不相同，因而轴系相应地分为单轴系、双轴系和多轴系三种类型。为了避免因单一事故而导致船舶推进功率全部丧失，船舶采用两个以上的轴系较好。对于水滴型艇体的核潜艇，为了适应水下高速航行的需要，通常都采用单轴系。单轴系位于船舶纵剖面上，两个以上的轴系则位于船舶的两侧和船中部，并且相互对称。为了简化结构和尽可能避免推力减少与航速降低，布置单轴系时，常使动力装置轴线与船体基线（或龙骨线）平行，但有时也难免和双轴系船一样，很少能满足无倾斜角的要求。

无论何种类型的轴系，主要都是由主机机组以后的中间轴、推力轴（或统称主轴）、螺旋桨轴（又称艉轴）以及设置在这些轴上的各种轴承（包括推力轴承和支持轴承）、离合器等设备所组成。

中间轴均由中间轴承支持，轴承底座与船体连接。船体局部变形将使轴承负荷变化很大，导致轴承发热和迅速磨损，因此，轴承负荷的设计计算与轴承位置、间距的选择是轴系运行可靠与否的决定因素。

推力轴上的推力环承受螺旋桨的有效推力，通过推力轴承传递推力给船体，以驱动船舶运动。现代船舶的推力轴承大多采用单环式，推力片承受压力约为 1.0 ~ 2.8 MPa。汽轮机组的主推力轴承可以安装在减速齿轮箱内，也可以单独安装；电力推进船舶主推动力轴承多为单独安装在船体上。

艉轴及其附属件的重量均由艉管轴承支承，艉管内至少有两个轴承。艉轴附属件除艉轴本身所属的各种设备外，还有用柴油发电机、变流机组或蓄电池组供电的推进电机等要并车在艉轴上工作的各类专用设备。由于船体艉部形状和主机位置的限制，船舶轴系往往很长。船舶核动力装置的轴系与其他船舶动力装置（如蒸汽动力装置、内燃机动力装置）的轴系都是通用的，区别只在于堆舱和主机舱的位置受到限制，使其很难做到像艉机布置的船舶那样只需很短的轴系，当然也受到核动力舰船尤其是核潜艇的艉部线型限制。

核动力舰船的推进方式分为直接推进和电力推进，其原理如图1-9所示。

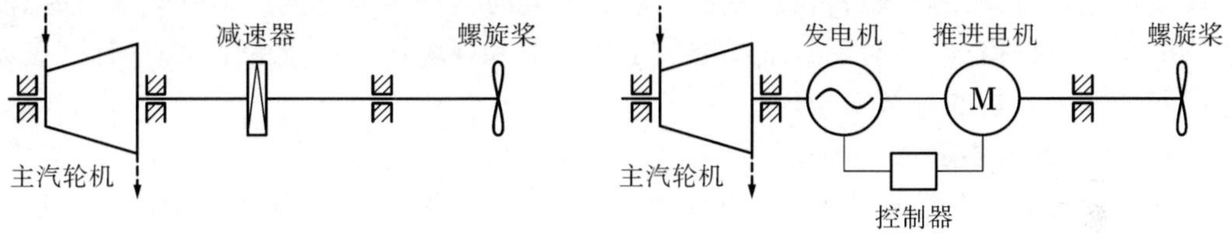

（a）直接推进方式　　（b）电力推进方式

图1-9　船舶两种推进方式的基本原理

（1）直接推进

汽轮机输出的机械能通过传动机构及轴系传递到推进器，称为直接推进。

直接推进是一种传统的推进方式，传动机构普遍采用齿轮减速器。目前美国、俄罗斯、英国的核潜艇还普遍采用这种推进方式，主机也称为汽轮齿轮机组。

（2）电力推进

由汽轮机驱动发电机给推进电机供电，推进电机再驱动推进器，称为电力推进。电力推进分为直流电力推进、交流电力推进和交-直流电力推进等几种形式。

苏联于1964年建成的核动力破冰船“列宁”号采用汽轮机直流电力推进装置，左、右舷推进电机功率各为7 200 kW，中间推进电机功率为14 400 kW。1974年建成的核动力破冰船“北极”号采用汽轮机交-直流电力推进装置，共有三台2×8 810 kW直流双枢推进电机。法国建造的核潜艇全部采用汽轮机电力推进装置，美国核潜艇“白鱼”号和“利普斯康”号也采用了汽轮机电力推进。

舰船采用电力推进具有很多优点：操纵灵活，机动性能好；不需要齿轮减速器，消除了减速器产生的冲击振动和噪声，有利于提高舰艇的安静性，有效增大自身水声声呐系统的作用距离；螺旋桨的转速不受主机转速的限制，可以选择最佳转速。但是，电力推进装置的重量和尺寸都较大，与直接推进相比存在着较大的中间损耗（发电机-推进电机组），在额定工况时效率较低。直流电力推进的效率一般为86%～90%，交流电力推进一般为94%～95%；齿轮减速直接推进一般为98%。

（3）混合推进

核潜艇在需要全速航行时采用直接推进，在需要安静巡航时采用电力推进，核动力为主动力，电力推进为辅助动力，这种推进方式称作混合推进。

1.3 船舶核动力装置的技术经济指标

由于运行环境和使用条件的特殊性,船舶核动力装置在设计、制造和运行管理等方面的技术要求与陆地核电站相比大不相同,用于评价船舶核动力装置性能的技术经济指标大都是根据船用条件的要求提出的,主要包括安全性、装置功率、经济性、重量尺寸、可靠性、机动性、生命力、适航性、隐蔽性等。

1.3.1 安全性

反应堆运行时,堆芯核燃料在裂变放出能量的同时会产生强烈的放射性辐照,如果没有有效的屏蔽和防护措施,将对反应堆周围的工作人员和环境产生严重的危害。因此,核动力装置的安全性主要指的是核安全。

1.3.1.1 安全要求

核动力装置的安全性是船舶安全的基础,保证核动力装置的安全是诸指标中最基本的要求。核动力装置的安全性是指对船上所有人员的健康和对船外周围环境的清洁与安全有切实可靠的保证,为此要求:

(1)在正常工作条件下,堆舱外的放射性辐射以及向外排放的放射性废物,对反应堆操纵人员、船上人员以及对周围居民造成的放射性辐照,应该小于法定的最大容许剂量;

(2)在事故情况下,不论是内部还是外部原因引起的灾难性事故,安全系统应迅速投入,以保证反应堆的安全,并防止大量放射性物质泄漏到周围环境中。

虽然核动力装置发生危险的可能性并不比其他类型的动力装置大,但一旦发生事故就可能对环境和人员造成辐射,因此对于核动力装置安全性的要求很高,并贯穿于设计、制造和运行管理的全过程。在设计阶段,必须严格遵循安全设计原则,采用相关的安全措施,提高核动力装置的固有安全性,保证核动力舰船在发生意外和遭受攻击的情况下不发生核污染事故;广泛采用自动化设备,提高操纵自动化水平,限制或避免操纵人员和船员进入某些可能被放射性污染的舱室;实时监测各舱室的放射性剂量水平,严格按照标准规定控制操纵人员和船员的照射剂量;设置专用的码头和设施用于核动力装置的检修和换料;对运行和维修过程中产生的放射性废物有适当的处理措施。

1.3.1.2 安全设计原则

为了保证安全性要求,核动力装置在设计时普遍采用多道屏障和纵深防御的设计原则。

(1)多道屏障

在压水堆核动力装置的设计中,为了防止放射性物质扩散,最根本的措施是在结构上设置了三级包容,构成了三道安全屏障。

第一道屏障是燃料元件包壳。包壳如果有缺陷或破裂,会使裂变产物漏到冷却剂中,导致反应堆及一回路系统的放射性剂量升高。为了保证包壳的完整性,在设计中要求包壳温度在正常、非正常运行条件下都不超过安全限值。

第二道屏障是由反应堆及一回路系统构成的承压边界,包容着高温、高压、具有放射性的冷却剂。为了保证承压边界的完整性,在设计时要保证其正常泄漏量很小,事故破裂的概率很低,使其具有良好的封闭性和很高的安全性。

第三道屏障是安全壳或反应堆舱,将反应堆及一回路系统的主要设备和管道包容在内。在船舶结构设计、安全壳或反应堆舱的耐压结构设计中,在反应堆及一回路系统中的冷却剂全部瞬时流出并闪蒸,进而导致安全壳或堆舱内出现峰值压力的条件下,也不会使放射性物质向外扩散,造成无控制的释放后果;即使船舶沉没到深海,安全壳或堆舱的结构也不会因为外压而引起毁坏,造成核裂变产物无控制的释放。

(2)纵深防御

为保障上述三道安全屏障在正常和事故情况下的有效性,核动力装置的设计还广泛采用了"纵深防御"的原则。它包括三级相继深入而又相互增援的防御体系,确保核动力装置的安全性。

第一级防御主要考虑对事故的预防。要求在设计、建造、运行中采取各种有效措施预防事故的发生,反应堆具有固有安全性,设备必须有高质量和可检查性,系统必须有冗余度,当任一部件失效时,也不会影响其运行。

第二级防御是防止运行中出现偏差而发展成为事故。要求设置可靠的安全保护系统,并在事故发生时,尽量减少对核系统的损坏,保护运行人员的安全。

第三级防御是限制事故引起的放射性后果。要求在发生某些假想事故而保护系统又同时失效时,必须有专设的安全设施投入工作,把假想事故的后果降低到可以接受的水平,对不可预见的事故应留有安全裕量。

由以上安全设计原则可以看出,核动力装置被设计成能在所有情况下保证绝对控制过量放射性物质的释放,压水堆运行实践也证明了能够实现安全运行。

1.3.2 装置功率

如果舰船以稳定速度 v_s 运动,船体受到的水阻力为 R_s,则推进器产生的推力 P_e 等于 R_s,船体阻力在单位时间内所做的功(即船舶拖曳功率)为

$$N_p = \frac{1.852 R_s v_s}{3\,600} \quad \text{kW} \tag{1-8}$$

式中,v_s ——船舶航速,kn;

R_s ——船舶水阻力,N。

根据船模试验,在船舶航速、排水量和动力装置有效功率之间存在以下关系

$$N_e = \frac{D^{\frac{2}{3}} v_s^3}{C} \quad \text{kW} \tag{1-9}$$

式中,N_e ——供给推进器的功率,即动力装置的有效功率,kW;

D ——船舶排水量,t;

C ——海军部系数,定义为

$$C = 10.8 \frac{\eta}{\zeta S} \tag{1-10}$$

式中,η —— 推进系数,单轴推进 $\eta = 0.7 \sim 0.8$,双轴推进 $\eta \leqslant 0.68$;

ζ —— 总阻力系数,一般 $\zeta = (2.4 \sim 2.8) \times 10^{-3}$;

S ——无因次相对浸湿面积,对水滴形潜艇有

$$S = 5.6 + 0.26\frac{L}{B} \tag{1-11}$$

式中,L—— 船体沿中心线长度,m;

B—— 船体宽度,m。

所需主机组功率为

$$N_a = \frac{N_p}{\eta_p \eta_w} \quad \text{kW} \tag{1-12}$$

式中,η_p—— 推进效率,$\eta_p = N_p/N_e$;

η_w—— 轴系效率,$\eta_w = N_e/N_a$,取值 0.98 ~ 0.99。

推进器所产生的推力 P_e 和扭矩 M 为

$$P_e = K_1 \rho n_p^2 D_p^4 \tag{1-13}$$

$$M = K_2 \rho n_p^2 D_p^5 \tag{1-14}$$

式中,ρ ——水的密度;

D_p、n_p ——分别为推进器的直径和转数;

K_1、K_2 ——分别为推力系数和扭矩系数。

由上述几个公式可知,动力装置的功率与 $D^{\frac{2}{3}}$ 和 v_s^3 成正比,因此,船速的提高将使动力装置的功率大幅增加;而推进器的推力则与 D_p^4 和 n_p^2 成正比。

船舶核动力装置的主机为汽轮机,而汽轮机是不能反向转动的涡轮机械。为了使船舶能够在一定航速下长时间倒航,需单独设置倒车汽轮机,提供一定的倒车功率。倒车汽轮机的功率必须满足如下要求:

(1)应保证船舶在从全速正车转为全速倒航的过程中,从开始倒航至船舶完全停止运动时,船舶向前滑行的距离足够小;

(2)应保证船舶长时间倒航时具有一定的速度,在此速度下,船舶不应丧失操纵性。

民用船舶倒车汽轮机的功率应为主汽轮机功率的 40% ~50%,军用舰船则为 20% ~40%,有时还要小些,甚至只达到 8%。

1.3.3 经济性

装置经济性用于评价动力装置能量利用的有效性与合理性,常用的评价指标是装置效率和装置总效率。

(1)装置效率 $\eta_{e,NPP}$

装置效率定义为核动力装置输出至推进器的有效功率 N_e 与反应堆热功率 Q_R 的比值,即

$$\eta_{e,NPP} = \frac{N_e}{Q_R} \tag{1-15}$$

目前,船舶核动力装置效率在 16% ~21% 之间。

(2)装置总效率 $\eta_{e,NPP}'$

反应堆输出的热功率除了满足推进器所需的推进功率之外,还有一部分能量供全船使用,如全船用电及其他消耗等。装置总效率是指核动力装置输出有效功率 N_e 和全船性的能量消耗 N_{ap} 之和与反应堆热功率 Q_R 的比值,即

$$\eta_{e,NPP}{}' = \frac{N_e + N_{ap}}{Q_R} \tag{1-16}$$

显然,装置总效率才真正反映了整个核动力装置能量利用的有效程度。

1.3.4　重量尺寸

动力装置重量是船舶总重量的一部分。在保持推进功率不变的前提下,减小动力装置重量和尺寸也就相应增加了船舶载货量,可以提高舰船的有效荷载。

船舶动力装置的重量、尺寸必须满足船舶总体设计的需要,一般来说,决定于装置额定功率、热力线图形式、装置的组成及布置方式、机械设备的结构及材料、运行参数、装置效率等诸多因素。

由于舰船尤其是潜艇的空间和载重量有限,为提高船舶的有效载荷、航速和机动性能,要求核动力装置体积小、重量轻,布置紧凑。

1.3.4.1　动力装置的重量

动力装置重量分为装置干重、装置湿重、装置储备重量和装置总重量。

装置干重 W_c 是指装置的机械设备和管系的重量;装置湿重 W_{NPP} 是指装置干重与设备、管路中所包含的装置工作必需的水和油重量的总和;装置储备重量 W_{res} 包括液体工质(油和水等)的储备量、消耗材料的重量和储备的仪器仪表;装置总重量 $W_{NPP,0}$ 是指动力装置全部的重量,显然有 $W_{NPP,0} = W_{NPP} + W_{res}$。

评价动力装置的重量特性有以下两个指标:

(1)单位功率的重量

定义为动力装置重量与装置有效功率 N_e 的比值,常用单位 t/kW。根据装置重量含义的不同,分别表示为

$$\begin{cases} g_c = \dfrac{W_c}{N_e} \\ g_{NPP} = \dfrac{W_{NPP}}{N_e} \\ g_{NPP,0} = \dfrac{W_{NPP,0}}{N_e} \end{cases} \tag{1-17}$$

表 1-4 列出了一些核动力舰船动力装置的重量指标。

表 1-4　部分核船动力装置重量指标

船名	"列宁"号破冰船	"北极"号破冰船	"奥托·汉"号核商船	"萨瓦娜"号核商船	"陆奥"号核商船	"鹦鹉螺"号核潜艇	"华盛顿"号核潜艇
g_{NPP}/(t/kW)	0.093	0.102	0.124	0.256	0.295	0.099	0.077

从表中数据可以看出,对于核商船: $g_{NPP} = 0.093 \sim 0.30$ t/kW;对于核潜艇: $g_{NPP} = 0.052 \sim 0.10$ t/kW。

(2)装置相对重量 α_{NPP}

定义为装置重量与船舶排水量之比,即

$$\alpha_{NPP}=\frac{W_{NPP}}{D} \quad 或 \quad \alpha_{NPP}=\frac{W_{NPP,0}}{D} \tag{1-18}$$

式中，D——船舶的标准排水量，t。

例如，"鹦鹉螺"号 $\alpha_{NPP}=0.24$，"飞鱼"号 $\alpha_{NPP}=0.225$，"华盛顿"号 $\alpha_{NPP}=0.120$。

如果用 E 表示舰船能量饱和度，则

$$E=\frac{N_e}{D}=\frac{\alpha_{NPP}N_e}{W_{NPP}}=\frac{\alpha_{NPP}}{g_{NPP}} \quad kW/t \tag{1-19}$$

由此可得 $\alpha_{NPP}=g_{NPP}\cdot E=g_{NPP}\frac{N_e}{D}$。由于 $N_e=\frac{v_s^3D^{\frac{2}{3}}}{C}$，则

$$\alpha_{NPP}=\frac{g_{NPP}}{C}\frac{v_s^3}{D^{\frac{1}{3}}} \tag{1-20}$$

从上式可看出，α_{NPP} 与 v_s^3 成正比，一般 $\alpha_{NPP}=0.10\sim0.31$，对于低速船 α_{NPP} 较小，对于高速船则 α_{NPP} 较大。

1.3.4.2 动力装置的尺寸

动力装置的尺寸是由安装动力装置的舱室的长、宽、高来决定的，其大小与机械设备和管系本身的尺寸和布置密切相关，自然也与一个国家的科研、设计和工艺水平相关。

评价动力装置的尺寸通常用以下三个指标：

$$\begin{cases}容积饱和度 \quad \beta_V=\dfrac{N_e}{V} \quad kW/m^3 \\ 面积饱和度 \quad \beta_F=\dfrac{N_e}{F} \quad kW/m^2 \\ 长度饱和度 \quad \beta_L=\dfrac{N_e}{L} \quad kW/m\end{cases} \tag{1-21}$$

式中，V——动力装置舱室的容积，m^3；

F——动力装置舱室所占地板面积，m^2；

L——堆舱、机舱和辅机舱所占舱室的长度，m。

通常，$\beta_F=37\sim52\ kW/m^2$，$\beta_V=6.0\sim11.0\ kW/m^3$。

如果只考虑动力装置的干重，则动力装置单位面积、容积和长度的重量特性可表示为

$$\begin{cases}\gamma_V=\dfrac{W_c}{V}=g_c\beta_V \quad t/m^3 \\ \gamma_F=\dfrac{W_c}{F}=g_c\beta_F \quad t/m^2 \\ \gamma_L=\dfrac{W_c}{L}=g_c\beta_L \quad t/m\end{cases} \tag{1-22}$$

同样，综合比重 γ_{VN}（γ_V 相对于单位功率）为

$$\gamma_{VN}=\frac{\gamma_V}{N_e}=\frac{g_c\beta_V}{N_e} \quad t/(m^3\cdot kW) \tag{1-23}$$

1.3.5 可靠性

动力装置的可靠性是指装置在规定的使用条件下和规定的时间内完成规定功能的能

力，表示系统、机器、设备等的工作和性能的时间稳定性的程度。因此，装置的可靠性是由各系统、设备和机械的可靠性来保证的。

在可靠性定义中，包含了时间、使用条件和规定功能三个基本因素。即使是同样的设备，如果规定的使用条件、环境条件和预期的使用期限均不相同，则可靠性也就不同。因此，笼统地讲设备的可靠性是没有意义的，必须明确规定的时间和使用条件。当然，还应明确故障的含义，即设备丧失规定功能。

对实际的系统和设备，在不进行预防性维修时或对于不可修复的设备，其故障发生率随时间而变化的情况如图 1-10 所示。

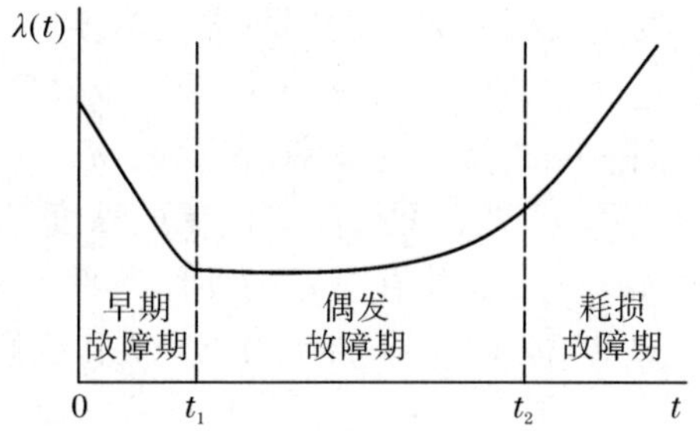

图 1-10　故障率随时间变化的"浴盆"曲线

在设备使用初期，由设备材料缺陷、制造工艺缺陷以及不适应外部环境等因素所引起的故障率随使用时间的延续呈递减趋势，这一阶段称为早期故障期。当上述缺陷暴露完毕，故障率就降到最低而进入稳定的偶发故障期，这时故障率可视为常量，故障是偶然发生的。达到设备的固有寿命后，故障率呈递增趋势，这一阶段称为耗损故障期。就设备的可靠性而言，最好在偶发故障期内工作，而且应使这一时期尽量延长，即尽量在容许的费用内延长使用寿命(即在规定故障率下的工作期限)。

衡量可靠性的数量指标主要有：

(1) 可靠度(Reliability)

指机械和设备在规定的条件下和规定的时间内完成规定功能的概率，即不发生故障的概率。可靠度是时间的函数，通常表示为 $R(t)$，又可称为可靠度分布函数，表示在规定的使用条件下和规定的时间内，无故障地发挥规定功能的工作设备占全部工作设备的百分率，其取值范围是

$$0 \leqslant R(t) \leqslant 1 \tag{1-24}$$

与可靠度相对应的是不可靠度，表示机械和设备在规定的条件下和规定的时间内不能完成规定功能的概率，又称为失效概率，表示为 $F(t)$。可靠度与不可靠度呈互补关系，即

$$R(t) + F(t) = 1 \tag{1-25}$$

(2) 失效率(Failure Rate)

又称为故障率，指设备和系统工作到 t 时刻尚未失效，在 t 时刻以后的单位时间内发生故障(失效)的概率，表示为 $\lambda(t)$。

(3) 平均寿命

对于可修复的设备，是指设备和系统在各故障间隔内正确工作的平均时间，即平均故障间隔时间 MTBF(Mean Time Between Failures)。例如，某一设备或系统的各次故障间隔时间分别为 $t_1, t_2, \cdots, t_n$，则

$$\mathrm{MTBF} = \frac{\sum_{i=1}^{n} t_i}{n} \quad \mathrm{h} \tag{1-26}$$

对于不可修复的设备，其寿命是指失效前的工作时间，表示为 MTTF(Mean Time to Failure)。

(4)设备可用率 p 与故障停运率 q

$$p = \frac{\text{每年可正常工作小时}}{8\ 760} \tag{1-27}$$

$$q = \frac{\text{计划停运时间} + \text{非计划停运时间}}{8\ 760} \tag{1-28}$$

$$p + q = 1 \tag{1-29}$$

(5)维修度(Maintainability)

发生故障的大型设备通常是修复后再使用,因此对这类设备不仅要求具有很高的可靠度,在发生故障后还要易于修理。维修度定义为设备在发生故障后,在规定的条件下和规定的时间内完成修复的概率,表示为 $M(\tau)$ 。

显然,广义的可靠性应包括可靠度 $R(t)$ 和维修度 $M(\tau)$ 两部分。广义可靠性又称为有效度 $A(t,\tau)$,是指在规定的使用条件下和规定时间内,设备保持正常使用状态的概率。

如果给定某设备的使用时间 t 和维修所容许的时间 τ,则

$$A(t,\tau) = R(t) + [1 - R(t)]M(\tau) \tag{1-30}$$

为了达到有效度要求,应在开始就做到提高可靠度或维修度。但是,如可靠度很低会经常发生故障,从而增加了维修费也是不可取的。

维修度除具有设备或系统固有质量外,还与修理工的技术熟练程度、备件、维修用具、完好程度和管理水平等因素有关。维修度也可用平均修理时间 MTTR(Mean Time to Repair)表征。设备每隔一定时间进行一次预防维修,如果在这段时间内发生故障,应立即进行事后维修,则平均修理时间为

$$\text{MTTR} = R(t)M_{\text{pt,m}} + [1 - R(t)]M_{\text{ct,m}} \tag{1-31}$$

式中,$M_{\text{pt,m}}$ ——平均预防维修时间;

$M_{\text{ct,m}}$ ——平均事后维修时间。

1.3.6　适航性

船舶在海洋上航行不可避免地要受到海洋条件的影响,船舶核动力装置在受到某种限定海洋条件下的影响仍然能保证安全运行的能力称为装置的适航性,常用装置能承受海洋条件的限度来衡量。

所谓海洋条件主要是指海洋环境对核动力装置造成的摇摆、倾斜和升沉等,会使核动力装置承受附加的加速度。因舰船长期在海洋环境中工作,所以要求核动力系统、设备和操纵机构等能在摇摆、冲击和振动条件下稳定可靠地工作。

衡量船舶承受海洋条件限度的指标主要有加速度、纵倾角度、横倾角度、纵摇角度和横摇角度等,这些安全指标在各国造船规范中均有明确要求,对于核动力装置而言,不同设备的要求也各不相同。

例如,英国劳氏暂定标准规定的冲击加速度为3g;西屋公司设计标准要求:纵倾 5°,横倾 15°,纵摇 ±7°、横摇 ±30°(周期 10 s);对有些核动力装置则要求横摇 ±45°(周期 7 ~ 9 s),纵摇 ±15°(周期6 ~8 s),长期允许在任何方向有 20°的持续倾斜,短期(不超过3 min)在任何方向允许有 45°的倾斜,冲击加速度为 3 g。

1.3.7　机动性

机动性是指动力装置在一定时间内改变运行工况的能力,主要包括以下基本内容:

(1)启动时间,即核动力装置从冷态到热态所需时间。

(2)变速能力,核动力装置改变功率水平的时间。

(3)变向能力,核动力装置正、倒车转换时间及倒航时间。

(4)续航力,即舰艇装载一次燃料所能持续航行的距离。

为了适应航海与作战的需要,舰船核动力装置应能随时启动、停闭和在短时间内大幅度改变功率。例如,对于快速升负荷工况,要求在 30 ~ 60 s 内,装置功率从 10% FP 升至 100% FP;对于快速降负荷工况,要求在 2 s 内从 100% FP 下降到 10% FP;事故停堆一般应在 0.8 ~ 1.2 s 内实现。因此,要求反应堆和各主要动力设备必须能够适应频繁、急剧的功率变化,反应堆须能在任何裂变产物中毒情况下启动,燃料元件、压力容器和回路管道须能经受温度变化引起的热冲击、热疲劳等。

1.3.8　生命力

生命力是指在遭到战斗破损或事故破损时,动力装置能够保证或者可能恢复其功能的能力,是舰船总生命力的重要组成部分。

船舶核动力装置保证生命力的主要措施有:

(1)主动力分组布置

例如,美国、苏联/俄罗斯核潜艇普遍采用二回路主推进汽轮机的双机方案,每台主机及其辅助系统构成一个动力单元,两个动力单元相对独立,可同时运行,也可互为备用。

而苏联/俄罗斯普遍装备双反应堆、双汽轮机和双推进轴,将两套完全独立的系统分别安置在各自的耐压壳内,互为备用。当一座反应堆不能提供动力时,另一座反应堆仍能保证潜艇以一定速度安全回航,提高了动力装置的生命力,并且省掉了应急动力装置。

(2)应急储备

对关键的设备完全备份。例如,美国的“飞鱼”号及其后所有核潜艇上普遍采用机械设备的“双重设置”原则,即同一设备有两套,一套工作,另一套备用。

(3)采用互换性好的设备和仪表

(4)重要设备单独供电,设置应急供电系统

(5)重要消耗品分散布置

(6)具有破损报警装置及隔离装置。

1.3.9　隐蔽性

隐蔽性是指核动力装置在运行过程中发出的物理场不被外界探测到的能力。对于核动力潜艇而言,影响隐蔽性的主要因素是噪声和放射性。

1.3.9.1　噪声

船舶核动力装置的噪声主要来源于主汽轮机的齿轮减速器、反应堆冷却剂泵和螺旋桨等设备,消除或降低噪声的主要措施有:

(1)提高反应堆的自然循环能力,低速工况下主泵不需要运行,可消除其运行噪声;

(2)采用全电力推进,取消齿轮减速器,彻底消除齿轮减速器产生的噪声;

(3)改进螺旋桨设计，提高其加工精度，或者采用新型推进器，减小推进器的运行噪声；

(4)在结构上使动力机械与船体分离，采用弹性减振机座和其他减振、消音措施，减小或消除通过船体传出的辐射噪声。

另外，核潜艇的耐压壳体采用高强度材料制造，增大下潜深度，也可以有效地降低被敌方发现的概率。

1.3.9.2 放射性

核动力舰船排放的放射性污水、气体和逃逸中子的活化产物会使海水活化物的 γ 射线能谱及放射性核素钾- 40、氯- 38、钠- 24 等的体积分布发生变化，形成可探测的核辐射特征。

控制放射性的主要措施是提高放射性废物的处理水平，控制排放，加强屏蔽。

1.4 船舶核动力装置的发展趋势

1.4.1 国外船舶核动力装置的发展情况

目前，世界上只有美国、俄罗斯、英国、法国和中国 5 个国家拥有核动力潜艇，在近半个世纪的时间里，各国总共建造了 490 余艘核潜艇，装备了约 700 座反应堆，其中 98.4% 是压水堆。截止到 2006 年的统计数据表明，国外核潜艇在役 131 艘，其中弹道导弹核潜艇(SSBN)38 艘，攻击型核潜艇(SSN)87 艘，巡航导弹核潜艇(SSGN)6 艘。美、俄、英、法等国仍在研制和建造新型核潜艇，印度也在自行研制核动力潜艇。

1.4.1.1 美国

核动力舰船推进的研究工作始于 20 世纪 40 年代，从 1954 年第一艘核潜艇“鹦鹉螺”号下水开始，至 2006 年共建造了 14 个型号 137 艘攻击型核潜艇(含正在建造的第一批“弗吉尼亚”级核潜艇)和 4 个型号 59 艘弹道导弹核潜艇。目前，美国海军在役核潜艇为 73 艘，其中攻击型核潜艇 55 艘，以“洛杉矶”级为主，弹道导弹核潜艇 18 艘，全部是“俄亥俄”级。表 1-5 所示为美国海军批量装备的核潜艇简况。

美国于 1954 年建成 A1W 陆上模式堆，经改进后的 A2W 用于第一艘核动力航母“企业”号，其后的“尼米兹”级也采用核动力装置。美国现拥有 12 艘航母，其中 3 艘“小鹰”级常规动力航母，1 艘“企业”号核动力航母，8 艘“尼米兹”级核动力航母。面向 21 世纪的新一代航母 CVN21 也将采用核动力装置。

美国海军装备的舰船动力堆主要由西屋电气公司(Westinghouse Electric Corporation)和通用电气公司(General Electric Company)提供。西屋公司发展的是 SW 系列，其中陆上建设的模式堆有 S1W、A1W，装备舰船的有 S2W、S3W/S4W、S5W、S5W-Ⅱ、S6W、A2W、A4W、C1W。通用电气发展的是 SG 系列，其中陆上建设的模式堆有 S1G、S3G、S7G，装备舰船的有 S2G、S4G、S5G、S6G、S8G、S9G、D2G、A1G。①

---

① 美国舰船动力堆的命名一般由三位字符组成，各位字符的含义如下：

第一位是英文字母，表示所装备舰艇的类别，A—航空母舰，C—巡洋舰，D—驱逐舰，S—潜艇。

第二位是阿位伯数字，表示研制的序号。

第三位是英文字母，表示研制的公司，C—燃烧工程公司，G—通用电气公司，W—西屋公司。

表 1-5　美国核潜艇的发展情况

类型	级别	水下排水量/t	动力装置	数量	建造年代
SSN	“鳐鱼”级	2 860	S3W/S4W PWR,双机,双轴双桨,7 000 hp[1)]	4	1955 ~ 1959
	“鲣鱼”级	3 513	S5W PWR,双机,单轴单桨,15 000 hp	6	1956 ~ 1961
	“长尾鲨”级	4 310	S5W PWR,双机,单轴单桨,15 000 hp	14	1958 ~ 1967
	“鲟鱼”级	4 640	S5W PWR,双机,单轴,15 000 hp	37	1963 ~ 1974
	“洛杉矶”级	6 927	S6G PWR,双机,单轴单桨,35 000 hp	62	1976 ~ 1996
	“海狼”级	9 850	S6W PWR,双机,单轴,泵喷,45 000 hp	3	1995 ~ 2001
	“弗吉尼亚”级	7 800	S9G PWR,双机,单轴,泵喷,40 000 hp	3	1996 ~ 2004
SSBN	“华盛顿”级	6 880	S5W PWR,双机,单轴单桨,15 000 hp	5	1957 ~ 1961
	“伊桑·艾伦”级	7 900	S5W PWR,双机,单轴单桨,15 000 hp	5	1959 ~ 1967
	“拉菲特”级	8 250	S5W-Ⅱ PWR,双机,单轴单桨,20 000 hp	31	1961 ~ 1967
	“俄亥俄”级	18 750	S8G PWR,双机,单轴单桨,60 000 hp	18	1976 ~ 1997

注:1)马力,1 hp = 0.735 kW。

美国船用压水堆普遍采用铀-235 富集度超过 20% 的板状燃料元件,堆芯布置紧凑,反应堆总体尺寸较小,适于潜艇的有限空间。按照美国海军武器专家诺曼·波尔玛的观点,美国研制和发展的核潜艇分为四代:

第一代核潜艇包括“鹦鹉螺”号(SSN-571)、“海狼”号(SSN-575)、“鳐鱼”级等。这一阶段主要解决的问题是:反应堆与潜艇环境的适应性,反应堆与艇上其他设备的衔接、配合运行,反应堆连续长期运行性能的验证,不同堆型在潜艇上的应用等。

SSN-575“海狼”号核潜艇装备了 S2G 液态金属冷却反应堆,这种反应堆以浓缩铀-235为燃料,铍为慢化剂,液态金属钠为冷却剂,于 1956 年 6 月 25 日达到临界,其主汽轮机使用过热蒸汽,可使潜艇的水下最高航速达到 30 kn。在航行了 23 个月之后,由于反应堆屡屡发生故障,美国海军拆除了“海狼”号核潜艇上的 S2G 反应堆,换装了与“鹦鹉螺”号核潜艇相同的 S2W 压水堆。自此以后,美国海军核潜艇全部采用压水堆核动力装置。

第二代攻击型核潜艇的典型代表是“鲣鱼”级,主要解决核潜艇采用水滴线型和水下高速航行的问题,包括核潜艇水下高速带来的机动性问题,以及采用水滴线型对核潜艇总体布置产生的影响。

第三代攻击型核潜艇的代表是“洛杉矶”级,该级核潜艇装备了大功率的核动力装置,获得了更高的水下航速,提高了水下高速航行的稳定性,特别是采用了充分的减振降噪措施,大幅度降低了潜艇的噪声。

第四代攻击型核潜艇的代表是“海狼”级和“弗吉尼亚”级,采用了大量先进技术。例如,“海狼”级为了降低潜艇的信号特征,提高综合隐身性能,采取了一系列有效的降噪措施,如安装隔音和防振装置、艇体外表面敷设消声覆盖层、采用泵喷射推进装置、采用具有很大自然循环能力的反应堆等,使核潜艇的水下静音航速达到 20 kn。

在发展不同型号核潜艇的半个世纪的历程中,美国海军十分重视核潜艇基本性能的延续性和先进性,根据不同时期的技术基础,选择不同的主要研制方向,分阶段地逐步解决核潜艇技术上的关键问题，核动力舰船的数量、吨位和技术水平在世界上始终处于领先地位。

美国船用动力堆发展的经验可以归纳为以下几点：

(1)认真、谨慎，多试少制，发展了 13 型潜艇动力堆，建设了 7 座陆上模式堆，并建造了试验性潜艇；

(2)强调反应堆技术的基础研究，尤其重视发展新概念堆型和新材料；

(3)高度重视安全可靠性，未经陆上考核和海试的技术不轻易采用；

(4)在建造过程中强调质量保证，安全裕度大。

1.4.1.2　苏联/俄罗斯

苏联于 1945 年时就已经制造出实验型核反应堆，随后便开始研制用于潜艇推进的动力堆，并于 1950 年展开设计工作。1957 年 8 月 9 日，苏联第一艘核潜艇 K-3 号(1962 年 10 月 9 日被命名为“列宁共青团”号)下水，次年 7 月 1 日服役。1959 年 12 月 3 日，世界上第一艘核动力破冰船“列宁”号正式服役。20 世纪 60 年代，开始研制液态金属冷却剂(铅-铋合金)反应堆，建造了 PM-1 型陆上模式堆。在 1950～2003 年间，苏联/俄罗斯一共建造了 248 艘核潜艇和 5 艘水面舰艇，装备了 468 座反应堆，至 2003 年仍在服役的核动力舰艇大约 60 艘。

与美国不同，苏联/俄罗斯将核潜艇划分为攻击型核潜艇、弹道导弹核潜艇和巡航导弹核潜艇三种类型，表 1-6 给出了苏联/俄罗斯批量装备的核潜艇概况。

苏联/俄罗斯开发的船用动力堆包括压水堆和铅-铋液态金属冷却堆两种类型，按时间大致可分为四代：

第一代船用核动力装置为 20 世纪 50～60 年代中期研制，其中压水堆核动力装置建造了 BM-A 型陆上模式堆，反应堆为双流程，热功率 75 MW，轴功率 17 500 hp，采用盘管式管外直流蒸汽发生器，主要装备于 H 级和 E-Ⅰ级弹道导弹核潜艇、E-Ⅱ级飞航导弹核潜艇、N 级攻击型核潜艇。同一时期研制的液态金属冷却剂(铅-铋合金)快中子反应堆也建造了 PM-1 型陆上模式堆，热功率 74 MW，轴功率 17 500 hp，装备于“阿尔法”级攻击型核潜艇。

第二代核动力装置为 60～70 年代末研制，反应堆改为单流程，简化了堆内结构，采用螺旋管式管内直流蒸汽发生器，堆芯热功率达 177 MW，轴功率为 40 000 hp，采用紧凑式布置，主要装备于 Y 级和 D 级弹道导弹核潜艇、C 级飞航导弹核潜艇、V 级攻击型核潜艇。

第三代核动力装置为 80～90 年代末期研制，是第二代的改进完善，初步实现了通用化、模块化设计，增加了可靠性和可维修性。反应堆仍为紧凑布置，热功率为 177～190 MW，轴功率为 40 000～45 000 hp，采用了列管式直流蒸汽发生器。主要装备于台风级弹道导弹核潜艇、“奥斯卡”级飞航导弹核潜艇、S 级和“阿库拉”级攻击型核潜艇。

在此期间，苏联还研制了水面舰艇用的压水堆，功率为 300 MW，装备于“基洛夫”级核动力巡洋舰上。

第四代核动力装置结构与第三代基本相同，仍为紧凑布置压水堆，采用了直管式高效直流蒸汽发生器，已经装备在 20 世纪末至 21 世纪初研制、建造的“雅森”级(又称“北德文斯克”级)攻击型核潜艇上，使潜艇的安静性有了飞跃性改进。

1.4.1.3　英国

英国于 1958 年购买了美国 S5W 潜艇压水堆，在此基础上设计建造了陆上模式堆 PWR-1。通过 PWR-1 模式堆，成功地研制了 A、B、Z 三种型号的堆芯，分别装备于“勇士”级、“快速”级和“特拉法尔加”级攻击型核潜艇和“决心”级弹道导弹核潜艇。1987 年,英国建成第二代潜艇动力堆 PWR-2 的陆上模式堆 STF-2 并投入运行,研制成功了 G 型堆芯,已装备“前卫”级弹道导弹核潜艇。表 1-7 给出了英国批量装备的核潜艇概况。

表 1-6 苏联/俄罗斯海军潜艇型号和数量

类型	级别	水下排水量/t	动力装置	数量	建造年代
SSN	N 级	4 750/4 069	2 × VM-A PWR,双机,双轴,35 000 hp	13	1955 ~ 1964
	V-Ⅰ级	4 870	2 × VM-4P PWR,单机,单轴,31 000 hp	16	1963 ~ 1975
	V-Ⅱ级	5 670	2 × VM-4P PWR,单机,单轴,31 000 hp	7	1973 ~ 1979
	V-Ⅲ级	7 889	2 × VM-4P PWR,单机,单轴,31 000 hp	26	1976 ~ 1993
	“阿尔法”级	3 100	OK-50/BM-40A LMR,双机,单轴,45 000 hp	7	1967 ~ 1982
	“塞拉”级	9 600	OK-650A/B PWR,单机,单轴,43 000/48 000 hp	4	1979 ~ 1994
	“阿库拉”级	12 120/12 770	OK-650B PWR,单机,单轴,50 000 hp	14	1983 ~ 2001
	“雅森”级	11 800	OK-650B PWR,单机,单轴,43 500 hp		
SSBN	H 级	5 000	2 × VM-A PWR,双机,双轴,30 000 hp	8	1958 ~ 1962
	Y 级	9 600	2 × PWR,双机,双轴,44 000 hp	34	1964 ~ 1975
	D-Ⅰ级	10 200	2 × VM-2 PWR,双机,双轴,52 000 hp	18	1970 ~ 1978
	D-Ⅱ级	10 500	2 × VM-2 PWR,双机,双轴,37 400 hp	4	1973 ~ 1976
	D-Ⅲ级	13 250	2 × VM-4 PWR,双机,双轴,37 400 hp	14	1974 ~ 1982
	D-Ⅳ级	13 500	2 × VM-4 PWR,双机,双轴,37 400hp	7	1981 ~ 1990
	“台风”级	33 800	2 × VM-5 PWR,双机,双轴,100 000 hp	6	1976 ~ 1990
SSGN	E-Ⅰ级	4 920	2 × VM-A PWR,双机,双轴,35 000 hp	5	1958 ~ 1964
	E-Ⅱ级	5 650	2 × VM-A PWR,双机,双轴,35 000 hp	29	1962 ~ 1969
	C-Ⅰ级	4 560	VM-4-1 PWR,单机,单轴,18 800 hp	11	1965 ~ 1972
	C-Ⅱ级	5 500	VM-4-1 PWR,单机,单轴,18 800 hp	6	1972 ~ 1981
	“奥斯卡”-Ⅰ	18 300	2 × VM-5 PWR,双机,双轴,98 000 hp	2	1975 ~ 1983
	“奥斯卡”-Ⅱ	18 300	2 × VM-5 PWR,双机,双轴,98 000 hp	11	1982 ~ 1997

表 1-7 英国核潜艇的发展情况

类型	级别	水下排水量/t	动力装置	数量	建造年代
SSN	“无畏”号	4 000	1 × S5W PWR,双机单轴单桨,15 000 hp	1	1960
	“勇敢”级	4 900	1 × NR-2 PWR,双机单轴单桨,16 000 hp	5	1962 ~ 1990
	“敏捷”级	4 900	1 × PWR-1,单机单轴单桨,15 000 hp	5	1973 ~ 1981
	“特拉法尔加”级	5 208	1 × PWR-2,双机单轴泵喷,27 500 hp	7	1979 ~ 1991
	“机敏”级	7 200	1 × PWR-2,双机单轴泵喷,27 500 hp	3	2001 ~ 2012
SSBN	“决心”级	8 500	1 × PWR-2,单机单轴单桨,16 000 hp	4	1964 ~ 1996
	“前卫”级	15 850	1 × PWR-2,双机单轴泵喷,27 500 hp	4	1986 ~ 1999

1.4.1.4 法国

法国 1960 年开始建造 PAT 陆上模式堆。PAT 型分散布置压水堆通过蒸汽透平、减速齿轮带动螺旋桨,轴功率为 16 000 hp。1971 年开始建造攻击型核潜艇上使用的 CAP 型陆上模式堆,燃料元件采用棒状。1983 年开始服役的“红宝石”级攻击型核潜艇装备了 CAS-48 一体化压水堆,热功率为 48 MW,轴功率为 9 500 hp,采用板状燃料元件。

新研制的 K-15 型自然循环一体化压水堆,单堆功率为 150 MW,轴功率为 41 000 hp。该堆已装备“凯旋”级弹道导弹核潜艇和“戴高乐”号核动力航母。

2000 年 9 月建成核动力航母“戴高乐”号,满载排水量 40 578 t。表 1-8 所示为法国核潜艇的发展情况。

表 1-8 法国核潜艇的发展情况

类型	级别	水下排水量/t	动力装置	数量	建造年代
SSN	“红宝石”级	2 670	1 × CAS-48 PWR,双机电推单桨,9 500 hp	6	1976 ~ 1996
	“梭鱼”级	5 100	1 × K-15A PWR,双机单轴泵喷,41 500 hp	6	2007 ~ 2027
SSBN	“可畏”级	8 940	1 × PWR,双机电推单桨,16 000 hp	5	1964 ~ 1980
	“不屈”级	8 920	1 × PAT PWR,双机电推单桨,16 000 hp	4	1979 ~ 1985
	“凯旋”级	14 335	1 × K-15 PWR,双机单轴泵喷,41 500 hp	4	1993 ~ 2008

1.4.2 船舶核动力装置技术发展趋势

1.4.2.1 提高安全性与可靠性

提高核反应堆的安全性是各国发展的重点,主要有以下几个方面:

(1)提高反应堆的固有安全性。固有安全性是指反应堆在运行参数偏离正常时能依靠自身物理规律趋向安全状态的性能。例如,压水堆的慢化剂温度系数和燃料多普勒系数一般为负值,在功率波动时,反应堆具有一定的自稳自调能力,这就是固有安全性的一种体现。在反应堆设计中引入固有安全性,是保证反应堆安全的重要方法。

(2)提高反应堆的自然循环能力。目标是在额定功率下,可在全船断电、主泵失效等情况下,保证堆芯的安全,并可在停堆后依靠自然循环导出堆芯余热。

(3)应用非能动安全系统,彻底解决安全系统只能依靠艇上电力才能投入使用的问题,使核动力装置在各种事故条件下,不需人为操作,能自动保证反应堆的安全。

依靠重力、对流、蒸发等自然过程自动处理各种事件,即使在发生严重失水事故时,也能保证堆芯得到充分冷却;由于不需要运行人员操作,可以避免人为误操作的发生。

(4)提高反应堆的自动控制水平,减少误操作。

1.4.2.2 增长堆芯寿命

堆芯寿命是指一个新堆芯或换料后的堆芯在满功率运行条件下有效增殖因子 k_{eff} 降到 1 时的时间。简单地说,堆芯寿命是指反应堆一次装料后满功率运行所使用的时间。

核潜艇反应堆采用长寿命堆芯,可以减少潜艇在服役期内的换料次数,提高核潜艇的在航率,从而提高战斗力。减少换料次数,还可以减少放射性废物的排出量,减少对艇壳进行大切口的次数,提高核燃料利用率等。

长寿命堆芯的关键是设计长寿命燃料元件,研制耐腐蚀、耐辐照材料。优化燃料元件和堆芯结构,提高转换比和堆芯中子经济性,燃料元件采用稠密栅布置,采用可燃毒物控制,对控制棒进行程序控制,适当加大燃料的初始装载量。

国外潜艇普遍采用高浓铀、锆包壳、片状和板状元件,铀锆合金或 UO_2-Zr_4,铀-235 富集度在 20%以上, S6G、S8G、S9G 达 40%左右。堆芯寿命由最初的 2 年增至现在的 30 年,美国研制的 S9G 反应堆的寿命已达 33 年,在整个服役期内堆芯不换料。

表 1-9 所示为美国潜艇用反应堆的概况。

表 1-9　美国潜艇用反应堆的概况

堆名	S5W	S5W-Ⅱ	S5G	S6G	S8G	S6W
堆型	PWR	N-PWR[1)]	N-PWR	N-PWR	N-PWR	PWR
堆功率/MW	60	85～100	60	160	250	250
轴功率/hp	15 000	20 000～25 000	17 000	40 000	60 000	60 000
换料周期/a	4～5	4～5	9	10～13	10～13	10～13
续航力/ $\times 10^4$ n mile	12	12	35～40	100	100	100
初次投运时间	1958	1961	1969	1976	1981	1995

注:1) N-PWR——自然循环压水堆。

1.4.2.3　增强反应堆的自然循环能力

现代船用压水堆核动力装置不断提高反应堆的自然循环能力,利用反应堆冷却剂循环回路中热段和冷段内冷却剂的密度差所产生的驱动压头实现冷却剂的循环,而不是使用循环泵作动力进行强制循环。

自然循环压水堆有如下优点:

(1)提高反应堆的固有安全性。反应堆冷却剂系统具有一定的自然循环能力,在不启动主泵的情况下,反应堆仍可发出相当功率,即使发生主泵故障、失水事故和断电事故,一回路中的冷却剂仍能带走剩余热量。因此能保证事故情况下反应堆的安全,避免堆芯熔化。由于冷却剂是被动地靠流体的密度差进行循环,因此不存在误操作问题。

(2)降低噪声。可使潜艇在低速、低噪声的工况下航行,增强了核潜艇的隐蔽性。核潜艇在中低速工况下采用自然循环,在高速、满功率时使用主泵,这样,不启动主泵,从而消除了潜艇一大噪声源,提高了潜艇的安静性。

(3)简化系统和设备。核潜艇采用自然循环压水堆装置,降低了反应堆的运行及安全系统对主泵供电可靠性要求的依赖程度,可以简化电网供电、节省电能,提高机械和电气设备的可靠性。

提高自然循环能力的主要措施有:

(1)蒸汽发生器的安装位置相对于反应堆中心位置应尽量高,以增大蒸汽发生器和反应堆堆芯之间的热中心位差,但受核潜艇壳体尺寸限制。

(2)减小反应堆及一回路系统内的流动阻力,如采用单流程堆芯,简化堆内结构,流动阻力较小,冷却剂流量大,有利于增大自然循环能力;尽量缩短冷却剂在蒸汽发生器、主管道中的流经路程，简化系统及设备的内部结构，减少管道弯头数量及其长度；反应堆冷却剂系统采用紧凑式布置或者一体化布置。

（3）强化蒸汽发生器的换热特性，在不增加一次侧流阻的条件下减少热阻。

（4）增大堆芯进、出口冷却剂的温差，适当提高堆芯含汽量，以提高反应堆冷却剂系统中冷却剂的密度差，但受反应堆热工安全性的限制。

（5）采取适当的控制措施，减小海洋条件对自然循环的不利影响。

国外装备的自然循环压水堆装置分为两类，一是分散布置自然循环压水堆，如美国的S5G、S6G、S8G等；二是一体化自然循环压水堆，如法国的CAS-48和K-15。值得一提的是，法国核潜艇装备的CAS-48和K-15一体化压水堆的自然循环能力达80%，而俄罗斯目前正在研制的ABV-6Y潜艇用一体化压水堆可以实现100%自然循环。

1.4.2.4　减振降噪

核潜艇的辐射噪声主要包括机械噪声、螺旋桨噪声和水动力噪声，其中，机械噪声主要来自于主机的齿轮减速器和反应堆冷却剂泵。

齿轮减速器的噪声既是结构噪声源又是潜艇中最大的空气噪声源之一，美国“鹦鹉螺”号核潜艇主机的齿轮减速器噪声级曾达到106 dB，早期建造的一条弹道导弹核潜艇的齿轮减速器噪声级甚至达到了145 dB，严重影响核潜艇的隐蔽性。

螺旋桨在水中转数过高，在前进的方向就会因为螺旋桨翼而产生负压，特别是在翼端会产生气泡，气泡破裂时会产生很大的声音，并使推进效率显著降低。一旦推进器的桨叶产生空泡，则噪声将大大增强，推进器噪声成为潜艇的主要噪声。因此，主推进螺旋桨的转速通常为数百转，低速航行时则只有数十转。

推进器噪声是核潜艇的主要噪声源之一，由于推进器暴露在艇体外，很容易向水中辐射噪声。在低航速时，推进器的低频线谱噪声的频率低、强度大，且能辐射到很远的海区；在中、高航速时，旋转噪声随航速而增强，逐渐超过低频线谱成为潜艇的主要噪声。

螺旋桨噪声是潜艇高速航行时辐射噪声的主要成分，以高频为主，伴有潜艇独特的声纹，是探测识别潜艇的最突出线索。现代声呐技术已经能够识别出哪一型潜艇的哪一艘。因此，螺旋桨降噪是潜艇降噪中相当重要的一个环节。

在20世纪60年代，国外核潜艇的辐射噪声水平大致为145～170 dB，几十年来，美、俄、英、法等国一直致力于各种减振降噪技术的研究和应用，取得了很大的进展，目前的辐射噪声水平已降低到90～100 dB，低于海洋环境的噪声水平。

国外核潜艇采用的减振降噪技术主要有：

（1）提高反应堆自然循环能力，消除主泵运行产生的噪声。

依靠反应堆的自然循环能力，在低速航行时不需要主泵运行，消除了主泵运行产生的噪声。目前，各国核潜艇装备的反应堆都具有较强的自然循环能力，最高可达80% FP以上，美国的“海狼”级核潜艇依靠反应堆的自然循环能力可以达到20 kn的航速。

（2）采用全电力推进，消除齿轮减速器的运行噪声。

全电力推进系统由于取消了减速齿轮箱，彻底消除了减速齿轮箱带来的噪声，避免了汽轮机的冲击、振动传到螺旋桨上；电动机可过载快速启动，增加了核潜艇的机动性；发电机和推进电动机之间为电气连接，因而系统设备在潜艇上的布置灵活，给总体布置带来了方便；可以方便地实现远距离控制，提高控制的自动化程度。法国“红宝石”攻击型核潜艇采用了全电力推进。

(3)在结构上使动力机械与艇体分离,采用弹性减振机座和其他减振、消音措施。

英国率先在核潜艇上采用浮筏隔振技术,将主汽轮机、减速齿轮箱、发电机组等主要设备安装在整体浮阀上,动力装置与艇体之间不是刚性连接,噪声不易辐射传出,再综合采用吊挂防振、抑制噪声、隔声减振等措施,降噪效果可达50~60 dB。美国、苏联分别于20世纪70年代和80年代先后采用并发展了此项技术,使整艇降噪效果出现了一个飞跃。

(4)改进螺旋桨设计,提高螺旋桨加工精度。

改进传统螺旋桨的结构,采用7叶大侧斜变距螺旋桨,使叶片周向载荷均匀,减少空泡,尾部伴流分布均匀。螺旋桨叶片选用高阻尼合金材料(如英国的镍-锑合金、日本的铁-铬-铝合金等),可抑制桨叶振动,降低辐射噪声,使减振效果提高了近20倍。采用气幕降噪技术,将艇内空气喷到桨叶低压区,延缓空泡噪声的产生,可降低噪声10~20 dB。

(5)采用喷水推进、电磁推进及磁流体推进(MHD)技术。

20世纪80年代中期,英国在"特拉法尔加"级核潜艇上首先使用了新型13叶泵喷射推进器(Pump Jet Thruster)。与同一推进功率水平的螺旋桨相比,这种泵喷推进器的直径较小,艇体附体阻力小,操纵性好,克服了传统螺旋桨的主要缺点,提高了推进效率,噪声降低幅度可达20 dB以上。随后,英国在"前卫"级和"机敏"级核潜艇上、法国在"凯旋"级核潜艇上、美国在"海狼"级和"弗吉尼亚"级核潜艇上均采用泵喷推进器取代已被广泛应用的7叶大侧斜螺旋桨。据不完全统计,至今世界上以泵喷推进器作为推进方式的核动力潜艇已达几十艘之多。

采用泵喷推进的潜艇与采用大侧斜螺旋桨推进的潜艇相比,最大的优点是可以大幅度降低潜艇推进器的辐射噪声、提高潜艇的低噪声航速。以美国"海狼"级攻击型核潜艇为例,该艇水下最高航速30 kn以上(有报道可达35 kn),水下30 m时的低噪声航速大于20 kn,辐射噪声接近于海洋环境噪声,被美国官方称为当今世界上最安静、最快的潜艇。

采用减振降噪措施的目的,是为了提高核潜艇的隐蔽性。如果潜艇的耐压壳体采用高强度材料制造,增大下潜深度,也可有效降低被敌方探测到的概率。目前,国外在役的核潜艇有80%左右下潜深度在400 m以上。俄罗斯采用重量轻、比强度高的钛合金作为潜艇壳体材料,使"塞拉"级核潜艇的下潜深度达到750 m。美国"海狼"级核潜艇采用HY-100钢制造壳体,可以下潜610 m。

思 考 题

1. 核能具有哪些特点?用作船舶动力具有哪些优越性?
2. 船舶核动力装置的船用条件有哪些?
3. 船舶轴功率与排水量、航速之间的关系是什么?
4. 核动力装置安全设计原则有哪些?各包含哪些内容?
5. 装置可靠性如何定义?
6. 什么是装置的生命力?提高装置生命力的措施有哪些?
7. 提高船用核动力装置隐蔽性的措施有哪些?
8. 船用核动力装置技术的发展趋势有哪些方面?

第 2 章　反应堆冷却剂系统

反应堆冷却剂系统是核动力装置一回路的核心系统，通过冷却剂的循环将反应堆堆芯产生的热量导出，传递给蒸汽发生器二次侧工质，也称为主冷却剂系统。

2.1　概　述

2.1.1　系统功能及组成

反应堆冷却剂系统的主要功用是：

(1) 正常运行时，将堆芯产生的热量传输给蒸汽发生器二回路侧工质，使其产生蒸汽；

(2) 反应堆停堆时，与二回路蒸汽排放系统配合，排出堆芯剩余热量的一部分；

(3) 事故工况下，依靠冷却剂自然循环实现堆芯的应急冷却；

(4) 为包容在运行温度和压力下的冷却剂提供一个完整的承压边界，是防止放射性物质向外扩散的第二道安全屏障。

反应堆冷却剂系统的范围一般为包括驱动机构包壳在内的反应堆压力容器、蒸汽发生器一回路侧、反应堆冷却剂泵（简称主泵）、稳压器以及到释放阀和安全阀的管系、连接上述设备的管道以及管道附件、支管上的隔离阀以及高压管道。

不同类型的舰船压水堆核动力装置的反应堆冷却剂系统组成原理基本相同，但各有特色，图 2-1 所示为典型的船用反应堆冷却剂系统。

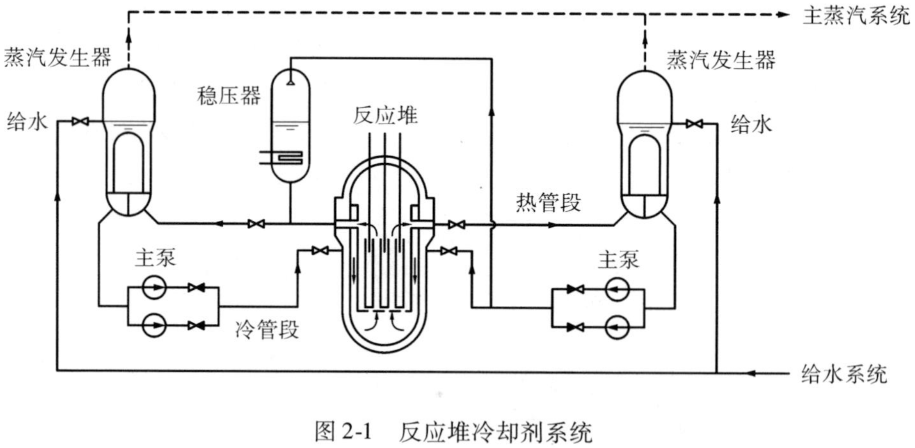

图 2-1　反应堆冷却剂系统

系统由两个连接到反应堆压力容器的对称环路组成，每个环路包括 1 台蒸汽发生器和 2 台相互备用的主泵，每台主泵出口的管道上均设置止回阀，以防止工作主泵出口的流体通过备用主泵倒流。2 个环路共用 1 台稳压器。

连接反应堆压力容器出口至蒸汽发生器入口的主冷却剂管道输送的是温度较高的冷却

剂，通常称为热管段(hot leg)，连接蒸汽发生器出口至反应堆压力容器入口的主管道输送的是温度较低的冷却剂，通常称为冷管段(cold leg)，主管道在靠近反应堆进、出口处均设有主闸阀。稳压器通过下部的波动管与主系统的热管段相连，通过上部的喷淋管与主系统的冷管段相连。

反应堆冷却剂系统正常运行时，主闸阀均处于全开状态，每个环路中各有一台主泵投入运行。冷却剂在主泵的驱动下，流经反应堆堆芯吸收燃料元件的释热，冷却剂温度升高，在流经蒸汽发生器时将热量传递给二回路工质，使其产生一定温度和压力的蒸汽，冷却剂温度降低，返回至主泵入口，开始下一次循环。如果其中一个环路出现故障或事故，例如发生蒸汽发生器传热管破裂(Steam Generator Tube Rapture，SGTR)、两台主泵全部损坏或者主管道破口等，为了保证核动力舰船仍有一定的机动性，可关闭故障环路的主闸阀将其与反应堆压力容器隔离，同时反应堆功率迅速降至50%以下，正常环路继续运行，这种状态称为单环路运行。

2.1.2　设计要求

为保证系统功能的实现，反应堆冷却剂系统的一般设计要求如下：

(1)在正常运行工况和局部事故工况下，能提供足够的冷却剂流量，保证堆芯得到充分冷却，防止燃料元件烧毁，稳定、连续地将堆芯热量传输给蒸汽发生器二回路侧工质。

(2)系统要有一定的自然循环能力。

当主泵停止工作时，依靠冷却剂的自然循环也能导出一定的堆芯热量，使核动力装置在较低的功率水平运行。因事故引发紧急停堆时，在余热排出系统投入运行之前，可通过自然循环导出堆芯余热，防止燃料元件熔化，不致使反应堆达到危险状态。为了获得一定的自然循环能力，蒸汽发生器位置要高于反应堆压力容器，还应改进系统设计，以减小流动阻力。

(3)主泵应有一定的惯性。

在发生断电事故时，主泵依靠自身的惯性能够惰转一段时间，转速不会马上降到零，堆芯冷却剂流量的下降特性应保证在一定时间内不会造成燃料元件烧毁。图2-2所示为主泵的惰转特性曲线，主泵惯性越大，其惰转时间就越长，因此，为了增加主泵的惯性，通常在主泵的驱动电机上增加飞轮。

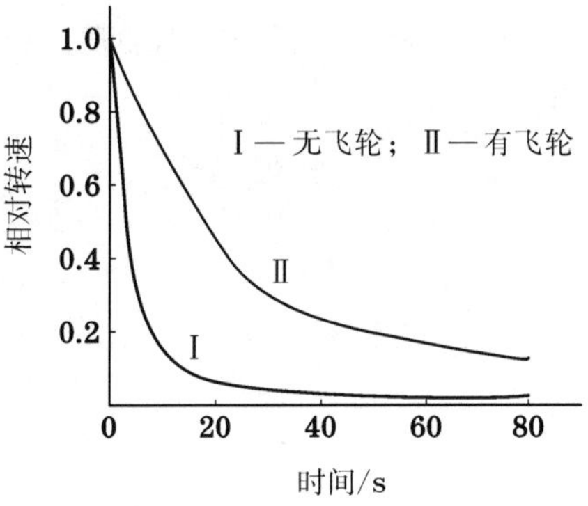

图 2-2　主泵的惰转特性曲线

(4)一台主泵因某种原因突然停转时，不得造成反应堆冷却剂系统失效。

通常情况下，每个环路都设置两台主泵，一台运行，另一台备用。工作主泵如发生故障，备用泵可迅速启动，确保冷却剂在系统中的循环。

(5)反应堆冷却剂系统应具有耐冲击和抗震(船舶振动引起的)能力，并适应舰船运动稳定性的要求。

为了克服由于船体运动而产生的上下方向加速度的影响，将蒸汽发生器二回路侧水面部分的直径加大，以减少水位波动。同时，使反应堆的重心位于船体纵剖面上并使其位置尽量低，以利于船体的稳定性。蒸汽发生器布置在船体中心线附近，以减少横向摇摆产生的上下方向加速度。为了克服加速度的影响,反应堆压力容器、蒸汽发生器和主泵全都固定在舱室基座上。为了减少热膨胀,反应堆冷却剂系统管道的长度尽量缩短,而且选用强度较高的材料。

(6)应满足反应堆冷却剂系统边界完整性准则的要求。

压水堆核动力装置在正常运行时,反应堆冷却剂处于高温高压状态,为了避免反应堆冷却剂系统破损造成放射性物质外泄,反应堆冷却剂系统的设计制造应按最高质量标准进行,以保证设备及系统的可靠性。

(7)系统双重设置,并保证能各自独立工作,增加装置的生命力。

反应堆冷却剂系统由两个相对独立的对称环路组成,其中任意一个环路失效,另一个环路仍能单独运行。

2.1.3 系统主要参数

以日本核商船“陆奥”号为例,其反应堆冷却剂系统也由两个环路组成,主管道材料为SUS32,内径203 mm,壁厚14 mm,每个环路的流量为900 t/h。

反应堆额定热功率为36 MW,系统采用冷却剂平均温度不变的运行方案。在全功率时,堆芯冷却剂额定流量为1800 t/h,蒸汽发生器入口处的冷却剂温度为285 ℃ ,出口处为271 ℃,平均温度为278 ℃;零功率时,蒸汽发生器进、出口冷却剂温度均为278 ℃。因此,由于蒸汽发生器传热面不变,所以在全功率时产生251 ℃的饱和蒸汽,压力为3.92 MPa,零功率时产生278 ℃的饱和蒸汽,压力为6.13 MPa。

考虑到反应堆出口处热负荷必须低于临界热负荷、船体运动所产生的加速度影响、测量仪表的误差等诸项因素,将反应堆冷却剂系统的运行压力确定为10.78 MPa。由于负荷变化会引起压力波动及测量仪器带来的误差,所以排放压力定为12.26 MPa,设计压力定为13.24 MPa,设计温度为333 ℃。

蒸汽发生器传热管的设计外压与二回路系统设计压力相等,为6.67 MPa,但蒸汽发生器壳侧以及至安全壳处的隔舱截止阀的蒸汽管、给水管及排放管的设计压力均与一回路压力相等。

2.2 蒸汽发生器

蒸汽发生器是连接一、二回路系统的关键设备,用于将冷却剂带出来的堆芯热量传递给二回路工质,产生一定压力和温度的蒸汽,供应汽轮机装置及其他设备用汽。

在设计蒸汽发生器时,应遵循以下几个原则:

(1)在任何运行工况下,必须满足二回路系统所需的蒸汽流量及蒸汽参数要求;同时,尽可能改善蒸汽发生器的传热性能,提高热经济性。

(2)确保蒸汽发生器的工作可靠性,防止传热管腐蚀破裂。

蒸汽发生器传热管两侧流动的分别是一回路冷却剂和二回路工质,一回路冷却剂具有放射性,运行压力远高于二回路工质。一旦蒸汽发生器传热管出现破裂,放射性物质就会进入二回路系统,造成放射性物质扩散事故。根据压水堆核动力装置事故统计数据,蒸汽发生器传热管破损在核动力装置事故中占据重要位置,对核动力装置运行的安全性和经济性都有很大影响。因此，蒸汽发生器传热管作为一回路承压边界的组成部分必须确保其完整性。运行经验表明，蒸汽发生器传热管的破裂主要是由腐蚀引起的，这就要求在设计时选用抗腐蚀能力强的金属材料，制造时改进工艺、提高加工水平，运行时严格控制水质。

奥氏体不锈钢(0Cr18Ni10Ti)具有很强的抗腐蚀能力，早期被广泛用于制造蒸汽发生器传热管，但其抗应力腐蚀能力较差，近年来普遍采用抗应力腐蚀能力更强的镍基合金材料，包括抗应力腐蚀的新型不锈钢。

(3)尽可能尺寸小、重量轻，便于运输和安装。

蒸汽发生器的尺寸和重量在很大程度上取决于传热面的大小，并与冷却剂的参数、传热管的结构和材料有关。一、二回路之间的平均传热温差直接影响蒸汽发生器的传热面积，增大平均传热温差可减少蒸汽发生器的尺寸和重量，但增大温差会增加换热的不可逆损失，降低核动力装置的经济性。目前，一、二回路间的平均传热温差一般不超过 40 ℃。

(4)结构简单，便于维修及适于在反应堆舱内的布置。

按二回路工质在蒸汽发生器中的流动方式，压水堆核动力装置中使用的蒸汽发生器可分为自然循环式及直流式两类。

2.2.1　自然循环蒸汽发生器

自然循环蒸汽发生器又可分为立式自然循环蒸汽发生器和卧式自然循环蒸汽发生器，其中立式 U 形管自然循环蒸汽发生器在船舶核动力装置中应用较为普遍。

2.2.1.1　典型结构

图 2-3 所示为“陆奥”号所用的蒸汽发生器，典型的立式 U 形管自然循环蒸汽发生器主要由下封头、管板、U 形管束、汽水分离装置及筒体组件等组成。

(1)筒体组件

蒸汽发生器筒体组件包括上封头、上筒体、锥形体、下筒体等部分。

上封头通常为标准椭球形，以碳素钢或低合金钢钢板冲压而成。蒸汽出口管嘴中有若干个小直径文丘里管组成的限流器，用于在主蒸汽管道破裂事故时限制最大蒸汽流量，防止堆芯由于过冷引起超临界。

上、下筒体均为圆柱形，一般采用碳素钢或低合金钢钢板卷板焊接制成。下筒体内容纳传热管束、管束套筒等部件，下端与管板连接，上端通过锥形筒体与容纳汽水分离器的直径稍大的上筒体连接。给水接管装在上筒体下部，与筒体内部的环形给水分配管相连，给水环管上开有若干非均匀布置的分配孔，对应管束热端的部分开孔较多，对应管束冷端的部分开孔较少，以保证冷、热两侧的蒸发量大致相等，改善管束区的热工水力特性。

(2)下封头

下封头为半球形，用低合金钢铸件制造或用锻件冲压制成，上端与用低合金钢锻件制造的管板焊接在一起。下封头内部用耐腐蚀的奥氏体不锈钢或者镍基合金制成的隔板分隔为一次侧冷却剂进、出口两个水室，水室内与冷却剂接触的表面堆焊不锈钢覆盖层，每个水室都有一个与反应堆冷却剂系统相连的接管和一个便于检修人员接近传热管与管板间焊缝的人孔，平时人孔用内衬不锈钢薄板的低合金平盖板封闭。

(3)管束和管板

在早期核动力装置中，传热管材料主要采用 18-8 奥氏体不锈钢，近年来普遍采用因科

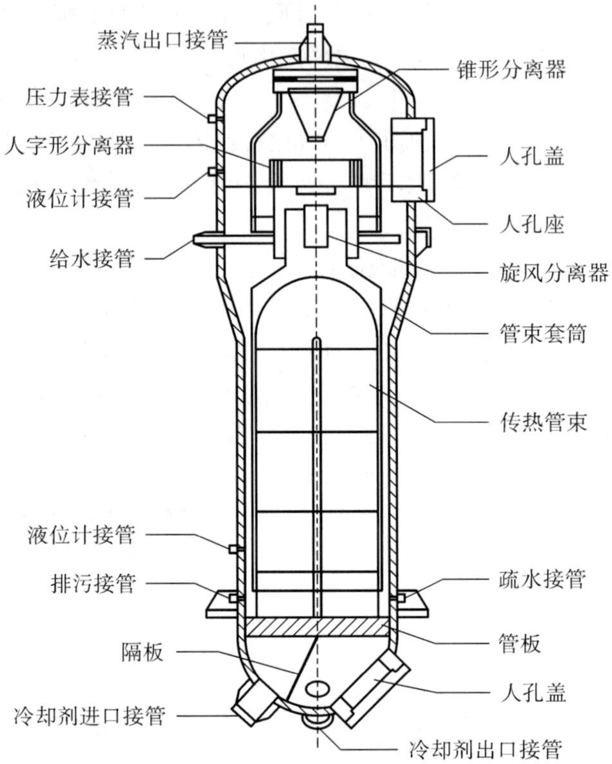

图 2-3　立式 U 形管自然循环蒸汽发生器

镍(Inconel)合金或者因科洛依(Incoloy)合金。为了防止发生应力腐蚀破裂,U 形管在弯管之后要进行热处理以消除应力,或者对传热管整个表面进行喷丸处理。

U 形管按正方形或正三角形排列,由沿管束长度方向分布的水平支撑板保持传热管间距,管束拱形部分采用防振条固定,以避免运行过程中流体流动诱发振动导致管束损坏。传热管束直段部分设有若干块支撑板,每块支撑板由管束套筒内壁面的支撑块支撑,所有支撑板用拉杆固定在管板上。支撑板用不锈钢制成,上面钻孔作为传热管通道,支撑板的结构设计需要考虑二次侧流体通过能力、流动阻力、限制流动引起的振动以及管-孔间隙中化学物质的浓缩等因素,经过改进的设计为四叶梅花形孔,如图 2-4 所示。

传热管束固定在管板上。管板一般厚达数百毫米,上面的管孔多达数千个,管板下表面与冷却剂相接触,堆焊一层与传热管材料相同的合金。U 形传热管的进、出口端在管板钻孔的全深度上进行胀管,并在管板下表面堆焊的合金层对传热管端部和管板进行密封焊,以保证传热管与管板间贴合良好,消除传热管与管板的间隙,避免化学物质在间隙内浓缩造成腐蚀。

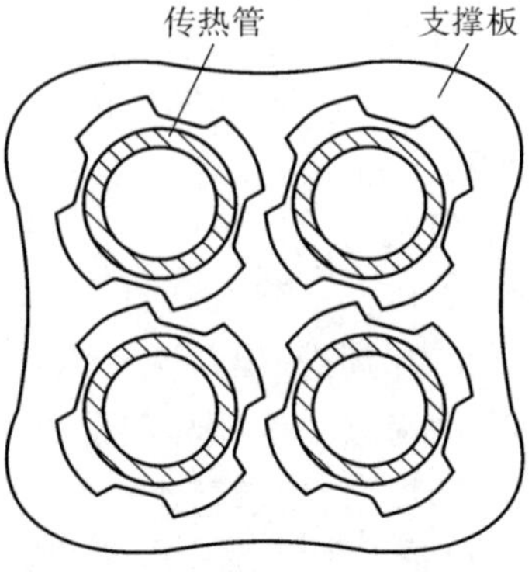

图 2-4　支撑板四叶梅花形孔

传热管束外设有管束套筒,将蒸汽发生器二次侧分隔为上升通道和下降通道,其中管束套筒内壁面与传热管束外表面之间的通道为上升通道,管束套筒外壁面与蒸汽发生器筒体内壁面之间的环形通道为下降通道。管束套筒下端与管板上表面之间留有间隙,使下降通道的水能够进入上升通道。

管束套筒下部设置一块流量分配板,用于分配进入上升通道冷、热侧的二次侧工质流量。流量分配板与传热管束中间的管通道挡块相结合,使下降通道的水横向进入管束区域时以足够的速度有效地冲刷管板表面,以避免二次侧腐蚀产物的聚积,减少管板上表面附近的传热管在积垢中腐蚀的危险性。

(4)汽水分离装置

自然循环蒸汽发生器产生的是饱和蒸汽,如果送往二回路用汽设备的蒸汽湿度过大,夹杂在蒸汽中的水滴和溶于水中的盐分会造成汽轮机通流部分积盐、汽轮机效率降低,并影响汽轮机工作的可靠性。因此,必须设置汽水分离装置,用于除去蒸汽中携带的水分,提高饱和蒸汽的干度,以保证向汽轮机供应干燥、清洁的饱和蒸汽。汽水分离装置位于蒸汽发生器上筒体内,目前通常采用一次分离器和二次分离器进行两级汽水分离。

一次分离器为筒状旋叶式分离器,用于对离开传热管束的含有大量水分的汽水混合物进行初级分离,其结构如图 2-5 所示。

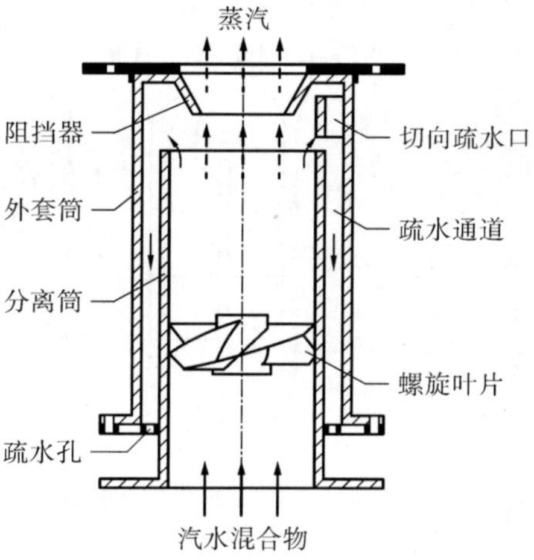

图 2-5 旋叶式分离器

分离筒内装有一组固定的螺旋叶片,当汽水混合物沿竖直导管自下而上流过螺旋叶片时,由直线运动变为旋转运动,由于离心力的作用,蒸汽中的水滴分离出来并在分离筒内壁面上形成环状水层,被蒸汽携带向上流动。蒸汽上升到分离筒顶端,从与筒体保持同轴的蒸汽出口管流出;分离出的水沿壁面螺旋上升至疏水环,然后折流经分离筒与外套筒构成的疏水通道进入水空间。

二次分离器为波纹板分离器,用于对一次分离器出来的蒸汽中残余的水分进行细分离,收集起来的水被排放到给水分配环上方的环形空间,在那里与旋叶分离器分离出来的水汇合,然后进入下降通道成为再循环水。经过两级分离后,干度达到 99.75% 的饱和蒸汽汇集于蒸汽发生器顶部,从蒸汽出口管引出,经二回路主蒸汽管通往汽轮机。

波纹板分离器按照布置方式可分为立式和卧式两种类型。卧式波纹板水平放置,蒸汽流动方向与疏水流动方向相反,由于疏水与汽流对冲,只有在入口蒸汽流速很低的情况下才能进行有效分离;立式波纹板竖立放置,蒸汽流动方向与疏水流动方向垂直,疏水条件大大改善,允许较高的入口蒸汽流速。带钩波纹板是在立式波纹板基础上发展起来的一种新型细分离元件,在核动力装置中得到了广泛应用,图 2-6 所示为其工作原理。

蒸汽在曲折通道内多次改变流动方向,从而使携带的小水滴被分离出来。波纹板上的多道挡水钩收集板面水膜并捕集蒸汽流中的水滴,汇集后沿凹槽流入疏水装置,从而避免了立式波纹板因水膜越积越厚而易被蒸汽吹破的缺点,因而带钩波纹板可以比立式波纹板有更高的流速以及允许更大的高度。

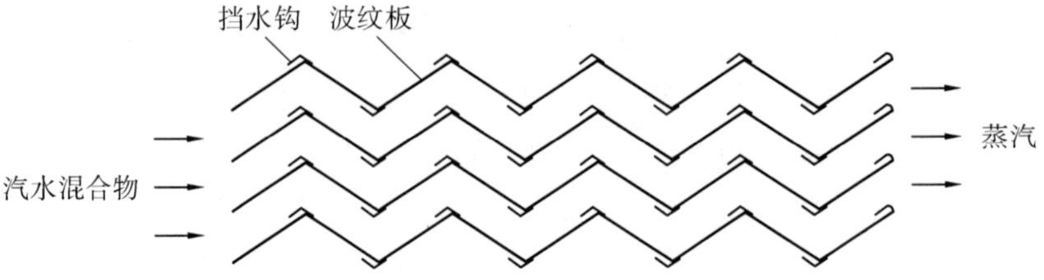

图 2-6　带钩波纹板分离器工作原理

2.2.1.2　工作原理

图 2-7 所示为立式 U 形管自然循环蒸汽发生器工作原理图。

在一回路侧，来自反应堆出口热管段的冷却剂由下封头进口管嘴进入进口水室，穿过管板进入 U 形管束，将热量传递给二回路侧工质，冷却剂在流出 U 形管束后通过出口水室，再从下封头出口管嘴流出，由冷却剂泵输送回反应堆。

在二回路侧，给水在给水泵的输送下由给水接管进入蒸汽发生器，通过给水分配环流向管束套筒与壳体之间的环形下降通道，与来自汽水分离装置的再循环水汇合后向下流动，在底部通过管板上表面与管束套筒之间的缺口进入并横向冲刷管束，然后折流向上沿纵向冲刷管束，在管束间流动的过程中被传热管内部流动的一次侧冷却剂加热，经历对流换热和沸腾换热两个阶段逐渐汽化，汽水混合物向上流动，离开管束弯管区后进入汽水分离器，两级汽水分离器使蒸汽湿度降低到 0.25% 以下，分离出的疏水进入再循环，饱和蒸汽经过装有蒸汽限流器的出口管嘴流出，送往汽轮机做功。

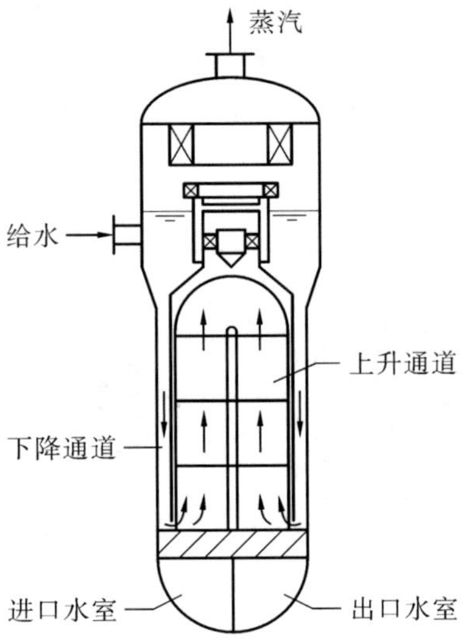

图 2-7　二次侧工质自然循环原理

自然循环式蒸汽发生器二次侧的循环回路由下降通道、上升通道和连接二者的管束套筒缺口以及汽水分离器等组成，下降通道是管束套筒外壁面与蒸汽发生器筒体内壁面之间的环形通道，上升通道则由管束套筒内壁面和传热管束外壁面之间的通道组成。

在上升通道产生的湿饱和蒸汽流经汽水分离装置时被分离出来的水称为再循环水，这些饱和水流入下降通道与给水流量相混合，混合后的流量称为循环流量。循环流量既是下降通道的总流量，也是上升通道的总流量。在稳态工况下，循环流量等于再循环流量与给水流量之和，蒸汽流量等于给水流量。

蒸汽发生器在运行时，下降通道中的流体为给水与再循环水的混合物，基本上不含蒸汽，可视为单相冷水，而上升通道中的流体在流经传热管内的冷却剂加热下逐渐形成汽水两相混合物，因此下降通道中的流体密度大于上升通道中的流体密度，在同一系统压力下，两者的密度差形成的驱动力驱使单相冷水沿下降通道向下流动，汽水混合物沿上升通道向上流动，从而建立起自然循环。

衡量自然循环状况的指标是循环倍率，可以表征蒸汽发生器二次侧的流动状态，对于传热管的腐蚀、流动稳定性、传热特性以及分离器的运行都有重要影响。循环倍率定义为上升通道内汽水混合物总质量流量与蒸汽质量流量的比值，图 2-8 所示为循环倍率与负荷的关系。一般情况下，蒸汽发生器在设计状态时的循环倍率大于 4 ~4.5，主要考虑的因素如下：

（1）传热要求

循环倍率低，意味着管束出口区空泡份额高，因而传热差。为了保证管壁润湿，特别是防止局部区域出现缺液或干涸，一般要求管束出口处的蒸汽含量不超过 20% ~25%，相当于循环倍率大于 4。

（2）流动稳定性

循环倍率低可能导致流动的不稳定，使流动产生振荡，从而使传热管束的一部分表面周期性地露出，这种流动振荡现象使传热效率下降，当流动振荡的幅度足够大时，就可能引起水和蒸汽流量的大幅度波动。经验表明，只要使管束区的蒸汽含量保持在较低值或由此相应地将循环倍率保持在较高水平，就能使流动达到稳定。

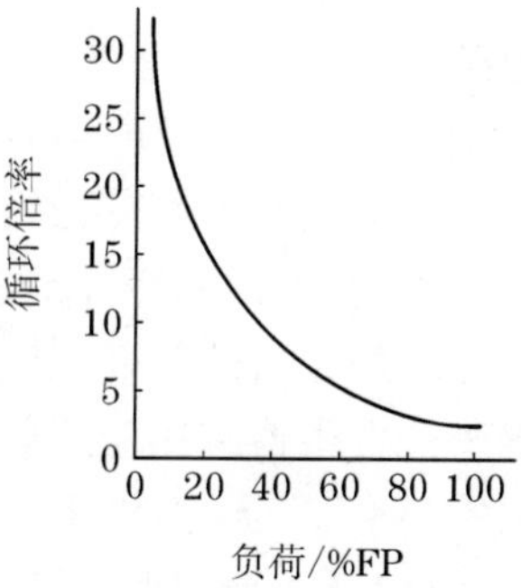

图 2-8　循环倍率与负荷的关系

（3）管材腐蚀

传热管腐蚀与流动状态有密切关系，在局部滞流或低流速区，往往导致污垢沉积或浓缩。从防止腐蚀的要求出发，应适当提高循环倍率，以便在管板上表面及管束弯管区提高冲刷流速，降低含汽量将改善这些区域的热工水力特性。

2.2.1.3　基本特点

自然循环蒸汽发生器具有以下特点：

（1）二次侧蓄水容积大，具有缓冲作用，对给水及蒸汽自动控制要求不高；

（2）可以进行炉内水处理和排污，可适当降低对传热管材料和二回路水质的要求，从而简化辅助系统并提高设备的安全可靠性；

（3）只能产生饱和蒸汽，为保证蒸汽品质，需要设置汽水分离器，使蒸汽发生器结构复杂，另外，对汽轮机中间去湿装置要求较高；

（4）从零负荷到满负荷，蒸汽压力变化范围大，为二回路蒸汽系统以及用汽设备的设计、运行和管理带来一定困难。

以日本核商船“陆奥”号为例，其反应堆冷却剂系统采用冷却剂平均温度不变的运行方案，其蒸汽发生器的稳态运行特性如图 2-9 所示。

在 100% 功率时，蒸汽发生器一次侧进口、出口处冷却剂温度分别为 285 ℃、271 ℃，冷却剂平均温度为 278 ℃，二次侧蒸汽温度为 251 ℃，对应的蒸汽压力为 3.92 MPa；随着反应堆功率逐渐降低，冷却剂平均温度保持不变，但蒸汽温度逐渐升高，在零功率时，蒸汽温度升高到 278 ℃，对应的蒸汽压力为 6.13 MPa。由此可见，在整个功率范围内，蒸汽发生器二次侧蒸汽参数随反应堆功率的变化呈“反滑”趋势，稳态蒸汽压力的变化量达 2.21 MPa，变化幅度为 56.4%。

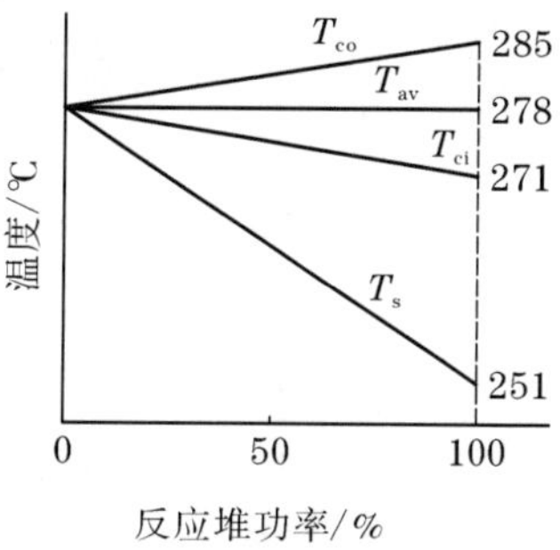

图 2-9　“陆奥”号稳态运行特性

2.2.2　直流式蒸汽发生器

在直流蒸汽发生器中，二次侧工质的流动依靠给水泵的压头来实现，外力强迫二次侧工质一次流过传热管，依次经过预热段、蒸发段和过热段，产生过热蒸汽，因此，直流蒸汽发生器的循环倍率等于1。在一体化压水堆中普遍采用直流蒸汽发生器，堆芯和直流蒸汽发生器置于压力容器内，稳压器、主泵与压力容器形成一体化布置。

直流蒸汽发生器分为管外直流式和管内直流式两大类，管外直流是指二回路工质在传热管外流动，一回路冷却剂在传热管内流动；管内直流是指二回路工质在传热管内流动，一回路冷却剂在传热管外流动。管外直管型直流蒸汽发生器在压水堆核电站中有采用，管内直流蒸汽发生器多用于舰船压水堆核动力装置，例如德国的“奥托 · 汉”号核动力研究船、苏联的“列宁”号和“北极”号破冰船。

2.2.2.1　结构形式及工作原理

图2-10所示为直流蒸汽发生器的结构示意图，其中(a)为管内直流式蒸汽发生器，(b)为管外直流式蒸汽发生器。

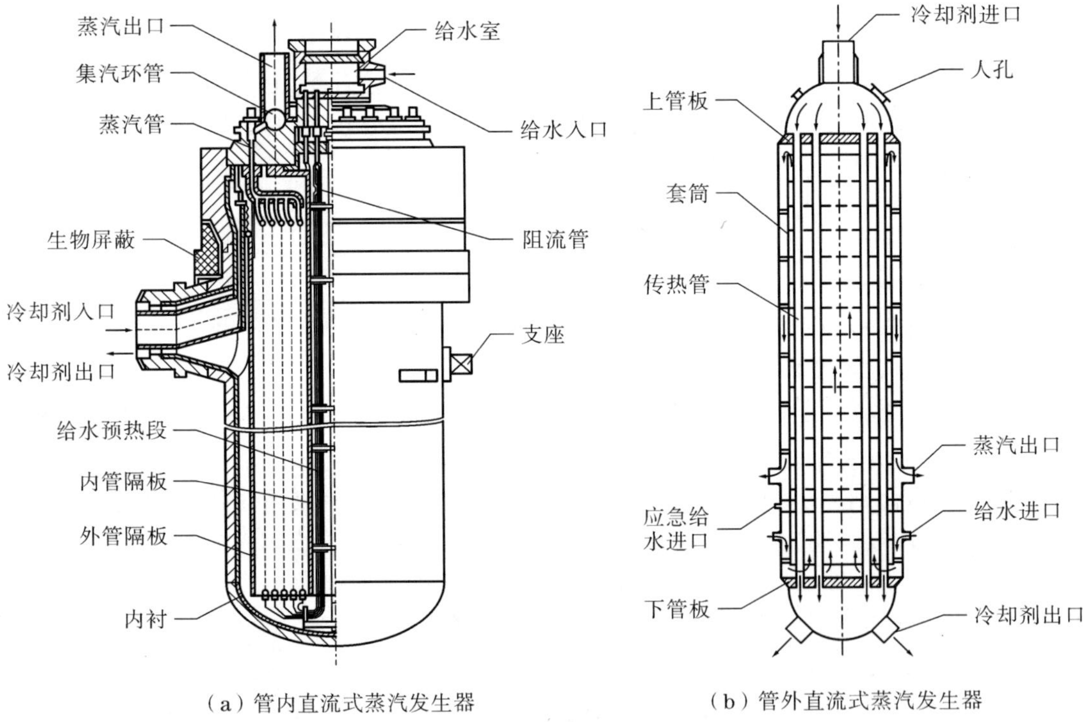

图2-10　直流蒸汽发生器

在直流蒸汽发生器中，二回路侧工质的流动不是依靠自然循环那样的密度差来推动，而是依靠给水泵的压头来实现。给水在给水泵的压头作用下，顺序一次通过加热段、蒸发段、过热段各个受热面。给水在受热面中一面流动一面被加热、蒸发、过热，最后蒸汽达到所要求的温度(带有一定过热度的过热蒸汽)。在直流蒸汽发生器中，由于工质运动都是由水泵压头产生的，所以受热面上工质均为强制流动。由于工质一次通过受热面，因此水一次全部蒸发完毕，而没有自然循环。直流蒸汽发生器运行工况的各种改变（如给水量的变动），都将导致汽水通道各点工质参数的变化，随之便引起了受热面各区段所占长度的变化，这种特性也不同于自然循环蒸汽发生器。图 2-11 所示为套管式直流蒸汽发生器的传热管及其排列方式。

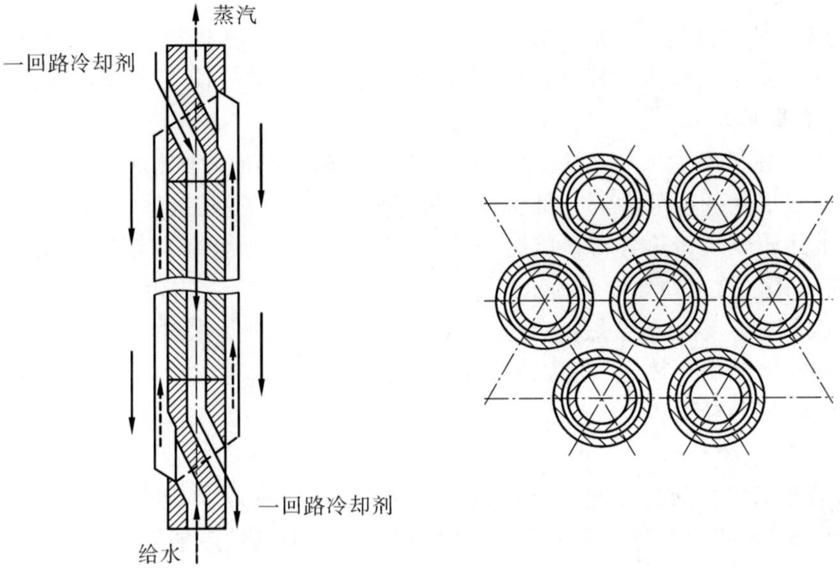

图 2-11　套管式直流蒸汽发生器的传热管及其排列方式

由于直流蒸汽发生器中存在两相流动，所以可能出现流动的不稳定。试验结果表明，在特定的状态下会引起蒸汽压力、蒸汽流量和一回路出口温度周期性的脉动。脉动与给水的压头和管束间的阻力有关，调节进入管束的入口阻力，可以消除或者减小脉动。因此，在直流蒸汽发生器的设计中，通常在传热管束二次侧入口处安装节流装置，以提供所需的管束入口阻力，从而保证直流蒸汽发生器运行的稳定性。

直流蒸汽发生器运行时，负荷在 15% ~100% FP 范围内变化，可以保持一回路冷却剂平均温度不变和汽轮机调节阀进口蒸汽压力不变。变负荷时，直流蒸汽发生器这种良好的特性依赖于蒸发段与过热段长度比例的变化，而不改变一、二回路的温差。给水流量的控制是按维持汽轮机调节阀进口压力不变来调节，而不像自然循环蒸汽发生器那样，按维持水位不变来调节。

蒸汽发生器出口过热蒸汽的温度会随着蒸汽产量、给水温度的变化而有较大的波动。蒸汽温度过高，将引起过热段、蒸汽管道和汽轮机高压汽缸金属的损坏；蒸汽温度过低，则会影响热力循环效率，并使汽轮机末级部分的蒸汽湿度过大。因此，运行过程中要求尽力保持蒸汽温度的稳定。

2.2.2.2　主要特点

直流蒸汽发生器具有以下特点：

(1) 能够产生过热度约为 20 ~30 ℃的过热蒸汽，而且汽压稳定，不需要除湿，对汽轮机的要求也有所降低；使用过热蒸汽还增大了汽轮机内的绝热焓降，减小了汽轮机的汽耗率，提高了核动力装置的热效率。

(2)没有复杂的汽水分离器和直径粗大的汽包,结构简单、紧凑,与相同容量的自然循环蒸汽发生器相比,尺寸小、重量轻,容易在空间有限的舱室中安装和布置。

(3)二次侧蓄热量和储水量都很小,受热面的加热和冷却都容易达到均匀,能够快速启动和停止,具有良好的机动性。

直流蒸汽发生器也存在以下不足之处:

(1)传热情况比自然循环蒸汽发生器复杂,其二次侧包括过冷水、过冷沸腾、饱和泡核沸腾、强制对流蒸发、缺液区和过热蒸汽 6 种传热工况,各种工况下工质与传热管壁面之间的传热机制相差很大。

(2)由于循环倍率为 1,运行过程中不能像自然循环蒸汽发生器那样通过排污来保持炉水的水质,给水带入的盐分大部分都沉积在传热管上,增大热阻并对传热管材料产生腐蚀,因此,对给水品质以及传热管材料抗腐蚀性能要求很高,需要使用对结构材料无任何有害影响的清洗剂对其进行定期化学清洗。

(3)二次侧储水容积和蓄热能力小,二次侧蒸汽压力的变化对外部负荷的变动更为敏感;而且蒸汽发生器内预热、蒸发、过热等各区段之间没有固定的分界线,不论是一次侧还是二次侧的扰动,都会导致各区段分界线的移动和出口蒸汽温度的变化,因此,需要采用较为复杂的自动调节系统。

(4)脉动是指工质流量随时间周期性变化的现象,这种现象会使蒸汽流量和过热蒸汽温度产生周期性的波动。对于管内直流蒸汽发生器,需要解决单管和管间脉动问题;对于管内和管外直流式蒸汽发生器,都存在水动力不稳定性和整体脉动问题。

(5)由于二回路侧工质完全是依靠给水泵提供的压头强迫流动,因而使得给水泵压头增高、消耗功率增大。

直流蒸汽发生器的发展趋势主要集中在以下方面:

(1)采用体积更小、传热效率更高的设计;

(2)直接产生过热蒸汽,取消汽水分离器;

(3)不断提高一回路自然循环能力,目前国外一体化压水堆自然循环能力已达 30% ~ 60% FP。

2.3 反应堆冷却剂泵

反应堆冷却剂泵又称为主冷却剂泵(Main Coolant Pump,MCP),简称主泵,其作用是为冷却剂在主系统中的强迫循环提供驱动压头。为保证堆芯的充分冷却,冷却剂流量通常较大,每个环路中的冷却剂额定流量可达 1 500 ~ 2 000 t/h,但整个回路中流动阻力并不很大,因而主泵具有低扬程、大流量的特点,泵的比转数较高,接近混流泵的范围。

压水堆核动力装置中使用的主泵一般为立式电动单级离心泵或混流泵,采用立式结构可以减小所占用的安装面积。在船舶核动力装置中,为了适应装置负荷变化的特点,主泵电机一般设置两级转速,根据运行需要可高速或低速运行。

由于主泵输送的冷却剂是高温、高压并具有放射性的流体,工作温度高达 280 ℃,工作压力高达 15 MPa,而且保持流经堆芯的冷却剂有足够大的流量对于确保堆芯的热工安全至关重要,因此,在设计中要求主泵具有很高的可靠性,尽量减少冷却剂向外泄漏;除此之外,还要求主泵具有足够的转动惯量，在发生主泵断电事故时，主泵能够惰转一段时间，使堆芯仍有一定的冷却剂流量，保证堆芯不至于烧毁。

2.3.1　主泵类型及特点

压水堆核动力装置中使用的主泵按照密封形式分为屏蔽泵和轴封泵两大类。

2.3.1.1　屏蔽泵

屏蔽泵又称无填料泵，按结构可分为干式定子屏蔽泵和湿式定子屏蔽泵，其中干式定子屏蔽泵应用较为普遍。

干式定子屏蔽泵将电机转子和泵的叶轮连成一体安装在耐压外壳内，电机定子用非磁性耐腐蚀屏蔽套与所输送的冷却剂相隔离，防止高温水进入定子绕组，而电机转子由前、后轴承支撑浸没在冷却剂中，轴承由冷却剂进行润滑和冷却，不需要任何形式的动密封来防止高温高压的冷却剂向外泄漏。

湿式定子屏蔽泵没有屏蔽套，其他结构与干式定子屏蔽泵相似。由于没有了屏蔽套，内部磁损减小，且流体能直接流过定子绕组带走热量，所以运行效率比干式定子屏蔽泵高。但进入定子绕组线圈内的放射性沾染不易去除，而且与高温放射性流体直接接触的绕组线圈需选用特殊的耐腐蚀材料做导线，因而制造成本更高。

屏蔽式主泵由于采用了全密封结构，流经主泵的冷却剂不会泄漏到环境中，而且运行安全可靠，因此适合用在空间狭小的核动力舰船上。图 2-12 为船舶核动力装置使用的屏蔽泵结构示意图，采用立式泵，主要是占用安装面积小。

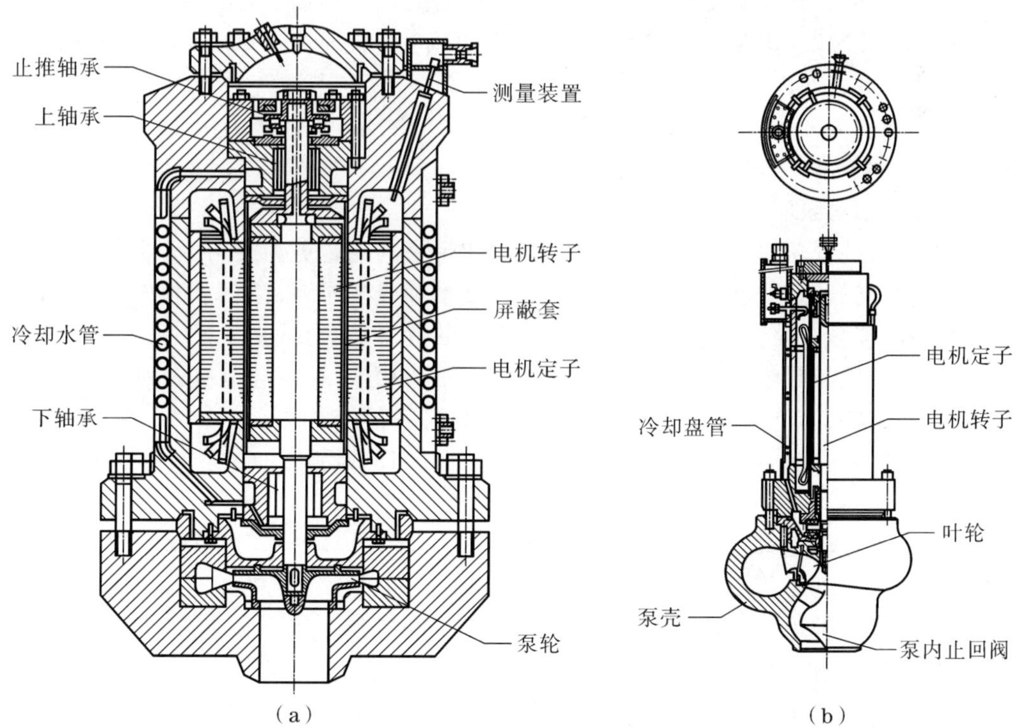

图 2-12　反应堆冷却剂泵

屏蔽泵的电机通常采用鼠笼式感应电动机，但在内部结构和设计计算上与普通感应电动机相比存在较大差别。由于屏蔽套的存在，增大了定子绕组和转子绕组之间的间隙，加上在交变旋转的磁场中必定会产生感生电动势，进而产生涡流热损失。在磁扭矩能满足使用要求的情况下，应尽可能降低屏蔽套的涡流损耗和提高磁扭矩的传递效率，进而提高屏蔽泵的运行效率。屏蔽套一般采用完全非磁性材料，如奥氏不锈钢和哈氏合金、钛合金，其厚度与泵工作压力、转子径向尺寸有关，一般厚度为 0.35 ~ 1.5 mm。

电机转子由两个径向轴承和一个限制轴向位置、承受轴向力的推力轴承支承，轴承一般选用特殊的钨铬钴耐磨硬质合金（石墨和 Stellite 合金）制造，并由辅助工作轮使冷却剂通过电动机的间隙、径向与推力轴承构成强制循环，进行润滑和冷却。

在正常运行时，屏蔽电机绕组的电流损失、铁芯能量损失、屏蔽套的涡流损失等产生的热量以及高温冷却剂通过屏蔽套导出的热量会使电子定子绕组的温度升高，为防止定子绕组温度超过绝缘等级，在定子绕组外侧设置了冷却盘管，采用设备冷却水进行冷却。

屏蔽泵的缺点是电机结构特殊，制造复杂，造价昂贵，容量小，不宜安装飞轮，因而转动惯量小，维修不便；由于转子浸没在液体中，回转阻力高而且屏蔽套有涡流损失，因此运行效率低，比常规结构的电机要低 10% ~15% 。屏蔽泵由于效率不高，所以不适宜做大流量泵，目前能够做到的最大流量约 4 500 t/h，功率 2 200 kW。早期的压水堆核动力装置选用屏蔽泵居多，目前仅在防泄漏要求高、功率较小的舰船压水堆核动力装置中尚有使用。

图 2-12(b) 所示为日本核商船“陆奥”号核动力装置使用的主泵，为单级离心泵，流量 900 t/h，扬程 0.343 MPa，泵的底部为吸入口，排出口在侧面，吸入口和泵轮之间装有止回阀。电机定子用屏蔽套与冷却剂隔离，用屏蔽套覆盖的转子和轴承与冷却剂接触，定子的外侧用设备冷却水冷却。该泵在正常运行时以全速工作，其转速为 1 800 r/min。在带走衰变热时，为了节约电力而以半速工作，转速为 900 r/min。

美国核潜艇“鹦鹉螺”号压水堆核动力装置使用的主泵，运行压力为 14 MPa，当转速为 3 550 r/min 时的流量为 900 m^3/h，扬程 95 m。

2.3.1.2　轴封泵

随着核动力装置功率的增大，屏蔽主泵大型化带来的问题更为突出，而轴密封技术在不断发展和完善，已经达到较为成熟的阶段。综合技术和成本原因，在压水堆核电站中普遍采用轴密封主泵，屏蔽主泵仍主要应用于船舶核动力装置、核动力试验装置中。

轴封泵的电机与泵体分开，中间用一个短的联轴节相连，在泵与电机之间的转轴处采用了复杂的密封结构，容许有少量的受控泄漏。轴封泵一般结构可分为电机、泵内轴承及主轴、主泵水力部件、隔热屏和轴密封组件五大部分，图 2-13 所示为轴封泵的结构示意图。

(1) 电机

通常采用恒速鼠笼式感应电机，成本降低，运行效率比屏蔽泵高出 10% ~20% 。

电机转子的上部靠一个双向止推轴承以及一个径向轴承组成的组合轴承作定向限位，下部设有一个径向轴承，这些轴承都依靠润滑油提供润滑和冷却。

在电机顶部装有一个飞轮，目的是使电机具有足够大的转动惯量，在突然断电后，主泵能在飞轮惯性力的作用下转速缓慢下降，从而延长泵的惰转时间，使冷却剂流量缓慢减小，足以带出反应堆停闭后堆芯的余热，避免堆芯燃料元件烧毁，提高了全厂断电事故时反应堆的安全性。

(2)泵内轴承及主轴

泵轴与电机轴通过刚性联轴节相连,组成一个刚性的整体,既能传递扭力矩,也能承受双向轴向力。

泵轴的导向轴承安装在泵轴密封与隔热屏之间,依靠轴封水润滑和冷却,当轴封水丧失时依靠泵内流体润滑和冷却。由于水的润滑性能较差,而且水的粘度随温度的升高而降低,因此润滑轴承的水应该将温度控制在 70 ℃以下。

(3)水力部件

主要由泵壳、叶轮和导叶组成。泵体的入口管嘴设计在泵壳底部,冷却剂沿叶轮轴线从入口管吸入增压后,由径向水平出口管排出。泵壳由低合金钢整体锻造而成,内表面堆焊超低碳不锈钢。早期设计的泵壳为蜗壳式,目前多采用准球形,其优点是设计强度高,工艺简化,易于作探伤及产品质量检查。

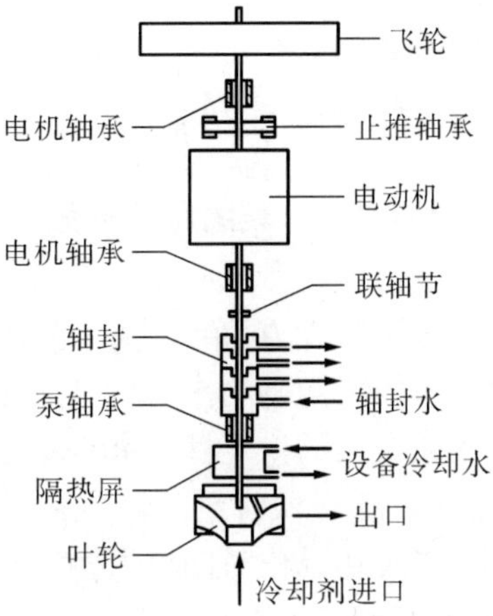

图 2-13　轴封泵结构示意图

叶轮和导叶一般采用不锈钢铸件制造,泵壳的主螺栓、螺母、密封体、密封盖、密封盖螺栓、螺母等构成了主泵的承压边界,均属于核一级部件。

(4)隔热屏

也称为热屏热交换器,由安装在叶轮上体内侧的隔热套和扁平多层蛇形盘管组成的热交换器两部分组成,由设备冷却水提供冷却,主要是带走叶轮上侧泵轴外围高温冷却剂的热量,避免高速旋转的泵轴因表面温度过高而失效。

(5)轴密封组件

轴密封组件是主泵的关键部件,既关系到主泵的安全运行,又决定了主泵的检修周期。主泵的轴密封有多种形式,最常用的是三级串联动压密封,可以严格控制冷却剂的泄漏量。

为了补充受控泄漏流和防止冷却剂进入轴密封区域,需由化学和容积控制系统提供轴封水,轴封水压力比一回路系统压力高约 0.3 ~ 0.4 MPa,温度一般低于 65 ℃。

由泵腔沿主轴方向依次为 1 号、2 号和 3 号密封。其中,1 号密封是主密封,采用流体静压型的不接触式端面密封,运行时高压轴封水在动静环之间流动而形成一层数微米厚的水膜,水膜层隔离开两个端面而使之不直接接触,因此密封面不易磨损,使用寿命长,同时水膜层还有冷却和润滑作用。动、静环一般采用氧化铝研磨制成,对密封端面的形位公差和光洁度都有很高的要求。到达 1 号密封前端的轴封水大约有 50% 向下流经水泵径向轴承及隔热屏后与泵内冷却剂混合,另一部分经 1 号密封面后进入到 2 号密封的前端。

2 号密封采用常规的机械密封设计,可选用接触式或不接触式端面密封。1 号密封失效时,在泵内高压流体作用下,使得动、静环两端面变形而形成的流体静压型的特点,因此能短时间替代 1 号密封工作,使机组能正常停堆而不至于产生大的泄漏。3 号密封也是常规设计,一般采用接触端面密封。经三级密封压降后的流体压力接近大气压力,可直接排至疏水箱。2 号、3 号密封的动环一般选用氧化铝、碳化铬,静环选用石墨。

三级密封的动环都分别组装在三个轴套上,便于拆装,节省检修时间。一般情况下,轴密封结构的更换仅需 10 h 左右。

为避免主泵停机检修时放射性冷却剂外泄，在主轴上设有一个停车密封，使系统只需降压而不必排水。

2.3.2 主泵的一般特性

2.3.2.1 泵的特性参数

在设计一台离心泵之前必须首先确定泵的运行条件和泵的特性，最基本和最主要的性能参数是扬程 H 和流量 Q，这两个参数和转速 n 一起可以确定出泵的尺寸和主要水力特性。原动机的扭矩和功率可以利用上述三个参数再加上预期的效率来确定。影响泵特性的其他因素还有泵的稳定性、倒流特性、汽蚀余量、转动惯量等。

(1)流量或排量

指泵在单位时间内所输送液体的数量，可以用体积流量 Q (m^3/s)或质量流量 G (kg/s)表示，两者的关系是

$$G = \rho \cdot Q \tag{2-1}$$

式中，ρ —— 泵所输送液体的密度，kg/m^3。

(2)压头或扬程

指单位重量液体通过泵后所获得的能量，用 H (m)表示。根据定义，扬程应为泵出口处的总压头 H_2 和进口处的总压头 H_1 之差，即

$$H = H_2 - H_1 = \left(\frac{p_2}{\rho g} + \frac{v_2^2}{2g} + z_2\right) - \left(\frac{p_1}{\rho g} + \frac{v_1^2}{2g} + z_1\right) \tag{2-2}$$

式中，p_1, v_1, z_1 —— 分别为泵进口处液体的压力、流速和液面至吸水口的高度；

p_2, v_2, z_2 —— 分别为泵出口处液体的压力、流速和液面至出水口的高度。

考虑到泵在工作时进、出口液体动能和位能的变化较小，通常忽略不计，则上式简化为

$$H = \frac{p_2 - p_1}{\rho g} \tag{2-3}$$

如上所述，主泵的功用是强制冷却剂循环，在此过程中主泵必须给流体加入能量来平衡管路中摩擦引起的损失，扬程是泵加给单位重量流体的能量，目前在压水堆和沸水堆中使用的主泵扬程范围为 30 ~ 120 mH_2O(米水柱，1 mH_2O = 9 806.65 Pa)。

(3)轴功率和有效功率

轴功率是指原动机传递至泵轴上的功率，即泵的输入功率 N_p。有效功率是指单位时间内液体通过泵所获得的能量，即泵的输出功率，计算式为

$$N_{p,e} = \rho g Q H = gGH \tag{2-4}$$

(4)效率

泵在工作时会产生水力损失、容积损失和摩擦损失等各种能量损失，使得泵的有效功率总是小于轴功率，为了反映泵工作时能量利用的完善程度，定义泵的效率为

$$\eta_p = \frac{N_{p,e}}{N_p} \tag{2-5}$$

(5)汽蚀余量

液体在泵内流动时，压力是不断发生变化的。在泵的入口处或某些局部区域，压力有可能降低到等于或低于液体温度相应的汽化压力，这时部分液体则发生汽化，溶解在液体中的

气体也可能逸出，形成汽泡。当汽泡随着液体从低压区向高压区流动时，汽泡在周围高压的作用下迅速破裂。在汽泡破裂的瞬间，周围的液体以极高的速度冲向汽泡原来占有的空间，形成高频、高冲击的水击，其局部压力高达 10 ~ 100 MPa 以上，冲击频率可达几万次/s。水泵部件(特别是叶轮)在水击压力冲击作用下，产生疲劳、点蚀，甚至形成严重的蜂窝状空洞。此外，液体中的活泼气体借助于汽泡凝结时放出的热量，对金属产生化学腐蚀。这种汽泡的形成、发展和破裂以至材料受到破坏的全过程称为汽蚀现象。汽蚀不但使材料受到破坏，而且使泵的振动和噪声加剧，泵的流量、压头和效率明显下降，甚至发生断流现象。

汽蚀余量是用于判断水泵是否会发生汽蚀的物理量，也称为泵的净正吸入压头(NPSH)。汽蚀余量分为有效汽蚀余量 Δh_a 和必需汽蚀余量 Δh_r。

有效汽蚀余量定义为

$$\Delta h_a = \frac{p_1}{\rho g} + \frac{v_1^2}{2g} - \frac{p_v}{\rho g} \tag{2-6}$$

式中，p_v —— 液体温度所对应的饱和压力，MPa。

由式(2-6)可以看出，有效汽蚀余量 Δh_a 表示泵入口处单位重量液体所具有的超过汽化压力的富余能量，与泵本身无关。该值越小，说明泵发生汽蚀的可能性越大。

必需汽蚀余量 Δh_r 表示泵自身的汽蚀性能，目前还不能通过计算的方法来获得准确的数值，只能通过汽蚀试验的方法来确定。

2.3.2.2　泵的工作状态及特性曲线

图 2-14 所示为离心泵的特性曲线及泵的工作状态。

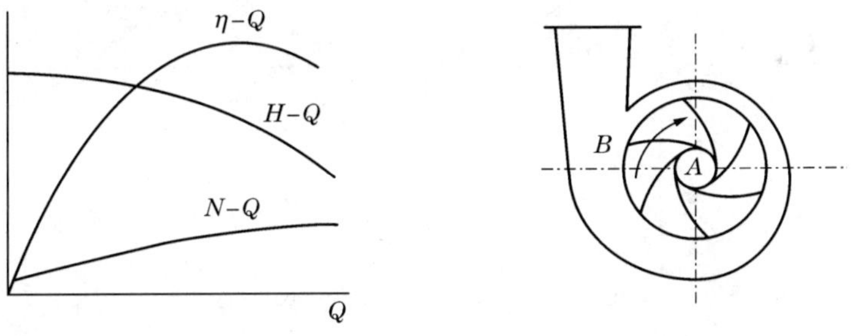

(a) 泵的特性曲线　　(b) 泵的工作状态

图 2-14　离心泵的特性曲线及泵的工作状态

图中 H-Q 为扬程 - 流量曲线，N-Q 为功率 - 流量曲线，η -Q 为效率-流量曲线。这组性能曲线是离心泵在一般工作状态区的特性，仅仅是水泵可能的工作状态之一。由于叶轮式水泵的运行具有可逆性，既可以作为水泵使用，也可以作为水轮机使用，可能的工作状态很多，而各个工作状态的性质，取决于泵的主要性能参数的大小和方向。

为了确定泵的工作状态，以图 2-14(b)为例，对泵的主要性能参数作如下规定：

(1) 若泵叶轮出口处 B 点液体的能量大于叶轮进口处 A 点液体的能量，则扬程为正，反之为负；

(2) 若液体由 A 点流向 B 点，即离心流动，则流量为正，反之为向心流动，流量为负；

(3)若叶轮顺时针转动，则转速规定为正，反时针为负；

(4)若功率由原动机传给叶轮，则功率为正，反之为负。

以上各主要参数的正、负以及零的有实际意义的组合，构成了泵的各种工作状态，具体可划分为以下三种情况：

(1)水泵工作状态。电机为原动机，功率由电机传给叶轮($N > 0$)，液体流过叶轮能量增加($H > 0$)。

(2)水轮机工作状态。这时水泵变成水轮机，功率由叶轮传给电机($N < 0$)。水流经叶轮后，能量减少($H < 0$)。

(3)水力制动器工作状态。电机为原动机($N > 0$)，但流经叶轮的水流能量反而减小($H < 0$)，输入的功率被无益消耗，相当于叶轮对水流起制动作用。这种状态也称为耗能工作状态。

综合了水泵所有可能出现的工作状态下各个主要性能参数之间相互关系的曲线称为水泵的全特性曲线。当主泵在正常条件下运转时，其特性曲线位于 H-Q 坐标系的第一象限，但在核动力装置中主泵有可能在非正常条件下运行，这时性能曲线将布满四个象限。因此，全特性也叫作四象限特性。迄今为止，泵的全特性曲线只能由实验获得。由于描述全特性的坐标系和参数的不同，可以有不同的全特性曲线。

通常应用比较多的是以流量 Q 和转速 n 或其相对值为坐标，以力矩 M 和扬程 H 等作为主要参数的全特性。在全特性的坐标平面上，根据工作状态的定义，可以划分不同的工作状态区域。图 2-15 为通过实验得到的一组以 Q 为横坐标，H、M 为纵坐标的全特性曲线。

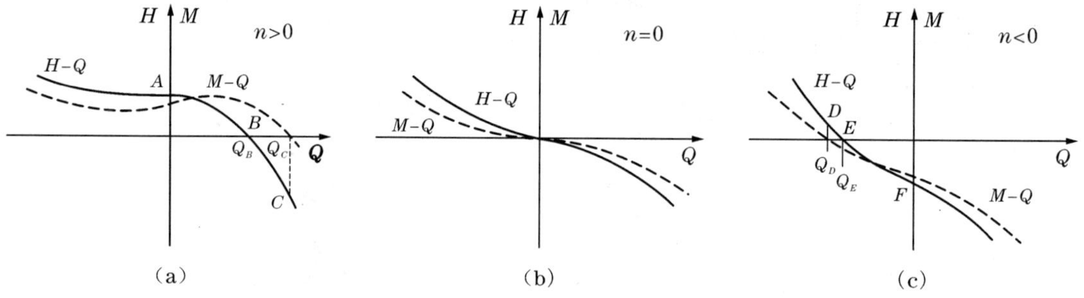

图 2-15　三种转速下泵的全特性曲线

图 2-15 中(a)、(b)、(c)分别为转速为正值、转速为零、转速为负值时的特性曲线。

在图 2-15(a)中，H-Q 曲线与纵坐标交点 A 左边这一部分，转速 $n > 0$，力矩 $M > 0$，故功率 $N > 0$；扬程 $H > 0$，而流量 $Q < 0$，所以 $QH < 0$，在这种工作状态下，电机为原动机，将功率输送给泵的叶轮，而水流过叶轮后能量反而减小，这种工况为制动工况。所以当转速为正时，流量为负值以及零时的工况全是制动工况。

在 H-Q 曲线的 AB 段，$n > 0$，$M > 0$，故 $N > 0$；$H > 0$，而 $Q > 0$，所以 $HQ > 0$，即电机向叶轮输送功率，流体流过叶轮后能量增加。因此，特性曲线上的 AB 段是水泵工况。

在 H-Q 曲线的 BC 段，$n > 0$，$M > 0$，故 $N > 0$，电机向泵输送功率；$Q > 0$，而 $H < 0$，所以 $HQ < 0$，即流体流过叶轮能量减小，这种工况为制动工况。

在 H-Q 曲线上 C 点以右部分，$n > 0$，$M < 0$，故 $N < 0$，功率由叶轮传递给电机；$Q > 0$，而 $H < 0$，即 $HQ < 0$，流体流过叶轮能量减小，这是离心水轮机工况。

在图 2-15(b)中，转速等于零时，叶轮不转动，只起阻力作用，$n = 0$，所以 $N = 0$；不管流量为正还是为负，水流过叶轮能量总是减小，故当转速为零时整个特性曲线上的工况均为制动工况。

对于图 2-15(c) 中的特性曲线,用同样的方法可以判别出各段的工况区域。D 点以左为水轮机工况,DE 段为制动工况,EF 段为向心式水泵工况,F 点以右部分为制动工况。

通过以上分析获得了水泵的 8 个工况区域。其中 2 个水泵工况区,2 个水轮机工况区,4 个制动工况区。水泵的全特性曲线也可以绘在以流量为横坐标,转速为纵坐标的坐标系中,根据流量、转速、扬程和力矩的正、负,同样也可以划分出 8 个工况区。图 2-16 表示出水泵可能运行的 8 个工况区。

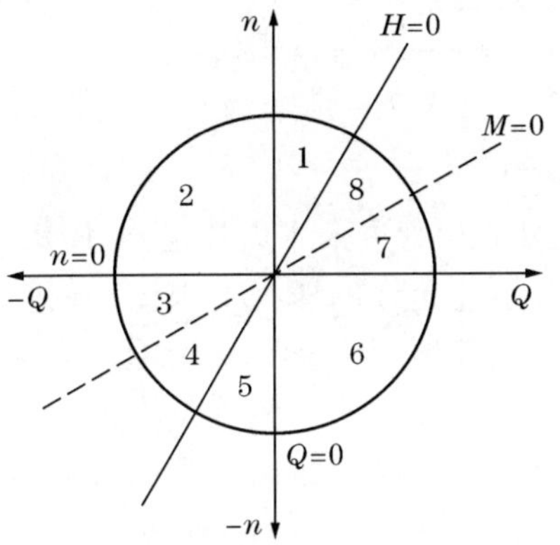

工况区1: $n>0$, $M>0$, $Q>0$, $H>0$, 离心水泵

工况区2: $n>0$, $M>0$, $Q<0$, $H>0$, 制动

工况区3: $n<0$, $M>0$, $Q<0$, $H>0$, 向心水轮机

工况区4: $n<0$, $M<0$, $Q<0$, $H>0$, 制动

工况区5: $n<0$, $M<0$, $Q<0$, $H<0$, 向心水泵

工况区6: $n<0$, $M<0$, $Q>0$, $H<0$, 制动

工况区7: $n>0$, $M<0$, $Q>0$, $H<0$, 离心水轮机

工况区8: $n>0$, $M>0$, $Q>0$, $H<0$, 制动

图 2-16　水泵可能运行的 8 个工况区

为了对比各种尺寸和结构泵的运转特性,常用相对值来表示全特性曲线,曲线上各点的值是其参数值与设计工况参数的比值。掌握了水泵的全特性,就可能对水泵的启动、工况过渡以及事故工况进行分析。

2.4　稳压器

稳压器是用于稳定和调节反应堆冷却剂系统运行压力的设备,根据结构形式和工作原理的不同,可以分为气罐式稳压器和电加热式稳压器。气罐式稳压器在核动力装置发展的初期阶段应用较多,目前主要是俄罗斯在使用,而电加热式稳压器在压水堆核动力装置中使用更为普遍。

2.4.1　气罐式稳压器

气罐式稳压器的结构较为简单,由若干个压力补偿器、储气瓶以及相应的连接管道、阀门等组成,其基本原理如图 2-17 所示。

压力补偿器为立式圆筒形压力容器,下部通过波动管连接到反应堆冷却剂系统的热管段,上部通过气体管道与储气瓶相连,并有放气管路通向泄放系统。压力补偿器内部分为水腔和气腔两部分,气腔充填的是来自储气瓶、具有一定压力的氮气。为了减少氮气在水中的溶解,在每个压力补偿器内的气、水分界面处都设置特制的分离浮子,将气、水隔开。

储气瓶用于向压力补偿器提供压缩氮气,分为工作组和备用组,另有若干个备用气瓶。为了补充消耗掉的压缩氮气,可使用电动压气机将来自转运罐的氮气输入到储气瓶内。

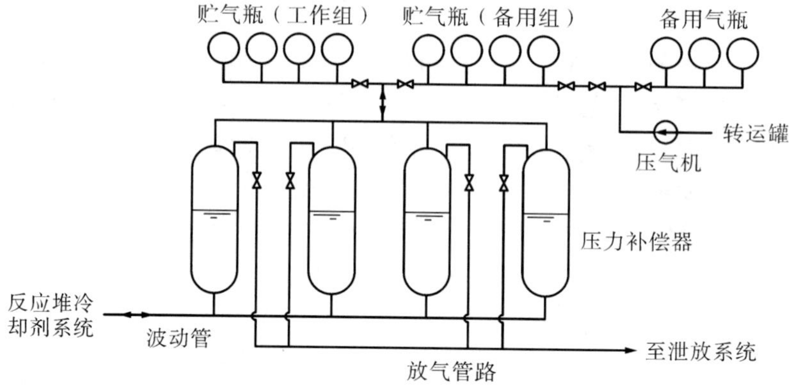

图 2-17　气罐式稳压器

当主系统内的冷却剂体积膨胀时，部分冷却剂经过波动管进入压力补偿器，使水腔液位升高，气体容积受压缩而减小，气腔压力升高。若压力超过允许的压力上限值，则排气管线上的安全阀开启，将压力补偿器中的部分氮气排出，使气腔压力恢复到额定值。反之，若冷却剂体积收缩，则压力补偿器内的部分水沿波动管进入主系统，使水腔液位降低，气体容积膨胀，气腔压力下降。若压力低于正常运行允许的下限值，则储气瓶出口阀门开启，向压力补偿器中补充压缩氮气，使气腔压力恢复到额定值。

气罐式稳压器具有结构简单、辅助设备少、维护管理方便、压力控制简便易行等优点，不足之处是外形尺寸较大，气体管路分支多，而且气体会溶于冷却剂中，在反应堆冷却剂系统冷管段处因冷却剂温度较低，溶于水中的气体又会逸出，在回路中流动停滞区段产生气垫，影响到流动的稳定性并可能导致回路中一些设备损坏。另外，氮气价格较贵，且泄漏严重。

近年来，随着小型化、一体化核动力装置的发展，一回路系统需要补偿的冷却剂体积波动大大减小，气罐式稳压器以其结构简单、使用方便的优势再次得到应用和发展。

2.4.2　电加热式稳压器

2.4.2.1　组成及工作原理

电加热式稳压器在压水堆核动力装置中使用较为普遍，通常为立式、带上下半球形封头的圆筒形压力容器，由壳体、电加热器、喷淋管及波动管等部分构成。稳压器内部分为上部蒸汽空间和下部水空间，工质分别为饱和蒸汽和饱和水，处于两相平衡状态。其中，稳压器蒸汽空间的压力用于表征反应堆冷却剂系统的运行压力。

图 2-18 所示为“陆奥”号所用的稳压器。

稳压器底部通过波动管反应堆冷却剂系统的热管段相连。由于波动流入的冷却剂是不饱和水，与稳压器内的饱和水有一定的温度差，会使器壁与电加热元件保护管产生热应力，为了保护器壁和电加热元件保护管，在内部装有波动流入导向装置，使流入的冷却剂与稳压器内的饱和水迅速混合。

稳压器下部安装了 8 组电加热元件，总功率为 130 kW，每个单元组均用三相 440 V 电源供电。当稳压器内蒸汽空间压力低于规定值时，按照控制系统的设计，一组或几组电加热元件通电运行，加热水空间并使部分水蒸发进入上部蒸汽空间，使其压力恢复到规定值。为了防止船体摇摆时电加热元件露出水面而造成烧毁，电加热元件全部布置在稳压器底部中

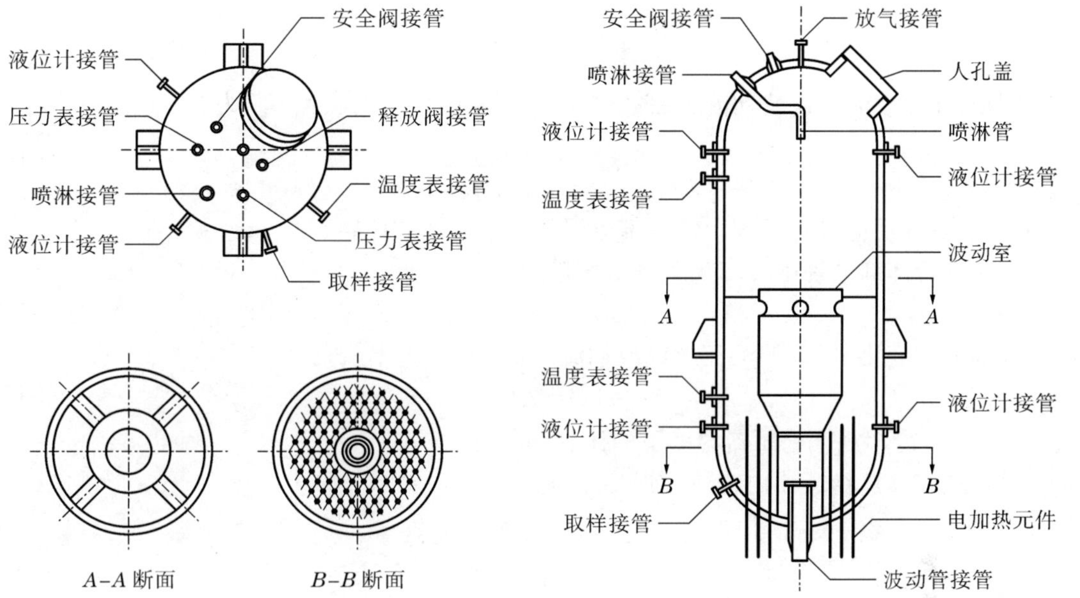

图 2-18 "陆奥"号使用的电加热式稳压器

间位置,且立式安装;另外,在低水位时可以迅速切断电源,防止电加热元件烧毁。

稳压器上部装有喷头,通过喷淋管与反应堆冷却剂系统冷管段相连。当稳压器内压力升高超过规定值时,由喷头喷入冷却剂,将稳压器内的部分蒸汽冷凝,使其压力降至规定值。为了减少喷淋时的热应力,喷头平时有少量的冷却剂流过。

在稳压器上部设有人孔,维修人员可通过它对喷头进行检修和更换。除此之外,还有安装安全阀、释放阀的接管及放气旋塞等。整个稳压器用 4 个安装座与船体基座固定。

2.4.2.2　稳压器内部热工过程

当有小体积波动时,单靠稳压器内蒸汽相的膨胀和压缩就足以补偿。当有较大的体积波动时,则必须依靠喷雾使蒸汽凝结或投入电加热器使液相水沸腾,才能补偿较大体积的波动。所以要求稳压器内的介质应经常处于两相平衡状态,水和蒸汽的饱和状态能比较容易地发生相变,故能灵敏地调节因体积变化而引起的压力变化。

(1)蒸汽的膨胀和压缩

在没有喷雾和通过器壁向外界散热的情况下,蒸汽相的膨胀和压缩过程可以认为是绝热过程,服从如下规律:

$$p_1 V_1^{\ n} = p_2 V_2^{\ n} \tag{2-7}$$

式中,p_1,p_2 ——过程进行中的初压和终压, MPa;

V_1,V_2 ——稳压器内蒸汽的初始和终了体积,m^3;

n —— 指数,对饱和蒸汽近似为 $1.035 + 0.1x$,x 为终点蒸汽干度。

反应堆冷却剂系统各部分冷却剂的质量在初始状态时为

$$G_{c,i} = \frac{V_{c,i}}{v_{c,i}} \tag{2-8}$$

式中, $v_{c,i}$ ——冷却剂系统各部分初始状态温度下的比容,m^3/kg。

整个闭式回路中初始状态的冷却剂质量 G_c 为各部分冷却剂质量之和,即

$$G_c = \sum_{i=1}^{n} G_{c,i} = \sum_{1}^{n} \frac{V_{c,i}}{v_{c,i}} \tag{2-9}$$

同样,在波动流入或波动流出后,整个闭式回路的冷却剂质量 G_c' 为

$$G_c' = \sum_{i=1}^{n} \frac{V_{c,i}'}{v_{c,i}'} \tag{2-10}$$

式中, $v_{c,i}'$ ——反应堆冷却剂系统各部分温度改变后水的比容,m^3/kg。

反应堆冷却剂系统中冷却剂质量变化量为

$$\Delta G_c = G_c - G_c' \tag{2-11}$$

则冷却剂体积变化量(即波动流入或波动流出量)为

$$\Delta V_c = \Delta G_c \cdot v_c \tag{2-12}$$

式中, v_c ——冷却剂在稳压器温度下的比容,m^3/kg。

根据式(2-7),稳压器内绝热过程终点压力为

$$p_2 = \frac{p_1}{\left(1 - \frac{\Delta V_c}{V_1}\right)^n} \tag{2-13}$$

其中, p_2 应该在反应堆冷却剂系统的额定压力上、下限之内。

(2)蒸汽凝结

当反应堆冷却剂系统出现体积增加,膨胀的冷却剂通过波动管波动流入稳压器时,可用凝结一部分蒸汽的办法来帮助蒸汽相补偿较大的压力波动。基本措施是将温度较低的水喷入蒸汽相,与蒸汽混合进行热交换,促使蒸汽凝结,从而降低稳压器的压力。

研究结果表明,将冷却水通过喷嘴喷淋到静止水蒸汽中,冷却水开始温度上升速率很大,以后逐渐变慢;喷嘴喷射出的冷却水开始呈紊流的水膜状,而后变为水滴形状。实验还表明,每一个喷嘴的喷水量在 5 ~ 10 t/h 范围内变化时,对冷却水温度上升的过程没有很大影响。增大冷却水量时,对传热起主要作用的水膜部分的厚度变化不大,但流速随冷却水量成正比增加,因此水膜部分的传热系数也成比例增加。

如果认为冷却水膜是圆锥形状,且传热系数只与冷却水喷射速度有关,与膜厚无关,则可用无因次温度 Y 表示冷却水的热交换过程。无因次温度 Y 定义为

$$Y = \frac{T_2 - T_1}{T_s - T_1} \tag{2-14}$$

式中, T_s ——稳压器内水蒸汽的饱和温度,℃;

T_1 ——喷射的冷却水温度,℃;

T_2 ——热交换后冷却水的温度,℃。

如果将冷却水从喷嘴喷出的喷射距离用相对值 H/D_n 表示(H 为冷却水的飞行距离,D_n 为喷嘴孔径),则无因次温度 Y 与 H/D_n 的函数关系如图 2-19 所示。

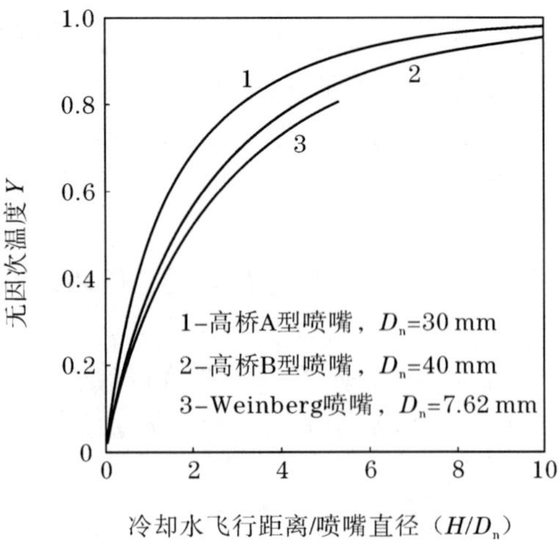

图 2-19 无因次温度与喷嘴尺寸的关系

从图(2-19)中可看出,喷淋的冷却水在稳压器内飞行距离在 $4 \leqslant H/D_n \leqslant 10$ 时,即可使冷却水的温升达到全部温升的 70% ~ 90%。由于稳压器蒸汽空间的高度远远大于 $10D_n$,因此可以认为,喷淋到稳压器蒸汽空间的所有冷却水在穿过蒸汽空间到达液面时已完全达到饱和状态。

蒸汽冷凝的质量可根据冷却水与蒸汽间的热平衡求出,这时

$$G_{cs} = \frac{G_{sp}(h_{sw} - h_{sp})}{r} \tag{2-15}$$

式中,G_{cs},G_{sp} ——分别为蒸汽的凝结量、喷淋的冷却水量,kg;

h_{sw},h_{sp} ——分别为稳压器工作压力下的饱和水焓、喷淋冷却水焓,kJ/kg;

r ——稳压器工作压力下水的汽化潜热,kJ/kg。

2.5　系统布置形式

反应堆冷却剂系统的布置形式对一回路系统的性能会产生较大影响,对于核动力装置的设计、建造、运行和管理都会提出不同的要求。在船用压水堆核动力装置的发展历程中,反应堆结构和系统布置出现了三种形式:第一种是分散式布置,如美国的“萨瓦纳”号、日本的“陆奥”号核商船以及苏联的“列宁”号破冰船;第二种是紧凑式布置,也称半一体化布置,如法国的 CAS 反应堆、苏联的“北极”号破冰船;第三种为一体化布置,如法国的 CAP 系列堆、德国“奥托 · 汉”核矿沙船采用的 FDR 反应堆。

2.5.1　分散式布置

所谓分散式布置是指反应堆冷却剂系统各主要设备在堆舱内的布置呈分散状态,反应堆压力容器与主泵、蒸汽发生器之间用较长的主管道相连接,现役核电站和潜艇核动力装置大多采用这种布置方式。图 2-20 为日本核商船“陆奥”号一回路系统的布置图。

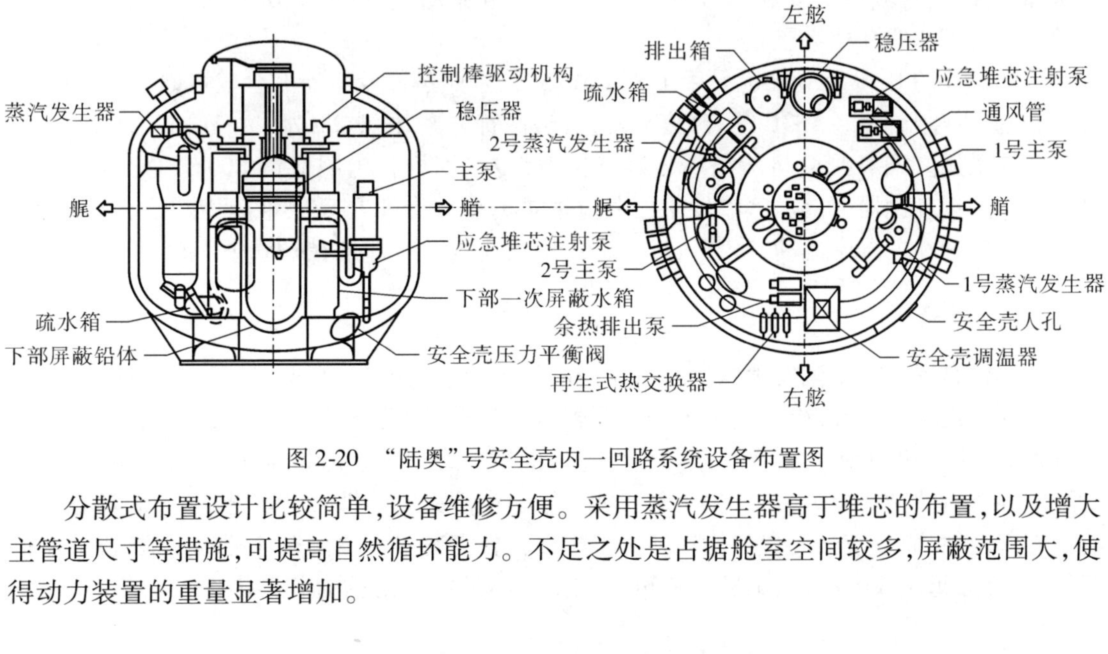

图 2-20　“陆奥”号安全壳内一回路系统设备布置图

分散式布置设计比较简单,设备维修方便。采用蒸汽发生器高于堆芯的布置,以及增大主管道尺寸等措施,可提高自然循环能力。不足之处是占据舱室空间较多,屏蔽范围大,使得动力装置的重量显著增加。

2.5.2　紧凑式布置

紧凑式布置是指反应堆冷却剂系统各主要设备在堆舱内紧贴反应堆压力容器布置，压力容器与主泵、蒸汽发生器之间采用较短的双层套管连接，间距只有 0.5 m 左右，取消了主闸阀，这种布置方式也称为堆外一体化布置。

苏联破冰船“北极”号的动力装置包括两个完全相同的独立组，总功率为 55 200 kW。每个独立组由 1 座反应堆、4 台蒸汽发生器、4 台立式屏蔽主泵以及稳压器（容积补偿器）、离子交换过滤器、冷却器等设备组成，图 2-21 为其反应堆冷却剂系统的布置图。

图 2-21　“北极”号一回路系统的布置图

如图 2-21 中所示，反应堆、蒸汽发生器、主泵、稳压器、除盐器和净化冷却器都放置在一次屏蔽水箱内，紧靠反应堆四周布置，利用铁-水屏蔽层和堆舱内的设备作为屏蔽，将结构和布置加以优化，既减轻了重量，又方便了安装、运行和维修，这种布置方式现广泛应用于俄罗斯的核动力破冰船和核潜艇上。

法国设计的 CAS 反应堆也采用了紧凑式布置，按照蒸汽发生器的台数可以分为 CAS2G（两台蒸汽发生器）和 CAS3G（三台蒸汽发生器）两种方案，图 2-22 为 CAS3G 的结构简图。

CAS 采用立式 U 形管自然循环蒸汽发生器，传热管材料为因科镍-800 合金，屏蔽式主泵安装在蒸汽发生器下部。蒸汽发生器通过很短的双层套管与反应堆压力容器相连，反应堆出口冷却剂在内管中流动，从蒸汽发生器返回反应堆的冷却剂在外管中流动。

2.5.3　一体化布置

一体化布置是将蒸汽发生器安装在反应堆压力容器内，主泵直接与压力容器相连，完全取消了主管道和主闸阀，冷却剂都在压力容器内循环流动。由于取消了一回路管道，消除了主管道双端断裂的大破口失水事故和由此造成的堆芯熔化事故；同时减小了流动阻力，提高了反应堆的自然循环能力，在发生小破口或主泵断电事故时能够维持堆芯的冷却，具有较高的固有安全性，而且较强的自然循环能力可以保证核潜艇以一定的航速低噪声航行；由于布置紧凑，屏蔽重量大大减轻，堆舱体积可以减小。不足之处是压力容器内部结构复杂，设备

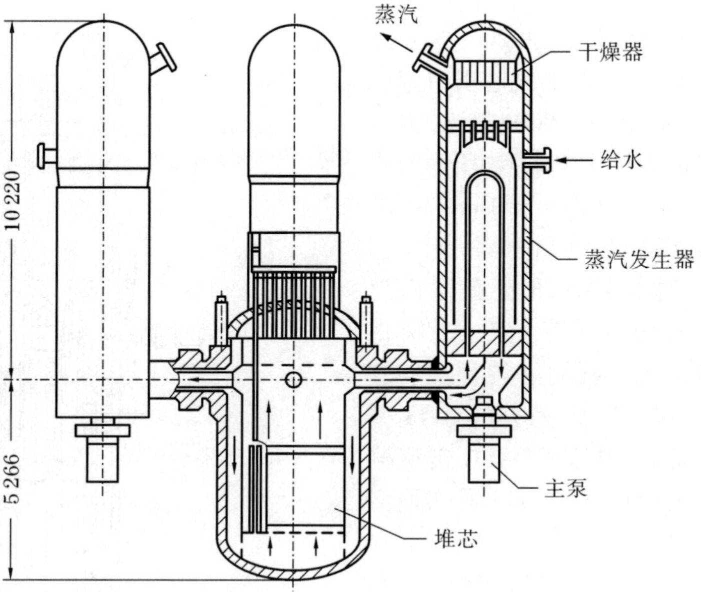

图 2-22　CAS3G 反应堆结构简图

维修比较困难,要求设备高度可靠,对管材质量、焊接质量和二回路水质等严格控制。

美、俄、英、法、德、日等国对舰船用一体化压水堆技术都进行过大量的试验研究,并在一些国家得到了成功应用。例如,德国 1968 年建成的 FDR 一体化压水堆应用在"奥托·汉"核动力研究船上;法国利用 CAP 系列的 K-48、K-150 一体化压水堆分别装备了"红宝石"级和"凯旋"级核潜艇,还用 K-150 双堆装备了"戴高乐"号核动力航空母舰。其他国家的一体化反应堆技术处于不同的开发和研制阶段。

2.5.3.1　法国 CAP 反应堆

法国在美国不提供技术援助的情况下,通过自主研发于 1976 年建成了 CAP 一体化压水堆原型堆,其原理结构如图 2-23 所示。

这种小尺寸堆最具创新、最引人注目之处是在设计上采用了"积木式"的一体化设计原理,将 U 形管自然循环蒸汽发生器安装在压力容器上部,蒸汽发生器的管板同时又作为压力容器顶盖,省去了主管道和蒸汽发生器下封头。2 台主泵安装在压力容器上部靠近法兰处,互为 60°角。采用外稳压方式,稳压器置于压力容器外。

这种布置方式将蒸汽发生器置于反应堆上部,并取消了连接蒸汽发生器和压力容器的主管道,从而在一定程度上增大了蒸汽发生器与堆芯之间的热中心位差,减小了冷却剂的流动阻力,因而反应堆具有较强的自然循环能力,即使在不使用主泵运行时,也可利用自然循环流动带出额定功率的 20% ~30% 。这样带来了两个好处,其一是在主泵断电时,依靠自然循环能够排出堆芯余热,避免堆芯熔化,提高反应堆的固有安全性;其二是核潜艇在自然循环工况下低速航行,可以消除主泵产生的噪声,提高核潜艇的隐蔽性。

CAP 反应堆的不足之处是蒸汽发生器传热管如果破损时堵管困难,必须将蒸汽发生器从压力容器上拆除才能进行维修。

图 2-24 所示为采用 CAP 反应堆的法国核潜艇 SNA72 的核动力装置原理流程示意图。

该装置反应堆热功率为 120 MW,装置电功率为 25 MW,装置效率达 20.8%。冷却剂的运行压力为 15.5 MPa,堆芯出口温度为 310 ℃,堆芯总流量为 3 500 m^3/h,主蒸汽压力为 3.6 MPa,温度为 244 ℃,压力容器的内径为 1 948 mm,高度为 5 800 mm,壁厚为 90 mm,装置总重量为 380 t。

由于 CAP 一体化压水堆具有结构简单、布置紧凑和安全性高等优点,法国将 CAP 堆作为其海军舰艇核动力装置发展的母型。1983 年,法国用 CAP 系列的 K-48 型一体化压水堆装备了“红宝石”级攻击型核潜艇,此后,法国先后成功地研制了三种型号的 CAP 系列一体化压水堆。1993 年下水的“凯旋”号弹道导弹核潜艇和 1994 年下水的“戴高乐”号核动力航空母舰均装备了热功率为 150 MW 的 CAP 系列 K-150 型一体化压水堆。

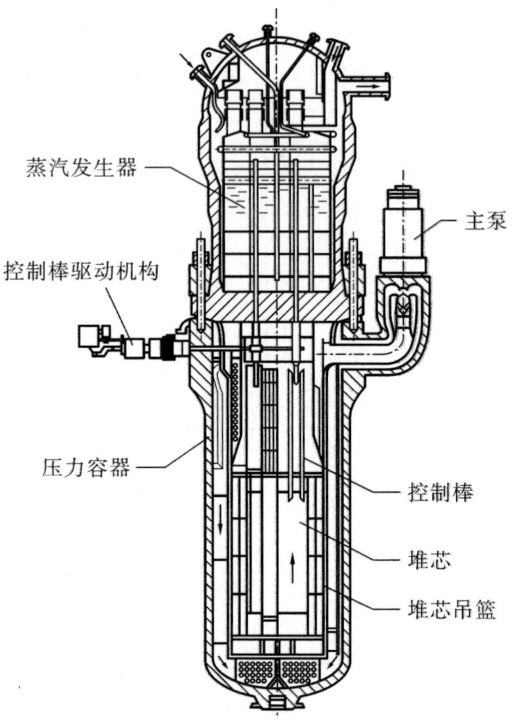

图 2-23　卡达拉希 CAP 原型堆结构图

2.5.3.2　俄罗斯 ABV-6M 反应堆

前苏联/俄罗斯于 1975 年开始研制舰船用一体化压水堆,由 OKBM 机械制造设计局近年研制的热功率为 38 MW 的热电联供小型全自然循环一体化压水堆 ABV-6M 是目前世界上最紧凑的一体化压水堆,图 2-25 所示为其结构示意图。

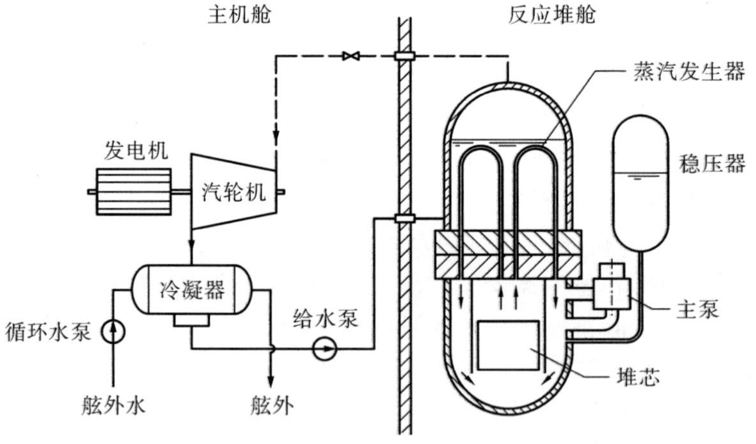

图 2-24　采用 CAP 反应堆的核动力装置原理流程示意图

这种反应堆的主要特点为:

(1)应用了非能动应急给水系统、非能动堆芯余热排出系统、安注系统和氮气稳压系统,简化了反应堆的控制与保护,显著提高了安全性,堆芯熔化概率降低至 5×10^{-8}/(堆·

年）。

（2）采用了钛合金直套管式结构的高效直流蒸汽发生器，体积换热能力达 62 MW/m^3，是螺旋管式结构的 2.6 倍，大大降低了反应堆的尺寸和重量。由于钛合金比其他管材可靠，传热管破管率仅为 10^{-6}，提高了运行的可靠性。另外，蒸汽发生器可分组运行，机动性好；稳压器外置，降低了堆芯高度，布置更加紧凑。

（3）由于一回路的流程短、流动阻力小，自然循环能力可达到 100% FP，正常运行时不需要主泵，可消除主泵运行产生的噪声。

（4）体积小、重量轻。反应堆和屏蔽总重仅为 200 t，湿重约为 250 t，与功率规模相当的分散式布置反应堆相比要轻很多。

（5）便于维修。反应堆压力容器内的蒸汽发生器传热管破损时，可在堆外给水管进口处堵掉破损的传热管，每次堵掉一个小组的传热管，功率仅损失约 1%。但因在传热面积设计中留有 15% 的余量，因此整个寿期将会保证满功率运行。堵管维修时，可将该组蒸汽发生器隔离。

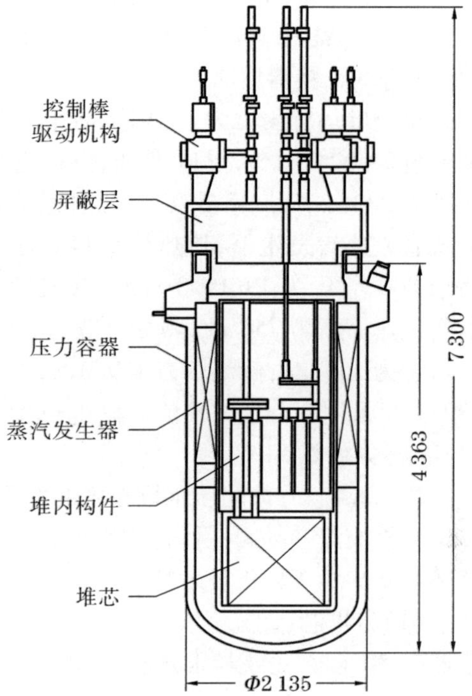

图 2-25　俄罗斯 ABV-6M 一体化压水堆

（6）机动性好。反应堆功率变化速率为 0.5% FP/s，增设主泵后可达 1% FP/s。

俄罗斯对一体化压水堆核动力装置的主要设备、系统及物理、热工水力等已做了大量充分的实验研究，已经建成陆上试验堆，表明 ABV 一体化压水堆技术已趋于成熟。

2.5.3.3　日本 MRX 反应堆

日本在 1980 年以后积极从事船用一体化压水堆 MRX（Marine Reactor-X）和小型自然循环一体化压水堆 DRX（Deep-sea Reactor-X）的研究工作，图 2-26 为 MRX 的概念图。

标准型 MRX 的热功率为 100 MW，其双堆核动力装置的轴功率可达 44 MW。MRX 在结构上的显著特点是控制棒驱动机构和稳压器都布置在压力容器内，主泵布置在压力容器上部外侧，而压力容器和安全系统均被布置在湿式安全壳内。安全壳内径为 7.3 m，高度 13 m，设计压力 4 MPa；压力容器内径为 3.7 m，高度 9.7 m；堆芯等效直径 1.49 m，有效高度 1.40 m。

MRX 采用了非能动安全技术，在发生蒸汽管道破损和传热管破损等事故时，可依靠自然循环将堆芯衰变热排放到安全壳水中，再通过热管式安全壳水冷却系统将热量排出，简化了安全系统并提高了反应堆的安全性。尽管 MRX 的功率大约是"陆奥"号船用堆的 3 倍，但其重量仅为其 50%，体积为其 70%，这将大大降低反应堆的建造费用。

MRX 的堆芯由 19 组燃料组件和 13 组控制棒束组成。其中，燃料元件为传统的燃料棒，使用 UO_2 陶瓷燃料，^{235}U 的富集度为 4.3%；燃料棒采用锆合金包壳，其外径为 9.5 mm，平均线功率密度为 7.9 kW/m；燃料棒按三角形排列，构成六角形燃料组件，同正方形组件相比，可以减少中子从堆芯的泄漏。堆芯核燃料装载量为6.3 t,燃料平均燃耗22.6 GWd/t,燃料组件寿命8 a,换料周期4 a。

反应堆运行压力为12 MPa,堆芯冷却剂流量为4 500 t/h,反应堆进、出口温度分别为282.5 ℃、297.5 ℃。采用螺旋盘管式直流蒸汽发生器,传热管材料为因科洛依-800,管径为19/14.8 mm。蒸汽发生器的传热面积为754 m^2,额定工况下的蒸汽流量为168 t/h,蒸汽压力4.0 MPa,温度289 ℃。采用2台立式轴流屏蔽电机型主泵,额定功率200 kW。

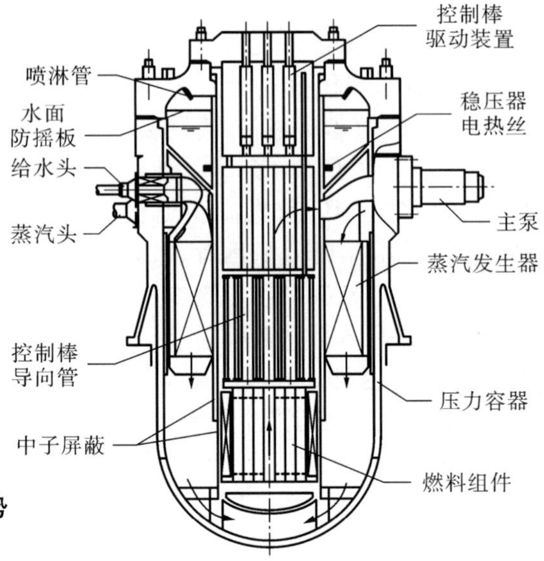

图2-26　MRX本体概念图

2.5.3.4　一体化压水堆技术的发展趋势

世界舰船核动力一体化压水堆的发展趋势主要集中于以下技术特点:

(1)将堆芯、直流蒸汽发生器置于压力容器内,稳压器、主泵与压力容器形成一体化布置,从而排除了一回路管道大破口失水事故。

(2)采用体积小、高效的直流蒸汽发生器设计,直接产生过热蒸汽,取消汽水分离器。蒸汽发生器一般置于压力容器内侧与堆芯吊篮之间的环形空间内。

(3)采用长寿命、高燃耗燃料,提高堆芯可靠性指标,减少堆芯体积和重量,不断延长堆芯寿期。

(4)采用非能动安全系统,包括非能动安全壳冷却系统、应急堆芯非能动淹没系统和应急堆芯余热排出系统,保证在断电和事故工况下反应堆的安全。

(5)提高自然循环能力,目前国外一体化压水堆的自然循环能力已达30% ~60%额定功率。

(6)便于设备和部件的安装调试、标准化和模块化建造,从而减少建造材料,缩短建造周期,大大降低造价,提高经济竞争性。

2.6　系统初步设计计算

2.6.1　反应堆冷却剂系统初步设计

反应堆冷却剂系统计算是在选定系统主要热力参数之后进行,这些参数是在方案设计阶段确定。进行计算前应确定的参数为:环路数目、反应堆冷却剂系统工作压力和反应堆进出口温度。计算内容包括:冷却剂流量的计算、主管道内径的计算、确定管壁厚度及反应堆冷却剂泵的功率。

2.6.1.1　计算冷却剂流量

根据冷却剂在反应堆内的热平衡关系式,冷却剂的总流量 $G_{c,0}$ 为

$$G_{c,0} = \frac{Q_R}{c_{p,c}(T_{co} - T_{ci})} \quad \text{kg/s} \tag{2-16}$$

式中，Q_R ——反应堆热功率，kW；

$c_{p,c}$ ——冷却剂的平均定压比热，kJ/(kg · K)；

T_{ci}，T_{co} ——分别为反应堆进、出口冷却剂的焓值，℃。

如果用 n_c 表示环路数，则每个环路的冷却剂流量 G_c 为

$$G_c = \frac{G_c}{n_c} = \frac{Q_R}{n_c c_{p,c}(T_{co} - T_{ci})} \quad \text{kg/s} \tag{2-17}$$

2.6.1.2　确定主管道内径和壁厚

主管道内径为

$$d_i = 2 \times 10^3 \sqrt{\frac{G_c}{\pi \rho w}} \quad \text{mm} \tag{2-18}$$

式中，ρ ——冷却剂的平均密度，kg/m^3；

w ——冷却剂的流速，m/s。一般取为 7 ~ 13 m/s，流速过低会过分加大主管道的内径，流速过高会加剧管道的腐蚀和冲蚀。

主管道壁厚为

$$S = \frac{pD}{2[\sigma]\eta + p} \quad \text{mm} \tag{2-19}$$

或

$$S = \frac{pd_i}{2[\sigma]\eta - p} \quad \text{mm} \tag{2-20}$$

式中，p ——主管道设计压力，MPa；

D ——主管道的外径，mm；

$[\sigma]$ ——选用钢材的许用应力，MPa；

η ——许用应力修正系数。

内径 d_i 及壁厚 S 计算后，则按管材产品规格选定接近规格的管子尺寸，然后再验算主管道冷、热管段的流速 w' 及 w''。

$$\begin{aligned} w' &= \frac{4G_c}{\rho' \pi d_i^2} \quad \text{m/s} \\ w'' &= \frac{4G_c}{\rho'' \pi d_i^2} \quad \text{m/s} \end{aligned} \tag{2-21}$$

式中，ρ'，ρ'' ——冷管段、热管段冷却剂的比容，kg/m^3。

在管材选择时经常遇到公称压力和公称通径两个术语，这是我国为了管道生产标准化而对管道及其附件制定的技术术语，以此作为承压和计算直径的等级。

公称压力 p_g 是指管道和附件在 200 ℃以下允许的工作压力。当管道内流通介质温度高于 200 ℃时，管道在温度 T 下允许的工作压力 $[p]$ 将低于公称压力，其关系为

$$[p] = \frac{p_g [\sigma]_T}{[\sigma]} \quad \text{MPa} \tag{2-22}$$

式中，$[\sigma]_T$ ——工作温度 T 下的许用应力。

显然，不论公称压力或允许工作压力，都是对应管道介质压力和温度的一个综合参数。

公称通径 D_g 是划分管道和附件内径等级的名义计算内径，一般并不等于实际内径。我国将 1～4 000 mm 范围的管道划分为 53 级而形成公称通径等级。对同一材料同一公称通径的管道，由于公称压力不同，壁厚不同，所以管道实际尺寸也不相同。

2.6.1.3　确定主泵的性能指标

在反应堆冷却剂系统中，每个冷却剂环路至少设置 1 台主泵。在某些情况下，为了提高系统的可靠性，1 个环路中也会设置 2 台主泵，两泵采用并联方式，其中 1 台运行，另 1 台作为备用。

根据核动力装置运行方案的要求，反应堆冷却剂系统在运行过程中可能需要改变冷却剂流量，而采用专门的流量调节装置会使反应堆冷却剂系统变得更为复杂，影响系统运行的可靠性。因此，主泵电机一般采用多级绕组，根据需要可高速或者低速运行。

主泵的额定排量应根据反应堆额定功率运行时工作的主泵台数来确定，即

$$G_{mcp} = \frac{G_{c,0}}{n_{mcp}} \tag{2-23}$$

式中，n_{mcp} ——反应堆额定功率运行时工作的主泵台数。

主泵的扬程决定于反应堆冷却剂系统中的流动阻力，包括冷却剂流经设备时的流体局部阻力、管道的流体沿程阻力以及自然循环压头。当确定主泵额定参数时，应将主泵特性与反应堆冷却剂系统的阻力特性结合起来考虑。

图 2-27 所示为主泵特性与反应堆冷却剂系统阻力特性，图中曲线Ⅰ为主泵流量-扬程（Q-H）曲线，曲线Ⅱ为反应堆冷却剂系统阻力特性曲线，图中交点为主泵的工作点。

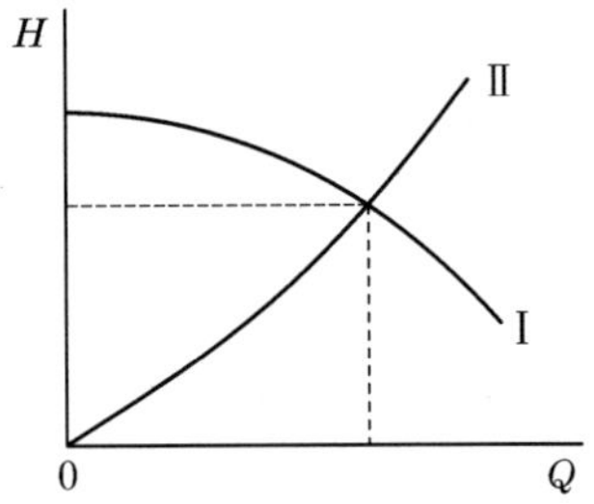

图 2-27　主泵与系统特性

反应堆冷却剂系统的总阻力包括反应堆阻力 Δp_r、蒸汽发生器阻力 Δp_{sg}、热管段阻力 Δp_{hl}、冷管段阻力 Δp_{cl} 以及自然循环压头。因此，反应堆冷却剂泵的扬程为

$$H_{mcp} = \frac{\Delta p_r}{\rho_r g} + \frac{\Delta p_{sg}}{\rho_{sg} g} + \frac{\Delta p_{hl}}{\rho_{hl} g} + \frac{\Delta p_{cl}}{\rho_{cl} g} - \Delta h(\rho_{cl} - \rho_{hl})g \tag{2-24}$$

式中，ρ_r，ρ_{sg}，ρ_{hl}、ρ_{cl} ——分别为反应堆、蒸汽发生器、热管段和冷管段处冷却剂的密度；

Δh —— 冷、热管段标高差。

主泵的轴功率 N_{mcp} 为

$$N_{mcp} = \frac{\rho\, g_c \cdot Q_{mcp} \cdot H}{\eta_{mcp}} \quad \text{kW} \tag{2-25}$$

式中，Q_{mcp} ——主泵的容积排量，m^3/s；

ρ_c ——主泵内冷却剂的密度，kg/m^3；

η_{mcp} ——主泵的效率。

2.6.2　反应堆冷却剂系统的压力损失

反应堆冷却剂系统中，压力损失的基本形式有三种，即沿程摩擦损失、局部阻力损失和由于冷却剂加热膨胀（或由于冷却而收缩）产生加速时所产生的加速压降。由于反应堆中

冷却剂为单相流,加速压降一般不大,因而可以忽略。

2.6.2.1 单相沿程摩擦损失

所谓等温系指主流体的温度与通道壁的温度是一致的,并且主流体与边界层的流体一致。等温单相流的压降一般按下列典型公式计算:

$$\Delta p = f\frac{L}{D_e}\frac{\rho w^2}{2} \quad \text{Pa} \tag{2-26}$$

式中,L——计算段管道长度,m;

D_e——流道的当量直径(4×截面积/周界),m;

ρ——冷却剂的平均密度,kg/m³;

w——冷却剂的平均流速,m/s;

f——计算段等温沿程摩擦阻力系数。

摩擦阻力系数的经验数值可用莫迪(MooDy)曲线查得,也可用以下公式计算。

对于圆形通道,层流的摩擦阻力系数为

$$f = \frac{64}{\text{Re}} \tag{2-27}$$

式中,Re—— 雷诺数,$\text{Re} = wd/\nu$;

ν——流体的运动粘度。

工业光滑管道紊流区的摩擦阻力系数近似为

$$f = C \cdot \text{Re}^{-0.2} \tag{2-28}$$

对于等温流动的光滑管道,$C = 0.184$。

粗糙管要考虑相对粗糙度的影响。相对粗糙度是指表面凸出的高度ε与管径D之比。在紊流区($\text{Re} = 4\times10^3 \sim 10^7$)粗糙管的等温摩擦阻力系数可用莫迪提出的下列半经验公式计算:

$$f = 0.0055\left[1 + \left(20000\frac{\varepsilon}{D} + \frac{10^6}{\text{Re}}\right)^{\frac{1}{3}}\right] \tag{2-29}$$

式(2-29)计算结果与莫迪图相比,误差在±5%以内,或用式(2-30)计算:

$$f = 0.0035 + \frac{0.264}{\text{Re}^{0.42}} \tag{2-30}$$

当通道壁面受热或冷却时,由于靠近壁面流体粘度随温度变化而改变,此时的摩擦系数与等温流动时不同。当然,此时流体由于加热或冷却会同时产生加速压降,计算时应注意。

在紊流区,赛得(Seider)和泰特(Tate)建议用式(2-31)考虑加热的影响:

$$\frac{f_t}{f} = \left(\frac{\mu_w}{\mu}\right)^{0.14} \tag{2-31}$$

式中,f_t—— 考虑加热影响的摩擦系数;

μ_w—— 在壁面温度下流体的粘度,Pa·s;

μ——主流体的粘度,Pa·s。

计算中一般用式(2-31)来估计加热的影响,但式(2-31)同时包括加速压降和摩擦损失,如只表示摩擦压降,可用陆赫西诺(Roksenow)对10.29~13.73 MPa的水作试验所得下列关系式计算:

$$\frac{f_t}{f} = \left(\frac{\mu_w}{\mu}\right)^{0.6} \tag{2-32}$$

2.6.2.2 反应堆内压降 Δp_r

反应堆内的压降由堆芯压降和压力壳腔室压降构成。堆芯压降是指堆芯入口至堆芯出口的压力损失,包括沿裸棒束的压力损失,通过定位栅格的压力损失和堆芯入口与出口的压力损失,对于双流程堆芯还包括两个流程之间的流动阻力损失。压力壳腔室压降是指反应堆入口至堆芯入口和堆芯出口至反应堆出口接管两部分流动阻力之和,由许多局部阻力及热屏蔽与壳体壁面间的沿程摩擦阻力所组成,可根据实际结构特点计算。但是,冷却剂在下腔室中的流动方向或涡流会对堆芯入口处的流量分布有影响,在装置初步设计时,可不考虑此影响。

反应堆内压降的详细计算必须在反应堆结构确定之后才能进行。在装置初步设计时,可用计算堆芯或反应堆压力壳总压降的方法。

$$\Delta p_{\mathrm{core}} = K_{\mathrm{core}} \frac{\rho \bar{w}^2}{2} \tag{2-33}$$

反应堆压力壳的压降 Δp_{pre} 可表示为

$$\Delta p_{\mathrm{pre}} = K_{\mathrm{pre}} \frac{\rho \bar{w}^2}{2} \tag{2-34}$$

式中,ρ ——堆芯中冷却剂的平均密度;

$\bar{w}$ ——堆芯中的平均流速,等于流经堆芯的总流量除以通道的截面积;

$K_{\mathrm{core}}, K_{\mathrm{pre}}$ —— 分别为堆芯和反应堆压力壳的总阻力系数。

对于扬基核电站的反应堆,$K_{\mathrm{core}} = 15$,$K_{\mathrm{pre}} = 34$。

对于 SELNI 反应堆,$K_{\mathrm{core}} = 18$,$K_{\mathrm{pre}} = 52$。

2.6.2.3 蒸汽发生器管侧压降 Δp_{sg}

冷却剂在蒸汽发生器管内流动,压力损失为管内摩擦损失 Δp_t 和封头水室内改变方向的损失 Δp_r 之和,即

$$\Delta p_{\mathrm{sg}} = \Delta p_t + \Delta p_r \tag{2-35}$$

管内压力损失,可采用普通圆管的计算公式。水室内的压力损失,每一流程可取等于速度头的 4 倍,则

$$\Delta p_r = 2\rho w^2 n_{t,\mathrm{pass}} \tag{2-36}$$

式中,$n_{t,\mathrm{pass}}$ ——管侧流程数。

反应堆冷却剂系统的局部阻力损失可查相应手册确定,此处不再赘述。

2.6.3 自然循环蒸汽发生器热力计算

这里主要介绍应用较为普遍的立式 U 形管自然循环蒸汽发生器的热力计算方法。

2.6.3.1 蒸汽参数

反应堆冷却剂系统包括 2 个冷却剂环路,每个环路有 1 台蒸汽发生器和 1 台主冷却剂泵。在正常运行时,每个环路中的冷却剂流量为反应堆总冷却剂流量的 1/2。如果忽略主管道散热以及主泵运行时加入到冷却剂中的热量,则核蒸汽供应系统分配到每台蒸汽发生器的热功率为

$$Q_{s,1} = G_{c,1} c_p (T_{si} - T_{so}) = \frac{G_c c_p}{N_c} (T_{co} - T_{ci}) \tag{2-37}$$

式中，G_c，$G_{c,1}$ ——分别为流经反应堆及单台蒸汽发生器的冷却剂流量，kg/s；

c_p ——反应堆冷却剂的平均定压比热，kJ/(kg · K)；

T_{si}，T_{so} ——分别为蒸汽发生器进、出口冷却剂温度，℃；

T_{ci}，T_{co} ——分别为反应堆进、出口冷却剂温度，℃；

N_c ——冷却剂环路数。

考虑到蒸汽发生器的散热损失，二回路侧工质吸收的热功率为

$$Q_{sg} = Q_{s,1} \cdot \eta_{sg} \tag{2-38}$$

式中，η_{sg} ——蒸汽发生器热效率，0.98～0.99。

蒸汽发生器的传热方程为

$$Q_{sg} = 10^{-3} F \cdot K \cdot \Delta T_m \tag{2-39}$$

式中，F ——蒸汽发生器有效传热面积，m^2；

K ——蒸汽发生器总传热系数，W/(m^2 · K)；

ΔT_m ——蒸汽发生器一、二次侧平均传热温差，℃。

蒸汽发生器中的传热过程由传热管内一回路冷却剂对管壁的强制对流换热、传热管壁和污垢层的导热以及传热管外壁面对二回路工质的沸腾放热等几部分组成。将传热管看作薄壁圆筒，则总传热系数为

$$K = \frac{1}{\dfrac{1}{\alpha_1} \cdot \dfrac{d_{ca}}{d_{si}} + R_w + R_s + \dfrac{1}{\alpha_2} \cdot \dfrac{d_{ca}}{d_{so}}} \tag{2-40}$$

式中，α_1 ——一次侧对流换热系数，W/(m^2 · K)；

R_w，R_s ——分别为传热管的管壁热阻和污垢热阻，(m^2 · K)/W；

α_2 ——二次侧沸腾换热系数，W/(m^2 · K)；

d_{si}，d_{so} ——分别为传热管内径和外径，m；

d_{ca}—— 传热管计算直径，通常取传热管外径为计算直径，即 $d_{ca} = d_{so}$。

当工质按顺流或逆流方式工作时，传热温差由式(2-41)确定：

$$\Delta T_m = \frac{\Delta T_{max} - \Delta T_{min}}{\ln \dfrac{\Delta T_{max}}{\Delta T_{min}}} \tag{2-41}$$

式中，ΔT_{max}，ΔT_{min} ——计算区段两端最大、最小温差。

如果 $\dfrac{\Delta T_{max}}{\Delta T_{min}} \leqslant 1.7$，则

$$\Delta T_m = \frac{\Delta T_{max} + \Delta T_{min}}{2} \tag{2-42}$$

设蒸汽发生器二次侧工作压力为 p_s，据此条件计算总传热系数 K，然后根据核蒸汽供应系统分配到单台蒸汽发生器的热负荷 Q_{sg}，可以确定蒸汽发生器一、二次侧的平均传热温差为

$$\Delta T_m = 10^3 \frac{Q_{sg}}{F \cdot K} \tag{2-43}$$

蒸汽发生器进、出口冷却剂的温差为

$$\Delta T_{c} = T_{si} - T_{so} = \frac{Q_{sg}}{\eta_{sg} G_{c,1} c_{p}} \tag{2-44}$$

已知反应堆及一回路系统中冷却剂的平均温度为 T_{av}，则蒸汽发生器进、出口冷却剂温度分别为

$$T_{si} = T_{av} + \frac{\Delta T_{c}}{2} \tag{2-45}$$

$$T_{so} = T_{av} - \frac{\Delta T_{c}}{2} \tag{2-46}$$

根据蒸汽发生器一、二次侧对数平均温差的计算式(2-41)，可以确定二次侧工质的蒸发温度为

$$T_{s} = \frac{T_{si} - T_{so} e^{A}}{1 - e^{A}} \tag{2-47}$$

式中，A—— 系数，$A = \frac{\Delta T_{c}}{\Delta T_{m}}$。

与 T_s 相对应的饱和压力 $p_s{}'$ 即为蒸汽发生器二次侧新蒸汽压力。若满足

$$\frac{| p_{s} - p_{s}{}' |}{p_{s}} < 0.01$$

则蒸汽发生器热平衡计算结束，否则重新设定 p_s，重复以上计算过程，直至满足要求为止。

蒸汽发生器的蒸汽产量与热负荷、新蒸汽参数相关，通过上述迭代计算确定的给定负荷下的新蒸汽参数后，即可按下式确定单台蒸汽发生器的蒸汽产量：

$$G_{s,1} = \frac{Q_{sg}}{h_{fh} - h_{s}{}' + (1 + \xi_{p})(h_{s}{}' - h_{fw})} \tag{2-48}$$

式中，h_{fh} ——蒸汽发生器出口新蒸汽焓值，kJ/kg；

$h_s{}'$ ——蒸发压力 p_s 下的饱和水焓值，kJ/kg；

ξ_p ——排污系数，通常取为新蒸汽流量的 1%；

h_{fw} ——给水焓值，kJ/kg。

整个核蒸汽供应系统的新蒸汽产量为

$$D_{s} = G_{s,1} \cdot N_{c} \tag{2-49}$$

2.6.3.2 传热系数

在计算蒸汽发生器总传热系数 K 时，需要首先确定一、二次侧换热系数及管壁材料和污垢的热阻，具体计算过程分别介绍如下。

(1)一次侧换热系数

传热管内换热属于管内强制对流紊流放热过程，放热系数 α_1 采用 Dittus－Bolter 方程计算：

$$\alpha_{1} = 0.023 \frac{\lambda_{c}}{d_{si}} \mathrm{Re}^{0.8} \mathrm{Pr}^{0.4} \tag{2-50}$$

式中，λ_c ——冷却剂的导热系数，W/(m · K)；

Pr——冷却剂的普朗特数；

Re——冷却剂的雷诺数，由式(2-51)计算：

$$\mathrm{Re} = \frac{w_c \cdot d_{si}}{\nu_c} \tag{2-51}$$

其中，ν_c——冷却剂的运动粘度系数，m^2/s；

w_c——传热管内冷却剂的流速，m/s，计算式为

$$w_c = \frac{4}{\pi d_{si}^2 N_s} \frac{G_{c,1}}{\rho_c} \tag{2-52}$$

式中，N_s——传热管数目，根；

ρ_c——冷却剂密度，kg/m^3。

(2)管壁及污垢热阻

在蒸汽发生器中，管壁热阻一般达到总热阻的 40% ~50%。若以传热管外径为基准，管壁热阻的计算公式为

$$R_w = \frac{d_{so}}{2\lambda_w} \ln \frac{d_{so}}{d_{si}} \tag{2-53}$$

式中，λ_w——传热管材料的导热系数，W/(m·K)。

在工程计算中，通常用式(2-54)近似计算：

$$R_w = \frac{d_{so} - d_{si}}{2\lambda_w} \tag{2-54}$$

对于因科镍-600(Inconel-600)、因科洛依-800(Incoloy-800)等蒸汽发生器常用的传热管材料，其导热系数可根据传热管温度从表 2-1 中查得。

表 2-1　蒸汽发生器传热管常用材料的导热系数/[W/(m·K)]

温度/℃	21	93	204	316	427	538	649	760	871
Inconel-600	14.65	15.91	17.58	19.26	20.93	22.61	24.70	26.80	28.89
Incoloy-800	17.72	12.98	14.65	16.75	18.42	20.0	21.77	23.86	25.96

因科镍-600(Inconel-600)的导热系数也可根据 CE 公司推荐的公式计算：

$$\lambda_w = 14.244 + 1.555 \times 10^{-2} T_w \tag{2-55}$$

式中，T_w——传热管壁的平均温度，℃。

因科洛依-800(Incoloy-800)的导热系数也可根据 KWU 公司推荐的公式计算：

$$\lambda_w = 11.628 + 1.57 \times 10^{-2} T_w \tag{2-56}$$

污垢热阻是指由于管壁积垢而产生的热阻，它与传热管材料及运行水质等因素有关。在工程计算中，有三种考虑污垢热阻的方法：

①减小对流传热系数，以考虑相应侧的污垢影响；

②在计算总传热系数时，不考虑污垢热阻，而在确定传热面积时，引入一个储备系数，此系数通常与堵管裕量、热力计算误差等因素综合考虑，一般可取 10% 左右；

③采用经验数据。

早期蒸汽发生器设计通常取污垢热阻值 $5.25 \times 10^{-5}\ m^2 \cdot ℃/W$，后来由于传热管材料的改进，二回路水质又采取了严格的控制措施，使二次侧污垢明显减小。西屋公司在参考安

全分析报告(RESAR)中推荐的污垢热阻值为 $8.77\times10^{-6}\ \mathrm{m^2\cdot ℃/W}$。

通常在计算过程中,参考有关资料取值为

$$R_s = (5.16 \sim 6.88)\times10^{-5}\quad \mathrm{m^2\cdot K/W} \tag{2-57}$$

(3)二次侧换热系数

立式U形管自然循环蒸汽发生器二次侧工质在流动过程中,先后要经历具有不同传热特性的预热区和沸腾区,其中预热区为单相对流传热和欠热沸腾换热,沸腾区为管间沸腾换热。在进行详细的热工设计和传热计算时,应该分段计算蒸汽发生器二次侧的换热系数。

①预热区的对流传热系数

当二次侧流体在管外纵向冲刷传热管束时,传热系数可按 Dittus-Bolter 公式计算,而公式中的管子内径应用流道的当量直径代替;当二次侧流体在管外流动,且预热段又装有用以固定管束和提高放热强度的支撑板时,传热系数可按装有支撑板的管壳式热交换器壳侧的传热系数公式计算;对于管束进入区及装有支撑板的情况,可按横向冲刷管束时的传热系数公式计算,并考虑冲击角的影响。

美国电力研究所(EPRI)开发的用于蒸汽发生器稳压和瞬态分析的 ATHOS 程序在进行单相对流传热计算时,推荐了一组具有相同形式的计算公式,都考虑了纵向冲刷和横向冲刷管束两种不同情况。

$$\alpha_{2,a} = C_1 \mathrm{Re}^{C_2}\mathrm{Pr}^{C_3}\frac{\lambda_s}{d_e} \tag{2-58}$$

式中,C_1, C_2, C_3 ——系数,列于表2-2中;

λ_s ——蒸汽发生器二次侧预热区给水的导热系数,W/(m · ℃);

d_e ——二次侧管束间流道的当量直径,m。

表2-2　对流传热关系式中系数的取值

公式 \ 系数	纵向 C_1	纵向 C_2	纵向 C_3	横向 C_1	横向 C_2	横向 C_3
EPRI78	0.03	0.8	0.333	0.29	0.6	0.333
RCPE81	$0.013+0.033\beta_v$	0.8	0.4	1.5	0.563	0.333
正方排列	$0.042\dfrac{P_t}{d_{so}}-0.024$	0.8	0.4	0.547	0.563	0.333
三角排列	$0.026\dfrac{P_t}{d_{so}}-0.006$	0.8	0.4	0.547	0.563	0.333

注:P_t 为蒸汽发生器传热管束节距,mm。

对于U形管自然循环蒸汽发生器,其管束间的实际流动既不是纵向,也不是严格的横向冲刷。ATHOS 程序在分别计算出纵向及横向冲刷放热系数后,采用其均方根值作为有效传热系数。

②预热区的欠热沸腾传热系数

欠热沸腾传热系数的计算,多采用以下形式较为简单的公式。

Jens-Lottes 公式

$$\alpha_{2,b} = 1.264 q_s^{0.75} e^{p_s/6.2} \tag{2-59}$$

式中，p_s ——二次侧压力，MPa；

q_s ——热流密度，W/m^2。

公式的试验条件为：管子内径 3.63 ~ 5.74 mm，管子长度为管子内径的 21 ~ 168 倍，系统压力 0.7 ~ 17.2 MPa，水温 115 ~ 340 ℃，质量流速范围 11 ~ 1.05×10^4 $kg/(m^2 \cdot s)$，热流密度达到 12.5×10^6 W/m^2。

Thom 公式

$$\alpha_{2,b} = 44.4 q_s^{0.5} e^{p_s/8.7} \tag{2-60}$$

公式的试验条件为：系统压力 5.17 ~ 13.8 MPa，热流密度为 $(2.8 \sim 6.0) \times 10^5$ W/m^2。

③沸腾区的管间沸腾换热系数

自然循环蒸汽发生器二次侧沸腾区传热属于管间沸腾传热，目前在工程上大多采用大空间泡核沸腾传热计算公式。工程设计中推荐的计算公式除了 Jens-Lottes 公式和 Thom 公式之外，较常用的还有以下一些公式。

Rohsenow 公式

$$\alpha_{2,c} = \left(\frac{c_p'}{C_1 r \mathrm{Pr}'}\right)\left(\mu' r \sqrt{\frac{g(\rho' - \rho'')}{\sigma}}\right)^{0.33} q_s^{0.67} \tag{2-61}$$

式中，c_p' ——饱和水的定压比热，$J/(kg \cdot K)$；

C_1 ——取决于加热表面-液体组合的常数，对水-镍不锈钢可取 0.013；

r ——汽化潜热，J/kg；

Pr'——饱和水的普朗特数；

μ' ——饱和水的动力粘度，$kg/(m \cdot s)$；

ρ'，ρ'' ——分别为饱和水、饱和蒸汽的密度，kg/m^3；

σ ——水-汽界面的表面张力，N/m。

Kutateradze 简化公式

$$\alpha_{2,c} = 5 p_s^{0.2} q_s^{0.7} \tag{2-62}$$

该式适用于计算 0.02 ~ 10 MPa 压力范围内水在大空间沸腾的放热系数。

由于沸腾传热机理比较复杂，并且沸腾传热与传热面状况等因素有关，所以按照不同公式计算得出的沸腾传热系数相差较大。一般情况下，为了简化计算，往往忽略预热段的影响，直接用 Kutateradze 简化公式计算蒸汽发生器二次侧的平均换热系数，对于热力分析而言，计算精度还是可以接受的。

思　考　题

1. 反应堆冷却剂系统如何组成？其主要功能是什么？
2. 反应堆冷却剂系统的设计要求有哪些？
3. 蒸汽发生器有哪两种类型？各有什么特点？
4. 反应堆冷却剂泵有哪两种类型？各有什么特点？
5. 稳压器有哪两种类型？各有什么特点？
6. 反应堆冷却剂系统常见的布置方式有哪几种？各有什么特点？

第3章　一回路辅助系统

为了维持反应堆冷却剂系统安全可靠运行，一回路设置了压力安全系统、辅助水系统、水质控制系统、工程安全设施、废物处理系统等一系列辅助系统。这些系统主要实现以下几方面的功能：

(1)反应堆启动和运行时，按预定方式向一回路供给冷却剂，以保证回路中所需要的冷却剂数量及压力；

(2)稳定和控制反应堆冷却剂系统的压力，保证反应堆及一回路系统的安全；

(3)向一回路中需要冷却的设备提供除盐冷却水，保证这些设备的正常运行；

(4)监测一回路冷却剂的质量和成分，对冷却剂进行净化，控制水质，保证冷却剂品质符合要求；

(5)反应堆正常停闭或事故紧急停闭时，对堆芯进行冷却，防止堆芯烧毁；

(6)堆舱内发生泄漏事故时，对堆舱进行冷却以降温降压，防止第三道安全屏障破损；

(7)收集各系统排出的放射性废物，并加以处置，保证船上人员及环境的安全。

3.1　压力安全系统

核动力装置在运行过程中，反应堆冷却剂系统的压力会因为装置负荷改变、外界因素干扰或者出现某种故障而发生迅速变化。如果压力过高，超过了反应堆冷却剂系统的设计压力，会使一回路承压边界破裂，造成失水事故(LOCA，Loss-of-coolant Accident)，导致反应堆烧毁和放射性物质扩散。如果压力过低，流过堆芯的部分冷却剂可能会汽化，堆芯出现两相流动，将导致流动不稳定和堆芯冷却不充分，危及反应堆的安全。设置压力安全系统的目的，就是为了控制反应堆冷却剂系统的压力波动。

压力安全系统具有以下主要功能：

(1)在核动力装置功率运行时，吸收冷却剂的体积波动，维持并控制反应堆冷却剂系统压力在允许范围之内。

(2)在冷启动和冷停堆过程中，与其他系统和设备配合，对反应堆冷却剂系统进行升温升压和降温降压。

(3)在反应堆冷却剂系统压力过高或过低时，向报警装置、反应堆保护系统提供压力信号，触发报警和反应堆停堆。其中，压力过高时启动安全排放，进行超压保护；压力过低时启动专设安全设施进行安全注射。

(4)根据运行要求，排出反应堆冷却剂系统中产生的裂变气体、氢气等。

3.1.1　压力波动的原因

核动力装置在正常运行工况下，反应堆冷却剂系统产生压力波动的主要原因可归结为冷却剂温度变化和冷却剂装量变化两个方面，下面逐一进行讨论。

3.1.1.1　冷却剂温度变化

一般情况下，反应堆冷却剂系统内循环的冷却剂处于过冷状态，可视为不可压缩流体。冷却剂温度的变化使得其比容相应改变（如图 3-1），导致水体积膨胀或者收缩，从而引起反应堆冷却剂系统压力的波动。

冷却剂温度的变化通常是由于装置负荷变化引起的，具体可分为以下几种情况：

(1)装置稳态功率改变，冷却剂温度按照运行方案相应变化。

核动力装置的运行方案形式多样，最基本的运行方案有两种，一种是冷却剂平均温度不变运行方案，如图 3-2 所示；另一种是二回路蒸汽压力不变运行方案，如图 3-3 所示。

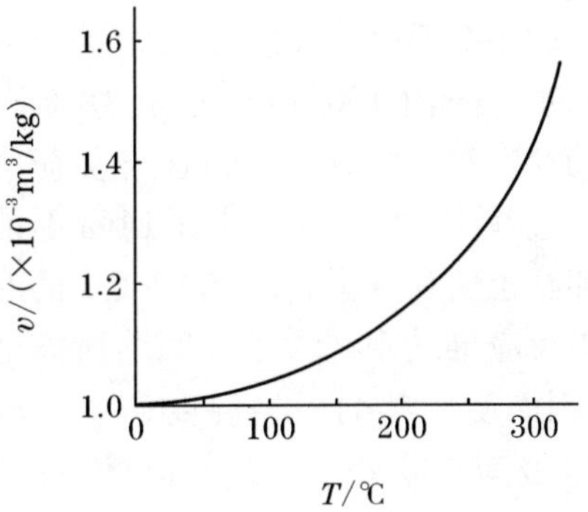

图 3-1　水的比容随温度的变化规律

对于冷却剂平均温度不变的运行方案，在装置稳态功率改变时，虽然冷却剂平均温度保持不变，但反应堆进、出口温度随功率而变化。由于水的比容随温度变化呈非线性关系，而且反应堆冷却剂系统的热管段和冷管段的水容积也不相等，所以仍会引起冷却剂体积波动。虽然水体积变化不很大，但由于水的不可压缩性，如没有压力安全系统的作用，反应堆冷却剂系统中的压力必然会有较大的波动。

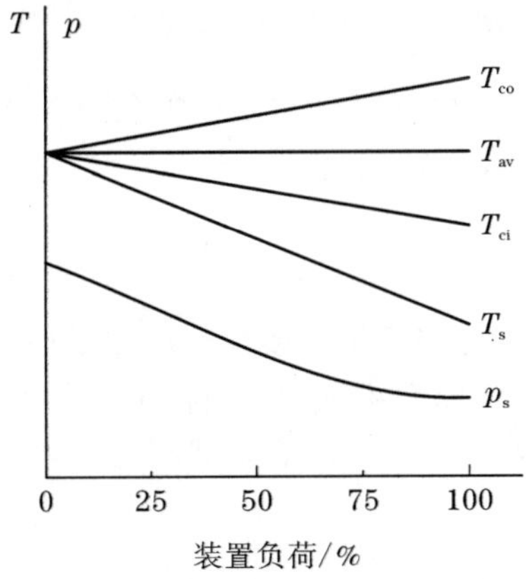

图 3-2　平均温度不变运行方案

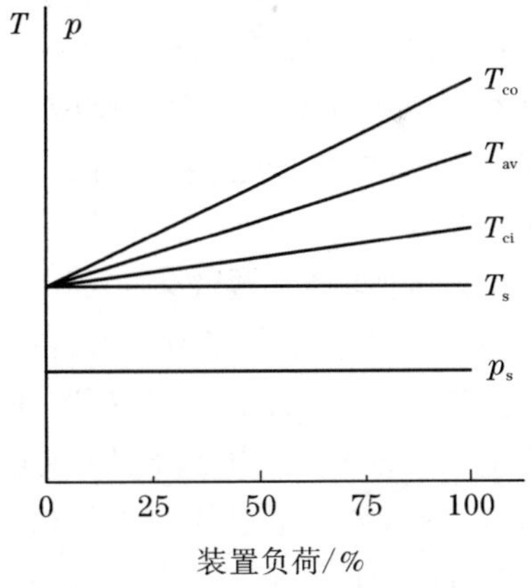

图 3-3　蒸汽压力不变运行方案

对于二回路蒸汽压力不变的运行方案，在装置稳态功率由零功率提升到满功率时，冷却剂平均温度升高约 20 ℃，冷却剂的体积可增加达几立方米或更多。

(2)装置功率动态变化，冷却剂温度产生波动。

核动力装置属于大惯性环节，在负荷跟踪运行方式下，反应堆功率的变化总是滞后于二回路负荷的变化。在稳态工况下，反应堆功率与二回路负荷相平衡，当二回路负荷变化时，一、二回路之间的功率平衡状态被打破，功率控制系统通过调节反应堆功率来跟踪二回路负荷的变化，直到建立新的稳定工况。在动态过程中，反应堆功率 N_R 与二回路负荷 N_T 之间处于不平衡状态，导致冷却剂平均温度 T_{av} 发生变化，此关系可表示为

$$\frac{dT_{av}}{dt} = K(N_R - N_T) \tag{3-1}$$

式中，K——系数。

若反应堆功率大于二回路的需求功率时，由于堆功率过剩，使冷却剂平均温度升高，反应堆冷却剂系统的水容积增加；反之，则引起反应堆冷却剂系统水容积收缩。

图 3-4 所示为“陆奥”号核动力装置在 1 s 内由 100% FP 降至 18% FP 时的动态过程特性。在快速降负荷的动态过程中，由于堆芯中子通量不能立即降至所需水平，在大约 240 s 的时间里反应堆功率都大于二回路所需功率，因而使冷却剂平均温度产生了较大的波动，波动的最大值大约为 14 ℃。

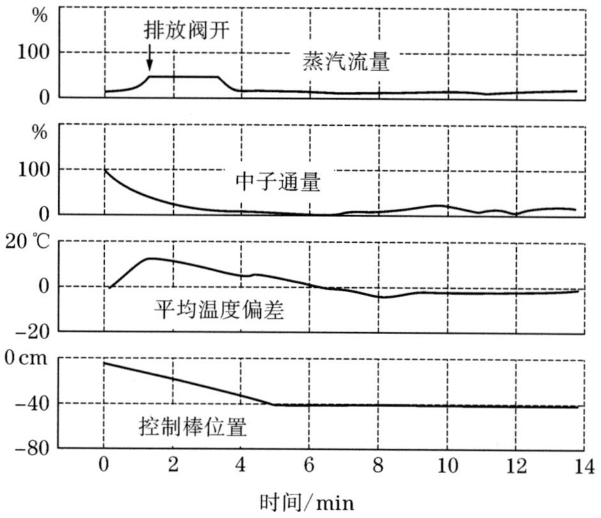

图 3-4　功率阶跃变化特性

(3)由于温度测量误差与控制死区的存在，会使冷却剂体积发生微小波动。

对于平均温度不变的运行方案，在功率水平没发生改变时，虽然平均温度 T_{av} 的整定值不变，实际上冷却剂体积也会发生微小的变化。由于反应堆运行中经常有微小的反应性扰动，使冷却剂平均温度在整定值附近波动，而控制系统设计又允许控制棒在平均温度附近有微小波动时不动作，通常称为控制死区，所以冷却剂体积将发生小的波动。

3.1.1.2　冷却剂装量变化

反应堆冷却剂系统为密闭系统，在一定温度下，冷却剂装量的多少也决定了冷却剂体积的多少。例如，由于密封不严、分析取样等各种原因，冷却剂系统中会有部分冷却剂泄漏，使冷却剂装量减少，引起压力下降；如果运行过程中如控制不当，向反应堆冷却剂系统中补水过度，则会使冷却剂装量增加，引起压力升高。

综上所述，在压水堆核动力装置中，不论动态或稳态，不论功率水平改变或不改变，冷却剂的体积都会产生不同程度的变化，这就要求稳压器吸收和补偿该体积的变化。

3.1.2　系统流程及压力控制程序

3.1.2.1　系统流程

压力安全系统的基本流程如图 3-5 所示。

稳压器是压力安全系统中的主要设备。电加热式稳压器底部的波动管与热管段相连，上部的喷淋管与冷管段相连。为了避免单环路运行时因主管道隔离而导致喷淋管线失效，喷淋管一般不与波动管接在同一环路，而是接在另一环路的主泵出口管道上。对于具有自然循环能力的反应堆冷却剂系统，为了保证自然循环工况下主泵停止运行后不会影响稳压器的压力控制能力，一般将喷淋管接在净化泵出口管道上，利用净化泵的压头为稳压器提供

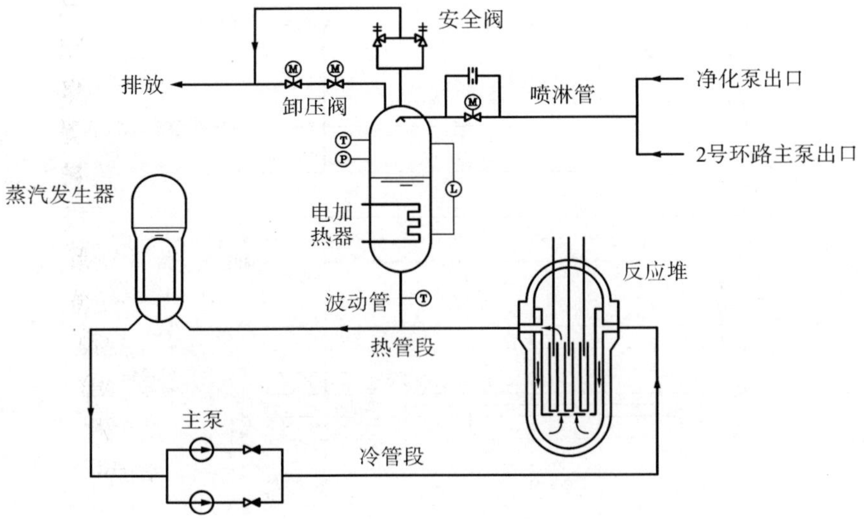

图3-5 压力安全系统

喷淋流量。

在稳压器本体上,设置了压力、温度、液位传感器以及电加热器功率、喷淋流量的调节装置。压力传感器提供的压力信号是进行压力控制和压力保护的主要依据。

稳压器上封头装有安全阀和卸压阀(也称蒸汽释放阀)等附属装置,当稳压器内压力过高,达到相应的整定值时,卸压阀和安全阀先后自动开启,将稳压器上部汽腔的蒸汽排放到卸压箱中,实现超压保护。

3.1.2.2 压力控制程序

图3-6为压水堆核电站的压力控制程序,船舶核动力装置的压力控制程序与此类似。下面分几种运行工况介绍压力控制和压力保护的过程。

(1)稳态运行

在正常稳态功率运行时,反应堆冷却剂系统的压力保持稳定,稳压器内蒸汽和水均处于工作压力下的饱和状态,相互平衡。此时,稳压器上部的喷淋装置仍以很小的喷淋流量连续喷雾,对喷淋管路起到预热作用,避免喷淋装置突然投入工作时产生较大的热冲击,还能保持冷却剂中的化学成分均匀。由于喷淋会使稳压器汽腔内的部分蒸汽凝结,而且稳压器本体还向环境散热,这些因素都会导致稳压器内压力下降,因此,稳压器下部的比例组电加热器有一部分需要投入运行,以补偿因喷淋和散热而产生的热量损失,将反应堆冷却剂系统压力维持在预定值。当冷却剂压力有小量波动时,比例组电加热器的功率根据压力信号调整,以减小压力的变化。

在稳态运行时,图3-5中稳压器内的压力变化范围为(15.4 ±0.1) MPa。

(2)功率缓慢提升或降低

反应堆功率按3% FP/min或5% FP/min的速率线性提升或降低。当功率提升时,由于平均温度 T_{av} 升高,使得冷却剂体积膨胀,冷却剂通过波动管流入稳压器,液位升高,压缩蒸汽空间,这种情况称为波动流入或正波动。功率降低时,由于平均温度 T_{av} 降低,冷却剂的体积收缩,冷却剂通过稳压器波动管流出稳压器,液位降低,蒸汽空间膨胀,这种情况称为波动

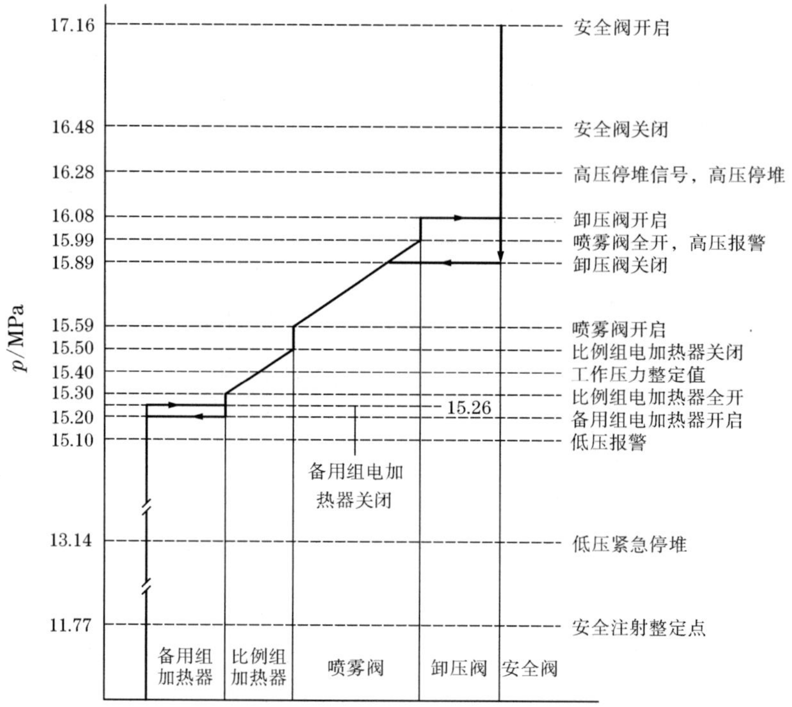

图 3-6　压力控制程序

流出或负波动。由于功率变化缓慢，T_{av} 的波动使稳压器整定值偏离不大，因而压力波动不显著。

(3)功率阶跃降低

当主汽轮机进汽阀开度阶跃减小时，由于控制系统的滞后，在动态过程中出现了暂时性的反应堆功率过剩，导致平均温度 T_{av} 升高，冷却剂体积膨胀，稳压器内的液位出现正波动，蒸汽空间受到压缩而使压力升高。为了保证一回路承压边界的完整性，稳压器采用以下措施控制压力升高的范围：

①喷雾阀动作

当稳压器压力升高到 15.59 MPa 时，比例式喷雾阀自动开启，并随压力继续升高而线性加大开度，当压力达到 15.99 MPa 时，喷雾阀全开，大量的过冷喷雾水可有效地抑止压力的上升。

②卸压阀动作

正常情况下，喷淋装置的设计流量能够有效抑止压力的上升，但在某些异常工况下，如果喷雾阀全开后稳压器压力仍然继续升高，则报警系统发出“高压报警”信号(15.99 MPa)。当压力达到 16.08 MPa 时，卸压阀自动开启，使一部分蒸汽通过排放管进入卸压箱，以降低稳压器的压力，实现超压保护。当稳压器压力回降到 15.89 MPa 时，卸压阀自动关闭。

③反应堆高压紧急停堆

如果卸压阀全开后，稳压器压力还继续升高，在达到 16.28 MPa 时，安全保护系统提供高压保护，发出“高压紧急停堆”信号，反应堆紧急停闭。

④安全阀动作

如果采取以上措施后，仍然不能抑止稳压器压力的继续升高，当压力达到反应堆冷却剂系统设计压力17.16 MPa时，为避免反应堆冷却剂系统的完整性遭到破坏，稳压器压力保护的最后措施——安全阀自动开启，将大量蒸汽排入卸压箱，安全阀的排放量应等于安全分析中可能出现的最大波动速率。当稳压器压力回降到16.48 MPa时，安全阀自动关闭。

(4)功率阶跃提升

当主汽轮机进汽阀开度阶跃开大时，由于控制系统的滞后，在动态过程中出现了暂时性的反应堆功率不足，导致平均温度T_{av}降低，冷却剂体积收缩，稳压器内的液位出现负波动，蒸汽空间膨胀而使压力降低。为了保证堆芯热工安全性，稳压器采取以下措施控制压力降低的范围：

①备用组电加热器投入工作

当稳压器压力降低时，比例组电加热器随之增大功率，当压力降低到15.30 MPa时，比例组电加热器全开。如果稳压器压力继续下降到15.20 MPa时，备用组电加热器开启，使稳压器内水空间的饱和水部分蒸发，蒸汽空间的蒸汽量增加，从而限制压力的降低。当稳压器压力回升到15.26 MPa时，备用组电加热器关闭。

稳压器在波动流出时，由于蒸汽空间压力下降，水空间的水温将高于当前压力对应的饱和水温度，一部分水会闪发形成蒸汽进入到蒸汽空间，也在一定程度上抑制了压力的降低。

由于备用组电加热器的投入以及闪发的作用，当功率阶跃增加10%时，稳压器压力的降低不会触发低压紧急停堆。

②反应堆低压紧急停堆

如果备用组电加热器全开，稳压器压力仍继续下降，当压力低于15.10 MPa时，报警系统发出“低压报警”信号。当压力继续降低到13.14 MPa时，堆芯热工安全受到威胁，此时安全保护系统提供低压保护，发出“低压紧急停堆”信号，反应堆紧急停闭。

③安全注射系统动作

一回路系统发生失水事故(LOCA)时，稳压器的水位和压力都会迅速大幅度降低，当稳压器压力降低到安全注射整定点11.77 MPa时，在低水位信号和低压信号的同时作用下，安全保护系统发出“安全注射”信号，启动安全注射系统堆芯注水，以淹没堆芯，确保堆芯得到充分冷却。

(5)功率分级阶跃——连续波动

以上所述均为功率一次变化所引起的单次波动，在较大的功率阶跃变化情况下，稳压器内的压力、液位往往产生很大的波动，甚至会引起压力保护，不利于运行与控制。因此，在实际运行中，一般都将较大的功率阶跃分解为若干较小的功率阶跃，即分几次调节功率，这样稳压器内的压力、液位会连续波动，但波动的峰值大大减少。

在连续波动时，喷淋装置、电加热器会周期性地投入和退出工作，每次波动流出均产生闪发现象。

3.2　水质控制系统

压水堆核动力装置使用经过严格处理的除盐除氧水作为慢化剂和冷却剂。在反应堆运行过程中，由于一回路系统处于高温、高压、流体高速流动、高热通量以及高中子通量辐照等条件下，冷却剂工作条件极其恶劣，对水质的要求也特别高。但是，在各种因素的影响下，冷却剂水质仍然会逐渐降低，进而对核动力装置的运行和安全产生不利影响：

（1）加剧对一回路设备和管道的腐蚀，影响装置的正常运行和使用寿命；

（2）在换热设备传热面上结垢，降低设备的运行性能；

（3）腐蚀产物受辐照活化，增大一回路系统的放射性剂量水平。

因此，控制冷却剂水质是核动力装置在设计和运行管理中必须予以重视的问题，需要设置专门的水质控制系统，采取严格的水质监测和处理措施。

核动力装置在运行过程中，反应堆冷却剂杂质含量增多的原因主要有以下几个方面：

（1）水在放射性辐照下分解产生氢和氧，水中溶氧对金属材料的腐蚀生成腐蚀产物；

（2）一回路系统初始充水以及运行过程中间断补水带入杂质；

（3）为了控制水质而向冷却剂中添加化学药品带入杂质；

（4）燃料元件包壳破损而漏入冷却剂的裂变产物。

在上述杂质来源中，腐蚀产物最为严重。这些杂质以悬浮状态和溶解状态存在于冷却剂中，对水质进行控制通常采用以下措施：

（1）采用过滤器除去颗粒状杂质。过滤器形式很多，已用于压水堆一回路中的有叠层不锈钢片及烧结尼龙或烧结不锈钢做成的微孔过滤元件制成的过滤器，另外还可采用电磁过滤器以除去有磁性的固体颗粒杂质。一般要求过滤器过滤颗粒直径为 25 μm，特殊要求的地方可达 5 μm。

（2）采用除盐器，通过离子交换的方法除去呈离子状态的杂质。

（3）向冷却剂中添加 pH 控制剂、联氨等化学药品，调整水的 pH，除去水中溶解氧，减小冷却剂对金属材料的腐蚀。

（4）监测水质指标。

为了完成上述任务，核动力装置中设置了净化系统、化学物添加系统和取样系统等水质控制系统。根据设计思想不同，这些系统可以单独设置，也可与其他系统合并为一个共用系统，但水质控制的任务不会改变。

3.2.1 净化系统

3.2.1.1 功能及流程

净化系统的功能是通过过滤、离子交换等手段连续除去冷却剂中溶解的和悬浮的杂质，保证冷却剂中的杂质浓度在允许值以下，降低冷却剂的放射性水平。

根据运行压力的不同，净化系统分为高压型和低压型两类。高压净化系统的工作压力与反应堆冷却剂系统相同，低压净化系统则是将冷却剂压力减小到较低水平后再进行净化。由于除盐器中的离子交换树脂不能在高温情况下工作，为防止树脂分解和失效，在这两类净化系统中对于进入除盐器中的冷却剂都要通过热交换器冷却降温。

图 3-7 所示为高压净化系统的原理流程图，该系统提供两种冷却剂净化手段——机械过滤和离子交换。

需要净化的冷却剂由反应堆冷却剂系统的主泵出口管段引出，经再生式热交换器和非再生式热交换器两级冷却，温度降低到 50 ℃以下，满足离子交换树脂对工质温度的限制，然

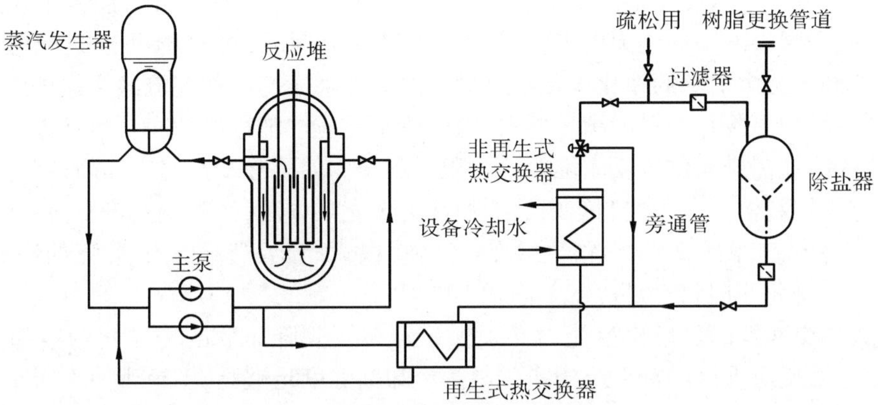

图 3-7　高压净化系统

后进入下游的净化回路。如果冷却剂温度高于 50 ℃,则通过与净化设备并联的旁通管将高温冷却剂经再生式热交换器送回反应堆冷却剂系统,以保护除盐器中的树脂不受破坏。

冷却剂在流过机械过滤器时,直径大于过滤器滤芯孔径的悬浮杂质被过滤掉。流经除盐器时,冷却剂中的可溶性杂质被离子交换树脂吸收掉。从除盐器流出的冷却剂再流经一个截留过滤器,将水中可能携带的树脂碎片除掉。净化后的冷却剂经再生式热交换器加热到 200 ℃左右返回到主泵的进口管段。

冷却剂在净化系统中循环所需的驱动压头来自主泵,净化系统自身不另设泵,系统运行压力与反应堆冷却剂系统相同。失效树脂用高压水从除盐器中冲出,经树脂更换管道排放到废物处理系统。

高压净化系统流程简单,设备少,布置紧凑,不需另外设置净化泵,但设备均要求能承受高压,因而制造成本较高。这种类型的净化系统多用于对设备空间要求严格的地方。

图 3-8 所示为“陆奥”号所采用的低压净化系统,其特点是净化系统与容积控制系统、化学物添加系统合在一起,构成了化学和容积控制系统。

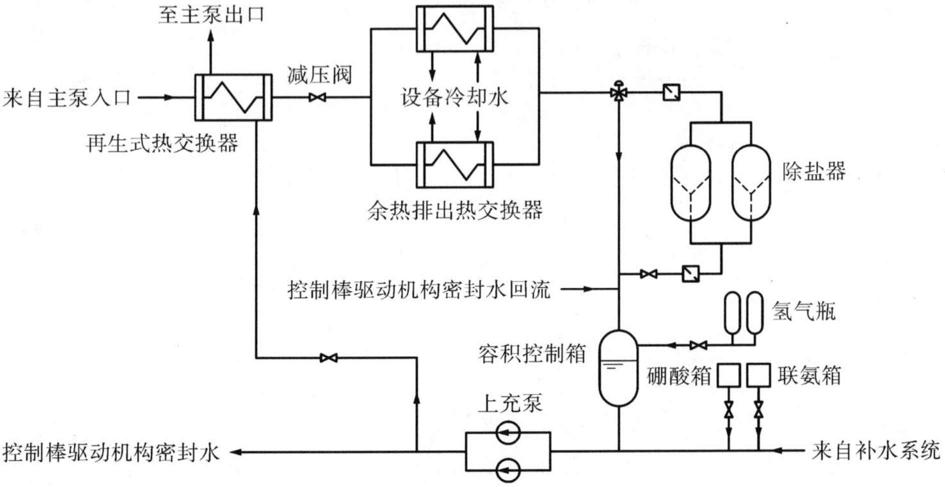

图 3-8　低压净化系统

需净化的冷却剂从反应堆冷却剂系统 2 号环路主泵进口管段引出，经再生式热交换器冷却，通过减压阀将冷却剂压力由 10.78 MPa 减至 1.47 MPa，同时，还可通过减压阀控制从反应堆冷却剂系统中引出的净化流量。经过一次降温降压的冷却剂流经余热排出热交换器进行二次冷却，如果冷却剂温度满足要求，送往位于反应堆辅机舱的净化回路进行过滤和除盐，净化后的冷却剂排入位于反应堆舱的容积控制箱。如果冷却剂温度偏高，则通过旁通管直接排入容积控制箱。容积控制箱内的冷却剂由上充泵增压，经再生式热交换器加热后，返回到反应堆冷却剂系统 2 号环路主泵的出口管段。"陆奥"号净化系统的净化流量为 1.45 t/h，可保证每小时将全部冷却剂净化 10% 以上。

再生式热交换器的热量再生能力必须保证经减压阀降压后的需净化的冷却剂不被闪发，同时使返回反应堆冷却剂系统的净化过的冷却剂温度足够高，不至于使主回路管壁产生不适当的热应力。

净化系统的除盐器均不进行再生处理，当离子交换树脂失效以后，则送往岸上进行专门处理，这样做是因为树脂被活化后放射性辐射强度很大。为了防止对运行人员的辐射，除盐器外设置了铅屏蔽。

3.2.1.2　净化原理

为了除去冷却剂中的可溶性杂质，净化系统中广泛采用了离子交换方法，即利用离子交换剂在水中可将其本身所具有的某种离子与水中同符号的离子相互交换的原理，达到除去水中一些离子的目的。

离子交换剂按其参与交换离子的性质，可分为阳离子交换剂和阴离子交换剂。常用的离子交换剂是用化学合成法制成的离子交换树脂，是一种不溶于水的高分子化合物，由交换剂本体（或称交换剂骨架）和带有可交换离子的基团（或称为活性基团）两部分组成，形成一种多孔的网状结构颗粒，被除去的离子可以进入树脂颗粒内部与活性基团进行离子交换。

离子交换过程的机理说法不一。目前认为在离子交换剂本体表面上有两层离子，紧挨着高分子表面的一层为不进行交换的内层离子，外面的一层是符号相反的可交换的离子层（称做反离子）。离子交换的过程可分为五个步骤。现以 H 型强酸性阳离子交换树脂与水中 Na^+ 进行交换为例加以说明，如图 3-9 所示。

①水中 Na^+ 扩散到树脂颗粒表面；

②Na^+ 在树脂颗粒内部的交联网孔内扩散；

③Na^+ 与树脂内活性基团上可交换的 H^+ 进行交换；

④交换下来的 H^+ 从树脂颗粒内部网孔中向树脂表面扩散；

⑤交换下来的 H^+ 通过树脂颗粒表面向水溶液中扩散。

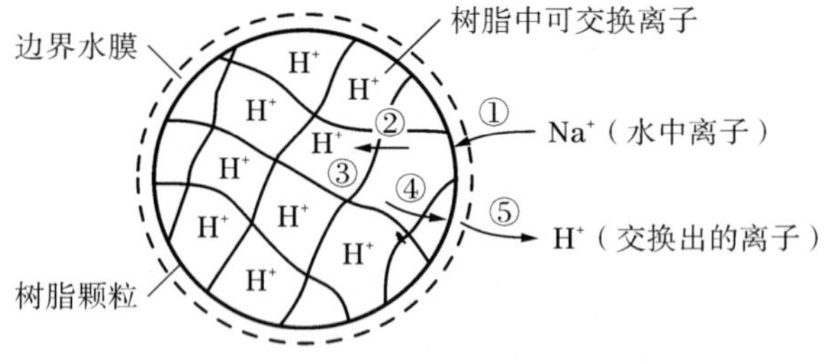

图 3-9　离子交换过程示意图

步骤③属于离子间的化学反应，其交换速度是很快的。影响整个交换速度的主要因素是离子的扩散速度，而扩散速度又与溶液浓度、树脂结构、粘度和流速等有密切关系。

上述整个交换过程是一个可逆的动态过程。

氢型阳离子交换树脂在盐水中的反应为

$$R\text{-}SO_3H^+ + NaCl \rightleftharpoons R\text{-}SO_3Na^+ + HCl \quad (3\text{-}2)$$

阴离子交换树脂在盐水中的反应为

$$R\text{-}OH^- + NaCl \rightleftharpoons R\text{-}Cl^- + NaOH \quad (3\text{-}3)$$

综合以上两式，即有如下反应式

$$R\text{-}SO_3H^+ + R\text{-}OH^- + NaCl \rightleftharpoons R\text{-}SO_3Na^+ + R\text{-}Cl^- + H_2O \quad (3\text{-}4)$$

因此，采用阳离子交换树脂和阴离子交换树脂组成混合床处理盐水时，流出液体即为纯净的除盐水。

在压水堆核动力装置中，净化系统多采用混床除盐器，为了提高净化效果，均采用强酸性阳树脂和强碱性阴树脂。混床除盐器具有以下优点：

(1) 净化效率高，可以把水中含有的离子几乎全部除去，其除盐效率（除去离子量与进水离子含量之比）可达 90% 以上；

(2) 当工作条件变化时，对出水水质一般影响不大；

(3) 间断运行时，对出水水质影响较小；

(4) 交换终点明显，在交换末期，其出水质量下降很快，有利于实现自动控制；

(5) 设备少、装置集中、所占空间较小。

混床除盐器存在的主要缺点是树脂交换容量的利用率较低，树脂磨损率较大，树脂分层再生操作复杂。

3.2.1.3　净化流量的确定

在压水堆核动力装置中，一回路冷却剂净化流量的选择是由以下一些因素决定的：

(1) 反应堆冷却剂中裂变产物的产生速率

对于核电站通常以 1% 燃料元件包壳发生破损时的工况作为设计依据，对于船用核动力装置则以 0.1% 作为设计依据。例如，“陆奥”号以在两年内燃料元件包壳破损 0.1% 作为设计依据。

(2) 反应堆冷却剂中腐蚀产物的产生速率

与结构材料和该材料在工作条件下的腐蚀速率有关，也与各种材料的浸润表面积有关。表 3-1 为常用材料的腐蚀速率。

表 3-1　材料腐蚀速率（310 ℃，15.29 MPa）

材　　料	0Cr18Ni10Ti	因科镍	锆合金
腐蚀速率/[mg/(dm^2 · month)]	10	5	2

(3) 冷却剂水质的控制指标

典型的一回路水质指标如表 3-2。

表 3-2　反应堆冷却剂水质指标

水质指标	pH (25℃)	电导率 /(μS/cm)	质量浓度/(mg/kg)				
			O_2	Cl^-	F^-	H_2	总固体
数值范围	6.0 ~ 9.0	<1	<0.14	<0.1	<0.1	25 ~ 35	<1

(4)除盐器的去污因子

所谓去污因子是指除盐器进口水中的活性与出口水中的活性之比。混床除盐器对于各种核素的去污因子如表 3-3 所示。

表 3-3　对各种核素的去污因子

核　　素	去污因子	
	混床除盐器	阳床除盐器
惰性气体(氪、氙)	1.0	10.0
铯-134,铯-136,铯-137,钼-99,钇-90,钇-91	1.0	
其他所有同位素	10.0	

从表 3-3 中可以看出,混床除盐器对于氪、氙气体和铯、钼、钇等同位素没有净化效果。对于其他同位素,净化系统应能以最小的去污因子来降低其活性。

净化系统的设计要求是在最大裂变产物产生速率和腐蚀产物产生速率下,按设计的去污因子,在设计净化流量下,能确保一回路冷却剂的水质控制指标,或者保证停堆后某段时间内冷却剂的剂量水平降低到规定的指标。

净化流量的计算通常是按腐蚀产物的产生速率与混合床去除离子的速率相平衡来求得,其计算公式为

$$Q_{\text{cuw}} = \frac{\sum_{i=1}^{n} x_i A_i}{7.20(C_1 - C_2)} \tag{3-5}$$

式中:Q_{cuw} —— 净化系统流量,L/h;

x_i —— 与冷却剂接触的某材料的腐蚀速率,mg/(dm^2 · month);

A_i —— 与冷却剂接触的浸润表面积,m^2;

C_1 —— 冷却剂中杂质含量的上限,mg/L;

C_2 —— 混床除盐器出口冷却剂的杂质含量,mg/L。

以上计算未考虑裂变产物产生速率,但由于公式中选用的腐蚀产物产生速率比实际值偏大,所以有足够的设计余量。

在方案设计阶段也可采用经验估算方法。根据已运行的压水堆净化流量的统计,无论是船用堆还是陆用堆,净化流量大约为反应堆冷却剂系统水装量的 1/15 ~ 1/10 之间,也就是说是按每隔 10 ~ 15 h 将主回路的水循环净化一遍设计。

3.2.2　化学物添加系统

化学物添加系统用于向反应堆冷却剂系统中添加联氨、pH 控制剂及氢气,以除去和减少冷却剂中的溶解氧和水电离辐照分解产生的氧,抑制介质对设备、管系材料的腐蚀。通常在高温状态下除氧用氢气,低温状态下除氧用联氨。

化学物添加系统有两种形式。一种是与低压净化系统、容积控制系统一起构成化学和容积控制系统(如图 3-8 所示),系统中设有联氨箱、氢气瓶和硼酸箱,联氨、pH 控制剂等化

学物质通过上充泵向反应堆冷却剂系统中添加。容积控制箱上接一组可调整压力的氢气瓶,使容积控制箱水面上覆盖着一定压力的氢气,溶入冷却剂的氢气不断随冷却剂净化流进入反应堆冷却剂系统中。

另一种形式是与补水系统相连,如图3-10所示。

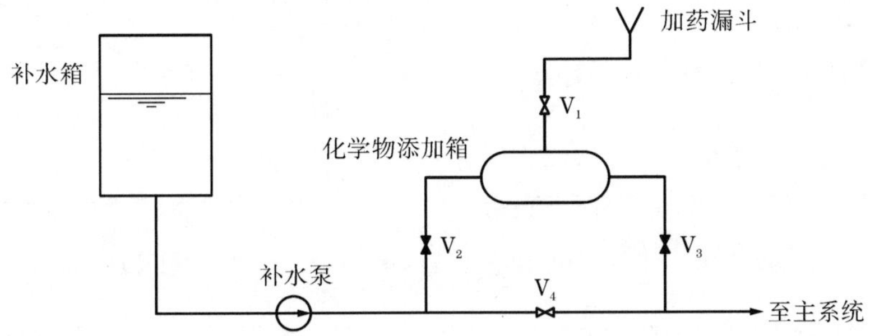

图3-10 化学物添加系统

在补水系统补水泵出口管线的旁路上,设一只化学物添加箱,配制好的化学添加物由漏斗注入化学物添加箱,用补水泵将其注入反应堆冷却剂系统中。

3.2.2.1 联氨除氧

联氨除氧是化学除氧的一种,在反应堆冷启动时或反应堆停堆后添加联氨用以去除水中的氧,以防腐蚀。

联氨(N_2H_4)又称肼,是有毒的无色油状液体,吸水性很强,易溶于水,遇水会结合成稳定的水合联氨($N_2H_4 \cdot H_2O$)。易挥发,能在空气中燃烧,85%的$N_2H_4 \cdot H_2O$溶液闪火点为90 ℃,因此高浓度的联氨溶液遇火易爆炸,一般市售联氨的浓度为40%。空气中联氨蒸汽的体积浓度超过4.7%时,也易遇火爆燃,所以空气中联氨蒸汽浓度不允许超过1 mg/L。

联氨是一种强还原剂,特别在碱性水溶液中还原反应更强。联氨除氧的反应式为

$$N_2H_4 \cdot H_2O + O_2 = N_2\uparrow + 3H_2O + 623.7\ \text{kJ} \tag{3-6}$$

在高温(超过200 ℃)水中,联氨可将Fe_2O_3还原成Fe_3O_4及Fe。

联氨遇热会分解,其反应式为

$$3N_2H_4 \xrightarrow{\triangle} N_2\uparrow + 4NH_3 \tag{3-7}$$

因此,在使用联氨除氧时要限制工作温度不超过120 ℃。

联氨受放射性辐照也会产生分解,所以反应堆启动后不能向冷却剂中加联氨除氧,必须在反应堆冷启动过程中,在一回路充水过程或充水完毕后,才向反应堆冷却剂系统添加联氨,以降低充填水中所溶解的氧含量至0.1 mg/L以下。

联氨除氧的效果与工作条件有密切关系,使用中需特别注意。

(1)联氨和氧的反应速度与水的pH有关,其关系曲线如图3-11所示。在使用联氨除氧时应该将水的pH维持在9~11之间,以获得较高的反应速度。

(2)联氨和氧的反应速度、除氧效率与水温有关,其关系曲线如图3-12所示。从图中曲线可以看出,温度愈高,反应愈快。在使用联氨除氧时一般将水的温度控制在90~120 ℃,一方面提高除氧效率,另一方面也防止联氨因水温过高而分解。

联氨的添加量取决于水中溶解的氧含量,此外还应考虑联氨与水中铁的氧化物作用而

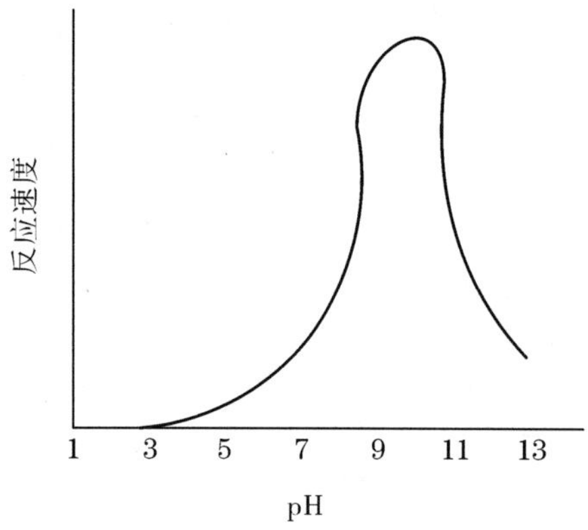

图 3-11　pH 与反应速度的关系

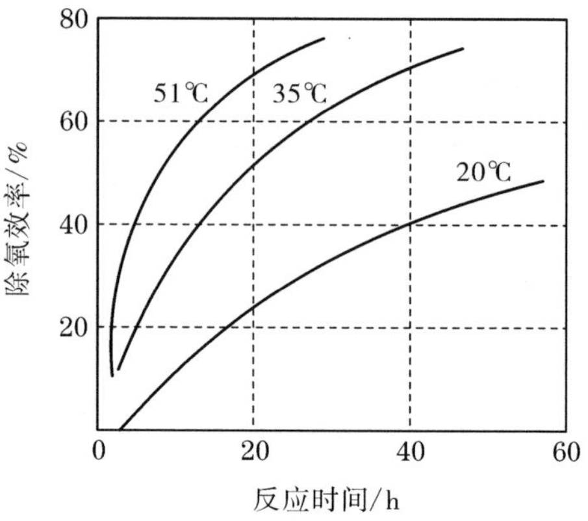

图 3-12　水温对反应速度、除氧效率的影响

产生的消耗以及必需的过剩量。由于添加量不易计算,通常按水中溶氧量的 2 ~ 3 倍量添加或者按保持冷却剂水样中联氨含量为 10 ~ 50 μg/L 来控制添加量。例如,“陆奥”号是保持冷却剂中联氨的浓度为 10 mg/L 来控制添加量。

3.2.2.2　添加氢气

在反应堆运行期间,需要连续或间断地向反应堆冷却剂系统中补充水,由于补水中会有一定的溶解氧,导致反应堆冷却剂系统中氧含量逐渐增多。另外,作为冷却剂的水在放射性辐照下会发生分解而生成氧,也导致反应堆冷却剂系统中氧含量增多。

反应堆在运行时,反应堆冷却剂系统的温度和压力都很高,还有较强的放射性,满足不了联氨除氧的条件,因此,通常采用向一回路中添加氢气或氨的方法来达到除氧的目的。

水的放射性辐照分解与电离辐射作用相似。所有带电粒子均可与原子和分子中的电子相互作用,当带电粒子飞近原子的电子层时,可以将原子或分子中的电子击出,原子或分子失去电子后成为带正电荷的阳离子,被击出的电子被其他中性原子或分子俘获,形成带负电荷的阴离子。这种从中性原子或分子形成离子的过程称为电离作用。

纯水在电离辐射作用下(即在电离作用及激发作用下)所引起的反应通式为

$$H_2O \longrightarrow H, OH, e_{aq}^-, H_2O^+, OH^-, H_2, H_2O_2, O_2 \tag{3-8}$$

其中,e_{aq}^-表示水化电子。

上述电离作用在极短时间内完成,但是随着射线强度的不同,各中间生成物的产额也有很大差异。同时,分子产物或自由基与自由基反应会重新组合而形成水,也就是说还存在着逆向反应。

水分解的程度随射线种类不同而有较大的差异。试验结果表明,X 射线、γ 射线、高速电子照射获得的 H_2 和 H_2O_2 量较低,α 粒子、核裂变碎片照射获得的 H_2 及 H_2O_2 量较高,质子等照射获得的 H_2 及 H_2O_2 量居中。在反应堆中由于有多种射线混合照射,使水的辐照分解变得复杂,不能将各射线单独的照射结果进行简单叠加,因为射线不仅可以促进正向反应,同时还可促进逆向反应。

在轻水堆(不均匀堆)中对水的分解起重要作用的是快中子和 γ 射线,因为它们大部分都被水吸收,而其他线源则被燃料元件所吸收。快中子不直接分解水分子,但在用水减速的过程中与水分子的氢原子碰撞而产生质子与氘核。γ射线包括核裂变瞬发γ射线和短半衰期裂变产物产生的γ射线，γ射线在反应堆中近2/3被水所吸收，因此它是使水分解的主要照射源。

水在分解过程中，H_2 与 O_2 产量的比例约为2∶1，其产额虽随功率水平变化，但其比值变化较小。所以，水的辐照分解的原则反应式为

$$2H_2O \xrightarrow{\text{辐照}} 2H_2\uparrow + O_2\uparrow$$

水中有 O_2 存在会加剧腐蚀，同时还会抑制逆向反应，加快水的分解速度。但另一方面，O_2 又可以与 H_2 结合生成水，从而促进逆向反应。因此，从防止腐蚀的观点出发，为了在运行条件下去除系统中的 O_2，反应堆冷却剂中应保持一定的 H_2 浓度，以充分促进逆向反应的进行。按照西屋公司(Westing House)的标准，1 kg水中应溶有10 mL以上的 H_2。按照洛克威尔(Rockwell)的标准，保持 H_2 的浓度为25～30 mL/kg是适当的。目前，在水质标准中通常规定冷却剂中氢浓度为25～35 mL/kg。

保持冷却剂中的 H_2 浓度主要有以下两种措施：

(1)直接向一回路系统中添加氢气。例如，"陆奥"号通过净化系统下游的容积波动箱添加氢气，氢气添加到容积波动箱上部的气空间，使氢溶于水中。

氢气在水中的溶解浓度与气、水界面上的氢气分压力成正比，服从气体溶解定律(亨利定律)，即

$$S_{H_2} = \frac{12.34\times 10^4 p_{H_2}}{K_H} \tag{3-9}$$

式中，S_{H_2}——水中溶解氢气浓度，mL(标准状态)/kg·H_2O；

p_{H_2}——气空间氢气分压，MPa；

K_H——亨利常数，表3-4所示为氢气在不同温度下的亨利常数值。

表3-4　氢气的亨利常数

温度/℃	37.8	65.5	93.4	121	149	177	204	232	260	288	316
$K_H\times10^{-4}$	7.46	7.45	6.81	5.89	4.92	4.01	3.20	3.31	1.94	1.47	1.28

(2)向一回路系统中添加一定数量的氨，使其在反应堆冷却剂系统内分解为 H_2 和 N_2，以抑制水的辐照分解。这种措施在有的反应堆中采用，但不很广泛。

3.2.3　取样系统

取样系统用于在核动力装置运行期间及时、准确地取出反应堆冷却剂系统及有关辅助系统的液体和气体样品，通过对这些样品的分析，可以监测核动力装置的运行情况，进而指导运行操作。核动力装置取样系统的基本功能为：

(1)证实净化系统的工作情况以及堆内燃料元件包壳的完整情况；

(2)进行冷却剂中氢气及其他气体的分析；

(3)测量放射性废液的放射性水平；

(4)进行泄放水分析；

(5)堆舱、辅机舱、安全壳内氢气浓度分析。

主要取样点为：

(1)反应堆冷却剂系统各环路冷却剂水样；

(2)稳压器气空间气样及水空间水样；

(3)净化系统混床除盐器进、出口水样；

(4)蒸汽发生器泄放水样；

(5)一回路其他辅助设备的水样及气样。

各个取样点的主要分析项目各不相同，一般为 H_2、O_2、pH、电导率、Cl^-、F^-、β、γ、总固体、Xe、Kr 等。由于试样有放射性，工作压力和温度也较高，有些分析项目属于微量分析水平，在取样系统的设计中必须充分考虑。

图 3-13 所示为"陆奥"号的取样系统原理流程图。

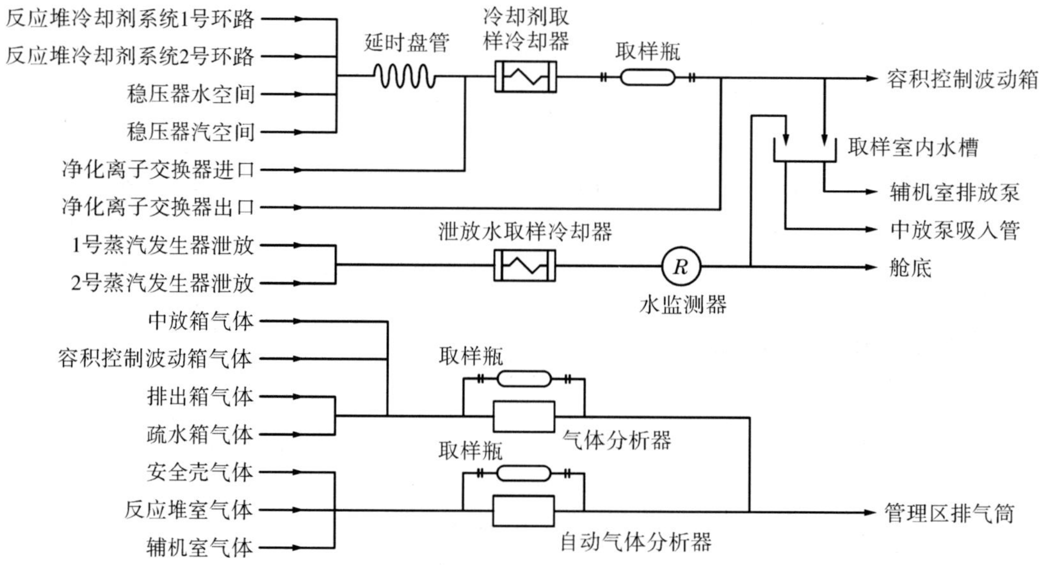

图 3-13　取样系统

该系统由冷却剂取样冷却器、泄放水取样冷却器、延时盘管、取样瓶及氢气分析器等设备组成。

冷却剂取样冷却器可将高温高压的冷却剂冷却到 100 ℃，并收容在取样瓶内，使其在大气压力下不会闪发。泄放水取样冷却器是将泄放水冷却到 100 ℃，使其在取样口处不产生闪发。延时盘管是使水样和气样在管路中滞留足够的时间，使 ^{16}N 及其他一些短半衰期的放射性同位素充分衰变，将取样室内的放射性水平降到非常低的程度。

取样系统中设有用于氢气浓度分析的自动气体分析器和气体分析器。自动气体分析器用于自动测定漏入安全壳、反应堆舱室和反应堆辅机舱室中的氢气浓度，气体分析器用以测定来自排出箱、疏水箱、中放箱、容积控制箱的气样和冷却剂水样中的氢气浓度。

"陆奥"号的取样量为：反应堆冷却剂取样流量，120 kg/h；泄放水取样流量，30kg/h；取样量（瓶内容积），100 mL。

3.3 辅助水系统

辅助水系统包括设备冷却水系统、补给水系统、一次屏蔽水系统、换料充排水系统等，为一回路系统在各种工况下的正常运行提供冷却水、补水、屏蔽水及其他用水，是一回路系统的重要组成部分。

3.3.1 设备冷却水系统

3.3.1.1 系统功能及流程

设备冷却水系统的功能是向一回路系统中各个需要冷却的设备供给除盐冷却水(淡水)，并将带出来的热量传递给循环冷却水(海水)。图3-14所示为设备冷却水系统的原理流程。

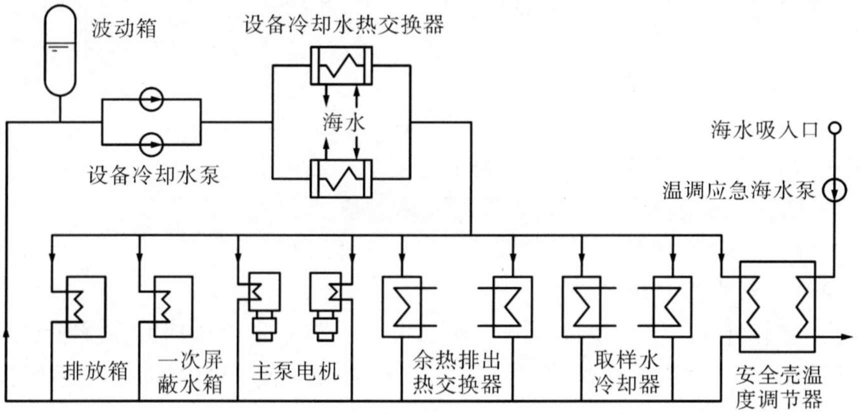

图3-14 设备冷却水系统

设备冷却水在设备冷却水泵驱动下流经设备冷却水热交换器，被海水冷却后送往一回路系统中各个需要冷却的设备，吸热后温度升高的设备冷却水返回到设备冷却水泵的入口处，开始下一轮循环。

设备冷却水泵进口管道上设置了一个设备冷却水波动箱，波动箱上部气空间充填氮气，在由于泄漏或温度变化而引起设备冷却水体积波动时可起到补偿作用。波动箱水位过低时，可自动从一回路补给水系统向其中补水；波动箱水位过高时，则通过溢流管排往废物处理系统。为了减小设备冷却水对系统的腐蚀，可向波动箱投放重铬酸钾(K_2CrO_3)缓蚀剂。

设备冷却水系统构成一个闭式的中间冷却回路，介于一回路系统需要冷却的设备与作为最终热阱的海水之间，设备冷却水压力低于反应堆冷却剂系统，但高于海水。这种设计可以防止海水直接与一回路设备接触而造成腐蚀，还能避免放射性物质泄漏直接进入海水而污染环境。

3.3.1.2 系统设计容量的确定

设备冷却水系统的设计容量根据一回路系统中各个需要冷却设备的热负荷总和来确定，不同类型的压水堆核动力装置在设备冷却水系统设计上是有差别的。对于船用核动力装置，需要冷却的一回路设备主要有主泵的轴承和电机绕组、控制棒驱动机构绕组、安全注射泵电机绕组、堆舱负压压缩机、净化系统非再生式热交换器、补水系统补水冷却器、余热排出热交换器以及反应堆屏蔽水箱等。因此,需要设备冷却水带出的热量大体可分为三类:泵电机部分产生的热量、热交换器的换热量以及屏蔽水箱内产生的热量。

(1)电机产生的热量

电机所产生的热量是由于在运转时有能量损失所致,这种损失包括电流通过电机电枢绕组时的铜损、电机电枢在磁场内旋转时的钢损(磁滞损失和涡流损失)、电机转子的摩擦损失。与高温冷却剂接触的泵,如不考虑由冷却剂加热而传过的热量,也不考虑向周围环境的散热损失,则电机的能量损失可用电机效率 η_m 表示为

$$Q_{m,i} = \frac{1-\eta_{m,i}}{\eta_{m,i}} N_{m,i} \tag{3-10}$$

式中,$Q_{m,i}$—— 第 i 个电机产生的热量, kW;

$\eta_{m,i}$—— 第 i 个电机的效率,随电机负载而变化;

$N_{m,i}$—— 在计算工况下第 i 个电机的有效功率, kW。

(2)热交换器的换热量

第 j 个热交换器的换热量为

$$Q_{h,j} = G_{h,j}(h_{1,j} - h_{2,j}) \quad \text{kW} \tag{3-11}$$

式中,$G_{h,j}$—— 第 j 个热交换器中被冷却流体的流量, kg/s;

$h_{1,j}$—— 第 j 个热交换器进口处被冷却流体的焓, kJ/kg;

$h_{2,j}$—— 第 j 个热交换器出口处被冷却流体的焓, kJ/kg。

(3)反应堆屏蔽水箱放出的热量

反应堆屏蔽水箱内产生的热量可分为两部分。一部分是由核辐射在屏蔽水箱内产生的热量;另一部分是由一回路系统某些设备或部件传递到屏蔽水箱内的热量,主要包括配置在屏蔽水箱内的反应堆进、出口管道以及反应堆压力壳的散热等。

第一部分热量主要来源于以下几个方面:

①从堆芯进入屏蔽水箱的中子弹性散射而产生的热量 Q_n;

②初级 γ 辐射吸收,由堆芯核裂变所产生的热量 $Q_{\gamma,1}$;

③屏蔽层结构材料俘获中子和中子非弹性散射引起的次级 γ 辐射所产生的热量 $Q_{\gamma,2}$。

在计算屏蔽水箱内产生的热量时,通常忽略由屏蔽向外界的辐射能量,即假定进入屏蔽水箱内的核辐射能最终全部在屏蔽水箱中转变为热能。因此,在计算设备冷却水系统时,依据能量守恒定律来确定屏蔽水箱内产生的总热量。

由核辐射在屏蔽水箱内产生的热量为

$$Q_{s,r} = Q_n + Q_{\gamma,1} + Q_{\gamma,2} \quad \text{kW} \tag{3-12}$$

计算屏蔽水箱内产生的热量比较复杂,发热量的大小与反应堆的源强、源的几何条件、屏蔽材料的吸收系数等因素有关,而且只能在反应堆物理计算之后才能进行发热量的计算。所以,一般由屏蔽专业人员向系统设计者提供发热量的资料。

第二部分热量为

$$Q_{s,h} = \sum_{k=1}^{l} K_k F_k \theta_k \quad \text{kW} \tag{3-13}$$

式中,K_k ——屏蔽水箱局部结构的传热系数,kW/(m^2 · ℃);

θ_k ——屏蔽水箱内设备外表面与屏蔽水的温度差,℃;

F_k——屏蔽水箱内设备的传热面积，m^2。

这样，由屏蔽水箱冷却系统排出的总热量为

$$Q_s = Q_{s,r} + Q_{s,h} \quad kW \tag{3-14}$$

以上简单介绍了三种典型设备的发热量计算。实际上，由设备冷却水系统提供冷却的一回路设备很多，因此在确定系统设计容量时，必须根据设备冷却水系统的原则线图，对每个冷却对象进行发热量计算，并制成统计表，最后将各冷却对象的发热量相加而得到总的设计容量。在进行热负荷计算时，应针对不同工况分别进行。一般计算工况分为正常运行工况、停堆初期工况、停堆中期工况，系统的设计工况应取其中的最大值。

3.3.1.3　系统主要参数的确定

设备冷却水系统的主要参数是指系统中的设备冷却水流量以及设备冷却水泵的参数。设备冷却水系统的设计容量确定后，即可根据能量守恒定律确定设备冷却水流量，即

$$G_{ccw} = K_{ccw}\frac{\sum_{i=1}^{n} Q_{m,i} + \sum_{j=1}^{m} Q_{h,j} + Q_s}{h_{ccw}' - h_{ccw}''} \quad kg/s \tag{3-15}$$

式中，K_{ccw}——考虑到在设计容量中尚有没有估计到的热源而增加的热量附加系数。在近似计算中可取为1.15～1.20；

h_{ccw}'——设备冷却水热交换器进口处设备冷却水的焓值，kJ/kg；

h_{ccw}''——设备冷却水热交换器出口处设备冷却水的焓值，kJ/kg。

在设备冷却水系统的每个支路上，设备冷却水流量的分配与该支路的热负荷成正比。如果假定进入各支路的设备冷却水的温度以及由各支路流出的设备冷却水的温度都是均一的，则第 i 个支路上的设备冷却水流量 $G_{ccw,i}$ 为

$$G_{ccw,i} = \frac{Q_i}{c_{p,ccw}(T_{ccw}' - T_{ccw}'')} \quad kg/s \tag{3-16}$$

式中，Q_i——第 i 个支路的热负荷，kW；

T_{ccw}'——设备冷却水热交换器进口处设备冷却水的温度，℃；

T_{ccw}''——设备冷却水热交换器出口处设备冷却水的温度，℃；

$c_{p,ccw}$——设备冷却水的定压比热，kJ/(kg·℃)。

设备冷却水热交换器所需舷外冷却水的流量可通过热平衡计算求得，即

$$G_{sw} = K_{sw}\frac{G_{ccw}(h_{ccw}' - h_{ccw}'')}{h_{sw}'' - h_{sw}'} \quad kg/s \tag{3-17}$$

式中，K_{sw}——舷外水附加消耗系数；

h_{sw}''——设备冷却水热交换器舷外水出口的焓值，kJ/kg；

h_{sw}'——设备冷却水热交换器舷外水入口的焓值，由船舶航行海域确定，kJ/kg。

在确定设备冷却水热交换器的热工参数时，重要的问题是如何确定设备冷却水和舷外水的温升，因为它不仅影响到设备冷却水热交换器的尺寸和重量，而且还影响到冷却对象各换热面的尺寸和重量，影响到整个系统投资和运行成本。因此，应综合考虑各方面的影响，使设备冷却水热交换器的热工参数为最佳值。

首先，必须保证一回路系统各个需要冷却设备对运行温度的要求。例如，采用湿式电机（电机内腔通过高压冷却水，电机的转子与定子都浸在水中）拖动的主泵，其最高工作温度

是按以聚氯乙烯作绝缘介质的线圈的安全运行要求确定的，一般不应超过45 ℃。对于有屏蔽套保护的屏蔽电机，由于定子线圈处于干燥状态，可允许电机内的温度比湿式的稍高些。对于净化系统则要求冷却剂的温度不超过50 ℃，生物屏蔽水箱内的水温保持在45～55 ℃。

其次，应对海水侧温升及设备冷却水侧温升进行多方案比较计算，以确定热交换器尺寸和投资及日常运行费最小、最经济的最佳温升。关于这方面的计算方法，可参看有关热交换器最佳化设计方面的资料。

由于设备冷却水系统与反应堆的安全有关，在设计时必须以保证系统安全可靠为出发点，系统中的主要设备如设备冷却水泵、设备冷却水热交换器等都采用双重设置。

设备冷却水泵的压头是由设备冷却水系统的阻力计算确定的，因此必须事先确定系统的组成、管路长度和布置方式以及换热设备的水阻力等。在初步设计阶段，设计压头可按已有母型或统计资料进行近似估计，如"陆奥"号设备冷却水泵的扬程为35 mH_2O①。为了保证设备冷却水泵的可靠工作，在泵的进口处必须有足够的静压力，以防止泵产生汽蚀。为此，应满足以下条件

$$p_p' \geqslant \varphi\ \Delta h_{s,max} \tag{3-18}$$

式中，p_p'——泵吸入管内的压力，mH_2O；

$\Delta h_{s,max}$——在吸入侧最大允许动压降，低于此压降则将产生汽蚀；

φ——汽蚀安全系数，一般 $\varphi = 1.2 \sim 1.4$，与叶轮进口吸入条件有关。

最大允许动压降与泵的主要参数如转数、排量以及结构特点有关，其计算式为

$$\Delta h_{s,max} = 10\left(\frac{n\ Q_p^{\frac{1}{2}}}{C}\right)^{\frac{4}{3}} \quad mH_2O \tag{3-19}$$

式中，n——泵轴转数，r/min；

Q_p——泵的容积排量，对两面进水式泵取为 $Q_p/2$，m^3/s；

C——泵的结构特征常数，只与叶轮入口条件有关，取值如表3-5所示。

表3-5　泵结构特征常数 C 的取值

比转数 n_s	50～70	70～80	80～150	150～220
C 值	600～750	800	800～1 000	1 000～1 200

由式(3-19)可以看出，在其他条件相同的情况下，双面进水泵的 $\Delta h_{s,max}$ 值最小，因此其吸入条件比单面进水泵要好。

3.3.2　补给水系统

补给水系统的功用是处理、储存和向一回路供应补给水，通常在下列情况下使用：

(1)在反应堆初始充水时，用于向反应堆冷却剂系统及有关辅助系统(如一次屏蔽水系统、设备冷却水系统、净化系统等)充填水质合格的水；

① $1\ mH_2O = 9\ 806.65\ Pa$

(2)反应堆冷启动时,补水泵可用于反应堆冷却剂系统初始升压;

(3)一回路正常运行时,间断性向反应堆冷却剂系统补水,以维持稳压器正常水位,补偿由于冷却剂体积收缩、泄漏和取样而引起的稳压器水位下降;

(4)在反应堆冷停堆或事故停堆时,向反应堆冷却剂系统补水以补偿水位的下降;

(5)提供其他用水,如取样室冲洗水、配制化学药品用水等。

由于补水要进入一回路系统,在高温、高压和放射性辐照下工作,因此对补水水质的要求很高。“陆奥”号一回路冷却剂补水的水质指标如表3-6所示。

表3-6　“陆奥”号反应堆冷却剂补水的水质指标

水质指标	pH (25℃)	电导率 (μS/cm)	质量浓度(mg/kg)				
			O_2	Cl^-	F^-	CO_2	固体残渣
数值范围	6.0~8.0	<0.2	<0.14	<0.1	<0.1	<0.2	<0.5

在不同类型的核动力装置中,补水的来源各不相同。例如,陆上核电站、“奥托·汉”号核动力船的一回路补水与二回路用水的水质标准相同,可使用二回路冷凝器除气的冷凝水作为补水。“陆奥”号用脱气除盐水作为补水,在补水系统中另外设置除盐器,经除盐处理后再向一回路补充,其补水系统原理流程图如图3-15所示。

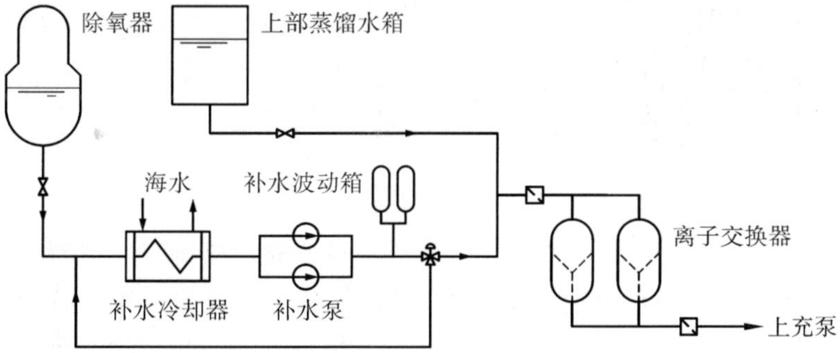

图3-15　补水系统流程图

来自二回路除氧器的除氧水因温度较高,不能满足除盐器的正常工作条件,需经过补水冷却器用海水冷却后,再由补水泵送往除盐器进行除盐;来自造水系统上部蒸馏水箱的蒸馏水可直接送往除盐器进行除盐。从除盐器出来的除盐除氧水通过上充泵送往容积控制系统、取样系统、设备冷却水系统等用户。

在补水冷却器中,除氧水侧的运行压力为0.2 MPa,海水侧压力为0.15 MPa,可防止传热面破损时海水向除氧水侧泄漏。在补水泵出口装有补水波动箱,用以调整泵压力的变化以及暂时储存补水。补水波动箱为膜封式,可防止空气溶入补水中,采用控制系统用的空气进行调压。

为了防止除盐器中的离子交换树脂因水温过高而分解和失效,在补水泵出口至除盐器入口的管道上设置了温度控制的转换阀,如果除氧水温度过高,自动将除氧水返回至补水冷却器入口。除盐器下游的管道材料均采用不锈钢。

确定补水系统的设计容量,必须对一回路在各种运行工况下除盐水的各种用户的消耗量进行计算或者按统计资料来确定,“陆奥”号两台补水泵的容积排量为 20 m^3/h。

3.3.3 其他辅助水系统

除上述辅助水系统外,根据核动力装置设计的不同,尚有一次屏蔽水系统、换料充排水系统,核电站中还有反应堆水池和乏燃料水池冷却和净化系统等。这些系统有的单独设置,有的与其他系统合并在一起。

一次屏蔽水系统的功能是为反应堆一次屏蔽水箱充水、排水,补充屏蔽水的损耗,对屏蔽水进行冷却以维持其温度在正常范围内,向一次屏蔽水中添加缓蚀剂以及处理由于辐照分解产生的氢气以防止爆炸等。

图 3-16 为一次屏蔽水系统的原理流程示意图。

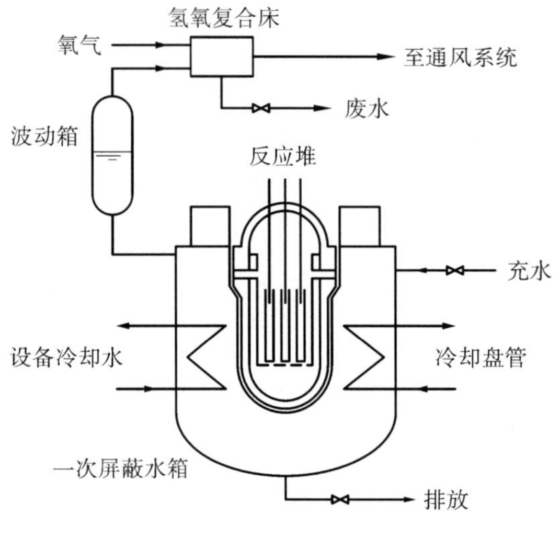

图 3-16　一次屏蔽水系统原理流程示意图

一次屏蔽水箱围绕在反应堆压力容器外侧,内部充填的一次屏蔽水来自补水系统。一次屏蔽水吸收堆芯泄漏出来的核辐射产生的热量、配置在屏蔽水箱内的反应堆进、出口管道以及反应堆压力壳的散热等,温度会显著升高,因此,在一次屏蔽水箱内设置冷却盘管,用设备冷却水对屏蔽水进行冷却。

一次屏蔽水波动箱通过管道与一次屏蔽水箱相连,波动箱上部充填氮气,用于吸收一次屏蔽水系统的体积波动。一次屏蔽水箱内分离出来的氢气可由波动箱上部排出,通过氢氧复合床将其除掉。

换料充排水系统在反应堆更换燃料时使用,主要功能是向换料所用的临时屏蔽水套充水和排水。

由于乏燃料中积累了大量裂变产物,压力容器及堆内构件在长期强烈的辐照下被活化,在反应堆周围以及燃料元件本身都具有极强的放射性,产生的衰变热也很大。因此,在换料时必须采取适当措施,以屏蔽放射性并除去衰变热。通常采取的措施就是在换料时临时装上屏蔽水套,通过换料充排水系统向屏蔽水套充水和排水,以保证工作人员的安全,防止燃料元件烧毁。在船舶核动力装置中为了简化设计,通常只设置相应的接口,并借用其他系统来完成换料充排水的任务。

3.4 工程安全设施

压水堆核动力装置在运行过程中,堆芯会产生大量具有强烈放射性的裂变产物,反应堆冷却剂系统处于高温、高压状态,而且反应堆即使停闭后在较长时间内仍然会放出大量衰变热,这些特点使得核动力装置具有潜在的危险性。一旦发生重大事故,极有可能导致堆芯烧毁,放射性物质大量泄漏,对人员和环境产生严重伤害,造成难以挽回的后果。

为了确保核安全,必须满足核安全三要素的要求,即反应性控制、堆芯冷却和放射性产物的包容。在核动力装置正常运行、故障或事故工况下,都要保证核安全三要素所对应功能的实现。根据核安全三要素的要求,在核动力装置的设计中确定了一系列的安全功能,实现了这些安全功能就能满足核安全的要求,工程安全设施就是实现这些安全功能的重要手段。

工程安全设施主要包括余热排出系统、安全注射系统、堆舱喷淋系统、堆舱通风及温调系统等,用于反应堆正常或事故停堆后的堆芯冷却,发生事故时淹没并冷却堆芯,防止第三道安全屏障的完整性遭到破坏,以限制事故的发展和减轻事故的后果。

3.4.1 余热排出系统

3.4.1.1 系统功能

余热排出系统也称为衰变热冷却系统、停堆冷却系统,其主要功能是当反应堆正常停堆以及事故紧急停堆时,用于除去堆芯放射性衰变热及一回路系统的显热(统称为余热)。

反应堆停闭后,堆内功率并不立即下降为零,燃料元件内生成的裂变碎片和裂变产物在很长时间内继续衰变并放出热量,这部分热量称为衰变热。图3-17所示为停堆后堆芯剩余功率随时间的变化规律。

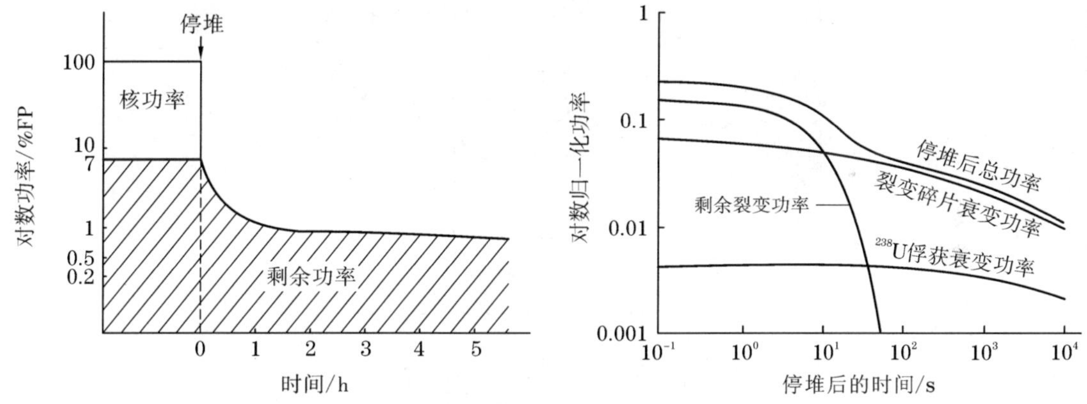

图3-17 停堆后衰变热的变化

反应堆停闭后,堆芯由于核裂变所产生的核功率迅速消失,而以裂变产物衰变热为主的剩余功率仍然存在,并随时间的推移缓慢减小,在停堆数小时后,堆芯剩余功率仍为额定功率的1%。例如,一座额定热功率为150 MW的船用反应堆,满功率运行数十天后停闭,在停堆6 h后,堆芯的剩余功率仍有1.0~1.5 MW。因此,必须将衰变热从堆芯内带出,否则将引起燃料元件过热和损伤。另外,如果需要将反应堆冷却剂系统冷却到常温状态,不仅要除去衰变热,还需将冷却剂及一回路系统的显热除去。所以,余热排出系统是核动力装置中一个重要的安全相关系统。

3.4.1.2 余热排出方式

反应堆的停闭方式有正常停堆和事故应急停堆,停堆后的状态又分为热停堆和冷停堆。热停堆是指反应堆冷却剂系统的温度和压力均处于热态的一种次临界停堆状态,冷停堆是指反应堆冷却剂系统的温度已冷却到接近环境温度的次临界停堆状态。在不同的停堆方式下，根据停堆状态的不同，堆芯余热排出的措施各不相同，通常有以下 3 种方式：

(1)热停堆时，余热排出系统间断运行，维持反应堆冷却剂系统的温度和压力；冷停堆时，余热排出系统持续运行，将反应堆冷却剂系统的温度和压力降至规定值。

(2)冷停堆时，在停堆初期使用反应堆冷却剂系统排出堆芯余热，蒸汽发生器产生的蒸汽通过二回路蒸汽排放系统排到冷凝器中。当反应堆冷却剂系统的温度和压力降到规定值时，再用专门的余热排出系统排出堆芯余热。这种余热排出方式在压水堆核电站中使用较为普遍。

(3)在某些重大事故(如全船断电)下紧急停堆时，通过专设的应急堆芯衰变热除去系统将堆芯余热排出，这种系统通常采用非能动方式，利用冷却剂的自然循环来导出余热。

根据核动力装置运行环境的不同，在总体设计中所考虑的余热排出系统设计方案也各不相同。

3.4.1.3 系统流程

根据运行条件的不同，余热排出系统可分为高压型及低压型两类。

(1)高压型余热排出系统

高压型余热排出系统的设计压力与反应堆冷却剂系统相同，反应堆停闭后可以立即投入运行。图 3-18 为一种高压型余热排出系统的原理流程图。

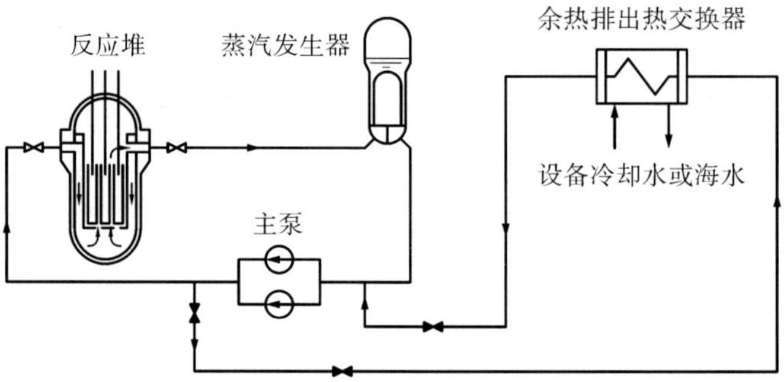

图 3-18 高压型余热排出系统

系统组成比较简单，主要由余热排出热交换器和相应管系组成。余热排出系统投入运行时，主泵低速运行，维持一定流量的冷却剂在系统中循环，进入余热排出热交换器中的冷却剂被传热面另一侧的设备冷却水或者海水所冷却，降温后的冷却剂返回到主泵入口侧管道。通过调节进入余热排出热交换器的冷却剂流量，可以控制反应堆冷却剂系统的冷却速度。为了减小热冲击，余热排出热交换器在投入工作之前，应先由一小股流量预热。

在冷停堆过程中，反应堆冷却剂系统的压力和温度随着余热的排出不断降低，当压力低于某一限定值(约为 2 MPa)时，主泵将不允许运行。在这种情况下，还必须设置另外一套余热排出的系统，继续排出堆芯余热。

如果发生全船断电事故或主泵卡轴事故，主泵不能运行，要求系统具有一定的自然循环能力，冷却剂依靠自然循环将堆芯余热通过余热排出热交换器排至冷却水一侧，而冷却水也需要依靠自然循环或其他非能动方式将热量排至大海。在这种情况下，高压型余热排出系统作为应急堆芯衰变热除去系统来使用。

为了提高系统的自然循环能力，余热排出热交换器应布置在舱内的高处，并且保证在船体发生最大允许倾斜时也不失去自然循环的能力。图 3-19 所示为英国核潜艇事故冷却系统的原理流程图,余热排出热交换器布置在潜艇耐压壳体之外。

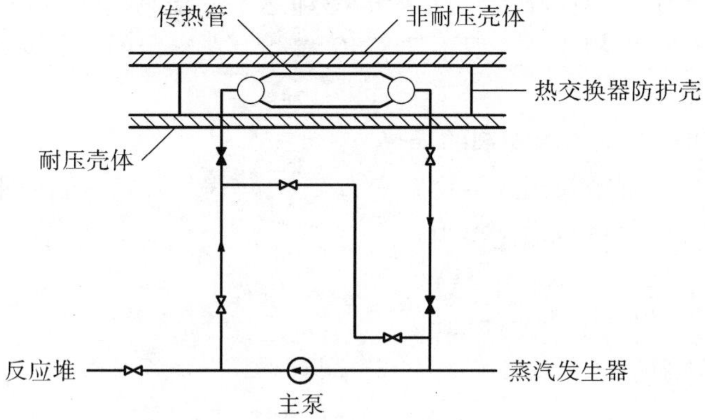

图 3-19　潜艇的事故冷却系统

(2)低压型余热排出系统

低压型余热排出系统的设计压力较低(一般低于 1.47 MPa),只能在停堆后反应堆冷却剂系统压力降至余热排出系统设计压力以下时才能投入运行。在某些重大事故下紧急停堆时,低压型余热排出系统不能立即投入,需要另外设置应急堆芯衰变热除去系统对堆芯进行应急冷却。

图 3-20 为"陆奥"号的余热排出系统原理流程图。

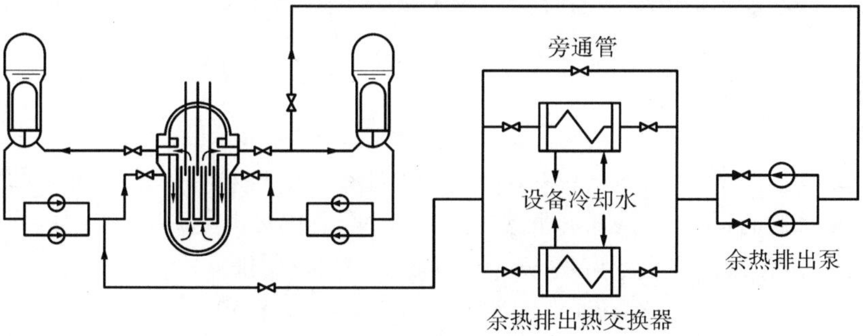

图 3-20　低压型余热排出系统原理流程示意图

系统中并联设置了 2 台余热排出热交换器,采用设备冷却水进行冷却,每台热交换器的热负荷为 159.32 kW;并联设置了 2 台余热排出泵,冷却剂总流量为 20 m^3/h;与余热排出热交换器关联的旁通管上设置控制阀,用于调节旁通流量,控制冷却速度。

在冷停堆时,首先由反应堆冷却剂系统和二回路蒸汽排放系统配合排出堆芯余热,当反应堆冷却剂系统的温度降至 150 ℃以下,压力降至 1.53 MPa 以下时,余热排出系统才能投入运行,继续排出堆芯余热。该系统的设计冷却能力为:

(1)停堆后 24 h 以内,可把冷却剂温度降到 60 ℃以下(海水温度在 30 ℃以下,用 2 台泵和热交换器运行);

(2)系统发生故障,只能用 1 台热交换器和 1 台泵运行时,能够将冷却剂温度保持在 150 ℃以下。

3.4.1.4　系统设计容量的确定

余热排出系统的设计容量(即设计换热量)取决于对反应堆冷却剂系统冷却速率的要求。对于压水堆核电站,反应堆冷却剂系统的冷却速率一般为 28 ℃/h;对于船舶核动力装置,由于机动性的要求,冷却速率一般不低于 40 ℃/h。在给定的冷却速率下,余热排出系统的设计容量计算如下。

(1)反应堆冷却剂系统中冷却剂的释热

假设停堆瞬间反应堆冷却剂的平均温度为 $T_{av,0}$,经过 τ h 后达到要求的停堆温度 $T_{av,c}$,则反应堆冷却剂系统的平均冷却速率为

$$\frac{\Delta T}{\Delta \tau} = \frac{T_{av,0} - T_{av,c}}{\tau} \tag{3-20}$$

冷却剂的平均释热率则为

$$Q_1 = \frac{(h_{av,0} - h_{av,c})M_c}{\tau} \quad \text{kW} \tag{3-21}$$

式中,$h_{av,0}$ ——停堆瞬间冷却剂的平均焓值,kJ/kg;

$h_{av,c}$—— 停堆 τ h 后冷却剂的平均焓值,kJ/kg;

M_c ——反应堆冷却剂系统中冷却剂的质量,kg。

(2)反应堆本体及反应堆冷却剂系统金属释热

在反应堆本体及反应堆冷却剂系统的管道设备中,假设不锈钢材料重量为 M_1,镍基合金重量为 M_2,锆合金重量为 M_3,绝热材料重量为 M_4,这些材料的比热分别为 λ_1、λ_2、λ_3、λ_4,则由反应堆本体及反应堆冷却剂系统金属材料的释热率为

$$Q_2 = \frac{1}{\tau}(T_{av,0} - T_{av,c}) \cdot \sum_{i=1}^{m} M_i\lambda_i \quad \text{kW} \tag{3-22}$$

(3)衰变热

衰变热是时间的函数,其大小取决于停堆前的运行功率 N_0、在该功率下持续运行的时间 τ_0 以及停堆后的时间 τ。反应堆停堆数分钟后对堆芯内发热起决定作用的是衰变碎片的 β、γ 射线在堆内转化成的热能, 可按 Wigner-way 公式估算,即

$$Q_3 = 0.062N_0[\tau - 0.2(\tau_0 + \tau) - 0.2] \quad \text{kW} \tag{3-23}$$

式中,N_0 ——停堆前反应堆的运行功率,kW;

τ_0 ——停堆前反应堆运行的时间,s;

τ ——停堆后的时间,s。

停堆后的衰变热也可用 Glasstone 关系式估算,即

$$Q_3 = 0.1N_0[(\tau + 10)^{-0.2} - (\tau_0 + \tau + 10)^{-0.2} + 0.87(\tau_0 + \tau + 2 \times 10^7)^{-0.2} - 0.87(\tau + 2 \times 10^7)^{-0.2}] \quad \text{kW} \tag{3-24}$$

Glasstone 关系式考虑了 ^{239}U 和 ^{289}Np 等核素与 ^{235}U 的裂变产物一起衰变,因此用该式计算停堆后的衰变功率值较为保守。

综上所述,停堆后反应堆本体及反应堆冷却剂系统的总释热量为

$$Q_{rhr} = Q_1 + Q_2 + Q_3 \quad \text{kW} \tag{3-25}$$

为了带走此释热量,流过余热排出系统所必需的冷却剂流量为

$$G_{\mathrm{rhr}} = \frac{Q_{\mathrm{rhr}}}{h_{\mathrm{rhr}}' - h_{\mathrm{rhr}}''} \quad \mathrm{kg/s} \tag{3-26}$$

式中，h_{rhr}'——余热排出系统入口冷却剂的焓，kJ/kg；

h_{rhr}''——余热排出系统出口的冷却剂的焓，kJ/kg。

3.4.2　安全注射系统

安全注射系统又称为应急堆芯注水系统，在发生失水事故或者蒸汽发生器主蒸汽管道破裂事故时，向反应堆冷却剂系统应急注水，以维持反应堆冷却剂系统的水装量或者确保堆芯淹没，防止堆芯烧毁。

失水事故是指反应堆冷却剂系统承压边界发生破损，冷却剂无控制地从反应堆冷却剂系统中流出的事故。按照破口的大小，可分为小破口失水事故（如蒸汽发生器传热管破裂）、中破口失水事故（如与主管道相连的一根支管断裂）、大破口失水事故（如主管道两端剪切断裂）。发生破口事故后，反应堆冷却剂系统中的水装量减少，稳压器压力和水位降低，流过堆芯的冷却剂流量减少并有可能局部汽化，使得堆芯传热恶化，严重时导致堆芯烧毁。

主蒸汽管道破裂时，大量蒸汽外泄，使得蒸汽发生器二次侧排热显著增加，导致一回路侧冷却剂平均温度降低，冷却剂体积收缩，稳压器水位下降。由于慢化剂的负温度效应和燃料的多普勒效应，会在堆芯引入正反应性扰动，可能导致反应堆超功率。

核动力装置发生的事故不同或者事故的严重程度不同，对安全注射的要求也不相同。因此，安全注射系统通常分为几个部分，根据安全注射的要求分别投入运行。图 3-21 所示为"陆奥"号的安全注射系统（含安全喷淋系统）的原理流程图。

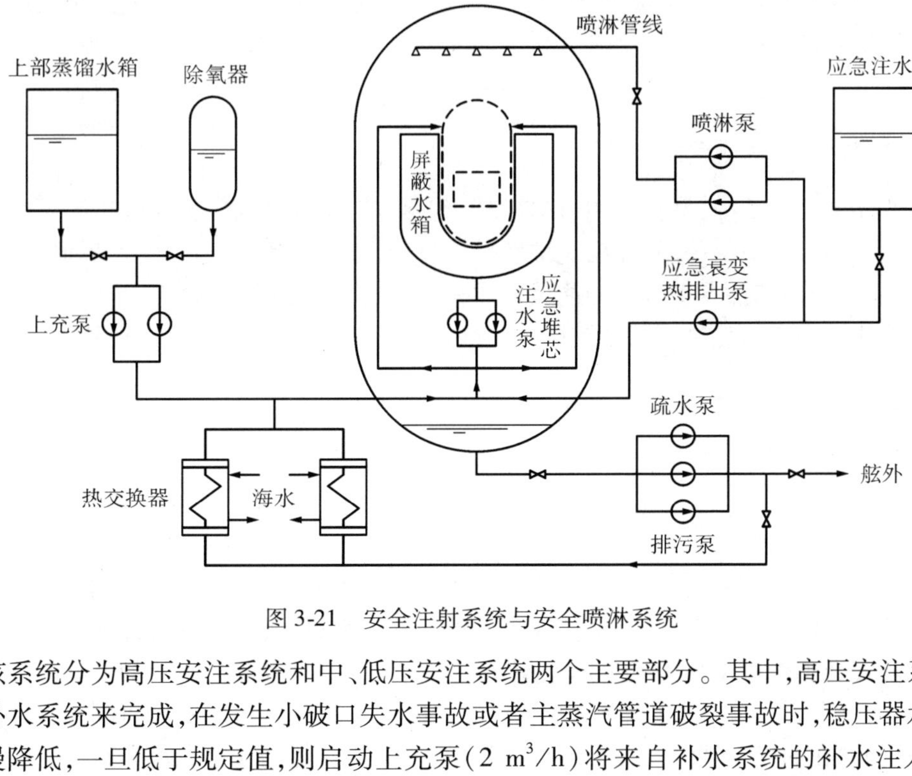

图 3-21　安全注射系统与安全喷淋系统

该系统分为高压安注系统和中、低压安注系统两个主要部分。其中，高压安注系统的功能由补水系统来完成，在发生小破口失水事故或者主蒸汽管道破裂事故时，稳压器水位和压力缓慢降低，一旦低于规定值，则启动上充泵（2 m^3/h）将来自补水系统的补水注入反应堆冷却剂系统。此时是在反应堆冷却剂系统高压下注水,因而称为高压安注。

中、低压安注系统由应急注水箱和应急衰变热除去泵、一次屏蔽水箱和应急堆芯注水泵、疏水泵(或排污泵)和热交换器以及各自相应的管道、阀门三大部分组成。在发生中破口或大破口失水事故时,冷却剂外泄速度较快,稳压器的水位和压力迅速降低,此时投入高压安注系统进行注水已经无法补偿冷却剂的泄漏,则启动应急衰变热除去泵(9.6 m^3/h)将应急注水箱的水注入反应堆冷却剂系统。如果压力降低很快,低于低压安注压力整定值时,则应急堆芯注水泵(100 m^3/h)启动,将屏蔽水箱的水注入反应堆冷却剂系统。

如果应急注水箱和一次屏蔽水箱的水都已用完,但反应堆还需要进行安全注射时,可启动疏水泵(或排污泵)将堆舱舱底水抽出,经热交换器冷却后注入反应堆冷却剂系统,此时称为再循环注射阶段,可以维持较长时间。

3.4.3　安全喷淋系统

在发生失水事故或者堆舱内主蒸汽管道破裂事故时,高温高压的冷却剂或者蒸汽进入堆舱,使堆舱内的温度、压力急剧升高,如果不及时降温降压,可能会导致堆舱内的传感器损坏以及堆舱的密封性遭到破坏,造成放射性物质扩散到其他舱室。

安全喷淋系统的主要功能,是在堆舱温度或压力超过允许值时,向堆舱内喷淋冷却水,冷凝泄漏工质产生的蒸汽,使堆舱内的温度和压力恢复到正常范围。另外,在喷淋的冷却水中添加碱性物质(如 NaOH),可以清洗堆舱内的放射性物质,如碘以及除氪、氙以外的其他裂变产物,降低堆舱大气中的放射性核素的浓度。

如图 3-21 所示,安全喷淋系统主要由喷淋泵、喷淋管线组成。喷淋管线布置在堆舱顶部,安装了若干喷头,可以保证喷淋水在堆舱横截面上的分布均匀一致。在安全注射信号和堆舱压力高信号同时出现时,安全喷淋系统在反应堆保护系统的控制下自动投入,启动两台喷淋泵中的一台,将应急注水箱的水喷淋到堆舱内。

3.4.4　非能动安全系统的概念

所谓非能动安全系统,是指利用自然循环、蓄热、蒸发、热传导、重力驱动等一些简单但又从不失效的物理规律的作用,在反应堆发生事故后,不依赖运行人员的操纵和外部能源的供给,而依靠非能动部件自身蕴含的能量完成相应的安全功能。

依据非能动安全思想设计的系统称为非能动安全系统,根据非能动的程度可分为以下三种类型:

(1)系统除了不需要外部动力外,既无移动工质,又无移动的机械部件。这是利用了系统的固有属性,如热源和冷源之间热连续通道的热传导和热辐射。

(2)系统动作由内部参数变化引起,在实现其功能过程中有工质的流动,但无运动的机械部件。例如,在热源与热阱之间沿某一特定通道的自然循环,采用液阀或密度锁。

(3)系统功能基于不可逆动作或变化的某些设备,如安全隔离膜、止回阀、弹簧式安全阀和喷注箱等。它们具有运动部件,但因不需要外部动力,仍属于非能动设备范畴。

非能动安全思想对于工程安全概念是一次质的改进。工程安全设计的安全保证主要依赖外部设备、动力和人员的干预,而非能动安全主要依赖的是事物内在的机制和自然的物理规律,是一种内在的安全性。与工程安全设计方法相比,非能动安全设计具有如下的优点:

(1)非能动安全的设计降低或消除了事故条件下对操纵员及外部动力设备的依赖,因此,按照非能动安全原则设计的核动力装置较传统的设计具有更高的安全性和可靠性;

(2)按照非能动安全的设计原则,核动力装置中不必设计大量的冗余安全工程设施,从而简化了系统和设施,降低了投资,使核动力装置的安全性和经济性这一对矛盾得到了较好的统一。

非能动安全设施在核动力装置中得到了越来越广泛的应用,对于提高反应堆的固有安全性、减小发生核事故的概率发挥了积极作用。

在第二代压水堆核电站中,使用非能动安全设施的典型例子是安全注射系统的设计。作为工程安全设施的重要组成部分,安全注射系统设有高、中、低压安注分系统,其中中压安注系统采用非能动设计。反应堆冷却剂系统的每个环路都有一个置于高位的蓄压水箱与反应堆入口主管道相连,水箱内部含硼水液面以上的气空间通过充入氮气使其维持一定压力(如4.2 MPa)。机组正常运行时,反应堆冷却剂系统压力大于中压安注箱内压力,蓄压水箱与主管道之间的连接管道上双重设置的逆止阀起到隔离作用,使蓄压水箱中的含硼水不能注入反应堆冷却剂系统,冷却剂也不能进入蓄压水箱;发生失水事故时,一旦反应堆冷却剂系统压力低于蓄压水箱整定压力,蓄压水箱中的含硼水即自动注入堆芯。

目前,在压水堆核电站中所采用的非能动安全设计主要有以下一些:

(1)全功率自然循环一回路设计;

(2)完全非能动的余热排出系统;

(3)重力驱动、压力驱动、一回路蒸汽驱动的堆芯应急冷却系统;

(4)大水池安全壳、带外水池的安全壳、带喷淋冷却的安全壳、带肋片的空气自然对流冷却安全壳、模块化的完全非能动冷却小型安全壳;

(5)一回路泄压;

(6)一回路紧急隔离冷凝器;

(7)堆顶安装的水力驱动控制棒;

(8)控制室非能动可居留条件保障系统。

对于船舶核动力装置,最重要的非能动安全设施之一是非能动余热排出系统,其中一种设计方案的主要工作原理如下:在发生全船断电及可靠电源丧失事故时,主泵等用电设备均不能工作,一回路依靠反应堆冷却剂系统的自然循环能力将堆芯余热排到蒸汽发生器,蒸汽发生器二次侧与应急冷却器之间也依靠应急给水的自然循环,将蒸汽热量传递给海水,实现堆芯余热的非能动排出。

采用非能动安全设施是船舶核动力装置技术发展的一个重要趋势。

3.5　放射性废物处理系统

3.5.1　放射性废物的来源

核动力装置在运行过程中,会产生一些具有放射性的液态、气态和固态废物,统称为放射性“三废”。对于这些放射性废物需要设置专门的系统进行收集、贮存和处理,以防止其危害船内人员的安全以及污染环境。

放射性废液主要来源于一回路设备及阀门的泄漏和排水、一回路过滤器的反洗用水、一回路取样废水、受放射性污染的机械和设备的去污用水、受放射性污染区域内的舱底水等。

放射性废气主要来源于堆芯堆燃料元件包壳破裂时漏入冷却剂中的裂变气体、冷却剂辐照分解产生的氢和氧、安全壳内空气受中子辐照的生成物等。冷却剂中的放射性气体可能通过蒸汽发生器不严密处漏到二回路蒸汽中,随同不凝结空气从主冷凝器的抽气器出口排放到机舱内,从而对人体造成伤害。

放射性固体废物来源于检修时被放射性污染的工具和衣物、净化系统中更换下来的废树脂和废滤芯等。

3.5.2 放射性废物处理原则

对放射性“三废”进行妥善处理需要一套复杂的工艺系统,但是对于舱室空间极为有限的核动力舰船来说,不可能像核电站那样设置一套功能完善、组成复杂的放射性废物处理系统,因此,船舶核动力装置对于放射性“三废”的处理措施往往是较为简单的,处理的基本原则如下:

(1)利用自然衰变,使放射性“三废”中短半衰期的放射性同位素降低活性;

(2)稀释到允许排放标准后排放;

(3)船内浓缩贮存,陆上处理。

由于对核动力装置性能要求不同,舰艇和商船的废物处理设计思想也不同。海军核潜艇由于要节约艇内空间提高战斗力,所以实行有条件地将放射性废物直接向海洋排放的原则。例如,美国海军核动力装置废物处理的方针是尽量减少在 12 n mile 以内海域及港口中排放放射性“三废”,但在 12 n mile 以外几乎是无限制地向海洋排放。也就是说,美国核潜艇的放射性废物,在一定条件下可直接排放到海洋里。

核潜艇中的放射性废物主要是反应堆冷却剂净化系统中用过的离子交换树脂。具有的总放射性,各装置也不相同。根据公布的资料,“鹦鹉螺”号冷却剂中放射性物质的比放射性最大值为 5.55×10^3 Bq/L,平均值为 1.85×10^3 Bq/L。至于放射性同位素的种类(核素)由腐蚀产物决定。在“鹦鹉螺”号使用完的离子交换树脂中,总最大放射性为 4.625×10^{11} Bq,其中以长半衰期的钴-60(半衰期为 5.2 a)最大,达 3.7×10^{11} Bq。“鹦鹉螺”号核动力装置一次启动时排放出的冷却剂量为 1.9 t。根据美国海军条令规定,在 12 n mile 以外可直接向海洋排放,在停泊地内,比放射能不超过 1.11×10^5 Bq/cm^3 时也可直接排放。理由是,比允许浓度高 100 倍的流动排放,在大量海水中被稀释 1 000 倍后,就可以降到允许浓度的 1/10以下,不会造成海洋污染。

所以,美国核潜艇上的废液及固体处理系统是极其简单的,主要措施是经自然衰变及稀释后直接向海洋排放。

核商船几乎不允许放射性废物直接向海洋排放,即使排放也必须符合放射性废物海洋排放的国际及国内标准,所以放射性“三废”处理系统的设计思想也不同于核潜艇。“陆奥”号核船的放射性废物处理系统的设计思想为:

(1)废液体根据其放射性水平分级贮于船内不同放射性水平的废液箱内,待停靠港时,排放到特设的码头上,由陆上的废物处理设备进行处理;

(2)废固体可贮于船内的污染废物仓库中,与废液一样,排放到陆上进行处理;

(3)废气体经船上通风装置处理,待达到规定允许水平以下时,由烟囱向大气排放。

"陆奥"号废物处理系统的设计条件:

(1)废液和废物贮存设备可以处理连续航行六个月所产生的废物量;

(2)裂变产物按反应堆运行两年内燃料包壳发生0.1%破损而扩散到冷却剂中的数量计算;

(3)反应堆冷却剂系统的腐蚀速率均按10 $mg/(dm^2 \cdot month)$计算;

(4)为港内换料而冷停堆时所产生的放射性废物,不计算在船内处理设备的容量之内;

(5)每6个月只考虑有2次航行中冷停堆;

(6)航行中由于修理等原因,认为不排出冷却剂。

根据给定的设计条件,按照放射性废物的产生量,即可估计废物处理设备的容量及总放射性。放射性废物处理设备的容量应保证装置正常和事故状态时,在必要的时间内所积累的放射性废物能贮存必要的时间。各种类型装置所产生的废物的量是不同的,必须根据船种、航行条件、放射性同位素的种类、对处理系统的设计要求、国内及国际排放标准等确定。所以放射性废物处理系统的设计容量,应在充分考虑上述条件基础上,对每一种装置单独所产生的废物量进行调查统计确定。

3.5.3　放射性废物处理措施

在船舶核动力装置中,对于放射性废液和放射性固体废物一般采用船内浓集贮存、陆上处理的办法,这种处理措施对海洋没有污染,但是需要占用船舶部分舱室。

对于冷却剂中的放射性气体有两种处理措施:

(1)在主抽气器出口处设置空气净化设备(例如活性炭等),吸附排出气体中的气载裂变产物。采用这种措施需要一套空气净化设备,加大了装置的体积和重量,并且流程复杂、操作麻烦,所以多用于沸水堆装置。

(2)利用反应堆冷却剂系统中稳压器的除气功能,将冷却剂的放射性气体排出。核潜艇、核商船及压水堆核电站中,广泛采用这种除气方法。

据报道,美国S2G及S3G船用核动力装置将从稳压器内分离出的放射性气体经化学和物理方法处理后,由释放管排至位于艇尾的排放系统集流池中贮存,在条件许可时排入海水中。这种方法设备简单,所占体积及重量小,而且操作方便,除气效果比较满意。对于S4G船用核动力装置,若一回路向二回路的漏泄率为254 L/h,采用稳压器对冷却剂除气的方法,可以长期保持机舱内空气中的放射性氪、氙气体浓度低于允许水平。

思　考　题

1. 简述设置压力安全系统的必要性。
2. 反应堆冷却剂系统压力波动的主要原因有哪些?
3. 压力安全系统有何功用?简述其运行原理。
4. 为什么要对一回路冷却剂水质进行处理?
5. 反应堆冷却剂中杂质的来源有哪些?如何控制冷却剂的水质?
6. 高、低压净化系统各有什么特点?

7. 反应堆冷却剂中添加化学药品的目的是什么？通常在什么阶段添加何种药品？
8. 简述取样系统的基本功能及其主要监测内容。
9. 简述设备冷却水系统的功用及系统特点。
10. 补水系统有何作用？补水的水源有哪些？
11. 设置工程安全设施的目的是什么？
12. 什么是衰变热？余热排出系统的功用是什么？
13. 高压型和低压型余热排出系统运行方式有何区别？
14. 什么是失水事故？发生失水事故可能会产生哪些危害？
15. 发生主蒸汽管道破裂事故时,对反应堆的安全可能会产生哪些不利影响？
16. 发生失水事故时,安全注射系统及安全喷淋系统如何运行？
17. 放射性废物的来源有哪些？
18. 核动力舰船进行放射性废物处理的基本原则是什么？

第 4 章　二回路系统

二回路系统是压水堆核动力装置的重要组成部分，其主要功能是将反应堆及一回路系统产生并传递过来的热量转化为船舶航行所需要的机械能，并生产动力装置及全船所需的电能和淡水。

4.1　概　述

二回路系统的组成以朗肯循环为基础，由蒸汽发生器二次侧、汽轮机、冷凝器、凝水泵、给水泵、给水加热器等主要设备以及连接这些设备的汽水管道构成热力循环，实现能量的传递和转换，如图 4-1 所示。

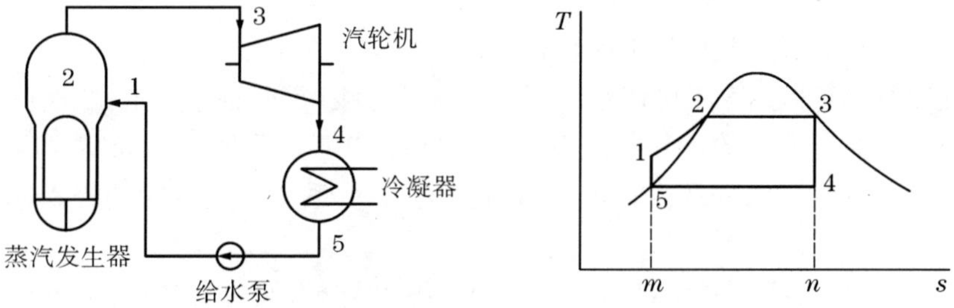

图 4-1　二回路系统热力循环

反应堆内核燃料裂变产生的热量由流经堆芯的冷却剂带出，在蒸汽发生器中传递给二回路工质，二回路工质吸热后产生一定温度和压力的蒸汽，通过蒸汽系统输送到汽轮机做功或耗热设备使用，主汽轮机做功后的废汽排入冷凝器，被由舷外引入的循环冷却水冷凝成水，再经给水泵增压后送回蒸汽发生器，开始下一次循环。

在船舶压水堆核动力装置中，由主汽轮机组将蒸汽的热能转换为推动船舶航行的机械能，由汽轮发电机组生产动力装置及全船所需的电能，由造水系统生产动力装置及全船生活用淡水。为保证上述功能的实现，除了主汽轮机组、汽轮发电机组等主要设备之外，二回路系统中还设置了一系列相关的辅助系统，主要的辅助系统如下：

(1)蒸汽系统

主要用于输送和收集蒸汽，按蒸汽参数和蒸汽用户的不同，可分为主蒸汽系统、辅蒸汽系统和乏汽系统。其中，主蒸汽系统是将蒸汽发生器产生的新蒸汽输送到主汽轮机组、汽轮发电机组和其他消耗新蒸汽的设备，辅蒸汽系统是将辅助蒸汽输送至辅助耗汽设备，乏汽系统则收集背压式辅助汽轮机排出的乏汽，用于给水加热、凝水鼓泡除氧或者作为蒸发式造水装置的热源。

(2)蒸汽排放系统

是主蒸汽系统的旁通管路，在二回路蒸汽负荷急剧减少(如甩负荷、快速降负荷)时，用于将蒸汽发生器产生的多余蒸汽经减温减压后排入主或辅冷凝器，防止主蒸汽系统及蒸汽发生器二次侧超压，以满足安全性的要求。

(3)汽封抽气系统

凝汽式汽轮机在运行时，高压端的蒸汽压力远高于汽缸外的环境压力，低压端则处于真空状态，因此，既要防止汽缸内的蒸汽通过高压端的轴封漏出而增加能量损失，又要防止空气通过汽轮机低压端的轴封漏入汽缸而破坏冷凝器的真空，影响汽轮机的正常、经济运行。汽封抽气系统用于向汽轮机的轴封提供密封蒸汽，防止蒸汽外漏和空气漏入，同时将泄漏的蒸汽及空气混合物抽出进行处理。

(4)润滑油系统

向汽轮机组、齿轮减速器和轴系等主、辅设备提供润滑油，用于润滑和冷却摩擦部件，保证这些设备的安全运行，同时，向汽轮机调节系统和保护系统提供压力用油。

(5)凝水-给水系统

由凝水系统和给水系统两部分组成，用于将来自主、辅冷凝器的凝结水经增压、净化、除氧、加热后，不间断地输送到蒸汽发生器中，并调节和保持蒸汽发生器、主冷凝器、辅冷凝器内水位稳定。

(6)高低压吹除系统、疏水系统及泄放水系统

二回路系统在启动过程中用于暖管、暖机的蒸汽会因冷凝而变成水；二回路系统在运行过程中，各类热交换器使用的加热蒸汽也会因冷却而产生大量凝水。为防止凝水在管内产生水击，以及进入汽轮机内危及汽轮机的运行安全，蒸汽系统与设备中的凝水通过吹除系统和疏水系统排入主、辅冷凝器。

泄放水系统也称为蒸汽发生器排污系统，用于接受蒸汽发生器二次侧的排污水，以维持蒸汽发生器炉水的水质指标在规定的限度内。排污水经过处理(如过滤、除盐、蒸发)后得到的纯净除盐水排入冷凝器，浓缩污水则排到舷外。

(7)冷却水系统

用于向冷凝器和各种冷却器供给来自于舷外的冷却水。由于凝汽式汽轮机冷凝器所需冷却水量较大，通常设计有独立的冷却水泵与管路，称为循环冷却水系统。

(8)造水系统

压水堆核动力装置在运行过程中，由于泄漏、取样和排污，会使一、二回路系统中的工质水逐渐减少，因而需要间断地补水。造水系统通过蒸发、反渗透或者其他方法对海水进行淡化，生产出满足核动力装置运行品质要求的除盐水，补充一、二回路工质水和全船生活用水的消耗。

另外，还可通过监测二回路系统介质放射性变化，判断蒸汽发生器压力边界的完整性。

4.2　主汽轮机组

汽轮机具有单机功率大、连续回转工作平稳、可靠性好等优点，在20世纪50年代以前被广泛应用于大、中型舰船上。随着舰用燃气轮机的发展及广泛使用，目前汽轮机主要用于核动力舰船以及部分常规动力大型水面舰船。

核动力舰船大部分采用齿轮减速直接推进方式，主汽轮机组由主汽轮机、冷凝器和齿轮

减速器三大部分组成，称为汽轮-齿轮机组。按照主汽轮机配置方式的不同，主汽轮机组划分为单机双缸、单缸双机两种类型，如图 4-2 所示。

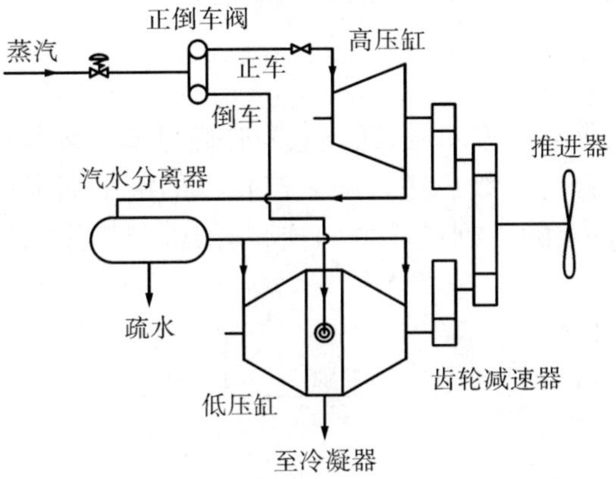

（a）单机双缸汽轮机组

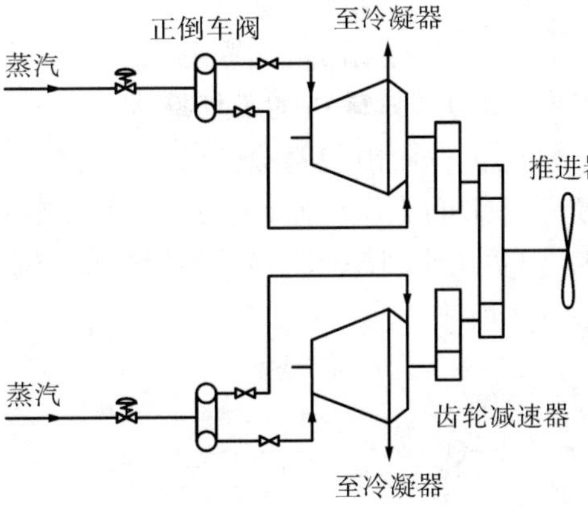

（b）单缸双机汽轮机组

图 4-2　主汽轮机组的配置方案

在单机双缸方案中，主汽轮机由串联运行的高压缸和低压缸组成，蒸汽发生器出口的新蒸汽通过主蒸汽管道送至高压缸，在高压缸内膨胀做功后排出的湿蒸汽进入汽水分离器，将蒸汽中的绝大部分水分除去，然后送入低压缸内继续膨胀做功，低压缸排出的乏蒸汽送入主冷凝器中冷凝。汽轮机高、低压缸发出的功率经齿形连轴节传递给齿轮减速器，由齿轮减速器将转速降低后，经尾轴系统传递给螺旋桨推动舰船前进。在特殊情况下（如一缸损坏时），高、低压缸均可独立运行，但高压缸的排汽需减温减压后才能排入主冷凝器，而低压缸的进汽也必须将蒸汽发生器的新蒸汽经节流降低到一定参数水平才能使用。

在单缸双机方案中，主汽轮机组包括两台结构相同且相互独立的单缸汽轮机，各自配有一台主冷凝器。两台汽轮机发出的功率经齿形连轴节传递给齿轮减速器，再通过轴系传递给螺旋桨。两台单缸汽轮机既可以并联运行，也可单独运行，提高了主汽轮机组的生命力。美国潜艇核动力装置的二回路系统普遍采用单缸双机方案。

在主汽轮机入口的新蒸汽管道上通常设置主蒸汽隔离阀（也称速关阀）、蒸汽压力调节阀和正倒车切换阀。蒸汽调压阀的作用是将汽轮机进口蒸汽压力稳定在额定值，避免在不同功率水平运行时蒸汽发生器出口蒸汽压力大幅度变化对汽轮机运行带来不利影响。早期的核动力装置一般都采用蒸汽调压阀，由于舰船机动性的要求，主机功率变化较为频繁而且变化幅度往往很大，使得蒸汽调压阀的工作负担很重，很容易发生故障，进而影响到核动力装置的正常运行，因而近年来设计、建造的船用核动力装置已经取消了蒸汽压力调节阀，通过改进二回路系统设计和优化运行方案，减小不同工况下新蒸汽压力的变化幅度以及对主汽轮机组正常运行的影响。正倒车阀的作用是在汽轮机正车、倒车运行时切换正车、倒车汽轮机的进汽。

低压汽轮机或单缸汽轮机的下汽缸设有大面积方形法兰与冷凝器的喉部相连接，在主汽轮机内膨胀做功后排出的乏汽进入冷凝器中，被来自舷外的循环冷却水冷却而凝结成水，凝水经凝水-给水系统送往蒸汽发生器。

4.2.1　主汽轮机

汽轮机以蒸汽为工质，通过蒸汽在汽轮机内的膨胀做功，将蒸汽的热能转变为机械能，用于产生推进船舶前进所需的动力。

4.2.1.1　汽轮机的工作原理

汽轮机一般由包容蒸汽的汽缸、转轴以及构成蒸汽流动通道的动、静叶栅组成。级是汽轮机最基本的工作单元，汽轮机的热功转换就是在各个级内进行的。汽轮机的级由固定在汽缸中的一列喷嘴叶栅和其后紧邻的固定在叶轮上的一列动叶栅组成，其结构和工作原理如图 4-3 所示。

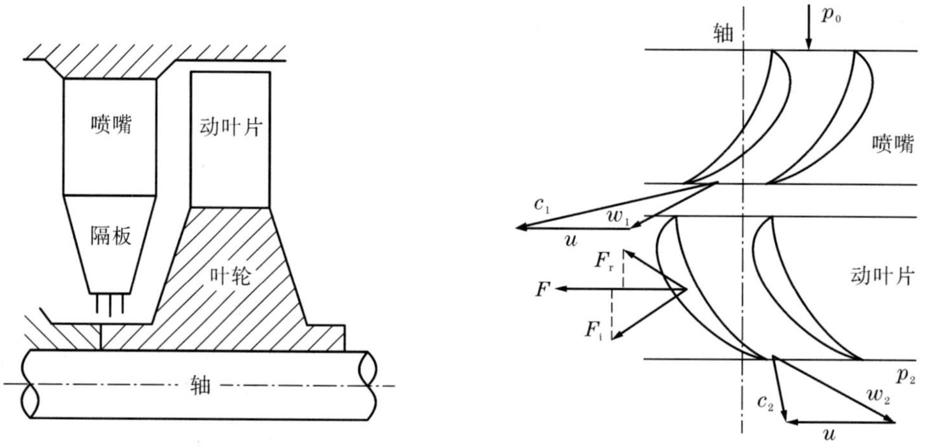

（a）汽轮机级的结构　　（b）汽轮机级的工作原理

图 4-3　汽轮机级的结构及其工作原理

喷嘴叶片沿圆周排列固定在静止的汽缸上，流通截面沿蒸汽流动方向逐渐收缩或缩放，动叶片沿圆周排列固定在叶轮上，叶轮与轴相连接，随轴转动。

汽轮机级将蒸汽的热能转变为汽轮机轴的动能是分两步完成的。首先，具有一定压力和温度的蒸汽在喷嘴通道内进行膨胀，蒸汽压力降低，温度下降，汽流速度增加，蒸汽自身具有的热能转换为蒸汽的动能；然后，高速流动的汽流离开喷嘴后，进入其后紧邻的动叶栅中，汽流速度发生变化，对动叶片产生冲动力 F_i，一般情况下，汽流在动叶栅中继续膨胀，当汽流离开动叶栅时，对动叶片产生反动力 F_r。这两个力在与轴垂直方向上的合力 F 推动动叶片并带动叶轮和轴旋转，最终实现热能转换为机械能。

按照级内蒸汽能量转换的特点，汽轮机级可分为冲动级和反动级，划分的依据是反动度 ρ 的大小。级的反动度是指蒸汽在动叶栅中的理想焓降与该级的理想焓降之比，用来表示级内静叶栅与动叶栅之间的焓降分配情况。一般将反动度小于 0.25 的级归于冲动级，反动度为 0.4～0.6 的级称为反动级。在结构上，冲动级由一排喷嘴与一排动叶构成，反动级由一排静叶与一排动叶构成，静叶与动叶的叶型大致相同。通常反动级均采用 0.5 的反动度，可以使静、动叶栅采用同样叶型，简化设计与生产。

(1) 冲动级的特点

对于反动度等于零 ($\rho = 0$) 的纯冲动级，新蒸汽所具有的可以被利用的绝热焓降全部在喷嘴通道内转换为使汽流高速流动的动能,喷嘴出口的高速汽流进入工作叶轮推动叶栅转动做功,工作叶栅内汽流不再膨胀,前后压力相同,工作叶片通道为近似等截面,工作叶片的截面形状也近似对称。

由于喷嘴前后存在较大的压差,为减小喷嘴叶栅与转轴之间缝隙的泄漏量,要尽量减小缝隙的直径,为此采用了隔板,将喷嘴安装在隔板的外环上,在隔板的内环上安装密封片。

工作叶片前后压力相同,没有大的轴向力作用在转子上,冲动式汽轮机可以采用重量轻、结构紧凑的轮盘式转子。由于工作叶片前后没有压差,汽流绕叶片顶端间隙的泄漏量减小,可以采用较大的径向间隙,提高汽轮机的经济性和机动性。可以根据需要做成部分进汽,因此,高压汽轮机或小功率汽轮机多采用冲动级。

冲动式汽轮机由多个冲动级串联组成,在喷嘴中实现蒸汽的热能转换为动能,在动叶通道中实现动能转换为机械能,采用轮式转子;小型辅机可能采用单级冲动式汽轮机。

(2)反动级的特点

蒸汽在级内可以用来做功的绝热焓降,只有一部分在喷嘴叶片通道内进行膨胀转换为汽流的动能,而另一部分焓降是汽流进入工作叶栅通道内转换。

由于工作叶片前后存在较大的压差,为了减小汽流对转子作用的轴向力,反动式汽轮机采用鼓筒式转子,除了采用较大的推力轴承来承受轴向力之外,还设置了平衡活塞结构来平衡作用在转子上过大的轴向力,从而使汽轮机的结构复杂,增大了转子的轴向尺寸。喷嘴叶片直接安装在汽缸内壁,没有笨重的隔板,可减小级的轴向尺寸,但粗大的鼓筒式转子重量大,启动时热惯性大,增加了暖机时间而影响到汽轮机的机动性。

反动级因工作叶片前后存在压差,为了避免过大的级内损失,不能采用局部进汽。

反动式汽轮机由多个反动级串联组成,以静叶代替喷嘴,在动叶栅通道内同时实现热能转换为动能与动能转换为机械能的过程,采用鼓式转子。

(3)速度级

速度级是指汽流的焓降在一列喷嘴内转换为动能,由喷嘴流出的高速汽流要在两列以上的工作叶栅中进行功的转换。一般采用双列速度级,喷嘴装在喷嘴箱或汽缸上,两列工作叶片装在一个轮盘上,两列工作叶片之间装设一列导向叶片以改变汽流方向,导向叶栅固定在汽缸内壁,只改变汽流方向而蒸汽不在其中膨胀。

只有在对尺寸、重量要求较为严格,而对效率要求不高的场合才会用到速度级,例如一些辅助汽轮机和主机的倒车汽轮机。正车汽轮机的调节级通常也使用速度级,这是因为其焓降大,轮室蒸汽压力可以降低,从而减小了汽缸壁厚度,并使其后的级数减小,从总体上来说是有利的。

主汽轮机均为多级汽轮机,由若干个单级串联而成,蒸汽依次流过各个单级膨胀做功。汽轮机既可以布置在一个汽缸内,也可以分缸布置,将汽轮机分为高压缸和低压缸。蒸汽容积流量太大时,可采用双流路。

4.2.1.2　汽轮机的结构

汽轮机由四个基本部分组成:

(1)通流部分:蒸汽在其中流过并实现能量转换的部分,由喷嘴和动叶构成。

汽轮机内主汽流的通道称为通流部分,包括使蒸汽实现能量转换的叶栅通道、进汽阀件和排汽通道等。狭义的通流部分仅指汽轮机各级的叶栅通道,是汽轮机结构的核心,对汽轮机工作的可靠性、经济性和机动性有很大影响。

喷嘴的功用是使蒸汽膨胀加速，将蒸汽的热能转变成动能，并引导高速汽流按一定方向进入动叶通道之中。

隔板用来按级分隔汽缸的内腔，由中间级喷嘴、板缘和板体三部分组成。按照喷嘴的制造方法及其与板缘、板体的连接方式，隔板可分为装配式、装配-焊接式、焊接式和铸造式四种。但无论哪种隔板都是由两个半圆隔板组成的。

(2)定子：包括汽缸及其上所固定的零件（如喷嘴箱、隔板）等所有静止部分的总称。

汽缸是汽轮机的主要部件之一，其作用是构成一个封闭空间，使工作蒸汽与外界隔绝，保证通流部分中能量转换过程的进行。汽缸还用来固定和支持静止部件，如隔板、汽封等；如果轴承座与汽缸为一体，则还要承受转子的重量，并保持转子有正确的径向和轴向位置。

汽缸在工作时，受到多种负荷的复合作用。汽缸的静载荷有：汽缸内外压力差的作用、隔板或静叶的弯曲作用、汽缸本身及其所支持的零件（如转子、喷嘴阀等）的重力作用等。汽缸的动负荷有转子和船体的振动、舷外爆炸所引起的冲击等。此外，汽缸还因各处温度不均匀而有热应力作用。因此，汽缸的结构必须具有足够的强度和刚度，并能保证其在径向和轴向能自由膨胀。

为便于装配和检修隔板及转子等部件，汽缸通常以通过中心线的水平面（又称中分面）分为上、下两部分，分别称为上半汽缸和下半汽缸，两者通过水平法兰连接。另外，大尺寸的汽缸还以垂直剖分面划分为前后两部分或更多部分，通过垂直法兰连接。

上汽缸装有调节汽轮机功率的配汽机构以及将蒸汽引入汽缸的蒸汽接管，下汽缸设置有滑油进出管、抽气管、疏水管、轴承箱以及用以固定汽轮机位置的机脚。

(3)转子：所有转动部分的总称，包括叶轮和机轴。

由于机动性的要求，舰船主汽轮机需要频繁改变输出功率，汽轮机转速也要不断改变。为了保证汽轮机在整个转速变化范围内都能平稳、可靠地运行，舰船主汽轮机的转子通常设计为刚性转子。

(4)两端部分：位于汽轮机轴的两端，包括汽封、推力轴承、轴承等为保证汽轮机正常工作所必需的各种零件。

根据汽封的安装位置及功用不同，可以分为外部汽封和内部汽封两种。外部汽封安装在转子穿出汽缸的轴孔处，用来减少从汽缸内向外漏出的蒸汽量，或抑制空气侵入汽缸内。内部汽封安装在隔板内孔或平衡活塞上，用来减少从高压侧漏向低压侧的蒸汽量。

根据汽封结构和所采用材料不同，又可分为曲径式汽封和碳圈式汽封两类。外部汽封可以采用曲径式汽封、碳圈式汽封或曲径-碳圈混合式汽封；内部汽封只采用曲径式汽封。

4.2.1.3　倒车汽轮机

由于回转式叶片机械的结构特点，喷嘴和工作叶片在安装后，汽轮机转子只能单向转动。但是，由于舰船机动航行的需要，例如进出港口、复杂航道航行、恶劣海洋条件航行以及执行作战任务等情况下，舰船主汽轮机必须能够提供倒车功率，以保证舰船的航行安全。因此，舰船主汽轮机通常需要配置倒车汽轮机或倒车级。

倒车级的布置依据正车汽轮机的布置而定。如果正车汽轮机是单缸，则倒车级布置在正车汽轮机的低压端；如果正车汽轮机是双缸，则倒车级布置在低压缸最末级的后面。倒车级一般安装在主汽轮机转子上，工作叶片的安装方向与正车汽轮机工作叶片的安装方向相反，向倒车级通入工作蒸汽时可使汽轮机转子倒转。但是，由于主汽轮机绝大部分时间是正车运行，倒车级随正车级空转而产生摩擦鼓风损失，消耗正车汽轮机发出的功率，因而会影响正车汽轮机运行的经济性。

倒车汽轮机的功率根据舰船机动性的要求来确定。军用舰船的倒车功率一般为正车功率的20%～40%，民用船舶的倒车功率约为正车功率的40%～60%。

核动力舰船在短时间倒车机动航行时，为了尽量减小一回路参数波动，倒车汽轮机最好能够用掉蒸汽发生器产生的全部蒸汽，因此，倒车汽轮机的结构设计主要考虑的是结构简单、布置方便以及工作安全可靠，经济性方面的考虑放在次要的位置。

4.2.1.4 核汽轮机的特点

核动力汽轮机绝大多数使用饱和蒸汽进行工作，饱和蒸汽对核动力汽轮机的设计和运行带来很多不利影响。

(1)饱和蒸汽参数低

在压水堆核动力装置中普遍使用的自然循环蒸汽发生器能够提供的饱和蒸汽压力只有2.5～7.0 MPa，对于采用简单朗肯循环的舰船汽轮机可用绝热焓降约为750～880 kJ/kg，远远低于火电机组，也明显低于核电机组。由于蒸汽参数低、可用焓降小，核动力汽轮机的级数少，不设置中压缸，低压缸功率占机组全部功率的比例增大至50%～60%，低压汽轮机的经济性对整个汽轮机有重要影响。

(2)蒸汽容积流量大

由于饱和蒸汽压力低、比容大，核动力汽轮机进汽的容积流量要比相同功率的常规高参数汽轮机增大60%～90%，因而汽轮机的通流面积相应增加，导致核动力汽轮机的整体重量、尺寸增大。

(3)蒸汽湿度较大

舰船核动力汽轮机的所有级都工作在湿蒸汽环境内，而且湿度逐级增加。一般可近似地认为，汽轮机级的平均湿度增大1%，级的内效率就要降低1%，因此湿度的增加会使整个汽轮机的效率降低；另外，如果蒸汽湿度过大，大量小水滴对汽轮机通流部分部件产生冲蚀破坏，严重影响汽轮机工件的可靠性。

“奥托·汉”号采用一台双缸齿轮减速汽轮机，其中高压缸包括作为调速级的单列复速式叶轮和5个冲动级，低压缸包括6个冲动级和作为倒车级的两个双列复速式叶轮。高压缸和低压缸转子用多齿联轴节与两级连接式减速齿轮箱连接。

汽轮机额定功率为7 355 kW，最大功率为8 090 kW，倒车汽轮机功率为2 942 kW。高压缸的额定转速为6 050 r/min，低压缸的额定转速为3 185 r/min，经过齿轮减速器后，在额定功率下螺旋桨的转速为97 r/min，在最大功率下螺旋桨的转速为100 r/min。

汽轮机装有凸轮操纵的多组喷嘴阀以控制蒸汽进汽量，主进汽阀处蒸汽参数为2 MPa、268 ℃。为了减小蒸汽湿度对汽轮机运行经济性和安全性的影响，在高压缸和低压缸之间的蒸汽管道上设置了汽水分离器，在低压缸内还设置了疏水装置。

4.2.2 齿轮减速器

主汽轮机采用较高转速是提高运行效率、减小重量尺寸的有效措施，对于提高舰船的续航力和机动性都具有重要意义。在满足可靠性要求的前提下，舰船主汽轮机的工作转速一般在 3 000 ~9 000 r/min 范围内。而大功率螺旋桨受工作特性所限,转速过高会产生“空泡”现象,使推进器桨叶表面剥蚀,推进器的推力和效率都会下降,甚至不能工作,所以螺旋桨转速一般为 100 ~400 r/min,以保证较高的推进效率和工作稳定性。为了使主汽轮机和螺旋桨都能在各自有利的转速下正常运行,并且将汽轮机的输出功率切实、有效地传递给螺旋桨,在主汽轮机和螺旋桨之间必须设置中间传动设备。

中间传动设备应该工作可靠、传动效率高、减速比大而且尺寸小、重量轻,能适应主汽轮机和推进器对最佳工作转速的选择,能将多缸汽轮机的功率汇集传递到推进轴上,能满足正车和倒车转向变化的需要。齿轮减速器是舰船汽轮机组中普遍采用的一种传动设备,分为单级减速器和双级减速器。单级减速器多用于较小功率的辅汽轮机,舰船主汽轮机组多采用双级减速器。

齿轮减速器的主要性能指标为减速比,也称为传动比,定义为

$$传动比\ i = \frac{输入转速\ n_1}{输出转速\ n_2} \tag{4-1}$$

单级减速器的传动比可达 14 ~20,而双级减速器的传动比可达 40 ~100。

舰船主汽轮机组使用的齿轮减速器具有结构简单、工作可靠、尺寸重量较小等特点,传动效率高达 97% ~98.5%,减速比可达到 80 左右,能适应多缸汽轮机传递功率的要求。

主汽轮机组的大功率齿轮减速器都是采用渐开线人字形斜齿轮,具有传动平稳、可自动平衡齿轮上的轴向力以及加工技术成熟的优点,辅汽轮机组的小功率齿轮减速器多采用渐开线斜齿轮,也有部分采用圆弧齿轮。

生产齿轮减速器对机械制造技术水平要求较高,这是由于加工精度不高的齿轮减速器在运行过程中一方面容易损坏,影响传动装置工作的可靠性,另一方面会产生强烈的噪声,严重影响军用舰船尤其是潜艇的隐蔽性。因此,大型齿轮的精加工技术是保证齿轮减速器优良性能的重要手段。

4.2.3　冷凝器

冷凝器是汽轮机组的重要组成部分,其功用是接受来自汽轮机和旁路系统的蒸汽,回收启动时的疏水和给水加热系统的疏水,使之冷凝成水,建立并保持汽轮机运行所需的背压。

船用冷凝器都是表面式,按照冷却水的流程可以分为单流程冷凝器和双流程冷凝器,其基本结构原理如图 4-4 所示。

在单流程冷凝器中,冷却水一次流过全部水管。在双流程冷凝器中,冷却水先流过冷凝器下半部的冷却水管,再流过上半部的冷却水管。在接受同样的蒸汽负荷条件下,单流程冷凝器的尺寸、重量较小,但所需要的冷却水流量较大,双流程冷凝器则相反;单流程冷凝器只能纵向配置,双流程冷凝器既可纵向配置也可横向配置。舰艇多采用自流式凝汽设备,使用单流程冷凝器;采用泵流式凝汽设备,为了减少循环冷却水泵的能量消耗,多采用双流程冷凝器。

舰船主冷凝器多采用单流程双通道结构,可使冷凝器管束得到充分冷却,且循环冷却水阻力较小,但循环冷却水流量很大,一般为凝水量的 50 ~80 倍。采用双通道结构可以提高舰船在海上活动的生命力,主汽轮机可利用单个通道在降低功率情况下正常运行。

船用冷凝器冷却水管采用耐海水腐蚀的材料制造,如铜镍合金 B30(70% 铜,30% 镍)、

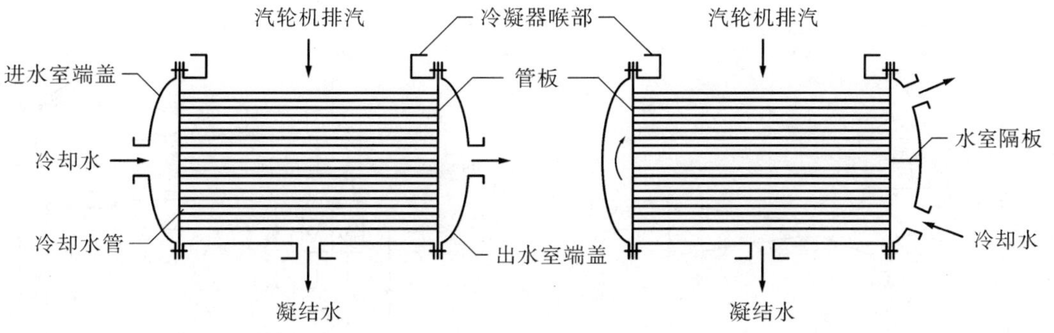

（a）单流程冷凝器　　（b）双流程冷凝器

图 4-4　表面式冷凝器

蒙乃尔合金（65% ~70% 镍，25% ~30% 铜）和钛合金，传热管径一般为 13/16 mm 或者 14/16 mm。

图 4-5 所示为几种常见的冷却管束排列形式。

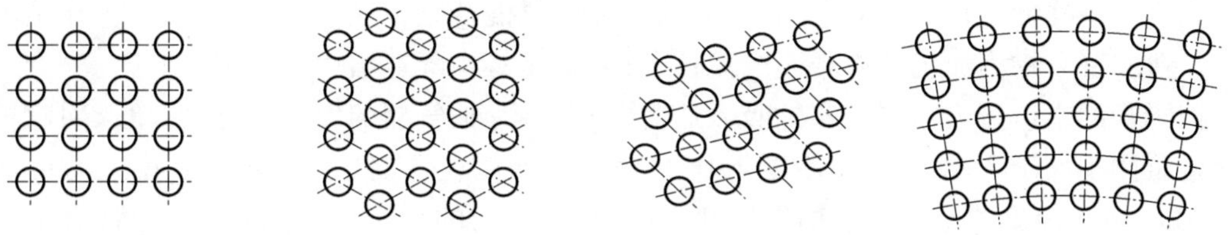

（a）正方形　（b）菱形　（c）斜菱形　（d）辐射形

图 4-5　冷凝器冷却管束排列形式

正方形排列的冷却水管之间通道较大，蒸汽的流动阻力小，但冷凝器的横向尺寸较大。菱形排列（正三角形排列）的冷却水管之间通道较窄，蒸汽的流动阻力大，但冷凝器的横向尺寸较小，与正方形排列方式相比可减少 15% ~20%。两种排列方式的共同缺点是冷却水管之间的通道尺寸保持不变，自上排水管流下的凝水正好覆盖在下排管子的外壁，使液膜厚度和热阻增大。

采用斜菱形排列方式的管束，每排冷却水管与水平面之间有 10° ~15° 的夹角，虽然冷却水管之间的通道尺寸也保持不变，但自上排水管流下的凝水正好和下排水管的外壁相切，可减小管子上液膜厚度。辐射形排列的冷却水管之间的通道尺寸自上而下逐渐减小，这样和凝结过程中蒸汽量逐渐减小相适应，能够保持一定的混合物流速。

目前，冷凝器的冷却管束普遍采用斜菱形排列和辐射排列方式。沿管束长度方向按一定间距设置若干块支承板，使管束上挠，在停止运行时管束内不存水，使管束外表面的凝水沿管壁向管束两端流动，减薄管外水膜厚度以提高传热效率，还可吸收热膨胀变形，防止工作时管束振动。

抽气器的任务是将冷凝器内的不凝结气体抽出，以维持冷凝器的真空度。在舰船凝汽设备中，普遍采用以蒸汽为工质的两级射汽抽气器，其结构简单，工作可靠，布置紧凑，使用和维护方便，但经济性能较差。

射汽抽气器由缩放式工作喷嘴、混合室和扩压管等三个基本部件组成，其工作原理如图

4-6 所示。

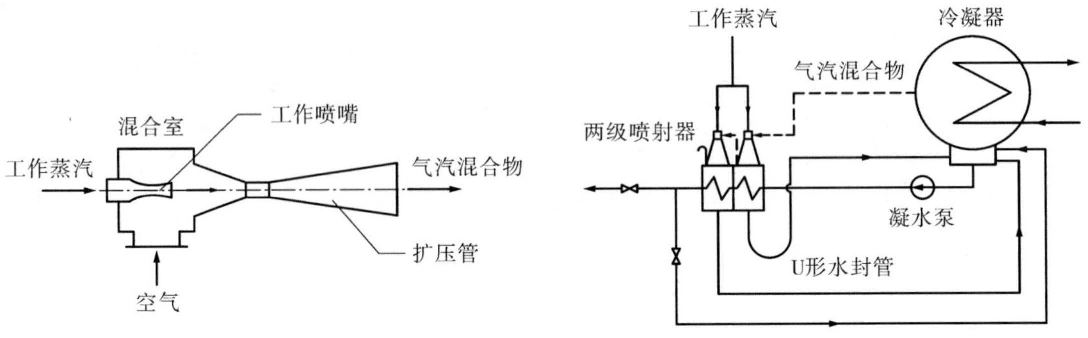

（a）喷射器结构　　（b）冷凝器抽气系统

图 4-6　喷射器结构及冷凝器抽气系统

来自蒸汽系统的新蒸汽经节流减压至 1.2 ~ 1.6 MPa，进入缩放式工作喷嘴中膨胀加速，使喷嘴出口流速高达 1 000 m/s 以上。高速汽流使混合室中形成很高的真空，其绝对压力远低于冷凝器抽气口的绝对压力，冷凝器中的汽气混合物被抽入混合室中，与工作蒸汽相混合。新的混合物汽流仍然有很高的流速，进入扩压管中降速增压后排出。

扩压管的出口压力与混合室的吸入压力之比，称为抽气器的增压比，通常单级射汽抽气器的增压比不大于 7 ~ 8。船舶冷凝器压力随工况而变化，在低工况下冷凝器压力可低达 3 ~ 5 kPa，要将冷凝器中的空气抽出排到大气中，抽气器的增压比将达到 20 ~ 34，必须用两级射汽抽气器才能实现。

4.2.4　主汽轮机组的初步设计

机组初步设计也称概念设计，其主要内容包括：选定机组类型，确定初、终蒸汽参数，正车主汽轮机初步设计，倒车汽轮机初步设计，主冷凝器初步设计，齿轮减速器初步设计，机组在舱室中的配置。

舰船主汽轮机组的设计必须考虑以下因素：

（1）为了保证运输能力和船只的航行速度，汽轮机的重量、尺寸不能太大，有时为了减轻重量，而宁愿在汽轮机效率上稍作让步；

（2）必须保证在船体大幅度摆动和强气体冲击下，安全可靠运行；

（3）必须保证在功率相差几倍的多种工况都能有效地工作，如额定工况和巡航工况，特别要注意巡航工况的经济性，还要具有快速冷态起动特性。

4.2.4.1　主汽轮机的初步设计

汽轮机设计一般分为可行性方案设计、初步热力计算、结构强度设计、详细热力计算等阶段，计算量很大，这里只讨论舰船汽轮机的方案设计、初步热力计算的基本方法。

（1）蒸汽初、终参数的选择

提高汽轮机进口新蒸汽参数是改善核动力装置循环效率的有效方法，但在实际应用中还要考虑钢材的供应、工艺性、设备的运行维修性能以及工作的可靠性等方面因素，经过仔细论证后才能选定。

对于小功率机组,采用过高的新蒸汽参数会因蒸汽比容小而使叶片更短,增大了高压部分的内部泄漏损失及叶片的端部损失,使机组效率降低。舰船汽轮机组因单机功率较小而且运行条件与电站汽轮机大不相同,首先考虑的是保证机组工作的可靠性、生命力以及减小机组的重量尺寸,机组运行的经济性则放在第二位考虑。

船用压水堆核动力装置产生的新蒸汽通常是干饱和蒸汽或过热度较小的微过热蒸汽,参数都不高,主汽轮机进口蒸汽初压一般为 2 MPa 左右。

降低汽轮机的排汽压力可以增大单位质量蒸汽的可用焓降,减少排热损失,提高循环效率,但对于汽轮机组的设计制造也会带来一些不利影响,例如,汽轮机末级叶片尺寸增大,冷凝器重量尺寸增加,使汽轮机组的投资增大;所需的循环冷却水流量相应增大,增加循环冷却水泵的功率消耗。因此,排汽压力的选取也需经过优化论证后才能确定。

受冷凝器重量尺寸的限制,舰船汽轮机的排汽压力与电站汽轮机相比要高一些,一般在 8 ~ 20 kPa 范围内选取。

(2)汽轮机的近似过程线

汽轮机消耗的蒸汽流量计算式为

$$G = \frac{N_e}{H_a \eta_e} \tag{4-2}$$

式中,N_e ——汽轮机组的设计功率,kW;

H_a ——按照选用的蒸汽初、终参数确定的绝热焓降,kJ/kg;

η_e ——汽轮机组的有效效率,参考母型选取,一般为 0.74 ~ 0.80。可表示为

$$\eta_e = \eta_{it} \eta_{mt} \tag{4-3}$$

式中,η_{it} ——汽轮机内效率;

η_{mt} ——汽轮机组机械效率,包含了汽轮机机械效率、减速器效率和轴系效率。

考虑到蒸汽在汽轮机进汽管、排汽管均存在流动损失,汽轮机内实际可用绝热焓降 H_a' 与按选用的蒸汽初、终参数确定的绝热焓降 H_a 相比要略小一些,如图 4-7 所示。

新蒸汽从蒸汽发生器出口流至汽轮机进口,蒸汽管道、阀门、配汽机构所产生的阻力为

$$\Delta p_0 = p_s - p_0 = (0.10 \sim 0.20) p_s$$

式中,p_s ——蒸汽发生器出口蒸汽压力,MPa。

在排汽端,由于排汽道的阻力,汽轮机末级出口压力 p_z 要高于冷凝器的工作压力 p_{cd},排汽道损失的焓降可达 12.5 ~ 46.2 kJ/kg,有时甚至还高,改善排汽道的气动力性能可以减小该项损失。

这样,由汽轮机近似膨胀过程线求得实际的等熵焓降 H_a',再由内效率求出相应的内焓降 H_i'。

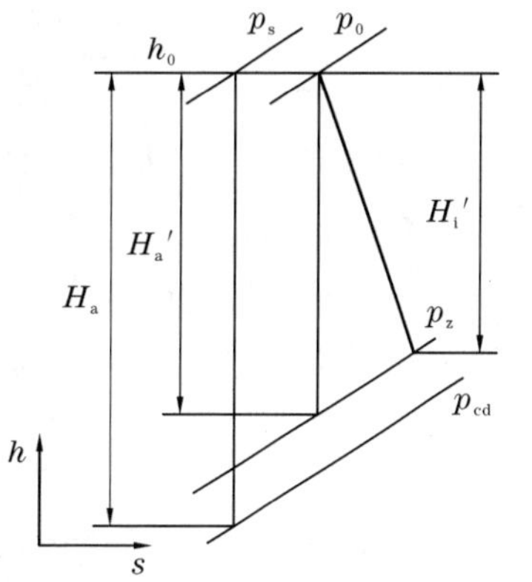

图 4-7　汽轮机近似膨胀过程线

(3)汽缸间焓降分配

主汽轮机如果采用单机双缸形式,需要按汽缸分配功率与焓降。两缸功率之比称为功率分配系数,如果两缸具有相同的机械效率 η_{mt},则有

$$\alpha = \frac{N_{e,LP}}{N_{e,HP}} = \frac{H_{i,LP}'}{H_{i,HP}'} \tag{4-4}$$

式中，$N_{e,LP}$，$N_{e,HP}$ ——分别为低压缸、高压缸的有效功率；

$H_{i,LP}'$，$H_{i,HP}'$ ——分别为蒸汽在低压缸、高压缸中的实际内焓降。

对于舰船汽轮机组，考虑到低压缸转速较低，传动小、齿轮大，可传递较大功率，而且低负荷工况时低压缸焓降减小，高压缸焓降所占份额增大，因此在设计工况时低压缸的功率可稍大一些，α 约为 1.1 ~ 1.2。如果考虑齿轮减速器设计方便，高、低压缸采用相同转速，也可采用相同的功率分配。

根据高、低压缸功率比得到两缸的内焓降之比，由两缸的内效率可以计算出各自的等熵焓降，在焓熵图上作出机组的近似过程线，可以确定出分缸压力，如图 4-8 所示。

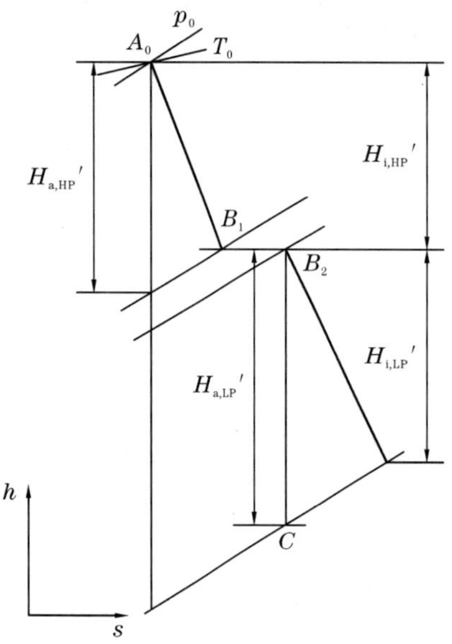

图 4-8　按汽缸分配焓降

设两缸之间的回热系数为 R，则有

$$R\frac{H_i'}{\eta_{it}} = \frac{H_{i,HP}'}{\eta_{i,HP}} + \frac{H_{i,LP}'}{\eta_{i,LP}} \tag{4-5}$$

式中，$\eta_{i,HP}$，$\eta_{i,LP}$ ——分别为高、低压缸的内效率。

由于 $H_i' = H_{i,HP}' + H_{i,LP}'$，上式化为

$$R\left(1 + \frac{H_{i,LP}'}{H_{i,HP}'}\right) = \frac{\eta_{it}}{\eta_{i,HP}} + \frac{H_{i,LP}'}{H_{i,HP}'}\frac{\eta_{it}}{\eta_{i,LP}} \tag{4-6}$$

根据 α 的定义，上式可表示为

$$R(1 + \alpha) = \frac{\eta_{it}}{\eta_{i,HP}} + \alpha\frac{\eta_{it}}{\eta_{i,LP}} \tag{4-7}$$

其中，$\frac{\eta_{it}}{\eta_{i,HP}} = 0.94 \sim 0.97$，$\frac{\eta_{it}}{\eta_{i,LP}} = 0.94 \sim 0.99$。

高压缸的绝热焓降为

$$H_{a,HP}' = \frac{\eta_{it}}{\eta_{i,HP}}\frac{H_a'}{(1 + \alpha)} \tag{4-8}$$

在焓熵图上作出高压缸的膨胀过程线，再考虑高、低压缸之间连通管的能量损失，即可得到低压缸的初始状态点 B_2，由焓熵图确定出低压缸内的等熵焓降 $H_{a,LP}'$ 和内焓降 $H_{i,LP}'$，然后计算低压缸的内效率 $\eta_{i,LP}$，所得结果应该满足前面所述的取值范围，否则需修改所取的机组内效率 η_{it} 和汽轮机内效率 $\eta_{i,LP}$，重新计算。

(4)汽轮机转速的确定

确定汽轮机各缸转速的原则是：级的平均轮周速度不超过叶片及转子强度的允许范围；通常采用刚性轴，转子的工作转速应比它的一阶临界转速低 20% 以上；为减小尺寸，转速应尽可能高。

叶片强度所允许的轮周速度通常在 270 ~ 300 m/s 以内，在同样的轮周速度下，高压各级平均直径较小，其允许的工作转速较高。设计转速可以参照母型选取，在进一步设计过程中再对叶片强度及临界转速进行校核。

舰船汽轮机的工作转速范围一般如下：

轻型舰主机：高压缸转速 7 000 ~ 8 000 r/min，低压缸转速 6 000 ~ 7 500 r/min；

重型舰主机：高压缸转速 6 000 ~ 7 000 r/min，低压缸转速 5 000 ~ 6 500 r/min。

(5)级数估算及焓降分配

合理地确定汽轮机级数及焓降分配,是保证汽轮机级具有良好工作特性的前提。在进行级数估算及焓降分配时,首先要确定通流部分平均直径的变化规律。

蒸汽在汽轮机内膨胀做功时,压力逐级降低,比容增大,各级的通流面积也要逐级增大而形成扩张形状的通流部分。由于蒸汽的比容变化不是线性的,在高压部分变化缓慢,中压区域比容变化增大,采用等内径通流部分,级的平均直径也有增加。在低压区域蒸汽比容增加显著,级的平均直径及叶高都增加很快,必须采取措施才能保证通流部分在子午面上的扩张角度保持在允许的范围之内,对于背压较高、功率不太大的舰船机组,可采用增加级反动度、增大β_2角等方法。

如果采用等内径规律,则平均直径逐级增大,级的焓降也逐级增大。如果采用等平均直径规律,则各级焓降相等。

汽轮机第一非调节级喷嘴出口截面的蒸汽流量为

$$G_1 = \frac{\pi d_1 e_1 l_{n,1} \varphi_1 C_{1t}}{v_1} \sin\alpha_1 \quad \text{kg/s} \tag{4-9}$$

式中,d_1——第一非调节级的平均直径,m;

e_1——级的局部进汽度,非调节级一般$e_1 = 1$;

$l_{n,1}$——第一级喷嘴出口高度,m,一般情况下高度不能低于12~15 mm;

φ_1——喷嘴叶栅的速度系数;

C_{1t}——喷嘴出口汽流的理论速度,m/s;

α_1——汽流离开喷嘴的出口角;

v_1——喷嘴出口实际状态点的蒸汽比容,m^3/kg。

由于$C_{1t} = \dfrac{C_1}{\varphi_1} = \dfrac{\pi d_1 n}{60\varphi_1 \chi_1}$,则第一非调节级的平均直径为

$$d_1 = \sqrt{\frac{60 G_1 \chi_1}{\pi^2 n \rho_1 e_1 l_{n,1} \sin\alpha_1}} \quad \text{m} \tag{4-10}$$

式中,χ_1——级的速度比,对于冲动级,$\chi_1 = 0.42 \sim 0.46$;

n——汽轮机转速,r/min。

汽轮机最末级工作叶片出口截面的蒸汽流量为

$$G_z = \frac{\pi d_z l_{b,z} C_{2z}}{v_{2z}} \sin\alpha_{2z} \quad \text{kg/s} \tag{4-11}$$

式中,d_z——最末级工作叶片的平均直径,m;

$l_{b,z}$——最末级工作叶片高度,m;

C_{2z}——最末级工作叶片出口余速,m/s;

α_{2z}——最末级工作叶片出口余速C_{2z}的方向角,一般$\alpha_{2z} \approx 90°$;

v_{2z}——最末级出口截面处的蒸汽比容,m^3/kg。

一般最末级径高比$\lambda_z = \dfrac{d_z}{l_{b,z}} < 8 \sim 12$,级的余速损失系数$\xi_{c2z} = \dfrac{C_{2z}^2}{2H_a'} = 0.015 \sim 0.03$,则最末级的平均直径为

$$d_z = \sqrt{\frac{G_z \lambda_z v_{2z}}{\pi \sqrt{2H_a{}' \xi_{c2z}} \sin\alpha_{2z}}} \quad \text{m} \tag{4-12}$$

对于每个汽缸 $\frac{d_1}{d_z}$ 一般是不相同的，通常 $\frac{d_1}{d_z} = 0.46 \sim 0.90$，高压缸取大值，单缸凝汽式机组取小值。

为了合理分配各级焓降，如图 4-9 所示，用一根逐渐上升的光滑曲线连接 d_1 和 d_z，二者之间的距离为 L。再选定速度比在各级的变化规律，一般高压级叶片短，反动度小，速度比 χ 选择较小值；低压级叶片长，焓降大，反动度大，则速度比 χ 选择较大值。

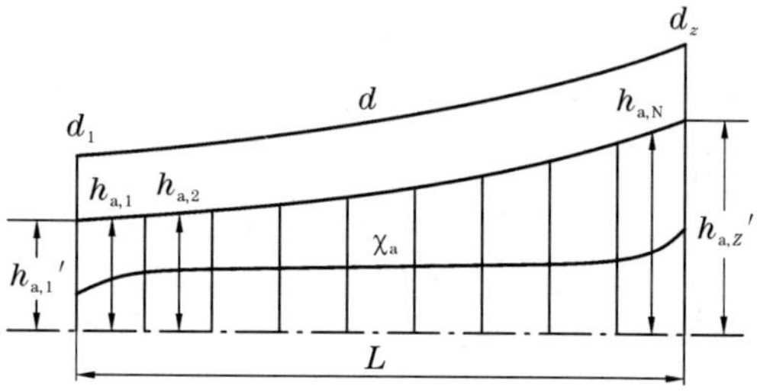

图 4-9　确定级数及分配焓降

对于冲动级，$\chi = 0.40 \sim 0.52$；

对于反动级，反动度一般为 0.5，则 $\chi = 0.56 \sim 0.60$。

任一级的等熵焓降为

$$h_{a,i} = \frac{1}{2}\left(\frac{u}{\chi_a}\right)^2 = \frac{1}{2}\left(\frac{\pi d_i n}{60\chi_a}\right)^2 \tag{4-13}$$

根据上式可作出各级焓降变化曲线。

由于各级焓降分配方案不是唯一的，d_1 和 d_z 之间的连线不同，其焓降变化曲线也不相同，往往采取近似的方法确定各级的平均焓降。将 L 等分成 N 段，在图上求出每一段的平均焓降 $h_{a,1}, h_{a,2}, \cdots, h_{a,N}$，则级组的平均焓降为

$$h_m = \frac{1}{N}\sum_{i=1}^{N} h_{a,i} \tag{4-14}$$

汽轮机的级数为

$$Z = \frac{H_a{}'(1+R)}{h_m} \tag{4-15}$$

式中，R ——级组的重热系数，一般为 0.02 ~ 0.08。

将上式计算出的 Z 取整后，再将图中线段 L 等分为 $Z-1$ 段，即可在图中对应点上求出每一级的分配焓降 $h_{a,i}{}'$。各级分配焓降之和应满足以下关系

$$\sum_{i=1}^{N} h_{a,i}{}' = H_a{}'(1+R) \tag{4-16}$$

如果相差不大，则焓降分配完毕。如果相差较大，需对 d_1 和 d_z 之间的连线进行更改调整，但都应该使各级均保持在最佳速度比范围内，以获得较高的效率。

4.2.4.2　冷凝器的初步设计

冷凝器初步设计的内容是：根据给定的冷却水设计初温、冷凝器压力和热负荷，选择冷凝器的结构形式及主要技术指标，计算冷却面积和冷却水量、冷却水管数量和长度，估算冷凝器的轮廓尺寸及重量，以满足动力装置和汽轮机组初步设计的要求。

(1)冷凝器的热负荷

根据给定的冷凝器压力 p_{cd}，若凝水欠饱和度为 δT_{cd}，则凝水的温度和焓值分别为

$$T_{cd} = T_{cd,s} - \delta T_{cd}, \quad h_{cd} = f(p_{cd}, T_{cd})$$

式中，$T_{cd,s}$ ——冷凝器工作压力对应的饱和温度；

h_{cd} ——凝水焓值，根据 p_{cd}、T_{cd} 从水蒸汽表中查出。

冷凝器的热负荷为

$$Q_{cd} = \sum_{j=1}^{n} G_{cd,j}(h_{cd,j} - h_{cd}) \tag{4-17}$$

式中，$G_{cd,j}$，$h_{cd,j}$ ——分别为进入冷凝器中的第 j 股工质的质量流量和焓值。

(2)冷却水量和冷却面积

根据冷凝器的热平衡方程，可得冷凝器循环冷却水流量

$$G_{sw} = \frac{Q_{cd}}{c_{p,sw}\Delta T_{sw}} \tag{4-18}$$

式中，$c_{p,sw}$ ——循环冷却水的定压比热，kJ/(kg·K)；

ΔT_{sw}—— 循环冷却水温升，$\Delta T_{sw} = T_{sw,2} - T_{sw,1}$，其中 $T_{sw,1}$、$T_{sw,2}$ 分别为循环冷却水进、出口温度，℃。

我国舰船冷凝器的设计通常取 $T_{sw,1} = 23 \sim 25$ ℃，$\Delta T_{sw} = 5 \sim 10$ ℃。

根据冷凝器的传热方程，冷凝器的冷却面积为

$$F_{cd} = 10^{-3} \frac{Q_{cd}}{K_{cd}\Delta T_m} \quad \mathrm{m}^2 \tag{4-19}$$

式中，K_{cd} ——冷凝器的总传热系数，W/(m^2·℃)；

ΔT_m ——冷凝器的平均传热温差，℃。

对于单流程冷凝器，平均传热温差为

$$\Delta T_m = \frac{\Delta T_{sw}}{\ln\left(1 + \dfrac{\Delta T_{sw}}{\delta T_{cd}}\right)} \tag{4-20}$$

式中，δT_{cd} ——冷凝器端差，$\delta T = T_{cd} - T_{sw,2}$。

对于双流程冷凝器，在空气冷却区及其附近管束区，汽气混合物的温度较低，多以这些区域作为冷却水的第一流程，平均传热温差为

$$\Delta T_m = \frac{(T_s' - T_{sw,1}) - (T_s - T_{sw,2})}{\ln \dfrac{T_s' - T_{sw,1}}{T_s - T_{sw,2}}} \tag{4-21}$$

式中，T_s' ——空气冷却区入口处的蒸汽温度，℃。

在工程设计中，普遍采用冷凝器总体传热系数的简化计算方法，即认为整个冷却面积具有平均的传热系数。实际上在冷凝器中冷却面积的不同区段，蒸汽参数、冷却水参数、空气浓度、汽流速度、冷却水流速以及局部冷凝管的排列型式都不相同，因而各区段内的传热系数也不相同。但由于总体传热系数计算公式基于大量的模拟试验和实物试验数据，所以在使用中仍具有一定的精度。

对于舰船冷凝器的计算，国内外广泛使用 Metro-Vikers 公式(简称 MV 公式)，其特点是形式简单、意义明确，其精度业已证明适合工程的需要。MV 公式的表达式为

$$K_{cd} = 3\,944\beta\sqrt{v_w}\sqrt[4]{T_{wm} + 17.8} \tag{4-22}$$

式中，$T_{sw,m}$ ——冷却水的平均温度，℃；

v_w ——冷却水管内冷却水的流速，m/s；

β ——修正系数。

修正系数β综合考虑了冷却水质、蒸汽纯净度以及冷却管材料、外径和壁厚的影响，其取值范围参考表4-1。

表4-1　MV公式中修正系数β的取值范围

冷却水管材料	冷却水管外径/mm	冷却水管壁厚/mm	β的取值参考范围
黄铜	19	1.25	≈0.85
B30	19	1.5	0.75～0.80
B10	19	1.5	0.80～0.85
B30	16	1.5	≈0.80
B30	16	1.0	0.80～0.85
B10	16	1.0	≈0.85
TA2	16	1.0	≈0.75
TA2	16	0.15	0.75～0.80
TA2	16	0.50	0.80～0.85

冷却水管内循环冷却水流速v_w的允许极限值主要取决于冷却水管的材料。大量试验表明，对于铜管$v_w \leqslant 2.8$ m/s，钛管$v_w \leqslant 4.0$ m/s，可以保证安全运行。在管材允许的水速范围内，选用较高的冷却水流速，可提高冷凝器的总传热系数而减小冷却面积，但将导致冷凝器的长度增加而宽度减小，得到细长形的冷凝器，甚至使汽轮机组难以配置。因此，冷却水流速的选择还应考虑汽轮机组对冷凝器轮廓尺寸的要求。

(3)冷却水管根数和长度

冷凝器冷却水管的根数为

$$N = \frac{G_{sw}}{3.6 \times 10^{-6} \dfrac{\pi d_i^2}{4} v_{sw} \rho_{sw}} \tag{4-23}$$

式中，d_i ——冷却水管内径，mm；

ρ_{sw} ——循环冷却水的平均密度，kg/m³。

冷却水管的长度为

$$L = \frac{F_{cd}}{10^{-3} Z N \pi d_o} \tag{4-24}$$

式中，d_o ——冷却水管外径，mm；

Z ——冷却水流程数。

(4)管板面积

舰船冷凝器中的冷却水管一般分为左、右两束对称布置，在冷凝器每端各有两个管板。由于冷凝器内部要装设一些挡板，在管束间还要留出蒸汽通道，因此管板上有一部分面积不能用于装设冷却水管。

管板的有效面积为

$$F_{p} = \frac{10^{-6}\dfrac{\pi d_{o}^{2}}{4}N}{\zeta_{p}} \tag{4-25}$$

式中，ζ_p——管板充填系数，$\zeta_p = 0.20 \sim 0.35$。

管板结构的直径（对于非圆形管板表示当量直径）

$$D_{p} = 2\sqrt{\frac{F_{p}}{\pi}} + C \tag{4-26}$$

式中，C——考虑固定管板的法兰等的结构尺寸，$C = 0.12 \sim 0.2$ m。

(5)冷凝器的轮廓尺寸

冷凝器长度

$$L_{e} = L + \frac{1}{3}D_{p} + \frac{1}{4}D_{p} \tag{4-27}$$

式中右端的第二、三项表示两端端盖的轴向尺寸。

冷凝器宽度

$$B_{e} = 2D_{p} + \frac{1}{4}D_{p} \tag{4-28}$$

式中右端第二项表示冷凝器中间汽道宽度。

冷凝器高度

$$H_{e} = D_{p} + \frac{1}{5}D_{p} \tag{4-29}$$

4.2.4.3　喷射泵的初步设计

喷射泵用于抽除冷凝器内的不凝性气体，其排量决定于在一定时间内漏入冷凝器的空气量。

空气以三种方式进入冷凝器：随着蒸汽进入、补水带入和通过真空系统中不严密处漏入。随着蒸汽进入的空气量不多，因为给水都经过妥善的除气。补水带入的空气量视补水压力及温度可以方便的算出其含氧量。通过真空系统不严密处漏入的空气是主要的。漏入的多少则取决于冷凝器的结构、安装质量、运行情况与运行工况，精确计算是困难的。通常空气量 G_{air} 按下面经验公式求出。

对高、中压汽轮机

$$G_{air} = \frac{G_{s}}{2\ 000} + 1.36 \quad \text{kg/h} \tag{4-30}$$

对中、低压汽轮机

$$G_{air} = 1.5\left(\frac{G_{s}}{2\ 000} + 1.36\right) \quad \text{kg/h} \tag{4-31}$$

实践证明，以上两式计算所得 G_{air} 值过大。但是，在许多情况下，当汽轮机负荷降低时，增加的漏气量会大大超过设计工况的漏气量，有时达 1 倍以上。因此，为了提高工作的可靠性，并使泵的排量有一定备用，故仍按上述公式计算空气量。

实际上，从冷凝器抽出的气体是空气和未凝结蒸汽的混合物。从冷凝器抽出的蒸汽空

气混合物的数量 G_{mix}，根据气体状态方程式可推导出如下公式

$$G_{mix} = \left(1 + 0.622\frac{p_s''}{p_{air}''}\right)G_{air} \quad kg/h \tag{4-32}$$

式中，p_s''——抽气口处蒸汽的分压，在实际计算中按抽气口处混合物的温度决定；

p_{air}''——抽气口处空气的分压，其值以 $p_{cd}'' - p_s''$ 之差求得；

p_{cd}''——抽气口处冷凝器的压力。

在船舶上多数采用二级蒸汽喷射泵。在喷射泵第二级扩压器出口截面的空气压力，应当比大气压高，它取决于出口处的阻力。在计算时，此压力通常取 0.103 ~ 0.108 MPa。

商船汽轮机装置的冷凝器压力为 2.94 ~ 5.88 kPa，喷射泵的总压缩比（扩压器出口与吸入室压力之比）为 19 ~ 37。舰用冷凝器压力为 7.8 ~ 19.6 kPa，喷射泵的总压缩比为 7 ~ 14。试验表明，单级喷射泵只有在压缩比为 6 ~ 7 时才能稳定工作，所以，为了保证喷射泵的稳定工作和高效率，一般采用二级喷射泵。

在多级喷射泵中，每一级的压缩比 m 为

$$m = \sqrt[z]{\frac{p_a}{p_0}} \tag{4-33}$$

式中，p_a——第二级或第三级喷射泵冷却器中的绝对压力，p_a = 102.9 ~ 17.8 kPa；

p_0——第一级喷射泵吸入室中的压力，通常取为 $(0.75 \sim 0.90)p_{cd}$，kPa；

p_{cd}——冷凝器内压力，kPa；

z——喷射泵级数。

第一级喷射泵出口的蒸汽空气混合物压力为

$$p_1 = mp_0 \quad kPa \tag{4-34}$$

喷射泵喷嘴前工作蒸汽压力通常取为 1.18 ~ 1.67 MPa，这样可以避免喷嘴的喉径太小，喷嘴喉径太小易于被铁屑、污垢等污物阻塞。用减压后的工作蒸汽通入喷射泵，可以消除由于偶然的压力波动而破坏泵的可靠性。当工作压力较大时，由于在小直径的喷嘴中发生较大的损失，会使喷射泵的经济性降低。

喷射泵所需的蒸汽量 G_s 可按下式估算

$$G_s = 4.5G_{mix} \quad kg/h \tag{4-35}$$

或者用下列谢脉卡（B. A. Cemeka）建议的公式计算。

主冷凝器喷射泵
$$G_s = 80 + \frac{2.4G_{mcd}}{1\ 000} \quad kg/h \tag{4-36}$$

辅冷凝器喷射泵
$$G_s = 60 + \frac{3G_{acd}}{1\ 000} \quad kg/h \tag{4-37}$$

式中，G_{mcd}，G_{acd}——分别为排入主、辅冷凝器的最大蒸汽量，kg/h。

喷射泵冷却器的冷却水是冷凝水，经过主喷射泵后温升约为 3 ~ 8 ℃。在利用冷凝器真空除氧的系统中，喷射泵冷却器不能用混合式。

4.3 蒸汽系统

蒸汽系统的功用就是输送蒸汽。从蒸汽发生器向主汽轮机输送蒸汽的系统称为主蒸汽

系统。供给辅机用汽及辅助换热设备用汽的系统,称为辅蒸汽系统。收集辅机乏汽的系统称为乏汽系统。为了方便起见,此处将这些系统合称为蒸汽系统。

4.3.1 设计要求及选型

蒸汽系统是由二回路所采用的热力线图确定的。主蒸汽系统的工作条件要比其他蒸汽系统苛刻些。蒸汽系统的设计应满足如下要求:

(1)系统应具有尽可能高的生命力。

蒸汽系统的生命力是船舶动力装置生命力的决定因素,特别是舰船动力装置。设计时,系统中的备用设备应分别独立供汽,彼此不相互影响。设计上各装置主蒸汽管系彼此连通,在管路布置上应使其遭受战争破损的可能性最小,不至于使装置功率损失的可能性达到100%。

(2)系统工作可靠性高。

设计时要选择符合强度要求的材料,管路布置应尽可能简单,要有支持管路并防止变形、摇摆、振动的支架,还要设置必要的热膨胀补偿装置,必要时应设置防冲支架。为防止“水锤”现象,系统需设置必须的吹除或疏水支管。装设必要的测量仪表和安全阀,采用高质量满足蒸汽参数要求的连接件和密封垫片保证管路的紧密性。

(3)蒸汽在管道内的流动阻力应尽量小。

蒸汽管道尽可能短而直,弯头和阀门的数目尽可能少,并合理选用蒸汽流速,以保证流阻小且使管道尺寸和重量达到满意的要求。蒸汽最大流速取决于许用的压力损失(从蒸汽发生器到汽轮机的管道),在许用的压力损失下,尽量取较大的流速。对主蒸汽系统一般计算速度不应超过 50 ~ 75 m/s,饱和蒸汽取低值,过热蒸汽取高值。辅蒸汽管路中,蒸汽计算速度为 30 ~ 50 m/s。

(4)尽量减小蒸汽在管道内的散热损失。

对蒸汽管道采取隔热设计,包敷足够厚度的隔热层,防止人员烫伤并最大限度减小管道的散热损失。选用坚固而导热系数低、容重小的隔热材料,隔热层表面温度不应超过 60 ℃。

所谓生命力,是指在不同时出现两种以上事故时,不使装置失效的能力。它依靠装置工作独立性(每个设备及推进装置可以独立供汽),各独立装置及设备可转换使用,以及使系统分舷布置(管路沿两船舷通向汽轮机)等来保证。满足生命力和可靠性的要求,往往要使蒸汽系统复杂化,为此,在选型时必须针对具体装置进行分析。

4.3.1.1 主蒸汽系统的布置方式

主蒸汽系统的布置型式有三种类型,即单线布置、双线布置及环形布置。

(1)单线布置

如图 4-10 所示,从蒸汽发生器到主汽轮机只用一根干管相通。

这种布置的主要优点是布置简单、管道和阀件较少,因此流体阻力小且重量尺寸轻小。缺点是工作可靠性大大减低,在干管上任意一处损坏时,主机均不能工作。

(2)双线布置

如图 4-11 所示,两台蒸汽发生器分别各用一根干管与主机相通。

这种布置使蒸汽发生器向主机供汽的可靠性增大,而且可以切断损坏管段。同时,由于每根管径可以减小,使管道热应力减轻,从而增强了管段自身热补偿的可靠性。但是,当两

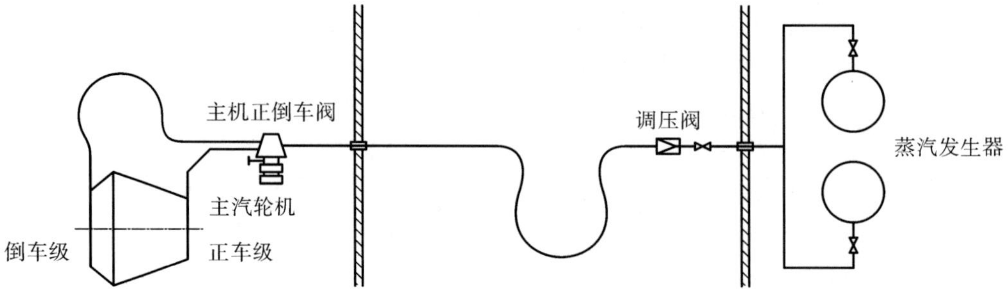

图 4-10　主蒸汽系统的单线布置方式

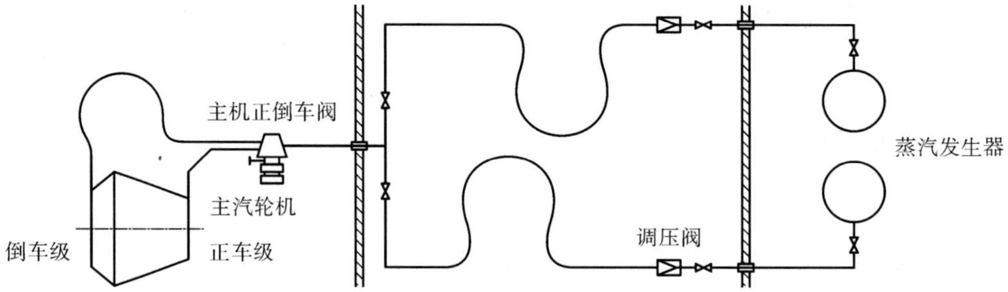

图 4-11　主蒸汽系统的双线布置方式

台蒸汽发生器工作压力不等时,可能会使蒸汽发生器负荷不均。

(3)环形布置

如图 4-12 所示,其布置特点是在蒸汽发生器出口装一根桥管,使整个管道形成环形。

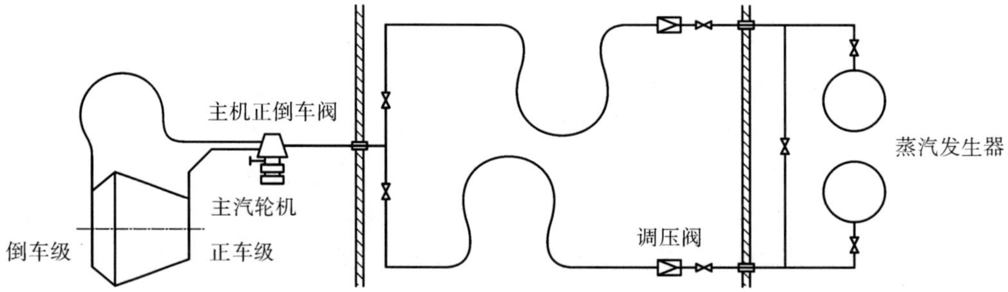

图 4-12　主蒸汽系统的环形布置方式

这样,其中一台蒸汽发生器可以通过任一船舷主干管向主机供汽,提高了系统的生命力。但是,桥管会使管道热应力变得复杂。

主蒸汽的压力随反应堆负荷在较大范围内变化,这是由蒸汽发生器特性决定的,所以主蒸汽系统的工作压力也随负荷而变化。这样,主蒸汽系统的设计压力应按工作压力的最高值选取。

"陆奥"号主蒸汽系统流程见附录中附图 2 所示。

"陆奥"号的两台蒸汽发生器分别用管道分舷通向机舱的蒸汽干管,蒸汽干管也可由辅助锅炉供给压力为 2.94 MPa 的蒸汽。由蒸汽发生器供给的蒸汽压力随反应堆功率在 3.92 ~6.13 MPa 范围内变化。为了去除主蒸汽中的湿度,在干管上装有汽水分离器。在机舱中装有机舱隔舱阀(ST-011),当机舱发生事故时,可以关闭隔舱阀紧急切断蒸汽,隔舱阀也可以从甲板上远距离操作。辅蒸汽从干管上引向各用汽设备,蒸汽干管直径为 200 mm,通过蒸汽流量为 61.2 t/h。系统的最高压力为 6.67 MPa(饱和蒸汽)。为了排除管道中的疏水,主蒸汽管具有 1/100 的倾斜。另外,由于受空间的限制,利用管道立体布置来吸收管道热膨胀是困难的,所以该船按平面布置,根据热应力计算确定了该布置形式最为合适。主蒸汽系统的蒸汽压降,从蒸汽发生器出口到主机入口为 0.25 MPa。

4.3.1.2　辅蒸汽系统的布置方式

辅蒸汽系统的布置形式也有三种类型,分为单线布置、环形布置和独立式布置,如图 4-13 所示。

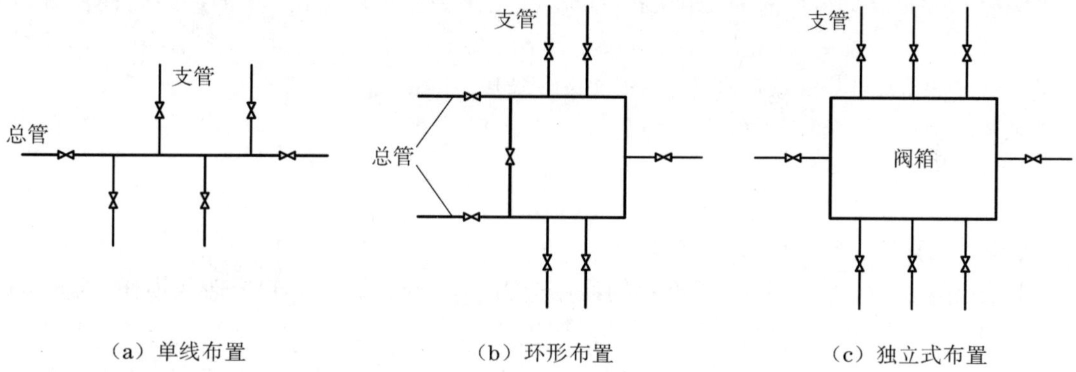

图 4-13　辅蒸汽管路的布置方式

(1)单线布置

如图 4-13(a)所示,其特点是只用 1 根干管来供给各辅机用蒸汽。

这种布置供汽可靠性及生命力较差,但布置简单,另外也可与主蒸汽干管共用,所以这种布置形式多采用于商船上以及对空间要求紧凑的场合。

(2)环形布置

如图 4-13(b)所示,其特点是管系布置成一环形,两条干管分别布置在机舱的左右舷,干管上装有各支管的截止阀件。

这种布置供汽可靠性好,生命力高,但布置复杂、占空间位置多。

(3)独立式布置

如图 4-13(c)所示,其特点是对各个辅机单独供汽,由 1 个或几个阀箱接出支管向各个辅机供汽。

这种布置不仅安全可靠,而且管路集中,但用管道较多。

在制定辅蒸汽系统方案时,往往将上述三种基本形式根据具体条件局部地分别采用,形成一个混合式辅蒸汽系统。

由于用汽设备所需蒸汽压力的不同,因此辅助蒸汽压力有的直接利用主蒸汽管路的压力(全压力),例如给水泵汽轮机、汽轮发电机、循环水泵汽轮机等;也有的使用减压蒸汽,如各种加热器、海水蒸发器、三次蒸汽蒸发器、海底门吹除等。其压力大小视各用汽设备的需要而定,用减压设备进行减压。

4.3.1.3　乏汽系统的布置方式

乏汽系统通常是贯穿机舱的一根总管，借此聚集并分配背压式辅机的排汽。在正常工作时，总管将乏汽引到给水加热器和其他需低压蒸汽的加热器使用，乏汽还是凝给水热力除氧的蒸汽源，多余的乏汽则排回到主、辅冷凝器回收凝水。在装置启动时，乏汽总管的压力可通过引入辅蒸汽调节，维持乏汽总管压力稳定。

4.3.2　管道变形补偿措施

船舶壳体受到外力作用时会产生变形，管道受热时也会膨胀变形，从而使刚性固定的直管道产生内应力，严重时会导致管道自身的损伤，破坏管道连接的紧密性。

假设一段长度为 L 的直管道两端刚性固定，管道由于温度变化 ΔT 而产生的伸长量为

$$\Delta L = \alpha L \Delta T \tag{4-38}$$

式中，α ——管道材料的线膨胀系数，m/(m · ℃)。

则管道因受压缩而产生的内应力为

$$\sigma = E\frac{\Delta L}{L} = \alpha E \Delta T \tag{4-39}$$

式中，E ——管道材料的弹性模量，MPa。

只有当应力 σ 值小于或等于材料的许用应力 $[\sigma]$ 时才不会对管道造成损伤，据此可以确定管道的最大允许温度变化量 ΔT_{max}。以碳钢管为例，在室温条件下，$[\sigma] = 78.43$ MPa，$E = 2.059 \times 10^5$ MPa，$\alpha = 12 \times 10^{-6}$ m/(m · ℃)，则碳钢管的最大允许温度变化量为

$$\Delta T_{max} = \frac{[\sigma]}{\alpha E} = \frac{78.43}{12 \times 10^{-6} \times 2.059 \times 10^5} = 32\ ℃$$

为了避免管道因热膨胀变形产生过大内应力而造成管道破坏，管道的布置必须采取适当的热膨胀补偿措施，即利用补偿装置的变形，来吸收管道的部分或全部热膨胀量。若补偿装置能吸收全部的热膨胀量，则管道不会受热应力的影响；若只吸收部分热膨胀量，此时补偿量 δ 小于热膨胀量 ΔL，则管道内的热应力为

$$\sigma' = \sigma\left(1 - \frac{\delta}{\Delta L}\right) = \alpha E \Delta T\left(1 - \frac{\delta}{\Delta L}\right) \tag{4-40}$$

作用在管道上的总作用力为

$$F = \sigma' A = \alpha E \Delta T\left(1 - \frac{\delta}{\Delta L}\right)A \tag{4-41}$$

式中，A ——管壁截面积，m^2。

管道变形补偿措施有两种：一种是管道自补偿，即利用管道布置使管道以本身的弯曲和扭转变形来达到补偿的目的；另一种是采用专门的补偿装置。在管道设计时，首先应以管道本身的弯曲和扭转变形来实现自补偿，当自补偿不能满足要求时，可以装设必要的补偿装置来补偿热膨胀量。

4.3.2.1　管道自补偿

两段不在一条直线上并以任意角度相连接的直管均有自补偿作用，图 4-14 所示为两种常用的管道自补偿形式。

以图 4-14(a)的 L 形自补偿管段为例，长度分别为 L 和 l 的两条直管段连接在一起构成

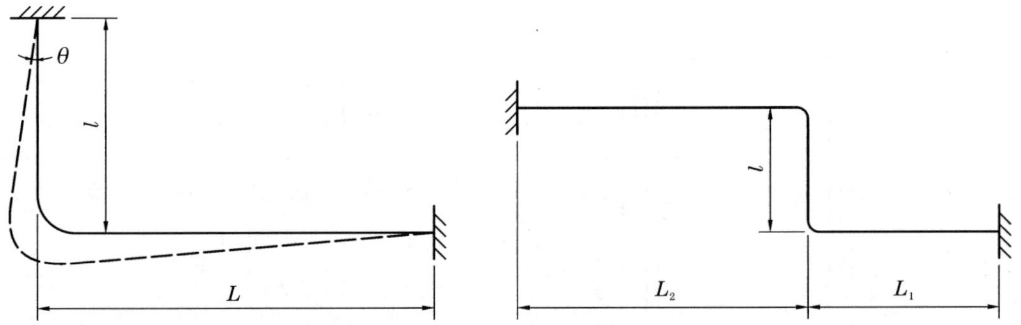

(a) L 形自补偿管段　(b) Z 形自补偿管段

图 4-14　管道的自补偿形式

一个 L 形管段，L 形管段的两端为刚性固定。温度变化时两条直管段产生的热膨胀量分别为 ΔL 和 Δl，由于 $L > l$，则 $\Delta L > \Delta l$。两条直管段都因相连管段的伸长而弯曲，这种情况可看作是悬臂梁在顶端受到集中载荷的作用所产生的变形。由于长管段伸长量大于短管段的伸长量，则短管段的变形必大于长管段的变形量，所以在短管段的固定端产生最大弯曲应力，此应力等于

$$\sigma_{\max} = \frac{M}{W} = Pl_1 \frac{D}{2J} = \frac{3EJ\Delta l_2}{l_1^3} l_1 \frac{D}{2J} = \frac{1.5\Delta l_2 ED}{l_1^2} \quad \text{MPa} \tag{4-42}$$

式中，$\Delta l_2 = \alpha l_2 \Delta T$——长管段的热伸长量，cm；

l_1——短管段长度，cm；

E——材料的弹性模数，MPa；

D——管子外径，cm；

J——管路截面的惯性矩，cm^4。

显而易见，最大应力随 Δl_2 与 D 增大而增大，随 l_1 增大而减小。因此，可以用调整管道支点距离、缩短长管或增大短管来达到自补偿的目的。

对同一管径两端固定的多折角管道，如中间无限位支吊架且无分支，自补偿能力是否满足要求可按下式估算

$$\frac{Dg\Delta l}{(L-U)^2} < 20.8 \tag{4-43}$$

式中，Δl——管道总热伸长量，$\Delta l = (\Delta x^2 + \Delta y^2 + \Delta z^2)^{1/2}$ cm；

U——管道两固定点之间直线距离，$U = (x^2 + y^2 + z^2)^{1/2}$ m；

L——管道展开长度，m。

4.3.2.2　补偿装置

一般补偿装置有两种基本形式：波形补偿器及弯管补偿器。其应用场合各不相同，在蒸汽管道上，广泛采用弯管补偿器。

(1) 弯管补偿器

弯管补偿器是一种最简单的补偿装置。它将管子弯曲成特定的形状，用以增加其挠性，而起补偿热膨胀的作用。目前常用的弯曲形式为方形和 Ω 形。其形状如图 4-15 所示。

这些补偿器的缺点是尺寸大，介质的流动阻力也较大，金属材料会逐渐发生疲劳，并且

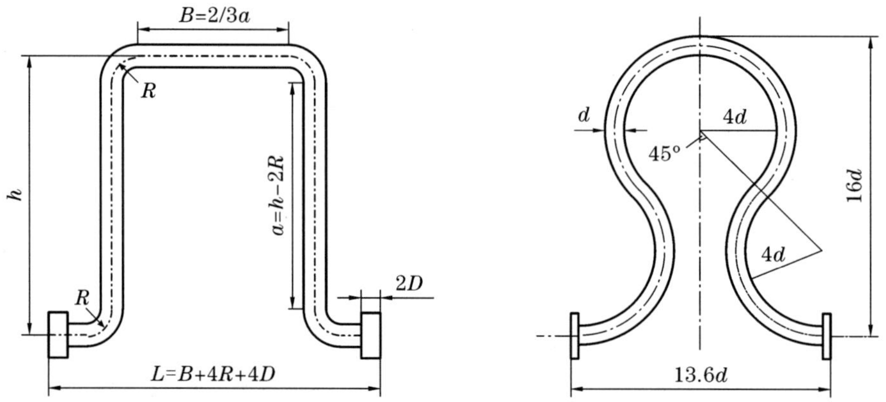

（a）方形补偿器　　（b）Ω形补偿器

图 4-15　补偿器形式

补偿器两端的法兰与管道易受到弯曲。但这种补偿器的主要优点是可以用于较高温度处，且有很大的补偿能力。另外，它对固定点的作用力小，使用简便，可就地制造，管路也不要求严格地成一直线。

这种补偿器与管道的连接可以用法兰连接，但是最好用焊接。为了提高补偿能力，尽可能用一个大的补偿器代替几个小的补偿器。另外，用比主干管稍细的管子来制造补偿器，虽然流动阻力大些，但可减小管道的轴向推力，地位紧凑，费用低，在两种管径交换处，最好用锥形变径管，以减低流动阻力。补偿器应水平安装，以避免发生水锤。最后应指出的是，补偿器在安装时，应预拉伸一定数量的长度（称为冷紧），以减小工作状态时补偿器的内应力及作用于管路上的轴向推力。冷紧比（冷紧值与全补偿之比）在 0.5～0.7。

（2）波形补偿器

补偿器呈波纹管形，每个补偿器可由 1～3 个波节组成最多 6 节。利用波节的轴向变形或弯曲变形来吸收直管段的热伸长量和管道的径向热伸长量，每节可以吸收位移 7 mm 伸缩量。利用补偿器弯曲变形则组成绞链式波形补偿器，图 4-16 所示为常见的单绞链式波形补偿器。

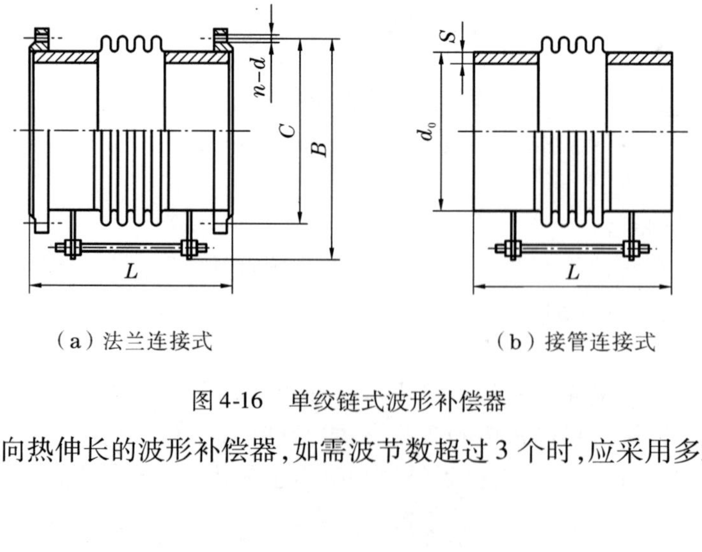

（a）法兰连接式　　（b）接管连接式

图 4-16　单绞链式波形补偿器

对仅承受轴向热伸长的波形补偿器，如需波节数超过 3 个时，应采用多组补偿器。其所

需组数为

$$n \geqslant \frac{\Delta l_z}{\Delta l_{max}} \tag{4-44}$$

式中，Δl_z ——补偿器承受的热力伸长量，mm；

Δl_{max} ——在 50% 冷紧条件下，一组补偿器允许的最大位移量，mm。

波形补偿器承受轴向位移时产生的推力为

$$N_z = N_{nyh} \pm N_{lx} \tag{4-45}$$

式中，N_z ——补偿器产生的轴向推力，N；

N_{nyh} ——波节环面上的内压推力，N；

N_{lx} ——补偿器的弹性推力，N。

补偿器受压缩时取“+”号，受拉伸时取“-”号。

对于单绞链式波形补偿器（如图 4-16），当补偿器不承受轴向位移时，所能承受的最大径向位移量 Δl_j 为

$$\Delta l_j = \frac{n_b L \Delta l_{max}}{3D_p} \tag{4-46}$$

式中，Δl_j ——补偿器所能承受的最大径向位移量，mm；

n_b ——补偿器的波节数；

L ——补偿器的长度，mm；

D_p ——波节的平均直径，mm。

补偿装置两端的径向推力 N_j 为

$$N_j = \frac{3KD_p^2 \Delta l_j'}{2n_b L^2} \tag{4-47}$$

式中，K ——补偿器一个波节的刚度，$K = \dfrac{2N_{lx}'}{\Delta l_{max}'} = R \cdot n_b$ N/mm；

N_{lx}' ——波型补偿器设计弹性推力，N；

$\Delta l_{max}'$—— 在不冷紧的条件下每个波节允许的最大轴向位移量，$\Delta l_{max}' = \dfrac{\Delta l_{max}}{2n_b}$ mm；

R ——整个波形补偿器的刚度，N/mm；

$\Delta l_j'$ ——补偿装置承受的径向位移计算值，mm。

补偿装置两端的弯矩 M 为

$$M = \frac{3KD_p^2 \Delta l_j'}{4n_b L} \times 10^{-3} \tag{4-48}$$

当补偿装置同时承受径向位移和轴向位移时，所能承受的最大径向位移量为

$$\Delta l_j = \frac{n_b(1 - \Delta l_z)\left(\Delta l_t - \dfrac{\Delta l_z}{n_b}\right)}{3D_p} \tag{4-49}$$

式中，Δl_t ——管道三个方向热伸长量的向量和，mm。

波形补偿器的单波补偿值 Δl_b 为

$$\Delta l_b = \frac{3}{4} \frac{\sigma_s'}{E_t K} \frac{D_n^2}{S} \alpha_1 \tag{4-50}$$

式中，σ_s' ——钢材在设计温度下的屈服极限最小值，N/mm^2；

D_n ——波谷内壁直径，mm；

E_t ——钢材在设计温度下的弹性模数，N/cm^2；

K ——安全系数，当 $p = 0.26$ MPa 时，$K = 1.2$；$p = 0.61$ MPa 时，$K = 1.3$；

S ——波形的壁厚，mm；

α_1 ——系数，$\alpha_1 = \dfrac{6.9}{1-\alpha}\left(\dfrac{1-\alpha^2}{\alpha^2} - \dfrac{4\ln^2\alpha}{1-\alpha^2}\right)$，$\alpha = \dfrac{D_n}{D}$；

D ——波峰内壁直径，mm。

当进行预压缩 $\Delta l_b'$ 时，单波补偿值 $\Delta l_b \approx 2\Delta l_b'$，当波形数为 i 时，总补偿值 Δl_z 为：波节不预压缩时，$\Delta l_z = i\Delta l_b$；如果每波节预压缩 $\Delta l_b'$ 时，$\Delta l_z = 2i\Delta l_b'$。

4.4　蒸汽排放系统

蒸汽排放系统是核动力装置所特有的系统，它有各种形式，但是其用途是相同的，就是把蒸汽发生器产生的多余蒸汽，经减温减压后排入主或辅冷凝器中，防止主蒸汽管内压力超过允许值。在负荷大幅度变化及事故工况下，均能使主蒸汽系统超压，这时均应排放一部分蒸汽，将压力降至额定值以下。负荷大幅度变化时的排放，称为机动排放工况；在事故工况下的排放，称为安全排放工况。

在动力装置负荷急速降低的过渡过程中，蒸汽发生器中的蒸汽产量由于一回路的滞后现象，不能马上跟随改变，这样蒸汽发生器的蒸汽压力将急剧增加，甚至会超过主蒸汽系统的允许值。此时，必须将多余的蒸汽经减温减压后旁通流进冷凝器，使二回路装置所消耗功率与堆功率之间相平衡。

至于负荷变化到何种程度才需要机动排放，则需要对装置动态特性进行分析计算才能确定，通常在 30% ~50% 范围内。“萨瓦娜”号核商船，在 3 s 内，蒸汽流量从全部蒸汽量(100%)变化到 20% 时，即负荷变化率为 26.7%/s，就需要向主冷凝器进行机动排放。“陆奥”号在 1 s 内，蒸汽流量从 100% 突然减至 18% 时，就需要向主冷凝器进行机动排放。此时，装置的动态特性如图 4-17 所示。

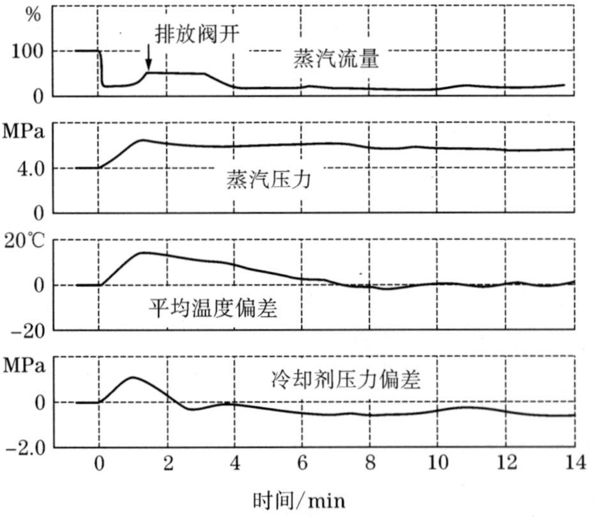

图 4-17　负荷突减时的动态特性

由图可以看出，当负荷急剧减小 80 s 后，主蒸汽的压力即超过设计值(6.18 MPa)。当打开排放阀后，以 18 t/h 排放流量排放(相当 30% 蒸汽流量)，蒸汽压力则稳定在 5.88 MPa 左右，缓和了一回路系统的过渡过程。

安全排放工况是指动力装置在事故时，因为蒸汽压力增高，此时排放一部分蒸汽至主冷凝器中，以降低蒸汽压力。实际上,安全排放起安全保护作用。

下面以“陆奥”号蒸汽排放系统为例介绍蒸汽排放系统,图 4-18 为“陆奥”号蒸汽排放系统原理图。

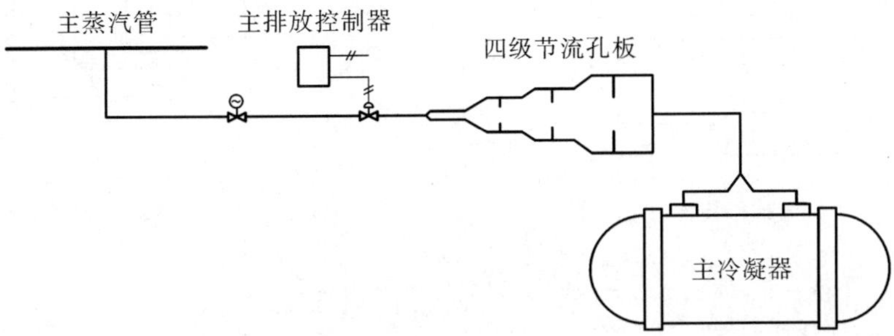

图 4-18　蒸汽排放系统

该系统是由主蒸汽管上接出一分支管,经主排放阀及四级节流减压器构成。减压器可将蒸汽由初压减至 0.12 MPa。主排放阀由压力信号自动控制,当两台蒸汽发生器中的一台蒸汽压力超过 6.18 MPa 时,主排放阀自动打开。另外,为了保护主冷凝器,当主冷凝器内真空达到 79.8 kPa 以下时,则自动关闭主排放阀。排放时,由于减压器后的蒸汽速度已达到临界速度,所以管路的形状,要考虑防止冲蚀及振动。该系统减压器中的压力分配情况如图 4-19 所示。

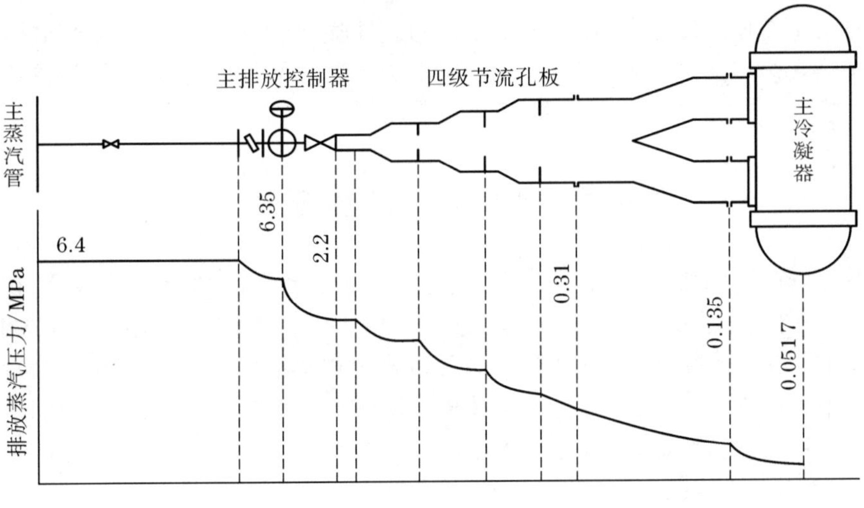

图 4-19　蒸汽排放系统压力分配

减温减压装置是蒸汽排放系统的关键部件,根据应用场合的不同其类型各异,但基本工作原理相同,一般都采用节流孔板降压和喷水降温。图 4-20 所示为两种类型的蒸汽减温减压装置。

图 4-20(a)所示的减温减压装置采用孔板对蒸汽进行节流降压,通过喷水进行减温,减温环节安排在减压环节之后。喷水调节阀设计成等百分比工作特性,阀瓣为圆柱形,上面排列许多直径不同的圆孔,可以实现对减温水流量及压力的控制。与阀瓣配合的圆柱形外套筒上规则排列的一些小孔形成喷射孔,将经阀瓣多级节流已达到降压后蒸汽压力并满足所

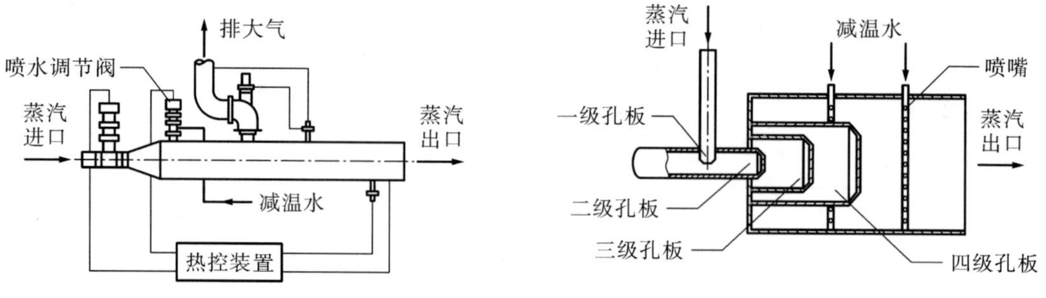

（a）减温减压装置　（b）四级减温减压装置

图 4-20　蒸汽减温减压装置

需流量的减温水雾化喷入蒸汽管道。

喷水调节阀具备了对减温水进行流量调节、压力控制和喷射的多重功能，由于采用了等百分比工作特性的小孔节流，在各种工况下都能实现对流量的精确调节，负荷范围达到了10% ~100%，而且泄漏量低，整个减温水系统的组成也大为简化。

图 4-20(b)所示减温减压装置的结构形式为四级减压一级减温。高温高压的蒸汽经过四级孔板逐级减压，蒸汽压力逐渐降低，但焓值基本不变，蒸汽温度较高。为避免高温蒸汽对冷凝器部件造成热冲击，在第四级减压环节之后安排了一级减温环节。减温水通过喷嘴喷入节流减压后的蒸汽中，雾化的减温水与蒸汽具有较大的接触面积，有利于传热和传质过程的顺利进行，使蒸汽得到均匀冷却。

在减温减压装置的设计中，喷水减温装置的设计除了要求通过足够的冷却水量外，还要确保水的充分雾化。如果喷水雾化不好，不仅影响减温效果，而且夹带水滴的汽流容易引起冲击侵蚀。

4.5　凝水—给水系统

蒸汽发生器产生的蒸汽进入主汽轮机做功变成低压蒸汽后，排入主冷凝器，在主冷凝器中被冷凝为水，称此水为凝水。凝水再经加热、脱脂、除气等处理后，供给蒸汽发生器使用，称此水为给水。在汽水循环中使用的水，均为高纯度的蒸馏水。将主冷凝器中的凝水输送到给水系统中去的管路及设备，称为凝水系统。将符合给水要求的水，可靠均匀地向蒸汽发生器输送所使用的管道和设备，称为给水系统。此二系统密切相关、串联工作，因此合在一起讨论，称为凝水-给水系统。

4.5.1　系统描述

图 4-21 为凝水-给水系统的原理图。

在设计凝水-给水系统时，首先要保证该系统在船舶核动力装置的所有运行工况均能可靠工作，而且蒸汽发生器水容量越小和蒸汽产量越大（如直流蒸汽发生器），系统更应可靠灵敏地工作。

为此，在设计凝水-给水系统时，必须满足如下原则：

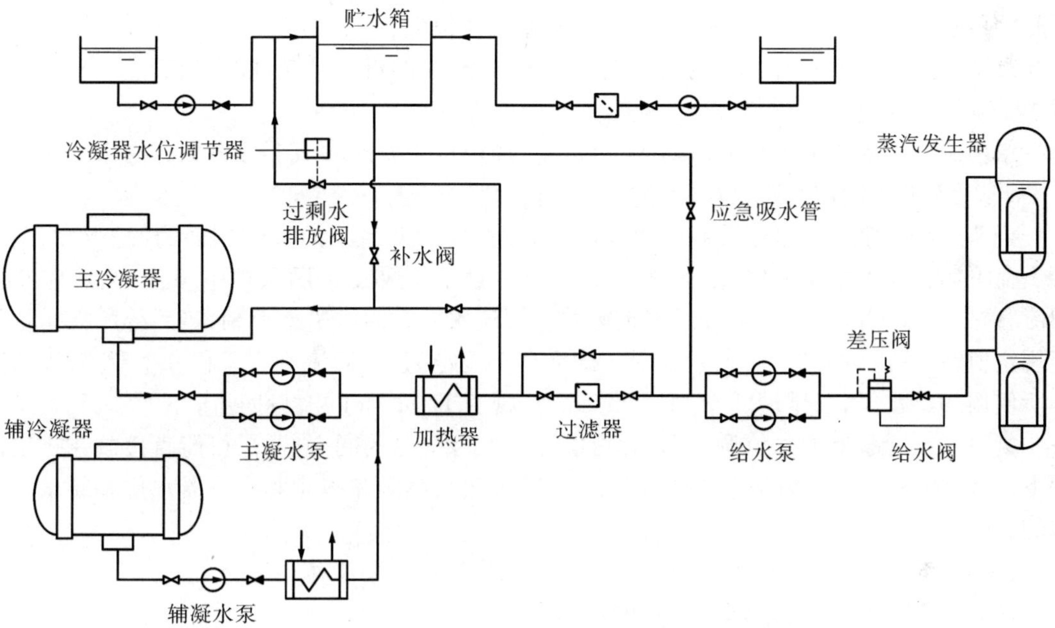

图4-21　凝水-给水系统

(1)主要设备必须双重设置

这里的主要设备是指凝水泵和给水泵。根据要求,凝水泵和给水泵均应不少于两台。当任一台泵停止工作时,泵的排量应该保证整个系统在全功率工况下能不间断地工作。

(2)整个系统应设有可靠灵敏的自动调节装置

一般均装有主冷凝器水位调节器自动保持冷凝器中的水位稳定,另外装有给水调节器用以控制给水流量,调节蒸汽发生器内的水位。汽动凝水泵和给水泵,根据需要,本身也应有符合要求的调速装置。装有自动调节装置一方面可减少运行人员(或运行岗位),同时还可提高整个系统的服务质量。

(3)要考虑凝水量和给水量的不一致性

凝水系统和给水系统是串联工作的,由于主汽轮机蒸汽流量的变化和系统反映不灵敏,在稳定工况和过渡工况下,水量却不能相一致。为了考虑这种不一致性,而设有均衡水柜(热井),以平衡整个系统的水量。当凝水不足时,通过主冷凝器水位调节装置自动从热井向系统补水。当凝水有余时,则自动排放进入热井。热井中的水靠造水系统补给。为了保证水的质量,热井向系统补水时,先通过主冷凝器除氧后进入系统中。为提高补水的除氧效果,热井中的水先用乏汽进行加热,使水温不低于60 ℃。

(4)保证所有设备技术上的要求

凝水-给水系统中,凝水泵和给水泵工作条件不同于一般水泵,泵的入口极易发生汽蚀现象,尤其是凝水泵。由于凝水只有1~2 ℃的欠饱和度,即泵吸入侧凝水的温度与饱和温度相差甚微,很容易产生汽化而使泵工作不正常。为此,要求给水泵和凝水泵的吸入侧要有一定的充水压头。凝水泵的充水压头用灌注高度来保证。所谓灌注高度是指冷凝器最低允许水位线至泵吸入口中心线的高度差,凝水泵的灌注高度不少于500~700 mm。另外,在泵吸入口处装平衡管通至冷凝器蒸汽空间,以除去泵吸入管内的气体,保证凝水泵良好工作。

同时,泵吸入管的阻力应尽量减少,为此吸入管流速很低,一般小于 1 m/s。这里特别指出,目前凝水泵的控制方式有的采用汽蚀控制方式,这时泵的汽蚀是允许的,从而灌注高度允许减小。

给水泵的吸入压力是用充水压头保证的。商船可用升高除氧器位置的方法来防止吸入压力下降,舰艇不能用此法,故设有增压泵。

当两台给水泵的出口连接到一个给水总管时,要求两台泵的特性相似为好。给水泵在低负荷下运行是不稳定的(发热),可是往往有一台给水泵在备用条件下工作,因此应装有回流管路,使泵出口水有一小股回流至热井。回流水由泵的排量来控制,当系统所需排量低于规定值时,回流自动进行,当系统所需排量高于规定值时,回流则自动停止。例如"陆奥"号所使用的给水泵,当排量低于 11.4 m^3/h 时,则有 17 m^3/h 的流量回流。

凝水泵与冷凝器的水位调节器,尽可能布置在冷凝器的同一端,尽可能直接放在排出口之下,并设法放在冷凝器的纵向中心线上,以减少船舶纵倾和横倾对冷凝器水位和凝水泵工作的影响。

(5)给水泵应有直接自水柜吸水打入蒸汽发生器的应急吸水管

(6)在正常条件下必须保证给水的水质

供给蒸汽发生器的水,极大部分是蒸汽凝结的凝水,水质应该是很好的,但是由于某些原因,凝水会被污染而不符合要求,所以在系统中必须采取措施对凝水进行处理,以保证给水的水质。凝水处理的措施有凝水的净化和给水的除氧两种。下面分别作简单介绍。

4.5.2 凝水的净化

4.5.2.1 凝水污染的原因

船用核动力装置二回路凝水被污染的原因如下:

(1)空气、海水从冷凝器不严密处漏入凝水中;

(2)因冷凝器系统及疏水系统的设备和管道腐蚀,使腐蚀产物进入凝水。

海水漏入凝水是盐类离子增大的主要来源。海水是经冷凝器不严密处漏入,这些不严密处往往是冷却管与管板的连接部位。即使冷凝器的制造和安装质量较好,经长期运行以后,由于受到热应力和机械应力作用,也往往使管端连接强度降低,而降低严密性。所以必须对冷凝器的严密性十分重视。"萨瓦娜"号的凝水系统氯离子含量不允许超过 0.1 mg/L,但在运行中曾发现从冷凝器不严密处漏入 0.35 L 的海水,使凝水中的氯离子含量变为 1.0 mg/L,并有二次超过 5 mg/L。为了净化凝水,"萨瓦娜"号后来在二回路中装有离子净化装置(混合床)。

凝水系统的管路是用碳钢制成的,常受腐蚀,使凝水含有金属腐蚀产物,主要是 Fe_3O_4 和 Fe_2O_3 等氧化物。这些氧化物在凝水中以悬浮态(粒径大于 0.1 μm)和胶态存在,同时也有铁的离子存在。给水中腐蚀产物的含量过高,会引起蒸汽发生器传热面结垢和腐蚀,所以凝水必须净化,除掉其中的腐蚀产物。

从以上可知,凝水净化是为了除去离子状态和悬浮状态的两类物质。

除去离子状态物质,通常用离子交换方法。除去悬浮状态和胶状的金属腐蚀产物,则用过滤的方法。在腐蚀产物比较多的系统中,为了使离子交换器能正常工作,不使交换容量很快下降或堵塞树脂层,过滤器多放在树脂床前面。

4.5.2.2　凝水过滤器的类型及特点

凝水过滤器目前有微孔滤芯过滤器、磁性过滤器和超细过滤器。

(1)微孔滤芯过滤器

微孔滤芯过滤器对水的过滤过程,是依靠滤层表面滤料间小孔的机械阻留和滤料表面的吸附作用,将水中悬浮物截留下来从而达到净化的目的。由于凝水中杂质粒径很微小,所以多采取1~0.5 μm孔径的滤芯。

(2)磁性过滤器

物质在外界磁场的作用下会被磁化从而显示出磁性,不同物质被磁化的性质与强弱各不相同。在二回路系统凝水中的杂质,主要是极易磁化(强磁性物质)的Fe_3O_4,而铜、铬、镍、锌等与铁一起成双氧化物形式存在,也是强磁性物质。在装置安装和保养期间所产生的Fe_2O_3,在运行中(在高温水中)能转变为Fe_3O_4。但Fe_2O_3有两种状态,即α-Fe_2O_3和γ-Fe_2O_3。α-Fe_2O_3为磁化能力弱的弱磁性物质,γ-Fe_2O_3为强磁性物质。

磁性过滤器利用水中腐蚀产物的铁磁性来除去杂质。根据过滤器中磁场产生的方式,磁性过滤器分为永磁式和电磁式两种类型。

永磁式过滤器内布置着若干层永久磁铁,水在流经过滤器时,其中的一些磁性粒子由于磁力吸引而被捕捉,附着在过滤器磁性滤芯表面。随着捕捉到的磁性粒子的累积,磁性滤芯的磁性减弱,必须要间断进行清洗。

电磁式过滤器内充填着许多强磁性物质,这种物质常制成直径为6~7 mm的小球。在过滤器本体外绕有线圈,通直流电后即可产生磁场使小球磁化。当水通过已磁化的小球时,水中的磁性粒子被小球吸住。当小球吸引力减弱后,即出口水中腐蚀产物复又增加时,则说明过滤器已失效,这时停止向线圈通电,并进行交流退磁,然后用水反洗,将被吸着粒子冲走,整个复原过程可在2 min内完成。

电磁式过滤器可以在较高流速下工作,运行时水流速可达0.28~0.33 m/s,因此可减小过滤器尺寸。这种过滤器的过滤效果很好,根据在施塔德(Stade)核电站二回路系统的实际使用效果看,腐蚀产物过滤率为Fe 100%,Cu 89%,Zn 95%,Pb 60%,Cr 65%,Ni 98%;日本玄海核电站使用电磁式过滤器可保证凝水中铁的浓度在10 μg/L以下。

(3)超细过滤器

超细过滤器种类较多,目前在凝水净化中多采用中空纤维过滤器。中空纤维过滤器由多个过滤单元组成,每个过滤单元则由上万根直径仅有0.4 mm左右的中空纤维丝组成,直径约100 mm,长约1 000 mm,如图4-22所示。

中空纤维丝呈管状,管壁有许多0.1 μm左右的微孔,水在穿过中空纤维丝管壁的过程中,水中粒径大于0. 1 μm以上的杂质即被截留下来,达到过滤杂质的目的。由于中空纤维丝很细,所以过滤单元具有很大的过滤面积。

根据对火电厂和核电厂凝水测试的结果,凝水中杂质粒径的分布如图4-23所示。

从图中可见,核电厂凝水中杂质粒径大部分都在0.1 μm以上,所以中空纤维过滤器可以有效地将绝大部分杂质除去。

中空纤维过滤器的特点是过滤表面积大,可将0.1 μm以上粒径的杂质除去,保持出水杂质浓度小于1.2 μg/L,具有很好的净化效果。另外,这种过滤器具有良好的启动性能,在很短时间内即可达到净化水质的要求。

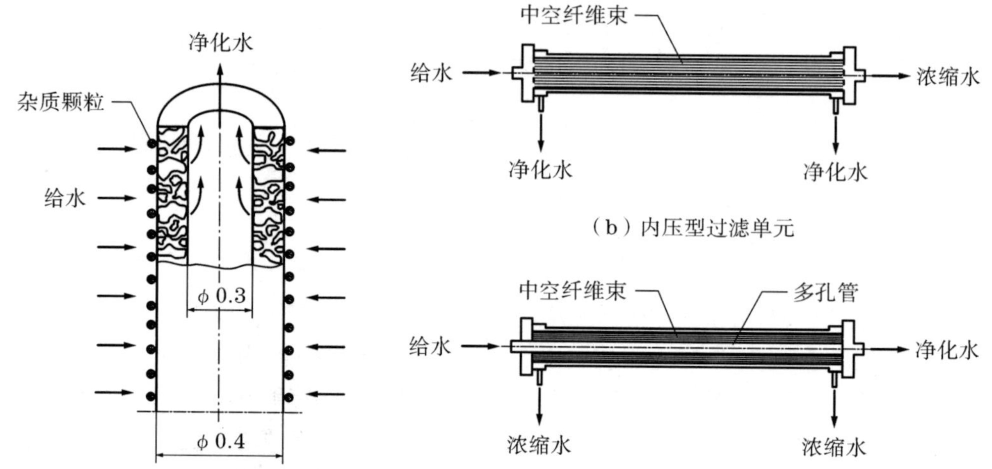

（a）中空纤维结构　　（c）外压型过滤单元

图 4-22　中空纤维结构及常用过滤单元形式

当中空纤维表面截留的杂质累积到一定程度时，过滤器进、出口压差增大到规定的上限值，此时可将中空纤维过滤器从凝水系统中隔离，引入压缩空气进行反洗，然后再用净水冲洗，即可恢复正常的过滤性能。

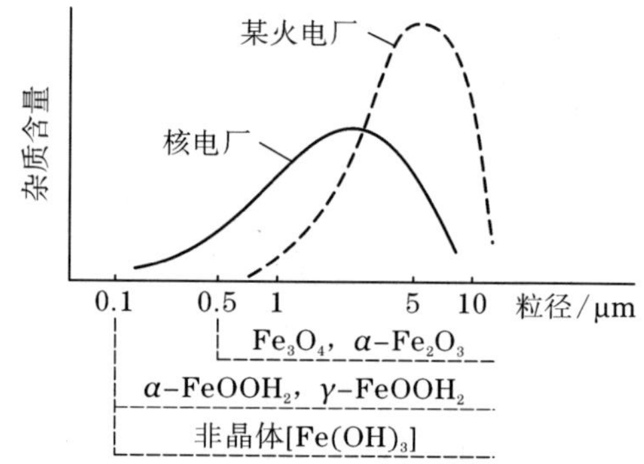

图 4-23　凝水中杂质粒径的分布

4.5.3　给水除氧

凝水-给水系统中溶有氧气或者二氧化碳气体，都会引起汽水循环系统及设备的腐蚀。其中溶氧腐蚀最易发生，当水中同时溶有氧与二氧化碳时，腐蚀更加严重。

在凝水-给水系统中，溶氧腐蚀的主要部位是给水管道和疏水系统，凝水系统由于温度低，溶氧腐蚀并不严重；最容易出现二氧化碳腐蚀的部位是凝水系统；水中氧和二氧化碳同时存在所引起的腐蚀在整个凝水-给水系统中都发生，特别是除氧器后的给水泵，由于温度高，而且轮轴在快速转动不易形成保护膜，故腐蚀更为严重。

凝水中的氧、二氧化碳等有害气体主要是由汽水循环系统真空部分的不严密处漏入，还有通过补水及疏水带入。在实际运行过程中，维持汽水循环系统真空部分的气密性，可以有效控制水中溶解气体的含量。为了防止水中溶解的氧和二氧化碳对系统和设备造成腐蚀，必须从凝给水中除去这些有害气体，特别是氧气，这就是给水除氧的目的。

4.5.3.1　除氧方法

给水除氧的方法分为热力（物理）除氧和化学除氧两大类。

（1）热力（物理）除氧

热力（物理）除氧依据的是 Herry 定律和 Dalton 定律。

根据 Herry 定律（也称气体溶解定律），任何气体在水中的溶解度 b 与该种气体在气水界面上的分压 p_b 成正比，与水的温度成反比，即

$$b = \frac{p_b}{\psi} \quad \text{mg/L} \tag{4-51}$$

式中，ψ——Herry 系数，取决于气体的种类和温度。

Dalton 定律指出，混合气体全压力 p 等于各组成气体分压力 $p_{b,i}$ 之和，即

$$p = \sum_{i=1}^{n} p_{b,i} \tag{4-52}$$

以电热式稳压器为例，液面以上蒸汽空间的压力 p 应等于水中溶解的各种气体的分压力 p_b 和水蒸汽分压力 p_s 之和，即

$$p = p_b + p_s \quad \text{MPa} \tag{4-53}$$

根据 Herry 定律，可得水中气体的溶解量为

$$b = \frac{p - p_s}{\psi} \quad \text{mg/L} \tag{4-54}$$

显然，当蒸汽空间的压力等于饱和蒸汽压力时，则水中各种气体的溶解量等于零。

图 4-24 所示为水中溶氧量与压力、温度的关系。

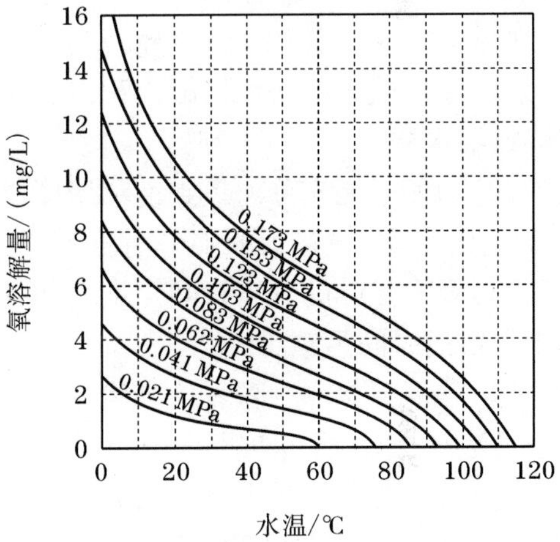

图 4-24　水中溶氧量与温度、压力的关系

从图中曲线可以看出，水在定压加热时，随着水温逐渐升高，水中的溶氧量将不断减小，达到当前压力下的饱和温度时，水中的溶氧量降到零；而在同一温度下，随着压力的升高，水中的溶氧量也相应增大。

(2)化学除氧

化学除氧是利用一些易和氧发生化学反应的药剂，如亚硫酸钠（Na_2SO_3）和联胺（N_2H_4），使之和水中溶氧化合生成另一种物质而去除氧气。化学除氧能达到彻底除氧的目的，不仅反应迅速，而且反应产物和药品本身对系统和蒸汽发生器的运行无害，但不能除去水中溶解的其他气体，还增加了给水中可溶性盐类的含量，它通常和热力（物理）除氧结合使用，以达到更高的除氧要求。

4.5.3.2　热力除氧的条件

热力除氧时，为了使气体从水中能够充分、完全地分离出来，必须满足传热和传质两方面的条件。

(1)水必须被加热至相应压力下的饱和温度

热力除氧的先决条件是水要被加热到饱和温度。如果给水加热不足，达不到当前压力下的饱和温度时，即使欠饱和度很小，也会显著影响除氧效果。图 4-25 所示为水中残余溶氧量与欠饱和度的关系。

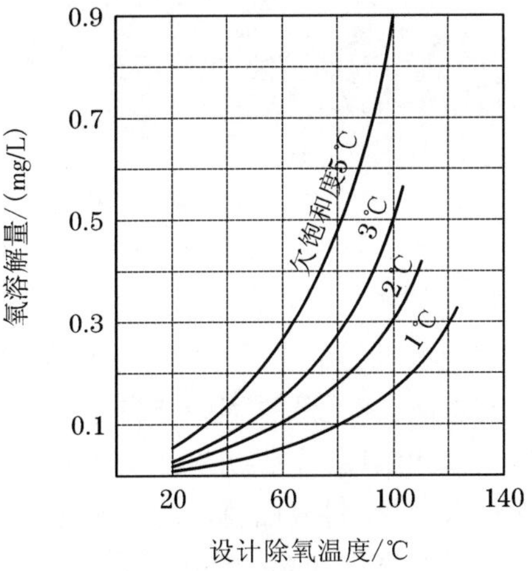

图 4-25　欠饱和度对水中溶氧量的影响

从图中曲线可以看出,在同一饱和温度下,欠饱和度越大,水中的溶氧量越大;如果欠饱和度不变,水的饱和温度提高(相应于气水界面上的压力增大),水中的含氧量也随之增加。

(2)创造气体自水中离析的传质条件

为了使水中溶解的气体能够迅速、彻底地析出,必须考虑影响气体由水中向外扩散的动力学因素。根据传质理论,气体自水中离析的质量 G 遵循以下规律

$$G = -D\frac{\mathrm{d}c}{\mathrm{d}x}St \tag{4-55}$$

式中,D ——扩散系数,与气体及介质的特性和温度有关;

$\frac{\mathrm{d}c}{\mathrm{d}x}$ ——在扩散方向上的浓度梯度,相应于不平衡压差;

S ——扩散面积;

t ——扩散时间。

由上式可见,气体的扩散速度取决于汽水接触面积和不平衡压差,为指导除氧设备的设计和运行提供了重要的依据。

因此,在设计热力除氧器时,为了达到有效除氧的目的,必须遵循以下基本原则:

(1)采用较大的汽水接触面积以利于传热和传质,常用的手段是将水均匀分散成雾滴、液膜或细水柱。

(2)为使水能充分加热到饱和温度,加热蒸汽与水一般取逆向流动,这样可以在所有汽水接触点上都形成最大的不平衡压差,又有助于迅速排走离析出的气体。

(3)要有足够的分离时间保证气体能够彻底析出,除氧设备尺寸的选择应该保证水在其中停留的时间足够长。

(4)采取强化深度除氧的措施,如减小水的表面张力,使水呈紊流状态,采用蒸汽在水箱中鼓泡等,以尽可能减小水中剩余含氧量。

(5)及时排除从水中分离出的气体,以减小这些气体在气水界面上的分压。

4.5.3.3　常用除氧器形式

在核动力装置、蒸汽动力装置中广泛采用混合式除氧器,需要除氧的水与加热蒸汽直接接触,将水加热到除氧器运行压力下的饱和温度。按照结构划分,除氧器的基本类型有喷雾式、填料式、淋水盘式、旋膜式以及它们的组合形式。这里主要介绍喷雾式除氧器、旋膜式除氧器的结构及工作原理。

(1)喷雾式除氧器

图 4-26 为船用喷雾填料式除氧器的结构原理图。

这种除氧器从整体上分为两个部分:上部为除氧头,下部为除氧水箱。为了设计、制造及布置、安装方便,通常除氧头与储水箱取相同外径,构成一体化立式除氧器。

凝水泵将凝水从上部送入除氧器,经配水设备由喷嘴喷出,水流被弥散成直径为数十微米的雾滴,在下降过程中与自下向上流动的蒸汽相接触并被加热,当下落至填料层时已基本达到饱和温度,完成初步除氧。水流在填料表面形成水膜并向下流动,加热蒸汽从下部蒸汽管引入,对填料表面流动的水膜进行加热,进行深度除氧。穿过填料层的蒸汽向上流动,对喷雾段的水滴加热。在喷雾段、填料层从水中分离出的气体随蒸汽向上流动,通过除氧器上部的排气口排出。为了回收排气中所含的蒸汽,除氧器排出的汽气混合物送入排气冷凝器,

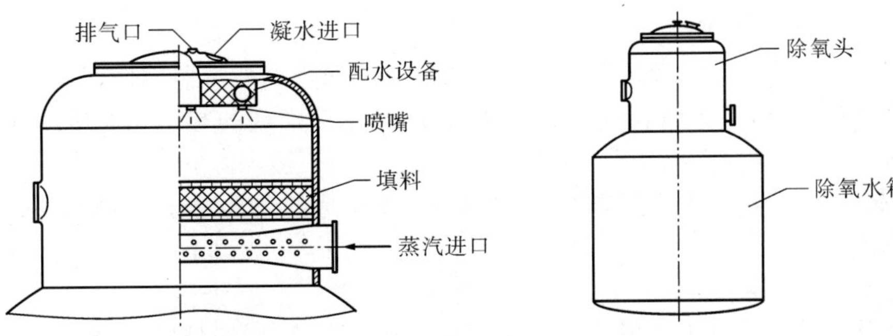

（a）除氧头结构　　（b）除氧器外形

图 4-26　喷雾填料式除氧器

蒸汽凝结形成的水送回除氧器，不凝结的气体排入环境。

由于汽水接触表面积反比于水滴直径，凝水经过喷嘴变成雾滴，使汽水接触表面积成万倍地增加，不仅形成了巨大的气体扩散释放表面积，而且减小了气体向表层扩散的距离，十分有利于氧从水中逸出。试验表明，含氧量约 7～10 mg/L 的水经一次混合加热雾化除氧后，含氧量可降到 0.1 mg/L 以下。

填料是一类具有很大比表面积，同时又保留有足够自由容积的结构，如拉西环、Ω 环、波纹板、丝网等。从喷雾段落下的水浸润填料表面，铺展成为水膜，形成与填料一样广大的传热-传质表面，由于水膜很薄，气体很容易自液体内部向表面扩散，同时，填料的自由容积保证了蒸汽自由上升，对喷雾段液体进行加热并脱气。在填料层中，即使负荷变化较大时，除氧效果也能稳定维持在 0.01～0.02 mg/L。

船用除氧器的工作压力一般都略高于大气压力，以便于排气，因此也称为大气式除氧器。为保证除氧效果，除氧器内填料层高度通常在 250～350 mm，除氧头部的蒸汽空间高度为 350～500 mm，喷淋密度为 40～80 t/(m^2 · h)。

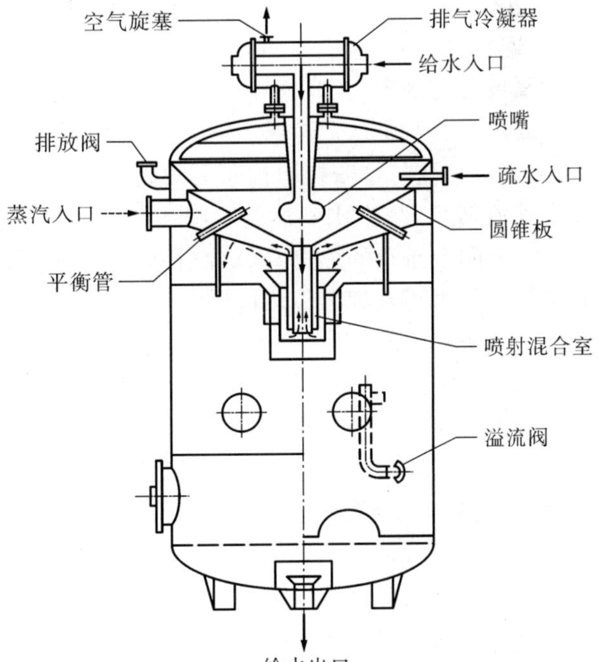

图 4-27　立式船用除氧器

这种类型的除氧器除氧效果好，当进水中氧含量不超过 2 mg/L，且除氧器运行合乎设计要求时，可使除氧水中的氧含量降到不大于 0.01～0.03 mg/L；当负荷和水温在很大范围内变动时，也能很好地适应。另外，还具有结构简单、检修方便、体积小、水与加热蒸汽接触面积大、混合速度快等优点，所以采用较为广泛。

图 4-27 所示为一种一体化立式结构船用除氧器，采用喷雾除氧方式，工

作压力为 0.153～0.255 MPa，温度为 127～138 ℃。

需要除氧的凝水和各种疏水首先流经除氧器上部的排气冷凝器，对除氧器排出的气汽混合物进行冷却，然后进入除氧器内，通过喷嘴喷出，水流形成的雾滴与加热蒸汽混合并被加热，水中溶解的气体分离出来。下落的水滴碰到挡板后，流入除氧器下部的储水箱。分离出的气体混合一部分蒸汽进入排气冷凝器，蒸汽冷凝形成的疏水通过疏水管返回除氧器，气体则排出除氧器。

（2）旋膜式除氧器

旋膜式除氧器是近年来出现的一种新型除氧器，其关键部件是旋膜喷管，图 4-28 所示为旋膜式除氧器及旋膜喷管结构形式。

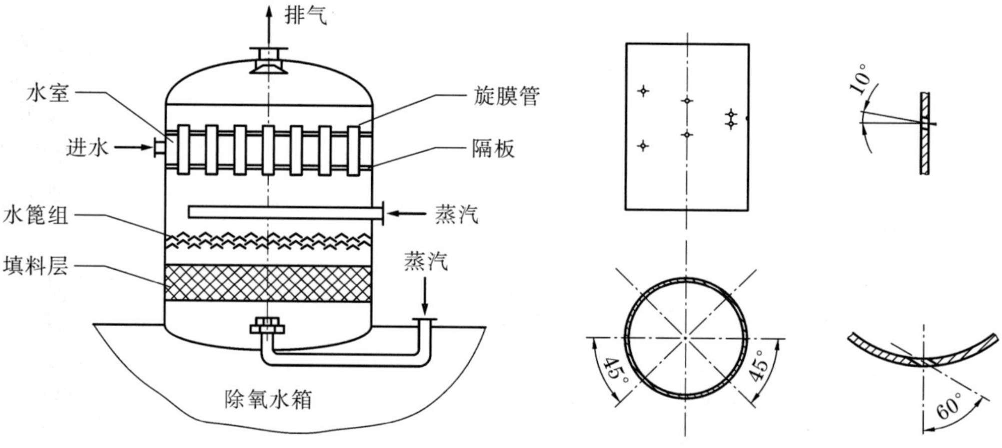

图 4-28　旋膜式除氧器及旋膜喷管结构形式

与喷雾填料式除氧器相似，这种除氧器也采用两级除氧，一级除氧设备为旋膜喷管，二级除氧设备为水篦组和填料层。

凝水由凝水泵从上部送入除氧器水室，沿旋膜喷管圆周壁面上的进水小孔进入旋膜喷管内，进水小孔与管壁相切且向下倾斜 10°，使得凝水沿旋膜喷管内壁面旋转流动而下，形成高速旋转水膜，当水到达管口喷出时，在离心力的作用下形成具有一定角度的旋转水膜裙。自下向上流动的加热蒸汽穿过水膜裙进入旋膜喷管内，对旋转下降的水膜进行加热。旋转流动的水膜有利于传热传质过程的顺利进行，既强化了汽水热交换的效果，又便于水中气体的解析与扩散，当水膜高速旋转至旋膜喷管出口时，水膜中 90% 左右的氧气已被除去。

水膜在下降过程中首先穿过水篦组，水篦组除了进一步延续和扩展水的表面积外，对来自水膜裙的不均匀分布水流也起必要的均化作用。水在流经水篦组时被蒸汽加热，继续向下流经无规则堆放的填料层时受到蒸汽的进一步加热，溶解于水中的气体更为充分地分离出来，达到深度除氧的目的。因此，虽然水在除氧器中停留的时间很短，但除氧较彻底，除氧效果很好。

旋膜喷管是旋膜式除氧器的关键部件，传热传质过程主要发生在旋膜喷管内，水膜裙起着辅助除氧的作用。水膜裙的长度决定了传热传质的面积以及汽水接触的时间，水膜裙的厚度决定传热传质以及除氧的效果，水膜裙的旋转速度影响水的表面张力，对传热传质以及除氧也起着关键作用。决定水膜裙的长度、厚度及旋转速度的主要因素为：旋膜喷管的直径、长度，进水小孔的直径、角度、数量，进口凝水和除氧器内的压差。

旋膜式除氧器采用的旋膜喷管有效地改善了汽水之间的传热传质条件，除氧器进、出口水的温升可达 90 ℃，水膜裙下的水温已接近饱和温度；旋膜喷管对压力和流量变化不太敏感，在负荷大幅度、快速变化以及低负荷下均能正常工作，保证良好的除氧效果，具有良好的负荷适应性；旋膜喷管内的工作压降较小，通常只有 0.02 ~ 0.04 MPa，排气效果好，可减小不凝性气体对传热的不良影响；运行简单、可靠，维护工作量小，运行成本较低；可以滑压启动，适用于滑压机组运行。

4.5.3.4　冷凝器真空除氧

在船舶核动力装置中，由于舱室空间以及装置重量尺寸的限制，一般不设置专门的除氧器，而是采用冷凝器进行真空除氧。

蒸汽排入冷凝器中冷凝时，凝结水的温度接近冷凝器真空所对应的饱和水温度，只要很好地控制凝结水的欠饱和度，使凝结水保持在饱和状态，也能将水中溶解的气体分离出来。由于冷凝器正常运行时处于真空状态，因此相当于一个真空除氧器。

试验表明，冷凝器真空除氧可以使凝水中的含氧量不超过 30 μg/L，而且在较大的蒸汽负荷范围内都能保证很高的除氧深度。需要指出的是，循环冷却水温度对真空除氧效果和蒸汽负荷变化范围有明显的影响。循环冷却水温度高，则除氧效果好，蒸汽负荷变化范围也可增大。

采用冷凝器真空除氧时，为了获得良好的除氧效果，应注意满足以下条件：

(1)使凝水处于饱和温度

凝水的欠饱和度对除氧不利，欠饱和度越大，水中溶氧量也越大，因此必须严格控制凝水的欠饱和度。一般情况下凝水的欠饱和度不应超过 1 ℃，最大不得超过 2 ℃。为了控制凝水的欠饱和度，除了在运行时按照操作规程调节循环冷却水流量外，还可以引入蒸汽对冷凝器热井中的凝水加热，维持凝水的温度在沸点附近。

图 4-29 所示为设置在冷凝器热井中的一个鼓泡除氧装置。

送入蒸汽室中的加热蒸汽向上穿过多孔板，对热井中的凝水鼓泡加热，被加热的凝水漫过堰板向下流出。通过调节加热蒸汽的流量，可以控制凝水的欠饱和度。

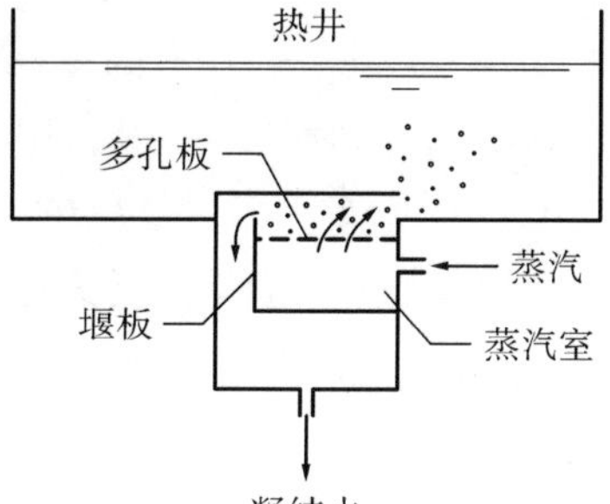

图 4-29　鼓泡除氧装置

(2)持续、顺畅地排出分离出来的气体

降低冷凝器蒸汽空间气体的分压可以减少它们在凝水中的溶解量，因此，应确保冷凝器的抽气系统正常运行，使漏入冷凝器中的气体以及从凝水中分离出的气体能被完全、彻底地抽出。试验结果表明，只要进入冷凝器蒸汽空间的气体能被顺畅地抽出，则进入冷凝器蒸汽空间的气体量大小对除氧效果影响不大。

(3)保持真空系统凝水部分的气密性

除过氧的凝水一旦与漏入的空气相接触，会使氧、二氧化碳等气体重新溶入水中，因此必须确保凝水部分的气密性，否则将影响除氧效果，这也是冷凝器真空除氧方法保持除氧效果的关键之一。

(4)组织好补水的补入

冷凝器中气体的来源主要是漏入真空系统的气体和补水带入的气体,其中补水中的含氧量可达到6 ~8 mg/L。采用冷凝器真空除氧时,补水通常都经冷凝器补入,如何除掉补水带入的气体应该予以足够重视。为了保证除氧效果,补水补入的位置应远离集水室,补入时应喷成细流,而且应该引入一股蒸汽加热补水。

4.5.4 主要设备的计算

4.5.4.1 凝水泵

目前凝水泵只选用离心泵,配置的数量取决于泵的性能。在商船上一台冷凝器配置一台电动离心泵,在舰艇上通常装有两台凝水泵,每台泵的容量都可满足设计全功率的要求。近年来,由于经济性指标不断提高,要求操作更加简单,故将两台凝水泵中的一台改为巡航用泵,其容量为全功率的65%,以提高低负荷运行时的经济性,图4-30所示为采用这种配置时运行效率改善的情况。

(1)设计容量

凝水泵的设计容量根据热平衡计算和泵的产品目录确定,一般取为主汽轮机排入冷凝器的蒸汽负荷及其他系统排入冷凝器的蒸汽及冷凝水量之和,计算式为

$$Q_c = (1.1 \sim 1.2) G_s v_c \quad m^3/h \qquad (4\text{-}56)$$

式中,G_s——进入冷凝器的全部蒸汽量,kg/h;

v_c——凝水的比容,m^3/kg。

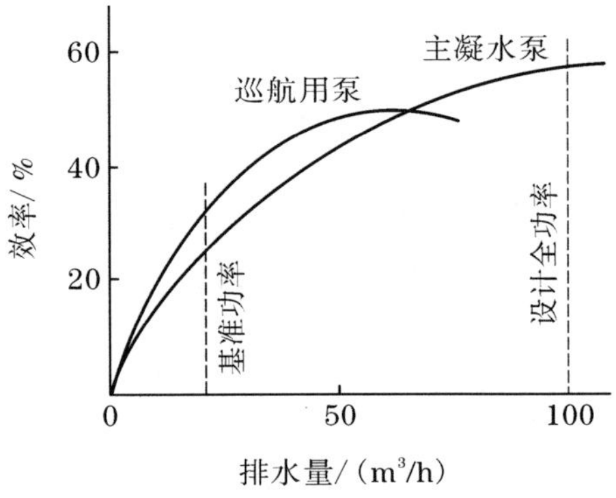

图4-30 凝水泵效率

(2)总扬程

凝水泵的总扬程按下式计算

$$H_c = \Delta H + \frac{p_2 - p_1}{\rho_c g} + \sum h \qquad (4\text{-}57)$$

式中,ΔH——供水的几何高度,mH_2O;

p_1, p_2——分别为冷凝器中的压力、凝结水被打入地区的压力,Pa;

ρ_c——凝水的密度,kg/m^3;

$\sum h$——管道(包括泵进出口损失)中的阻力损失之和,mH_2O。

凝水泵的总扬程一般为20 ~40 mH_2O。

(3)输入功率

凝水泵所需的功率为

$$N_e = \frac{\rho_c Q_c H_c}{3\,600 \times 102 \eta_c} \quad kW \qquad (4\text{-}58)$$

式中,η_c——凝水泵的效率。

(4)流量调节方式

由于凝水泵均为定转数工作,为适应动态过程中凝水量与给水量的不匹配,同时满足冷凝器水位控制的要求,需要根据系统的运行状态对凝水流量进行调节。图4-31所示为两种常用的凝水流量调节方式。

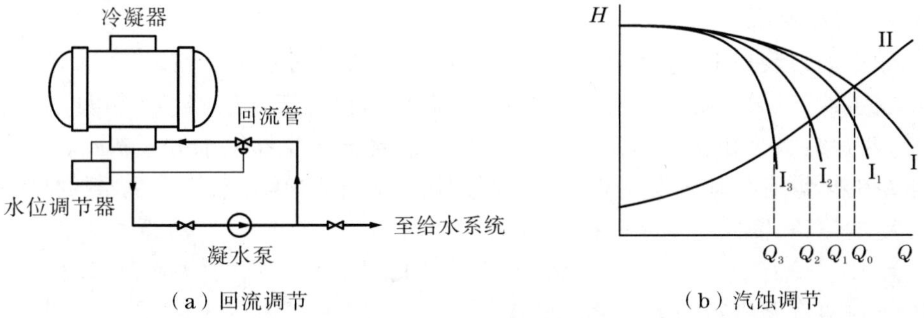

图 4-31　凝水流量调节方式

图 4-31(a)为回流调节方式。在凝水泵出口管路上设置一条可将凝水送回冷凝器热井的回流管,水位自动调节器根据冷凝器热井的水位去控制回流管上阀门的开度,通过改变回流量的大小来实现凝水流量的调节。

图 4-31(b)为汽蚀控制方式,即根据泵轮的汽蚀特性来改变泵的排量。由于冷凝器热井中水位高低的不同,泵的吸入压力也随之改变。图中,Ⅰ为设计水位时泵的特性曲线,Ⅱ为管道阻力特性曲线,二者的交点为设计工作点,相应流量 Q_0 为泵的额定排量。当冷凝器中水位不同程度的降低时,凝水泵相应地产生不同程度的汽蚀,泵的特性曲线分别变成 I_1、I_2 和 I_3,因此泵特性也不同,此时泵的工作流量分别为 Q_1、Q_2、Q_3,从而实现凝水流量的调节。

采用汽蚀控制方式,可简化水泵的运行。但是,要求泵轮具有抗汽蚀侵蚀的能力,或者采取在修理时定期更换泵轮的办法。

4.5.4.2　热力除氧器

在核动力装置中,为了满足装置负荷急剧变化以及事故情况下蒸汽发生器对给水的需求,除氧器下部除氧水箱的容积应保证以最大流量向蒸汽发生器供水的时间不低于 4 min。

除氧器所需的加热蒸汽流量 $G_{h,s}$ 根据热平衡计算求出,其计算式为

$$G_{h,s} = \frac{\sum_{i=1}^{n} G_i (h_d - h_i)}{(h_{h,s} - h_d)\eta_d} \quad \text{kg/s} \tag{4-59}$$

式中,G_i ——第 i 处供给除氧器水的质量流量,kg/s;

h_i ——第 i 处供水的焓值,kJ/kg;

$h_{h,s}$ ——加热蒸汽的焓值,kJ/kg;

h_d ——除氧器内饱和水的焓,kJ/kg;

η_d ——考虑除氧器内热能损失的系数。

除氧器进口处的凝结水压力为

$$p_b = \Delta p_n + \Delta p_k + p_d \tag{4-60}$$

式中,Δp_n ——水流经喷头的压力损失,包括喷头本身的压力损失和调节设备的压力损失;

Δp_k ——在排气冷凝器中的压力损失;

p_d ——除氧器内的工作压力。

为了使喷头喷雾良好,应使喷头前后的压力差不低于 0.196 MPa。

4.5.4.3　给水泵

在船舶核动力装置中，给水泵多为采用汽轮机驱动的离心泵。如果核动力装置中只有一台蒸汽发生器，一般需要设置两台给水泵；如果有两台蒸汽发生器，通常也配置两台给水泵。但是，两台给水泵必须分别独立供汽，以保证向蒸汽发生器供水的可靠性。

给水泵的排量应与蒸汽发生器的蒸汽产量相适应，但考虑到蒸汽发生器的排污等因素，需要有一定的储备，因此给水泵的排量为

$$Q_{fw} = KD_{sg} \quad kg/h \tag{4-61}$$

式中，D_{sg}——蒸汽发生器的蒸发量，kg/h；

K——储备系数，通常为 1.25 ~ 1.30。

给水泵吸入管内的给水流速一般为 2 ~ 3 m/s，出口管路中的给水流速可取 2 ~ 4 m/s。

给水泵的出口压力决定于蒸汽发生器中的蒸汽压力、几何供水高度以及管路、附件及热交换器的水阻力，即

$$H_{fw} = \frac{p_{sg}'}{\rho g} + \sum h + \Delta H \quad mH_2O \tag{4-62}$$

式中：p_{sg}'——蒸汽发生器的工作压力再加上 0.1 ~ 0.204 MPa 的储备值；

$\sum h$——管路中各损失之和；

ΔH——泵出口管中心线与蒸汽发生器进口水管的高度差。

由于蒸汽发生器压力随负荷而变化，泵的特性应能适应此变化。例如，“陆奥”号的主给水泵与蒸汽发生器的特性关系如表 4-2 所示，系统中的压力损失控制值如表 4-3 所示。

表 4-2　主给水泵的给水压力

蒸汽发生器			蒸汽发生器给水接管	
状　　态	器内压力/MPa	蒸发量/(t/h)	压力/MPa	流量/(m^3/h)
正常状态	3.92	61.2	4.01	68.2
	5.92	3.0	5.95	3.3
过渡状态	3.92	71.8	<4.05	80.0
	6.21	29.3	6.24	32.6

表 4-3　系统中压力损失控制值

给水流量/(m^3/h)		80.0	68.2	32.6	3.3
压力损失/kPa	蒸汽发生器	29.41	19.61	9.8	9.8
	主给水调节阀	<294.1	294.1	294.1	294.1
	主给水管	68.63	49.02	9.8	9.8
	给水流量计	29.41	199.61	9.8	9.8
	合　计	<421.57	382.35	323.53	323.53

从上表可知，进入蒸汽发生器的给水最大流量为 80 m^3/h，所以给水泵的设计排量为 80 m^3/h，出口压力为 450 mH_2O。

4.6　循环冷却水系统

4.6.1　系统功用及流程

循环冷却水系统的功用是向主、辅冷凝器供给冷却水，用以冷凝进入主、辅冷凝器内的蒸汽，同时还供给其他辅助设备（如滑油冷却器、设备冷却水热交换器、余热排出热交换器等）所需的冷却、冲洗用水。

循环冷却水为来自舷外的海水，图 4-32 所示为循环冷却水系统的原理流程图。

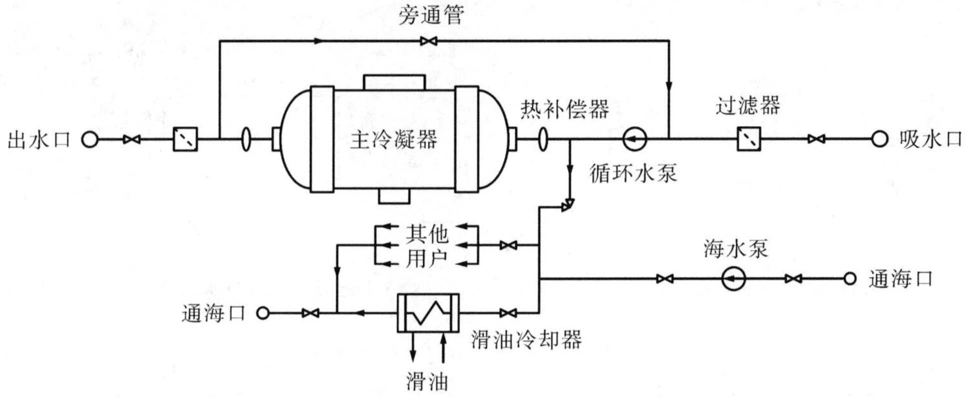

图 4-32　循环冷却水系统

舷外的海水通过船体上的吸水孔和进水管进入系统内，经循环水泵增压，一部分进入主冷凝器作为循环冷却水，吸热后通过出水管和出水孔排入大海；另一部分由循环水泵出口的支管送到滑油冷却器及其他设备作为冷却、冲洗用水，然后由排水管和通海口排回大海。在事故情况下，为了保证辅助设备工作所需的海水，设置了应急海水泵，通过专门的通海口和进水管引入海水。

在主冷凝器的进水管和出水管上装有热补偿器，以补偿因温度变化而引起的管道膨胀变形。为了控制凝水的欠饱和度，设置了一条连接主冷凝器进、出口水管的旁通管道，通过控制旁通流量来达到控制凝水温度的目的。在进水管和出水管上都装设了过滤器，以防止海生物、漂浮物进入循环冷却水系统内堵塞管路。系统中管路各处根据需要装设了流体阻力小的闸阀，用于在维修及其他特殊情况下隔离系统和设备。

循环冷却水系统如果完全依靠循环水泵为海水在系统中的流动提供驱动压头，则称为泵流式循环冷却水系统。由于需要的海水流量很大，而且系统流动阻力不大，因而循环水泵通常采用大流量、低扬程的轴流泵，采用汽轮机或电动机作为原动机。对于功率较大的循环水泵，最好用汽轮机来驱动，可以减小泵组的整体尺寸，便于通过调节循环水泵的转速控制循环冷却水流量，汽轮机排出的乏汽还可用于加热给水或者作为蒸发式造水系统的热源，易于实现回热循环，提高装置的经济性。

在现代舰船汽轮机装置中，广泛采用自流式循环冷却水系统。海水依靠舰船前进时船体与海水之间相对运动所产生的动压头流经主冷凝器，在船速不低于 10 ~ 12 节的情况下，可以很好满足装置正常运行的要求；循环水泵只在低功率工况下使用，功率可大大降低，便于采用电动机驱动；这种系统会增加舰船的航行阻力，消耗主汽轮机的推进功率，但由于主汽轮机能量利用系数比辅助汽轮机高，所以这种系统是经济的。

当舰船航速变化时，进入系统内的循环冷却水流量会相应发生变化，航速越高，循环冷却水流量越大，反之则越低，对于主冷凝器而言，在一定程度上起到了自动调节循环冷却水流量的作用，有利于凝水欠饱和度的控制。与泵流式循环冷却水系统相比，自流式循环冷却水系统在舰船中、高速航行时不使用循环水泵，大大降低了对循环水泵的技术要求，系统可靠性提高。

常用的自流式循环冷却水系统有两种形式，如图 4-33 所示。图 4-33(a)为循环水泵与进水管并联方式，图 4-33(b)为串联方式。

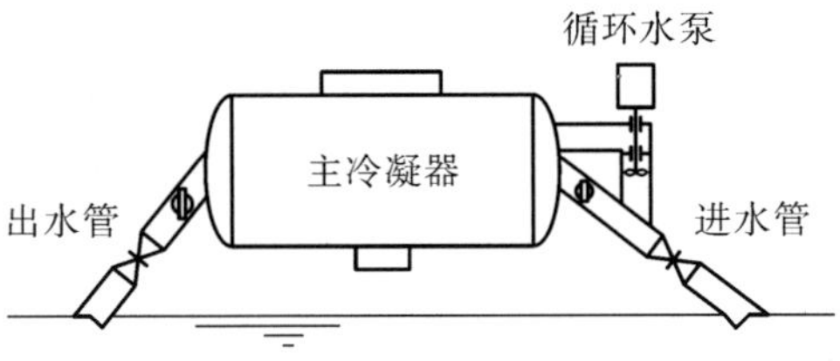

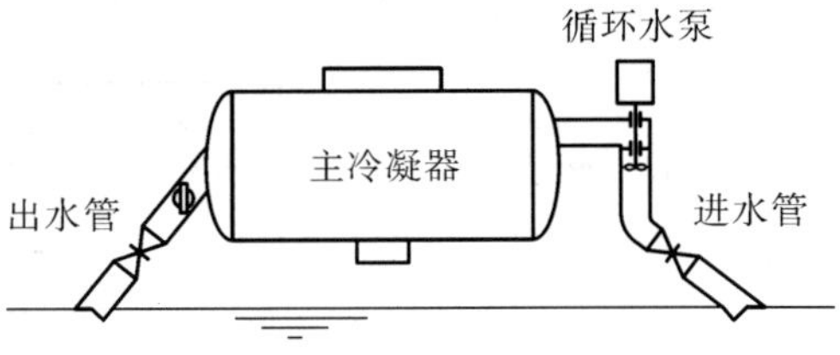

（a）循环水泵与进水管并联方式　　（b）循环水泵与进水管串联方式

图 4-33　自流式循环冷却水系统

并联方式增加了进水管的数量，在自流式循环时循环水泵叶轮不会对循环冷却水产生附加阻力；串联方式可缩短进水管的尺寸，但工作中泵轮会产生附加流动阻力。

在有些情况下，出水接管与船底成直角，并有突出的舌缘，可使循环冷却水系统的总压头增大。在有的系统中，出水管设计成向船艉方向倾斜并顺着水流方向为渐缩形状，以利用被排出的循环冷却水的反作用力推动舰船前进，由此带来的缺点是，在舰船停泊而循环水泵尚在工作时，排水的反作用力会使船体向前运动。

采用自流式循环冷却水系统应解决如下两个问题：

(1)吸入管和排出管的布置和几何参数的选择，必须保证在船舶附加拖曳阻力最小的情况下，系统有可靠的压头；

(2)确定船舶的附加拖曳阻力。

4.6.2　循环冷却水流量调节方式

为了控制冷凝器热井中凝水的欠饱和度，要求循环冷却水的流量有较大的变化，在系统设计时就要考虑对循环冷却水流量的调节。根据循环水泵的工作原理，可以采用的流量调节方式有以下几种。

(1)节流调节

通过调节进水管或排出管上的阀门开度来改变管路流动阻力，使管路特性曲线偏移，进而达到改变管路流量的目的，其调节原理如图 4-34 所示。

当管路上的阀门开度减小时，管路特性曲线由 R_1 变为 R_2，泵的工作点由 M_1 移到 M_2。这时泵的流量减小，泵的扬程因为流动损失的增加而提高。

这种调节方法简单易行，但节流会造成一部分能量损失，降低系统运行的经济性。

(2)旁通调节

设置与循环水泵并联的旁通管路，通过控制旁通流量获得所需的循环冷却水流量，图 4-35 所示为两种常用的旁通调节方式。

旁通调节方式(a)是将循环水泵出口的一部分循环冷却水经旁通管路送回到循环水泵的进口，虽然循环水泵的排量维持不变，但进入冷凝器的循环冷却水流量相应减小；旁通调节方式(b)是将冷凝器出口的一部分循环冷却水经旁通管路送回到循环水泵的进口，虽然循环水泵的排量与流过冷凝器的循环冷却水流量均保持不变，但是从进水口进入进水管路的循环冷却水流量会相应减小，与旁通回来的温度较高的循环冷却水混合后，进入冷凝器的循环冷却水初始温度升高，对蒸汽的冷凝能力相应降低。

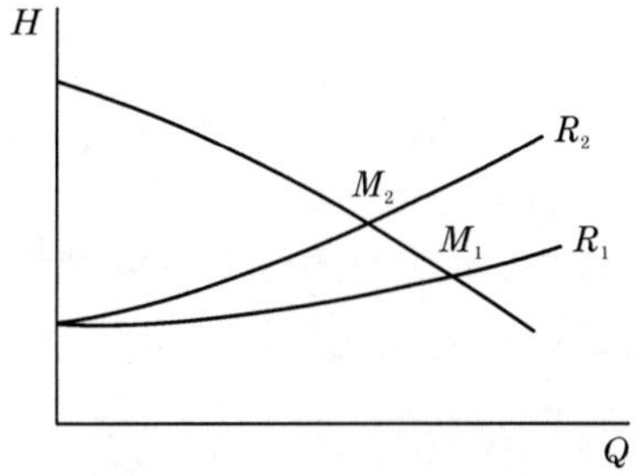

图 4-34　节流调节特性

图 4-35　旁通调节方式

通过节流改变旁通管的流量，这种方法同样会造成一部分能量损失。

(3)变速调节

在管路特性不变的条件下改变循环水泵的转速，使泵的特性曲线偏移，进而达到改变管路流量的目的，其调节原理如图 4-36 所示。

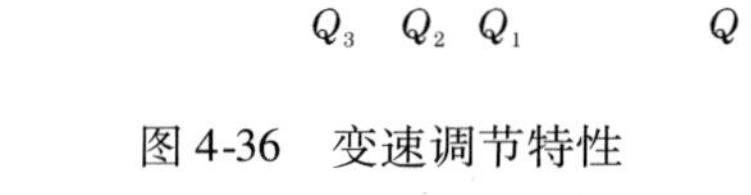

图 4-36　变速调节特性

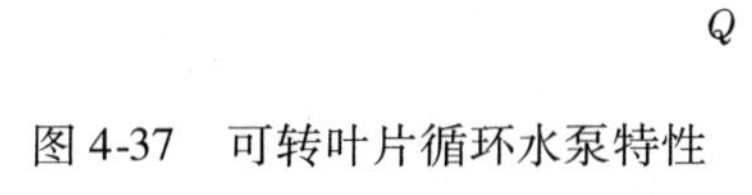

图 4-37　可转叶片循环水泵特性

当泵的转速从 n_1 依次变为 n_2、n_3 时，工作点也从 M_1 依次变为 M_2、M_3，泵的出口流量则从 Q_1 依次变为 Q_2、Q_3。

变速调节的优点是能量损失少，运行费用低，但必须配备变速原动机或变速装置。在船用核动力装置中，通常采用背压式汽轮机作为循环水泵的原动机，通过改变蒸汽流量来改变转速；对于采用交流电动机驱动的循环水泵，目前可以采用变频电机或变频调速装置实现循环水泵的转速调节。

(4)变特性调节

通过改变轴流式泵轮的叶片安装角度使循环水泵的特性曲线发生变化，从而达到改变管路流量的目的。图4-37是具有可转动工作叶片的轴流式循环水泵的特性。

图中，a_i 为泵工作叶片安装角度不同时的泵特性曲线，c_i 为管道阻力特性改变后的管道特性曲线。采用这种调节方法，可以提高循环水泵在低负荷时的经济性。

4.6.3 循环冷却水系统初步计算

循环冷却水系统计算的主要任务是确定循环冷却水需要量及循环水泵的压头，进而确定循环水泵的功率及蒸汽耗量。根据能量守恒定律，循环冷却水需要量为

$$G_{sw} = \frac{\sum_{i=1}^{m} G_{s,i}h_{s,i} + \sum_{i=1}^{k} G_{d,i}h_{d,i} - (\sum_{i=1}^{m} G_{s,i} + \sum_{i=1}^{k} G_{d,i})h_{cd} + \sum_{i=1}^{n} Q_{e,i}}{c_{p,sw}\Delta T_{sw}} \quad \text{kg/s} \qquad (4\text{-}63)$$

式中，$G_{s,i}$ ——进入主冷凝器的第 i 股乏汽流量，kg/s；

$h_{s,i}$ ——进入主冷凝器的第 i 股乏汽的焓值，kJ/kg；

$G_{d,i}$ ——进入主冷凝器的第 i 股疏水流量，kg/s；

$h_{d,i}$ ——进入主冷凝器的第 i 处疏水的焓值，kJ/kg；

h_{cd} ——主冷凝器出口凝水的焓值，kJ/kg；

$Q_{e,i}$ ——第 i 个辅助设备传给循环冷却水的热量，kW；

ΔT_{sw} ——主冷凝器循环冷却水的温升，℃。

在船用汽轮机装置中，一般 $\Delta T_{sw}=6\sim10$ ℃，取决于对主冷凝器尺寸和重量的要求。减小 ΔT_{sw} 必须增大循环水的流量，这就增大了循环冷却水系统的尺寸及功率，并且增加了能量消耗。循环冷却水系统初步计算时，主冷凝器内海水的温升可以采用低限值。

对于非自流式循环冷却水系统，循环水泵的排量应满足如下条件

$$G_{cp} \geqslant G_{sw} \qquad (4\text{-}64)$$

循环水泵的扬程取决于主冷凝器和进水、排出管道的流动阻力，此外还应考虑舰船运动时在船体表面上进水和排出管处的剩余静压差，以及在系统中为使水建立一定的速度能所消耗的能量。此时，循环水泵的压头 H_{cp} 应满足如下条件

$$H_{cp} \geqslant \sum h + \frac{v_{sw,2}^2}{2g} - \frac{v_{sw,1}^2}{2g} + \frac{p_{sw,2}}{\rho g} - \frac{p_{sw,1}}{\rho g} \quad \text{mH}_2\text{O} \qquad (4\text{-}65)$$

式中，$\sum h$ ——额定流量时循环冷却水系统的流体阻力，mH_2O；

$v_{sw,2}$，$v_{sw,1}$ ——分别为排出管和进水管内的海水流速，m/s；

$\frac{p_{sw,2}}{\rho g}$，$\frac{p_{sw,1}}{\rho g}$ ——分别为排出管和进水管处船体表面的剩余静压头，mH_2O；

ρ ——舷外海水的密度，m^3/kg。

对于自流式循环冷却水系统，循环冷却水流经系统所需要的驱动压头也应满足式(4-65)。

式(4-65)中排出管和进水管处船体表面的剩余静压头可以用无因次速度(相对速度)和无因次压头(相对压头)来表示。相对速度定义为导管横截面内水流速度与冲上流速度

之比，则进水管、排出管内流体的相对速度分别为

$$v_1 = \frac{v_{sw,1}}{v_s} \tag{4-66}$$

$$v_2 = \frac{v_{sw,2}}{v_s} \tag{4-67}$$

式中，v_s——冲上流速度，可取等于舰船航速。

管道内相对压头是相对速度的函数，即 $h_1 = f(v_1)$，$h_2 = f(v_2)$，则管道静压头可由相对压头表示为

$$\frac{p_{sw,1}}{\rho g} = \frac{h_1 v_{sw,\infty}^2}{2g} \tag{4-68}$$

$$\frac{p_{sw,2}}{\rho g} = \frac{h_2 v_{sw,\infty}^2}{2g} \tag{4-69}$$

式中，$v_{sw,\infty}$——船体外海水的流速。

图4-38和图4-39分别表示进水管和排出管的相对压头特性。

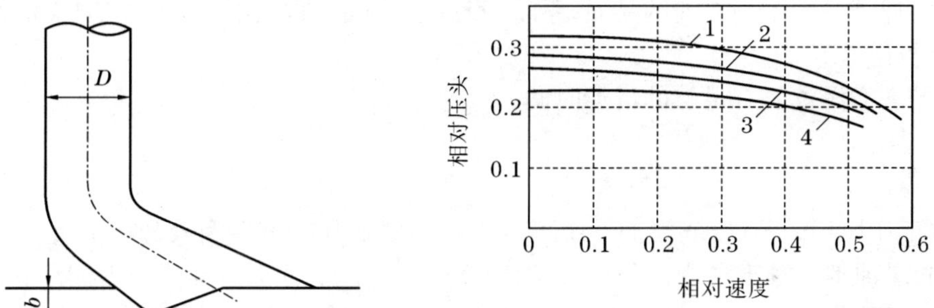

1——b=0.3D；2——b=0.2D；
3——b=0.1D；4——无挡板。

图4-38　进水管无因次压头特性

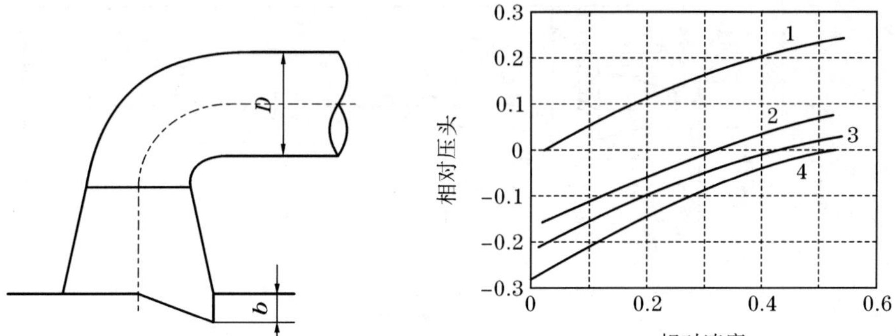

1——无挡板；2——b=0.1D；
3——b=0.2D；4——b=0.3D。

图4-39　排出管无因次压头特性

如果设计结果不能满足式(4-65)的条件，则必须改变管道的几何参数，如改变挡板高度或者截面直径，从而改变了水流速度和决定压头的水的相对速度。

4.7 润滑油系统

4.7.1 系统功能及设计要求

船舶核动力装置中,润滑油系统的主要功能是向主、辅设备的摩擦部件提供润滑和冷却所需的润滑油,同时向主机遥控系统及保安设备提供工作用的压力油。润滑油系统的正常工作是保证机械工作可靠的重要因素,应该慎重设计。系统设计的主要要求:

(1)当系统中润滑油中断、油压下降或油温过度升高时,应及时发出信号,并能及时停止需供应滑油机械的工作。为此,常将润滑油系统与保安调节机构的压力油系统合成一个系统,当润滑油压力管路内的压力降低到一定程度时,可自动关闭主蒸汽系统的正倒车蒸汽阀,使主汽轮机停止工作。

另外,在系统中设有备用滑油泵,当油压过低,油泵失灵时,备用油泵自动投入工作,以保证主汽轮机组安全运行。

(2)为保证系统中润滑油的品质,系统设计应保证润滑油在航行或停泊期间,均能对润滑油进行净化处理。

(3)循环润滑油要有足够的沉淀时间。

4.7.2 系统组成

根据工作原理的不同,润滑油系统可分为重力式和压力式两种类型。在重力式润滑油系统中,润滑油柜被置于高位,利用高位油柜产生的静压头使润滑油流经需润滑和冷却的设备,占用空间较多;压力式润滑油系统是使用滑油泵对润滑油进行强制循环,对设备布置的空间位置没有严格要求,比重力式润滑油系统紧凑和轻巧,故得到广泛采用。

图 4-40 为压力式润滑油系统的原理流程示意图。

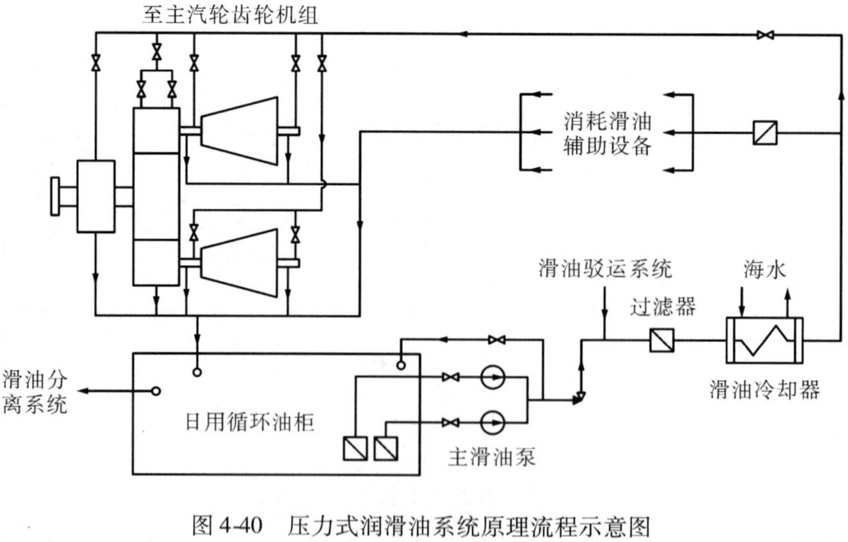

图 4-40 压力式润滑油系统原理流程示意图

压力式润滑油系统采用闭式循环回路,按照功用可划分为以下四个部分:

(1)主滑油系统,为主汽轮齿轮机组的轴承、齿轮减速器等摩擦部件提供润滑和冷却所需的润滑油;

(2)辅助滑油系统,为辅助设备提供润滑和冷却所需的润滑油;

(3)滑油分离系统,对滑油进行净化和分离;

(4)滑油驳运系统,在补给时从码头、补给船向舱室内各储油柜装载润滑油,在维修时将舱室内各储油柜中的润滑油排到码头上的油柜,舱室内各油柜之间润滑油的驳运。

日用循环油柜中的润滑油由主滑油泵吸出,经过滤器除去其中的悬浮杂质,再进入滑油冷却器中由循环冷却海水进行冷却,以控制润滑油的温度,然后经滑油母管送至主汽轮齿轮机组的轴承、齿轮减速器等摩擦部件,其他辅助用户如轴系、辅机等所需的润滑油通过与滑油母管相连的支管供应。主、辅设备用过的润滑油汇集到回油母管,再返回日用循环油柜。

润滑油在使用过程中,不可避免地会混入水分和杂质,这些水分和杂质被润滑油带入轴承和齿轮中会引起锈蚀和磨损。滑油分离系统的作用是去掉滑油中的水分和机械杂质,其主要设备为离心式滑油分离器,图4-41为滑油分离系统的原理流程。

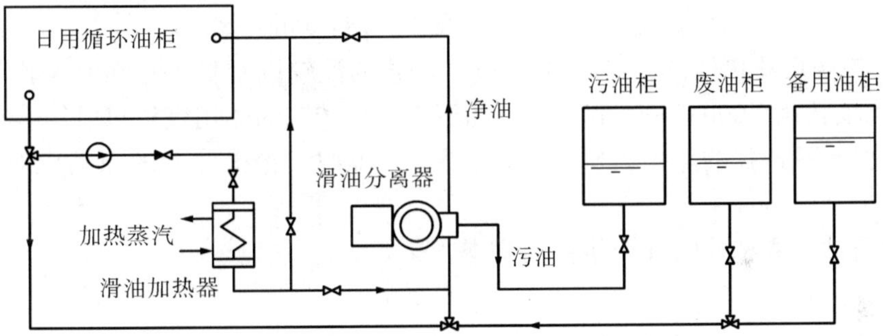

图4-41　滑油分离系统

日用循环油柜(或废油柜和备用油柜)中的润滑油用滑油分离器所带的油泵吸出,在分离器中将油与水和机械杂质分离,清洁油返回油柜,污油则进入污油柜储存。如果润滑油温度低于65~75 ℃,则必须用滑油加热器将其加热。另外,在汽轮机装置启动前需对润滑油加热时,使用该滑油加热器可将润滑油由10~15 ℃加热到30~35 ℃。

4.7.3　润滑油的特性

在汽轮机装置中,无一例外地采用汽轮机油作为润滑油。汽轮机油也称透平油,主要用于润滑汽轮机组的滑动轴承、减速齿轮与调速器以及用作液压系统的工作介质,还广泛用于燃气轮机以及涡轮压缩机、涡轮冷冻机、涡轮鼓风机、涡轮增压器、涡轮泵等的润滑。表4-4所示为汽轮机油的主要特性。

从润滑角度看,汽轮机轴承和减速齿轮所需的润滑油粘度要求不同,汽轮机轴承转速高、负荷低,要求润滑油粘度比减速齿轮低。为了简化系统,减小对后勤补给的压力,在同一系统中一般采用相同牌号的润滑油,只是用不同的润滑油温度来保证不同的粘度要求。

表 4-4 汽轮机油的特性

物理化学性质	30 号防锈汽轮机油		46 号防锈汽轮机油	
	新油指标	报废指标	新油指标	报废指标
运动粘度/(m^2/s)(50℃)	28～32	<24 或 >36	44～48	<37 或 >55
闪点(开口式)/℃	≥180		≥195	<150
酸值/(mgKOH/g)	≤0.02	完全透明时 0.8 以上,混浊时 0.3 以上	≤0.02	完全透明时 0.8 以上,混浊时 0.3 以上
灰份/%	≤0.005	0.008 以上	≤0.02	0.1 以上
抗乳化时间/min	≤8		≤8	有乳化现象,10 min 仍能油水分离
水溶性酸碱性	无	酸性	无	酸性
氯离子质量浓度/(mg/L)	无	50 以上	无	50 以上
透明度(外观)	透明	混浊	透明	混浊

润滑油牌号的数字表示温度为 50 ℃时的运动粘度的平均值。汽轮机油有 22 号、30 号、46 号及 57 号几种牌号,每一牌号是为一定型式的汽轮机而制造的。30 号汽轮机油可供中、大功率而轴转速 3 000 r/min 的汽轮机和不论何种转速的船用汽轮机所用;46 号和 57 号汽轮机油可供有减速器的船用汽轮机使用;要润滑小型汽轮机和泵的原动机等,应使用 22 号汽轮机油。

表示润滑油主要特性的各个指标的基本含义如下:

(1)黏度

黏度反映油品的内摩擦力,是表示油品油性和流动性的一项指标。在未加任何功能添加剂的前提下,黏度越大,油膜强度越高,流动性越差。

油品的黏度值并不是恒定的,当温度升高时,黏度降低;温度降低时,黏度增加。润滑油的黏度太低会有产生干摩擦的危险,而黏度过高则需消耗更多的能量以克服液体内部摩擦。在选用润滑油黏度时,应考虑被润滑部件的单位负载和运转速度,若单位面积负载高而运转速度低时,必须采用黏度高的润滑油,反之则采用低黏度润滑油。

通常使用黏度指数表示油品黏度随温度变化的程度。黏度指数越高,表示油品黏度受温度的影响越小,其黏温性能越好,反之越差。

(2)闪点

闪点是表示油品蒸发性的一项指标。当油品被加热到某一温度时,其蒸汽与周围空气混合,在火焰接近时发生闪火,则该温度称为闪点。

油品的馏分越轻,蒸发性越大,其闪点也越低。反之,油品的馏分越重,蒸发性越小,其闪点也越高;同时,闪点又是表示石油产品着火危险性的指标。油品的危险等级是根据闪点划分的,闪点在 45 ℃以下为易燃品,45 ℃以上为可燃品,在油品的储运过程中严禁将油品加热到它的闪点温度。在粘度相同的情况下,闪点越高越好。因此,用户在选用润滑油时应根据使用温度和润滑油的工作条件进行选择。一般认为,闪点比使用温度高 20～30 ℃,即可安全使用。

(3)酸值

表示油品的老化程度(氧化程度)的特性,可认为是油品中有机酸的含量。有机酸会使金属腐蚀,特别是有色金属。因此,要求润滑油中的酸值尽可能低。

(4)灰分

灰分是指在规定条件下,润滑油燃烧后所生成的无机质残渣,其成分一般认为是一些金属元素及其盐类,会增大摩擦部件的摩擦。灰分对不同的油品具有不同的概念,对基础油或不加添加剂的油品来说,灰分可用于判断油品的精制程度。

(5)抗乳化性

润滑油在使用过程中混入水分,使油乳化而生成乳浊液,油水不易分离。润滑油中水分的存在,会破坏润滑油形成的油膜,使润滑效果变差,加速有机酸对金属的腐蚀作用,锈蚀设备,使油品容易产生沉渣;同时,还会使润滑油加速氧化而变质。因此,要求润滑油中水分越少越好,并且具有良好的抗乳化性和较短的抗乳化时间(乳浊液中润滑油与水完全分离所需的时间)。

(6)抗氧化性

汽轮机油运转周期长,与空气、蒸汽和金属接触发生氧化而生成酸性物质和沉淀物,从而腐蚀零部件,因而要求汽轮机油具有良好的抗氧化安定性。

(7)机械杂质

机械杂质是指存在于润滑油中不溶于汽油、乙醇和苯等溶剂的沉淀物或胶状悬浮物,这些杂质大部分是砂石和铁屑之类,以及由添加剂带来的一些难溶于溶剂的有机金属盐。通常情况下,润滑油基础油的机械杂质都控制在0.005%以下。

(8)外观(色度)

油品的颜色往往可以反映其精制程度和稳定性。对于基础油来说,一般精制程度越高,其烃的氧化物和硫化物脱除的越干净,颜色也就越浅。但是,即使精制的条件相同,不同油源和基属的原油所生产的基础油,其颜色和透明度也可能是不相同的。对于新的成品润滑油,由于添加剂的使用,颜色作为判断基础油精制程度高低的指标已失去了它原来的意义。

4.7.4 润滑油系统各主要设备的计算

4.7.4.1 日用油柜容积

日用油柜也称循环油柜,是日常运行中使用的油柜,一般配置在主汽轮机组的下面。在油柜上装有指示滑油的标尺、检查油柜用的人孔和保证油柜通气的空气管。

日用油柜的容积为

$$V_{op} = \frac{G_{op}K_v}{\rho_{oil}} \quad m^3 \tag{4-70}$$

式中,G_{op} ——日用油柜的装油量(质量),t;

ρ_{oil} ——滑油的密度,在15 ℃时为0.89~0.915 t/m³,55 ℃时为0.874 t/m³;

K_v ——容积系数,考虑润滑油起泡沫的系数,一般为1.20~1.64。

日用油柜的装油量 G_{op} 可按下式求出

$$G_{op} = \frac{G_{oil}}{Z} \tag{4-71}$$

式中，G_{oil} ——滑油泵的排量；

Z ——润滑油的循环次数。

润滑油的循环次数表示日用油柜中的滑油在 1 h 内在系统中循环的次数，对于大功率汽轮机装置的压力式滑油系统和尺寸重量要求严格的地方，建议 $Z=5\sim10$。

提高润滑油循环次数可减少日用油柜中的润滑油量，因此也减小了油柜容积，这对装置的重量和尺寸是有利的；另外，增加润滑油循环次数会提高润滑油状态周期变化的频率，减少润滑油的沉淀和分离水、空气的时间，易引起乳液的形成，使润滑油加速变质。所以，润滑油系统在设计时应尽量降低乳液形成的可能性，尽可能提高润滑油的循环次数，并且在系统中可以消减已形成的乳液、能够分离润滑油中的水和空气，可在油柜中安装去乳液泡沫装置，来妥善解决以上各项要求之间的矛盾。

4.7.4.2　主滑油泵

主滑油泵的排量取决于主润滑油系统的润滑对象、汽轮机辅助设备所需要的润滑油量和汽轮机保安、自控系统所需要的润滑油量之和，即

$$G_{oil}' = G_{oil,m} + \sum_{i=1}^{n} G_{ac,oil}(i) \quad \text{kg/h} \tag{4-72}$$

式中，$G_{m,oil}$ ——主汽轮机组在全功率时的润滑油消耗量，kg/h；

$G_{ac,oil}(i)$—— 除主汽轮机组外第 i 个耗油对象的润滑油消耗量，kg/h。

主汽轮机组全功率时的润滑油消耗量 $G_{oil,m}$ 可用两种方法来确定：

(1)根据主汽轮机组每千瓦小时所消耗的润滑油数量 q_{oil} 来确定，该值根据统计资料选取，一般为 5.5 ~ 8.2 kg/(kW · h)。此时

$$G_{m,oil} = q_{oil} \cdot N_{oe} \quad \text{kg/h} \tag{4-73}$$

式中，N_{oe} ——主汽轮机组的功率，kW。

(2)按照摩擦所产生的热量计算，此时

$$G_{m,oil} = \frac{3\,600 N_{oe}(1-\eta_{m,M})}{c_{p,oil}\Delta T_{oil}\eta_{m,M}} \tag{4-74}$$

式中，$\eta_{m,M}$ ——考虑到在主汽轮机轴承和齿轮中能量损失的主机总机械效率；

$c_{p,oil}$ ——润滑油的比热，取为 1.88 kJ/(kg · ℃)；

ΔT_{oil} ——在摩擦部件中润滑油的平均温升，℃。

润滑油的工作温升对润滑油品质有很大影响，为了防止润滑油在工作时间内过热，要求润滑油在轴承前的温度不超过 40 ~ 50 ℃，在轴承内为 60 ~ 70 ℃。润滑油系统的运行实践表明，润滑油温升一般不超过 12 ℃，这可保证润滑油在足够长的时间内维持其原有质量，因此，在设计计算时通常将 ΔT_{oil} 取为 12 ℃。近来由于润滑油系统负荷增大，使润滑油温升增高，但也不超过 17 ~ 20 ℃。

考虑一定的储备，滑油泵设计排量为 $G_{oil} = (1.1 \sim 1.15) G_{oil}'$。

主滑油泵的压头由润滑油系统的流体阻力特性确定。在汽轮机装置全功率时，主滑油泵的压头 H_{oil} 一般为

$$H_{oil} = \sum_{i=1}^{n}\left(\sum_{j=1}^{m}\zeta_j + \lambda_i \frac{L_i}{D_i}\right)\frac{v_i^2}{2g} + H + \frac{p'}{\rho_{oil} g} \tag{4-75}$$

式中，ζ_j—— 滑油系统第 j 处的流体局部阻力系数；

λ_i、L_i、D_i—— 滑油系统管路第 i 段摩擦阻力系数、长度和直径；

v_i ——滑油系统第 i 段的润滑油流速，m/s。建议滑油泵吸入管流速取 $v \leqslant 1.5$ m/s，压力管流速取 $v \leqslant 2.5$ m/s；

H ——润滑油压上的几何高度，m；

p' ——主汽轮机组轴承的润滑油工作压力，一般为 $p' \geqslant (0.059 \sim 0.098) \times 10^6$ Pa；

ρ_{oil} ——润滑油的密度，kg/m^3。

滑油泵多采用螺杆泵，在选择泵时，应满足如下条件

$$G_{oil,n} \geqslant G_{oil} \quad , \quad H_{oil,n} \geqslant H_{oil} \tag{4-76}$$

式中，$G_{oil,n}$，$H_{oil,n}$ ——分别为滑油泵的额定排量和额定压头。

4.7.4.3　滑油冷却器

滑油冷却器使用海水作为冷却水，海水可以由循环冷却水系统提供，也可以由另外的海水系统供给。冷却水的压力一般低于润滑油的压力，以避免滑油冷却器发生破损时海水漏入润滑油中污染油质。对于潜艇核动力装置，由于舷外海水压力较大，为避免海水漏入润滑油中，滑油冷却器的管板一般采用双隔板结构。

滑油冷却器通常有两个出油口，第一级出口和第二级出口的润滑油温度各不相同，以便向不同设备供应不同粘度的润滑油。

根据能量守恒定律，在滑油冷却器中润滑油传给冷却水的热量 Q_{oil}，应等于主汽轮机组因摩擦产生并传递给润滑油的热量，即

$$Q_{oil} = \frac{N_{oe}(1 - \eta_{m,M})}{\eta_{m,M}} \quad \text{kW} \tag{4-77}$$

所需冷却水量 G_{sw} 可由滑油冷却器的热平衡方程求出，计算式为

$$G_{sw} = \frac{3\,600 N_{oe}(1 - \eta_{m,M})}{c_{p,sw}(T_2 - T_1)\eta_{m,M}} \quad \text{kg/h} \tag{4-78}$$

式中，$c_{p,sw}$ ——海水的比热，平均等于 3.94 kJ/(kg · ℃)；

T_2、T_1 ——滑油冷却器的冷却水进、出口温度，℃。

滑油冷却器的冷却水进口温度取决于舰船航行的海域及季节，而且在较大范围内变动，通常取平均值为 15 ~20 ℃，在我国南海海域可取为 25 ℃。

滑油冷却器所需的冷却水流量也可用另一热平衡式求出，即

$$G_{sw} = \frac{G_{oil} c_{p,oil} \Delta T_{oil}}{c_{p,sw}(T_2 - T_1)} \tag{4-79}$$

4.7.4.4　储油柜

在润滑油系统中需要考虑一定的润滑油储备量，以补充主汽轮机组以及其他需润滑设备所消耗的润滑油。润滑油储备量决定于各处的润滑油泄漏量、在分离过程中以及在滑油系统过滤器中消耗掉的润滑油量，还应考虑在续航时间内主滑油循环系统中需要更换的润滑油量。储油柜的容积取决于润滑油的需要储备量，储油柜的容积为

$$V_{st} = K(V_{loss} + V_{sub}) \quad \text{m}^3 \tag{4-80}$$

式中，V_{loss} ——船舶自给续航时间内损失滑油的容积，m^3；

K—— 油柜容积贮备系数，$K = 1.05$；

V_{sub} ——航行中更换的滑油量，m^3。

如果舰船自给力的航行时间为 τ h，润滑油的使用期限为 t h，则

$$V_{sub} = \frac{G_{op}}{\rho_{oil}}\left(\frac{\tau}{t} - 1\right) \quad m^3 \tag{4-81}$$

润滑油的损失与汽轮机装置设计特点和管理水平有关，通常控制在 0.15 g/(kW · h)。因此，储油柜的容积为

$$V_{st} = \frac{1.05}{\rho_{oil}}\left[0.15 \times 10^{-6} N_{oe}\tau + G_{op}\left(\frac{\tau}{t} - 1\right)\right] \quad m^3 \tag{4-82}$$

4.8 造水系统

船舶核动力装置在运行时，存在以下蒸汽和凝给水的损失：

(1)蒸汽经过轴封以及在蒸汽管路中流经法兰、阀门等的不严密部分的泄漏损失；

(2)水经过水泵密封处的泄漏以及在管路、设备和水柜等处的泄漏损失；

(3)蒸汽发生器泄放时蒸汽和水的损失以及装置在启动和停车时的疏水损失；

(4)一回路系统泄漏、取样以及启动过程中排水造成的损失。

除此之外，尚有全船非动力用水的消耗，例如饮用水、生活用水、卫生用水等。

因此，为维持核动力装置的正常运行，满足全船用水的需要，必须有足够的淡水补充。但是，船舶在海洋上长期航行，仅依靠自身携带的数量有限的淡水，无法满足船员生活用水和动力装置用水的需要，而依靠后勤船队的频繁补给更不现实。所以，核动力舰船必须配置一定容量的海水淡化系统，用海水制造出符合要求品质的除盐水，实现动力装置用水和生活用水的自行补给。

海水淡化系统又称造水系统，其作用是将海水进行淡化，以补充全船各处所消耗的淡水量，造水系统的淡水产量取决于各处损耗淡水数值之和，通常以 t/d(吨/日)表示。

4.8.1 海水淡化的原理和方法

海水淡化常用的方法有蒸发法、反渗透法和电渗析法。

4.8.1.1 反渗透法

图 4-42 为反渗透造水装置原理图。海水增压后被送入装有半透膜的容器内，穿过半透膜流出的即为淡水，未穿过半透膜的海水当盐分达到一定浓度后排出。

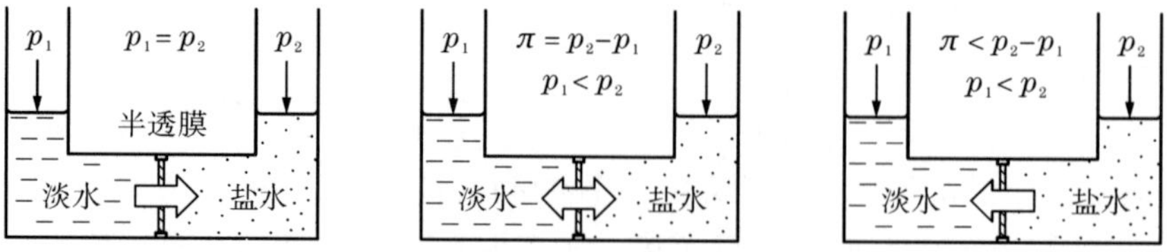

(a) 正常渗透　(b) 渗透平衡　(c) 反渗透

图 4-42　反渗透原理

半透膜是能够让溶液中的一种或几种组分通过而其他组分不能通过的选择性膜。如果

将处于同一压力水平的淡水和海水用一种只能透过水而不能透过溶质的半透膜隔开，淡水会自发地穿过半透膜进入到海水一侧，这种从低浓度溶液通过半透膜向高浓度溶液流动的现象称为渗透，如图4-42(a)所示。

若逐渐增高海水压力，海水中的水开始向淡水侧渗透，当两侧压差达到某一阈值时，两个方向的渗透达到平衡，如图4-42(b)所示，此时海水与淡水之间的压差称为海水的渗透压π。渗透压是溶液的一个性质，与膜无关。表4-5给出了25 ℃时不同盐度海水的渗透压。

表4-5　不同盐度海水的渗透压(25 ℃)

盐度/%	氯度/%	渗透压 π/MPa	盐度/%	氯度/%	渗透压 π/MPa
2.711	1.5	1.955	3.252	1.8	2.366
2.891	1.6	2.091	3.433	1.9	2.506
3.072	1.7	2.229	3.613	2.0	2.647

当海水与淡水之间的压差高于渗透压时，海水侧向淡水侧的渗透大于淡水侧向海水侧的渗透，由于其渗透方向与自然渗透方向相反，因此称为反渗透，如图4-42(c)所示。

反渗透过程必须具备两个条件：(1)高选择性和高渗透性的半透膜；(2)运行压力高于海水的渗透压。

图4-43所示为二级反渗透造水系统流程示意图。

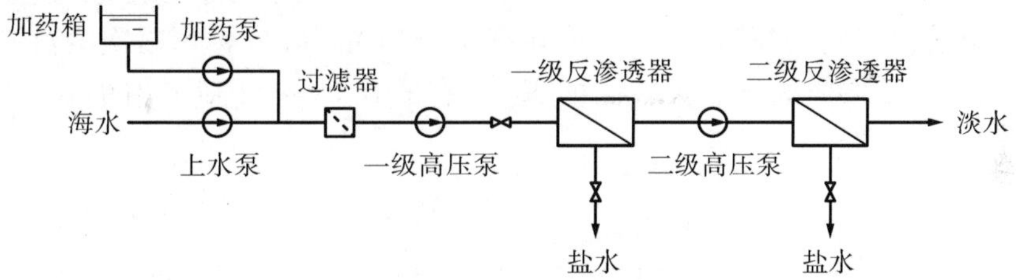

图4-43　二级反渗透造水系统流程示意图

反渗透造水过程没有相变，工艺过程简单，能量消耗少，操作和控制容易，应用范围广泛。反渗透海水淡化系统的主要缺点是渗透膜的透水量随运行时间加长而逐渐衰减，必须对海水进行预处理。

4.8.1.2　电渗析法

渗析是指溶液中溶质通过半透膜的现象，自然渗析的推动力是半透膜两侧溶质的浓度差。在直流电场的作用下，离子透过选择性离子交换膜而迁移，从而使电解质离子自溶液中部分分离出来的过程称为电渗析。

离子交换膜是由高分子材料制成的对离子具有选择透过性的薄膜，分阳离子交换膜(阳膜，CM)和阴离子交换膜(阴膜，AM)两种。阳膜由于膜体固定基带有负电荷离子，可选择透过阳离子；阴膜由于膜体固定基带有正电荷离子，可选择透过阴离子。

电渗析过程最基本的工作单元称为膜对，一个膜对构成一个脱盐室和一个浓缩室。一台实用电渗析器由数百个膜对组成。图4-44所示为电渗析造水的原理。

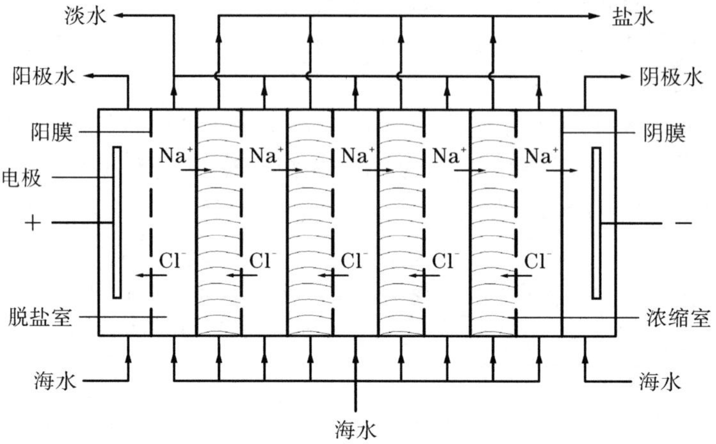

图 4-44　电渗析造水原理

4.8.1.3　蒸发法

蒸发法淡化是将海水加热使其蒸发,由于蒸汽携带盐分的能力很低,将海水蒸发产生的蒸汽凝结下来并经适当处理,即可获得较高品质的淡水。常见的蒸发式造水装置有以下几种类型:

(1)低压浸管型造水装置

这种造水装置是将加热管放于海水蒸发器壳体内,并浸于海水之中,加热蒸汽(称为一次蒸汽)在加热管内流动,将管外海水加热并蒸发,产生的蒸汽(称为二次蒸汽)在冷凝器中冷凝成蒸馏水。蒸发器内的压力为较高的真空(有的在 69 ~ 78 kPa,有的在 12.75 ~ 14.71 kPa),其工作原理如图 4-45 所示。

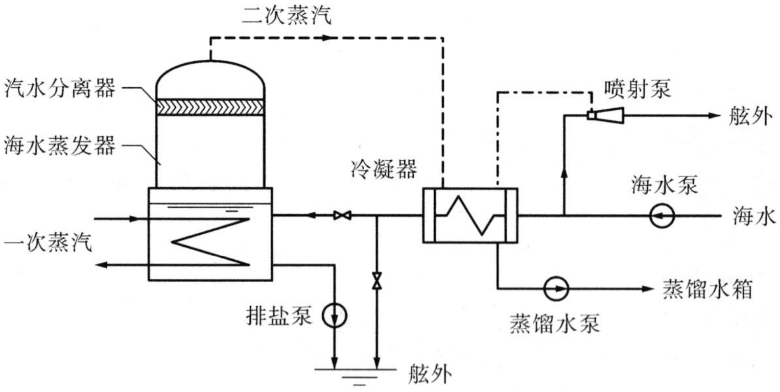

图 4-45　低压浸管型蒸发器工作原理

由于海水在高真空度下蒸发,蒸发温度仅为 50 ℃左右,换热面上生成的水垢可大大减少,所以低压浸管型造水装置可以连续运行三个月才需要进行水垢清洗。另外,由于蒸发温度低,可以广泛使用低温低压的蒸汽作为蒸发器的加热源,如主机的抽汽和辅机的乏汽等,可以降低造水的成本。

(2)闪发式造水装置

由于低压浸管型造水装置还不能完全解决传热管表面生成水垢的问题,又发展了闪发式造水装置。闪发式造水的原理是将海水加热到一定温度后,送入一个压力较低的容器(称为闪发室)内,由于海水温度高于闪发室压力所对应的饱和水温度,一部分海水在闪发室内因过热而汽化,这一过程称为闪发或闪蒸。由于海水在加热器传热面不发生沸腾,不会使加热面上海水浓度增加,从而避免了传热面上的结垢问题。

图 4-46 所示为单级闪发式造水装置的原理流程示意图。

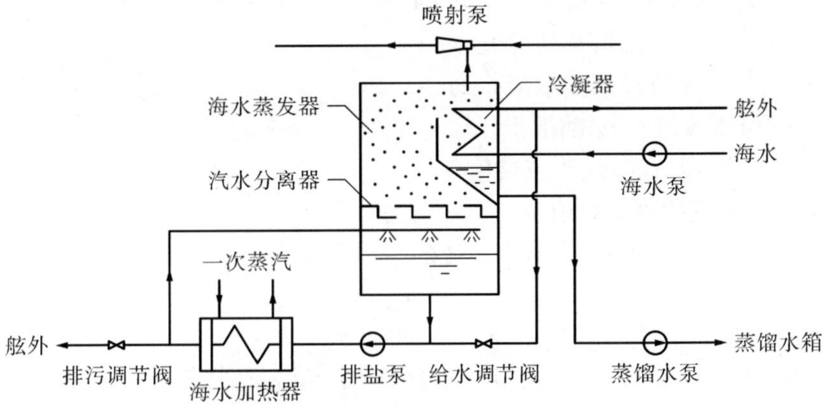

图 4-46　单级闪发式造水装置原理流程示意图

闪发式造水装置的主要设备有海水预热器、闪发室和冷凝器,来自舷外的海水首先流经冷凝器,对进入冷凝器中的二次蒸汽进行冷凝,海水吸热后进入海水预热器,由一次蒸汽加热到一定温度后,送入闪发室中产生蒸汽。产生的二次蒸汽排入冷凝器中凝结为蒸馏水,浓缩的污水排至舷外。

闪发式造水装置首先于 1949 年在美国海军使用,后来得到广泛采用,普遍采用经济性较高的二级闪发式造水装置。

(3)薄膜蒸发式造水装置

海水蒸发器的尺寸和重量主要取决于传热面的大小,因此强化传热是减小海水蒸发器体积的有效措施。薄膜蒸发式造水装置利用了能够强化传热的薄膜蒸发原理,其海水蒸发器常见的形式有立管降膜式和横管喷淋膜式两种类型。

对于立管降膜式海水蒸发器,传热管束为直立放置,海水泵将海水送入海水蒸发器,通过上部喷嘴均匀喷入传热管内。海水沿着传热管内壁形成薄膜状态向下流动,在传热管外侧流动的加热蒸汽放出汽化热,使管内海水沸腾蒸发。为了增大传热效果,传热管多制成双槽形的螺纹管。

对于横管喷淋膜式蒸发器,传热管束为水平布置,海水泵将海水送至管束上面的喷嘴,从上向下喷淋的海水在传热管外表面形成薄膜状态并向下流动,加热蒸汽在传热管内冷凝放热,使传热管外侧的海水蒸发产生蒸汽。这种蒸发器的传热管一般采用光管。

薄膜蒸发器由于海水在管间呈薄膜状流动,因此具有较高的传热系数,可以使传热面积减小,提供了一种紧凑的造水装置。

4.8.2　蒸发式造水系统

4.8.2.1　低压浸管型造水装置

图 4-47 所示为低压浸管型海水蒸发器的工作原理,据此可列出海水蒸发器的质量守恒方程和热平衡方程

$$G_v + G_b = G_f \tag{4-83}$$

$$G_s(h_s - h_d) = G_v h_v + G_b h_b - G_f h_f \tag{4-84}$$

式中,G_v,h_v ——二次蒸汽流量及其焓值;

G_b,h_b ——排污水流量及其焓值;

G_f,h_f ——海水流量及其焓值;

G_s,h_s ——一次蒸汽流量、蒸汽焓值;

h_d ——一次蒸汽的凝水焓值。

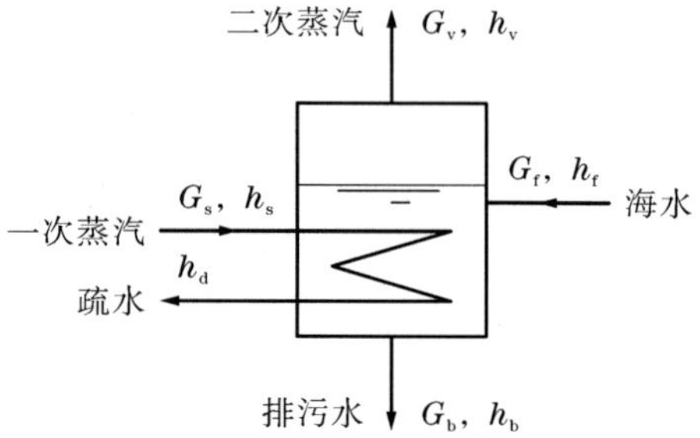

图 4-47　低压浸管型蒸发器工作原理

定义 $\varepsilon = G_b/G_v$ 为排污率,则造水系统的蒸汽产生率为

$$\frac{G_v}{G_s} = \frac{h_s - h_d}{h_v - h_f + \varepsilon(h_b - h_f)} \tag{4-85}$$

蒸汽产生率 $R = G_v/G_s$ 表示 1 kg 加热蒸汽可以产生 R kg 二次汽,通常称为造水比。

为了提高造水比,可采用多级蒸发系统。在这种系统中,第一级蒸发器产生的二次蒸汽,直接送入下一级蒸发器中作加热蒸汽之用。这样,第一级中的加热蒸汽所产生的蒸汽量为各级产生蒸汽量之和,级数越多,产生的蒸汽也越多,因此造水比 R 大大提高。但是级数增加后,热量损失、设备投资、特别是装置的尺寸和重量大大增加。因此,在船上浸管型造水装置最多不超过三级。级数与造水比的关系如下

一级　　$R = \dfrac{G_v}{G_s}$　　造水比为 0.95

二级　　$R = \dfrac{G_{v,1} + G_{v,2}}{G_s}$　　造水比为 1.80

三级　　$R = \dfrac{G_{v,1} + G_{v,2} + G_{v,3}}{G_s}$　　造水比为 2.50

则多级造水装置的造水比可用通式表示为

$$R = \alpha \cdot n \tag{4-86}$$

式中,α ——因子,为 0.8 ~0.9;

n ——级数。

在汽轮机装置中采用的低压浸管型造水装置,如图 4-48 所示。

海水首先通过蒸馏水冷却器管内,再进入冷凝器管内冷凝蒸发器内产生的蒸汽后,自身温度增高,并排至舷外。已加热的冷却海水,从冷凝器出口分出一部分(约为造水量的 3 倍),通过喷射器冷凝器,进一步被加热后进入蒸发器内。进入蒸发器内的海水,由加热蒸汽加热到相当于器内真空的饱和温度而蒸发。产生的蒸汽在冷凝器内被冷凝为蒸馏水,由蒸馏水泵打入蒸馏水冷却器后,流入蒸馏水箱。由于在此蒸馏水管路上装有盐度计,可以经常校核水质。如果水质不佳,自动控制三通电磁阀动作,将水自动排入舱底,这样就防止将

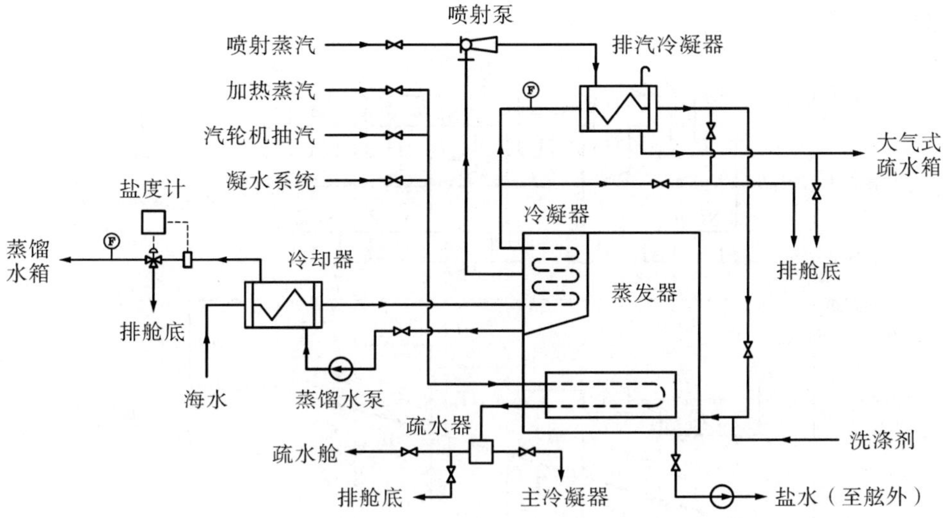

图 4-48　低压浸管型造水装置

水质不好的水送到蒸馏水箱中。

在蒸发器内尚未蒸发的浓缩海水(盐水),通过水位控制器,由盐水泵排至船外。加热蒸汽一般用 34.5 kPa 的低压蒸汽,这样可以利用汽轮机的撤汽及各种乏汽的低压蒸汽作为加热源。如果采用加热蒸汽的压力高于 34.5 kPa 时,则在管路上有控制流量用的孔板(称为限流孔板)。对低于大气压的加热源,不装限流孔板,只用阀的开度来控制加热蒸汽量。如果加热蒸汽是过热的,从装在加热蒸汽管路上的喷嘴注入凝水,将加热蒸汽的温度降至饱和温度后,供给蒸发器。抽气喷射器驱动蒸汽的压力为 1.03 MPa,此蒸汽在喷射器蒸汽冷凝器内被冷凝,疏水导入疏水箱。被分离出来的空气,从安装在冷凝器筒体上的放气口排至大气中。

4.8.2.2　闪发式造水装置

图 4-49 所示为单级闪发式造水装置的工作原理。

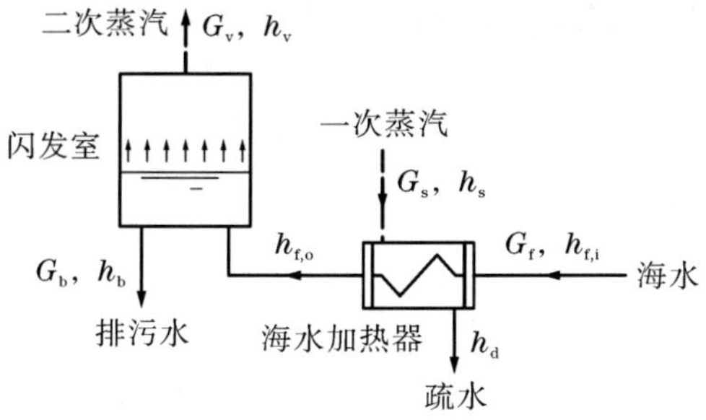

图 4-49　单级闪发式造水装置工作原理

如果忽略散热损失,海水预热器的热平衡方程为

$$G_s(h_s - h_d) = G_f(h_{f,o} - h_{f,i}) \tag{4-87}$$

闪发室的热平衡方程、质量平衡方程为

$$G_f h_{f,o} = G_v h_v + G_b h_b \tag{4-88}$$

$$G_f = G_v + G_b \tag{4-89}$$

综合以上各式,可得

$$G_s(h_s - h_d) = G_b(h_b - h_{f,i}) + G_v(h_v - h_{f,i}) \tag{4-90}$$

因此,单级闪发式造水装置的造水比为

$$R = \frac{G_v}{G_s} = \frac{h_s - h_d}{h_v - h_{f,i} + \varepsilon(h_b - h_{f,i})} \tag{4-91}$$

其形式与单级低压浸管型造水装置的造水比表达式完全相同。

为了提高热能的利用率,闪发式造水系统一般也采用多级串联形式,其工作原理及温度分布如图 4-50 所示。

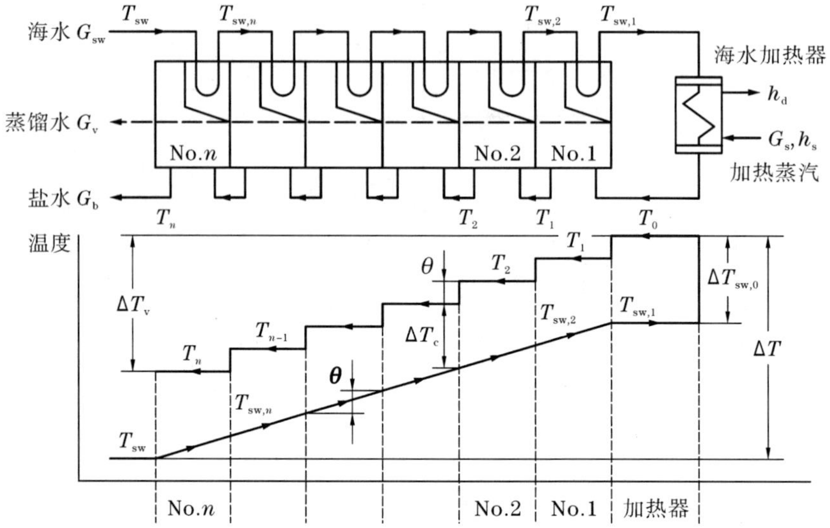

图 4-50　多级闪发式造水装置温度分布

在多级闪发式造水装置中,各级压力逐级下降,闪发过程也是逐级进行。海水在依次流经各级冷凝器时,温度由 T_{sw} 逐级升高到 $T_{sw,1}$,然后送入海水预热器,由一次蒸汽加热到 T_0,再逐级流经各级闪发室闪蒸产生蒸汽。各级闪发室的压力逐渐下降($p_1 > p_2 > \cdots > p_n$),并保持各级间压力降为一定值。进入每一级闪发室的海水,相对于该级运行压力都处于过热状态,因而都有一部分海水闪蒸变成蒸汽,剩余海水的温度则保持在该压力下相应的饱和温度($T_1, T_2, \cdots, T_N$)。每级闪发室中所产生的蒸汽都送至各自的冷凝器中凝结为蒸馏水,放出的凝结潜热用于加热海水。

对于第 i 级闪发室,冷凝器出口海水温度与该级闪发室饱和温度之间的温差为

$$\Delta T_{c,i} = T_i - T_{sw,i} \tag{4-92}$$

一般情况下,$\Delta T_{c,i} = 2 \sim 5$ ℃。

假设每一级冷凝器中海水的温升等于该级闪发室中过热水的温降,即

$$\Delta T_{sw,i} = T_{sw,i} - T_{sw,i+1} = T_{i-1} - T_i = \theta \tag{4-93}$$

式中,$i = 1, 2, \cdots, n$。

各级闪发室的 θ 相等且为定值,各级闪发室的 $\Delta T_{c,i}$ 也相等,即 $\Delta T_{c,i} = \Delta T_c$。此时,总闪发温度范围

$$\Delta T_v = T_0 - T_n = T_{sw,1} - T_{sw} = n \cdot \theta \tag{4-94}$$

式中,n ——闪发级数。

海水在海水加热器中被加热,其温升为

$$\Delta T_{sw,0} = T_0 - T_{sw,1} = T_n - T_{sw} = \Delta T_c + \theta \tag{4-95}$$

这时,整个装置总工作温度差为

$$\Delta T = T_0 - T_{sw} = \Delta T_v + \Delta T_c + \theta = (n+1)\theta + \Delta T_c \tag{4-96}$$

综合式(4-94)和式(4-96),可得

$$\theta = \frac{\Delta T_v}{n} = \frac{\Delta T - \Delta T_c}{n+1} \tag{4-97}$$

对于第 i 级闪发室，其热平衡方程为

$$G_{v,i}r_{v,i} = G_{sw}c_{p,sw}(T_{sw,i} - T_{sw,i+1}) = G_{sw}c_{p,sw}\theta \tag{4-98}$$

式中，$r_{v,i}$——二次蒸汽在第 i 级冷凝器中凝结所放出的汽化潜热。

对于整个闪发装置，有

$$G_v r_v = \sum_{i=1}^{n} G_{v,i}r_{v,i} = G_{sw}c_{p,sw}n\theta \tag{4-99}$$

式中，r_v——在整个闪发式造水装置中二次蒸汽凝结的汽化潜热。

海水加热器的热平衡方程为

$$G_s(h_s - h_d) = G_{sw}c_{p,sw}(T_0 - T_{sw,1}) = G_{sw}c_{p,sw}(\Delta T_c + \theta) \tag{4-100}$$

所以，多级闪发式造水装置的造水比为

$$R = \frac{G_v}{G_s} = \frac{n\cdot\theta}{\Delta T_c + \theta}\frac{r_s}{r_v} = \frac{n(\Delta T - \Delta T_c)}{n\Delta T_c + \Delta T}\frac{r_s}{r_v} \tag{4-101}$$

式中，r_s——一次蒸汽在海水预热器中放出的汽化潜热。

当用于加热的一次蒸汽压力为 98.04～196.08 kPa，而且最后一级闪发室的运行压力为 10.2～12.2 kPa 时，比值 r_s/r_v 可取为 0.95，则上式可变为

$$R = 0.95\frac{n(\Delta T - \Delta T_c)}{n\Delta T_c + \Delta T} \tag{4-102}$$

由此可见，多级闪发式造水装置的造水比取决于总工作温度差和海水加热的温升，而它们都与正确选择级数、级间温差 θ 和冷凝器中的温压有关。

目前，船用汽轮机装置几乎均采用二级闪发型造水装置，其系统如图 4-51 所示。

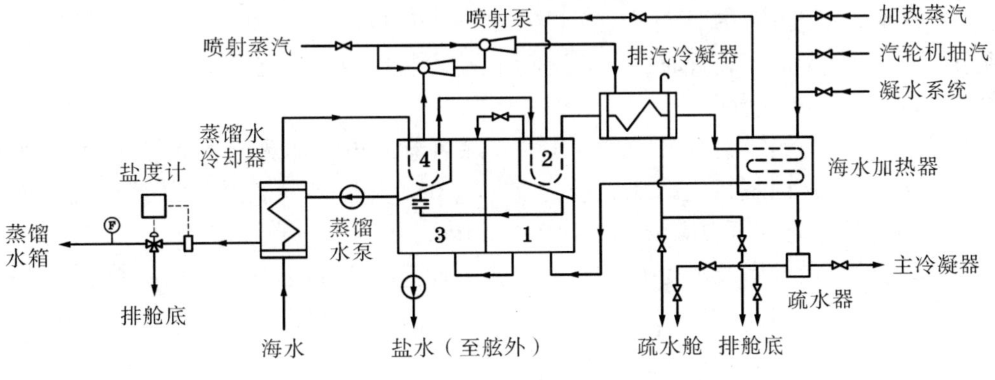

1——第1级闪发室；2——第1级冷凝器；3——第2级闪发室；4——第2级冷凝器

图 4-51　二级闪发型造水装置

海水通过蒸馏水冷却器的管内，然后进入第 2 级冷凝器的管内，在第 2 级中冷凝产生的蒸汽后，再入第 1 级冷凝器的管内，冷凝第 1 级产生的蒸汽。在此过程海水吸收产生蒸汽的潜热，温度上升。流出第 1 级冷凝器的海水通过喷射器蒸汽冷凝器，然后进入给水加热器，在那里被加热到规定的给水温度。被加热的海水，经给水调节阀进入第 1 级闪发室下部，海水被闪发产生蒸汽。

在第 1 级中尚未蒸发的海水，经连接管进入第 2 级闪发室，进一步闪发产生蒸汽，在第 2 级中剩余的盐水，则用盐水泵排至船外。

第1级和第2级中产生的蒸汽,通过各自的网状分离器提高蒸汽的纯度后,进入各级的冷凝器被冷凝为水。第1级冷凝器中的冷凝水,经连接管进入第2级冷凝器中,与第2级冷凝水一起用蒸馏水泵抽出,再经由盐度计控制的三通阀流入蒸馏水柜储存。如果蒸馏水的品质不好,则自动排入舱底。

冷凝器及闪发室内的真空,用蒸汽喷射器来保持。

4.8.3　造水装置主要参数的确定

4.8.3.1　造水装置的产量

造水装置用于补充淡水的消耗。在核动力装置中,淡水所需补充量应为循环中蒸汽和水的漏泄量、蒸汽发生器排污损失及向一回路补水量之和,如果尚有其他消耗,应再加上这些消耗。确定造水装置产量应建立在对核动力装置补水所需量调查的基础上,然后留一定的储备。当不可能作详细统计时,可用下式估算

$$G_v = 2.88(\psi G_{fw} + G_\varepsilon + G_1) + A \cdot N \tag{4-103}$$

式中,G_v ——造水装置的产量,kg/h;

G_{fw} ——全速时蒸汽发生器的给水量,kg/h;

G_ε ——蒸汽发生器的排污量,kg/h;

G_1 ——向一回路的补水量,与核动力装置的运行状态有关(“陆奥”号向一回路的补水量为1 m^3/d),kg/h;

ψ ——动力装置汽水漏泄率,通常在0.012~0.005;

N ——船上人员数;

A ——每人每天消耗淡水标准,通常在100~130 L/d。

当船上另装日用造水装置时,AN项不计在动力装置用造水装置产量之内。

4.8.3.2　加热蒸汽参数

加热蒸汽参数与热线图有关。对有大气式除氧器的单级加热给水的热线图,给水被加热到102~104 ℃,此时辅机乏汽压力应为0.17~0.2 MPa;对无热力除氧器而用表面式给水加热器的热线图,乏汽压力应为0.13~0.14 MPa。

加热蒸汽的耗量可用造水比R求出。当造水装置产量及型式确定后,加热蒸汽耗量为

$$G_s = \frac{G_v}{R} \quad \text{kg/h} \tag{4-104}$$

加热蒸汽温度与二次汽压力有关。加热蒸汽温度T_s与二次汽温度T_v之差ΔT称为造水装置的温压($\Delta T = T_s - T_v$)。增加温压ΔT,会加大造水量,提高蒸汽容积负荷,减小造水装置的加热面积。但是,为了减少蒸发器传热面上的结垢,应对加热蒸汽的温度进行控制,减少加热壁面温度与蒸发器内盐水温度之间的差值,因为结垢率随此传热温差值的增大而增高。通常建议浸管型造水装置的$\Delta T \approx 25 \sim 30$ ℃,闪发型造水装置$\Delta T > 30$ ℃。

4.8.3.3　蒸发温度

蒸发式造水装置呈现出由大气压式向低真空和高真空蒸发方向发展的趋势,蒸发温度也逐渐降低,这主要是为了利用低温热源和解决海水蒸发器内传热面上的结垢,以降低海水蒸发器污垢的热阻,延长清管后的运行时间(清管周期)。沉积在传热面上水垢的成分和热物理特性的主要因素是:海水的离子成分、传热温差和盐水在蒸发器内的浓度及蒸发温度。

进一步研究指出：污垢的成分取决于蒸发温度和由传热温差 ΔT 决定的换热强度，而水垢的各种成分的数量比则取决于蒸发盐水的浓度，污垢的热物理性质取决于垢的成分。另外根据试验知，随着盐水浓度增大或蒸发温度的提高，则结垢更加迅速。如果蒸发温度在 40 ~ 45 ℃，海水蒸发器常可连续运行几个月而不需要进行除垢。

由于降低蒸发温度可减少结垢，提高清管周期，所以高真空蒸发装置得到发展。但是，高真空造水装置操作不方便，造价较高，另外由于高真空时海水的汽化热比低真空时为大，而使海水蒸发器的尺寸增大。所以，自从简易有效地防垢剂被实际使用后，造水装置又出现采用低真空或大气压式的动向。

蒸发温度的确定，不仅应考虑结垢的情况，而且还应考虑船上加热源的利用情况，以便最大限度地利用最经济的热源，以降低造水成本。

在汽轮机船上广泛使用蒸汽作为造水装置的热源，一般利用主汽轮机的低压撤汽或汽轮发电机及泵的汽轮机的排汽。为了利用这些低压蒸汽，当然必须用与该参数相适应的真空式造水装置。目前为了提高动力装置效率，也有用汽轮机的凝水来代替造水装置的冷却用海水，企图回收被海水所带走的热量。这样，可将造水装置组合到凝水系统中，用主冷凝水作为蒸馏水冷却器的冷却水用，而海水蒸发器作为低压给水加热器使用。

最后应特别指出，在确定以上主要参数时，应对海水蒸发器、蒸馏水冷却器、海水预热器等进行综合的热力分析，以确定对经济性最有影响或者对尺寸最有影响的最佳参数。如果只是孤立地针对某一部件来选择参数，很可能导致相反的结果。

4.9　船舶电力系统

电力系统用于保障船舶在正常情况下和应急情况下产生电能，向核动力装置和船上所有用户提供电能。核动力装置电力系统主要有两个特点：第一，由主电力系统和应急电力系统组成，设计上符合单一故障准则；第二，在任何情况下均必须能提供不间断电力需求，这是核反应堆核安全设计的要求。

主电力系统用于保证所有用户的电能，应由至少两个无关联的主配电柜、两台主发电机和一台备用发电机组成。应急电力系统应与主电力系统无关，用于当主发电机和备用发电机不工作时，保证核动力装置与整个船舶重要用户的电能。应急电力系统应由不少于两台应急发电机和两个相互无关联的电能分配器组成，其中每台应急发电机仅接入自己的配电柜和配电分组。另外在主电力系统与应急电力系统之外，还应配备蓄电池储存电能，通过直流 - 交流逆变电变换，在其他电源不工作时保证提供不间断供应电能。如果在主电力系统失电后，能保证顺利过渡到应急电力系统供电，保证核动力装置供电的连续性，则系统可不采用蓄电池作为过渡电源。

图 4-52 给出了“北极”号破冰船电力系统功能原理图。

破冰船上设有艏电站和艉电站，艏电站主要包括辅汽轮发电机 1、2 及主配电柜 1；艉电站包括辅汽轮发电机 3、4、5、备用柴油发电机和主配电柜 2。发电机和主配电柜分别布置在不同的舱室中，每台辅汽轮发电机的功率为 2 000 kW，备用柴油发电机功率为 1 000 kW。

备用能源可以由应急柴油发电机和一组或二组蓄电池组成，它们在反应堆发生事故和停堆时使用，用以保证船舶用电和辅助推进装置工作之用。柴油发电机使用需要氧气，仅能

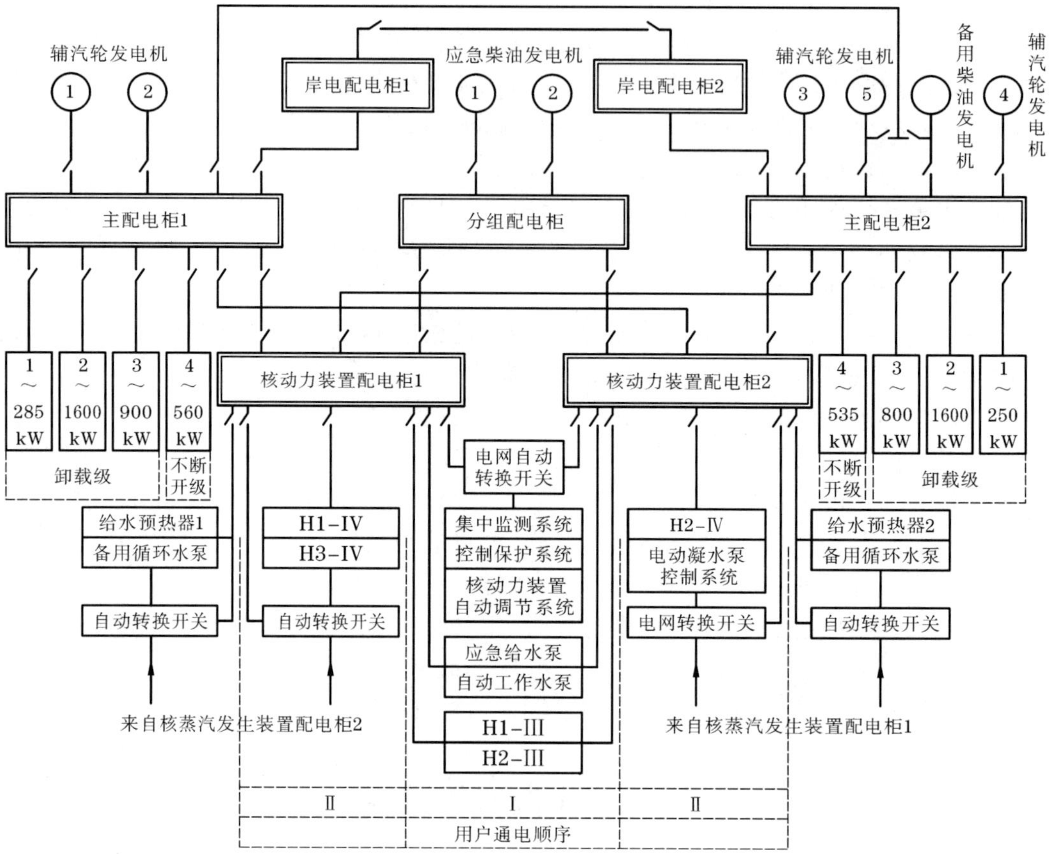

图 4-52　“北极”号核动力破冰船电力装置原理图

在水面或潜艇通气管工况使用，蓄电池的容量也仅能满足反应堆的需要。

应急柴油发电机由 2 台功率为 2 000 kW 的应急柴油发电机和分组柜式配电板组成。

核动力装置电力供应可由核动力装置专用配电柜来实现，每个核动力装置配电柜又可从 2 个无关联的主配电柜和分组配电柜上获得电能，确保单独一路失电的情况下仍能保证核动力装置的供电安全。船上设有 2 台岸电配电柜，它们用于无船上电源时给船上供电。

核安全设计要求在核动力装置启动、停止和工作时应有 2 路无关联的电源，“北极”破冰船通过这种供电组合方式满足核安全设计要求：岸电配电柜 + 备用柴油发电机，辅汽轮发电机（可以是辅助蒸汽发生器供汽）+ 备用柴油发电机，备用柴油发电机 + 应急柴油发电机，在特殊情况下，可以仅用岸电配电柜 1 和岸电配电柜 2 向动力装置供电。在破冰船 100% 功率航行时，电力装置的计算负荷为约 5 300 kW，而实际负荷约为 4 000 kW，因此，在核动力装置主要工况时，仅 3 台汽轮发电机工作或 4 台汽轮发电机工作，至少保证 1 台汽轮发电机备用，就能保证全船电力供应需求。

图 4-53 给出了 4 台双速反应堆主泵供电原理图。核动力装置的电力系统原理图应能保证反应堆冷却剂循环系统与其他安全系统的不间断供电，这是特别重要的。核动力装置通常设置 2 个独立的（电气上无关联的）电站，由它们向主配电柜 1 和主配电柜 2 供电，同时还设置应急电源（一般为应急柴油发电机），由它向应急供电的分组应急配电柜供电。

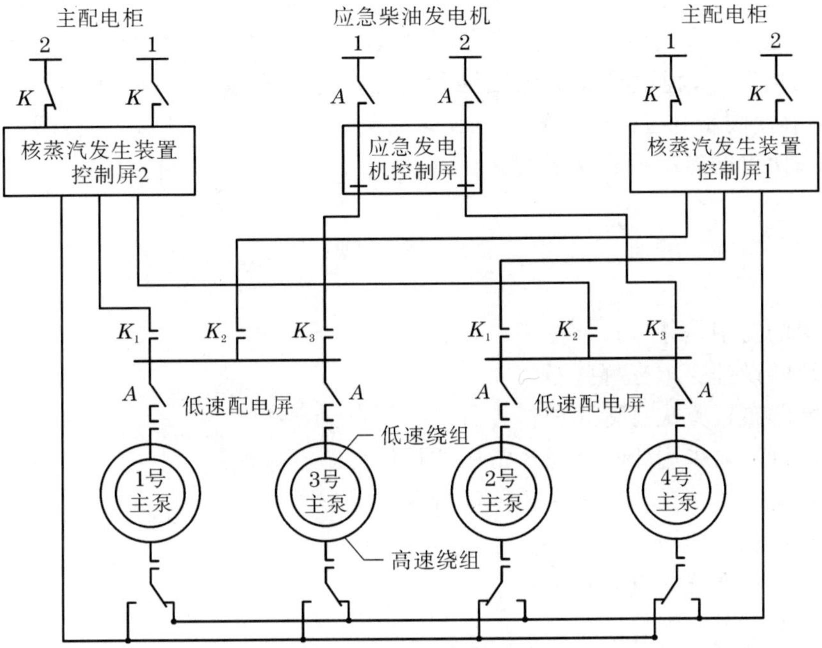

图 4-53　主泵供电原理图

通过手动转换器实现从主配电柜沿母线向主泵 1 和主泵 3 的高速绕组供电，或从配电柜 2 向主泵 2 和主泵 4 高速绕组供电，可以从低速配电柜用自动开关向低速绕组供电，低速配电柜通过开关 K_1、K_2 和 K_3 分别由 3 处电源供电，即主配电柜 1、主配电柜 2 或分组应急配电柜中的任一处供电，通过联锁保证当一路出现故障时，能自动切换由另一路提供电能。如果主配电柜 1 和主配电柜 2 带电时，则开关 K_1 保证低速配电的电源，接触器 K_2 和 K_3 断开。如果此时主泵 1 和主泵 2 高速绕组由核蒸汽发生装置控制屏 1 供电，则主泵的低速绕组则由核蒸汽发生装置控制屏 2 供电。因此，在主泵 2 和主泵 4 在高速工作的情况下，核蒸汽发生装置控制屏 1 突然失电，主泵 1 和主泵 3 的低速绕组将自动地接到核蒸汽发生装置控制屏 2 上，此时主泵 2 和主泵 4 的低速配电板将用开关 K_2 接到核蒸汽发生装置控制屏 2 上。在 1 个或突然 2 个主配电柜失电时应急柴油发电机 1 和应急柴油发电机 2 自动启动，在此情况下，通过自动转换开关和开关 K_3 由应急柴油发电机来保证低速配电板的供电。如果仅 1 台应急柴油发电机能够启动，则仍能保证 2 台主泵工作于低速下，以保证反应堆的余热导出。在这样的原理下，每台主泵有 3 个电源的备份，而反应堆仍有 4 个备份保证强制循环。

核动力装置的其他用户，包括集中检测系统、反应堆控制保护系统、核动力装置的所有子系统的自动调节和遥控的供电组织，也原则上类同。当核动力装置某一配电板之一失电时，所有用户会自动地或直接从另一配电板或经过电网的自动转换开关获取电源。

在反应堆突然按事故保护信号停堆时，要求用户保证提供不间断电源仍是相当困难的，因为应急柴油发电机启动和接收载荷要求不少于 8 ~ 15 s，而备用柴油发电机需 35 ~ 40 s，短时间的电力供应中断，即使是对于具有弱自然循环能力的反应堆核动力系统，也可能引起非常严重的事故。目前，在俄罗斯的船舶核动力装置中，主要是利用堆芯余热产生的蒸汽维持辅汽轮发电机组继续工作发电，即在事故停堆后靠在核蒸汽发生器中所蓄的热能产生的蒸汽推动辅汽轮发电机做功。为了增加供汽持续时间,此时需要采用一些专门的措施,如关闭主汽轮机的速关阀和其他一些耗汽设备,靠关闭所有次要用户以延迟卸载时间,这样在保证电流品质的情况下,辅汽轮发电机用堆芯余热产生的蒸汽能保证 100 ~ 200 s 的供电延时,该时间足够使同步和备用柴油发电机和应急柴油发电机带上负载,甚至还可计及这些柴油发电机第一次可能启动不成功的时间。

思　考　题

1. 二回路装置的功用是什么?
2. 主蒸汽系统的设计要求有哪些?
3. 主蒸汽系统的布置方式有哪几种? 各有什么特点?
4. 为什么蒸汽管道要采用变形补偿? 常用的补偿措施有哪些?
5. 蒸汽排放系统的功用是什么? 有哪些运行工况?
6. 凝水—给水系统的功用是什么?
7. 简述凝水—给水系统的设计要求。
8. 凝水被污染的主要原因是什么?
9. 对给水进行除氧的目的是什么?
10. 热力除氧遵循的基本原理有哪些? 其基本含义是什么?
11. 热力除氧应满足哪些基本条件?
12. 循环冷却水系统的功用是什么?
13. 自流式循环冷却水系统有什么特点?
14. 循环冷却水系统的流量调节方式有哪些?
15. 润滑油系统的功用是什么? 有哪些设计要求?
16. 简述反映滑油特性的几个基本参数的含义。
17. 造水系统的功用是什么?
18. 海水淡化的方法通常有哪几种?
19. 利用蒸发法造水,造水比的含义是什么?
20. 分别推导低压浸管型和单级闪发式造水装置的造水比表达式。

第 5 章 水质监督和水处理

压水堆核动力装置的一、二回路系统使用经过严格处理的水作为工质,多年的运行经验表明,水质不佳对于核动力装置运行的安全性和经济性都会产生显著的不利影响。因此,进行水质监督和水处理是核动力装置运行管理的一个重要内容,对于核动力装置中相关系统的设计、设备结构和材料的选择、运行操作规程的制订也都提出了相应的要求。

5.1 水质监督的意义及水质指标

5.1.1 水质监督和水处理的主要任务

作为核动力装置循环工质使用的水必须具有良好的品质,严格满足对各项水质指标的要求。如果水质不佳,在核动力装置热力系统中会引起以下危害:

(1)热力设备结垢

水中的杂质在与水接触的受热面上会生成一些固体附着物,即产生结垢现象。这些水垢的传热能力只有金属的几十分之一到几百分之一,一方面使结垢部位金属管壁过热,金属强度下降,在某些情况下还会引起垢下腐蚀;另一方面,会降低热力设备的热效率,影响装置运行的热经济性。

(2)设备和管系腐蚀

水质不良会引起与水接触的设备和管系金属材料的腐蚀。腐蚀产物进入水中,使水中杂质含量增加,加剧了在设备受热面上的结垢过程,水垢又会加剧对受热面金属材料的腐蚀。金属材料腐蚀还会使管壁减薄,强度下降,缩短设备和管系的使用寿命。

(3)蒸汽管道和汽轮机积盐

水质不良会导致蒸汽品质不良,蒸汽带出的杂质会在蒸汽管道和汽轮机通流部分沉积,这种现象称为积盐。积盐现象会增加蒸汽流动的阻力,降低汽轮机输出功率;汽轮机内积盐严重时,还会使推力轴承负荷增大,隔板弯曲,影响汽轮机安全运行。

(4)增加一回路系统的放射性水平

一回路系统的腐蚀产物进入反应堆冷却剂中,随着冷却剂的循环流经反应堆,其中一些腐蚀产物在堆芯强烈的放射性辐照下会形成放射性同位素,进而增加整个一回路系统的放射性剂量水平。

因此,在核动力装置中不仅设置了水质控制系统,针对运行管理还制定了较为完善的水质监督和水处理措施,以完成以下主要任务:

(1)控制设备、管系的腐蚀速率,确保燃料元件包壳和一回路结构材料的完整性及使用寿命,保证核动力装置安全运行;

(2)减少工质中的杂质在设备传热面上结垢和沉积,保证装置的正常传热功能;

(3)防止蒸汽污染,保证蒸汽品质,避免受污染的蒸汽在蒸汽管道、汽轮机通流部分积盐，保证汽轮机正常安全运转；

(4)尽可能减少一回路主、辅系统和冷却剂的放射性辐射剂量率，以利于这些系统的维修，减少放射性废液的处理工作量。

船用压水堆核动力装置需要控制水质的水、汽项目包括：一回路冷却剂、设备冷却水、一次屏蔽水、蒸汽发生器炉水、二回路冷凝水、蒸汽发生器给水、一回路和二回路补给水等。其中需要重点控制的是一回路冷却剂、蒸汽发生器炉水和二回路凝给水。

5.1.2　常用的水质指标

水质取决于水中所含的杂质成分、含量及性质，按照粒径大小和在水中存在的形态及特征，杂质分为三种形式：

(1)溶解物。溶于水中呈分子和离子状态的溶质和气体，直径小于 10^{-3} μm。水中常见的离子有 Cl^-、SO_4^{2-}、HCO_3^-、CO_3^{2-}、Na^+、K^+、Ca^{2+}、Mg^{2+}，溶解气体主要有 O_2 和 CO_2。

(2)胶体物。水中带电荷的胶体微粒，大小约 10^{-3} ~0.2 μm，主要是铁、铝、硅的化合物，往往是许多分子或离子的集合体。胶体颗粒比表面积大，有明显的表面活性，表面常常带有某些正电荷离子或负电荷离子而呈现出带电性；在水中比较稳定，分布也较均匀，难以用自然沉降的方法去除。

(3)悬浮物。悬浮于水中，颗粒直径一般大于 0.2 μm，如泥渣、腐蚀产物的冲刷物、水垢等。按微粒大小和相对密度的不同可细分为漂浮物、悬浮物和可沉降物，悬浮物在水中很不稳定，分布也很不均匀，容易除掉。

水质指标用于评价水质的好坏，大致分为两类：一类是反映某种物质或离子浓度的成分指标，如 Cl^-、O_2 浓度等；另一类是反映水质某一方面特性的技术指标，如硬度、pH 等。下面简要介绍一些常见水质指标的基本含义。

5.1.2.1　含盐量

含盐量表示水中溶解的各种盐类含量的总和，可以通过对水样的全分析求得。含盐量的表示方法有两种：一种是摩尔表示法，即水中全部阳离子(或全部阴离子)的总和，单位是 mol/L；另一种是质量表示法，即水中全部阴、阳离子总和，单位是 mg/L。

用于表示含盐量的指标还有总固体量和总悬浮体量。

总固体是指水中所有溶解性固体和悬浮物(包括胶体)的总和，包括水样中所有阴、阳离子、不溶性盐类、氢氧化物、氧化物、各种有机物和微生物。取一定体积的水样，经过滤后在水浴中蒸干，再在 105 ~110 ℃温度下烘干，用质量法称得水样中在上述温度范围下不挥发的物质总量，称为水样的总固体量，单位是 mg/L。

用总固体量可以近似表示水样中的含盐量，但是存在一定的误差。

取一定体积的水样，通过 0.5 μm 孔的滤纸，将阻留在滤纸上的固体颗粒烘干、称重，即为总悬浮体量，单位是 mg/L。

5.1.2.2　电导率和电阻率

电导率和电阻率都是描述物体导电性能的物理量，其中电阻率定义为

$$\rho = R\frac{S}{l} \quad \Omega \cdot \mathrm{m} \tag{5-1}$$

式中，R ——物体电阻，Ω；

S——物体横截面积，m^2；

l——物体长度，m。

电导率为电阻率的倒数

$$\kappa = \frac{1}{\rho} \quad S/m \tag{5-2}$$

水能够导电是由于水中各种带电离子在电场力作用下定向运动和迁移的结果，在一定条件下电导率和电阻率都可以用来作为表征水中各种杂质离子总浓度的指标。理想纯水是一种弱电解质，导电性能很差，在 22 ℃时理想纯水的电阻率为 0.26 MΩ · m，随着水中杂质离子增多，水的电阻率下降，电导率上升。因此，常用电导率或电阻率来表示水的纯度。

由于水的电离和电解质在水中的电离受水温影响很大，因此水温对水的电导率和电阻率有很大影响。在制定水质指标或测量水样的电导率和电阻率时，必须注明测量时规定的水温，或者按规定的水温进行测量。

此外，纯水的电导率和电阻率极易受空气中 CO_2 的影响，由于 CO_2 溶于水后形成碳酸，碳酸的电离可大大降低纯水的电阻率。

5.1.2.3　pH

pH① 是溶液中氢离子浓度的度量，可以用来表示水溶液的酸碱度。

水是一种极弱的电解质，只能微弱地电离为 H^+ 和 OH^-，即

$$H_2O \rightleftharpoons H^+ + OH^-$$

其电离常数为

$$K = \frac{[H^+][OH^-]}{[H_2O]}$$

式中，$[H^+]$、$[OH^-]$——分别表示水中氢离子和氢氧根离子浓度；

$[H_2O]$——表示水的摩尔浓度，即每升水溶液中所含水的摩尔数，对于一般浓度的水溶液，该值几乎是一个常数。

因此，水的离子积为

$$K_{H_2O} = K[H_2O] = [H^+][OH^-]$$

该值随水温的升高而增大，在定温下是一个定值。

由于 1 个水分子能电离成 1 个 H^+ 和 1 个 OH^-，所以纯水中的 $[H^+]$ 和 $[OH^-]$ 是相等的。在 22 ℃时，纯水中的 $[H^+]$ 和 $[OH^-]$ 均等于 10^{-7} mol/L，而 $K_{H_2O} = 10^{-14}$ mol/L。

在酸性水中，$[H^+]$ 大于 10^{-7} mol/L；在碱性水中，$[H^+]$ 小于 10^{-7} mol/L。水中的 $[H^+]$ 和 $[OH^-]$ 都可以用来表示水的酸碱度，习惯上以氢离子浓度 $[H^+]$ 来表示。为方便起见，定义

$$pH = -\lg[H^+] = \lg\frac{1}{[H^+]} \tag{5-3}$$

即水溶液的 pH 是水溶液中氢离子浓度倒数的对数值。

在 25 ℃时，中性水的 pH 为 7；酸性水的 pH 小于 7，pH 越小溶液酸性越大；碱性水的 pH 大于 7，pH 越大溶液碱性越大。

---

① 是英语 Potential of Hydrogen 的缩写，即氢的电极电位。

由于不同水温时水的离子数值不相同，所以中性水的 pH 也因水样温度而异。例如在 100 ℃时，中性水 pH 为 6.154；在 312 ℃时，中性水 pH 为 5.8。因此在制定介质的 pH 指标时，也应注明测定时的水温条件，通常以定温 25 ℃为测定条件。

5.1.2.4 硬度（H）

在装置运行过程中，水溶液中一些二价及二价以上的金属离子会与一些阴离子形成溶解度很小的碱类或盐类沉淀，从水中析出并沉积在设备和管系表面，形成水垢。一般将水中能够形成水垢的金属离子的总浓度称为水的总硬度，简称硬度（H），常用单位是 mol/L。由于水中最常见的能形成水垢的金属离子主要是钙离子和镁离子，因此也将硬度看作水溶液中钙离子和镁离子的总浓度。

硬度又可分为碳酸盐硬度（H_T）和非碳酸盐硬度（H_F）两类，即

$$H = H_T + H_F \tag{5-4}$$

碳酸盐硬度是指水中钙、镁的碳酸盐和重碳酸盐的总和，主要由碳酸氢钙 $Ca(HCO_3)_2$、碳酸氢镁 $Mg(HCO_3)_2$ 构成。这些盐类在水溶液受热温度升高时会分解并形成沉淀析出，容易从水溶液中除去，所以，碳酸盐硬度也称为暂时硬度。例如

$$\begin{aligned} &Ca(HCO_3)_2 \xrightarrow{\text{加热}} CaCO_3\downarrow + CO_2\uparrow + H_2O \\ &Mg(HCO_3)_2 \xrightarrow{\text{加热}} MgCO_3 + CO_2\uparrow + H_2O \\ &MgCO_3 + H_2O = Mg(OH)_2\downarrow + CO_2\uparrow \end{aligned} \tag{5-5}$$

非碳酸盐硬度是指水中钙、镁的硫酸盐、硝酸盐、氯化物和其他盐类的总和，主要由硫酸钙 $CaSO_4$、硫酸镁 $MgSO_4$、氯化钙 $CaCl_2$、氯化镁 $MgCl_2$ 构成。这些盐类在水溶液受热时不会产生沉淀，不易从水中很快除去，因此，非碳酸盐硬度也称为永久硬度。

5.1.2.5 碱度（A）

碱度表示水溶液中 OH^-、CO_3^{2-}、HCO_3^- 及其他一些弱酸盐类的总和。由于这些盐类在水溶液中都呈碱性，可以用酸中和，所以归纳为碱度。碱度可用标准酸溶液中和滴定方法来测定，单位常用 mol/L。根据测定时采用的不同指示剂，水溶液的碱度可分为甲基橙碱度和酚酞碱度两类。

用甲基橙作指示剂时，滴定终点 pH 较低，约为 4.3 ~ 4.5，测得的是水溶液中所有碱性的总和，称为全碱度，又叫甲基橙碱度。

用酚酞作指示剂时，滴定终点 pH 较高，约为 8.2 ~ 8.4，此时水溶液中只有 OH^- 和 CO_3^{2-} 与酸起中和反应，HCO_3^- 并未参加反应，测得的碱度只是水样中碱和碳酸盐水解时产生的碱度，称为酚酞碱度。

如果先用酚酞为指示剂滴定到终点，再用甲基橙为指示剂滴定到终点，那么水样的总碱度应该等于先后测得的酚酞碱度和甲基橙碱度之和。

5.1.2.6 二氧化碳与溶解氧

分别表示水中溶解的 CO_2 和 O_2 的浓度。常用的单位有两种：

（1）mg/L，即每升水溶液中气体溶解的重量；

（2）ml(STP)/L，即每升水溶液中所溶解气体在标准状况下的体积，其中 STP 为标准温度压力的英语缩写。

这两种单位之间的换算关系式为：

H_2:1ml(STP)/L = 0.0894 mg/L;

O_2: 1ml(STP)/L = 1.429 mg/L;

CO_2: 1ml(STP)/L = 1.964 mg/L。

5.2　金属腐蚀的基本理论

金属腐蚀是指金属材料从元素状态转入化合物状态的化学变化或电化学变化，由于这种变化引起了金属材料的损坏。

金属腐蚀会缩短设备的使用寿命，增加维修成本，降低运行的经济性。另外，金属腐蚀严重时会造成设备损坏，引发事故，甚至危及人员及环境的安全。因此，金属的腐蚀与防护是工程中需要认真关注的问题。

5.2.1　金属腐蚀及其分类

5.2.1.1　金属腐蚀的形式

按照金属腐蚀的形式，可以分为全面性腐蚀和局部性腐蚀两种。

全面性腐蚀又称均匀腐蚀，其一般特点是腐蚀过程在金属和介质接触的整个表面上均匀进行，金属逐渐变薄，最后被破坏。如图 5-1 中①和②所示。

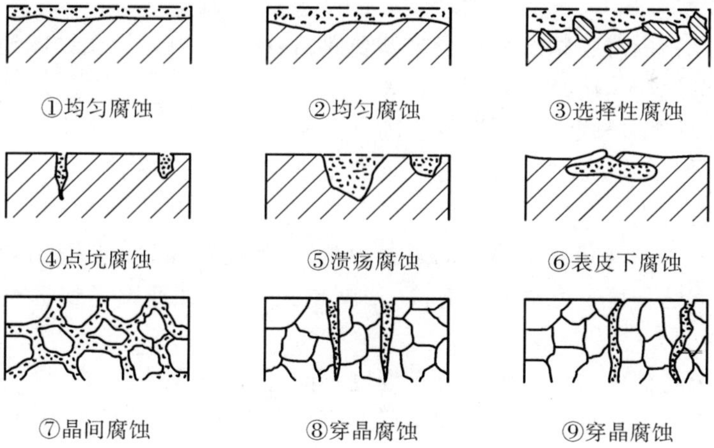

图 5-1　各种形式的金属腐蚀

局部性腐蚀是指腐蚀集中在金属表面某一区域，而其他部位几乎未被腐蚀所损坏。这样的腐蚀类型较多，如图 5-1 中③、④、⑤、⑥、⑦、⑧、⑨所示，分别说明如下。

(1)选择性腐蚀(图 5-1③)

由几种成分组成的合金中，一部分金属容易受到腐蚀，而金属表面另一些组分未受腐蚀，这种腐蚀称为选择性腐蚀。这种腐蚀是由于腐蚀作用从金属中逸出一种元素，如金属的脱锌、脱碳等。

(2)点坑腐蚀(图 5-1④)

腐蚀集中在金属表面的某些小点上，腐蚀得很深，形成了腐蚀坑，称为点坑腐蚀。

(3)溃疡腐蚀(图 5-1⑤)

在金属表面局部区域发生比较严重的腐蚀,受到腐蚀的面积形状不规则,类似于溃疡或者脓疮,称为溃疡腐蚀。

(4)表皮下腐蚀(图 5-1⑥)

腐蚀先从金属表面发生,然后向金属表面下扩展,经常引起金属的肿胀和分层剥离,称为表皮下腐蚀。

(5)晶间腐蚀(图 5-1⑦)

是指在金属结晶边缘发生的腐蚀,腐蚀沿金属晶粒边界向纵深迅速发展,引起金属材料机械强度和塑性急剧下降,使得设备在外形没有发生显著变化前突然发生严重损坏。当腐蚀裂缝穿透整个金属材料时,称为晶间腐蚀破裂。

(6)穿晶腐蚀(图 5-1⑧⑨)

在应力作用下腐蚀穿过金属晶体,使金属发生裂缝,称为穿晶腐蚀。穿晶腐蚀同晶间腐蚀一样,都在外形未发生明显变化之前就突然发生破裂,如腐蚀疲劳、应力腐蚀等。

5.2.1.2　金属腐蚀的类型

按照金属腐蚀的破坏机理,可以分为化学腐蚀和电化学腐蚀两大类型。

(1)化学腐蚀

是指金属与周围介质的分子或原子直接发生化学反应,生成新的物质,从而使金属受到破坏的现象。金属与干燥气体反应,或在非电解液中的腐蚀,在高温下的氧化、碱性和酸性腐蚀等,均属于化学腐蚀。

化学腐蚀的产物以薄膜状态存在于金属表面,其性质影响金属腐蚀的速度,具有一定的保护作用。薄膜的保护作用与下列因素有关:

①薄膜层的厚度。薄膜增厚可以阻止周围介质与金属原子接触,防止继续发生化学反应,使腐蚀停止。但薄膜必须坚固,具有一定的密度,而且薄膜的热膨胀系数应与金属接近时才有保护作用。

②薄膜的附着力。薄膜在金属上的附着力越好、弹性越强时,具有的保护作用越好。

③薄膜的可渗透程度。介质温度越高、浓度越大时,腐蚀速率越快,薄膜的保护作用就越差。

④介质的成分与温度。介质的成分与温度不同,腐蚀速率也不同。

⑤薄膜覆盖金属的性质。不同金属生成不同的保护膜,其保护作用也不同。如铝、钢、合金等,均能生成保护性较好的保护膜。

(2)电化学腐蚀

金属在电解液中,与外部介质发生电化学反应,这种腐蚀称为电化学腐蚀。电化学腐蚀最为常见,危害也最大,其基本原理在下一节中详细介绍。

金属的电化学腐蚀会由于某些机械作用而加剧。例如,在固定应力作用下,有些金属在一定的介质下会发生应力腐蚀破裂;在交变应力作用下,会发生腐蚀疲劳;在机械磨损情况下,会发生腐蚀。

5.2.1.3　腐蚀速率的表示方法

金属受到腐蚀后,金属的外形、厚度、重量以及金属的组织、性能都会发生变化,这些方面的变化率可用来表示金属腐蚀的程度。对于均匀腐蚀,常用单位时间内单位表面耗损金属的重量或厚度来表示腐蚀速率。

(1) 按金属材料的失重来表示

这种表示方法是将腐蚀耗损的金属重量计算成单位时间、单位表面积重量的变化率，计算式为

$$v_w = \frac{\Delta W}{S \cdot T} \tag{5-6}$$

式中，v_w ——腐蚀速率，g/(m^2·h)；

ΔW ——金属腐蚀前后重量的变化，g；

S ——金属表面积，m^2；

T ——腐蚀时间，h。

金属腐蚀前后重量的变化分为失重和增重两种情况。失重的差值是腐蚀前的重量与清除腐蚀产物后的重量之差；增重的差值是指腐蚀后带有腐蚀产物的重量与腐蚀前重量的差值。一般均用失重表示腐蚀速率，但如腐蚀产物不易消除或牢固地附着在金属表面时，则用增重表示。

(2) 按腐蚀深度来表示

用单位时间内由于腐蚀引起金属材料减薄的厚度来表示，常用单位 mm/a。这种表示方法对于选择设备管系设计壁厚的腐蚀余量十分有用。

两种表示方法之间的换算关系如下

$$v_h = 8.76\frac{v_w}{\rho} \tag{5-7}$$

式中，v_h ——腐蚀速率，mm/a；

ρ ——金属密度，g/m^3。

5.2.2　电化学腐蚀

5.2.2.1　双电层和电极电位

金属的晶体结构可以看作是由许多整齐排列的金属阳离子和在阳离子之间自由移动的电子所组成。若将金属浸入电解液中，由于水分子是一种极性分子，其一侧带正电荷，另一侧带负电荷，在静电作用下，极性水分子把金属阳离子围住，如图 5-2 所示。

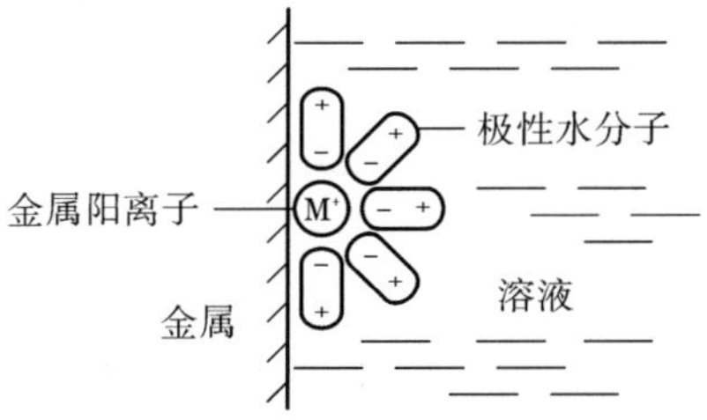

图 5-2　金属离子的水化

金属表面的金属阳离子在极性水分子作用下，将发生水化(水合)现象。

如果水化作用力大于金属晶体中阳离子与电子之间的引力，那么金属表面的一些金属阳离子会脱离金属进入溶液，成为水化离子。在金属表面则积累了一层过剩电子，使金属表面带一层负电荷，而水化离子是带正电荷的，它使紧靠金属表面的一层液体带上正电荷。这样，在金属与溶液之间的界面上形成了双电层，如图 5-3(a)所示。

如果水化作用力小于金属晶体中阳离子与电子之间的引力，金属阳离子会被吸附到金属表面，使金属表面带一层正电荷，而紧靠金属的一层液体由于积聚了过剩的阴离子而带负

电荷，形成了另一种类型的双电层，如图 5-3(b)所示。

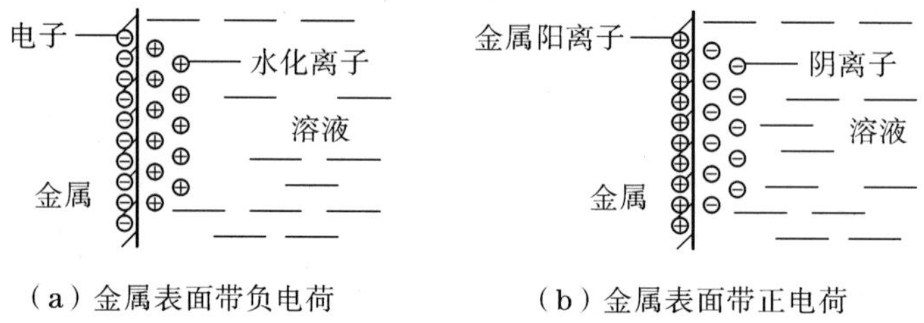

图 5-3　两种类型的双电层

双电层建立后，金属与溶液之间存在的电位差称为这种金属在该溶液中的电极电位。

金属电极电位的高低与溶液中该金属离子的浓度和溶液温度等有关。当温度恒定时，金属的电极电位与溶液中该金属离子浓度的对数值成正比，金属离子浓度越高，电极电位就越大。通常规定 25 ℃、101 325 Pa 下的氢饱和溶液、溶液中氢离子浓度为 1 mol/L 时的氢电极电位为零。把金属电极与标准氢电极组成电池，测出的电动势就是该金属的标准电极电位。

对于一些重金属，如铂等，由于它们的化学性质十分稳定，在溶液中不能建立起这种金属的电极电位。但是，它们能吸附氢、氯、氧等气体的分子、原子或离子，建立起表征这些气体的电极电位。表 5-1 列出了部分物质的标准电极电位。

表 5-1　25 ℃时部分物质的标准电极电位

电极名称	反应式	E_0 /V
钾	$K \rightleftharpoons K^+ + e$	−2.925
钙	$Ca \rightleftharpoons Ca^{2+} + 2e$	−2.87
钠	$Na \rightleftharpoons Na^+ + 2e$	−2.714
镁	$Mg \rightleftharpoons Mg^{2+} + 2e$	−2.37
锌	$Zn \rightleftharpoons Zn^{2+} + 2e$	−0.763
铁	$Fe \rightleftharpoons Fe^{2+} + 2e$	−0.440
氢	$H_2 \rightleftharpoons 2H^+ + 2e$	0
铜	$Cu \rightleftharpoons Cu^{2+} + 2e$	+0.337
氧	$4OH^- \rightleftharpoons O_2 + 2H_2 + 4e$	+0.401
氯	$2Cl^- \rightleftharpoons Cl_2 + 2e$	+1.359 5

5.2.2.2　原电池和腐蚀电池

图 5-4 所示为由锌棒、铜棒和硫酸铜溶液组成的电化学装置。由于锌的电极电位比铜低，电子自然由锌棒向铜棒移动，形成了电流。在金属与溶液接触的表面，锌不断失去电子形成离子进入溶液中，电子沿导线传递到铜棒，铜棒附近溶液中的铜离子迁移到铜棒表面获得电子而被还原成铜，在此过程中，锌受到了腐蚀。反应式为

$$Zn \longrightarrow Zn^{2+} + 2e$$
$$Cu^{2+} + 2e \longrightarrow Cu$$

这种将化学能转变为电能的装置称为原电池。在原电池中失去电子(发生氧化反应)的极称为阳极,得到电子(发生还原反应)的极称为阴极,如上述例子中的锌棒即为阳极,铜棒即为阴极。在发生电化学腐蚀时,受腐蚀的总是阳极金属材料,即电极电位较低的金属。

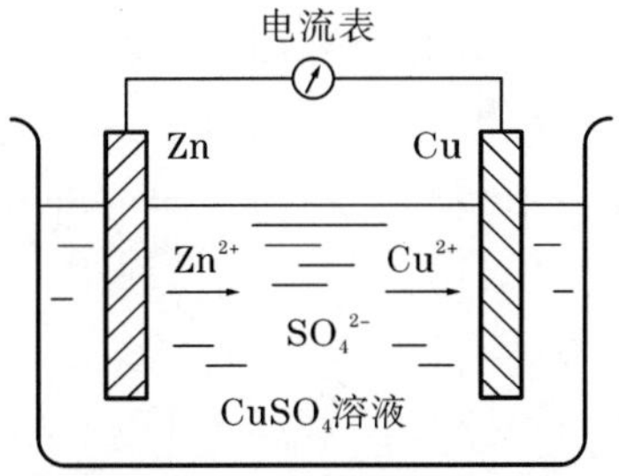

图 5-4　铜锌原电池工作原理

在原电池中,电流通过原电池时,原电池的初期电极电位差会降低,结果使得电流也降低,这种现象称为“极化”,原电池的极化能力对腐蚀过程起很大的阻碍作用;如果电解质中有去极化剂,它能接受阳极释出的电子,腐蚀就会继续下去而不停止,此时,电流的极化作用就急剧降低,称为“去极化”。

在工程中使用的金属材料,合金的成分在微观上并不是很均匀的。与介质接触的金属表面有几种组分,在这几种不同的金属之间就可能发生与原电池相似的电化学反应。因而其中某一种或某几种金属组分受到腐蚀,这种腐蚀称为微电池腐蚀。当设备上有两种不同金属搭接时,在电解液作用下同样会发生上述腐蚀过程,这种情况称为大电池腐蚀。图 5-5 所示为微电池腐蚀和大电池腐蚀的原理图。

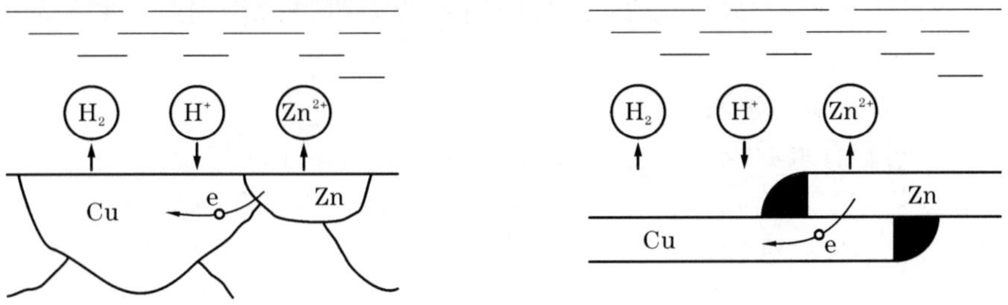

(a)微电池腐蚀　　(b)大电池腐蚀

图 5-5　微电池腐蚀和大电池腐蚀

5.2.3　常见的腐蚀现象

5.2.3.1　溶解氧腐蚀

铁基金属与溶有氧的水相接触,在水中溶解氧的作用下所产生的腐蚀现象称为氧腐蚀。铁基金属和氧形成两个电极,水为电解质溶液,金属自身成为电子导体,构成腐蚀电池。金属的电极电位比氧的电极电位低,金属是阳极,受到腐蚀,即如铁的氧腐蚀反应为

$$Fe \longrightarrow Fe^{2+} + 2e \tag{5-8}$$

氧为阴极,进行还原反应

$$O_2 + 2H_2O + 4e \longrightarrow 4OH^- \tag{5-9}$$

这里,溶解氧起阴极去极化作用,是引起腐蚀的因素。

铁氧腐蚀的特征是:在金属表面形成许多直径为 1 ~ 30 mm 不等的小鼓疱,颜色为由黄褐色到砖红色不等,次层是黑色粉末状物质。清除这些腐蚀产物后,便出现腐蚀凹坑,这种腐蚀属溃疡腐蚀。

5.2.3.2　游离二氧化碳腐蚀

当水中有游离 CO_2 存在时，使水呈酸性反应，即

$$CO_2 + H_2O \longrightarrow H^+ + HCO_3^- \tag{5-10}$$

由于水中 H^+ 增多，就会产生氢去极化腐蚀。在腐蚀电池中的阴极反应为

$$2H^+ + 2e \longrightarrow H_2 \tag{5-11}$$

阳极反应为

$$Fe \longrightarrow Fe^{2+} + 2e \tag{5-12}$$

这种由于水中存在游离 CO_2 所引起的金属腐蚀，称为游离二氧化碳腐蚀。

一般情况下，腐蚀产物都是易溶的，形成后被水流冲走，不易形成保护膜，因此，CO_2 腐蚀的特征是金属均匀受腐蚀变薄，不仅降低了金属的强度，而且腐蚀产物随水流进入蒸汽发生器，会引起传热管结垢和腐蚀等严重问题。

影响腐蚀速率的因素主要有浓度、温度和流速。

(1)随着水中 CO_2 的浓度增大，腐蚀速率增加；

(2)在较低温度范围内，由于难于形成保护膜，随着温度增加，碳酸的电离度增大，金属腐蚀速率增加；在 100 ℃附近出现最大腐蚀速率，此时虽能形成碳酸铁膜，但膜质疏松多孔，没有保护性；温度继续升高，由于形成了附着性好的致密碳酸铁保护膜，腐蚀速率降低。

(3)随着水的流速增加，腐蚀速率增加，但当水的流速很大达到紊流时，腐蚀速率的变化并不明显。

5.2.3.3　沉积物下的腐蚀

金属表面上附着有水垢或泥渣时，在其下面所发生的腐蚀，称为沉积物下腐蚀。

在正常运行条件下水的 pH 为 8 ~ 11，金属表面形成的保护膜不易破坏。当 pH 高或过低时保护膜易溶于水使腐蚀加剧。当金属表面有水垢或沉积物时，沉积物下金属壁面温度升高，使沉积物下水中的杂质浓度增高，pH 变高或变低，从而产生碱性腐蚀或酸性腐蚀。这两种腐蚀按其损害情况的不同，称为延性腐蚀和脆性腐蚀。

(1)延性腐蚀。常因多孔沉积物下面的碱性增大而产生，腐蚀特点是在金属表面出现凹凸不平的腐蚀坑，坑上有腐蚀产物，坑下金属的金相组织和机械性能无变化，仍保留其延性。

(2)脆性腐蚀。常因较致密沉积物下面的酸性增强而产生，腐蚀特点是腐蚀坑下的金属金相组织发生变化，呈明显的脱碳现象，生成许多细小裂纹使金属变脆。由于是在腐蚀反应中生成的氢渗透于金属内部引起的，故又称氢脆。

5.2.3.4　应力腐蚀

应力腐蚀是指金属在腐蚀和表面拉应力(残余应力或外加应力)的连续作用下所引起的过早破裂，是腐蚀和应力联合作用的结果。在静载荷作用下，金属表面产生拉应力，腐蚀作用又会引起超过金属屈服极限的集中应力，这样由于产生腐蚀和很大的局部集中应力，最终导致金属破坏，呈现为穿晶腐蚀。奥氏体不锈钢在含 Cl^- 溶液中极易产生应力腐蚀，铝在海洋环境中、铜在氨溶液中、因科镍合金在苛性钠溶液中均会产生应力腐蚀。

5.2.3.5　其他常见腐蚀

(1)电化腐蚀

电化腐蚀是指在电解质溶液中，两种不同金属间产生电流所引起的腐蚀。其中，电极电位低的金属呈阳极，受到腐蚀；另外一种金属呈阴极，不受腐蚀。

(2)氢损伤

氢损伤是指氢进入金属内部使金属的承载能力降低,这种损伤是由于氢的存在或氢与金属的相互作用引起的。氢原子渗透到金属内部会引起氢鼓泡和氢脆,在高温时,氢还会引起金属脱碳,产生脆性断裂。

(3)腐蚀疲劳

腐蚀疲劳是指金属在侵蚀介质中,由于受交变应力的作用产生晶间或穿晶裂纹,进而引起金属的破坏。

(4)晶间腐蚀

晶间腐蚀是指出现在金属或合金的晶粒边界上的选择性腐蚀。晶间腐蚀有种种原因,通常情况下现象是相同的,即腐蚀总是沿金属的晶粒边界出现。在某些奥氏体不锈钢中,当金属从焊接温度冷却下来时,碳化铬可在晶粒边界析出,腐蚀就会侵入贫铬处。

(5)热偶腐蚀

热偶腐蚀是指由于金属的温度梯度所形成的原电池腐蚀。金属有类似电化腐蚀的作用,金属处于不同的极化状态而形成阳极和阴极区域,使腐蚀不断扩展。

(6)冲蚀

冲蚀是指金属表面在液体冲刷下所产生的局部腐蚀,主要是冲刷液流破坏了金属表面的保护膜,使腐蚀不断扩展所致。这类腐蚀作用主要取决于液体流速、所含空气或固体颗粒的数量以及影响保护膜生成的各种因素。

(7)气蚀损坏

气蚀损坏是指在金属与流体接触的表面上,液体中的汽泡(或气泡)不断破裂而对金属表面的保护膜产生轻微的机械损伤,进而引起金属的损坏。

(8)耗蚀

耗蚀是指整个金属表面由于化学作用而产生的均匀腐蚀。例如,在蒸汽发生器中,由于高浓度的磷酸盐溶液与金属表面的氧化膜发生化学作用,使氧化膜破坏从而导致传热管壁耗损而减薄。

5.2.4　影响金属腐蚀的因素

5.2.4.1　金属材料或合金组分的影响

不同的金属由于电化学性质不同,抗腐蚀的性能各有差异。一般来说,金属的电极电位越高,越不易受到腐蚀。因此,在有些情况下为保护设备免受腐蚀,在设备与腐蚀介质接触的地方搭接一块电极电位比设备结构材料更低的金属块作为阳极,这样受腐蚀的总是这块阳极金属,而设备材料受到了保护。

对于由两种或两种以上金属组成的合金材料,其抗腐蚀性能与合金的成分有很大关系。例如,在铁中添加一定比例的铬后,组成的合金电极电位有较大的提高,耐蚀能力显著增加。

研究表明,合金的耐蚀能力随合金中耐蚀金属的含量增加,按一定规律发生变化。这种规律不是正比例关系,而是在耐蚀金属含量达到 12.5% (1/8),25% (2/8),37.5% (3/8),50% (4/8)……时,合金耐蚀性能突然发生阶跃上升,这个规律叫做稳定性阶跃规律,也叫 $n/8$ 规律。

5.2.4.2 加工工艺的影响

金属材料与介质接触的表面如果在加工过程中留下划痕、裂纹、折叠、分层、点坑等缺陷时,就会在很大程度上降低它的抗蚀性能。这是因为:

(1)有缺陷的金属表面形成的氧化膜,总不如光滑的金属表面形成的氧化膜那样致密,因而往往不能起到有效的保护作用;

(2)在金属表面的低凹处,介质中的离子浓度与其他部位不同,使得低凹处金属的电极电位与其他部位金属的电极电位之间存在电位差,形成浓差电池腐蚀。

金属材料在加工时,若采用不适当的工艺,那么部件在拉伸、弯曲、冲压、焊接及其他冷、热加工后,可能留下较大的残余应力,使设备材料在介质中容易受到应力腐蚀;不恰当的焊接和热处理工艺,有可能使含铬不锈钢中的铬与碳形成碳化铬化合物,从而在合金晶间形成贫铬层,这种设备或管系在介质中十分容易发生晶间腐蚀。

因此,在核动力装置一回路系统中,对于与冷却剂接触的设备、管系表面的光洁度和缺陷的要求总是比较严格。

5.2.4.3 介质 pH 的影响

pH 对金属腐蚀速率的影响十分复杂,不同的金属在不同的介质中,pH 对腐蚀的影响程度也各不相同。

例如,铂、金等贵金属的腐蚀速率总是很小,与介质的 pH 几乎无关;而一些两性金属如锌、铝,在中性介质中腐蚀速率最小,在酸、碱溶液中都会受到腐蚀;铁基合金的腐蚀速率大体上随介质 pH 增加而减小,但在一些氧化性酸如浓硫酸和硝酸中,由于发生钝化,腐蚀速率又很低。

5.2.4.4 介质中溶解氧及其他杂质浓度的影响

溶解氧的存在是促使金属材料发生腐蚀的重要因素。

溶解氧在金属腐蚀过程中可以起到两种完全相反的作用。一方面,氧是一种强氧化剂,促使金属材料氧化,使腐蚀加剧;另一方面,氧又是一种钝化剂,可以在金属材料表面形成一层氧化膜,在一定条件下这层氧化膜是致密的、耐腐蚀的,从而提高了结构材料的电极电位,抑制了其后的腐蚀。究竟哪一种作用在过程中占主导地位,则要依据介质中溶解氧的初始浓度、介质 pH、金属材料的性质、溶液温度压力等许多因素决定。

当溶液中各处溶解氧浓度分布不均匀时,可使金属在各处的电极电位不相同,从而在电极电位低的地方形成阳极,受到腐蚀。这种腐蚀叫做氧浓差电池腐蚀。

介质中各种杂质的存在,也是影响金属材料腐蚀的重要原因。例如,介质中氯化物浓度超过一定范围,可能导致不锈钢的应力腐蚀;CO_2 浓度过大,会使介质 pH 下降,加剧铁基合金的腐蚀。当介质中杂质浓度分布不均匀时,同样也会发生浓差电池腐蚀。

5.2.4.5 介质温度、压力和流速的影响

介质温度升高一般会加剧金属的腐蚀,因为随介质温度升高,电化学反应速度加快,离子在溶液中扩散速率也加快。但是在敞口容器中,介质中溶解 O_2 和 CO_2 浓度随水温上升而明显下降,在这种情况下液面以下金属材料的腐蚀速率有下降趋势。

介质压力对金属腐蚀过程没有直接的影响,但可能间接影响金属的腐蚀速率。例如,在不同压力下介质中溶解气体的浓度会发生变化,从而在一定程度上对腐蚀产生影响。

介质流速提高会增加金属腐蚀速率。在静止介质中金属表面发生腐蚀时,进入溶液的

离子不能迅速离开金属表面的溶液层，当这层溶液中离子积聚到一定浓度，阳极电位将升高，腐蚀速率就大大降低，这种现象叫做阳极极化。同样，在阴极上由于溶液中消耗掉的氢离子（或其他离子）不能迅速得到补充，阴极电极电位将下降，这叫阴极极化。无论是阳极极化还是阴极极化，都有利于抑制腐蚀过程的进一步发展。

当介质流速提高时，由阳极进入介质的金属离子迅速离开腐蚀区域，在阴极需要的离子也能迅速补充上来，从而使腐蚀加剧，这个过程通常叫去极化过程。

此外，高速流动的介质还会冲刷金属材料表面形成的氧化膜，由于高速流动伴随着的机械作用（水锤、水力冲刷等），也能起到加剧腐蚀的作用。

5.2.4.6 辐照的影响

辐照对腐蚀的影响主要体现在以下几个方面：

（1）水在辐照下电离分解产生氢气和氧气，使水中氧的浓度增加；

（2）辐照能改变氧化膜中晶格的几何形状、正负离子的排列、晶格缺陷的数量及氧化膜的其他一些化学、物理性质，因此，在辐照情况下，金属氧化膜的保护性能可能会降低；

（3）在许多情况下，辐照会影响到金属和合金的组织结构。例如，18-8奥氏体不锈钢在辐照情况下奥氏体会发生相变，转变为铁素体组织，从而降低了金属的耐腐蚀性能；

（4）当冷却剂中溶有空气时，辐照能使空气中的氧和氮与冷却剂发生反应生成硝酸，即

$$N_2 + 2O_2 + 2H_2O \xrightarrow{\text{辐照}} 2HNO_3 + H_2\uparrow \tag{5-13}$$

从而降低了介质的pH，加剧了材料的腐蚀速率。

除此之外，还有其他一些因素可能影响到金属材料的腐蚀，如金属设备的结构形状等，在这里不作详细介绍。

5.3 一回路系统的腐蚀特点

一回路系统中具有强烈的放射性，当冷却剂流经堆芯时，在放射性辐照下水会电离分解产生氢气和氧气，加剧设备材料的腐蚀；被冷却剂携带流经堆芯的腐蚀产物，在辐照下会活化产生很强的放射性，给装置的屏蔽、维护修理和废水处理带来很多困难。燃料元件包壳腐蚀破损，以及一回路系统压力边界的腐蚀破坏，都会导致放射性物质的漏泄。因此，必须对一回路系统的结构材料提出严格要求。

一回路系统中凡是与冷却剂接触的设备部件、管系均采用抗腐蚀的结构材料，要求材料的腐蚀速率不得超过5～10 mg/(dm^2·month)，常用的金属材料有锆合金、不锈钢、镍基合金和钛合金。即使有些设备因成本、强度或加工工艺限制，只能采用低合金钢或者其他金属材料时，也必须在与冷却剂接触的表面采取适当的防腐措施，如堆焊不锈钢、加不锈钢覆面或套管等。

5.3.1 锆合金的腐蚀特点

锆合金具有良好的核性能及机械性能，广泛用作制造燃料元件包壳及导向环的材料。

锆-2及锆-4合金均系锆锡合金。锆-2合金（1.55Sn、0.15Fe、0.10Cr、0.05Ni）由于含有镍，吸氢能力很强，易发生氢脆现象。锆-4合金（1.55Sn、0.20Fe、0.10Cr、Ni＜0.007）的含镍

量降低,加入等量的铁,以增加其高温下的抗氧化性能及机械性能,所以锆-4 合金的机械性能与锆-2 合金相当,但其吸氢量仅为锆-2 合金的 1/3 ~ 1/2。

锆合金在高温水或蒸汽中表面会生成氧化膜,即

$$Zr + 2H_2O \xrightarrow{\triangle} ZrO_2 + 2H_2 \uparrow \tag{5-14}$$

氧化膜的保护作用使得锆合金具有良好的抗腐蚀性能,如果这层氧化膜被破坏,锆合金会在短时间内受到腐蚀破坏。但是,氧化膜增加到一定厚度时,腐蚀速率会突然增加,形成一个转折点,随后腐蚀速率又逐渐减缓,并趋于定值。

在转折点以前,氧化膜呈平滑连续状紧贴在金属表面上,有黑色光泽,是一种组成为 ZrO_2-n($n < 0.05$)的单斜晶体。转折点后,氧化膜呈灰色或白色,组成为 ZrO_2,疏松地附在基体金属上,无保护作用。转折点后腐蚀的加剧起因于氧化膜的破坏,破裂深度一直从膜的外表面延伸到紧贴金属表面尚未破裂的保护性氧化层,随着腐蚀过程的继续进行,直到残余保护膜的厚度大体保持不变,腐蚀速度才趋于恒定。

随着反应堆燃耗的提高,锆-4 合金的耐腐蚀性能已不能满足对包壳性能的要求,后来又陆续开发了低锡合金和锆锡铌合金,如西屋的 ZIRLO、俄罗斯的 E635、法国的 M5、日本的 NDA 和德国的 ELS 合金等,可满足平均燃耗达 71 GWd/tU 的使用要求。其中,M5 合金包壳在抗腐蚀、吸氢、蠕变、辐照生长方面大大优于改进型的 Zr-4 合金包壳,其抗腐蚀性能提高了 2 倍,吸氢减少了 4 倍,径向蠕变减少了 1 倍,燃料棒伸长减少了 1 倍。

影响锆合金腐蚀的主要因素有:

(1)温度。随着冷却剂温度增高,达到转折点的时间缩短,腐蚀量也增加。当燃料元件表面温度为 650 ℃时,锆合金达到转折点的时间为 190 d,而燃料元件在堆内辐照时间可达到 1 000 d 左右,因此,堆内锆合金包壳大部分时间处于转折点以后的状态。

(2)冷却剂流速。冷却剂流速在 0 ~ 10 m/s 范围内,对锆合金的腐蚀没有太大影响。

(3)中子通量。在中子辐照下,高温水中的氧能显著提高腐蚀速率。但在压水堆冷却剂中的溶解氧容许浓度很低,所以中子辐照对锆合金的腐蚀速率影响较小。

(4)热通量。锆合金的腐蚀速率随热通量增加而增加,同时吸氢量也增加。

(5)pH。锆合金在碱性溶液中会导致腐蚀速率增加。当 pH < 11.3 时对锆合金腐蚀尚无显著影响,但当冷却剂 pH > 12 时,腐蚀速率明显增大,碱浓度越高,锆合金腐蚀速率增加越大。

碱性的局部浓缩(如在构件的缝处)会引起锆合金的局部腐蚀。

(6)氢对锆合金的影响——氢脆现象。锆-2 合金与水反应产生的氢,一部分能穿过氧化膜扩散到锆合金中而被吸收,被吸收的氢通过热扩散在金属中的低温处(通常是燃料包壳外表面)浓集,若局部浓集的氢超过氢在锆中的溶解度时,就会在晶格边界和晶面上析出氢化锆($ZrH_{1.5}$),使锆的脆性增加,这就是锆的氢脆现象。

氢化锆可降低金属的机械性能,并使锆合金的腐蚀加快。实验表明,锆合金中氢的浓度小于 50 mg/L 时,对其机械性能已有影响,当增加至 500 mg/L 以上时,其影响已十分严重。吸氢主要影响锆合金的低温性能,在高温下氢化锆本身也变得有塑性,所以影响相对减小。通常规定,运行终期锆包壳的氢浓度不得超过 500 ~ 600 mg/L。

氢化锆由燃料包壳内壁向外表呈辐射状析出,使包壳发生裂缝,甚至贯穿管壁造成裂变

气体泄漏，这种现象称为内氢脆。内氢脆是由燃料芯块内残余水分造成的，常在运行初期发生，是危害压水堆燃料完整性最严重的问题。

反应堆初次提升功率后，燃料芯块内残余水分与锆包壳内表面发生反应，生成氧化膜并放出氢气。若氧化膜完好，则可阻止氢向金属渗透。但随着锆水反应的继续，燃料芯块内残余水分逐渐被消耗掉，不能继续形成和修复氧化膜，使氧化膜开始出现缺陷点，燃料包壳内积累的氢则通过缺陷点渗透入金属基体，开始形成氢脆过程。氢逐渐积累形成的δ相氢化物密度(5 480 kg/m^3)较锆合金密度(6 545 kg/m^3)小，因此，氢化物的生成过程伴随有相变的体积变化，形成疏松结构，在内表面膨胀起来。氢化物在包壳截面温度梯度场中，由包壳内壁向外表呈辐射状迁移扩张，形成许多微小的贯穿性裂缝，此时若有急剧的功率波动，则应力的作用会造成包壳破裂。

为了防止包壳的氢脆破裂，必须尽可能减少和消除燃料包壳内的氢。燃料芯块中的微量水分是氢的主要来源，需要严格控制。另外，焊接热影响区和包壳内表面的局部划痕，都会加剧内氢脆过程；卤素和铯能促进内氢脆，尤其是氟会削弱氧化膜对氢穿透的保护作用；氟和水汽共同作用将加速辐射状缺陷的形成，所以应严格控制燃料芯块的氟浓度，一般应低于10～15 mg/L。

(7)卤素离子对锆合金腐蚀的影响。在卤素离子中，氯离子浓度对锆合金腐蚀无明显影响，但微量氟离子(约10 mg/L)则能显著增大锆合金的初始腐蚀速率和吸氢量。在不发生沸腾情况下，氟浓度小于2 mg/L的水对锆合金已无危害，但考虑堆芯可能发生局部沸腾浓缩，所以应控制堆芯冷却剂中氟离子在0.1～0.15 mg/L。

锆合金应力腐蚀比其他类型腐蚀引起的局部腐蚀发展要快，在高功率下燃料元件包壳的破损多属此类腐蚀。锆合金受应力破裂的敏感温度为240～500 ℃，以400 ℃为最敏感。

5.3.2 不锈钢的腐蚀特点

压水堆核动力装置中广泛采用0Cr18Ni10Ti系列不锈钢，由于含有较多铬和镍，这种不锈钢在高温高压除气水中具有较高的抗腐蚀性能及机械性能。图5-6所示为用不同方法进行表面处理的不锈钢在300 ℃高温水中的腐蚀情况。

最初腐蚀速率较大，但达到一定时间(数百小时)后，不锈钢表面生成一层尖晶石型氧化膜，紧贴在金属基体表面，牢固坚实，耐腐蚀耐磨损，具有很好的保护作用，使腐蚀速率稳定在一个较低的恒定值上。在核动力装置中，出现恒定值的时间约为200 h。

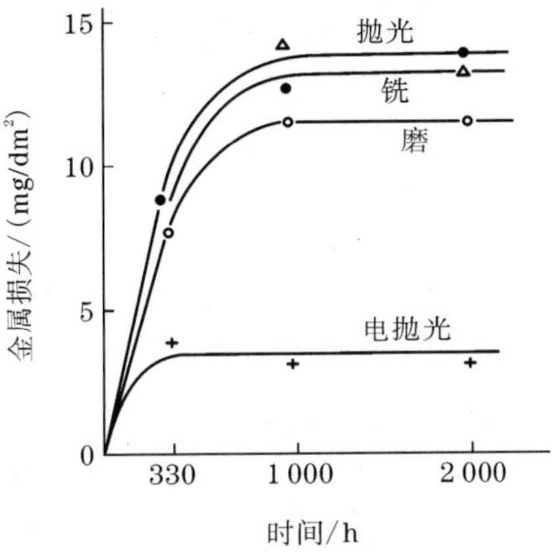

图5-6 不锈钢在300 ℃水中的腐蚀过程

5.3.2.1 不锈钢的应力腐蚀

应力腐蚀破裂是金属材料在腐蚀介质中，在材料应力的共同作用下所发生的腐蚀破裂。应力腐蚀的特点是，结构材料所承受的应力远小于材料的强度极限，而且没有发生明显的塑性变形和外观变化，金属部件就在腐蚀介质中受到破坏。应力腐蚀破裂而导致的部件损坏通常是突然发生的。

不锈钢在含氧和氯离子水中，最容易发生应力腐蚀。在含有氯离子的高温水中，应力腐蚀呈穿晶型破裂；在含有氧的高温水中，则呈晶间型破裂。

如果介质中存在氯离子，在金属表面与介质接触的某些特定区域（如划痕、凹坑等），或者奥氏体不锈钢制造过程中形成的 α 相组织（由于合金元素不足或材料在弯曲、轧延、冷冲时由于晶格扭曲发生相变形成）首先发生电化学腐蚀。腐蚀产物在氯离子作用下迅速形成可溶性氯化物进入介质中，在金属表面难以形成保护膜，腐蚀不断向纵深发展，形成裂缝。若结构材料中存在应力，则裂缝处的应力会比较集中。在应力作用下，裂缝前端金属的奥氏体组织不断向 α 相转变，从而使腐蚀加剧，裂缝不断向纵深发展，有时发生突然撕裂，因而应力腐蚀破裂的裂纹大多呈树枝状。这样，机械作用与电化学作用彼此交替，加速了腐蚀过程。

5.3.2.2　影响不锈钢应力腐蚀破裂的因素

（1）pH 的影响。研究表明，在高温水中铬镍不锈钢在 pH = 6 ~ 7 时对氯离子应力腐蚀最为敏感。例如，在 260 ℃氯化物溶液中，当 pH = 6.0 时发现 100% 试样发生破裂；在 pH = 8.5 时破裂试样数目大为减少；在 pH = 10.5 时未发现破裂。可见随介质 pH 增加，在高温水中对氯离子应力腐蚀破裂敏感性显著下降。

这是因为在高 pH 介质中存在大量 OH^-，阻碍了氯离子接近金属表面，从而抑制了应力腐蚀过程。此外，还有人认为提高 pH 降低了氧的电极电位，因而减少了氧腐蚀，使金属表面的保护膜趋于稳定。必须指出，当介质 pH 过高时，有引起金属材料苛性腐蚀破裂的危险。

（2）氯离子和溶解氧的影响。水中溶氧和氯离子的共同作用是不锈钢产生穿晶应力腐蚀破裂的重要原因。这种腐蚀曾经造成了蒸汽发生器等主要设备的严重破坏。

介质中氯离子和溶氧浓度越大，奥氏体不锈钢发生应力腐蚀的可能性亦越大。表 5-2 为氯离子浓度对不锈钢应力腐蚀破裂影响的试验结果。

表 5-2　氯离子浓度对不锈钢应力腐蚀破裂影响

氯离子浓度/（mg/L）	试样个数	破裂时间/h	
		出现破裂	完全破裂
100	6	200	300
50	4	200	300
25	10	100	700
10	6	2 500	—
5	6	72 500	—

从表中结果可以看出，在不考虑溶氧浓度的情况下，水中氯离子浓度越高，试样完全破裂所需要的时间就越长。也有一些研究指出，水中氯离子浓度为 0.2 ~ 10 mg/L 时，就能引起应力腐蚀破裂。实际上，溶氧浓度在很大程度上影响着可能引起应力腐蚀破裂的氯离子浓度。一般认为，氧对于奥氏体不锈钢发生氯离子应力腐蚀破裂具有促进作用。表 5-3 所示为 1Cr18Ni9Ti 不锈钢在 350 ℃时的应力腐蚀试验结果。

表 5-3　1Cr18Ni9Ti 不锈钢应力腐蚀破裂试验结果(350 ℃)

氯离子浓度/(mg/L)	溶氧浓度/(mg/L)	试验时间/h	破裂情况
0.05	0.1 ~ 0.2	880	无裂缝
0.10	0.2 ~ 0.4	2 055	无裂缝
0.10	1.5 ~ 3.0	1 985	出现裂缝
0.10	38 ~ 42	221	出现裂缝
10	0.5 ~ 1.0	650	出现裂缝
1 000	0.1 ~ 0.2	873	无裂缝

从表中数据可以看出,在相同的氯离子浓度下,溶氧浓度越高,试样出现裂缝所需的时间就越短;而在溶氧浓度很低的情况下,即使氯离子浓度很高,样品也没有出现裂缝。

图 5-7 所示为 0Cr18Ni10Ti 不锈钢产生氯离子应力腐蚀破裂的试验结果。

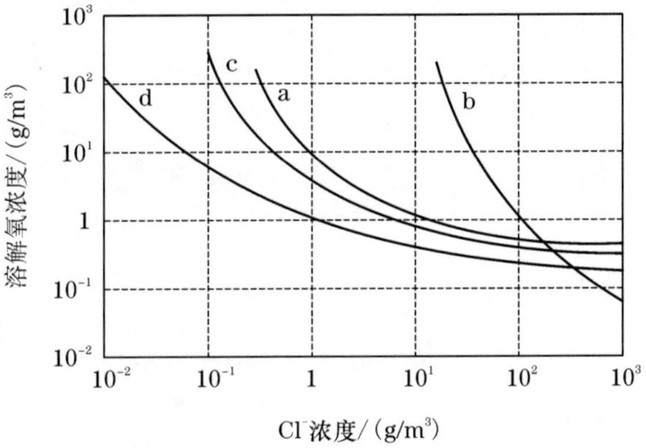

a——260 ℃经磷酸盐处理的水试验360 h;　b——300 ℃纯水试验100 h;
c——260 ℃纯水试验100 h;　d——350 ℃纯水试验900 h

图 5-7　0Cr18Ni10Ti 不锈钢产生应力腐蚀破裂的氧和氯离子浓度

图中曲线右上方为出现应力腐蚀破裂的范围,左下方为未发现出现破裂的范围。试验结果表明,只要介质中溶氧浓度足够低,少量氯离子的存在也不足以引起应力腐蚀破裂。同样,只要氯离子浓度足够低,溶氧的存在也不足以引起应力腐蚀破裂。

在压水堆核动力装置中,为防止不锈钢产生氯离子应力腐蚀,应严格控制介质中溶氧和氯离子的浓度,通常只要二者的浓度满足 $[Cl^-][O_2] < 10$ 的条件,含钼的铬镍钢可避免穿晶应力腐蚀破裂。

(3) 材料应力的影响。结构材料中有应力存在,是应力腐蚀破裂的必要条件之一,而且只有拉应力才可能引起破裂。应力腐蚀破裂的裂纹走向,一般与材料中的最大应力方向垂直。应力越大,发生破裂的敏感性也越大,发生破裂的时间减少。当应力小于某一数值时,就不会发生应力腐蚀。通常发生破裂的位置总是在应力比较大的局部区域。

(4) 金属表面状态的影响。不锈钢金属表面有缺陷存在时,由于会引起应力集中,因此产生应力腐蚀破裂所需的临界应力(最小应力)要比无缺陷的光滑表面小。而且表面缺陷越尖锐,越容易发生应力腐蚀破裂。

(5)温度的影响。介质温度对不锈钢应力腐蚀破裂也有一定的影响。随着温度升高,发生应力腐蚀破裂的敏感性也增大,产生破裂的时间缩短。不锈钢应力腐蚀的敏感温度为200～350 ℃。

(6)其他。介质中的硼酸和氢浓度只要控制在压水堆冷却剂允许浓度范围内(注意对pH的影响),对不锈钢应力腐蚀无明显影响。

辐射对不锈钢应力腐蚀破裂也无不利影响,只是长期受中子辐照使不锈钢机械性能发生变化。

碳是造成奥氏体不锈钢晶界腐蚀损坏的主要原因,在我国国家标准中的1Cr18Ni9Ti已不推荐,多采用低碳级0Cr18Ni9和超低碳级00Cr17Ni14Mo2。

5.4　二回路系统的腐蚀特点

水是二回路系统热力循环的基本工质,在蒸汽系统和汽轮机中为饱和蒸汽,在凝给水系统中为凝水和蒸汽发生器给水。

凝给水系统大部分管系和设备采用碳钢结构;蒸汽发生器传热管一次侧与反应堆冷却剂接触,二次侧与给水接触,因而早期普遍采用不锈钢材料,近年来为了避免不锈钢的氯离子应力腐蚀,开始采用抗氯离子应力腐蚀能力较强的镍基合金代替不锈钢。下面分别介绍其腐蚀特点。

5.4.1　凝给水系统的腐蚀特点

由于冷凝器与凝水泵前的凝水管路在负压下工作,如果密封不严,舱室中的空气很容易从这个部位泄漏到凝水中去,使凝水中含有较多的O_2和CO_2;另外,如果冷凝器管板或传热管发生泄漏,循环冷却海水也会漏入凝水中,造成凝水的严重污染。

在溶解氧的作用下,碳钢材料在低温条件下发生腐蚀,首先生成白色的氢氧化亚铁,即

$$2Fe + O_2 + 2H_2O \longrightarrow 2Fe(OH)_2\downarrow \tag{5-15}$$

这是一种不稳定的化合物,很容易发生以下反应

$$4Fe(OH)_2 + 2H_2O + O_2 \longrightarrow 4Fe(OH)_3\downarrow \tag{5-16}$$

$$Fe(OH)_2 + 2Fe(OH)_3 \longrightarrow Fe_3O_4 + 4H_2O \tag{5-17}$$

$Fe(OH)_3$是三价铁离子的氢氧化物,其化学组分实际上较为复杂,常常以各种含水氧化铁的形式存在,所以也可以写成$Fe_2O_3 \cdot nH_2O$。在低温中性水环境下形成的$Fe_2O_3 \cdot nH_2O$是砖红色的α型氧化铁,这是一种疏松的氧化物。

凝给水系统中的腐蚀还常常具有溃疡腐蚀的特点。在溶解氧作用下,碳钢表面常常形成许多小鼓疱,其直径在1～30 mm;鼓疱表面呈黄褐色或砖红色,是各种形态的氧化铁;次层为黑色粉末状物体,是四氧化三铁(Fe_3O_4);在紧靠金属表面处,有时还会有一层黑色的氧化亚铁。清除这些腐蚀产物后,在碳钢表面便出现腐蚀造成的陷坑。

这些鼓疱的形成与腐蚀时的二次产物性质有关。当金属表面某处先发生腐蚀后,由于腐蚀产物是疏松的,没有保护性,所以腐蚀将继续进行下去。但是由于腐蚀产物的阻挡,在腐蚀发生的点上水中溶解氧不易达到金属表面,因而腐蚀点周围介质中溶解氧浓度大于腐蚀点中的溶解氧浓度,由此形成氧浓差电池,腐蚀在腐蚀点周围不断向外扩展。后来产生的

腐蚀产物不断覆盖在原先产生的腐蚀产物上，越积越厚，形成鼓疱。而且，腐蚀产物不断发生如反应式(5-16)、式(5-17)所示的二次过程，因而鼓疱往往是分层的。

当水中含有 CO_2 气体时，金属的腐蚀速率显著提高。这是因为 CO_2 溶于水中后形成碳酸，碳酸在水中分步电离，即

$$CO_2 + H_2O \rightleftharpoons H_2CO_3 \tag{5-18}$$

$$H_2CO_3 \rightleftharpoons H^+ + HCO_3^- \tag{5-19}$$

$$HCO_3^- \rightleftharpoons H^+ + CO_3^{2-} \tag{5-20}$$

凝给水系统中的介质是较纯的中性水，对 pH 的缓冲性能很差。少量 CO_2 溶入水中，即能使水的 pH 降到 5.0～5.5 以下。而且，碳酸是一种弱酸，在介质中分步电离。随着腐蚀的发生，被消耗掉的 H^+ 不断由未电离的 H_2CO_3 和 HCO_3^- 的电离所补充。所以，介质 pH 总是维持在一个较低的水平上。图 5-8 所示为水中 CO_2 浓度对 pH 和电导率的影响。

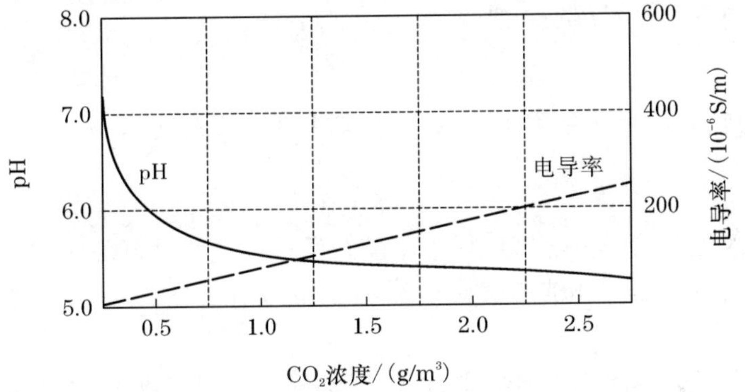

图 5-8　水中 CO_2 浓度对 pH 和电导率的影响(20℃)

5.4.2　蒸汽发生器中的腐蚀特点

蒸汽发生器的传热管材料早期广泛采用 18-8 奥氏体不锈钢，这种材料在含 Cl^-、O_2 及 OH^- 的高温水中，对应力腐蚀破裂敏感，特别是当冷凝器中有海水漏入时，被污染的凝给水会引起严重的不锈钢应力腐蚀。为了解决此问题，开始采用含镍量高的镍基合金材料，常用的有因科镍-600(Inconel-600，16Cr、72Ni)、因科镍-690(Inconel-690，30Cr、60Ni)、因科洛依-800(Incoloy-800，22Cr、34Ni、Al、Ti)等。

5.4.2.1　蒸汽发生器中杂质分布规律

在自然循环蒸汽发生器中，炉水在循环过程中由于蒸发、浓缩以及与给水混合等原因，各处杂质分布是不均匀的。图 5-9 所示为立式 U 形管自然循环蒸汽发生器二次侧工质的循环过程及杂质分布规律。

质量流量为 G_{fw} 的给水由给水管道进入蒸汽发生器，与汽水分离器从湿饱和蒸汽中分离出来的疏水相混合，并沿着管束套筒外表面与蒸汽发生器筒体内表面之间的环形下降通道向下流动。在到达管板位置时，再通过管束套筒下端与管板上表面之间的空隙进入传热管束区，然后沿着由管束套筒内表面与传热管束外表面构成的上升通道向上流动，逐渐被传热管束内部流动的一次侧冷却剂加热达到饱和状态并产生饱和蒸汽，经汽水分离后进入蒸汽

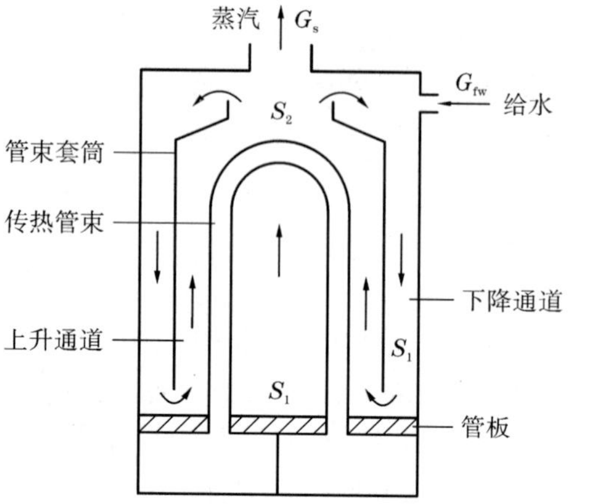

图 5-9 蒸汽发生器中杂质分布规律

管道的蒸汽流量为 G_s。

根据循环倍率 K 的定义(上升通道内汽水混合物总质量流量与蒸汽质量流量之比),上升通道内汽水混合物的质量流量可表示为 KG_s,汽水分离器分离出的饱和水流量可表示为 $(K-1)G_s$,下降通道内的水流量则可表示为 $(K-1)G_s+G_{fw}$。

在上升通道内,汽水混合物沿传热管束外表面向上流动,蒸汽份额不断增加,炉水不断浓缩。假设炉水在下降通道及传热管束预热段中杂质离子浓度为 S_1,在传热管束顶部及汽水分离器处为 S_2,则有

$$[(K-1)G_s+G_{fw}]\cdot S_1=(K-1)G_s\cdot S_2 \tag{5-21}$$

如果不考虑排污,给水流量等于蒸汽流量,则上式可以简化为

$$S_2=\frac{K}{K-1}S_1 \tag{5-22}$$

即蒸汽发生器二次侧蒸发段上部区域炉水中的杂质浓度大约是下部区域的 $K/(K-1)$ 倍。

自然循环蒸汽发生器循环倍率通常在 3 ~5,当 $K=5$ 时,S_2 为 S_1 的1.25倍;当 $K=3$ 时,S_2 为 S_1 的 1.5 倍。

在蒸汽发生器中的缝隙内或水垢下,由于局部沸腾的浓缩效应,杂质离子浓度可以比炉水中高 $10^3 \sim 10^5$ 倍,因此极易引起应力腐蚀破裂。

5.4.2.2 奥氏体不锈钢的苛性腐蚀破裂

苛性腐蚀破裂是金属材料在碱性介质中发生的一种应力腐蚀破裂,也叫碱裂。

在蒸汽发生器中,如果炉水中含有较多的游离碱,蒸汽发生器传热管往往会发生苛性腐蚀破裂,其机理大体如下:

在高温水中,铁基合金受到腐蚀,生成氢氧化铁

$$Fe+2H_2O = Fe(OH)_2+H_2\uparrow \tag{5-23}$$

当炉水中游离碱浓度足够高时,氢氧化铁与游离碱发生以下反应形成铁酸盐

$$Fe(OH)_2+2NaOH = Na_2FeO_2+2H_2O \tag{5-24}$$

铁酸盐经一定时间后发生水解反应,析出四氧化三铁

$$3Na_2FeO_2+4H_2O = Fe_3O_4+6NaOH+H_2\uparrow \tag{5-25}$$

在整个反应过程前后,介质中的游离碱没有任何损耗。由于反应的中间产物铁酸盐是易溶物质,因此金属在受腐蚀后不能形成保护膜。最后产生的磁性四氧化三铁,往往沉积在其他地方,在以前沉积在金属材料表面的四氧化三铁上形成晶核。因此,腐蚀将不断向纵深发展,最后穿透管壁造成破裂。

苛性腐蚀破裂的形式取决于介质温度以及金属材料的含碳量。在高温水中金属含碳量较高时容易产生晶间破裂,在含碳量较低时容易产生穿晶破裂。如不锈钢构件在含碳量为0.03%时苛性腐蚀破裂多数是穿晶破裂,含碳量在0.07% ~0.11%时则为晶间破裂。

奥氏体不锈钢的苛性腐蚀破裂与氯离子应力腐蚀破裂的区别在于：

（1）苛性腐蚀破裂在无氧环境下也能发生，而氯离子应力腐蚀破裂必须有氧时才发生；

（2）氯离子应力腐蚀破裂只需要少量氯离子在介质中即能产生，而苛性腐蚀破裂只有在碱的浓度达到 50 000 ~ 100 000 mg/L 时才能发生。

在蒸汽发生器中，只有在局部浓缩条件下才能形成苛性腐蚀破裂所需要的碱的浓度。根据 R. E. 豪尔的实验，苛性碱在传热管上的浓缩倍率与金属过热度，即金属壁温与工作压力下饱和温度的温差 ΔT 有关，实测结果如图 5-10 所示。

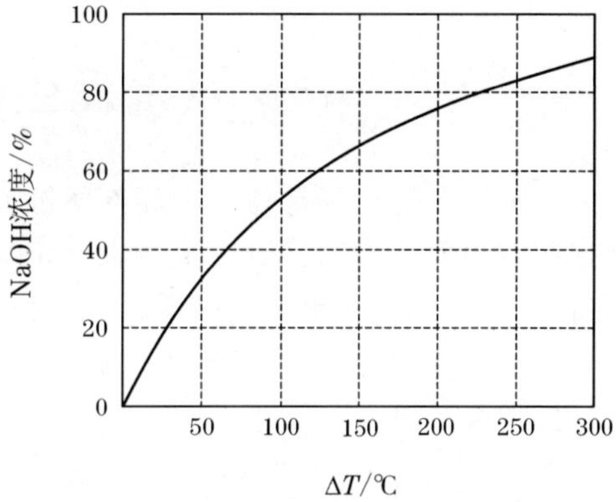

图 5-10　过热度对 NaOH 浓缩的影响

从图 5-10 中可以看到，只要有几摄氏度的过热度，炉水中的 NaOH 浓度即能由几 mg/L 浓缩到 50 000 ~ 100 000 mg/L（相当于 5% ~ 10% 重量浓度）。这种过热度在蒸汽发生器高热负荷区很易达到，特别在由于积垢或缝隙中有汽垫的情况下更易发生。

5.4.2.3　镍基合金的腐蚀特点

蒸汽发生器中常用的镍基合金材料有因科镍-600、因科镍-690、因科洛依-800 等，它们都具有良好的机械加工性能、低温机械性能、抗氧化性能和抗高温腐蚀性能，尤其抗氯离子应力腐蚀性能极好。但是，镍基合金在高温、应力和苛性碱共同作用下，仍有发生苛性应力腐蚀的倾向。

在高温水中，镍基合金的耐腐蚀性能与不锈钢相似。合金表面也会生成尖晶石型保护膜，腐蚀速率也很低（$<10\ mg/dm^2 \cdot month$），小于不锈钢。因科镍-600 在与压水堆的水质、温度和水流速度（3 ~ 10 m/s）相似的条件下，其腐蚀速率和腐蚀产物释放率随时间的变化如图 5-11 和图 5-12 所示。

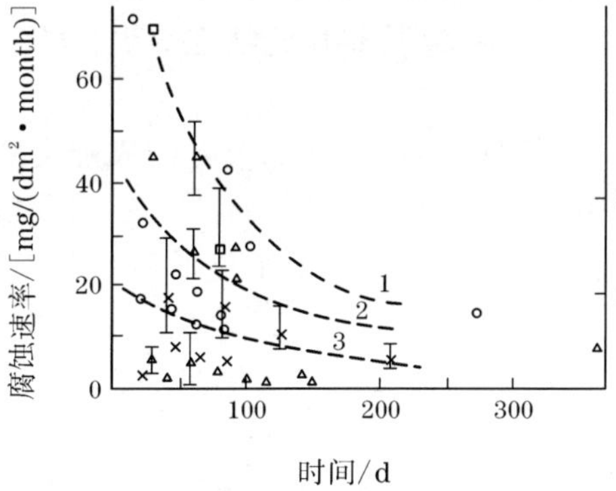

图 5-11　因科镍-600 腐蚀速率随时间的变化

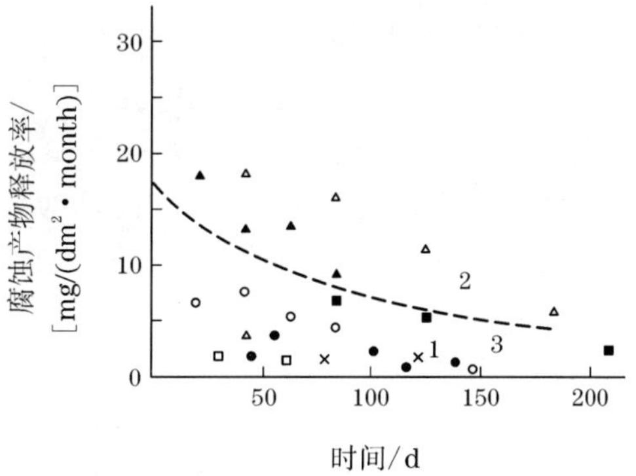

图 5-12　因科镍-600 的腐蚀产物释放率

图中数据分为 1 区、2 区和 3 区，不同区域的试样表面分别采用金刚砂抛光、磨光、光亮氢退火或酸洗处理，试验溶液分别为硼酸溶液、碱-硼酸溶液或碱溶液，其中 H_2、O_2、LiOH 的浓度各不相同。

由图可见,因科镍-600 的腐蚀速率和腐蚀产物释放率均随时间增加而减少,在 200 d 后达到定值。提高金属表面的光洁度,可增强材料的抗腐蚀能力。

因科镍-690 是一种含约 30% Cr 的奥氏体型镍基耐蚀合金,在含氯化物溶液和氢氧化钠溶液中具有比因科镍-600、因科洛依-800、304 不锈钢优异的抗应力腐蚀开裂能力,还具有更高的强度、良好的冶金稳定性和优良的加工特性,特别是在各种类型的高温水中,因科镍-690 显示出了腐蚀速率低和优异的应力腐蚀开裂抗力。在抗应力腐蚀破裂试验中,将管子与管板胀-焊连接接头分别在高温、高氯离子和高浓碱介质中进行了 2 000 h 以上暴露试验,试验后的检查结果表明，材料无应力腐蚀裂纹。

5.5　蒸汽发生器二回路侧水处理

蒸汽发生器传热管常常因为局部腐蚀而变薄,直至出现破损而造成泄漏,主要原因是传热管存在应力并且二回路侧炉水中有一定量的游离碱。另外,如果蒸汽发生器给水的含盐量过高,在蒸发过程中水中的杂质不断浓缩沉积,会在传热管壁上结垢,降低蒸汽发生器的传热性能,还会引起沉积物下腐蚀。因此,二回路侧的水处理对于保证蒸汽发生器安全、经济运行具有极为重要的作用。

5.5.1　水垢和泥渣

在热能动力装置中,介质中的杂质沉积在结构材料表面形成一层坚硬的沉积物,称为水垢;在介质中形成悬浮在水中或沉积在容器底部的稀松絮状物,称为泥渣。

水垢和泥渣主要由钙和镁的某些盐类构成,由于这些物质在水中的浓度超过了它们的溶解度,于是从水中沉淀下来:

(1)有些盐类(如硫酸钙)的溶解度具有负的温度系数,当水温升高时,这些盐类的溶解度降低,从而形成沉淀析出;

(2)介质中钙镁盐类(如碳酸氢钙)在设备中受热分解,形成某些化合物沉淀析出;

(3)由于沸腾浓缩,炉水中杂质离子浓度不断增大,当超过某些化合物在该温度下的溶解度时,这些离子互相组合形成沉淀。

热力设备在运行过程中,炉水受热蒸发、浓缩是不可避免的,只要水中有构成硬度的物质就会结垢。无论是哪一种因素引起结垢,都可以用溶度积理论来进行研究。根据弱电解质的溶度积理论,在一定的温度下,某一电解质在饱和溶液中各种离子浓度的乘积是常数,称为溶度积常数,简称溶度积,用 K 来表示。

例如,在硫酸钙饱和溶液中,已溶解的硫酸钙与未溶解的硫酸钙之间存在以下动态平衡

$$CaSO_4 \rightleftharpoons Ca^{2+} + SO_4^{2-} \tag{5-26}$$

此时,溶液中钙离子浓度与硫酸根浓度的乘积应等于溶液当前温度下硫酸钙的溶度积

$$K_{CaSO_4} = [Ca^{2+}][SO_4^{2-}] \tag{5-27}$$

在不同的温度下,电解质的溶度积是不同的。大部分难溶电解质的溶度积随温度上升而增加,少数化合物则相反。

根据化合物的溶度积可以判断难溶电解质溶液中沉淀的生成和溶解情况。例如,在硫酸钙溶液中:

(1)当$[Ca^{2+}][SO_4^{2-}] < K_{CaSO_4}$时溶液为非饱和状态;

(2)当$[Ca^{2+}][SO_4^{2-}] = K_{CaSO_4}$时溶液为饱和状态;

(3)当$[Ca^{2+}][SO_4^{2-}] > K_{CaSO_4}$时溶液为过饱和状态,有沉淀析出,直到达到饱和为止。

对于能电离出两个或两个以上相同离子的难溶电解质,离子的浓度应取电离方程式中该离子的系数为指数,例如

$$Ca_3(PO_4)_2 \rightleftharpoons 3Ca^{2+} + 2PO_4^{2-} \qquad (5\text{-}28)$$

则应有

$$K_{Ca_3(PO_4)_2} = [Ca^{2+}]^3[PO_4^{2-}]^2 \qquad (5\text{-}29)$$

炉水中杂质离子根据溶度积规律产生沉淀时,形成的固体沉淀物是水垢还是泥渣,则要根据沉淀物的化学组分和沉淀形成时的条件。例如,钙、镁的硫酸盐、硅酸盐都是坚硬的水垢;钙、镁的碳酸盐在冷凝器、给水加热器和给水管道中常形成水垢,但在蒸汽发生器中当炉水剧烈沸腾时则形成泥渣;钙、镁的磷酸盐通常形成泥渣。

已经形成的泥渣在一定条件下也可能再次沉积和粘附在传热表面形成坚硬的水垢,这种水垢称为二次水垢。

实际上,水垢的化学成分和晶体结构非常复杂,很难用一个简单的化学式来表示。它是钙、镁、铁、硅、钠等元素的氧化物的一些极其复杂的组合。

水垢的导热性能很差,只有金属材料的 1/400 ~ 1/15,因此传热管壁上结上水垢会严重影响传热设备的性能和寿命,而且垢下炉水的浓缩将引起金属材料的应力腐蚀破裂。

5.5.2　炉内水处理

炉内水处理是防止传热管结垢的有效方法。它是向炉水中添加某些化合物,创造一定条件,让炉水中各种可能结垢的杂质离子优先形成悬浮状的泥渣析出,然后通过排污从蒸汽发生器中排出。这样,炉水中杂质离子浓度总保持在不易产生水垢的允许范围内。

二回路水处理的目的是去除杂质,防止结垢和调整水的 pH。常用的水处理方法有磷酸盐法和全挥发零固体处理两种。

5.5.2.1　磷酸盐法

也称为磷酸盐处理(PT,Phosphate Treatment),是为了防止炉内生成钙、镁水垢并减少腐蚀,向炉水中加入磷酸三钠($Na_3PO_4 \cdot 12H_2O$)的处理方法。

这种方法具有以下作用:

(1)使水中的钙镁盐类产生沉淀,即

$$\begin{aligned}
&3Ca(HCO_3)_2 + 2Na_3PO_4 = Ca_3(PO_4)_2\downarrow + 3Na_2CO_3 + 3CO_2\uparrow + 3H_2O \\
&3Mg(HCO_3)_2 + 2Na_3PO_4 = Mg_3(PO_4)_2\downarrow + 3Na_2CO_3 + 3CO_2\uparrow + 3H_2O \qquad (5\text{-}30) \\
&3CaCl_2 + 2Na_3PO_4 = Ca_3(PO_4)_2\downarrow + 6NaCl
\end{aligned}$$

(2)生成的磷酸钙、磷酸镁是一种有高度分散能力的胶体颗粒,能作为水中补充的结晶中心,碳酸钙等沉淀在其颗粒表面析出,并变得细小、分散,而不致附着在金属表面结成水垢,从而增加泥渣的流动性。

(3)在金属表面生成磷酸盐保护膜,防止金属腐蚀。

(4)可促使老水垢疏松、脱落。

由于磷酸盐与水中钙、镁离子的实际化学反应很复杂，所以难以精确计算加药量，实际加药量只能按炉水应维持的 PO_4^{3-} 浓度，通过调整确定。为了方便起见，按水中硬度来估算加药量。

在运行时的加药量为

$$G_P = \frac{1}{1\,000K_1 e}(K_2 H G_{fw} + G_b S) \quad kg/s \tag{5-31}$$

式中，G_{fw}、G_b ——蒸汽发生器给水流量、排污水流量，kg/s；

S ——炉水中应维持的 PO_4^{3-} 浓度，mol/L；

H ——给水硬度，mol/L；

K_1 ——$Na_3PO_4 \cdot 12H_2O$ 中含 PO_4^{3-} 的份额，取值 0.25；

K_2 ——使 1 000 mol 的 Ca^{2+} 变为 $Ca_{10}(OH)_2(PO_4)_6$ 所需的 PO_4^{3-} 克数，取值 28.5；

e ——工业 $Na_3PO_4 \cdot 12H_2O$ 纯度，一般为 0.92 ~ 0.98。

用除盐水或冷凝水作为补给水时，给水中总会有少量碳酸盐，进入蒸汽发生器后，在高温作用下会引起重碳酸钠和碳酸钠的分解、碳酸盐硬度与磷酸盐相互作用等。这些反应均生成 NaOH，在炉水中形成游离 NaOH，引起金属的碱性腐蚀。

在实际运行时，为防止产生游离碱度，一般以 Na^+/PO_4^{3-} 比值为 2.6 作为炉水控制的上限，其下限一般不应低于 2.3，否则，在析出固体时，水的 pH 降低甚至偏向酸性，会加速材料的腐蚀。

5.5.2.2　协调磷酸盐法

也称协调磷酸盐处理（CPT，Congruent Phosphate Treatment），是为了防止炉水产生游离 NaOH，维持 Na^+/PO_4^{3-} 的摩尔比为 2.6 ~ 3.0 的磷酸盐处理方法。一般是在向炉水中添加磷酸盐时，加上一定比例的酸式磷酸盐，如磷酸氢钠（Na_2HPO_4）或磷酸二氢钠（NaH_2PO_4），与炉水中的游离碱发生如下反应

$$\begin{aligned} Na_2HPO_4 + NaOH &= Na_3PO_4 + H_2O \\ NaH_2PO_4 + 2NaOH &= Na_3PO_4 + 2H_2O \end{aligned} \tag{5-32}$$

从而有效地清除炉水中的游离碱。

加入酸式磷酸盐还会使炉水呈现一定的碱度和 pH，磷酸三钠水溶液的 pH 与 PO_4^{3-} 浓度的关系如图 5-13 所示。

如果磷酸盐水溶液的 pH 低于此曲线所指示的值，则表明在此水溶液中除了有 Na_3PO_4 外还有酸式磷酸盐；如果 pH 在曲线以上，则表明水中还有游离 NaOH。在进行水处理时，炉水的 pH 应控制在曲线以下 0.3pH 处为宜。炉水中 PO_4^{3-} 浓度为 20 mg/L 时，其 pH 应小于 9.9。

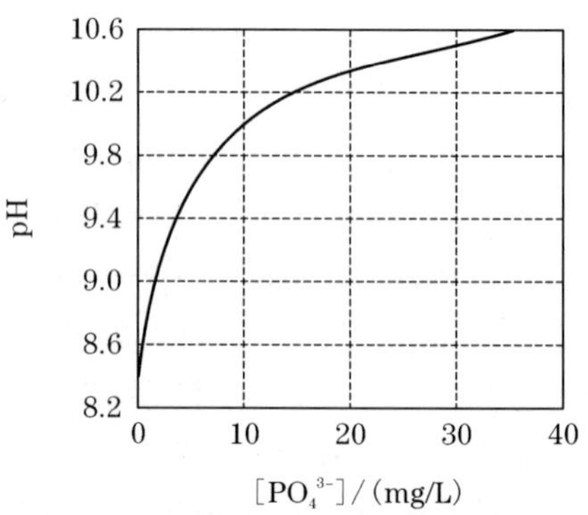

图 5-13　炉水中[PO_4^{3-}]与 pH 的关系

对于采用因科镍-600 管材的蒸汽发生器，二回路水使用协调磷酸盐法处理，应控制以下指标：

（1）PO_4^{3-} 浓度应为 25 ~ 80 mg/L；

（2）Na^+/PO_4^{3-} 的比值在 2.0 ~ 2.6；

(3)炉水的 pH 保持在图 5-13 所推荐范围内。

5.5.3　全挥发零固体处理

采用磷酸盐法对炉水进行处理,固然能有效地防止结垢,并且有效地控制炉水的 pH。但是,对于采用因科镍-600 管材的蒸汽发生器,却带来了新的腐蚀问题。

在蒸汽发生器二回路侧水力条件和热通量可能引起介质中局部浓缩的部位,包括管子与管板的缝隙区、管子与隔板的缝隙区及泥渣淤积的管板区,经常发生严重腐蚀、管材减薄、晶间腐蚀破裂等事故,其原因主要是炉水在装置运行过程中产生的游离碱,加上磷酸盐等化学物在这些区域的局部浓缩效应,导致了因科镍材料的耗蚀和应力腐蚀破裂。

20 世纪 70 年代初,核工业界曾致力于控制炉水中的 Na/PO_4 比率,如西屋公司规定 Na/PO_4 在 2.3 ~ 2.6,德国规定 Na/PO_4 为 2.5,日本规定 Na/PO_4 为 2.6 以下 。但是运行实践表明,无论把 Na/PO_4 比率控制在什么范围内,都无法阻止这种耗蚀的局部均匀腐蚀所造成的因科镍-600 合金管材的快速减薄趋向。

目前,在采用因科镍管材的蒸汽发生器中,炉内水处理已放弃了传统的磷酸盐法,广泛采用全挥发处理和零固体处理。

5.5.3.1　全挥发处理

全挥发处理(AVT,All Volatile Treatment)是在蒸汽发生器给水只添加可挥发性的化学药品(氨、吗啉和联氨),不再加任何其他化学药剂的处理方法,用以除去给水中的溶解氧,并调整给水的 pH。这些化学添加物在蒸汽发生器运行参数下是全部挥发的,不会出现局部浓缩,而是随蒸汽经蒸汽管道和汽轮机进入冷凝器中,又随凝水、给水回到蒸汽发生器中,在回路中构成循环。由于凝水、给水和蒸汽的 pH 提高,有效地保护了凝给水系统和蒸汽系统,减少了这些系统结构材料的腐蚀,而且也不会造成蒸汽发生器中的苛性腐蚀破裂和消耗性腐蚀减薄事故。

随给水进入蒸汽发生器中的溶解性杂质和悬浮固体,如腐蚀产物 $Fe(OH)_2$ 或冷凝器泄漏物,可以借助蒸汽发生器的排污排除。但是,这种处理方法处理杂质的能力有限,要求给水中杂质含量极少,尤其不允许冷凝器发生泄漏,因此常和零固体物处理法同时使用。

5.5.3.2　零固体物处理

零固体物处理是对蒸汽发生器给水进行深度除盐,使给水硬度为零,给水总固体小于 1 mg/L或 0.5 mg/L。这样,就需要在凝水管路中串联净化设备,对凝水进行全流量净化,可以有效地防止在蒸汽发生器中结垢。这种方法在不能进行炉内水处理的直流锅炉和直流蒸汽发生器中早已使用,并且取得了很好的运行经验。

采用零固体物处理时,还要与全挥发处理同时使用,向给水中添加联氨以除氧,添加吗啉等调节介质 pH。但是,采用这种方法不能防止给水管道中产生的腐蚀产物进入蒸汽发生器中,因此在蒸汽发生器中传热管上总会形成铁垢,即氧化铁的沉积物。因而,在这种情况下对蒸汽发生器二回路侧需定期进行化学清洗,以免影响传热效果。

采用零固体物处理也可与“氨-络合物”法联合使用,也即向炉水中连续添加一定量的氨-络合物,使水中的杂质全以氨-络合物盐的形式存在于水中,随水汽循环。这样便可保证在炉水中不再形成结垢,而在水汽循环中,这些杂质经过离子交换器时能全部除掉。

以上方法只有在冷凝器无泄漏时才能有效发挥作用,当大量杂质经冷凝器泄漏部位进入凝水中，就无法避免在蒸汽发生器中结垢。因此，有人建议在冷凝器无泄漏时，采用全挥发和零固体物处理，并以0.1%的排污率连续排污；在冷凝器发生泄漏时，添加少量磷酸盐并提高排污率，此时应保持水中磷酸根余量不大于10 mg/L，Na/PO_4 比率在2.2～2.6，并以0.3%的排污率连续排污。这种方法也称为混合水处理法。

混合水处理法可以克服上述两种方法的缺点。但要注意所加入磷酸盐不能太多，应保持在消除杂质所需的最低量，且加入磷酸盐的持续时间应尽量短。

5.6　船舶核动力装置的水质监督制度

为了保证核动力装置正常、安全运行，对一、二回路各部分工质必须事先确定运行水质指标，在装置运行时通过仪表或化学分析监测水、汽质量是否符合规定的水质指标，以便采取必要的措施，这就是装置的水质监督。

水质监督制度是装置运行时进行水质监督所必须遵循的规章制度，包括一、二回路的水质指标、取样方法和间隔时间、质量劣化时的处理方法以及水样化验和分析规程等。

5.6.1　反应堆冷却剂的水质指标及控制

反应堆冷却剂的水质控制对反应堆及一回路系统在工作寿期内的安全运行具有重要影响，正确制定水质指标并在运行中严加控制，是确保冷却剂水质的基本前提。表5-4所列为反应堆冷却剂的主要水质指标。

表5-4　反应堆冷却剂的水质指标

装置名称	pH(25℃)	电导率/(μS/cm)	H_2 浓度/[ml(STP)/L]	质量浓度/(mg/L)				
				pH控制剂	O_2	Cl^-	F^-	总固体
“萨瓦娜”号	6～7	≤2	20～40		<0.01	<0.1	—	≤1.0
“陆奥”号	6.0～9.0	<1	25～35		<0.14	<0.1	<0.1	<1.0
“奥托·汉”号		0.1～1	40		<0.01			
“列宁”号		1～2			<0.01	<0.02		
希平港电站	9.5～10.5		15～60		<0.14	<0.1		<0.005
西屋公司NSSS	4.2～10.5	1～40(添加后)	25～35	0.22～2.2 ^7Li	≤0.1	≤0.15	≤0.15	≤1.0
CE公司SYS80	4.5～10.2	<20(添加后)		30～50 N_2H_4	≤0.1	≤0.15	≤0.1	<0.50
奥勃利汉姆电站	4.8～8.5	<50(添加后)	35～40	0.22～2.2 ^7Li	≤0.05	<0.1		<1.0
新沃罗涅什电站	10～10.5		30～60	10～30 NH_3	<0.02	<0.05		<0.1
“美滨”一号电站	4.2～10.5	1～40	25～35	0.22～2.2 ^7Li	<0.1	<0.15	<0.15	<0.5

对于反应堆冷却剂的上述主要水质指标进行控制，其目的和意义如下：

(1)pH

pH 的大小对金属材料的腐蚀速率有很大的影响。大量实验研究表明，当冷却剂 pH 处于中性和偏碱性时，铁基合金和镍基合金在高温水中的腐蚀速率比在酸性介质中要低得多。在除气水中，促使金属发生腐蚀的氧化剂主要是 H^+，当冷却剂偏碱性时，大量 OH^- 离子在金属材料周围对金属起钝化作用，同时在金属表面形成致密的保护膜，使材料的腐蚀速率明显下降。

冷却剂的 pH 不能太高，否则会引起材料的苛性脆化。对于不锈钢材料，在 35 ℃介质中，pH 在 6.8 ~ 11.3 时，不锈钢和锆合金的腐蚀速率将急剧增加，考虑到堆芯内可能发生局部浓缩效应，冷却剂的 pH 不宜超过 10.5。对冷却剂含硼运行的核电厂，一般 pH 不宜低于 4.2。

对于冷却剂 pH 的控制，通常采用向冷却剂中添加适量 pH 控制剂的方法，常用的 pH 控制剂有氢氧化锂、氢氧化氨等。也有的装置不向冷却剂中添加碱性化合物，而在除氧时添加过量的联氨，这些联氨在反应堆升温过程中分解，在辐照下生成氢氧化氨，提高了冷却剂的 pH。

(2)电阻率或电导率

为了减少杂质在堆芯被活化，冷却剂通常采用高纯水，其电阻率不小于 50 MΩ · m（电导率不大于 0.02 μS/m）。在这样的水中，杂质总量不超过 1 mg/L。

应该说明的是，这是指未添加化合物时的测量值。当添加化合物后，冷却剂的电阻率将迅速降低，不再真实地反映冷却剂的纯度。

(3)氧和氢

大量腐蚀试验数据表明，当冷却剂中氧浓度在 0.1 ~ 0.15 mg/L 以下时，材料的腐蚀速率可以有效地控制在 5 ~ 10 mg/(dm^2 · month)以下。

冷却剂中氧的浓度在很大程度上影响着可能引起应力腐蚀破裂的氯离子允许浓度。实验表明，只要冷却剂中氧浓度足够低，那么少量氯离子的存在也不足以引起应力腐蚀破裂。因此，压水堆核动力装置中冷却剂的氧浓度普遍控制在 0.1 mg/L 或 0.15 mg/L。

对于溶解氧的控制，采用在启堆时向冷却剂中添加适量联氨的方法，对于辐照分解产生的氧，则通过向冷却剂中添加氢气，以抑制水的辐照分解。根据实验，在冷却剂中加入的氢气保持在 14 ml(STP)/L，就能将辐照分解产生的氧控制到难以发现的水平（小于 5 μg/L）。考虑到可能出现的泄漏以及分布不均匀，冷却剂中氢浓度可控制在 25 ~ 35 ml(STP)/L，但不宜添加过多，否则结构材料特别是锆合金易产生氢脆现象。

(4)氯离子和氟离子

影响不锈钢的应力腐蚀破裂的主要因素有两个：一个是结构材料中有应力存在，另一个是介质中存在氯离子和氧离子。一般来说，应力越大，发生破裂的敏感性越大；氯离子和溶解氧浓度越大，发生应力腐蚀破裂的可能性越大。

实验表明，当冷却剂中氧浓度在 0.1 ~ 0.15 mg/L 以下时，只要氯离子浓度不大于0.1 ~ 0.15 mg/L，就足以防止结构材料发生氯离子应力腐蚀破裂。

控制冷却剂中的氟离子浓度，目的是防止锆合金燃料元件包壳的腐蚀，对于采用不锈钢包壳的反应堆可不设这一监督指标。氟离子的浓度超过 1 mg/L 时，对锆合金的腐蚀速率将有明显增加，考虑到堆芯中的局部浓缩效应，规定冷却剂中氟离子浓度控制指标规定为不大于0.1 mg/L。

（5）总固体

主要是指冷却剂中不溶性腐蚀产物，不包括在运行中添加的各种化合物。该指标反映了一回路水质控制的成败，与冷却剂的 pH、氧浓度和结构材料的钝化效果有关。

根据核动力装置的实际运行经验，冷却剂中总固体浓度应控制在0.5 ~ 1 mg/L 以下。

5.6.2 蒸汽发生器炉水的水质指标和控制

二回路的水质控制对蒸汽发生器的工作可靠性有直接影响，需要控制的对象包括炉水、给水和补充水。表5-5 所列为蒸汽发生器炉水的水质指标。

表 5-5　蒸汽发生器炉水水质指标

装置名称	pH(25℃)	质量浓度/(mg/L)						传热管材料
		O_2	Cl^-	PO_4^{3-}	SO_3^{2-}	总固体	SiO_2	
“鹦鹉螺”号	10.6 ~ 11.2		<0.5	150 ~ 300		<1 000		不锈钢
“海神”号	10.8		<0.5	100 ~ 300		<1 000		不锈钢
“萨瓦娜”号	10.5 ~ 11.0	0	0.1 ~ 1.0	100 ~ 300	20 ~ 30	≤650		不锈钢
“陆奥”号	9.5 ~ 11.0		<10	5 ~ 40		<500	<10	因科镍-600
希平港电站	10.6 ~ 11.0		<0.3	100 ~ 300	25 ~ 100	≤1 000	≤25	不锈钢
西屋公司 NSSS	9.5 ~ 10.5	<0.005	≤75	<10		<125	<5	因科镍-600
CE 公司 SYS80	9.8 ~ 10.2	≤0.01	≤75	15 ~ 25	5 ~ 10	<500	<10	因科镍-600
奥勃利汉姆电站	8.5 ~ 9.5	<0.01	0.02 ~ 0.05	2 ~ 6			0.1 ~ 0.2	因科镍-600
“美滨”一号电站	9.3 ~ 9.5	≤0.007	≤75	5 ~ 10		<600	<5	因科镍-600

对于奥氏体不锈钢，炉水的 pH 大于10.5 时可显著提高抗氯离子应力腐蚀的能力，但 pH 过高则会引起苛性腐蚀破裂。因此，采用不锈钢传热管的蒸汽发生器，炉水的 pH 应控制在10.5 ~ 11.5。对于镍基合金，较高的 pH 容易引发消耗性腐蚀减薄和苛性腐蚀破裂。因此，采用镍基合金传热管的蒸汽发生器，炉水的 pH 控制指标要稍低一些，一般在8.5 ~ 9.5。

在直流蒸汽发生器中，浓缩效应更为严重，炉水的 pH 比自然循环蒸汽发生器选得更低。例如，“奥托 · 汉”号核动力船的炉水 pH 控制指标取为7.5 ~ 8.3。

控制炉水的 pH 可采用磷酸盐法和全挥发全流量净化处理等。

炉水的氯离子浓度受给水氯离子浓度、排污率和蒸汽湿度的影响，根据连续排污情况下的质量平衡，其关系可表示为

$$S_b = \frac{1+\varepsilon}{\varepsilon + W} S_{fw} \tag{5-33}$$

或者

$$\varepsilon = \frac{S_{fw} - W \cdot S_b}{S_b - S_{fw}} \tag{5-34}$$

式中，S_{fw} ——给水中氯离子浓度；

S_b ——排污水（炉水）中氯离子浓度；

W ——蒸汽湿度；

ε ——排污率。

如果给水中氯离子浓度为 0.01 mg/L，要使炉水中氯离子浓度不大于 0.5 mg/L，则排污率应取 1.79%。

蒸汽发生器炉水中氧浓度指标要求比冷却剂的氧浓度指标高，因为在沸腾条件下炉水中微量氧的存在会给蒸汽发生器结构材料造成点坑腐蚀和氯离子应力腐蚀。当炉水中溶解氧浓度控制在 0.007 mg/L 以下时，装置长时间连续运行也不会产生氧的点坑腐蚀。因此，自然循环蒸汽发生器炉水的氧应控制在 0.007 mg/L 以下。

炉水中溶解氧的控制，通过严格控制给水氧指标的方法来实现。

控制炉水含盐量或总固体，目的是保证蒸汽发生器的蒸汽品质。引起蒸汽污染的主要原因是由于蒸汽中夹带水滴，炉水中含盐量大小直接影响到蒸汽的湿度。当蒸汽发生器蒸汽压力在 2.5 ~5 MPa 之间时，为保证蒸汽品质，炉水含盐量一般控制在 500 ~1 000 mg/L。

对于炉水含盐量的控制，通过调节给水含盐量和排污率来实现。

思　考　题

1. 核动力装置中进行水质监督和处理的目的是什么？
2. 水中杂质的形式有哪几种？各有什么特点？
3. 金属腐蚀有哪两种形式？各有什么特征？
4. 金属腐蚀按照其破坏机理可以分为哪两种？
5. 影响电化学腐蚀的因素有哪些？
6. 常见的腐蚀现象有哪些？各有什么特点？
7. 什么是锆合金的氢脆现象？什么是内氢脆？引起内氢脆的主要原因是什么？
8. 水垢形成的原因是什么？
9. 什么是炉水处理？常用的处理方法有哪些？

第 6 章　核动力装置热力循环分析

在现有技术条件下，船舶核动力装置将核裂变能转变为机械能是通过热力循环完成的。二回路给水在蒸汽发生器中吸收冷却剂从反应堆堆芯带出的由核裂变而产生的热量，温度升高并蒸发产生蒸汽，蒸汽进入汽轮机内膨胀做功，将热能转变为机械能，做功后的蒸汽排入冷凝器，在凝结过程中向环境放出热量，凝结水再由凝水泵和给水泵送回蒸汽发生器二次侧吸热，完成一次热力循环。通过维持热力循环持续进行，可将核裂变放出的热能连续地转变为机械能。在构成热力循环的各个能量转换、传递过程中，由于存在着各种因素所引起的数量不等的能量损失，使得核裂变能最终转换为机械能的程度也各不相同，因此，热力循环的完善程度对于船舶核动力装置的热经济性指标有重要影响。

核动力装置热力循环分析的主要任务是：以热力学第一定律和热力学第二定律为理论基础，从热力学的角度分析和评价热功转换过程的完善性，研究船舶核动力装置能量传递和能量转换过程的合理性和有效性，指出能量损失的部位、数量和原因，提出减少能量损失的途径和方法，为改进热力系统设计、提高装置热经济性提供理论依据。

船舶核动力装置热经济性的提高，有利于减少核燃料的消耗，延长反应堆的寿期，降低运行成本。

6.1　核动力装置基本热力循环

根据热力学第二定律，在同一个热源和同一个冷源之间的所有热力循环当中，卡诺循环（Carnot cycle）的热效率最高。图 6-1 所示为 T-s 图上表示的饱和蒸汽卡诺循环。

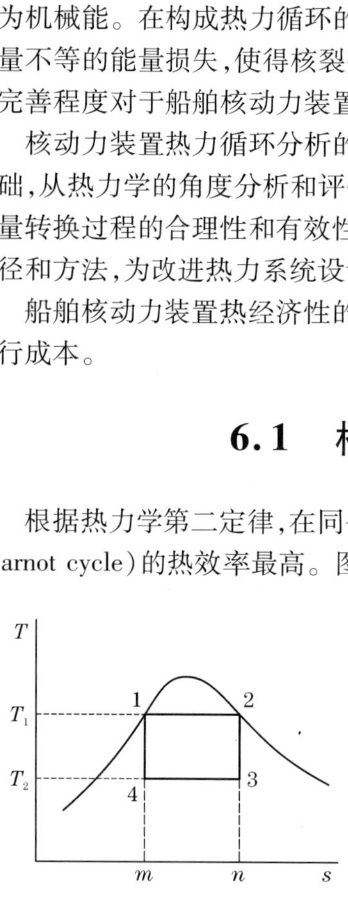

图 6-1　饱和蒸汽的卡诺循环

其中，1 − 2 为定压（定温）吸热过程，2 − 3 为绝热（等熵）膨胀过程，3 − 4 为定压（定温）放热过程，4 − 1 为绝热（等熵）压缩过程。卡诺循环效率可表示为

$$\eta_{t,c} = 1 - \frac{T_2}{T_1} \tag{6-1}$$

式中，T_1，T_2 ——分别为热源和冷源的热力学温度，K。

压水堆核动力装置以水和饱和蒸汽为工质，原则上可以采用卡诺循环，但具体过程的实施还存在以下一些限制因素和技术难题：

（1）在湿蒸汽区可以实现定温吸热过程，但受反应堆热工安全性的限制，反应堆出口冷却剂的温度只有 300 ℃左右，因而蒸汽发生器二回路给水的吸热温度 T_1 不可能很高；

（2）饱和蒸汽在汽轮机内的膨胀做功过程中，蒸汽压力逐渐降低，湿度相应增大，如果汽轮机排汽点温度很低，则相应的蒸汽湿度很大，对汽轮机运行的经济性和安全性带来严重影响，而且受循环冷却水温度的限制，定温放热过程的温度 T_2 不可能太低；

(3)即使实现了以干饱和蒸汽为工质的卡诺循环,由于热源与冷源之间的温差 $T_1 - T_2$ 不大,其理论热效率也不高,特别是对湿度很大的低温低压废汽进行绝热压缩时,因其比容甚大,势必耗功过大。

因此,压水堆核动力装置一般采用朗肯循环作为基本循环。

6.1.1　理想朗肯循环(Rankin cycle)

压水堆核动力装置通常由一、二回路组成,其中二回路热力系统的构成遵循朗肯循环。图 6-2 所示为二回路热力系统简图以及在 T-s 图上表示的理想朗肯循环。

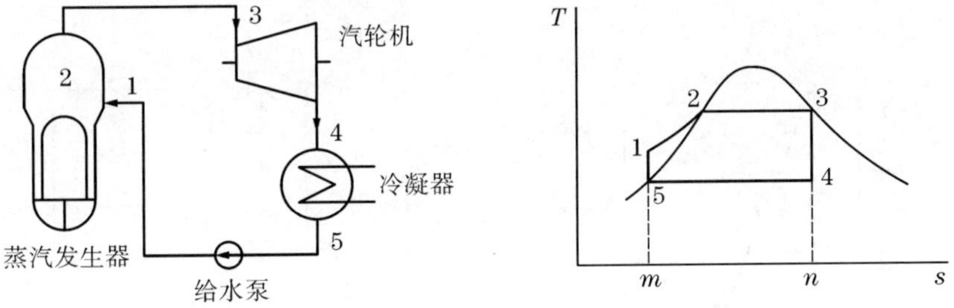

图 6-2　理想朗肯循环

过程 1 - 2 - 3 为定压吸热过程。反应堆冷却剂系统通过蒸汽发生器将热量传递给二回路系统的循环工质,单位质量工质吸收的热量为

$$q_1 = h_3 - h_1 \tag{6-2}$$

式中, h_1, h_3 ——分别为蒸汽发生器二次侧进口给水焓、出口蒸汽焓,kJ/kg。

过程 3 - 4 为绝热(等熵)膨胀过程。饱和蒸汽在汽轮机内部绝热膨胀,将蒸汽的热能转换为机械能而对外做功,单位质量蒸汽对外做的功为

$$w_t = h_3 - h_4 \tag{6-3}$$

式中, h_4 ——蒸汽在汽轮机内绝热膨胀终点的焓值,kJ/kg。

过程 4 - 5 为定压(定温)放热过程。在汽轮机内膨胀做功后排出的废汽进入冷凝器,经循环冷却水的冷却而凝结成水,单位质量废汽在凝结过程中排入海水的热量为

$$q_2 = h_4 - h_5 \tag{6-4}$$

式中, h_5 ——冷凝器出口凝结水焓值,kJ/kg。

过程 5 - 1 为绝热压缩过程。从冷凝器中排出的凝结水由给水泵增压后送入蒸汽发生器,给水泵对单位质量凝结水绝热压缩所消耗的功率为

$$w_p = h_1 - h_5 \tag{6-5}$$

热力循环中能量利用的程度用循环热效率 η_t 表示,定义为一个循环内转变成机械能的热量与循环从外界吸收的热量之比。理想朗肯循环热效率为

$$\eta_t = \frac{q_1 - q_2}{q_1} = \frac{(h_3 - h_1) - (h_4 - h_5)}{h_3 - h_1} = \frac{(h_3 - h_4) - (h_1 - h_5)}{h_3 - h_1} = \frac{w_t - w_p}{h_3 - h_1} \tag{6-6}$$

当蒸汽初参数较低时(如低于 3 MPa),给水泵消耗的能量与汽轮机对外做的功相比很小,约占 0.3%,通常忽略不计,循环热效率表达式(6-6)可简化为

$$\eta_t = \frac{h_3 - h_4}{h_3 - h_1} \tag{6-7}$$

6.1.2 实际朗肯循环

在实际的核动力装置中，蒸汽发生器产生的新蒸汽输送到主汽轮机入口要经过一系列的管道、阀门，由于流动摩擦和散热，使汽轮机入口蒸汽的参数有所降低；蒸汽在汽轮机通流部分膨胀做功时，由于汽流速度很高，汽流内部的摩阻损失以及喷嘴内壁与叶片对汽流的摩阻损失相当大；汽轮机最末级的排汽压力高于冷凝器压力，以便克服排出管的流动阻力，使废汽流入冷凝器中。

如图 6-3 所示，图(a)为在 h-s 图上表示的汽轮机内部蒸汽膨胀过程，图(b)为在 h-s 图上表示的考虑管道内蒸汽流动损失的汽轮机内部蒸汽膨胀过程。

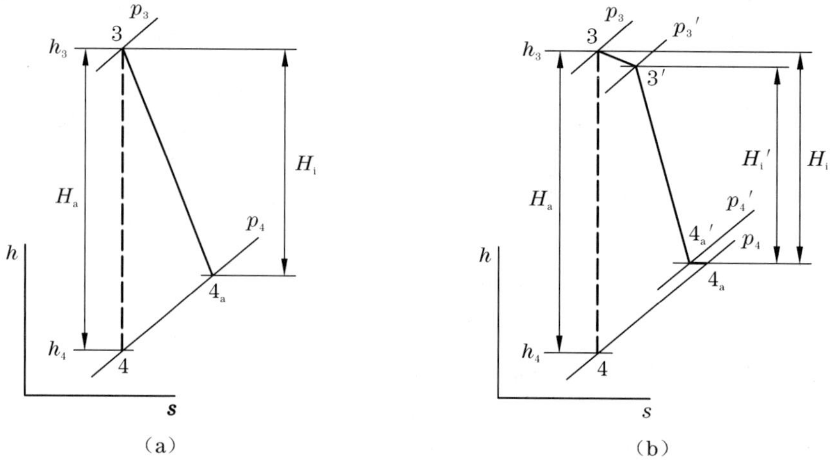

图 6-3 汽轮机内蒸汽的膨胀过程

其中，H_a 为理想膨胀过程的蒸汽焓降，称为理想焓降，H_i 为实际膨胀过程的蒸汽焓降，称为内焓降；$3-3'$表示新蒸汽从蒸汽发生器出口至汽轮机入口处的流动压降和散热损失，$4_a'-4_a$ 表示废汽从汽轮机出口至冷凝器的流动压降，H_i' 为扣除了蒸汽在管道内流动损失的汽轮机内部实际焓降。图 6-4 所示为实际朗肯循环在 T-s 图上的表示。

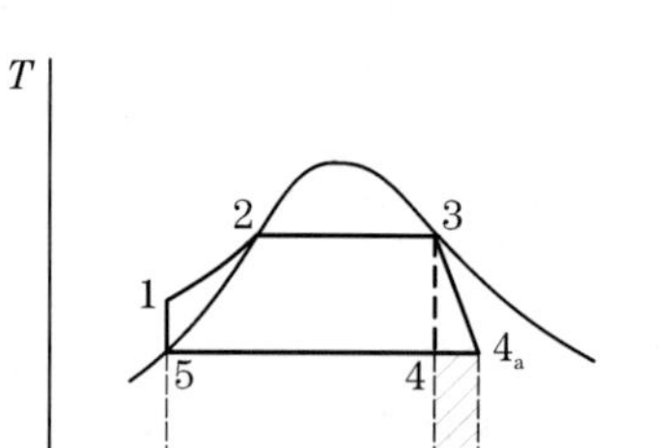

图 6-4 实际朗肯循环

理想的绝热膨胀过程为 $3-4$，考虑了蒸汽在汽轮机内的喷嘴损失、动叶损失、余速损失、摩擦鼓风损失、级内漏汽损失、湿汽损失以及节流损失等各项内部损失以后，实际的膨胀过程为 $3-4_a$。

与理想朗肯循环相比，如果吸热量 q_1 不变，则放热量 q_2 增大，增大的部分为面积 $4-4_a-n_a-n-4$。蒸汽经过汽轮机时所做的实际内部功为

$$w_{t_a}=h_3-h_{4_a}=(h_3-h_4)-(h_{4_a}-h_4) \tag{6-8}$$

显然，蒸汽在膨胀过程中少做的功等于向环境多排出的热量。实际朗肯循环的热效率为

$$\eta_{t_a}=\frac{w_{t_a}}{h_3-h_1}=\frac{(h_3-h_4)-(h_{4_a}-h_4)}{h_3-h_1}=\eta_t-\frac{h_{4_a}-h_4}{h_3-h_1} \tag{6-9}$$

由此可见，实际朗肯循环与理想朗肯循环存在较大差异，上述各项损失导致二回路工质在蒸汽发生器中吸收的热量通过热力循环转换得到的机械能减少，即实际朗肯循环的热效率低于理想朗肯循环。

蒸汽在汽轮机内部膨胀过程的能量损失用汽轮机相对内效率来表示，蒸汽在高压蒸汽管道以及汽轮机排汽管道中的能量损失用管道损失系数来表示。

（1）汽轮机相对内效率

汽轮机相对内效率用来描述汽轮机内部膨胀过程的不可逆程度，定义为汽轮机内部蒸汽实际做的功与理论功之比，简称汽轮机效率，即

$$\eta_{oi} = \frac{w_{t_a}}{w_t} = \frac{h_3 - h_{4_a}}{h_3 - h_4} = \frac{H_i}{H_a} \tag{6-10}$$

汽轮机相对内效率 η_{oi} 一般为 0.8 ~ 0.88，大功率汽轮机可以达到 0.92。

（2）管道损失系数

蒸汽管道中的散热损失是由于蒸汽温度与环境有差异，但蒸汽管道都有较好的热绝缘保护层，所以散热损失一般较小，低于 1%。散热损失的结果使蒸汽温度有所降低，使蒸汽的做功能力降低。

节流损失是由于蒸汽流经管道、阀门和节流阀时的阻力而产生的，其压降可达到初始压力的 3% 或更大，节流前后蒸汽的焓值是不变的，因而节流损失与散热损失的性质不同，不是热量的损失，而是做功能力的损失。

管径愈大，阻力愈小，节流损失和压降也愈小，但设备投资较大，而且散热损失也要增大。所以管道的大小有一个最佳值，即节流损失也有一个确定的值。

蒸汽管道中的散热和节流损失用管道损失系数来描述，其定义式为

$$\eta_{mp} = \frac{(h_3 - h_{4_a}) - \Delta h_{mp}}{h_3 - h_{4_a}} = 1 - \frac{\Delta h_{mp}}{h_3 - h_{4_a}} = \frac{H_i'}{H_i} \tag{6-11}$$

式中，Δh_{mp} ——由于散热和节流而减少的蒸汽焓降。

通常，根据所选用的工质参数、管道长度、管路布置情况、管路附件的多少、工质流动速度以及管路绝缘的好坏等因素，管道损失系数 η_{mp} 一般为 0.95 ~ 0.98。

6.1.3　核动力装置的有效效率

船舶核动力装置用于推进船舶的功率来源于反应堆内的核裂变能，核能通过裂变转换为热能，热能经过一系列传输和分配环节，借助朗肯循环转换为机械能，机械能通过齿轮减速器和轴系传递到推进器。在上述能量转换和传递过程中，工质的流动和换热存在着泄漏、流动摩擦、散热等因素，机械能的传递也会由于摩擦等原因而造成耗散，使得反应堆功率转换为船舶推进功率的份额减少。

6.1.3.1　一、二回路热量传递过程

（1）一回路能量利用系数

反应堆冷却剂流经堆芯，将核燃料释放的热量带出，在蒸汽发生器内再传递给二回路给水，使之沸腾产生饱和蒸汽。由于一回路主管道存在散热损失，净化系统冷却水也会带走一部分热量，如果不考虑主泵运行传递给冷却剂的能量，则蒸汽发生器二次侧工质吸收的热量 Q_s 小于反应堆热功率 Q_R。为了衡量一回路系统能量传递的完善程度，引入一回路能量利用

系数 η_1，其定义式为

$$\eta_1 = \frac{Q_s}{Q_R} \tag{6-12}$$

显然，要提高一回路能量利用系数，必须设法减少一回路系统的能量损失。

（2）二回路能量利用系数

蒸汽发生器二回路侧工质从一回路吸收的热量 Q_s 并非完全用于主汽轮机的热功转换过程，有一部分能量用于辅机、热交换设备以及为全船服务的辅助设施，还有一部分能量由于设备散热、工质泄漏而损失掉，因此，主汽轮机所消耗的蒸汽在蒸汽发生器内吸收的热量 $Q_1 < Q_s$。用二回路能量利用系数 η_2 来表示二回路能量有效利用的程度，其定义式为

$$\eta_2 = \frac{Q_1}{Q_s} \tag{6-13}$$

6.1.3.2　热能转换为机械能过程

蒸汽在汽轮机内绝热膨胀，将蒸汽的热能转换为机械能。对于理想的朗肯循环，汽轮机输出的理论功为

$$N_a = Q_1 \cdot \eta_t \tag{6-14}$$

式中，η_t ——理想朗肯循环热效率。

考虑了汽轮机内部损失及管道流动损失后，蒸汽在汽轮机内实际做的功为

$$N_i' = N_a \eta_{oi} \eta_{mp} = Q_1 \eta_t \eta_{oi} \eta_{mp} \tag{6-15}$$

6.1.3.3　机械能传递过程

图 6-5 所示为核动力舰船采用直接推进方式时主汽轮机内功率传递到推进器的过程，在此过程中，有一部分机械能由于克服汽轮机轴承、齿轮减速器和轴系的摩擦而耗散掉。

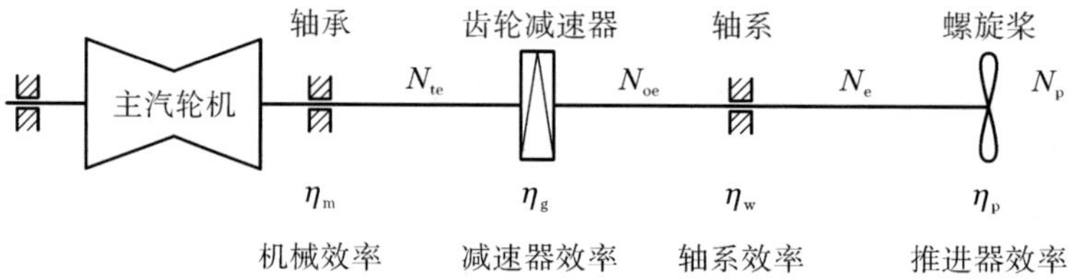

图 6-5　汽轮机功率传递过程

（1）汽轮机机械效率

汽轮机的内功率 N_i' 在传递到齿轮减速器输入轴时，由于汽轮机支持轴承、推力轴承和测速油泵等的摩擦阻力，导致一部分机械能耗散为热能，损失的这部分功率称为汽轮机的机械损失。汽轮机组的机械效率反映机械损失的大小，其定义式为

$$\eta_m = \frac{N_{te}}{N_i'} \tag{6-16}$$

式中，N_{te} ——齿轮减速器输入轴上获得的有效功率。

汽轮机的机械效率也可近似按下式计算：

$$\eta_m = 1 - \frac{0.03}{\sqrt{N_e/100}} \tag{6-17}$$

对于舰船主汽轮机 $\eta_m = 0.98 \sim 0.995$，对于辅助汽轮机 $\eta_m = 0.8 \sim 0.9$。

(2)减速器效率

经齿轮减速器传递功率时,为克服轴承、齿面的摩擦阻力及搅动滑油所消耗的功率,称为齿轮减速器机械损失,相应的减速器效率为

$$\eta_g = \frac{N_{oe}}{N_{te}} \tag{6-18}$$

式中,N_{oe}——齿轮减速器输出的有效功率,也称为汽轮机组的有效功率。

减速器效率的大小与汽轮机功率及减速器类型等因素有关,可近似按下式计算:

$$\eta_g = 1 - \frac{0.11}{\sqrt{N_e/100}} \tag{6-19}$$

齿轮减速器效率的一般范围:

两级定轴齿轮传动:$\eta_g = 0.97 \sim 0.98$;两级行星齿轮传动:$\eta_g = 0.98$;单级定轴齿轮传动:$\eta_g = 0.98 \sim 0.985$;小功率的齿轮传动:$\eta_g = 0.92 \sim 0.96$。

(3)轴系效率

传到推进器上的功率称为动力装置的有效功率N_e,小于汽轮机组的有效功率N_{oe},其差值消耗于传动轴系上,这部分能量用于克服轴系各支持轴承与推力轴承摩擦损失,称为轴系机械损失。轴系损失通常用轴系的机械效率η_w表示,即

$$\eta_w = \frac{N_e}{N_{oe}} \tag{6-20}$$

轴系效率的一般范围:

机舱位于舰船中部时,$\eta_w = 0.95 \sim 0.97$;机舱位于舰船尾部时,$\eta_w = 0.98 \sim 0.99$。

综合考虑上述各项损失,核动力装置的效率可表示为

$$\eta_{e,NPP} = \frac{N_e}{Q_R} = \frac{Q_s}{Q_R}\frac{Q_1}{Q_s}\frac{N_i'}{Q_1}\frac{N_{te}}{N_i'}\frac{N_{oe}}{N_{te}}\frac{N_e}{N_{oe}} = \eta_1\eta_2\eta_t\eta_{oi}\eta_{mp}\eta_m\eta_g\eta_w \tag{6-21}$$

核动力装置有效效率的一般范围:核潜艇$\eta_{e,NPP} = 0.16 \sim 0.21$,水面舰艇$\eta_{e,NPP} = 0.20 \sim 0.26$,小型核电站$\eta_{e,NPP} = 0.25 \sim 0.28$,大型核电站$\eta_{e,NPP} = 0.30 \sim 0.35$。

国外一些舰船核动力装置的效率如表6-1所示。

表6-1　国外舰船核动力装置效率

舰船名称及堆型	N_e/hp	Q_R/MW	$\eta_{e,NPP}$
核潜艇“魟鱼”号(S2W)	13 400	60	0.164
核潜艇“鳐鱼“号(S3W)	6 600	30	0.162
核潜艇“旗鱼”号(S4W)	6 600	30	0.162
核潜艇“华盛顿”级(S5W)	15 000	60	0.184
核潜艇“拉斐特”级(S5W-Ⅱ)	20 000	85	0.173
核潜艇“海神”号(S4G)	2×15 000	2×60	0.184
航空母舰“企业”号(A2W)	280 000	8×100	0.256
破冰船“列宁”号	44 000	180	0.180
核商船“萨瓦娜”号	22 000	69	0.256
核商船“奥托·汉”号	11 000	38	0.213
核商船“陆奥”号	10 000	36	0.204

6.2　热力循环分析

热力循环分析的主要任务是:分析影响热力循环效率的因素,指出改进热力循环的方向和途径,为提高核动力装置热效率奠定理论基础。

6.2.1　影响热力循环效率的主要因素

由式(6-7)可知,朗肯循环的热效率 η_t 取决于汽轮机入口新蒸汽焓 h_3、汽轮机出口废汽焓 h_4,其中 h_3 决定于新蒸汽的压力 p_3 和温度 T_3,h_4 决定于废汽的压力 p_4 和温度 T_4。因此,蒸汽初参数(p_3,T_3) 和蒸汽终参数(p_4,T_4) 是影响朗肯循环热效率的重要因素。

压水堆核动力装置普遍采用饱和蒸汽的朗肯循环,新蒸汽和废汽均为饱和蒸汽,其压力和温度一一对应,改变蒸汽参数意味着蒸汽的压力和温度同时发生变化。

6.2.1.1　蒸汽初参数的影响

如果保持蒸汽终参数不变,提高蒸汽初参数,如图 6-6 所示,热力循环由 1 - 2 - 3 - 4 - 5 - 1 变为 $1_a - 2_a - 3_a - 4_a - 5 - 1_a$,由于循环的平均放热温度不变,而平均吸热温度提高,因而循环热效率 η_t 提高。

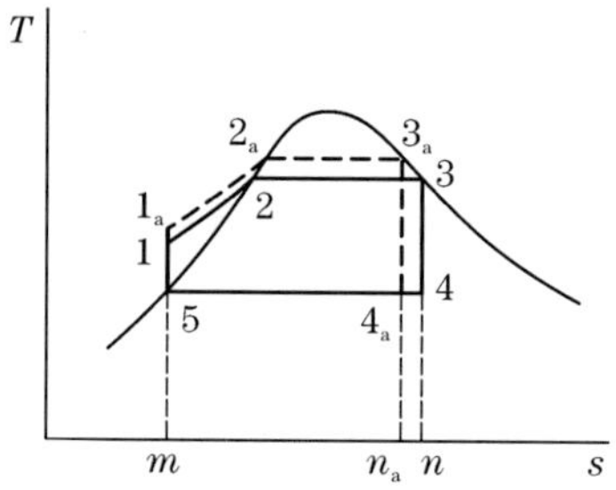

图 6-6　蒸汽初参数的影响

对于采用饱和蒸汽朗肯循环的压水堆核动力装置来说,提高蒸汽初参数虽然可以提高循环热效率,但同时也带来了以下一些问题:

(1)汽轮机出口蒸汽湿度增加。如果汽轮机排汽湿度过大,将对汽轮机最末几级叶片产生冲蚀,影响汽轮机的运行安全,同时还会降低汽轮机的内效率。在工程中,一般要求汽轮机废汽湿度不高于 12%;

(2)蒸汽发生器运行压力提高,要求给水泵扬程增加,既增大了给水泵叶轮的轴向推力,对于单位质量流量的工质而言,还使给水泵消耗的功率增加;

(3)对蒸汽发生器、汽轮机、蒸汽管道及阀门的强度、耐温性能要求提高,设备投资增大。

提高蒸汽初参数,还受到蒸汽发生器一回路侧冷却剂运行温度的影响,图 6-7 所示为蒸汽发生器一、二次侧工质的温度分布。

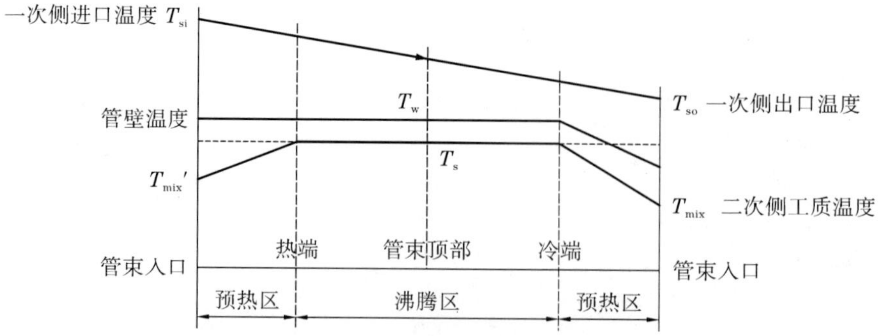

图 6-7　蒸汽发生器一、二次侧工质温度分布

为了保证顺利传热，蒸汽发生器一、二次侧工质之间必须有足够大的温差。根据蒸汽发生器的传热方程

$$Q_s = FK\Delta T_m \approx KF(T_{av} - T_s) \tag{6-22}$$

式中，F—— 蒸汽发生器有效传热面积；

K—— 蒸汽发生器总传热系数；

ΔT_m—— 蒸汽发生器平均传热温差；

T_{av}—— 蒸汽发生器一次侧冷却剂平均温度；

T_s—— 蒸汽发生器二次侧蒸发温度。

提高二次侧蒸汽初参数主要有以下两种途径：

(1)提高一次侧冷却剂温度，在蒸汽发生器结构参数和传热条件不变的情况下，使二次侧蒸汽参数相应提高。

目前，反应堆堆芯燃料元件包壳广泛采用锆-4 合金制造。锆合金具有良好的核性能及机械性能，但与高温水接触会发生金属-水化学反应并放出反应热，反应方程式为

$$Zr + 2H_2O \longrightarrow ZrO_2 + 2H_2\uparrow + \text{热量} \tag{6-23}$$

这一过程导致锆包壳氧化，1 kg 锆氧化可以产生 0.5 m^3 氢气和 6 500 kJ 热量，产生的氢和热量将使包壳脆化，最终导致元件破裂或熔化。因此，在反应堆热工设计中，通常将堆芯燃料元件包壳与冷却剂相接触的外表面最高温度限制在 350 ℃以下。

由此可以看出，通过提高压水堆核动力装置一次侧冷却剂温度来提高蒸汽初参数，其潜力是极其有限的。

(2)减小蒸汽发生器一、二次侧工质之间的平均换热温差 ΔT_m，在一次侧冷却剂参数不变的情况下，使二次侧蒸汽参数相应提高。

可以采用强化换热措施，在蒸汽发生器有效传热面积保持不变时，减小平均换热温差 ΔT_m；也可以通过增大蒸汽发生器有效传热面积 F 来减小 ΔT_m，而这都需要增加设备投资，还会受到设备重量尺寸的限制。

6.2.1.2　蒸汽终参数的影响

如果保持蒸汽初参数不变，降低蒸汽终参数，如图 6-8 所示，热力循环由 1－2－3－4－5－1 变为 1_a－2－3－4_a－5_a－1_a，由于循环的平均吸热温度不变，而平均放热温度降低，因而循环热效率 η_t 提高。

降低核动力装置的蒸汽终参数，在改善循环热效率的同时，也带来以下一些不利之处：

(1)会增加汽轮机排汽湿度，不利于汽轮机的安全、经济运行；

(2)过多地降低蒸汽终压，将使蒸汽在汽轮机喷嘴出口处斜切口中膨胀，而在斜切口中的膨胀能力用尽时，蒸汽将在级外膨胀，有用焓降不再变化。

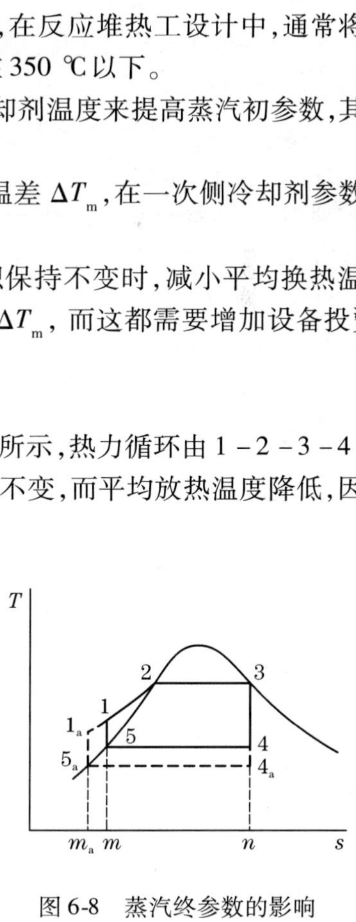

图 6-8　蒸汽终参数的影响

图 6-9 所示为冷凝器内传热过程的 Q-T 图。从图中可以看出，蒸汽终参数的降低，主要受到以下因素的制约：

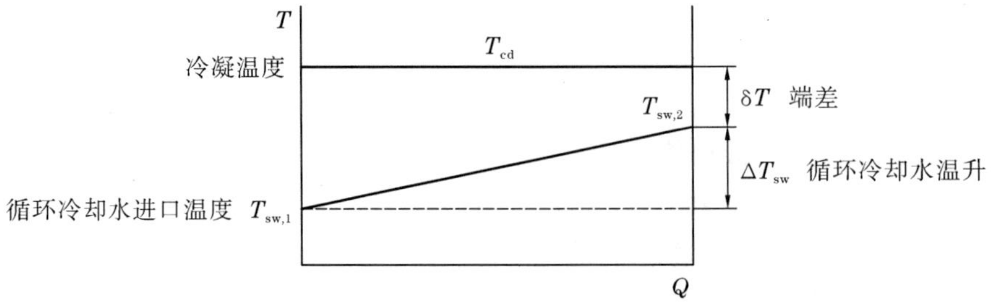

图 6-9　冷凝器传热过程的 Q -T 图

(1)循环冷却水温度 $T_{sw,1}$

循环冷却水对于核动力装置而言起到了冷源的作用。汽轮机废汽排入冷凝器中,经循环冷却水冷却而凝结成水,其冷凝温度一定要大于循环冷却水温度,以保证有足够大的传热温差,因此,循环冷却水的温度是蒸汽循环中排汽温度的理论极限。

(2)循环冷却水温升 ΔT_{sw} 及冷凝器端差 δT

汽轮机废汽在冷凝器中的冷凝温度可表示为

$$T_{cd} = T_{sw,1} + \Delta T_{sw} + \delta T \tag{6-24}$$

显然,要降低汽轮机的排汽温度,在循环冷却水进口温度 $T_{sw,1}$ 不变的情况下,只有设法减小 ΔT_{sw} 和 δT。

若减小循环冷却水温升 ΔT_{sw},要求增大循环冷却水流量并相应增大循环水泵功率,从而增加运行过程的功率消耗;另外,ΔT_{sw} 减小可以使冷凝器的传热面积减小,又会降低设备投资费用。对某核动力装置的计算表明,ΔT_{sw} 由 7 ℃增加至 8 ℃时,冷凝器传热面积增加约10%,而循环冷却水流量则减少 14%。为了保证冷凝器中传热过程的顺利进行,要求端差 δT 取足够大的值,因此,δT 的减小是极其有限的。循环冷却水的温升 ΔT_{sw} 及凝结蒸汽与循环冷却水出口温度之间的端差 δT 构成了排汽温度的技术极限。

除了对热经济性影响之外,冷凝器背压对于汽轮机最后几级叶片长度及排汽口尺寸有重要影响。因此,蒸汽终参数的选择应根据各方面因素综合考虑。

6.2.2　再热循环

压水堆核动力装置普遍使用饱和蒸汽汽轮机,如果蒸汽在汽轮机内的膨胀过程没有任何除湿措施,3 ~5 MPa 的干饱和新蒸汽膨胀至 5 kPa 时,其蒸汽湿度将接近 30%,不仅降低了汽轮机的运行效率,更危险的是大量水滴对汽轮机末级叶片的冲蚀会造成汽轮机的损坏,危及汽轮机的安全运行。

为了解决饱和蒸汽膨胀过程中湿度过大对汽轮机运行经济性和安全性的不利影响,对于采用单机双缸方案的主汽轮机,通常在汽轮机高压缸和低压缸之间设置中间汽水分离器及蒸汽再热器,在低压缸设置级间去湿结构;对于采用双机单缸方案的主汽轮机,在汽缸内设置级间去湿结构。

图 6-10 为采用蒸汽再热循环的二回路热力系统简图以及再热循环在 T-s 图上的表示,其中过程 a – b 是高压缸排汽在中间再热器内的定压吸热过程。

理想的蒸汽再热循环可以看作是无再热的基本循环(朗肯循环)与再热过程构成的附

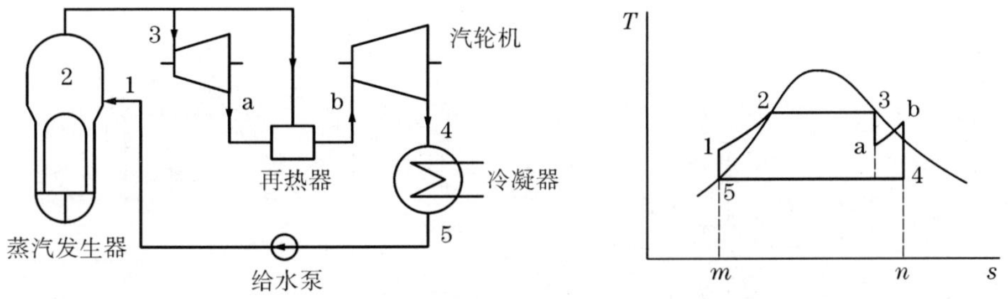

图 6-10　蒸汽再热循环

加循环所组成的复合循环。采用蒸汽中间再热是否能提高整个再热循环的热效率,取决于附加循环的平均吸热温度是否高于基本循环的相应值。

若忽略水泵功,理想再热循环的热效率为

$$\eta_t = \frac{w_t}{q_1} = \frac{(h_3 - h_a) + (h_b - h_4)}{(h_3 - h_1) + (h_b - h_a)} = \frac{(h_3 - h_4) + \Delta q_{rh}}{(h_3 - h_1) + \Delta q_{rh}} \tag{6-25}$$

式中,Δq_{rh}—— 中间再热吸收的热量,$\Delta q_{rh} = h_b - h_a$。

再热循环热效率的高低与中间再热压力 p_a 有关。若再热后蒸汽温度 T_b 不变,提高中间再热压力可使循环热效率提高,但会减小膨胀终点废汽干度的改善程度。选取中间再热压力时,既要提高废汽干度,又要尽可能达到提高循环热效率的目的。因此,最佳再热压力的数值需要根据给定的循环条件进行全面的技术经济分析来确定。

采用再热循环后,单位质量蒸汽所做的功增加,故汽耗率可降低,有利于减轻给水泵和冷凝器的负担。但是,由于增加了蒸汽再热器、加热蒸汽管道、疏水管道以及相应的阀门、附件等设备,不仅增加了投资费用,而且增加了热力系统的重量尺寸,还提高了运行管理的复杂性,因此,在船用压水堆核动力装置中,并未普遍采用再热循环。

6.2.3　回热循环

在饱和蒸汽朗肯循环中,工质在定压吸热过程 1 – 2 – 3 中从热源获得的热量,大约有 60% 在定压(定温)放热过程 4 – 5 中排向冷源,是热力循环经济性不高的基本原因;另外,在定压吸热过程 1 – 2 – 3 中 1 – 2 这一段是工质从不饱和状态吸热变为饱和水的过程,温度相对较低,降低了热力循环的平均吸热温度,影响热力循环的经济性。

回热循环是从汽轮机中间级抽汽或者利用辅机废汽,对蒸汽发生器给水进行加热,使给水温度升高后再进入蒸汽发生器,可提高二回路工质在蒸汽发生器内的平均吸热温度,减少与一次侧冷却剂的平均传热温差,而且汽轮机排出的废汽量减少,排向冷源的热量也减少,这都有利于提高循环热效率。实践表明,采用回热循环可使核动力装置热力系统经济性提高 10% ~15%,因此回热循环在核动力装置中得到普遍使用。

图 6-11 所示为采用回热循环的核动力装置二回路热力系统简图以及在 T-s 图上表示的回热循环。

单位质量(1 kg)的新蒸汽在汽轮机内由状态 3 绝热膨胀到状态 4_e 时,抽出 α kg 蒸汽对给水加热,蒸汽放热使给水温度升高,其凝水与给水完全混合,成为状态 1_b 的饱和水;剩余的 $(1-\alpha)$ kg 蒸汽在汽轮机内继续绝热膨胀到状态 4,排入冷凝器中定压放热后成为凝水,由凝水泵打入给水加热器吸热,然后由给水泵打入蒸汽发生器。

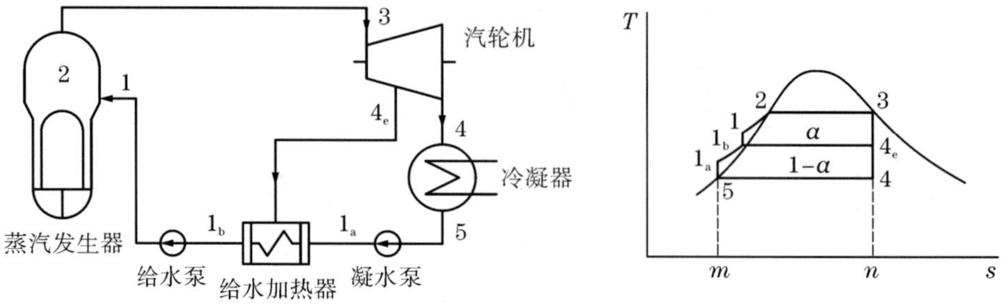

图 6-11　给水回热循环

根据能量平衡方程

$$\alpha(h_{4_e} - h_{1_b}) = (1 - \alpha)(h_{1_b} - h_{1_a}) \tag{6-26}$$

可以得到抽汽量 α 的表达式为

$$\alpha = \frac{h_{1_b} - h_{1_a}}{h_{4_e} - h_{1_a}} \tag{6-27}$$

循环功为

$$w_t = (h_3 - h_{4_e}) + (1 - \alpha)(h_{4_e} - h_4) \tag{6-28}$$

循环吸热量为

$$q_1 = h_3 - h_1 \tag{6-29}$$

忽略水泵功,则循环热效率为

$$\eta_t = \frac{w_t}{q_1} = \frac{(h_3 - h_{4_e}) + (1 - \alpha)(h_{4_e} - h_4)}{h_3 - h_1} = 1 - \frac{(1 - \alpha)(h_4 - h_5)}{h_3 - h_1} \tag{6-30}$$

根据能量平衡,有

$$h_3 - h_5 = (h_3 - h_1) + \alpha(h_{4_e} - h_{1_b}) + \alpha(h_{1_b} - h_5) \tag{6-31}$$

上式可变形为

$$\begin{aligned} h_3 - h_1 &= (1 - \alpha)(h_3 - h_5) + \alpha(h_3 - h_5) - \alpha(h_{4_e} - h_{1_b}) - \alpha(h_{1_b} - h_5) \\ &= (1 - \alpha)(h_3 - h_5) + \alpha(h_3 - h_{4_e}) \end{aligned} \tag{6-32}$$

代入式(6-30),可得

$$\eta_t = 1 - \frac{h_4 - h_5}{(h_3 - h_5) + \frac{\alpha}{1 - \alpha}(h_3 - h_{4_e})} \tag{6-33}$$

由于 $\frac{\alpha}{1 - \alpha}(h_3 - h_{4_e}) > 0$,故抽汽回热循环热效率大于朗肯循环热效率。

根据热力学原理,采用饱和蒸汽工作时,相应的极限回热循环具有与卡诺循环相同的热效率。但是,极限回热循环要求加热级数无限多,这在系统设计上是不现实的。在工程实践中一般都采用有限级数的给水回热系统,以实现设计优化。

图 6-12 所示为回热级数 Z、给水温度 T_{fw} 与循环热效率增加量 $\Delta\eta_t$ 的关系,图中 $\delta\eta_t$ 表示热效率的相对增加量。

从图中曲线可知,回热循环具有以下几个基本规律:

(1)循环热效率 η_t 随着回热级数 Z 的增加而提高,但提高的幅度 $\delta\eta_t$ 随着级数的增加而

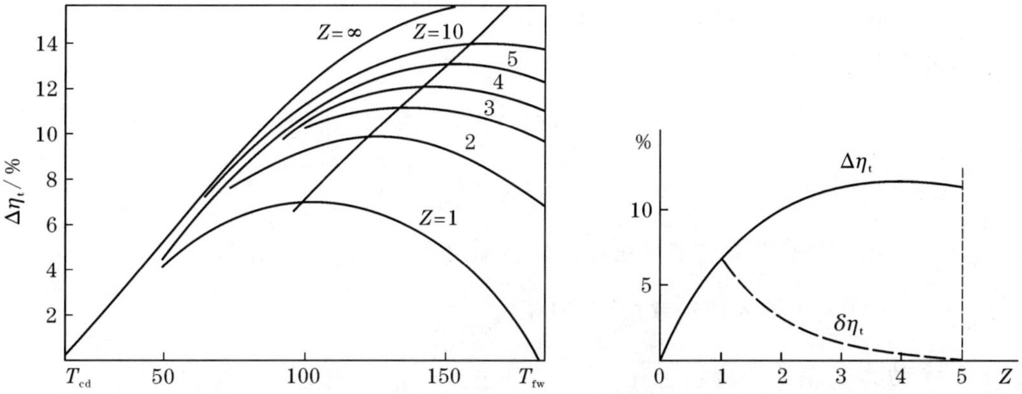

图 6-12　给水回热的热经济性

递减；

(2) 当给水温度 T_{fw} 一定时，循环热效率 η_t 随着回热级数的增加而提高，但其增长率 $\delta\eta_t$ 同样也是递减的；

(3) 对任一回热级数，均有其相应的最佳给水温度，并随着级数的增加而提高；

(4) 对任一回热级数的实际给水温度，虽与最佳值有所偏离，对热经济性的影响不大。

图 6-13 所示为采用三级抽汽回热的核动力装置热力系统。

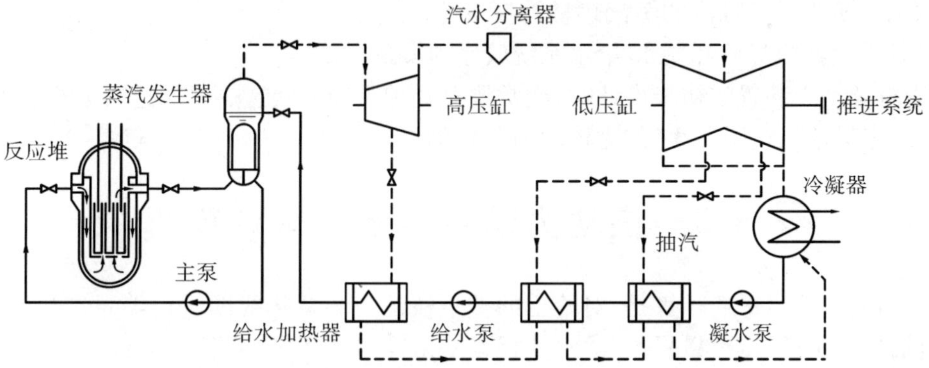

图 6-13　采用三级抽汽回热的核动力装置热力系统

在上述热力系统中，主汽轮机的内功率为

$$
\begin{aligned}
N_i' &= G_{cd}(h_{fh}-h_{cd}) + \sum_{i=1}^{3} G_{es,i}[(h_{fh}-h_{cd})-(h_{es,i}-h_{cd})] \\
&= G_{s,mt}(h_{fh}-h_{cd}) - \sum_{i=1}^{3} G_{es,i}(h_{es,i}-h_{cd}) \qquad (6\text{-}34)
\end{aligned}
$$

式中，G_{cd} ——排入冷凝器的蒸汽量，kg/s；

$G_{es,i}$ ——第 i 级抽汽点的抽汽量，kg/s；

$G_{s,mt}$ ——主汽轮机所消耗的新蒸汽量，kg/s；

h_{fh} ——高压缸入口新蒸汽焓值，kJ/kg；

h_{cd} ——低压缸排汽焓值，kJ/kg；

$h_{es,i}$ ——第 i 级抽汽点的焓值,kJ/kg。

循环热效率 η_t 为

$$\eta_t = \frac{(h_{fh} - h_{cd}) - \sum_{i=1}^{3} g_{es,i}(h_{es,i} - h_{cd})}{h_{fh} - h_{fw}} \tag{6-35}$$

式中,$g_{es,i}$—— 第 i 级抽汽量与主汽轮机总耗汽量之比,即 $g_{es,i} = \frac{G_{es,i}}{G_{s,mt}}$;

h_{fw} ——蒸汽发生器入口给水焓值,kJ/kg。

6.2.4　核动力装置的热线图

在工程中,往往采用由图形符号构成的线图表示核动力装置热力系统的组成、主要工质(汽和水)的运行路线和次序,并给出能量与质量的平衡关系和分布情况,为管径的确定提供依据,这种线图称为热线图。热线图不仅是设备选型的依据,也是评估整个核动力装置的经济性和其他技术指标的可靠依据。

在核动力装置热力分析过程中一般使用原则性热线图,这种热线图应包含以下内容:

(1)热力循环形式(再热循环、回热循环);

(2)蒸汽机械的供汽方式(过热蒸汽、减温蒸汽、饱和蒸汽、抽汽等);

(3)利用辅汽轮机乏汽热量及凝水热量的方式;

(4)从主机中间级抽汽的蒸汽热量再生系统;

(5)补充由蒸汽导管和凝水-给水系统管系泄漏的方式。

在进行核动力装置的初步设计时,通常要对几种不同的装置热线图进行分析、计算和比较,以便确定最佳热线图方案,作为核动力装置的设计方案。

6.3　核动力装置能量平衡计算

核动力装置能量平衡计算是:对给定的整个核动力装置热线图进行能量产生和消耗的平衡,包括热量平衡、蒸汽量平衡、油水消耗量平衡等,其中以热量平衡为主。

6.3.1　能量平衡计算的目的及依据

核动力装置能量平衡计算的目的是确定装置的能量指标,即确定装置效率、反应堆功率、蒸汽发生器的蒸汽产量和船舶电站的功率,同时得出各主要设备的特性参数(泵的压头、排量及其原动机的功率、换热设备的换热量、耗汽量等),以便为技术设计或定货任务书提供依据。

进行核动力装置能量平衡计算前,一般应具有下列已知技术资料:

(1)核动力装置的型式及设计特点,明确规定主机至推进器的传动方式;

(2)主机的型式以及全速工况下主机的有效功率;

(3)与热力循环相适应的核动力装置热线图形式,主要设备、辅助设备的组成及其相互联系;

(4)当装置在计算工况和中间工况工作时,在所给定的热线图中主要设备、工质的热力参数；

(5)核动力舰船的航行区域；

(6)某些设备的技术参考资料或母型、国家设计标准、某些有关的科研及试验成果等。

6.3.2　能量平衡计算的基本方程

核动力装置能量平衡计算在于求解装置及各主要部件的质量和能量平衡的综合方程。这些方程包括反应堆功率方程、蒸汽发生器产量方程、主汽轮机耗汽量方程、汽轮发电机功率方程、辅助设备的耗汽和耗电方程。

6.3.2.1　反应堆功率方程

冷却剂从反应堆中带出的热功率为

$$Q_R = G_c c_{p,c}(T_{co} - T_{ci}) = G_c c_{p,c}\Delta T_c \tag{6-36}$$

式中，ΔT_c ——冷却剂流经反应堆的温升，℃。

冷却剂流经蒸汽发生器一次侧放出的热量为

$$Q_{sg} = Q_R + Q_{mcp} - \Delta Q_{RCS} \tag{6-37}$$

式中，Q_{mcp} ——冷却剂在循环过程中主泵加入的能量；

ΔQ_{RCS} ——反应堆冷却剂系统的热量损失。

反应堆冷却剂系统的能量损失包括由设备冷却水系统排出的热量以及通过设备表面向环境散失的热量两部分，可通过反应堆冷却剂系统的能量平衡计算确定。

6.3.2.2　蒸汽发生器蒸汽产量方程

蒸汽发生器二次侧工质吸收的热量为

$$Q_s = Q_{sg} \cdot \eta_{sg} \tag{6-38}$$

式中，η_{sg} ——蒸汽发生器的传热效率。

蒸汽发生器的蒸汽产量为

$$G_s = \frac{Q_s}{h_{fh} - h_s' + (1 + \xi)(h_s' - h_{fw})} \tag{6-39}$$

式中，h_{fh} ——蒸汽发生器出口蒸汽焓值；

h_s' ——蒸汽发生器运行压力下的饱和水焓值；

h_{fw} ——给水焓值；

ξ ——蒸汽发生器的排污率，定义为排污量占蒸汽产量的份额。

蒸汽发生器产生的蒸汽满足主汽轮机耗汽、汽轮发电机及辅机耗汽、全船生活耗汽及辅助设备耗汽等三类负荷的需要，二回路系统所消耗的新蒸汽总量应该与蒸汽发生器的蒸汽产量相等，即

$$G_s = [G_{s,mt} + G_{s,at} + \sum_{i=1}^{m} G_{s,i} \sum_{j=1}^{n} \alpha_j (1 - \psi_j)]\chi \tag{6-40}$$

式中，$G_{s,mt}$ ——主汽轮机的耗汽量(主机抽汽回热时，主机耗汽量应为无抽汽时的耗汽量)；

$G_{s,at}$ ——辅机的耗汽量，包括汽轮发电机和辅助汽轮机的耗汽量；

$G_{s,i}$ ——动力装置辅助设备耗汽量和为全船性服务的耗汽量，kg/s；

α_j ——与主机抽汽有关的辅助设备消耗的系数；

ψ_j ——抽汽质量系数；

χ ——由于抽汽加热给水所引起的蒸汽发生器蒸汽产量增加的系数。

系数 α_j 表示回热给水抽汽量的变化，其变化与辅助设备抽汽情况有关。例如，对引出蒸汽的抽出级来说，$\alpha_j = 1$；对抽汽引入到废汽或凝水的抽汽总管内的情况，有

$$\alpha_j = \frac{h_{s,j} - h_{cd,j}}{h_{os} - h_{cd,j}} \tag{6-41}$$

式中，$h_{s,j}$—— 第 j 个抽汽点的蒸汽焓值；

$h_{cd,j}$—— 第 j 个抽汽点抽汽的凝水焓值；

h_{os} ——进入抽汽总管内的废汽或凝水焓值。

在 $\alpha_j < 0$ 的情况下，由于另外供给一定的工质到抽汽总管内，则减少了为回热给水从汽轮机抽出的蒸汽量。

系数 χ 定义为

$$\chi = \frac{1}{1 - \sum_{j=1}^{n} \zeta_j (1 - \psi_j)} \tag{6-42}$$

式中，ζ_j ——回热抽汽量系数，定义为

$$\zeta_j = \frac{G_{se,j}}{G_s} \tag{6-43}$$

其中，$G_{se,j}$—— 汽轮机第 j 个抽汽点的抽汽量。

在利用方程(6-40)确定二回路系统的新蒸汽耗量时，如辅助用汽的全部或部分是由新蒸汽供给，则那些用汽设备的抽汽质量系数等于零，而有关的系数等于 1。

6.3.2.3　主汽轮机的耗汽量方程

无抽汽的主汽轮机耗汽量方程为

$$G_{s,mt} = d_0 \cdot N_{oe} = \frac{N_{oe}}{H_i' \eta_m \eta_g} \varepsilon_{mt} \tag{6-44}$$

式中，d_0 ——主汽轮机组的单位功率耗汽率；

N_{oe} ——主汽轮机组的有效功率；

ε_{mt} ——主汽轮机耗汽量变化系数。

主汽轮机组的机械效率 η_m 可参考图 6-14 选取。

对采用饱和蒸汽工作的汽轮机，由于需要分离除去水分，使蒸汽耗量增加，系数 ε_{mt} 就是考虑由此产生的汽轮机耗汽量变化的系数，其表达式为

$$\varepsilon_{mt} = \frac{1}{1 - \omega\left(1 - \frac{H_{i,c}'}{H_i'}\right)} \tag{6-45}$$

式中，$H_{i,c}'$ ——到分离器前汽轮机的实际内焓降；

ω ——除湿相对量，其定义式为

$$\omega = \frac{x_2 - x_1}{x_2} \tag{6-46}$$

式中，x_2 ——分离器后蒸汽的干度；

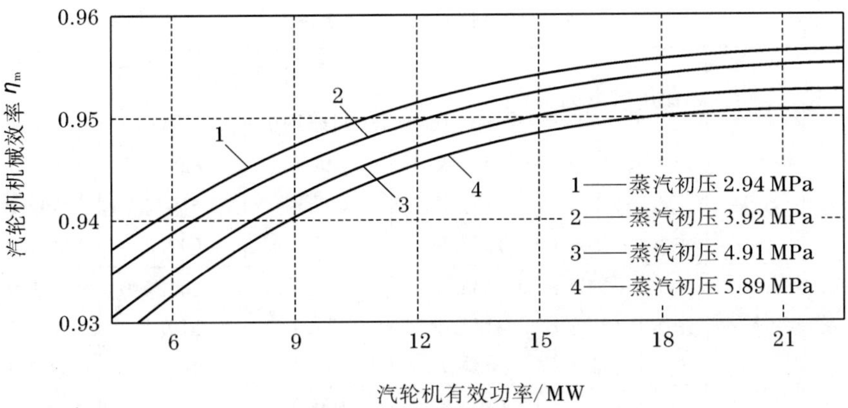

图 6-14　汽轮机的机械效率

x_1 ——到分离器前蒸汽的干度。

从汽轮机抽汽回热给水时，汽轮机耗汽量将要增加，由于在蒸汽发生器蒸汽产量方程中已经用系数 χ 考虑，因此在这里不再考虑。

6.3.2.4　汽轮发电机功率方程

压水堆核动力装置的主发电机组普遍采用汽轮发电机，除此之外，还设置了辅助发电机或应急发电机以及其他应急电源，以保证供电安全可靠。

例如，“陆奥”号装备了主汽轮发电机组、柴油辅助发电机和柴油应急发电机，通常由两台主发电机和一台辅发电机或者用两台辅助发电机和一台主发电机并车运行供电。当主发电机和辅助发电机都不能使用时，则由应急发电机供给船上人员及保证反应堆安全所必需的用电。

主汽轮发电机的容量取决于全船各用电设备的用电容量。根据用电设备的性质，全船的电负荷可以划分为以下四类：

(1) 与反应堆功率和蒸汽发生器蒸汽产量有关的用电设备，如反应堆控制棒驱动机构、主泵、稳压器电加热元件等，这类电负荷所消耗的电功率用符号 $N_{\text{amR},i}$ 表示；

(2) 与主汽轮机功率有关的用电设备，如电动滑油泵、电动凝水泵、电动循环水泵及二回路其他装置用泵等，所消耗的电功率用符号 $N_{\text{amT},i}$ 表示；

(3) 标准的或设计中推荐的属于动力装置的电能消耗量，用符号 $N_{\text{amnp},i}$ 表示；

(4) 为全船服务的电能消耗量，用符号 $N_{\text{as},i}$ 表示。

核动力装置汽轮发电机的功率 N_{tg} 按下式确定：

$$N_{\text{tg}} = \sum_{i=1}^{n} N_{\text{amR},i} + \sum_{i=1}^{m} N_{\text{amT},i} + \sum_{i=1}^{k} N_{\text{amnp},i} + \sum_{i=1}^{l} N_{\text{as},i} + N_{\text{e,loss}} + N_{\text{res}} \tag{6-47}$$

式中，$N_{\text{e,loss}}$ ——船舶电力系统的功率损失；

N_{res} ——储备电功率。

为了确定船舶电站功率、各发电机的容量和使用台数，在初步设计时应对用电设备进行电力负荷调查。在电力负荷调查表中，要明确规定发电机的使用状态及装置各工况（如反应堆运行、启动、停堆等）下电力负荷的容量，并选择电能消耗最大工况为设计容量。

表 6-2 所示为“陆奥”号的实际用电电力调查表。

表 6-2　“陆奥”号电力调查表

状　态		使用发电机	最大所需电能/kW				
			全船性用电	二回路用电	一回路用电	总计	计划值
反应堆运行，退出一台发电机工作	航海	主×2	277.8	344.9	642.4	1 263.1	1 330
		主×1	121.3	257.6	519.4	898.3	960
		主×1＋辅×1	277.8	315.8	642.4	1 236.0	1 300
	出入港	主×2＋辅×1	335.3	416.3	642.4	1 393.9	1 430
		主×1＋辅×1	123.3	331.1	519.4	971.8	1 030
		主×1＋辅×2	335.3	387.1	642.4	1 364.8	1 400
	停泊	主×2	309.6	199.2	648.6	1 157.4	1 230
		主×1	109.0	119.8	525.6	754.4	810
		主×1＋辅×1	309.6	170.1	648.6	1 128.3	1 200
反应堆启动	停泊	辅×2	267.7	246.1	642.4	1 156.2	1 210
		主×1＋辅×1	267.7	256.6	642.4	1 166.7	1 220
		主×2	267.7	255.9	642.4	1 160.0	1 220
	航海	辅×2	231.8	282.8	642.4	1 157.0	1 220
		主×1＋辅×1	231.8	293.3	642.4	1 167.5	1 230
		主×2	231.8	292.6	642.4	1 166.8	1 230
停堆	停泊	主×2	253.9	327.3	642.4	1 223.6	1 290
		辅×2	253.9	246.8	642.4	1 143.1	1 200
	航海	主×2	277.8	323.5	642.4	1 243.7	1 310
		辅×2	231.8	283.5	642.4	1 157.7	1 220

注：主——主发电机；辅——辅助发电机。

船舶电站功率确定后，应确定单台主汽轮发电机组的容量。根据国外核动力船舶安全标准的规定，与反应堆安全运行直接有关的辅助设备以及船舶的推进、排水、消防及其他与安全性直接相关的辅助设备如果采用电机驱动，则必须设有两组以上的发电机组，当其中一组发生故障时，仍能维持上述辅助设备的性能。一台发电机组的计算功率为

$$N_{tg,p} = \frac{N_{tg}}{n_{tg}} \tag{6-48}$$

式中，n_{tg}—— 同时工作的发电机组数，$n_{tg} \geqslant 2$。

汽轮发电机的额定功率由最大电能消耗工况的电站设计功率确定，一般情况下是发生事故的工况，例如退出一台发电机工作。在建造新船时，应调查一系列可能有的工况，并选择电站的最大负荷工况来确定电站的额定功率。

在任意计算工况下，一台发电机的额定功率为

$$N_{tg,np} = \frac{N_{tg,p}}{\chi_{tg}} \tag{6-49}$$

式中，χ_{tg} ——装置在计算工况下运行时发电机的负荷系数。

最后应按汽轮发电机标准系列规格来确定发电机的额定功率。由表 6-2 可知，计划中

两台主发电机并车运行时最大用电量约为 1 330 kW，一台主发电机单独运行时最大用电量约为 960 kW，当然每一台主发电机的容量由后者确定。但是，这种状态的运行持续时间较短，一般不超过 1 h，此时如果主发电机以 125% 的超负荷运行，则主发电机额定容量只需达到 770 kW。为了有一定储备，主发电机的额定容量确定为 800 kW，在 125% 超负荷状态下可以连续运行 2 h。

6.3.2.5　汽轮发电机耗汽量方程

在计算工况下，汽轮发电机的耗汽量为

$$G_{tg,p} = \frac{N_{tg,p} n_{tg}}{H_{a,gt} \eta_{oe,gt} \eta_{ge}} \tag{6-50}$$

式中，$H_{a,gt}$ ——计算工况下发电汽轮机内的绝热焓降；

$\eta_{oe,gt}$ ——计算工况下发电汽轮机的相对有效效率；

η_{ge} ——计算工况下发电机效率。

发电汽轮机的相对有效效率随发电机的功率以及蒸汽的初、终参数而变化，可用基准方案的已知效率加以修正的方法，来确定任一方案汽轮发电机组的效率。

图 6-15 所示为汽轮发电机效率与其额定功率、负荷和蒸汽初参数的关系。

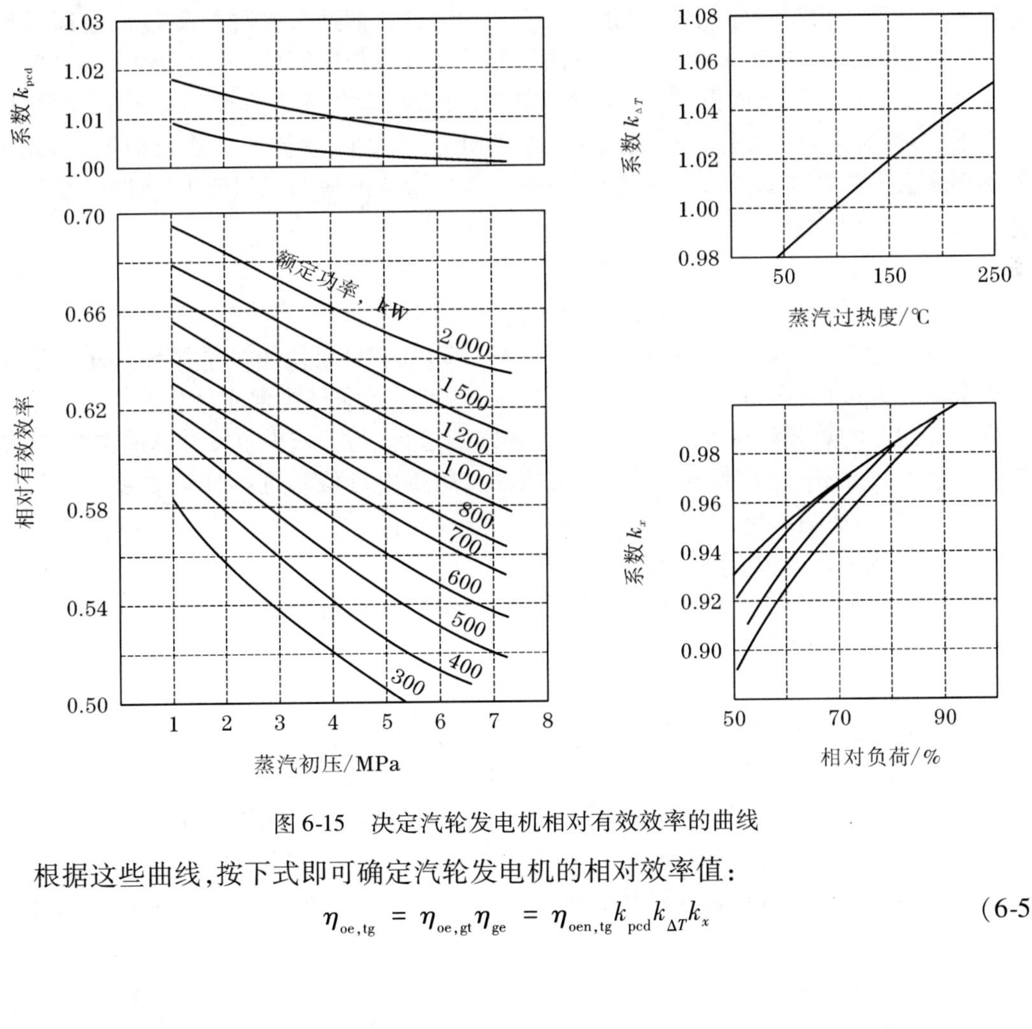

图 6-15　决定汽轮发电机相对有效效率的曲线

根据这些曲线，按下式即可确定汽轮发电机的相对效率值：

$$\eta_{oe,tg} = \eta_{oe,gt} \eta_{ge} = \eta_{oen,tg} k_{pcd} k_{\Delta T} k_x \tag{6-51}$$

式中，$\eta_{oen,tg}$ ——汽轮发电机基准方案的相对效率。发电机基准方案的参数：冷凝器内的压力 $p_{cd}=4.9$ kPa，蒸汽的过热度 $\Delta T=100$ ℃；

k_{pcd} ——冷凝器压力修正系数；

$k_{\Delta t}$ ——过热蒸汽温度修正系数；

k_x ——计算工况汽轮发电机负荷修正系数，$k_x=\dfrac{N_{tg,p}}{N_{tg,np}}$。

在用节汽门调节汽轮发电机蒸汽量时，耗汽量与负荷度成线性变化，可用下列经验公式求得：

$$G_{tg}=[0.21+0.79k_x-0.1(1-k_x)k_x]G_{tg,np} \tag{6-52}$$

式中，$G_{tg,np}$ ——额定功率下汽轮发电机的耗汽量。

其他辅助设备的耗汽量可按前面所述公式分别求出。

6.3.3 能量平衡计算方法——逐次近似法

由能量平衡计算的基本方程可以看出，核动力装置中用汽设备的蒸汽消耗量直接或间接取决于蒸汽发生器的蒸汽产量和反应堆热功率，而蒸汽发生器蒸汽产量和反应堆热功率又是能量平衡计算需要确定的参数，因此，无法通过直接求解上述方程组来完成核动力装置的能量平衡计算。为解决此问题，一般采用逐次近似法，即通过某种极限过程去逼近精确解，求得满足给定误差的近似解。这种方法的好处是计算程序简单，可达到较高的精度。

逐次近似法的计算步骤是：首先任意给定初始值，然后代入方程组的计算公式中，得到第一次近似解，再以第一次近似解代入方程组的计算公式中，得到第二次近似解，如此下去可得到第 k 次近似解。在计算过程中随时将前后两次计算所得的近似值进行比较，如果要求的误差为 ε，若满足条件

$$|x_i^{(k)}-x_i^{(k+1)}|\leqslant\varepsilon \tag{6-53}$$

则计算过程停止，第 $(k+1)$ 次的近似解即为所得结果。

由于逐次近似法每次的计算过程都一样，在计算机上只要使用一个循环程序就能实现上述的全部计算过程，而用式(6-53)进行误差估计，如满足条件则停止计算。

逐次近似法的重复计算可以按任何一个未知数进行，为了减少重复计算的次数，通常采用核动力装置效率 $\eta_{e,NPP}$ 值作为首先确定的数值，用逐次近似法进行核动力装置能量平衡计算，其流程框图如图 6-16 所示。

6.3.3.1 明确已知条件和待定参数

确定和选择核动力装置热力系统的形式，有关额定值、系数和参数，以及在近似计算中所需要的未知数，其中应首先选择对装置设计和对设计过程起主要作用的那些重要参数。例如：

(1)核动力装置的热线图；

(2)反应堆进、出口冷却剂温度，反应堆冷却剂运行压力，新蒸汽参数和冷凝器压力；

(3)反应堆、蒸汽发生器和主汽轮机的结构形式和效率；

(4)辅机的配置及传动形式，机械的传动效率，这些数值可以在以后详细规定；

(5)蒸汽发生器二次侧给水进口焓值。

另外，还应确定泵、造水装置和其他换热设备的形式及参数，它们对标准特性的计算数据有影响。

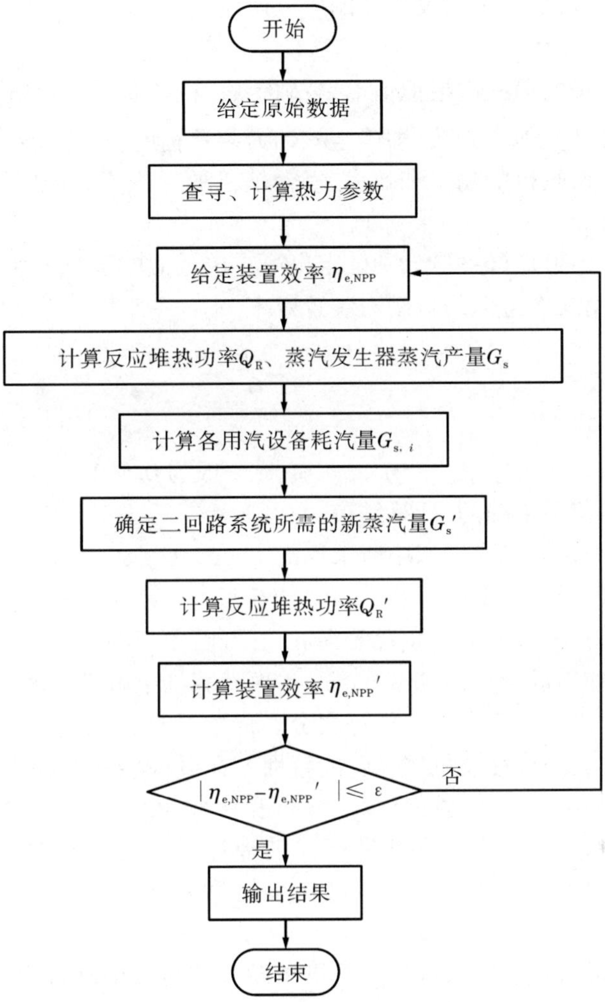

图 6-16　能量平衡计算程序框图

知道这些数值后，有可能着手确定部分未知数，而这些部分未知数与主要未知数无关。例如，可确定主汽轮机内的绝热焓降、主汽轮机的单位功率耗汽率和全部耗汽量、废汽压力、辅机和设备的产量及功率等。

6.3.3.2　给定装置效率初始值

在第一次近似中，以统计数据或母型为基础，确定核动力装置效率 $\eta_{e,NPP}$。根据使用情况、任务、设计要求的不同，核动力装置的形式和组成、采用的热线图及参数等均不完全相同，因此初始效率值只能作为第一次近似的给定值，正确与否将在逐次计算中加以检验。

根据对目前核动力船的统计，船舶核动力装置效率在 0.16～0.24 范围之内，潜艇为低值，商船为高值。

选定装置效率 $\eta_{e,NPP}$ 后，根据给定的装置有效功率，即可确定反应堆热功率

$$Q_R = \frac{N_e}{\eta_{e,NPP}}$$

根据式(6-38)、(6-39)可确定蒸汽发生器的蒸汽产量 G_s。

6.3.3.3　能量平衡计算

当蒸汽发生器产量的第一次近似值 G_s 被确定后，就能着手确定所研究工况核动力装置各单元的蒸汽消耗量及其他未知数，即确定核动力装置辅助设备的能量消耗量，包括泵的排量、功率和效率，辅助汽轮机的功率和效率，每台辅机的耗汽量，换热设备的耗汽量，净化流量及冷却水换热量等。

然后，根据方程(6-40)、(6-37)分别确定出第二次近似的蒸汽发生器产量 G_s' 和反应堆功率 Q_R'，并可求出第二次近似的核动力装置效率

$$\eta_{e,NPP}' = \frac{N_e}{Q_R'}$$

如果以下条件满足

$$|\eta_{e,NPP}' - \eta_{e,NPP}| \leq \varepsilon(\text{一般为} 0.001) \tag{6-54}$$

说明初始选取的效率值是正确的，计算结束。

若不满足上式，则在第二次近似中所求得的 $\eta_{e,NPP}'$、Q_R'、G_s' 的基础上，对所有辅助设备能量的消耗重新进行计算，再根据方程(6-40)、(6-37) 分别确定第三次近似的蒸汽发生器产量 G_s'' 和反应堆功率 Q_R''，并求出装置效率 $\eta_{e,NPP}''$，看是否满足条件(6-54)，如果不符合则再重复计算，直到条件满足为止，一般迭代 3 ~ 4 次计算结果就已足够精确。

能量平衡计算有详细计算和初步估算之分。详细计算在确定了最佳热线图之后进行，以便精确地确定装置的经济性及机械设备的特性。在设计船舶核动力装置时，通常根据总体要求提出若干个热线图方案，通过计算、分析和比较，得到一个推荐热线图作为最后的设计依据。如果每一个热线图方案都进行详细计算，结果虽然比较精确，但计算工作量非常大。因此，在方案设计阶段，一般通过初步估算来确定热线图的主要参数和经济性指标。

估算时以第一近似为基础，只进行主要机械设备的能量消耗计算，如主汽轮机、汽轮发电机、给水泵、给水加热器和主冷却剂泵等。至于其他较次要的机械设备，一般根据统计数据或母型选取或作为集中负载计算，不进行详细计算。

对核动力装置进行能量平衡计算，根据需要可分别计算几种不同的工况，但全负荷工况是主要的，其他工况只是为了检验一下工作质量。由于核动力装置的辅助设备已在全负荷工况计算时确定，所以部分负荷能量平衡计算只是对那些有必要进行计算的机械设备进行计算，例如部分负荷下给水加热器的能量平衡计算等。至于要进行哪些工况的计算，则要根据船舶运行条件来确定。

部分负荷能量计算方法和全负荷时计算方法相同。

6.3.4　核动力装置热力分析示例

为了进一步说明核动力装置热平衡计算过程，下面给出了一个核动力装置局部热平衡计算的例子。

已知某核动力装置热线图形式如附录中附图 3 所示，热线图的大部分计算工作已经完成，结果标在热线图中。除了热线图中已给定参数之外，其他给定参数见表 6-3。

要求采用定功率法进行热平衡计算，确定以下参数：装置效率、反应堆热功率、蒸汽发生

器蒸汽产量、主汽轮机耗汽量、汽轮发电机耗汽量、给水泵汽轮机耗汽量、给水泵排量、汽轮机中间抽汽量、低压汽轮机耗汽量、给水泵扬程、泄放水蒸发器产汽量。

表 6-3　核动力装置热线图部分已知参数

序号	名　　称	符号	单位	数值
1	装置有效功率	N_e	kW	6 615
2	蒸汽发生器输入热功率占反应堆输出热功率的份额	η_{sg}		0.996 9
3	蒸汽发生器排污率	ξ	%	1.164
4	泄放水蒸发器压力	p_{pw}	MPa	0.27
5	主冷凝器压力	p_c	kPa	4.9
6	辅冷凝器压力	p_{ac}	kPa	6.45
7	低压汽轮机排汽处至冷凝器阻力损失	Δp_c	kPa	0.27
8	高、低压汽轮机机械效率	η_m		0.980 2
9	高、低压汽轮机减速器效率	η_g		0.975 1
10	轴系效率	η_w		0.947 9
11	主汽轮发电机功率	$N_{e,g}$	kW	2 × 640
12	主发电机效率	$\eta_{e,ge}$		0.932
13	主发电汽轮机有效效率	$\eta_{e,gt}$		0.542 7
14	主发电汽轮机排汽至辅冷凝器阻力损失	Δp_{ac}	kPa	0.27
15	除氧器压力	p_d	kPa	0.2
16	当蒸汽发生器给水量 = 65 t/h 时给水泵出口至蒸汽发生器内阻力损失的变动部分	Δp_{lv}	MPa	0.573 4
17	给水泵出口至蒸汽发生器内阻力损失的恒定部分	Δp_{lc}	MPa	0.294 2
18	给水泵效率	$\eta_{e,fwp}$		0.568
19	给水泵汽轮机机械效率	$\eta_{m,fwt}$		0.891

6.3.4.1　确定各点热力参数

(1)蒸汽发生器

蒸汽发生器运行压力 p_s =4.2 MPa,对应的饱和水、饱和蒸汽焓分别为

$$h_s' = 1\ 101.6\ \text{kJ/kg} \qquad h_s'' = 2\ 799.4\ \text{kJ/kg}$$

新蒸汽干度 x_{fh} =0.997 5,则新蒸汽焓为

$$h_{fh} = 1\ 101.6 + 0.997\ 5 \times (2\ 799.4 - 1\ 101.6) = 2\ 795.2\ \text{kJ/kg}$$

给水压力取为 $p_{fw} = p_s + 0.1 = 4.3$ MPa,已知给水温度 T_{fw} =160 ℃,则给水焓为 h_{fw} = 677.64 kJ/kg。

(2)泄放水蒸发器

进入泄放水蒸发器的排污水为蒸汽发生器工作压力下的饱和水。

已知泄放水蒸发器的运行压力 p_{pw} =0.27 MPa,假设闪发产生的蒸汽、排舷外的污水分别为该运行压力下的饱和蒸汽、饱和水,其焓值分别为

$$h_{pw,s} = 2\ 719.9\ \text{kJ/kg} \qquad h_{pw,w} = 546.24\ \text{kJ/kg}$$

（3）主分离器

主分离器出口蒸汽压力 $p_{sp,s} = 4.0$ MPa，对应的饱和水、饱和蒸汽焓分别为

$$h_{sp,s}' = 1\ 087.4\ \text{kJ/kg} \qquad h_{sp,s}'' = 2\ 800.3\ \text{kJ/kg}$$

出口蒸汽干度 $x_{sp,s} = 0.993$，其焓值为

$$h_{sp,s} = 1\ 087.4 + 0.993 \times (2\ 800.3 - 1\ 087.4) = 2\ 788.3\ \text{kJ/kg}$$

主分离器的疏水近似认为是出口压力下的饱和水。

（4）发电汽轮机

辅冷凝器压力 $p_{ac} = 6.45$ kPa，发电汽轮机的排汽压降为 $\Delta p_{ac} = 0.27$ kPa，即发电汽轮机的排汽压力为

$$p_{gt,ó} = p_{ac} + \Delta p_{ac} = 6.45 + 0.27 = 6.72\ \text{kPa}$$

查焓熵图可得汽轮机绝热焓降 $H_{a,g} = 917.98$ kJ/kg

（5）主机高压缸

抽汽压力 $p_{ht,e} = 0.8$ MPa，对应的饱和水、饱和蒸汽焓分别为

$$h_{ht,e}' = 720.94\ \text{kJ/kg} \qquad h_{ht,e}'' = 2767.5\ \text{kJ/kg}$$

抽汽干度 $x_{ht,e} = 0.93$，其焓值为

$$h_{ht,e} = 720.94 + 0.93 \times (2\ 767.5 - 720.94) = 2\ 624.24\ \text{kJ/kg}$$

排汽压力 $p_{ht,o} = 0.31$ MPa，对应的饱和水、饱和蒸汽焓分别为

$$h_{ht,o}' = 566.23\ \text{kJ/kg} \qquad h_{ht,o}'' = 2\ 726.1\ \text{kJ/kg}$$

排汽干度 $x_{ht,o} = 0.88$，其焓值为

$$h_{ht,o} = 566.23 + 0.88 \times (2\ 726.1 - 566.23) = 2\ 466.9\ \text{kJ/kg}$$

高压缸疏水为排汽压力下的饱和水。

（6）主机低压缸

进汽压力 $p_{lt,i} = 0.28$ MPa，对应的饱和水、饱和蒸汽焓分别为

$$h_{lt,i}' = 551.44\ \text{kJ/kg} \qquad h_{lt,i}'' = 2\ 721.5\ \text{kJ/kg}$$

进汽干度 $x_{lt,i} = 0.993$，其焓值为

$$h_{lt,i} = 551.44 + 0.993 \times (2\ 721.5 - 551.44) = 2\ 706.31\ \text{kJ/kg}$$

抽汽压力 $p_{lt,e} = 0.12$ MPa，对应的饱和水、饱和蒸汽焓分别为

$$h_{lt,e}' = 439.36\ \text{kJ/kg} \qquad h_{lt,e}'' = 2\ 683.4\ \text{kJ/kg}$$

抽汽干度 $x_{lt,e} = 0.96$，其焓值为

$$h_{lt,e} = 439.36 + 0.96 \times (2\ 683.4 - 439.36) = 2\ 593.6\ \text{kJ/kg}$$

主冷凝器压力 $p_c = 4.9$ kPa，发电汽轮机的排汽压降为 $\Delta p_c = 0.27$ kPa，即主机低压缸的排汽压力为

$$p_{lt,o} = p_c + \Delta p_c = 5.17\ \text{kPa}$$

对应的饱和水、饱和蒸汽焓分别为

$$h_{lt,o}' = 140.2\ \text{kJ/kg} \qquad h_{lt,o}'' = 2\ 562.65\ \text{kJ/kg}$$

排汽干度 $x_{lt,o} = 0.88$，其焓值为

$$h_{lt,o} = 140.2 + 0.88 \times (2\ 562.65 - 140.2) = 2\ 271.96\ \text{kJ/kg}$$

低压缸疏水为排汽压力下的饱和水。

(7)中间分离器

疏水近似为低压缸进汽压力下的饱和水,焓值为 $h_{spw}=551.44$ kJ/kg

(8)给水泵汽轮机

排汽压力 $p_{ft,o}=0.24$ MPa,对应的饱和水、饱和蒸汽焓分别为

$$h_{ft,o}'=529.63\ \text{kJ/kg}\qquad h_{ft,o}''=2\ 714.5\ \text{kJ/kg}$$

排汽干度 $x_{ft,o}=0.94$,其焓值为

$$h_{ft,o}=529.63+0.94\times(2\ 714.5-529.63)=2\ 583.4\ \text{kJ/kg}$$

(9)高压给水加热器

加热蒸汽疏水压力 $p_{hw}=0.32$ MPa,给水加热器疏水为疏水压力下的饱和水,其焓值为 $h_{hw}=570.90$ kJ/kg

(10)除氧器

除氧器的工作压力为 $p_d=0.2$ MPa,凝水在除氧器中被加热到当前运行压力下的饱和温度,其饱和水焓为 $h_{d,w}=504.70$ kJ/kg

(11)低压给水加热器

加热蒸汽疏水压力 $p_{lw}=0.08$ MPa,给水加热器疏水为疏水压力下的饱和水,其焓值为 $h_{lw}=391.72$ kJ/kg

6.3.4.2　热平衡计算

假设装置有效效率为 $\eta_{e,NPP}=0.18$,进行第一次计算。

(1)反应堆功率为

$$Q_R=\frac{N_e}{\eta_{e,NPP}}=\frac{6\ 615}{0.18}=36\ 750\ \text{kW}$$

(2)蒸汽发生器的热负荷为

$$Q_{sg}=Q_R\cdot\eta_{sg}=36\ 750\times0.996\ 9=36\ 636\ \text{kW}$$

蒸汽产量为

$$\begin{aligned}G_{sg}&=\frac{Q_{sg}}{(h_{fh}-h_s')+(1+\xi)(h_s'-h_{fw})}\\&=\frac{36\ 636}{(2\ 795.2-1\ 101.6)+(1+0.011\ 64)(1\ 101.6-677.64)}=17.26\ \text{kg/s}\end{aligned}$$

给水量为

$$G_{fw}=(1+\xi)G_{sg}=(1+0.011\ 64)\times17.26=17.46\ \text{kg/s}$$

(3)泄放水蒸发器的产汽量计算

蒸汽发生器的排污水流量为

$$G_{pw}=\xi\cdot G_{sg}=0.011\ 64\times17.26=0.2\ \text{kg/s}$$

排污水送入泄放水蒸发器中闪发,产生的蒸汽送入除氧器,浓缩的污水排到舷外。如果忽略散热损失,根据泄放水蒸发器的能量平衡和质量平衡方程

$$G_{pw}=G_{pw,s}+G_{pw,w}$$

$$G_{pw}\cdot h_{pw}=G_{pw,s}\cdot h_{pw,s}+G_{pw,w}\cdot h_{pw,w}$$

泄放水蒸发器产生的蒸汽量为

$$G_{pw,s} = G_{pw}\frac{h_{pw} - h_{pw,w}}{h_{pw,s} - h_{pw,w}} = 0.2 \times \frac{1\ 101.6 - 546.24}{2\ 719.9 - 546.24} = 0.05\ \text{kg/s}$$

泄放水蒸发器排舷外的污水流量为

$$G_{pw,w} = G_{pw} - G_{pw,s} = 0.2 - 0.05 = 0.15\ \text{kg/s}$$

(4)高压给水加热器耗汽量为

$$G_{ht,e} = \frac{G_{fw}c_{p,fw}\Delta T_{fw}}{h_{ht,e} - h_{hw}} = \frac{17.46 \times 4.274 \times (160 - 120)}{2\ 624.24 - 570.9} = 1.454\ \text{kg/s}$$

(5)给水泵汽轮机耗汽量计算

给水泵出口至蒸汽发生器入口的阻力损失变动部分与给水流量平方成正比,在给定的给水流量下,阻力系数为

$$\xi_f = \frac{\Delta p_{1,v}}{G_{fw}^{\ 2}} = \frac{0.573\ 4}{(65/3.6)^2} = 1.76 \times 10^{-3}$$

对于计算的给水流量,阻力损失为

$$\Delta p_{1,v} = \xi_f \cdot G_{fw}^{\ 2} = 1.76 \times 10^{-3} \times (17.46)^2 = 0.536\ 6\ \text{MPa}$$

给水泵的扬程为

$$H_{fwp} = \frac{p_s + \Delta p_{1,v} + \Delta p_{1,c} - p_{fwp,i}}{\rho g}$$

$$= \frac{(4.2 + 0.536\ 5 + 0.294\ 2 - 0.2) \times 10^6}{927.92 \times 9.807} = 530.86\ \text{mH}_2\text{O}$$

给水泵输出有效功率为

$$N_{e,fwp} = G_{fw} \cdot H_{fwp} \cdot g = 17.46 \times 530.85 \times 9.807 \times 10^{-3} = 90.91\ \text{kW}$$

给水泵汽轮机内焓降为

$$H_{i,ft} = h_{sp,s} - h_{ft,o} = 2\ 788.3 - 2\ 583.4 = 204.9\ \text{kJ/kg}$$

给水泵汽轮机耗汽量为

$$G_{s,ft} = \frac{N_{e,fwp}}{H_{i,ft}\eta_{fwp}\eta_{m,ft}} = \frac{90.9}{204.9 \times 0.568 \times 0.891} = 0.877\ \text{kg/s}$$

(6)发电汽轮机耗汽量为

$$G_{s,gt} = \frac{N_{e,g}}{H_{a,g}\eta_{e,g}\eta_{e,gt}} = \frac{2 \times 640}{917.98 \times 0.932 \times 0.542\ 7} = 2.757\ \text{kg/s}$$

(7)主汽轮机组耗汽量计算

主汽轮机高压缸和低压缸的内功率之和为

$$N_{i,ht} + N_{i,lt} = \frac{N_e}{\eta_m\eta_g\eta_w} = \frac{6\ 615}{0.980\ 2 \times 0.975\ 1 \times 0.947\ 9} = 7\ 301.36\ \text{kW}$$

高压缸的内功率为

$$N_{i,ht} = G_{ht,i}(h_{ht,i} - h_{ht,o}) - G_{ht,e}(h_{ht,e} - h_{ht,o})$$

$$= G_{ht,i}(2\ 788.3 - 2\ 465.1) - 1.454 \times (2\ 624.24 - 2\ 465.1)$$

$$= 321.4G_{ht,i} - 228.75$$

高压缸的质量平衡方程为

$$G_{ht,i} = G_{ht,o} + G_{ht,e} = G_{ht,o} + 1.454$$

低压缸的内功率为

$$
\begin{aligned}
N_{i,lt} &= G_{lt,i}(h_{lt,i} - h_{lt,o}) - G_{lt,e}(h_{lt,e} - h_{lt,o}) \\
&= G_{lt,i}(2\ 706.31 - 2\ 271.96) - 0.642 \times (2\ 593.6 - 2\ 271.96) \\
&= 434.35G_{lt,i} - 206.49
\end{aligned}
$$

忽略散热损失,中间分离器的能量平衡和质量平衡方程为

$$
(G_{ht,o} - G_{s,d})h_{ht,o} = G_{lt,i}h_{lt,i} + G_{spw}h_{spw}
$$

$$
G_{ht,o} - G_{s,d} = G_{lt,i} + G_{spw}
$$

由此可以得到

$$
\begin{aligned}
G_{ht,o} &= G_{lt,i}\frac{h_{lt,i} - h_{spw}}{h_{ht,o} - h_{spw}} + G_{s,d} = G_{lt,i} \times \frac{2\ 706.3 - 551.44}{2\ 466.9 - 551.44} + 0.26 \\
&= 1.125G_{lt,i} + 0.26
\end{aligned}
$$

综合以上各式,计算得到 $G_{ht,i} = 11.87$ kg/s, $G_{lt,i} = 9.03$ kg/s。

(8)二回路系统总耗汽量

$$
\begin{aligned}
D_s &= G_{msp,w} + G_{全船用} + G_{s,ft} + G_{s,gt} + G_{喷射泵} + G_{ht,i} \\
&= 0.06 + 0.462 + 0.877 + 2.757 + 0.132 + 11.87 = 16.158\ \text{kg/s}
\end{aligned}
$$

(9)计算装置有效效率

蒸汽发生器热负荷

$$
Q_{sg}' = D_s[(h_{fh} - h_s') + (1 + \xi)(h_s' - h_{fw})] = 16.158 \times 2\ 122.49 = 34\ 295.17\ \text{kW}
$$

反应堆热功率

$$
Q_R' = \frac{Q_{sg}'}{\eta_{sg}} = \frac{34\ 295.17}{0.996\ 9} = 34\ 401.82\ \text{kW}
$$

装置有效效率

$$
\eta_{e,NPP}' = \frac{N_e}{Q_R'} = \frac{6\ 615}{34\ 401.82} = 0.192\ 3
$$

(10)比较假设效率 $\eta_{e,NPP}$ 与计算效率 $\eta_{e,NPP}'$

$$
\varepsilon = |\eta_{e,NPP} - \eta_{e,NPP}'| = |0.18 - 0.192\ 3| = 0.012\ 3
$$

由于 $\varepsilon > 0.000\ 1$,不满足收敛精度,所以假设 $\eta_{e,NPP} = 0.192\ 3$,进行下一轮迭代计算。

经过 4 次迭代计算,计算结果收敛,得到计算结果如表 6-4 所示。

表 6-4　核动力装置热平衡计算结果

序号	项 目 名 称	单位	第一次	第二次	第三次	第四次
1	装置有效效率		0.18	0.192 3	0.194 0	0.194 2
2	反应堆功率	kW	36 750	34 401.82	34 106.63	34 069.86
3	蒸汽发生器总蒸汽产量	kg/s	17.26	16.16	16.02	16.0
4	主汽轮机耗汽量	kg/s	11.87	11.80	11.79	11.79
5	汽轮发电机总耗汽量	kg/s	2.757	2.757	2.757	2.757
6	给水泵汽轮机耗汽量	kg/s	0.877	0.809	0.801	0.80
7	给水泵给水量	kg/s	17.46	16.35	16.21	16.19
8	高压汽轮机中间抽汽量	kg/s	1.454	1.361	1.349	1.348

续表

序号	项 目 名 称	单位	第一次	第二次	第三次	第四次
9	低压汽轮机耗汽量	kg/s	9.03	9.05	9.05	9.05
10	给水泵扬程	mH_2O	530.86	523.56	522.68	522.57
11	泄放水蒸发器产汽量	kg/s	0.051	0.048	0.048	0.048
12	计算有效效率		0.192 3	0.194 0	0.194 2	0.194 2

6.4　㶲分析方法

长期以来,对热力系统的热力分析普遍采用基于热力学第一定律的能量平衡法。由于能量具有数量和质量双重属性,能量平衡法只注重能量在转化和传递过程中数量上的守恒,并不考虑能量在质量上的差异和变化,因此不能确切、本质、全面地反映出用能过程中存在的薄弱环节,难以正确评价能量综合利用的水平。为了正确地指出节能的方向和途径,一种基于热力学第一定律和热力学第二定律的热力分析方法——㶲(Exergy)分析法逐步发展起来并日益受到重视。

6.4.1　㶲的概念及计算

6.4.1.1　㶲和𬉼

㶲的概念建立在热力学第一定律和第二定律的基础上,是能量在理论上所具有的最大做功能力的一种度量。在热力学中,㶲通常定义为:对于稳定不变的环境,单位质量的稳定流动工质从所处状态可逆变化到与环境介质相平衡的状态时所能做出的最大可用功。

或者表述为:㶲是当热力学系统或能流与环境介质相互作用而达到完全平衡时,外界所得到的最大功。

在㶲的定义中,应该注意有三个约束条件:

(1)物质由给定状态变化到环境状态的做功过程是完全可逆的。

(2)物质做功过程的终态,应与周围环境达到完全平衡的状态,包括热平衡、力平衡和化学平衡。

(3)在做功过程中,除环境以外没有其他热源或功源。

根据卡诺循环,无论是闭口系统中的工质,还是流经开口系统的流动工质,只要工质的热力状态与环境介质之间存在着热力不平衡,例如工质的温度或者压力高于环境介质,则工质就具有做出有用功的能力,即具有㶲。如果环境状态是确定的,则㶲的大小只决定于工质所处的状态,因此,㶲实际上是状态参数。显然,能量中含有的㶲值越多,其转换为有用功的能力就越大,可利用的价值就越高。

上述所规定的㶲,也称为热力㶲。目前,㶲的概念已经有所推广,将各种情况下的最大有用功都叫做㶲。例如,热量的做功能力称做热量㶲,机械能全部都是可用能,称做机械㶲。需要注意的是,热量㶲和机械㶲并不是热力状态参数。

㶲是一种能量,具有能的量纲和属性,但又与能的含义不完全相同。一般地讲,能的数量与质量是不统一的,而㶲代表了能量中数量与质量统一的部分。各种形态的能量中都含有一定量的㶲,不管哪种形态的能量,其中所含的㶲都反映了各自能量中质量与数量相统一的部分。这样,就可以用㶲来评价和比较各种不同形态的能量。

从热力学第一定律和第二定律可直接导出,在任意给定状态下,系统㶲都具有确定值。在实际过程中,所得到的功少于系统所减少的㶲,这意味着部分㶲未转换为功,而在不可逆过程中消失了。这是㶲与能的重要不同点,能是不会消失的,而㶲却可以消失,它只在可逆过程中服从守恒定律。在除此之外的所有情况下,它可能局部地或者全部消失,在不可逆过程中耗散而损失了。以 E_x 表示㶲,以 e_x 表示比㶲。

在计算某物质的㶲值时应注意,物质由给定状态变化到环境状态的做功过程是可逆过程。过程的终态应与环境达到完全平衡状态。除环境外别无其他热源。这样可以避免在过程中做任何不可逆无效功,而获得理论功。保证过程进行到极限深度,以获得最大功。

与物质㶲相对应有物质𬉼(Anergie)。𬉼是以给定环境为基准时,物质能量中不能转换为㶲的能量以 A_n 表示,以 a_n 表示比𬉼,根据定义有:

$$\begin{aligned} A_n &= E - E_x \\ E &= E_x + A_n \end{aligned} \tag{6-55}$$

式中,E ——物质所具有的能量。

㶲和𬉼都有可加性,一个系统的㶲值为各子系统㶲值之和,热力学第一定律和热力学第二定律也可以用㶲和𬉼的概念来描述:

热力学第一定律:在能量的传递和转换过程中,㶲与𬉼的总量是守恒的。

热力学第二定律:一切实际过程(不可逆过程)都是㶲递减,𬉼递增的过程。即实际过程总是朝着㶲转换为𬉼的方向进行的。

6.4.1.2　㶲的分类

㶲是系统理论做功能力的一种度量,由于系统与环境之间存在着某种不平衡势,因而系统具有一定的做功能力。根据不平衡势的不同,㶲可以大致分为热量㶲、物质㶲和功源㶲三大类。

- 㶲
  - 热量㶲(冷量㶲)——不平衡势为温度差
  - 物质㶲
    - 机械㶲
      - 动能㶲——不平衡势为系统与环境间的速度差
      - 位能㶲——不平衡势为系统与环境间的高度差
    - 热力㶲
      - 物理㶲——不平衡势为物质与环境间的温度差和压力差
      - 化学㶲
        - 反应㶲——不平衡势为物质与环境基准物间的化学势差
        - 浓度㶲(扩散㶲)——不平衡势为浓度差
  - 功源㶲
    - 电力㶲——不平衡势为电位差
    - 水力㶲——不平衡势为水位差
    - 风力㶲——不平衡势为风压差
    - 地力㶲——不平衡势为地内与地表层压差
    - 波浪㶲——不平衡势为作用在海面上的风压与大气压之差

电能、机械能、水力能、风力能等属于高质能,不像热能那样受热力学第二定律的限制,可以完全转换为可用功,因此这些能量的㶲值与能量的数量相等。

6.4.1.3　热量㶲及其计算

高于环境温度的系统,在给定环境条件下发生可逆变化时,通过边界传递的热量中所能做出的最大有用功，即热量相对于环境所具有的最大做功能力称为热量㶲。

若以该系统作为热源，以环境作为冷源，设想在此热源与冷源之间有一系列微卡诺热机工作，以保证系统在放出热量 Q 的同时可逆地发生状态变化。假设系统向微卡诺热机提供的热量为 $\mathrm{d}Q$，根据卡诺循环的效率公式，这部分热量对外所做的最大有用功为

$$\mathrm{d}W_{\max} = \left(1 - \frac{T_0}{T}\right)\mathrm{d}Q \tag{6-56}$$

式中，T ——传热时系统温度，K；

T_0 ——环境温度，K；

$\left(1 - \frac{T_0}{T}\right)$—— 工作在 T 和 T_0 之间的卡诺循环效率，又称为"卡诺因子 η_c"。

图 6-17 所示为热量㶲在 T-s 图上的表示，其中图(a)为定温过程，图(b)为变温过程。

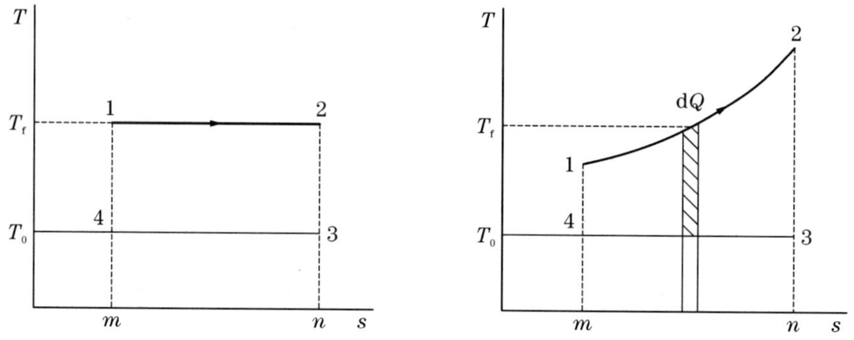

(a)定温传热过程　　(b)变温传热过程

图 6-17　传热过程热量㶲的计算

图中区域 1－2－3－4－1 表示过程 1－2 吸收的热量 Q 相对于环境基准 T_0 所具有的热量㶲，而区域 3－n－m－4－3 表示热量 Q 中不能转换为㶲的那一部分，即热量𬀩。

对于定温传热过程，有

$$E_{x,Q} = W_{\max} = \left(1 - \frac{T_0}{T}\right)Q \tag{6-57}$$

$$A_{n,Q} = Q - W_{\max} = \frac{T_0}{T}Q \tag{6-58}$$

对于变温传热过程，传热过程 1－2 中系统温度在变化，则先取一个微元传热过程，假设其中系统温度恒定，用式(6-57)计算该微元传热过程中的㶲值，然后对过程 1－2 积分求得整个过程传热量的㶲，即

$$E_{x,Q} = \int_1^2 \mathrm{d}W_{\max} = \int_1^2 \left(1 - \frac{T_0}{T}\right)\mathrm{d}Q = Q - T_0\Delta s \tag{6-59}$$

$$A_{n,Q} = Q - E_{x,Q} = T_0\Delta s \tag{6-60}$$

热量㶲具有以下性质：

(1)热量㶲是热量所能转换的最大有用功，是热量本身的固有特性。系统放出热量时，同时放出了该热量中的㶲；反之，系统吸收热量时，同时吸收了该热量中的㶲。

(2)热量㶲的大小不仅与热量 Q 有关,还与环境温度 T_0 及热源温度 T 有关。

(3) 热量炕除了与 T_0 有关外,还与 s 有关,所以系统在可逆传热过程中的熵变可以作为热量炕的一种度量。

(4) 热量㶲、热量炕与热量 Q 一样,都是过程量。

(5) 系统在物理寂态条件下传递的热量 Q,无法转换为有用功,热量全部为热量炕。

(6) 相同数量的热量 Q,在不同温度条件下具有㶲不同。

6.4.1.4　稳定流动系统工质㶲及其计算

工程上常遇到的工质流经热力设备的过程可近似看作稳定流动过程,如图 6-18 所示。

质量流量为 m 的工质在热力系统进口处的状态为(p,T),对应的焓、熵分别为 h、s,工质的流动速度为 v,相对给定基准的高度为 z。工质在热力系统中经过可逆过程变化到与环境相平衡的出口状态(p_0,T_0),对应的焓、熵分别为 h、s_0,工质的流动速度为 v_0,相对给定基准的高度为 z_0。在状态变化过程中没有其他热源,与环境之间的换热量为 Q_0,对外做的功为 W_t。

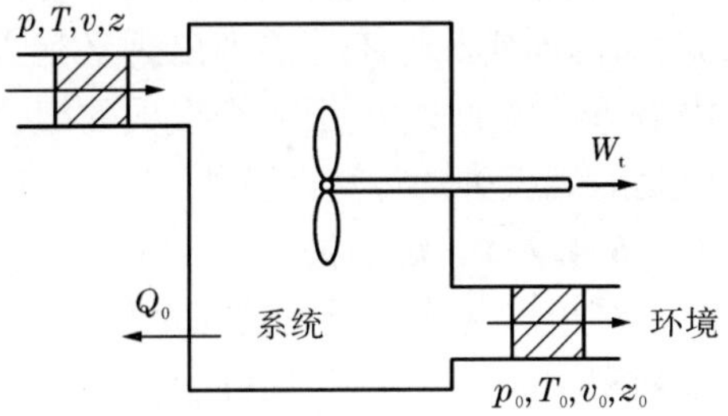

图 6-18　稳定流动系统

工质带入热力系统的总能量为

$$E_{in} = mh + m\frac{v^2}{2} + mgz \tag{6-61}$$

上式等号右侧后两项分别为工质在热力系统入口处的动能和位能。

热力系统向环境的放热量为

$$Q_0 = mT_0(s - s_0) \tag{6-62}$$

式中,s、s_0 ——分别为工质在系统入口、出口处的熵。

工质离开热力系统排入环境的总能量为

$$E_{out} = mh_0 + m\frac{v_0^2}{2} + mgz_0 \tag{6-63}$$

根据能量守恒定律,对于上述稳定流动系统,可以列出以下能量平衡方程

$$E_{in} = E_{out} + Q_0 + W_t \tag{6-64}$$

由此得稳定流动工质的㶲为

$$E_x = W_t = m\left[h - h_0 - T_0(s - s_0) + \frac{v^2 - v_0^2}{2} + g(z - z_0)\right] \tag{6-65}$$

一般情况下,工质在热力系统入口和出口的速度差、高度差都不大,因而可以忽略稳定流动过程中工质动能、位能的变化,于是上式可简化为

$$E_x = m[h - h_0 - T_0(s - s_0)] = m[(h - T_0 s) - (h_0 - T_0 s_0)] \tag{6-66}$$

炕的表达式为

$$a_n = m[h_0 + mT_0(s - s_0)] \tag{6-67}$$

如果工质由状态 1 可逆地变化到状态 2,则工质最大做功能力为

$$\begin{aligned} W_{t,1-2} &= E_{x,1} - E_{x,2} \\ &= m[(h_1 - T_0 s_1) - (h_0 - T_0 s_0)] - [(h_2 - T_0 s_2) - (h_0 - T_0 s_0)] \end{aligned}$$

$$=(h_1 - T_0 s_1) - (h_2 - T_0 s_2) = \Delta(h - T_0 s) \tag{6-68}$$

由此可知,稳定流动工质在可逆过程中所能做的最大有用功等于工质㶲的减少。

对于状态稳定不变(p_0,T_0,h_0,s_0 等为常数)的环境而言,㶲只决定于热力系统进口处工质的热力状态参数,因此㶲是状态参数。

6.4.2　㶲损失与㶲平衡方程

在能量平衡分析方法中,根据能量守恒定律可以建立起能量平衡方程,只要确定系统的输入和输出能量,就能计算出系统用能过程中的能量损失。

由热力学第二定律可知,在实际过程中工质或系统的㶲是不守恒的,总有一部分㶲蜕变为𬉼,因而实际上不可能列出㶲平衡方程。为了便于㶲分析工作的开展,参照能量平衡方程中能量损失的概念,引入㶲损失的概念,在此基础上建立起㶲平衡方程,所以㶲分析的实质就是对㶲损失的计算及分析。

6.4.2.1　㶲损失

㶲损失与通常所说的能量损失是性质不同的概念。能量损失是指在用能过程中未能有效利用的那部分能量,实际上是指在能量传递过程中一部分能量由可被利用的形态变为不可利用的形态,例如散热损失、泄漏损失。而㶲损失通常是指在能量的转换和传递过程中,由于存在不可逆因素而导致一部分㶲蜕变为𬉼,所以㶲损失实质上是𬉼。㶲损失的大小揭示了热力过程的不可逆程度,反映了能量转换与利用的完善程度。

根据㶲损失的原因和产生的部位,可以将其分为内部㶲损失和外部㶲损失两部分。

内部㶲损失是由热力系统内部过程的不可逆因素引起的,这类不可逆因素包括节流、流动阻力、机械摩擦、有限温差传热和浓度差等。内部㶲损失也称为㶲耗散,指在热力系统内部的不可逆过程中耗散为𬉼的那一部分㶲。

外部㶲损失是由热力系统外界的不可逆因素引起的,既与系统有关又与环境介质有关。典型的外部㶲损失有:由于系统热绝缘不善向环境散热而引起的㶲损失(也称为㶲散逸),向环境排放未加利用的废热而引起的㶲损失(也称为㶲排放)等。

例如,对于一个传热过程,假设加热介质Ⅰ和吸热介质Ⅱ在换热过程中温度都保持恒定,则加热介质放出的㶲和吸热介质吸收的㶲分别为

$$E_{x,Q_{\mathrm{I}}} = Q_{\mathrm{I}}\left(1 - \frac{T_0}{T_{\mathrm{I}}}\right)$$

$$E_{x,Q_{\mathrm{II}}} = Q_{\mathrm{II}}\left(1 - \frac{T_0}{T_{\mathrm{II}}}\right)$$

如果忽略散热损失,即 $Q_{\mathrm{I}} = Q_{\mathrm{II}}$,由于加热介质温度 T_{I} 高于吸热介质温度 T_{II},因此必然有 $E_{x,Q_{\mathrm{I}}} > E_{x,Q_{\mathrm{II}}}$,则传热过程中的㶲 损失 $E_{xl,Q}$ 为

$$E_{xl,Q} = E_{x,Q_{\mathrm{I}}} - E_{x,Q_{\mathrm{II}}} = Q_{\mathrm{I}} T_0\left(\frac{1}{T_{\mathrm{II}}} - \frac{1}{T_{\mathrm{I}}}\right) \tag{6-69}$$

由式(6-69)可以看出,如果加热介质与吸热介质之间没有传热温差,则该项㶲损失等于零。但是,由于传热温差是传热过程进行的动力,传热过程必然存在传热温差,因此,由传热温差引起的㶲损失对于传热过程来说是固有的㶲损失,属于内部㶲损失(㶲耗散)。

如果考虑传热过程中的散热损失,即 $Q_{\mathrm{I}} = Q_{\mathrm{II}} + \Delta Q$,则传热过程中的㶲损失为

$$E_{xl,Q} = Q_{\text{II}} T_0\left(\frac{1}{T_{\text{II}}} - \frac{1}{T_{\text{I}}}\right) + \Delta Q\left(1 - \frac{T_0}{T_{\text{I}}}\right) \tag{6-70}$$

式中，等号右侧第一项为传热温差导致的内部㶲损失，第二项为向环境散热而导致的㶲损失，这是由于能量系统或用能过程与外界存在能量交换，导致一部分㶲散失到环境中而失去做功能力，属于外部㶲损失（㶲散逸）。

由以上分析得出以下结论：

(1) 内部㶲损失（㶲耗散）是由于系统内部过程的不可逆性引起的，其大小取决于过程的不可逆程度。不可逆程度越高，耗散㶲也越大。

(2) 一切实际过程都是不可逆的，因此㶲耗散实际上是不可避免的。另外，不可逆性本身就是过程的推动力（如温差推动传热、压差推动膨胀等），所以，㶲耗散不能消灭，但可以控制在一定范围。

(3) 耗散㶲通常都是高质能，如因摩擦而耗散的机械㶲，流阻而耗散的动㶲，因电阻而耗散的电㶲等。

6.4.2.2　㶲平衡方程

将㶲损失的概念用于能量系统，可以导出㶲平衡方程。如图 6-19 所示，能量系统的平衡方程为

$$E_{x,sup} = E_{x,eff} + E_{xl,in} + E_{xl,out} \tag{6-71}$$

式中，$E_{x,sup}$——外界提供给出能量系统的㶲；

$E_{x,eff}$——能量系统有效利用的㶲；

$E_{xl,out}$——外部㶲损失；

$E_{xl,in}$——内部㶲损失。

这就是能量系统㶲平衡方程的一般形式。

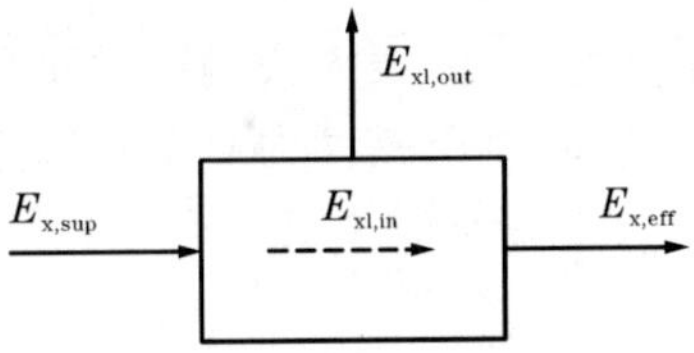

图 6-19　能量系统㶲平衡模型

6.4.2.3　㶲效率和㶲损系数

基于㶲平衡方程可以计算出各热力过程及整个系统或设备的㶲损失，但只指出了做功能力损失的绝对量。若全面分析各过程及系统或设备的能量转换和利用情况，仅确定㶲损失显然是不够的，因为不能据此直接分析、比较和判断出过程及系统或设备㶲利用的情况，以及各个热力过程对整个系统或设备影响的大小。因此，确定过程及系统或设备能量损失的相对程度是十分必要的。为了评价热力过程及系统或设备的热力学完善性，引入了㶲效率、㶲损系数等评定指标。

(1) 㶲效率 η_{ex}

㶲效率的一般定义式为

$$\eta_{ex} = \frac{\text{系统有效利用的㶲}}{\text{外界供给系统的㶲}} = \frac{E_{x,eff}}{E_{x,sup}} \tag{6-72}$$

㶲效率是基于热力学第二定律的分析所提出的一种用来衡量过程、设备或系统热力学完善性的指标，与基于热力学第一定律的分析所提出的热效率互有联系，但比热效率更能深刻地揭示出能量转换、利用和损耗的实质。

对于不同的热力系统或设备，对有效利用的㶲以及外界供给的㶲的确定可能会有所不同，即使对同一系统或设备，也会由于各人理解的不同而确定出不同的㶲效率，尤其是在进出系统或设备的㶲流较多时更容易出现这种情况。因此，㶲效率的定义具有一定的不确定

性。在实际应用过程中，㶲效率可分为传递㶲效率和目的㶲效率两种。

传递㶲效率是常用的一种㶲效率，定义式为

$$\eta_{ex} = \frac{\text{系统输出总㶲}}{\text{系统输入总㶲}} = \frac{\sum_{i=1}^{n} (E_{x,i})_{out}}{\sum_{j=1}^{m} (E_{x,j})_{in}} \tag{6-73}$$

上式中的输入总㶲与输出总㶲，均为包括以热量、功和物流传递以及其他可能的形式带入、带出系统的㶲的总和。

传递㶲效率实际上是通过一个系统或设备传递而得到的㶲与交由该系统或设备来传递的㶲的比值，其定义建立在㶲平衡方程式的基础上，具有如下特性：

①普遍适用于一切过程；

②只表征系统或设备内部热力学完善性；

③不反映系统或设备中过程的性质与目的。

传递㶲效率的不足之处是并不区分系统输出㶲中哪些部分是有用的、哪些部分是无益的，因此不能区别各种情况，真实地反映系统或设备的热力学完善程度。从本质上说，传递㶲效率反映的只是系统或设备中过程的不可逆性对于热力学完善程度的单一影响，比较适用于诸如传热、流体传输以及轴功传递等能量传递过程。

例如，对于核动力装置热力系统中的冷凝器，如果忽略运行过程中的散热，则冷凝器的传递㶲效率为

$$\eta_{ex} = \frac{\text{循环冷却水吸收的热量㶲}}{\text{汽轮机排汽冷凝放出的热量㶲}} \tag{6-74}$$

实际上循环冷却水流经冷凝器所吸收的热量㶲最终被循环冷却水带入了环境，完全不能被利用，因此，按照式(6-72)的定义，冷凝器的㶲效率应该等于零。由此可以看出，热力系统或设备的输出㶲并不完全是被有效利用的㶲，如果忽略这一事实，就不能正确地反映热力系统的经济性。

从能量利用的角度来看，热力系统或设备中进行的过程都是为了达到能量转换或传输的目的，根据此目的可以确定输出㶲中哪些是有效利用的㶲，哪些不是，从而确定出热力系统或设备的㶲效率。通常将达到目的所获得的㶲与外界供给的㶲之比称为目的㶲效率，定义式同式(6-72)。

仍以冷凝器为例，其主要作用是作为电厂热力系统中的热阱，实现热力循环中的定温放热过程。外界供给的㶲等于汽轮机排汽在冷凝器中完全凝结所放出的热量㶲，而输出㶲是排入环境的，因而在冷凝器内部传热过程中能被有效利用的㶲是零。

在本书后面所提到的㶲效率，如果不加特别说明，指的都是目的㶲效率。

(2)㶲损系数

热力系统或设备中第 j 个过程或环节的局部㶲损失占整个系统或设备总供给㶲的比例，称为该过程或环节的㶲损系数，即

$$\xi_j = \frac{\text{过程或环节 } j \text{ 的局部㶲损失}}{\text{系统或设备的总供给㶲}} = \frac{E_{xl,j}}{E_{x,sup}} \tag{6-75}$$

系统或设备的总㶲损系数为

$$\xi = \frac{E_{xl}}{E_{x,sup}} = \sum_{j=1}^{n} \frac{E_{xl,j}}{E_{x,sup}} = \sum_{j=1}^{n} \xi_j \tag{6-76}$$

根据系统的㶲平衡方程

$$E_{x,sup} = E_{x,eff} + \sum_{j=1}^{n} E_{xl,j}$$

可以得到系统㶲效率与过程㶲损系数的关系

$$1 = \frac{E_{x,eff}}{E_{x,sup}} + \sum_{j=1}^{n} \frac{E_{xl,j}}{E_{x,sup}} = \eta_{ex} + \sum_{j=1}^{n} \xi_j = \eta_{ex} + \xi \tag{6-77}$$

这是热力系统㶲平衡方程的又一表达形式。

通过对热力系统中各个过程的㶲损情况进行分析,确定出相应的㶲损系数,能够很好地反映出热力系统中用能过程的薄弱环节,据此可以确定热力系统用能的合理性和有效性。

6.4.3　㶲分析的单元法

㶲分析法是以热力学第一定律和热力学第二定律为基础的第二类热力学分析法,以热力系统或过程为分析对象,在质量平衡和能量平衡的基础上,计算各物流和能流的㶲值,通过㶲平衡确定㶲损失及其分布,找出㶲损失的原因以及能量利用上的薄弱环节,从而为节能降耗、提高能量利用率指明正确方向。

㶲分析法的主要内容有:

(1) 进行质量平衡和能量平衡计算,确定输入、输出系统的工质流量、能流量以及工质的状态参数(如温度、压力等);

(2) 计算物流㶲和热流㶲;

(3) 由㶲平衡方程确定各过程的㶲损失;

(4) 确定系统的㶲效率。

当需要对能量系统进行详细分析时,仅把该系统作为一个整体而做一般评价是远远不够的,需要详细分析组成能量系统的所有环节的㶲损失大小,以及它们在总㶲损失中所占地位,从而确定最大损失的存在部位,找出提高系统热经济完善性的努力方向。

在实际分析过程中,总是将一个完整的能量系统划分为若干个组成单元,通过对组成单元逐一分析,掌握系统整体热经济性完善程度。这种将一个独立的能量系统分成若干个单元,对各单元逐一进行㶲损失计算与分析的方法,称为㶲分析的单元法,包括以下三个阶段:

(1)根据需要将能量系统划分为单元;

(2)对所划分的单元逐一进行㶲分析计算;

(3)将计算结果以表格或线图形式表示出来。

能量系统的单元划分是单元法分析的重要一环,也是整个计算分析的基础。单元如何划分,要视不同问题的不同要求而定,即唯一地取决于系统分析的任务和目的。一般来说,能量系统单元划分的原则为:

(1)将给定系统划分为单元时,所划分的单元数取决于研究问题的详细程度。研究要求越详细,单元划分的个数也越多,给出的分析结果也就更精细。

(2)组成系统的单元可以是主辅设备,也可以是系统的连接通道所涉及的过程,因而组成系统的具体单元可以分为两类,即设备单元和过程单元,前者可以包括后者。

6.4.4 单元的串联和并联模型

任何一个复杂系统都可以认为是由若干分系统组成的,而每一个分系统可划分为若干个子系统,每个子系统又可认为由若干基本单元(或设备)所组成。基本单元之间的组合,不外乎并联或串联这两种最基本的形式。

如果后一单元的输入㶲是前一单元的有效输出,或者后一单元作为代价的㶲是前一单元作为收益的㶲,则称为串联。如果几个单元的输入和有效输出分别相互平行,或者几个单元作为代价的㶲与作为收益的㶲分别相互平行,则称为并联。

这里所谓的并联或串联,不是依工质流的方向或组合加以划分的,因此可能与工质的自然流向一致,也可能并不一致。此外,在并联组合中,几个单元的代价㶲与收益㶲的方向可以完全相同,也可以相反,前者称为同向并联,后者称为逆向并联。

依据并联与串联的不同组合方式,能量系统一般可以分为"并串组合"与"串并组合"两种不同的基本组合模型。复杂系统也往往可以看成是这两种基本组合模型按并联或串联的再组合。

在热力系统的㶲分析中,为使问题简化,经常会用到"黑箱模型"的概念。设备的黑箱模型,是把设备看作由不透明边界所包围的系统。以实线表示边界,带箭头的实线表示输入、输出,带箭头的虚线表示设备内部不可逆损失。这是不考虑设备内部实际过程,借助于输入、输出的能流信息来研究设备的用能过程宏观特性的一种方法,但是对设备内部各个具体过程的㶲损系数无法确定。

与"黑箱模型"相对的概念是"白箱模型",是将分析对象看作由透明边界包围的系统,可以对系统内各个过程逐个进行分析,计算各过程的㶲损系数。

如果将热力系统内所有设备均视为黑箱,黑箱之间以㶲流线连接起来,形成网络,这种分析模型称为黑箱网络模型或者灰箱模型。

6.4.4.1 黑箱串联模型

如图 6-20 所示,整个系统由若干个相互串联的单元组成,前一个单元的有效输出㶲供给后一个单元,即 $E_{x,eff}(i) = E_{x,sup}(i+1)$。

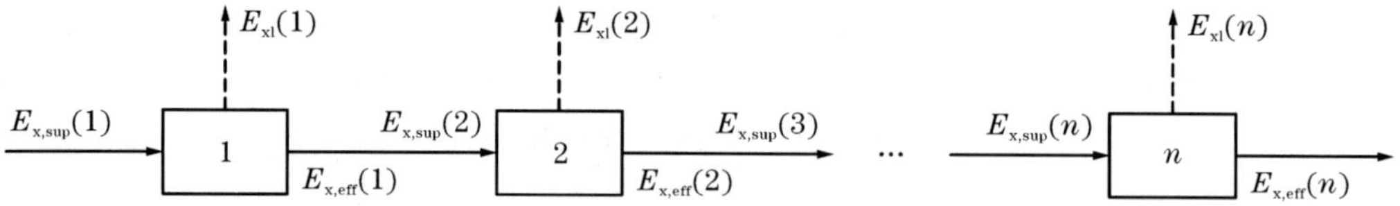

图 6-20　串联单元模型

图 6-20 串联单元模型每个单元的㶲平衡方程及㶲效率为

$$E_{x,sup}(1) = E_{x,eff}(1) + E_{xl}(1) \qquad \eta_{ex}(1) = \frac{E_{x,eff}(1)}{E_{x,sup}(1)}$$

$$E_{x,sup}(2) = E_{x,eff}(2) + E_{xl}(2) \qquad \eta_{ex}(2) = \frac{E_{x,eff}(2)}{E_{x,sup}(2)}$$

$$\cdots$$

$$E_{x,sup}(n) = E_{x,eff}(1) + E_{xl}(n) \qquad \eta_{ex}(n) = \frac{E_{x,eff}(n)}{E_{x,sup}(n)}$$

除第一个单元外，其他单元均未从系统外获得任何供给㶲，因此整个系统的供给㶲即为第一个单元的供给㶲，即 $E_{x,sup} = E_{x,sup}(1)$；整个系统有效利用的㶲即为最后一个单元的有效输出㶲，即 $E_{x,eff} = E_{x,eff}(n)$。

因此，整个系统的㶲平衡方程为

$$E_{x,sup}(1) = E_{x,eff}(n) + \sum_{i=1}^{n} E_{xl}(i) \tag{6-78}$$

整个系统的㶲效率为

$$\eta_{ex} = \frac{E_{x,eff}(n)}{E_{x,sup}(1)} = \frac{E_{x,eff}(1)}{E_{x,sup}(1)} \frac{E_{x,eff}(2)}{E_{x,sup}(2)} \cdots \frac{E_{x,eff}(n)}{E_{x,sup}(n)} = \eta_{ex}(1)\eta_{ex}(2)\cdots\eta_{ex}(n) \tag{6-79}$$

系统中第 i 个单元的㶲损系数为

$$\xi_i = \frac{E_{xl}(i)}{E_{x,sup}(1)} = \frac{E_{x,sup}(i) - E_{x,eff}(i)}{E_{x,sup}(1)} \tag{6-80}$$

整个系统的㶲效率与各单元㶲损系数之间的关系为

$$\eta_{ex} = 1 - \sum_{i=1}^{n} \xi_i \tag{6-81}$$

6.4.4.2　黑箱并联模型

如图 6-21 所示，整个系统由若干个相互并联的单元所组成，外界对每个单元都有供给㶲，所有单元的有效输出㶲之和即为整个系统的有效输出㶲。

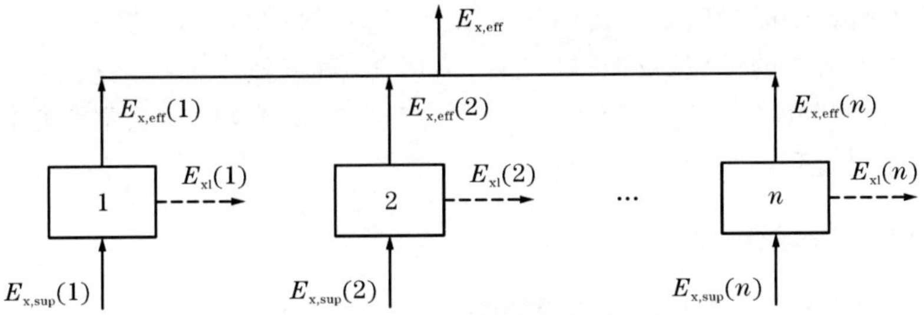

图 6-21　并联单元模型

图 6-21 并联单元模型每一个单元的㶲平衡方程及㶲效率为

$$E_{x,sup}(1) = E_{x,eff}(1) + E_{xl}(1) \qquad \eta_{ex}(1) = \frac{E_{x,eff}(1)}{E_{x,sup}(1)}$$

$$E_{x,sup}(2) = E_{x,eff}(2) + E_{xl}(2) \qquad \eta_{ex}(2) = \frac{E_{x,eff}(2)}{E_{x,sup}(2)}$$

$$\cdots$$

$$E_{x,sup}(n) = E_{x,eff}(n) + E_{xl}(n) \qquad \eta_{ex}(n) = \frac{E_{x,eff}(n)}{E_{x,sup}(n)}$$

整个系统的㶲平衡方程及㶲效率为

$$\sum_{i=1}^{n} E_{x,sup}(i) = \sum_{i=1}^{n} E_{x,eff}(i) + \sum_{i=1}^{n} E_{xl}(i) \tag{6-82}$$

$$\eta_{ex} = \frac{\sum_{i=1}^{n} E_{x,eff}(i)}{\sum_{i=1}^{n} E_{x,sup}(i)} \tag{6-83}$$

系统中第 i 个设备的㶲损系数为

$$\xi_i = \frac{E_{xl}(i)}{\sum_{i=1}^{n} E_{x,sup}(i)} \tag{6-84}$$

整个系统的㶲效率与各个单元㶲损系数的关系为

$$\eta_{ex} = 1 - \sum_{i=1}^{n} \xi_i \tag{6-85}$$

6.5　核动力装置的㶲分析

压水堆核动力装置热力系统结构复杂,设备众多,在进行㶲分析之前需选择一个合适的分析模型。虽然物流经过一个设备后,㶲在设备中的分布处处不一,但㶲是状态函数,不管中间过程如何变化,只对设备进、出口的㶲差进行计算,得出设备㶲效率、㶲损失的情况,这种处理方法即为“黑箱”模型。由于简单直观,黑箱模型成为实际应用中采用最基本、最广泛的分析模型,在对压水堆核动力装置热力系统的㶲分析中也采用这种模型。

根据核动力装置中能量转换和传递过程的特点,对核动力装置效率影响较大的㶲损失主要有核能转变为热能的损失、反应堆中的换热损失、蒸汽发生器中的换热损失、给水回热系统的换热损失、辅助设备工作引起的损失、主冷凝器中的换热损失、主汽轮机中的损失等几部分。下面分别研究这些损失的计算方法。

6.5.1　反应堆内的㶲损失

6.5.1.1　核能转变为热能过程的㶲损失

核燃料的核裂变反应是在反应堆堆芯内进行的。核裂变时所形成的裂变产物,在物质中受到阻碍的同时,就释放大量的热量。一个^{235}U 核裂变时,可释放出约 200 MeV 的能量,1 kg ^{235}U核裂变时,约释放出 23×10^6 kW · h 的能量。

在裂变产物中,裂变碎片的动能占总裂变能的主要部分(占 80.5%),它在燃料中心10 μm长的距离之内就慢化而失去自己的动能。β 粒子的大致射程也只有 1 mm。这两种形式的裂变能在裂变核附近就消失了。可以认为其动能转换为热能是在裂变处发生的。从而使堆芯内的燃料元件发热。γ 射线的穿透能力很强,其能量(占 5.5%)具有较长的射程,它不仅会加热燃料元件,而且其能量会被慢化剂、反射层、屏蔽层所吸收,从而使这些部分发热。新生快中子的动能及缓发中子的动能射程是中等的。它们在连续的散射过程中逐步被慢化,其能量转换为热能同样是在慢化剂、反射层和屏蔽层中发生。γ 射线和快中子能量的大部分在反应堆内消失,只小部分漏入生物屏蔽层中,5% 的中微子不与物质作用,因而它的能量就白白消失掉而无法回收。其余的 95% 是可能回收的,不过有时无法用冷却剂来冷却这些部件,因而也会损失一部分热能。

从以上分析可知,每次裂变在燃料内释放出总热能的可利用情况,取决于发射出的某些粒子的精确射程及反应堆内使用的材料和堆内结构。一般认为总裂变能的90%在燃料元件中转换为热能，约4%在慢化剂中转换为热能，大约有5%被中微子带走，剩下来的1%在反应堆其他各种材料中产生(包括漏出反应堆而进入屏蔽层中部分)。在裂变能计算中，可认为每次裂变可以被利用能量为总裂变能的90%～94%，这样一个^{235}U核裂变时，可利用的裂变能量为180～188 MeV，此能量就是热源发出的总能量。

如果忽略堆芯燃料元件核裂变过程中的能量损失，核能㶲在数量上等于单位时间释放的热量，即

$$E_{x,N} = Q_R \tag{6-86}$$

堆芯核裂变能转变为热能所具有的㶲为

$$E_{x,R} = \int_{V_R}\left(1 - \frac{T_0}{T_u}\right)dQ_R = Q_R - T_0\int_{V_R}\frac{1}{T_u}dQ_R \tag{6-87}$$

式中，V_R——堆芯的有效体积，m^3；

T_0——环境基准的绝对温度，K；

T_u——堆芯核燃料微元体的绝对温度，K。

在核裂变能转变为热能的过程中产生的㶲损失为

$$E_{xl,R_1} = E_{x,N} - E_{x,R} = T_0\int_{V_R}\frac{1}{T_u}dQ_R \tag{6-88}$$

为便于分析，假设堆芯是均匀装载、无反射层的圆柱体，释热沿堆芯高度的轴向分布遵循正弦规律，如图6-22所示。

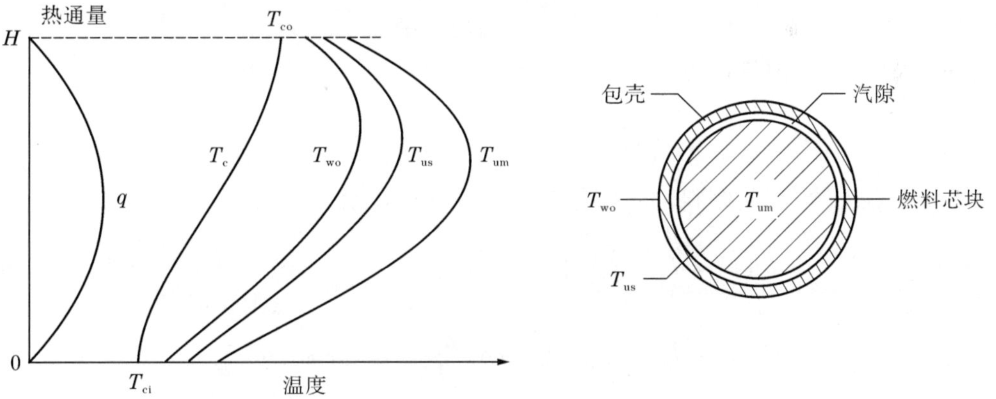

图6-22　堆芯轴向功率、燃料元件和冷却剂的温度分布

则堆芯沿轴向高度的热通量分布为

$$q(z) = q_{max}\sin\frac{\pi z}{H} \tag{6-89}$$

式中，q_{max}——在堆芯内沿高度方向上的最大热通量，W/m；

H——堆芯活性区等效高度，m。

沿堆芯轴向在高度为z处取一高度为dz的微元体，其释热量为

$$dQ_R = q(z)dz = q_{max}\sin\frac{\pi z}{H}dz \tag{6-90}$$

设该微元体与流经其表面的反应堆冷却剂之间的传热热阻为 $R_t(z)$，则传热方程为

$$q(z) = \frac{1}{R_t(z)}[T_u(z) - T_c(z)] \tag{6-91}$$

对上式进行变换，可得到堆芯核燃料沿轴向的温度分布

$$T_u(z) = T_c(z) + R_t(z)q(z) = T_c(z) + R_t(z)q_{max}\sin\frac{\pi z}{H} \tag{6-92}$$

忽略反应堆的散热损失，则冷却剂流经堆芯所吸收的热量等于堆芯核燃料释放的热量，热平衡方程为

$$G_c c_{p,c}[T_c(z) - T_{ci}] = \int_0^z q_{max}\sin\frac{\pi z}{H}dz = q_{max}\frac{H}{\pi}\left(1 - \cos\frac{\pi z}{H}\right) \tag{6-93}$$

式中，G_c ——冷却剂的质量流量，kg/s；

$c_{p,c}$ ——冷却剂的平均比热，kJ/(kg·K)；

T_{ci} ——堆芯入口处冷却剂的温度，K；

$T_c(z)$ ——在堆芯高度 z 处冷却剂的温度，K。

由此可以得到冷却剂沿堆芯轴向的温度分布规律

$$T_c(z) = T_{ci} + \frac{q_{max}H}{G_c c_{p,c}\pi}\left(1 - \cos\frac{\pi z}{H}\right) \tag{6-94}$$

已知堆芯进、出口处冷却剂的温度，有

$$T_c(0) = T_{ci}$$

$$T_c(H) = T_{ci} + \frac{2q_{max}H}{G_c c_{p,c}\pi} = T_{co}$$

则流经堆芯的冷却剂温升可以表示为

$$\Delta T_c = T_{co} - T_{ci} = \frac{2q_{max}H}{G_c c_{p,c}\pi} \tag{6-95}$$

因此，沿堆芯轴向冷却剂、燃料的温度分布规律可分别表示为

$$T_c(z) = T_{ci} + \frac{\Delta T_c}{2}\left(1 - \cos\frac{\pi z}{H}\right) \tag{6-96}$$

$$T_u(z) = T_{ci} + \frac{\Delta T_c}{2}\left(1 - \cos\frac{\pi z}{H}\right) + R_t(z)q_{max}\sin\frac{\pi z}{H} \tag{6-97}$$

将式(6-90)、(6-97)代入式(6-88)中可得

$$E_{xl,R_1} = T_0\int_0^H \frac{q_{max}\sin\frac{\pi z}{H}}{T_{ci} + \frac{\Delta T_c}{2}\left(1 - \cos\frac{\pi z}{H}\right) + R_t(z)q_{max}\sin\frac{\pi z}{H}}dz \tag{6-98}$$

对式(6-98)求积分相对比较困难，如果假设堆芯核燃料释热沿轴向分布是均匀的，则平均热通量为

$$q_{av} = \frac{1}{H}\int_0^H q_{max}\sin\frac{\pi z}{H}dz = \frac{2}{\pi}q_{max} \tag{6-99}$$

同时，假设沿堆芯轴向的传热热阻为定值，则冷却剂温度、核燃料温度的分布规律分别为

$$T_c(z) = T_{ci} + \Delta T_c \frac{z}{H} \tag{6-100}$$

$$T_u(z) = T_{ci} + \Delta T_c \frac{z}{H} + R_t q_{av} \tag{6-101}$$

核能转变为热能过程的㶲损失为

$$E_{xl,R_1} = T_0 \int_0^H \frac{q_{av}}{T_{ci} + \Delta T_c \frac{z}{H} + R_t q_{av}} dz = \frac{T_0}{\Delta T_c} q_{av} H \ln \frac{T_{ci} + \Delta T_c + R_t q_{av}}{T_{ci} + R_t q_{av}} \tag{6-102}$$

对式(6-98)采用辛普生积分法进行求解,精度取为 0.000 1,其计算结果与式(6-102)的计算结果相比较,二者的相对误差不超过 6%。

为了确定影响核能转变为热能过程㶲损失的主要因素,进一步假设堆芯核燃料的温度分布是均匀的,即

$$E_{xl,R_1} = Q_R \frac{T_0}{T_{u,av}} \tag{6-103}$$

式中,$T_{u,av}$——堆芯核燃料的平均温度,K。

这样,核裂变能转变为热能过程的㶲损系数为

$$\xi_{R_1} = \frac{E_{xl,R_1}}{E_{x,N}} = \frac{T_0}{T_{u,av}} \tag{6-104}$$

由以上两式可以看出,堆芯燃料核裂变能转变为热能过程的㶲损失主要取决于燃料元件的平均温度,提高堆芯燃料的释热温度,可以减小这一过程的㶲损失,但受燃料包壳允许最高温度的限制。

6.5.1.2　反应堆内热交换过程的㶲损失

假设堆芯是均匀装载、无反射层的圆柱体,释热沿堆芯高度的轴向分布遵循正弦规律,则冷却剂流经堆芯所吸收的热量㶲为

$$E_{x,c} = \int_{V_R} \left(1 - \frac{T_0}{T_c}\right) dQ_R = Q_R - T_0 \int_{V_R} \frac{1}{T_c} dQ_R \tag{6-105}$$

式中,T_c——流经堆芯的冷却剂轴向温度,K。

堆芯核燃料释热传递给冷却剂过程的㶲损失为

$$E_{xl,R_2} = E_{x,u} - E_{x,c} = T_0 \int_{V_R} \frac{T_u - T_c}{T_u T_c} dQ_R \tag{6-106}$$

由上式可以看出,该项㶲损失是由于燃料元件和冷却剂之间存在传热温差所引起的。

将式(6-90)、(6-96)、(6-97)代入上式中,得到

$$E_{xl,R_2} = T_0 \int_0^H \frac{R_t(z)\left(q_{max} \sin \frac{\pi z}{H}\right)^2}{\left[R_t(z) q_{max} \sin \frac{\pi z}{H} + T_{ci} + \frac{\Delta T_c}{2}\left(1 - \cos \frac{\pi z}{H}\right)\right]\left[T_{ci} + \frac{\Delta T_c}{2}\left(1 - \cos \frac{\pi z}{H}\right)\right]} dz \tag{6-107}$$

同样,上式的积分也比较困难,假设沿堆芯轴向的功率分布、传热热阻是均匀的,则上式可简化为

$$E_{xl,R_2} = T_0\int_0^H \frac{R_t q_{av}^2}{\left(T_{ci} + \Delta T_c \frac{z}{H}\right)\left(T_{ci} + \Delta T_c \frac{z}{H} + R_t q_{av}\right)} dz$$

$$= \frac{T_0}{\Delta T_c} q_{av} H \ln \frac{(T_{ci} + \Delta T_c)(T_{ci} + R_t q_{av})}{T_{ci}(T_{ci} + \Delta T_c + R_t q_{av})} \tag{6-108}$$

如果进一步假设堆芯燃料、冷却剂的温度分布是均匀的,则堆芯传热过程的㶲损失为

$$E_{xl,R_2} = T_0 q_{av} H\left(\frac{1}{T_c} - \frac{1}{T_u}\right) \tag{6-109}$$

相应的㶲损系数为

$$\xi_{R_2} = \frac{E_{xl,R_2}}{E_{x,N}} = T_0\left(\frac{1}{T_c} - \frac{1}{T_u}\right) \tag{6-110}$$

从以上两式可以看出,减小堆芯核燃料与冷却剂之间的传热温差,可以减小堆芯热量传递过程的㶲损失。

6.5.2　蒸汽发生器的㶲损失

冷却剂将反应堆产生的热能带出,在蒸汽发生器中将热能传给二回路工质。在蒸汽发生器的换热过程中,由于冷却剂和二回路工质之间存在着传热温差,因而产生了㶲损失,用符号 $E_{xl,sg}$ 表示。

图 6-23 所示为直流蒸汽发生器换热过程的 Q -T 图,换热面分为水的预热段、汽化段和蒸汽过热段三个区段,每一区段的温度变化特性均不相同。

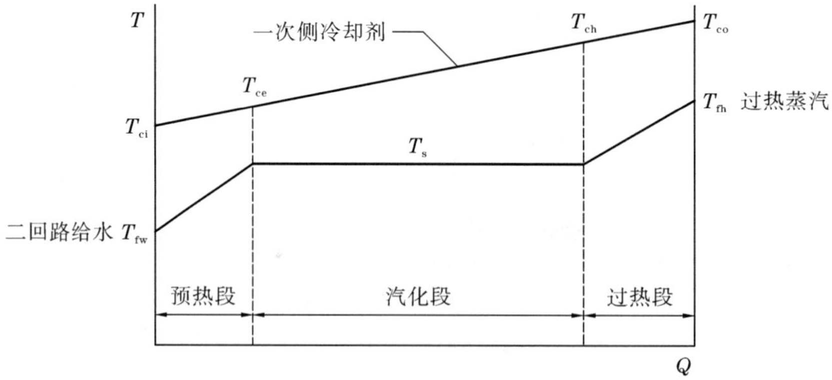

图 6-23　蒸汽发生器传热过程的 Q -T 图

在每一个区段冷却剂的温度和二回路工质的温度均为线性变化,每个区段的㶲损失均等于该区段的一次侧冷却剂放出的热量㶲与二次侧工质吸收的热量㶲之差,总的㶲损失为三个区段㶲损失之和,即

$$E_{xl,sg} = E_{xl,sg}' + E_{xl,sg}'' + E_{xl,sg}''' \tag{6-111}$$

相应的㶲损系数为

$$\xi_{sg} = \xi_{sg}' + \xi_{sg}'' + \xi_{sg}''' \tag{6-112}$$

6.5.2.1　预热段的㶲损失

在预热段的传热过程中,一次侧冷却剂和二次侧给水的温度都在发生变化,对于任意一

个微元传热过程,一次侧冷却剂放出的热量、二次侧给水吸收的热量分别为

$$dQ_c = G_c c_{p,c} dT_c \tag{6-113}$$

$$dQ_f = G_f c_{p,f} dT_f \tag{6-114}$$

在整个预热段,一次侧冷却剂放出的热量㶲为

$$E_{x,c}' = \int_{T_{ci}}^{T_{ce}} \left(1 - \frac{T_0}{T_c}\right) G_c c_{p,c} dT_c = Q_c' - G_c c_{p,c} T_0 \ln \frac{T_{ce}}{T_{ci}} \tag{6-115}$$

式中, Q_c'—— 在预热段一次侧冷却剂放出的热量, $Q_c' = G_c c_{p,c}(T_{ce} - T_{ci})$。

二次侧工质吸收的热量㶲为

$$E_{x,f}' = \int_{T_{fw}}^{T_s} \left(1 - \frac{T_0}{T_f}\right) G_f c_{p,f} dT_f = Q_f' - G_f c_{p,f} T_0 \ln \frac{T_s}{T_{fw}} \tag{6-116}$$

式中, Q_f'—— 在预热段二次侧工质吸收的热量, $Q_f' = G_f c_{p,f}(T_s - T_{fw})$。

预热段换热过程的㶲损失为

$$E_{xl,sg}' = E_{x,c}' - E_{x,f}' = (Q_c' - Q_f') + G_f c_{p,f} T_0 \ln \frac{T_s}{T_{fw}} - G_c c_{p,c} T_0 \ln \frac{T_{ce}}{T_{ci}} \tag{6-117}$$

如果不考虑散热损失,即 $Q_c' = Q_f'$, 根据热平衡方程

$$G_c c_{p,c}(T_{ce} - T_{ci}) = G_f c_{p,f}(T_s - T_{fw})$$

可以得到

$$G_f c_{p,f} = G_c c_{p,c} \frac{\Delta T_c'}{\Delta T_f'} \tag{6-118}$$

式中, $\Delta T_c'$—— 一次侧冷却剂在预热段的最大温降, $\Delta T_c' = T_{ce} - T_{ci}$;

$\Delta T_f'$—— 二次侧给水在预热段的最大温升, $\Delta T_f' = T_s - T_{fw}$。

代入式(6-117)中,经整理后可得

$$E_{xl,sg}' = G_c c_{p,c} T_0 \ln \left[\frac{T_{ci}}{T_{ce}} \left(\frac{T_s}{T_{fw}} \right)^{\frac{\Delta T_c'}{\Delta T_f'}} \right] \tag{6-119}$$

预热段的㶲损系数为

$$\xi_{sg}' = \frac{E_{xl,sg}'}{Q_R} = \frac{T_0}{\Delta T_c} \ln \left[\frac{T_{ci}}{T_{ce}} \left(\frac{T_s}{T_{fw}} \right)^{\frac{\Delta T_c'}{\Delta T_f'}} \right] \tag{6-120}$$

6.5.2.2　汽化段的㶲损失

一次侧冷却剂在汽化段放出的㶲为

$$E_{x,c}'' = \int_{T_{ce}}^{T_{ch}} \left(1 - \frac{T_0}{T_c}\right) G_c c_{p,c} dT_c = Q_c'' - G_c c_{p,c} T_0 \ln \frac{T_{ch}}{T_{ce}} \tag{6-121}$$

式中, Q_c''—— 在汽化段一次侧冷却剂放出的热量, $Q_c'' = G_c c_{p,c}(T_{ch} - T_{ce})$。

二次侧工质在汽化段吸收的㶲为

$$E_{x,f}'' = Q_f''\left(1 - \frac{T_0}{T_s}\right) = Q_f'' - Q_f'' \frac{T_0}{T_s} \tag{6-122}$$

式中, Q_f'' ——在汽化段二次侧工质吸收的热量。

汽化段换热过程的㶲损失为

$$E_{xl,sg}'' = E_{x,c}'' - E_{x,f}'' = (Q_c'' - Q_f'') + Q_f'' \frac{T_0}{T_s} - G_c c_{p,c} T_0 \ln \frac{T_{ch}}{T_{ce}} \tag{6-123}$$

忽略散热损失,一次侧冷却剂放出的热量与二次侧工质吸收的热量相等,即

$$Q_f'' = Q_c'' = G_c c_{p,c} \Delta T_c'' \tag{6-124}$$

式中,$\Delta T_c''$—— 一次侧冷却剂在汽化段的最大温降,$\Delta T_c'' = T_{ch} - T_{ce}$。

则式(6-123)可化为

$$E_{xl,sg}'' = G_c c_{p,c} T_0 \left(\frac{\Delta T_c''}{T_s} - \ln \frac{T_{ch}}{T_{ce}} \right) \tag{6-125}$$

汽化段的烟损系数为

$$\xi_{sg}'' = \frac{E_{xl,sg}''}{Q_R} = \frac{T_0}{\Delta T_c} \left(\frac{\Delta T_c''}{T_s} - \ln \frac{T_{ch}}{T_{ce}} \right) \tag{6-126}$$

6.5.2.3　过热段的烟损失

一次侧冷却剂在过热段放出的烟为

$$E_{x,c}''' = \int_{T_{ch}}^{T_{co}} \left(1 - \frac{T_0}{T_c} \right) G_c c_{p,c} \mathrm{d}T_c = Q_c''' - G_c c_{p,c} T_0 \ln \frac{T_{co}}{T_{ch}} \tag{6-127}$$

式中,Q_c'''—— 过热段一次侧冷却剂放出的热量,$Q_c''' = G_c c_{p,c} (T_{co} - T_{ch})$。

二次侧工质在过热段吸收的烟为

$$E_{x,f}''' = \int_{T_s}^{T_{fh}} \left(1 - \frac{T_0}{T_f} \right) G_f c_{p,f} \mathrm{d}T_f = Q_f''' - G_f c_{p,f} T_0 \ln \frac{T_{fh}}{T_s} \tag{6-128}$$

式中,Q_f'''—— 过热段二次侧工质吸收的热量,$Q_f''' = G_f c_{p,f} (T_{fh} - T_s)$。

过热段换热过程的烟损失为

$$E_{xl,sg}''' = E_{x,c}''' - E_{x,f}''' = (Q_c''' - Q_f''') + G_f c_{p,f} T_0 \ln \frac{T_{fh}}{T_s} - G_c c_{p,c} T_0 \ln \frac{T_{co}}{T_{ch}} \tag{6-129}$$

如果不考虑散热损失,即 $Q_c''' = Q_f'''$,根据热平衡方程

$$G_c c_{p,c} (T_{co} - T_{ch}) = G_f c_{p,f} (T_{fh} - T_s)$$

可以得到

$$G_f c_{p,f} = G_c c_{p,c} \frac{\Delta T_c'''}{\Delta T_f'''} \tag{6-130}$$

式中,$\Delta T_c'''$—— 一次侧冷却剂在过热段的最大温降,$\Delta T_c''' = T_{co} - T_{ch}$;

$\Delta T_f'''$—— 二次侧给水在过热段的最大温升,$\Delta T_f''' = T_{fh} - T_s$。

代入式(6-129)中,经整理后可得

$$E_{xl,sg}''' = G_c c_{p,c} T_0 \ln \left[\frac{T_{ch}}{T_{co}} \left(\frac{T_{fh}}{T_s} \right)^{\frac{\Delta T_c'''}{\Delta T_f'''}} \right] \tag{6-131}$$

过热段的烟损系数为

$$\xi_{sg}''' = \frac{E_{xl,sg}'''}{Q_R} = \frac{T_0}{\Delta T_c} \ln \left[\frac{T_{ch}}{T_{co}} \left(\frac{T_{fh}}{T_s} \right)^{\frac{\Delta T_c'''}{\Delta T_f'''}} \right] \tag{6-132}$$

综上所述,蒸汽发生器换热过程的烟损失为

$$\begin{aligned} E_{xl,sg} &= E_{xl,sg}' + E_{xl,sg}'' + E_{xl,sg}''' \\ &= G_c c_{p,c} T_0 \left\{ \ln \left[\frac{T_{ci}}{T_{co}} \left(\frac{T_s}{T_{fw}} \right)^{\frac{\Delta T_c'}{\Delta T_f'}} \left(\frac{T_{fh}}{T_s} \right)^{\frac{\Delta T_c'''}{\Delta T_f'''}} \right] + \frac{\Delta T_c''}{T_s} \right\} \end{aligned} \tag{6-133}$$

对应的烟损系数为

$$\xi_{sg} = \frac{T_0}{\Delta T_c}\left\{\ln\left[\frac{T_{ci}}{T_{co}}\left(\frac{T_s}{T_{fw}}\right)^{\frac{\Delta T_c{}'}{\Delta T_f{}'}}\left(\frac{T_{fh}}{T_s}\right)^{\frac{\Delta T_c{}'''}{\Delta T_f{}'''}}\right] + \frac{\Delta T_c{}''}{T_s}\right\} \tag{6-134}$$

6.5.3　给水回热系统的烟损失

给水回热是利用辅机排出的废汽或主汽轮机的抽汽来加热蒸汽发生器的给水，以提高给水温度，进而改善热力循环的效率。在给水加热器中，加热蒸汽与给水之间存在换热温差，因此在换热过程中必然要产生烟损失，用 $E_{xl,hx}$ 表示。

加热介质通常为饱和蒸汽，在放热过程中冷凝为饱和水，因此在加热过程中加热介质的温度保持不变，放出的热量烟为

$$E_{x,hs} = Q_{hs}\left(1 - \frac{T_0}{T_{hs}}\right) \tag{6-135}$$

式中，Q_{hs} ——给水加热器中加热介质放出的热量，kW；

T_{hs} ——加热介质的饱和温度，K。

在给水加热器中，给水吸收加热介质放出的热量，温度从 T_{cd} 升高到 T_{fw}，由此而获得的热量烟为

$$E_{x,fw} = \int_{T_{cd}}^{T_{fw}}\left(1 - \frac{T_0}{T_f}\right)G_{fw}c_{p,fw}\mathrm{d}T = Q_{fw} - G_{fw}c_{p,fw}T_0\ln\frac{T_{fw}}{T_{cd}} \tag{6-136}$$

式中，Q_{fw} ——给水在给水加热器中吸收的热量，kW；

T_{fw} ——给水加热器出口处的给水温度，K；

T_{cd} ——给水加热器入口处的给水温度，K；

G_{fw} ——给水的质量流量，kg/s；

$c_{p,fw}$ ——给水的比热，kJ/(kg · K)。

给水加热器在换热过程中的烟损失为

$$E_{xl,hx} = E_{x,hs} - E_{x,fw} = (Q_{hs} - Q_{fw}) + G_{fw}c_{p,fw}T_0\ln\frac{T_{fw}}{T_{cd}} - Q_{hs}\frac{T_0}{T_{hs}} \tag{6-137}$$

忽略给水加热器的散热损失，则有

$$Q_{hs} = Q_{fw} = G_{fw}c_{p,fw}(T_{fw} - T_{cd}) \tag{6-138}$$

代入式(6-137)中，经整理后可得

$$E_{xl,hx} = G_{fw}c_{p,fw}T_0\left(\ln\frac{T_{fw}}{T_{cd}} - \frac{T_{fw} - T_{cd}}{T_{hs}}\right) \tag{6-139}$$

反应堆热功率可近似表示为

$$Q_R = G_{fw}(h_{fh} - h_{fw}) \tag{6-140}$$

式中，h_{fh} ——蒸汽发生器出口新蒸汽焓值，kJ/kg；

h_{fw} ——蒸汽发生器给水焓值，kJ/kg。

给水加热器中的烟损系数为

$$\xi_{hx} = \frac{c_{p,fw}T_0}{h_{fh} - h_{fw}}\left(\ln\frac{T_{fw}}{T_{cd}} - \frac{T_{fw} - T_{cd}}{T_{hs}}\right) \tag{6-141}$$

6.5.4　辅助设备工作引起的㶲损失

为保证核动力装置中能量转换、传递和分配等各个环节的顺利进行,核动力装置中设置了一系列辅助设备。这些辅助设备工作时要消耗能量,对核动力装置的热经济性产生影响,因而必须对它们进行热力分析,以确定合理设计。

在船舶核动力装置中,辅助设备的能量消耗形式多种多样,为了热力分析方便,按照能量的消耗形式分成三类:

(1)第一类辅助设备

供给这一类辅助设备的能量最后完全传给周围介质,不参与动力装置的基本循环,属于这一类的辅助设备有一回路和二回路的冷却系统、循环水泵、润滑系统等。

(2)第二类辅助设备

供给这一类辅助设备的能量最后以热能的形式又传给冷却剂或二回路工质,参与动力装置的基本循环,属于这一类的辅助设备有主泵、给水泵、凝水泵等。

(3)第三类辅助设备

这类设备直接消耗热能,其能源一般是低参数的工质,能量传给环境不能回收,属于这一类的辅助设备有各种用途的喷射器、加热器、海水蒸发器等。

辅助设备的㶲损系数ξ_a等于上述三类辅助设备的㶲损系数之和,即

$$\xi_a = \xi_a' + \xi_a'' + \xi_a''' \tag{6-142}$$

式中,ξ_a'、ξ_a''、ξ_a'''——分别为第一、二、三类辅助设备工作时的㶲损系数。

6.5.4.1　第一类辅助设备的㶲损失

蒸汽发生器供给第j台辅助设备的热功率为Q_j',由于供给第一类辅助设备的能量最后都传给了环境,因此,供给能量的㶲全部损失,即

$$E_{xl,j}' = E_{x,j}' = Q_j'\left(1 - \frac{T_0}{T_{fh}}\right) \tag{6-143}$$

这一类辅助设备的㶲损系数为

$$\xi_a' = \left(1 - \frac{T_0}{T_{fh}}\right)\sum_{j=1}^{m}\frac{Q_j'}{Q_R} = \left(1 - \frac{T_0}{T_{fh}}\right)\sum_{j=1}^{m}k_j' \tag{6-144}$$

式中,k_j'——第j台辅助设备的能量系数,$k_j' = \dfrac{Q_j'}{Q_R}$。

供给第j台第一类辅助设备的热功率为

$$Q_j' = \frac{N_j}{H_{a,gt}\eta_{e,ge}}(h_{fh} - h_{fw}) \tag{6-145}$$

式中,N_j——第j台辅助设备消耗的电功率,kW;

$H_{a,gt}$——新蒸汽在发电汽轮机中的绝热焓降,kJ/kg;

$\eta_{e,ge}$——汽轮发电机组的有效效率。

6.5.4.2　第二类辅助设备的㶲损失

蒸汽发生器供给第j台辅助设备的能量有一部分被回收利用,因此,该辅助设备工作时的㶲损失等于供给㶲与回收㶲之差,即

$$E_{xl,j}'' = E_{x1,j}'' - E_{x2,j}'' \tag{6-146}$$

式中，$E_{x1,j}''$——蒸汽发生器供给第 j 台第二类辅助设备的㶲；

$E_{x2,j}''$——回收利用的㶲。

该辅助设备的㶲损系数为

$$\xi_{a,j}'' = \frac{E_{x1,j}'' - E_{x2,j}''}{Q_R} \tag{6-147}$$

供给该辅助设备的热功率为 Q_j''，考虑到

$$E_{x1,j}'' = Q_{1,j}''\left(1 - \frac{T_0}{T_{fh}}\right) \tag{6-148}$$

可将式(6-147)变换为

$$\xi_{a,j}'' = \frac{Q_{1,j}''}{Q_R}\frac{E_{x1,j}'' - E_{x2,j}''}{E_{x1,j}''}\left(1 - \frac{T_0}{T_{fh}}\right) = k_j''\alpha_j\left(1 - \frac{T_0}{T_{fh}}\right) \tag{6-149}$$

式中，k_j''——第 j 台辅助设备的能量系数，$k_j'' = \frac{Q_{1,j}''}{Q_R}$；

α_j——第 j 台辅助设备的㶲损率，$\alpha_j = \frac{E_{x1,j}'' - E_{x2,j}''}{E_{x1,j}''}$。

于是，第二类辅助设备的㶲损系数为

$$\xi_a'' = \left(1 - \frac{T_0}{T_{fh}}\right)\sum_{j=1}^{n}(k_j''\alpha_j) \tag{6-150}$$

对于不同的辅助设备，k_j''、α_j 的确定方法也不相同，下面以主泵为例加以说明。

设主泵的有效功率为 $N_{e,mcp}$，则蒸汽发生器供给主泵的热功率为

$$Q_{1,mcp}'' = \frac{N_{e,mcp}}{H_{a,gt}\eta_{e,ge}\eta_{e,m}\eta_{e,p}}(h_{fh} - h_{fw}) \tag{6-151}$$

式中，$\eta_{e,m}$——主泵驱动电机的有效效率；

$\eta_{e,p}$——主泵的有效效率。

主泵运行时，主泵的轴功率消耗于主泵中和克服回路阻力，最后全部转换成热量被冷却剂回收，其热功率为

$$Q_{2,mcp}'' = \frac{N_{e,mcp}}{\eta_{e,p}} \tag{6-152}$$

蒸汽发生器供给主泵的㶲、主泵运行时被冷却剂回收的㶲分别为

$$E_{x1,mcp}'' = Q_{1,mcp}''\left(1 - \frac{T_0}{T_{fh}}\right) \tag{6-153}$$

$$E_{x2,mcp}'' = Q_{2,mcp}''\left(1 - \frac{T_0}{T_{av}}\right) \tag{6-154}$$

综合上述各式，可得

$$k_{mcp}'' = \frac{N_{e,mcp}}{H_{a,gt}\eta_{e,ge}\eta_{e,m}\eta_{e,p}}\frac{h_{fh} - h_{fw}}{Q_R} \tag{6-155}$$

$$\alpha_{mcp} = 1 - \frac{H_{a,gt}\eta_{e,ge}\eta_{e,m}}{h_{fh} - h_{fw}}\frac{T_{fh}(T_{av} - T_0)}{T_{av}(T_{fh} - T_0)} \tag{6-156}$$

6.5.4.3　第三类辅助设备的㶲损失

这类辅助设备由低参数工质供热，热量全部损失掉而不回收。设供给第 j 台第三类辅

助设备的热功率为 Q_j'''，相应的㶲为

$$E_{x,j}''' = Q_j'''\left(1 - \frac{T_0}{T_j}\right) \tag{6-157}$$

式中，T_j ——工质供热的平均温度，K。

由于这部分㶲全部损失掉，因此该辅助设备的㶲损系数为

$$\xi_{a,j}''' = \frac{Q_j'''}{Q_R}\left(1 - \frac{T_0}{T_j}\right) = k_j'''\left(1 - \frac{T_0}{T_j}\right) \tag{6-158}$$

于是，第三类辅助设备的㶲损系数为

$$\xi_a''' = \sum_{j=1}^{k}\left[k_j'''\left(1 - \frac{T_0}{T_j}\right)\right] \tag{6-159}$$

综上所述，辅助设备工作时的㶲损系数为

$$\xi_a = \left(1 - \frac{T_0}{T_{fh}}\right)\left(\sum_{j=1}^{m} k_j' + \sum_{j=1}^{n} k_j''\alpha_j\right) + \sum_{j=1}^{k}\left[k_j'''\left(1 - \frac{T_0}{T_j}\right)\right] \tag{6-160}$$

6.5.5　主冷凝器的㶲损失

在主汽轮机内膨胀做功后排出的废汽进入主冷凝器中，由循环冷却水冷却而凝结成水。图 6-24 所示为主冷凝器工作原理及传热过程的 Q -T 图。

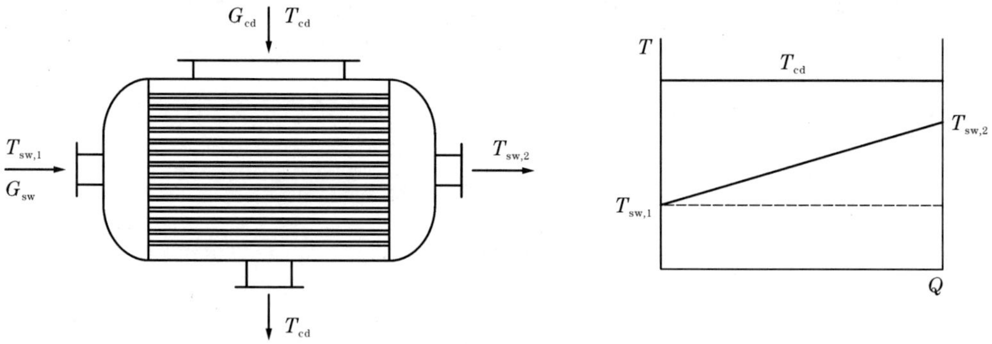

图 6-24　主冷凝器工作原理及传热过程的 Q-T 图

主冷凝器工作过程中产生的㶲损失分为三个部分：

(1)废汽与循环冷却水之间存在传热温差而导致的内部㶲损失；

(2)废汽冷凝过程中通过冷凝器壳体向环境散热导致的外部㶲损失；

(3)循环冷却水吸热后排入环境所导致的排放㶲损失。

因此，废汽在冷凝器内凝结过程中放出的热量㶲全部损失掉，㶲损失为

$$E_{xl,cd} = Q_{cd}\left(1 - \frac{T_0}{T_{cd}}\right) = G_{cd}(h_{es} - h_{cd})\left(1 - \frac{T_0}{T_{cd}}\right) \tag{6-161}$$

式中，G_{es} ——进入冷凝器的废汽流量，kg/s；

h_{es}、h_0 ——分别为废汽的焓、环境状态下水工质的焓，kJ/kg；

s_{es}、s_0 ——分别为废汽的熵、环境状态下水工质的熵，kJ/(kg · K)。

相应的㶲损系数为

$$\xi_{cd} = \frac{G_{cd}(h_{es} - h_{cd})}{Q_R}\left(1 - \frac{T_0}{T_{cd}}\right) \tag{6-162}$$

6.5.6　主汽轮机的㶲损失

主汽轮机在运行过程中,由于蒸汽的流动、膨胀过程以及机械能的传递过程都是不可逆的,因而存在以下几方面的能量损失:

(1)蒸汽在汽轮机进、出口管道内的流动损失;

(2)蒸汽在汽轮机通流部分膨胀做功而产生的各类损失;

(3)汽轮机输出的机械能在通过汽轮机轴承、齿轮减速器传递到推进器轴系时产生的摩擦损失。

上述各项损失的存在,一方面导致蒸汽在汽轮机内的膨胀过程中熵逐渐增大,实际过程的膨胀终点与理想过程的膨胀终点相比,工质的干度、熵和焓都增大,蒸汽在汽轮机内的做功能力减少,循环热效率降低;另一方面,汽轮机输出的机械能有一部分耗散为热能,可用功减少。假设主汽轮机组输出的有效功率 N_{oe} 为定值,由于实际过程存在能量损失,与理想的可逆过程相比,汽轮机需要消耗更多的蒸汽量,以补偿能量转换和传输过程中的各项损失。

6.5.6.1　可逆过程

假设蒸汽在汽轮机内的膨胀过程以及机械能的传递过程是可逆的,则蒸汽发生器提供给主机的蒸汽量为

$$G_{mt}' = \frac{N_{oe}}{H_a} \tag{6-163}$$

式中,H_a ——新蒸汽在主汽轮机内的理想绝热焓降。

这部分蒸汽在蒸汽发生器内吸收的热量为

$$Q_{mt}' = G_{mt}'(h_{fh} - h_{fw}) \tag{6-164}$$

则蒸汽发生器提供给主汽轮机的热量㶲为

$$E_{x,mt}' = Q_{mt}'\left(1 - \frac{T_0}{T_{fh}}\right) = \frac{N_{oe}}{H_a}(h_{fh} - h_{fw})\left(1 - \frac{T_0}{T_{fh}}\right) \tag{6-165}$$

6.5.6.2　实际过程

蒸汽在汽轮机内的实际膨胀过程是不可逆的,汽轮机组要发出同样的功率 N_{oe},则蒸汽发生器需要供给主机的热量㶲为

$$E_{x,mt}'' = \frac{N_{oe}}{H_a\eta_{oe}}(h_{fh} - h_{fw})\left(1 - \frac{\mathrm{T}_0}{\mathrm{T}_{fh}}\right) \tag{6-166}$$

式中,η_{oe}—— 主汽轮机的有效效率,$\eta_{oe} = \eta_{oi}\eta_{mp}\eta_m\eta_g$。

6.5.6.3　工作过程的㶲损失

显然,与可逆膨胀过程相比,在不可逆膨胀过程中主机需要蒸汽发生器提供的热量㶲有所增大,增加的那一部分即为膨胀过程不可逆所产生的㶲损失,即

$$E_{xl,mt} = E_{x,mt}'' - E_{x,mt}' = \frac{N_{oe}}{H_a}(h_{fh} - h_{fw})\left(\frac{1}{\eta_{oi}\eta_{mp}\eta_m\eta_g} - 1\right)\left(1 - \frac{T_0}{T_{fh}}\right) \tag{6-167}$$

主汽轮机的㶲损系数为

$$\xi_{mt} = \frac{1}{Q_R}\frac{N_{oe}}{H_a}(h_{fh} - h_{fw})\left(\frac{1}{\eta_{oi}\eta_{mp}\eta_m\eta_g} - 1\right)\left(1 - \frac{T_0}{T_{fh}}\right) \tag{6-168}$$

6.5.7　核动力装置效率方程

以上只研究了船舶核动力装置主要设备与过程的㶲损失情况，在实际的核动力装置运行过程中，还存在着一系列附加的㶲损失，如通过设备外热面辐射到周围介质的热能，机械和设备被冷却水带到环境中的热能，工质漏失将能量带到周围介质中等，这些附加的㶲损失对热力分析的精度有影响，在进行详细热力分析时必须加以考虑。

通过逐步分析获得船舶核动力装置中能量转换、传递和分配等各个过程的㶲损系数，一方面得到了核动力装置中能量损失的分布情况，另一方面也为确定核动力装置的效率提供了依据。核动力装置效率与各过程㶲损系数的关系为

$$\eta_{e,NPP} = 1 - \sum_{i=1}^{n}\xi_i \tag{6-169}$$

在设计船舶核动力装置时，应尽量采取措施减小各个过程的㶲损失。与电站核动力装置不同，船舶核动力装置结构紧凑，对经济性的追求往往让位于对机动性、重量尺寸等方面的需要，因此整个装置的㶲损失相对较大。

6.6　核动力装置热线图分析

在设计和论证阶段，热线图是确定核动力装置技术经济指标的重要依据。经过分析、优化而确定下来的热线图方案，除了保证装置在运行时具有较高的经济性以外，还应满足工作可靠、机动性好、重量尺寸小和造价低等许多重要指标。

受重量、尺寸的限制，船舶核动力装置的二回路系统一般不采用再热循环，但为了改善蒸汽发生器的运行条件、提高装置循环效率，根据具体情况会采取不同形式的回热循环。因此，对核动力装置热线图的分析，主要是研究无回热循环、有回热循环以及装置热力参数对核动力装置热经济性的影响，确定符合装置最大效率的这些参数的数值。

6.6.1　无回热循环的热线图

图 6-25 所示为无回热循环的核动力装置热线图，其中反应堆冷却剂系统采用直流蒸汽发生器，没有需要消耗蒸汽来驱动的辅机。

除其他参数对装置能量系数的影响外，将认为不变的参数有主冷凝器中冷凝蒸汽的压力 p_{cd}、反应堆堆芯平均热通量 q_{av} 和堆芯冷却剂的温升 ΔT_c。

假定过热段换热面末端蒸汽发生器出口冷却剂的温度 T_{ci} 与过热蒸汽温度 T_{fh} 有一固定不变的温差值 $\theta_{sh.s}$，即

$$T_{ci} = T_{fh} + \theta_{sh.s} \tag{6-170}$$

蒸汽发生器产生蒸汽的压力可保持不变，而船舶汽轮机膨胀过程终点蒸汽的湿度，在给定的汽轮机背压和效率时，应不超过允许值。

图 6-26 所示为反应堆堆芯燃料中心温度 T_{um}、燃料表面温度 T_{us}、蒸汽发生器一次侧冷却剂温度 T_c、二次侧工质温度 T_f、冷凝器中蒸汽凝结温度 T_{cd} 的分布情况。

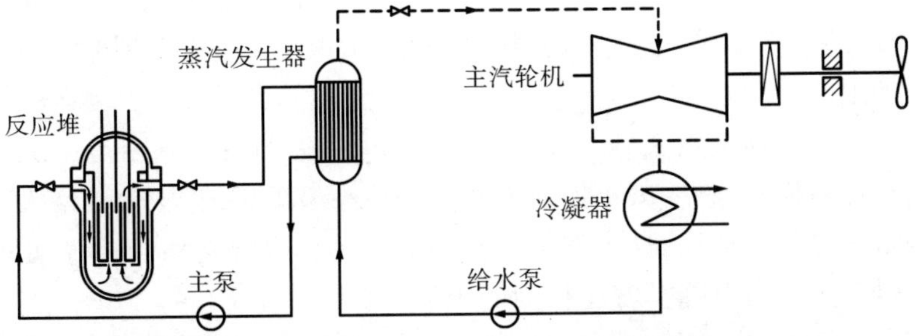

图 6-25　无回热循环的核动力装置热线图

图 6-27 所示为根据该热线图计算的主要设备和过程的㶲损系数的分布情况，其中 ξ_1、ξ_2、ξ_3、ξ_4、ξ_5、ξ_6、ξ_7 分别表示反应堆内核能转变为热能过程、堆芯热量传递过程、蒸汽发生器、给水回热系统、辅助设备、主冷凝器、主汽轮机的㶲损系数。

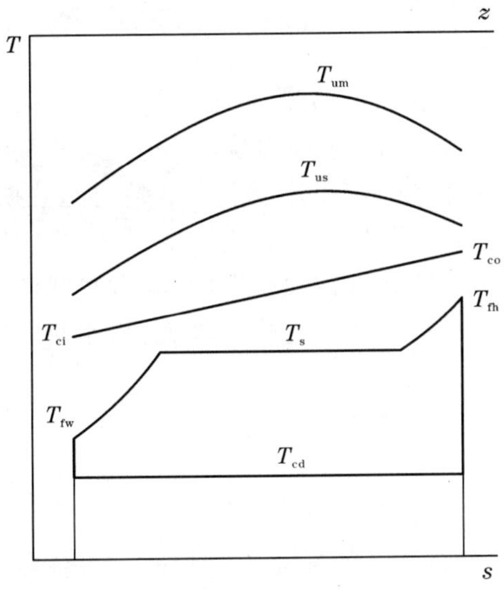

图 6-26　核动力装置温度分布

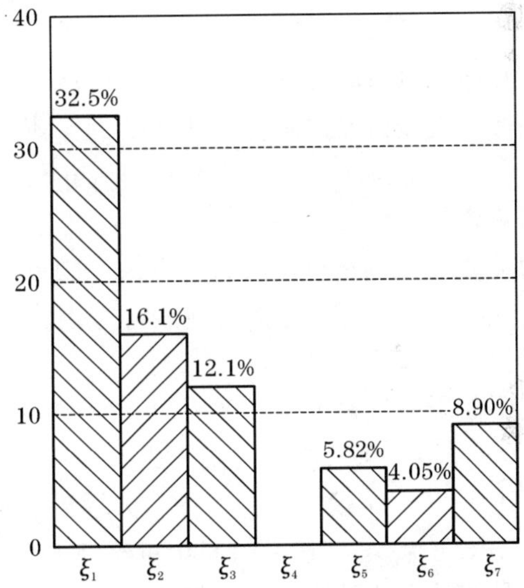

图 6-27　核动力装置中㶲损失分布

从图中曲线和数据可以看出，船舶核动力装置能量转换、传递和分配等各个过程的㶲损失，绝大部分集中在热力系统的高温部分，如反应堆堆芯、蒸汽发生器中。

反应堆内核裂变能转变为热能过程的㶲损失最大，其㶲损系数 $\xi_1 = 32.5\%$，因为核能是高质能，热能是低质能，高质能向低质能转换造成了较大的做功能力损失。减小这项㶲损失的措施有两个方面，一个是提高核燃料的释热温度，另一个是采用适当装置将核能直接变为电能或机械能，这都有利于提高核动力装置的㶲效率。

堆芯热量传递过程的㶲损失也较大，其㶲损系数 $\xi_2 = 16.1\%$，产生㶲损失的原因是堆芯核燃料与流经堆芯的冷却剂之间存在较大的传热温差，降低这项㶲损失的基本措施是减小传热温差。如果维持堆芯核燃料释热的温度水平不变，在堆芯热工设计时应尽量使热阻最小，以提高堆芯冷却剂平均温度。

一方面，冷却剂温度提高，可以提高二回路蒸汽初参数，有利于改善热循环效率；另一方面，冷却剂温度提高，还有利于减小蒸汽发生器的传热面积，降低蒸汽发生器的重量尺寸。但是，冷却剂温度的提高要受堆芯结构材料允许温度的限制，还要受到船舶核动力装置的一系列最佳参数的限制。

蒸汽发生器中的㶲损系数 $\xi_3 = 12.1\%$ ，，产生㶲损失的主要原因是一次侧冷却剂与二次侧工质之间存在着换热温差，减小换热温差可以减小该项㶲损失，但是增大了换热面。使蒸汽发生器的重量和尺寸加大，这当然是不希望的。采用过热蒸汽也会使蒸汽发生器中损失增大，但是，过热蒸汽可以降低汽轮机内的损失。

降低蒸汽发生器换热过程中㶲的损失的方法是：提高蒸汽的初压、选择适当的过热蒸汽温度，采用给水回热等。由蒸汽发生器外表面向周围介质散热，也会引起工质㶲的损失，应予以重视。

在主冷凝器和主汽轮机中，㶲的损失大致相同，主汽轮机中损失稍高些。损失的数值与主机工作过程不完善程度（不可逆膨胀过程），即与汽轮机特性数成正比。

$$N_{\rm loss} = N_{\rm oe}\frac{1-\eta_{\rm oe}}{\eta_{\rm oe}}$$

显而易见，提高汽轮机的相对有效效率 $\eta_{\rm oe}$ 标志着主汽轮机㶲的损失的减少。为此，应不断改良汽轮机通流部分和叶片的空气动力特性。由于船舶核动力装置比普通蒸汽动力装置蒸汽的过热度小或者采用饱和蒸汽，故汽轮机中的能量损失比较大。为了降低这些损失，可沿汽轮机用机械方法减少蒸汽的平均湿度（如在机外安装汽水分离器或在汽轮机中安装除湿装置等），甚至可用热力学方法，如改变循环参数、采用二次过热蒸汽、与过热蒸汽混合等。这些方法均可单独采用或联合运用。但任一种方法都能引起附加损失，采用时应对每一具体设计情况加以分析。

下面研究汽轮机装置循环初、终参数对船舶核动力装置㶲损失的影响。

6.6.1.1　蒸汽初温对㶲损失的影响

图 6-28 表示核动力装置各部分㶲损系数与蒸汽初温的关系。

由图可见，蒸汽初温的变化对核动力装置各部分损失的影响是不一致的。综合影响的结果是核动力装置的效率随蒸汽温度的增加而增加。

蒸汽初温改变时，反应堆内的㶲损系数变化最大，当蒸汽初温由 290 ℃升高到 310 ℃时，反应堆内的两项㶲损系数累计可降低 1.5% 左右。在反应堆内的传热过程中，假设冷却剂流经堆芯的温升 $\Delta T_{\rm c}$、堆芯核燃料与冷却剂之间的传热温差 $\Delta T_{\rm m}$ 和传热热阻 $R_{\rm t}$ 均保持不变，提高过热蒸汽温度必须要提高冷却剂温度，相应的核燃料释热温度也要提高，因此，核能转换为热能过程的㶲 损系数 ξ_1、核燃料与冷却剂之间传热过程的㶲 损系数 ξ_2 都有所减小。

如果保持冷却剂参数和燃料元件结构不变，改变反应堆平均热通量时，会引起反应堆内的两项㶲损系数 ξ_1 和 ξ_2 重新分配。增大平均热通量，一方面使燃料元件表面温度提高，降低能量转换过程的㶲损系数 ξ_1；另一方面使燃料元件与冷却剂之间的传热温差增大，增加热量传递过程中的㶲损系数 ξ_2。但是，有利于减小堆芯换热面积，同时装置效率保持不变。

随着过热蒸汽初温的提高，蒸汽发生器的㶲损系数 ξ_3 增大，主要原因是增大了蒸汽发生器中的平均换热温差，特别是在预热区段的换热温差。

其他部分的㶲损系数同样也发生变化，但变化幅度不大，在百分之十几左右。由辅助设

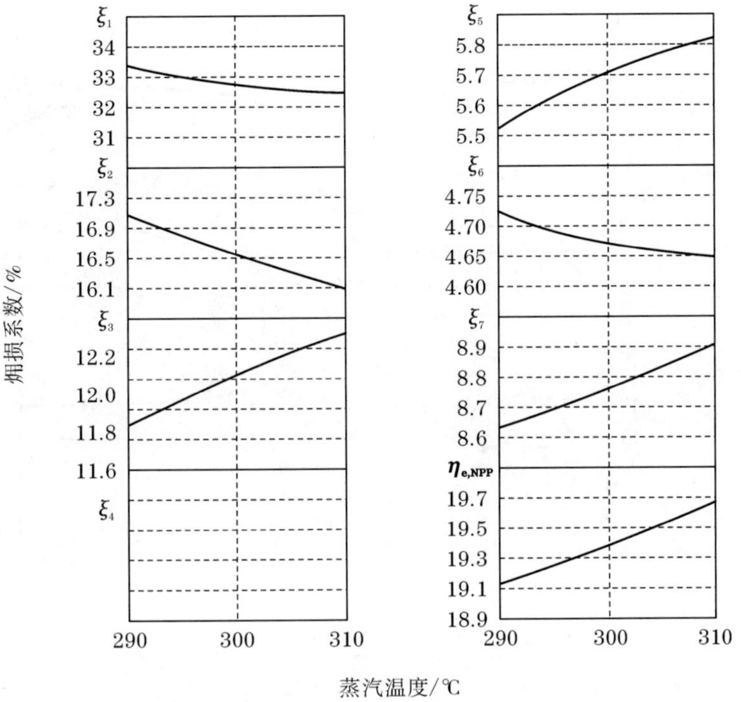

图6-28　蒸汽初温对㶲损系数的影响

备工作而引起的㶲损系数 ξ_5 稍有增加，这是因为随着蒸汽压力的提高，给水泵压头必然要增加，辅助设备消耗的功率增加，相应的㶲损系数也随之增大。

随着过热蒸汽温度的提高，蒸汽在汽轮机内的绝热焓降增大，汽轮机在输出功率不变时消耗的蒸汽流量相应减少，排入冷凝器中凝结的废汽也减少，因此主冷凝器的㶲损系数 ξ_6 减小。

蒸汽初参数提高，意味着主汽轮机进口处的蒸汽做功能力增强，如果导致汽轮机内部不可逆损失的因素不变，汽轮机的㶲损系数 ξ_7 将随着蒸汽初温的增加而略微增大。

综合上述各个部分的㶲损系数可以看出，随着蒸汽初温的升高，装置效率 $\eta_{e,NPP}$ 也相应提高。

6.6.1.2　废汽压力对㶲损失的影响

对于同一个核动力装置，假设蒸汽初参数保持不变，随着排入冷凝器中废汽压力的变化，各个部分㶲损系数的变化如图6-29所示。

实际上，冷凝器中废汽压力的变化主要对主冷凝器和蒸汽发生器的㶲损系数 ξ_6 和 ξ_3 有较大影响，当冷凝器压力从4.9 kPa增加到14.7 kPa时，ξ_3 降低2.5%，ξ_6 增长3.5%，装置效率 $\eta_{e,NPP}$ 相应降低约1%。

随着废汽冷凝压力的升高，主汽轮机排汽的焓值增大。由于蒸汽初参数保持不变，汽轮机内蒸汽的绝热焓降减小，汽轮机在输出功率不变时消耗的蒸汽流量相应增加，排入冷凝器中的废汽量增加；另外，废汽参数的提高意味着废汽的做功能力也相应提高，因此主冷凝器的㶲 损系数 ξ_6 会有所增大。

由于排入冷凝器中的废汽是湿饱和蒸汽，在冷凝过程中压力和温度是一一对应关系，因

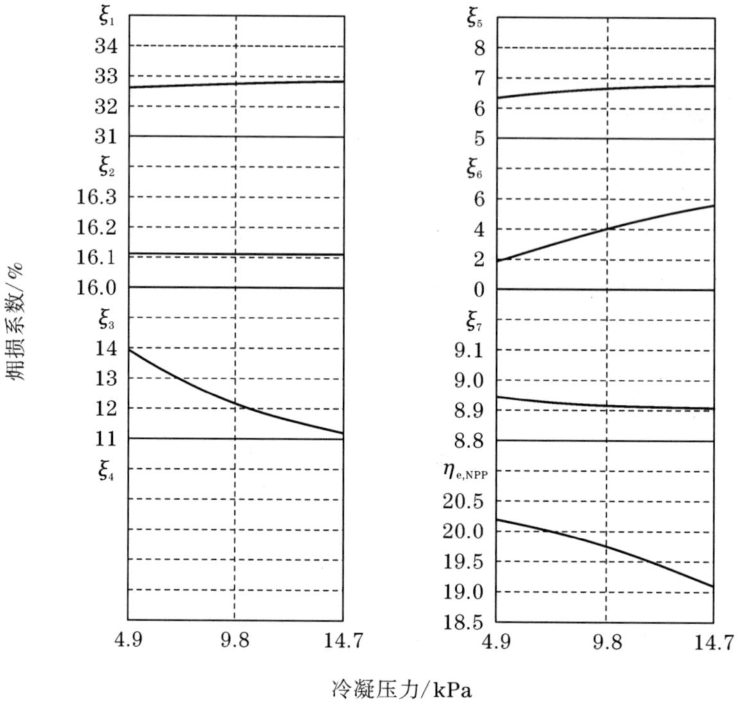

图 6-29　冷凝压力对㶲损系数的影响

此冷凝器运行压力提高，凝结水温度也随之升高。这里所分析的核动力装置没有设置给水加热器，如果忽略凝水在输送过程中的散热损失，则蒸汽发生器给水的温度就应等于冷凝器出口的凝水温度。显然，给水温度升高有利于改善蒸汽发生器二次侧工质与一次侧冷却剂之间的换热温差，因而蒸汽发生器的㶲损系数 ξ_3 有所减小。

其他各个部分的㶲损系数变化很小，可以忽略不计。

6.6.1.3　辅机驱动型式对㶲损失的影响

船舶核动力装置中设置了大量辅机，辅机的原动机驱动型式对核动力装置中能量利用的合理性与有效性有一定程度的影响。对于上面所分析的无回热循环核动力装置，假设循环冷却水泵和给水泵均采用汽轮机驱动，其余的辅助设备均采用电机驱动，在蒸汽初温变化时各个部分㶲损系数的变化如图 6-30 所示。

从图中曲线可以看出，反应堆和蒸汽发生器的㶲损系数在数量上与辅机全部电动的方案相同，但是辅助设备的㶲损系数 ξ_6 显著增高。这是因为与电动泵相比较，汽动泵的效率较低，消耗功率增加，相应增大了㶲损系数，从总体上降低了核动力装置的有效效率。

6.6.2　有回热循环的热线图

船舶核动力装置采用回热循环，主要形式有辅机废汽回热和主机抽汽回热两种。

6.6.2.1　辅机废汽回热

图 6-31 所示为使用辅助汽轮机废汽加热给水的热线图。

在这种热线图中，部分辅助设备采用背压式汽轮机驱动，这些辅助汽轮机的废汽排入废汽总管。废汽总管内保持一定压力，正常运行时向给水加热器供应加热蒸汽，当辅助汽轮机

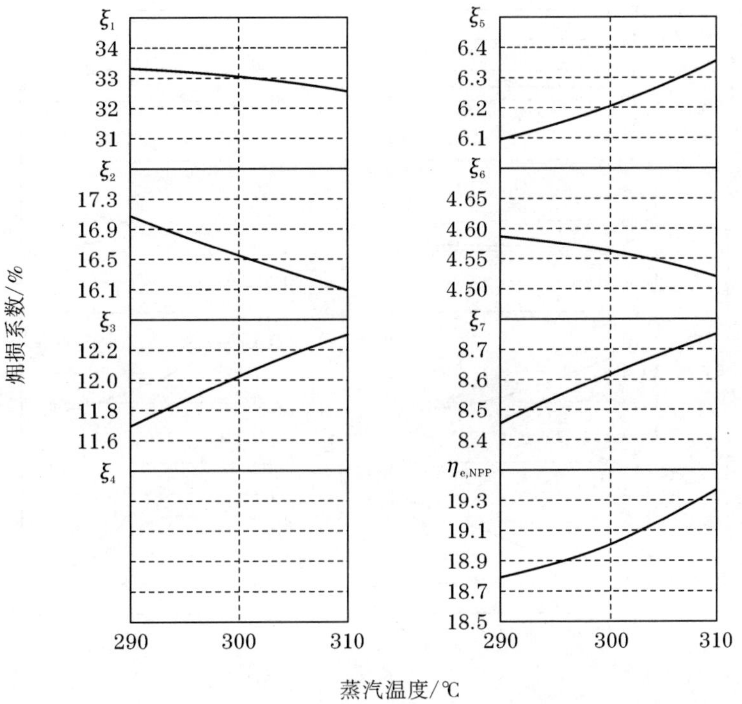

图6-30　部分辅机为汽动时蒸汽初温对㶲损系数的影响

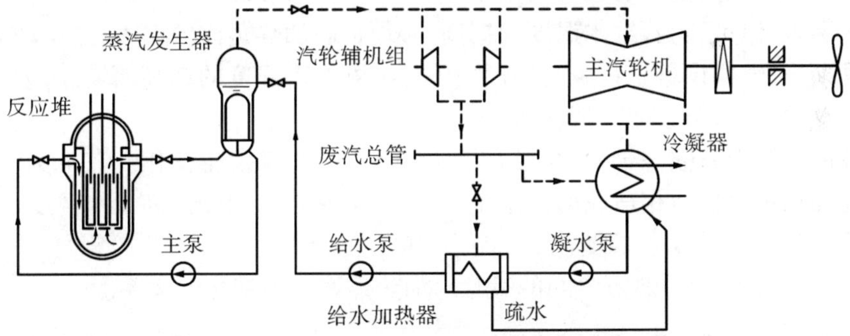

图6-31　辅机废汽加热给水的热线图

排出废汽较多而使废汽总管压力升高时,可将多余废汽排向主冷凝器。

利用辅机废汽加热给水,将废汽的热量回收到热力循环中,并使蒸汽发生器给水温度升高,不但放热损失比无加热给水的情况要少,而且热力循环的平均吸热温度提高,因此循环热效率会有所提高。但是,随着辅助汽轮机背压的提高,耗汽量将增加,从而增大了核动力装置的总耗汽量。因此,核动力装置热经济性的改善取决于这两个因素的综合影响,也就是说与辅助汽轮机耗汽量及其废汽热焓的利用程度有关。

假设核动力装置热力系统的蒸汽初参数和终参数都保持不变,加热蒸汽压力对装置各部分㶲损系数的影响如图6-32所示。

从图中看出,除反应堆外,加热蒸汽参数对装置所有部分的㶲损系数均有影响。其中,蒸汽发生器、给水加热器的㶲损系数变化最大,辅助设备的㶲损系数变化也较大。蒸汽发生

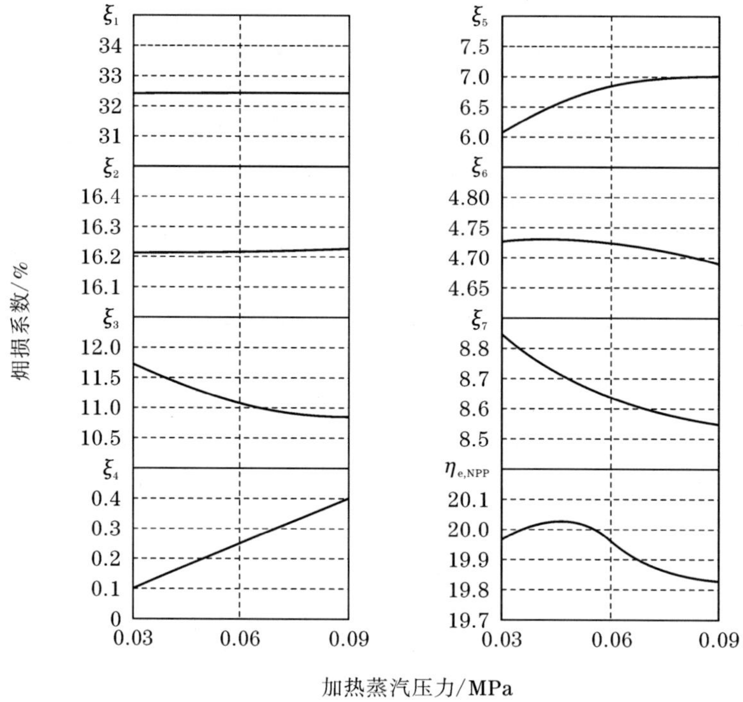

图 6-32　加热蒸汽压力对各项㶲损系数的影响

器的㶲损系数随加热蒸汽压力提高而减小，因为给水温度提高减小了蒸汽发生器一、二次侧之间的换热温差；但是，随着给水温度的提高，必须提高加热蒸汽的温度，这就增大了给水加热器中的㶲损失；辅助设备工作引起的㶲损失也随着给水温度的提高而增加，因为辅助汽轮机背压和废汽焓增大，导致能量消耗增加。

装置各部分㶲损系数综合变化的结果，使装置有效效率发生变化。在本例中，与最大装置效率时的加热蒸汽压力相适应的给水温度为 70 ℃左右。继续提高给水温度，反而会使装置效率降低，因为，此时 $\Delta\eta_4$ 的变化起主导作用。

图 6-33 表示给水和加热蒸汽间的温差与加热蒸汽压力变化的关系。

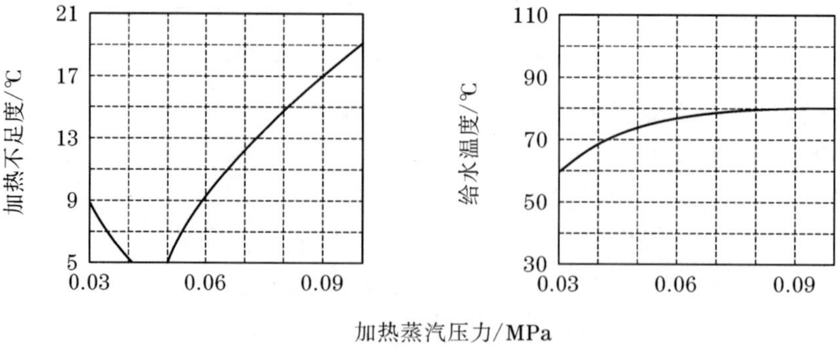

图 6-33　加热蒸汽压力与给水加热程度的关系

水被加热的温度与加热蒸汽饱和温度之差，称为给水加热不足度。由图可见，在废汽的高压段，水温远未达到加热蒸汽的饱和温度。当降低加热蒸汽参数时，水的温度接近并不同程度地达到最佳压力范围。继续较大程度地降低加热蒸汽压力，则会出现加热蒸汽过剩，这样装置有效效率变化曲线会降低，并相当于有汽轮机泵和按无回热循环工作的装置方案。

为了提高加热蒸汽低压区域的装置效率，汽轮机给水泵可用电动泵代替。此时，可消除加热蒸汽过剩的现象。

十分明显，在加热蒸汽的高压区域，为了提高装置能量有效利用程度，可用另外引入补充加热蒸汽源（如从汽轮机通流部分撤出蒸汽）来提高给水温度的办法。

对每个具体的动力装置设计，都应进行热力分析，以便定量的确定该装置加热蒸汽的最佳压力。

6.6.2.2　主机抽汽回热

图 6-34 所示为使用主机抽汽加热给水的热线图。

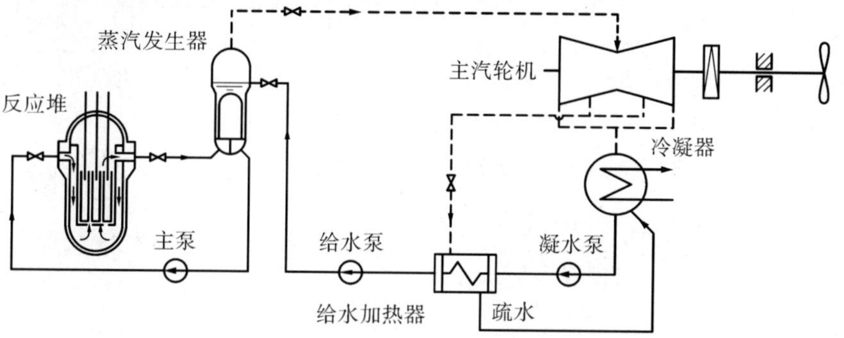

图 6-34　主机抽汽加热给水的热线图

该热线图的㶲分析的结果如图 6-35 所示。

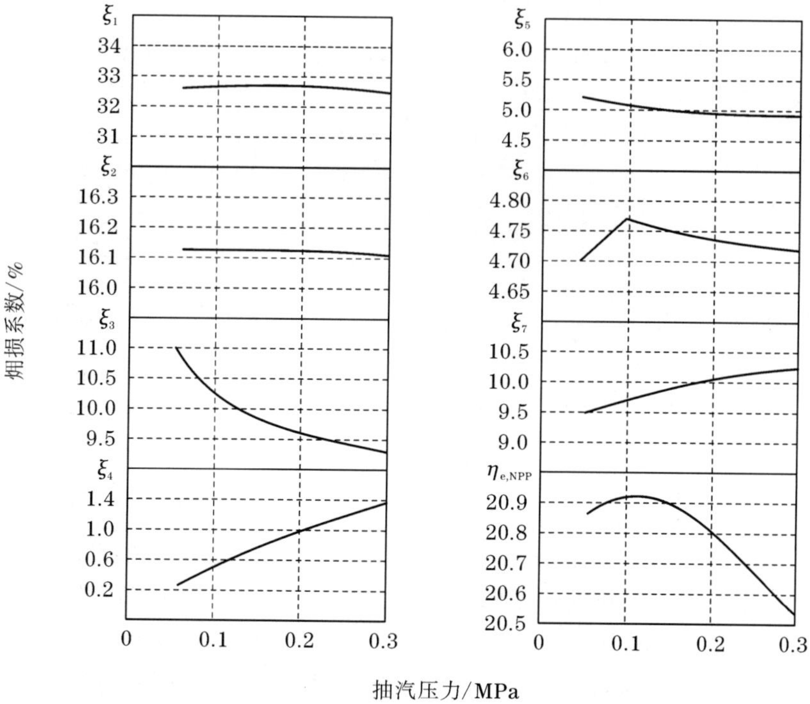

图 6-35　主机抽汽压力与㶲损失的关系

从图中各曲线可以看出，该动力装置的㶲损失变化特性与用辅机废汽加热给水的回热装置的变化特性基本相似，只是在该热线图方案中由辅助设备引起的㶲损失近于固定不变。此外，在主机抽汽加热给水的装置中，最大效率产生在较低的加热蒸汽压力区域。在该例中，相应于最大效率的最佳抽汽压力为0.098 MPa左右。船舶核动力装置效率随回热系统参数的这种变化特性，是由于给水加热器和蒸汽发生器中的㶲损失共同作用的结果。

与辅机废汽加热给水的热线图相比，在主机抽汽加热给水的热线图中，主机的㶲损失随抽汽压力的增加而增大。

图6-36为给水加热器的工作原理图，当抽汽点确定以后，根据给水加热器的热平衡方程，所需要的抽汽量G_{es}为

$$G_{es}=\frac{h_{fw}-h_{cd}}{h_{es}-h_{dw}}G_{fw} \tag{6-171}$$

式中，h_{es}——抽汽点蒸汽的焓，kJ/kg；

h_{dw}——抽汽凝结水（疏水）的焓，kJ/kg。

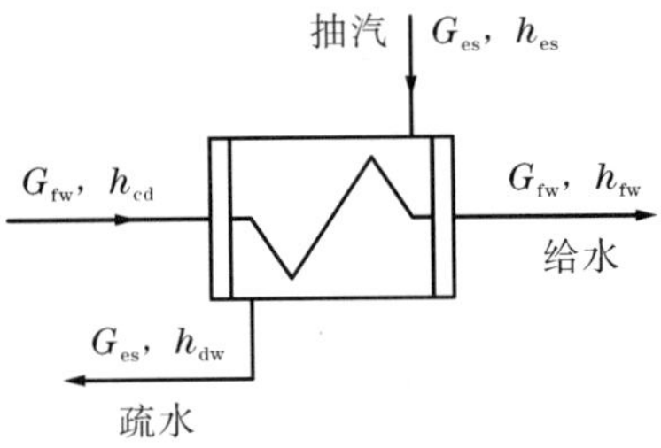

图6-36　给水加热器的工作原理

假设主汽轮机组的有效功率N_{oe}保持不变，没有抽汽时主机的耗汽量为

$$G_{s,mt}'=\frac{N_{oe}}{H_a\eta_{oi}\eta_m\eta_g}=\frac{N_{oe}}{H_a\eta_{oe}}$$

主机抽汽时，机组的有效功率为

$$N_{oe}=\left(G_{cd}H_a+\sum_{i=1}^{n}G_{es,i}H_{es,i}\right)\eta_{oe}$$

式中，$G_{es,i}$——第i级抽汽点的抽汽量，kg/s；

$H_{es,i}$——第i级抽汽点的抽汽从汽轮机入口至该抽汽点的绝热焓降，kJ/kg。

因此，在有抽汽时主机的耗汽量为

$$G_{s,mt}=G_{cd}+\sum_{i=1}^{n}G_{es,i}=G_{s,mt}'+\sum_{i=1}^{n}\Delta G_{es,i} \tag{6-172}$$

式中，$\Delta G_{es,i}$——第i级抽汽点所附加的主机进汽量，kg/s。

综合上述各式，有

$$\sum_{i=1}^{n}\Delta G_{es,i}=G_{cd}+\sum_{i=1}^{n}G_{es,i}-\left(G_{cd}+\sum_{i=1}^{n}G_{es,i}\frac{H_{es,i}}{H_a}\right)=\sum_{i=1}^{n}G_{es,i}(1-\psi_i) \tag{6-173}$$

式中，ψ_i——第i级抽汽附加系数，$\psi_i=\frac{H_{es,i}}{H_a}$。

6.6.3　各种热线图的比较

这里只对四种形式热线图作比较。形式Ⅰ为有电气化辅机而无回热的热线图。形式Ⅱ为有一系列汽轮辅机而无回热的热线图。从本例的分析结果知，同样都是无回热热线图，但辅机电气化可使装置效率提高0.4%，形式Ⅲ为用辅机废汽加热给水的热线图，形式Ⅳ为主机抽汽加热给水的热线图。图6-37表示按不同热力循环和热线图工作的船舶核动力装置㶲分析结果的比较。

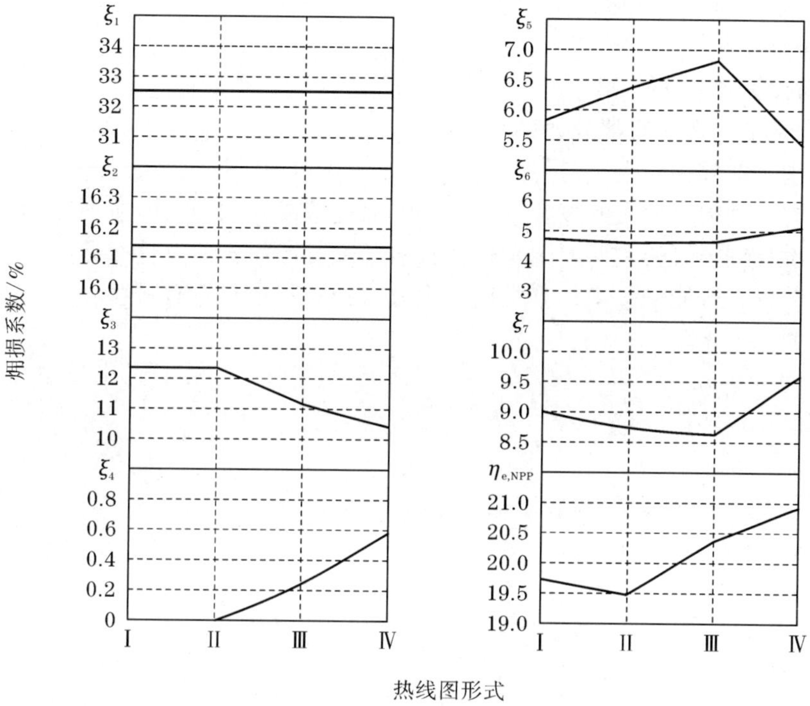

图 6-37　不同形式热线图的㶲损失

根据上述结果可得出以下结论：与无回热的热线图相比，有回热的热线图可显著提高装置效率；与辅机废汽回热的热线图相比，主机抽汽回热的热线图也能明显提高装置效率。

需要指出的是，主机抽汽回热的热线图除了能提高装置效率外，还有其他优点。首先，由于要从主机中抽汽去加热给水，因而进入汽轮机末级的蒸汽量相应减少，这样可以减少蒸汽的排汽速度损失，或在相同的排汽速度下可减小汽轮机末级的通流面积；其次，因为有较多的蒸汽通过汽轮机的前几级，从而减少了蒸汽经过叶片间隙漏泄的相对值，并减少了由于叶片高度过低而产生的损失；第三，从汽轮机中间级抽出的蒸汽来自于通流部分外层，蒸汽中的水滴因为离心力的作用会聚集在这个区域，因此在汽轮机最后几级的抽汽可以降低末级排汽的湿度，进而减小湿汽损失以及蒸汽中的水滴对末级叶片的冲蚀。因此，这种热线图在商船和电站用汽轮机装置中得到广泛应用。

但是，这种热线图由于在低负荷时抽汽压力降低很大，并与主机蒸汽流量的减少基本上是正比关系，因而减低了抽汽加热的效果。所以，该热线图在部分负荷下的经济性不佳。

思　考　题

1. 压水堆核动力装置二回路系统为什么不采用卡诺循环？
2. 汽轮机相对内效率和管道损失系数如何定义？
3. 从核动力装置能量转换和传递过程来看，影响核动力装置效率的主要因素有哪些？
4. 蒸汽初、终参数的变化对核动力装置热力循环效率有何影响？
5. 废汽回热循环与抽汽回热循环的主要区别是什么？

6. 热力学第一定律和热力学第二定律用㶲的概念如何表述?
7. 热量㶲如何计算?
8. 物理㶲如何计算?
9. 㶲损失的含义是什么? 通常分为哪两类?
10. 㶲效率和㶲损系数如何定义?
11. 核动力装置中㶲损失最大的设备是哪一个? 简述造成其㶲损失的主要原因。
12. 造成换热设备㶲损失的主要原因是什么? 对于冷凝器而言还有什么原因?
13. 对核动力装置进行能量平衡计算常用什么方法? 其基本步骤有哪些?

第 7 章　船舶核动力装置运行与控制

核动力装置的运行是指为了使核动力装置安全地产生动力而进行的所有活动，包括维修、换料、在役检查及有关的其他活动。

由于机动性的要求，船舶核动力装置需要频繁地改变运行工况，尤其是在停靠、离开码头时，而且绝大部分时间运行在低负荷工况，与长期保持额定功率或接近额定功率水平稳定运行的核电厂相比，在运行、控制和管理等各方面都有显著的不同。

7.1　船舶核动力装置的运行工况及限值条件

7.1.1　运行工况的划分

7.1.1.1　四类基本工况

船舶核动力装置的全部运行状态可以划分为以下四类工况：

(1) Ⅰ类工况——正常运行工况

指核动力装置在规定的正常运行限值和条件范围内的运行，包括装换料、启动、临界、稳态功率运行、线性或阶跃升降负荷、允许限额内的超功率运行、热备用、停堆以及日常维修等工况。其中，负荷的线性升降速率和阶跃变化幅度在规定的允许范围内。

由于这类工况出现频繁，整个运行过程中只要依靠控制系统在反应堆设计裕量范围内进行调节，即可把反应堆维持在所要求的状态。

(2) Ⅱ类工况——一般事故工况

包括核动力装置试验运行和装置寿期内在役运行时以中等频率发生的事故，又称为中等频率事件。例如，控制棒组误提出、控制棒掉棒、反应堆功率与汽轮机负荷失配、失去正常给水、失去正常电源等。

发生这类事故后，允许反应堆停堆，在采取纠正措施后便能很快排除事故，使核动力装置恢复功率运行状态。

(3) Ⅲ类工况——严重事故工况

包括核动力装置试验运行和在装置寿期内在役运行时可能偶然发生的后果严重的事故，又称为低概率事件。例如，蒸汽发生器单根传热管断裂、一回路系统单相状态下超压、反应堆冷却剂系统小管道断裂、堆芯冷却剂流量全部丧失、主蒸汽流量全部丧失等。

发生这类事故后，不应导致反应堆结构完整性的严重破坏，堆芯燃料元件的损坏不得超过规定值，但在相当长的一段时间内核动力装置仍不能恢复运行。

(4) Ⅳ类工况——极限事故工况

包括核动力装置进行试验运行和装置寿期内在役运行时发生的概率极小、后果非常严重的事故。例如，反应堆冷却剂系统主管道断裂、主蒸汽管道断裂、全部主泵转子卡死、弹棒事故、紧急停堆拒动事故等。

发生这类事故后,专设安全设施应能正常工作,实现冷停堆;反应堆内放射性物质会大量释放,但不会对海区产生严重污染,不会对艇员的健康和安全有过分的危害。发生全船沉没的假想事故和在遭遇到海难情况下,应采取有效措施保证反应堆安全停堆。

7.1.1.2　主要运行工况

船舶核动力装置在实际运行过程中,根据船舶航行的状态及机动性的要求,需要采取不同的运行状态,为了便于运行管理,通常将这些运行状态进一步划分为以下主要运行工况:

(1)启动工况

又可细分为初次启动、冷启动和热启动等几种工况。

初次启动是指反应堆初次装料(或换料)后第一次启动(包括连续停堆时间超过 14 个月以上的启动),其特点是需要检查和考核系统及设备的可靠性,校核理论计算及零功率堆上的试验数据,准确掌握堆芯物理性能,并确定反应堆的运行方案。

冷启动是指反应堆处于常温常压下的例行启动。在这个过程中必须严格按照最佳提棒程序和温压限制图进行,重点预防短周期和超压事故。

热启动指一回路系统的稳压器保留蒸汽汽腔状态下的启动运行,由于船舶的机动性,其特点是预防在碘坑下启动和在停堆后启动时堆内碘的消失过程对堆内反应性带来的影响。

(2)功率运行

功率运行工况一般指反应堆的功率在 1% ~100% 额定功率范围内的运行,在其过程中又分为变工况和稳定工况两种,稳定工况与核电厂相似,而变工况则是船舶反应堆的一种重要运行方式。在变工况运行时尤其要监督堆内各主要参数的变化,使其在较短时间内完成达到预定的运行功率任务。

(3)异常运行

异常工况运行是指系统或设备在局部故障情况下的运行。应该说异常工况运行是确保船舶动力装置生命力的一个重要手段。尤其在航行中,一旦发生局部故障(在一定的措施下)使舰船能够顺利返回基地。

(4)停闭工况

包括冷停堆和热停堆两种情况。

冷停堆是指将功率运行的反应堆停闭,使之处于次临界并有足够的停堆深度,并将反应堆冷却剂系统冷却至接近环境温度的过程。根据反应堆冷却剂系统开启、液位状态和停堆深度的不同,冷停堆又可划分为正常冷停堆、维修冷停堆和换料冷停堆三种状态。

热停堆是指将功率运行的反应堆停闭,使之处于次临界并有足够的停堆深度,并维持反应堆冷却剂系统的温度和压力仍接近运行状态的过程。在热停堆状态下,稳压器保留蒸汽汽腔,反应堆冷却剂系统的压力由稳压器控制,反应堆可根据需要随时启堆达到临界。因此,热停堆主要用于船舶的临时停泊或特殊情况。

7.1.2　核动力装置运行技术规格书

为了满足船舶机动性的要求,核动力装置必须根据航行需要及时、准确地改变运行状态,从而使得系统与设备的主要运行参数也相应发生变化。从核动力装置运行的安全性考虑,对这些参数的变化范围和变化速率必须加以限定,而且一旦某些关键参数的变化可能会危及运行安全,核动力装置中的安全和保护系统将迅速投入,预防事故的发生或减轻事故的后果。

7.1.2.1 运行限值和条件

核动力装置的运行限值和条件按其性质可以分为以下几类：

(1)安全限值

指过程变量(如功率、温度、压力、放射性物质排放等)的各种限值，核动力装置在这些限值范围内运行是安全的。安全限值的确定以防止核动力装置发生不可接受的放射性物质释放为依据，基本的安全限值包括燃料温度、燃料包壳温度和反应堆冷却剂压力的实际限值。在正常运行期间或中等频率的故障情况下不得超过安全限值。

在技术规格书中一般规定与三道安全屏障有关的安全限值：

①燃料包壳，如偏离泡核沸腾比(DNBR)和燃料最大线功率密度；

②一回路系统承压边界，反应堆冷却剂系统的最大绝对压力以及反应堆冷却剂系统的最高温度；

③安全壳(或堆舱)，如相对压力、最高平均温度和LOCA峰值压力下的最大泄漏率。

(2)安全系统整定值

是触发各类安全系统和保护装置自动投入运行的控制参数阈值，以限制预计瞬态过程、防止超过安全限值或减轻事故的后果。

需要设置安全系统整定值的典型参数、运行事件以及安全系统、保护装置包括：中子通量密度及其分布、中子通量密度变化速率、反应性保护、轴向功率分布因子、燃料包壳温度、反应堆冷却剂温度、反应堆冷却剂升温/降温速率、反应堆冷却剂系统压力、稳压器液位、反应堆冷却剂流量、反应堆冷却剂流量变化速率、主泵故障、安全注射、蒸汽发生器液位、主蒸汽管道隔离、主汽轮机脱扣、给水隔离、正常电源断电、蒸汽管道的辐射水平、二回路蒸汽压力排放。

(3)正常运行限制条件

对每种运行模式和每个安全相关系统规定相应的运行限制条件，以便当某一安全重要物项不可用或某一安全重要参数偏离正常时，要求装置在规定的时间内处于特定的运行模式，从而防止事故发生或在发生事故时能缓解事故后果。

制定正常运行限制条件的目的是保证安全运行，使安全系统处于备用状态，以及规定为保持运行的必要条件。直接运行人员必须熟知运行限值和条件内容，并严格遵守。在核动力装置运行寿期内，可根据技术发展的情况对运行限值作复审，需要改进修订时，必须按文件修订程序进行审批与认可。军用核动力装置还有战时运行限值和条件。

(4)定期试验

为了在运行期间对核动力装置设备与系统的完好性进行确认，需要对反应堆及其辅助设备、汽轮机发电机组、专设安全设施等定期进行检验和试验，以便对其性能和质量作恰当的验证。根据具体情况，试验可包括监督性检查试验和检修后的试验。

7.1.2.2 运行温度-压力控制图

钢材在常温下具有良好的塑性，随着温度的降低，钢材逐渐由塑性向脆性转变。当温度降低到某一特性温度时，钢材的塑性丧失，转变为完全的脆性，该特性温度称为钢材的脆性转变温度(NDTT，nil-ductility transition temperature)。反应堆压力容器采用低碳合金钢制造，这种材料的脆性转变温度为 -80 ~ -50 ℃，在工作寿期内，压力容器不断受到堆芯高能中子(快中子)流的辐照，使其结构材料韧性降低、脆性增加，脆性转变温度升高，在启堆、停堆或者进行水压试验过程中，装置温度、压力的组合可能会使压力容器发生破裂。

另外，反应堆及一回路系统在启动、停闭的过程中，系统温度和压力都会产生较大的变化，使得系统结构材料内部产生热应力，为防止热应力变化过大造成系统和设备的破坏，影响核动力装置的正常运行，要求反应维在运行过程中限制温度和压力变化的速率，以确保核动力装置的安全运行。

由此可见，核动力装置在运行过程中，反应堆及一回路系统的压力、温度及其变化率都要控制在一定范围内，图 7-1 所示为压水堆运行过程中的温度-压力控制图。

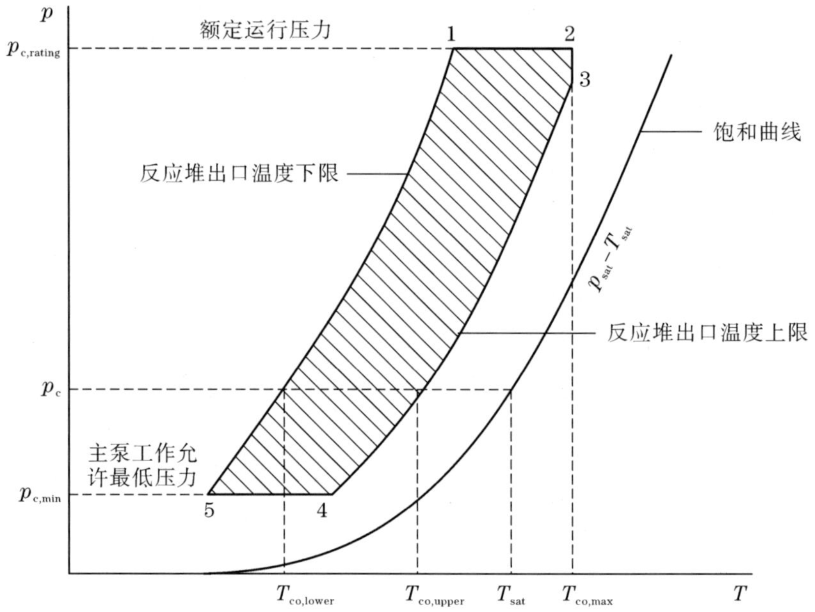

图 7-1　压水堆运行温度-压力控制图

图中，饱和曲线 p_{sat}-T_{sat} 表示水工质的饱和压力与饱和温度的一一对应关系，曲线 1-2 表示反应堆冷却剂系统的额定运行压力，曲线 2-3 表示反应堆出口冷却剂允许的最高温度。

曲线 3-4 表示由堆芯最小烧毁比所决定的运行压力下限，或者运行过程中反应堆出口冷却剂温度的上限。在正常运行工况下，反应堆冷却剂处于过冷状态，如果系统压力降低到反应堆出口冷却剂温度对应的饱和压力以下时，堆芯冷却剂可能发生剧烈汽化，使得堆芯传热恶化并导致堆芯严重损坏。为避免发生这种事故，必须有效控制反应堆冷却剂系统压力与反应堆出口冷却剂温度的对应关系。

曲线 4-5 表示安全运行所允许的主泵最低工作压力。主泵的功率较大，运行过程中大量能量加入到冷却剂中，使其温度升高，为避免发生汽蚀现象损坏主泵叶轮，在启动主泵时，反应堆冷却剂系统压力应该满足主泵设计允许吸入压头的要求。

曲线 5-1 表示运行过程中反应堆出口温度的下限。由于稳压器中的冷却剂处于饱和状态，而主管道内的冷却剂为过冷状态，稳压器波动管两端存在的温差会产生一定的热应力。为了避免稳压器波动管出现应力破坏，要求温差热应力与主系统内压产生的应力之和不得超过波动管设计规范所规定的允许值，通常规定稳压器与主管道热管段的最大温差不得超过 80 ~ 100 ℃，一般维持在 40 ~ 90 ℃。因此，曲线 5-1 也表示稳压器波动管强度设计所决定的压力上限。

由上述曲线构成的闭合区域 1-2-3-4-5-1（图中阴影部分）是反应堆冷却剂系统在运行过程中温度、压力允许变化的安全范围，如果反应堆冷却剂系统的工作温度和压力超出这个范围，可能会产生不安全因素而影响正常运行。

7.2　核动力装置的启动与停闭

启动和停闭是核动力装置运行过程的两个重要环节。启动的目的是使核动力装置从停闭或备用状态转换为运行状态，停闭则是将处于运行状态的核动力装置转换为停止或备用状态。

7.2.1　冷启动过程

核反应堆的冷启动是指具有一定停堆深度的次临界反应堆开始提棒，使之达到所需的功率水平的运行过程。这个过程反映了反应堆的状态变化，使主回路冷却剂从相对冷态（堆内的常温）升到热态（额定工作温度），使反应堆从相对零功率上升到有功率的状态。

冷启动有外加热启动和核加热启动两种形式，这两种启动方式各有优缺点。

7.2.1.1　启动前的准备

在启动前，必须对核动力装置进行启动前检查，以确认核动力装置处于可运行状态。如果核动力装置属于初次启动或者长期冷停堆后的启动时，首先要向一回路系统中充填作为循环工质的除盐除氧水。

在充水过程中，必须及时排出一回路系统中的气体，防止气体对系统和设备的运行造成以下不利影响：

（1）一回路系统中含有一定量的气体，会在堆芯内引起气泡效应，影响堆芯传热性能和反应性的变化；

（2）进入主泵驱动电机转子空腔内的气体积累到一定程度时，会导致主泵轴承干摩擦，影响主泵的安全运行；

（3）进入控制棒顶端的磁阻马达内腔的气体会引起腐蚀；

（4）进入稳压器蒸汽空间的气体会使稳压器中饱和温度和饱和压力的对应关系遭到破坏，影响传热性能和测量仪表的精度。

充水时，打开一回路系统各高点排气阀，启动补水泵，由补水系统向一回路系统注入除盐除氧水。水在系统中单向流动，将气体向一个方向赶出。一旦有高点排气阀冒水时即迅速将其关闭，当所有的高点排气阀都冒水时，表明充水工作已经完成。为了将一回路系统内的气体充分赶尽，充水过程中可以点动主泵赶气。当一回路系统压力升高到主泵运行允许的最低压力时即可停止补水泵的运行。

对于频繁冷启动的核动力装置，一回路系统充水和排气的过程通常可以省略。

7.2.1.2　外加热启动

利用稳压器电加热元件和主泵高速运行产生的热量加热反应堆冷却剂，使反应堆冷却剂系统升温、升压到规定状态，然后提升控制棒启堆运行，这种启动方式称为外加热启动。

外加热启动过程主要包括升温升压、添加联氨除氧、建立稳压器汽腔、启堆、功率运行等几个阶段,如图 7-2 所示。

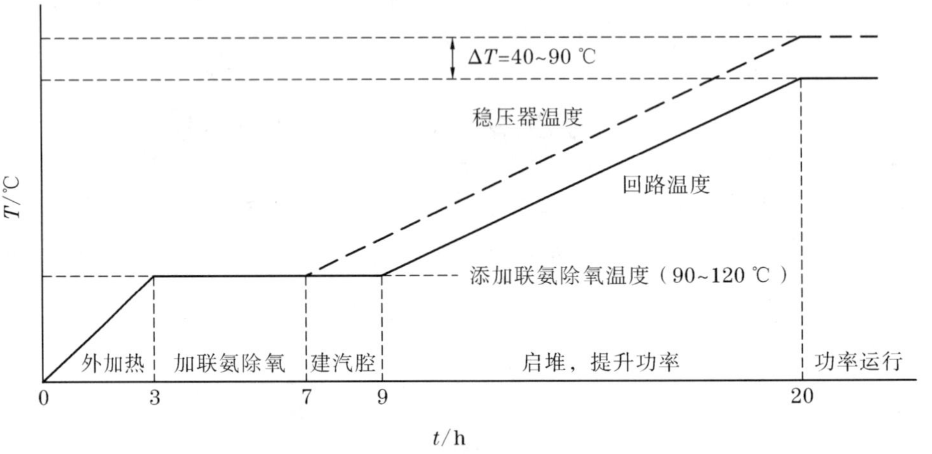

图 7-2　外加热冷启动过程示意图

(1)启动主泵并投入稳压器电加热元件,对一回路系统升温升压。

为了防止主泵发生气蚀,在启动主泵之前,应确认反应堆冷却剂系统压力不低于主泵运行所允许的最低压力。如果满足启动条件,则启动主泵高速运行,稳压器电加热元件全部或部分投入,对反应堆冷却剂进行加热,为了使稳压器内的水参与一回路系统循环,应打开稳压器喷淋阀。

随着温度逐渐升高,冷却剂的密度相应减小,水体积膨胀,导致反应堆冷却剂系统的压力迅速升高,为防止系统超压,需要通过排水阀对反应堆冷却剂系统进行间断排水。

当反应堆冷却剂的温度达到 90 ~ 120 ℃时,停止升温,将主泵由高速切换至低速运行,稳压器电加热元件部分运行,以维持一回路温度,并添加联氨进行化学除氧。冷却剂的温度对联氨与水中溶氧的反应速度有显著影响,在 90 ~ 120 ℃温度范围内,联氨和水中溶氧的反应更为充分,在较短时间内即可达到除氧要求。如果水温过低,联氨与水中溶氧的反应速度较慢,除氧效果差;而水温过高又会使联氨分解,达不到除氧的目的。

当水样检测表明反应堆冷却剂中的含氧量低于允许值时,则除氧过程结束,将主泵由低速运行切换至高速运行,增加稳压器电加热元件运行的数量,继续升温升压。

在升温升压过程中,受压力容器的冷脆性、管路和系统设备的热应力以及设备的工作性能等相关因素的制约,一回路系统的升温速率必须严格控制在 30 ~ 40 ℃/h 以下,压力上升也不能太快。

(2)建立稳压器汽腔。

在冷启动过程初期,稳压器内处于水实体状态,没有压力控制的能力,整个一回路系统的压力主要依靠排水阀来控制。建立稳压器汽腔的目的是使稳压器具备压力控制能力,以维持一回路系统稳定的工作压力。

除氧工作完成以后,关闭稳压器喷淋阀,投入稳压器全部电加热元件,逐步拉大稳压器与主回路的温差,使稳压器比主回路温度高 40 ~ 90 ℃。当回路温度达到 120 ~ 140 ℃,稳压器温度达到 210 ~ 220 ℃时,即可开始建立稳压器汽腔。

使用排水阀维持稳压器的压力基本不变，通过电加热使稳压器内的水达到饱和状态并蒸发产生蒸汽。在此过程中，主回路系统内的水被排出一部分，使稳压器液位下降，上部空间形成饱和蒸汽汽腔。将稳压器液位调整到规定范围内，则建立汽腔工作完毕，反应堆冷却剂系统的压力控制改由稳压器来承担。

(3)提升控制棒，使反应堆达到临界。

稳压器汽腔建立后，可适当关闭电加热器，将主泵由高速运行切换为低速运行，以维持冷却剂的循环，然后按最佳提棒方式提升控制棒，使反应堆逐渐达到临界。在手动提升控制棒过程中，必须注意源区周期表和功率表的变化，防止出现短周期。

反应堆达到临界后，控制反应堆功率为1%～2%，使用核裂变功率继续对一回路系统升温升压，直至达到额定的工作压力和温度。

(4)提升反应堆功率，二回路系统投入运行。

当蒸汽发生器的压力达到一定值时，可以打开隔舱阀向二回路供汽，对蒸汽管道、辅助耗汽设备进行暖管暖机。当二回路系统主、辅设备具备工作条件时，开始向辅机供汽，并启动主冷凝器，同时向主汽轮机供汽用于暖机，待蒸汽发生器压力稳定后，即可启动给水泵，随后启动主汽轮机。在向二回路供汽时，必须手动控制棒以跟踪负荷，使蒸汽发生器压力不超过规定值，尤其在主机启动时更应注意，否则会引起一回路冷却剂温度大幅度下降，造成反应堆功率的波动。

主汽轮机正常运行后，通过调节进汽阀开度逐渐增加二回路负荷，同时手动提升控制棒以跟踪二回路负荷的变化。当反应堆功率达到20% FP，即可将控制系统从手动切换到自动。反应堆进入功率运行后，堆舱负压机投入运行。

核动力装置采用外加热启动方式，从冷停堆状态启动达到额定功率水平运行需要20～24 h，启动时间较长，但是这种启动方式的安全性较高。一般情况下，核动力舰船在平常靠码头停泊时大都采用外热源加热方式启动。

7.2.1.3　核加热启动

另一种冷启动方式是核加热启动，即从冷停堆状态直接提升控制棒启动反应堆，依靠核裂变功率加热反应堆冷却剂，使一回路系统升温升压达到额定运行参数。

核动力装置采用核加热方式启动时，在准备工作及充水排气工作完成后，即可提升控制棒，使反应堆逐渐达到临界。应注意的是，由于在冷态下启动反应堆，回路温度低、温度效应不明显，提升控制棒时需特别小心，谨防发生启动事故。

反应堆达到临界后，维持较低的功率(一般为1%～5% FP)加热反应堆冷却剂，使一回路系统升温升压，后面的启动步骤与外加热启动方式相同。

核加热启动方式的启动时间约需13 h，比外加热方式启动要短得多，但核加热操作比较复杂，且不如外加热安全，所以要根据具体情况采用不同的加热方式。

7.2.2　热启动过程

核动力装置的热启动是指一回路系统依靠前一次停堆后的剩余功率来维持反应堆装置处于热态下(一般回路温度200 ℃左右，稳压器有蒸汽汽腔)的启动。

与冷启动过程相比，热启动程序较为简单，省去了充水排气、添加联氨、升温升压、建立稳压器汽腔等操作，直接提升控制棒使反应堆达到临界，其步骤与冷启动的后三个过程基本相同。与冷启动不同的是，热启动之前需要了解距离停堆的时间、停堆前的运行功率以及停堆前控制棒的棒栅位置，以确定本次启动是否为碘坑下的启动。

7.2.2.1　碘坑

反应堆运行过程中，堆芯^{135}Xe 浓度随时间的变化率为

$$\frac{dN_{Xe}}{dt} = (\gamma_{Xe}\Sigma_f\varphi + \lambda_I N_I) - (\lambda_{Xe}N_{Xe} + \sigma_{\alpha,Xe}N_{Xe}\varphi) \tag{7-1}$$

式中，N_{Xe}，N_I ——分别为^{135}Xe、^{135}I 的浓度；

γ_{Xe} ——^{135}Xe 的裂变产额，约 0.3%；

Σ_f ——^{235}U 的宏观裂变截面，0.18 cm^{-1}；

φ ——热中子通量密度，m^{-2}/s；

λ_I ——^{135}I 的衰变常数，2.92×10^{-5} s^{-1}；

λ_{Xe} ——^{135}Xe 的衰变常数，2.12×10^{-5} s^{-1}；

$\sigma_{\alpha,Xe}$ ——^{135}Xe 的微观吸收截面，cm^2。

反应堆停闭后，堆芯中子通量密度 φ 很快降为零，^{135}Xe 的直接产生率也近似等于零，此时堆芯存在的^{135}I 继续衰变为^{135}Xe，但^{135}Xe 却不能通过吸收中子而减少。因此上式变为

$$\frac{dN_{Xe}}{dt} = \lambda_I N_I - \lambda_{Xe}N_{Xe} \tag{7-2}$$

由于^{135}I 的半衰期比^{135}Xe 短，在停堆初期氙的产生率大于其衰变率，因而^{135}Xe 的浓度是增加的。但是，停堆后没有新的^{135}I 产生，堆芯^{135}I 的浓度将由于衰变而逐渐减小，从而使得^{135}Xe 浓度的增长率相应下降。当^{135}I 与^{135}Xe 的衰变率相等（$\lambda_I N_I = \lambda_{Xe}N_{Xe}$）时，^{135}Xe 的浓度达到极值。然后，^{135}I 的衰变率小于^{135}Xe 的衰变率（$\lambda_I N_I < \lambda_{Xe}N_{Xe}$），^{135}Xe 浓度逐渐下降，当所有的^{135}I 都衰变完，^{135}Xe 仍然在衰减。

在反应堆内所有裂变产物中，^{135}Xe 的热中子吸收截面特别大（约 2.7×10^{-22} m^2），因而吸收热中子的能力很强，堆芯氙浓度的变化会产生明显的负反应性扰动。图 7-3 所示为反应堆停闭后堆芯氙毒和钐毒随时间变化的规律。

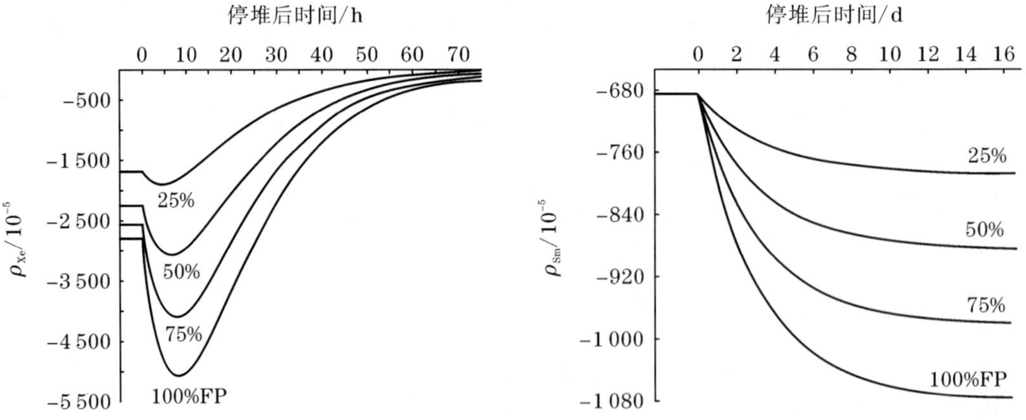

图 7-3　停堆后氙毒和钐毒随时间的变化

反应堆停闭后，堆内由于^{135}I衰变为^{135}Xe而导致的反应性先减小到最小值然后再逐渐增大的现象称为碘坑，从停堆时刻开始直到后备反应性又恢复到停堆时刻的值所经历的时间称为碘坑时间，停堆后反应堆后备反应性下降到最小值的程度称为碘坑深度。碘坑深度与反应堆停闭前运行功率水平有关，功率水平越高，碘坑就越大越深。

从图中曲线可以看出，在停堆后的11 h以内，由于^{135}I的衰变速度大于^{135}Xe的衰变速度，因此^{135}Xe的积累是主要的，堆内的后备反应性呈下降趋势，这个阶段称为积毒阶段，反应堆由于次临界加深而偏于安全。反应堆停闭后11 h左右，^{135}I的衰变速度与^{135}Xe的衰变速度相等，^{135}Xe中毒引起的反应性损失达极大值，之后由于^{135}Xe的衰变速度大于^{135}I的产生速度，反应性损失减少，即中毒的程度逐渐减小，反应性开始回升，这个阶段称为^{135}Xe的消毒阶段。

7.2.2.2　与碘坑相关的热启动

碘坑的存在，给停堆后反应堆的启动操作带来一定的复杂性。在碘坑时的启动有以下三种典型的情况：

(1)在积毒阶段启堆

由于堆内后备反应性还大于零，反应堆能够依靠提升控制棒启动。在碘坑初期，从反应堆停闭至仍可依靠控制棒提升启堆这段时间称为允许停堆时间。

(2)在最大碘坑中启堆

如果堆芯处于寿期末，堆内后备反应性不足以抵消碘坑深度，即使控制棒全部提起也不能使反应堆达到临界，只有待最大碘坑过后再启动反应堆。

一旦反应堆启动起来，随着功率的提升，堆内中子通量相应增大，^{135}Xe因大量吸收中子而迅速减小，而此时堆内产生的^{135}I还较少，^{135}Xe的产生十分缓慢，从而导致^{135}Xe的浓度急剧下降，使反应性相应地上升。这时又需要及时下插控制棒，以补偿因^{135}Xe浓度下降而释放出的反应性，避免反应堆功率急剧增加。

由此可见，在最大碘坑下启动时，为消除氙毒的影响，控制棒移动的幅度大而且较频繁，操作过程也十分复杂，所以应尽量避免在这样的情况下启动反应堆。

(3)在消毒阶段启堆

最大碘坑过后，堆内^{135}Xe浓度逐渐下降，相当于向堆芯引入正反应性，即使控制棒不动，反应性也将随时间变化而明显地增加，毒性减得最快的时候，相当于引入最大的正反应性速率，而且在启动过程中，由于中子数量的突然增加，会使毒物的消失比正常的衰减更为迅速。因此，这一阶段启堆时应严格掌握控制棒的提升速度，防止因引入过大的正反应性而发生短周期事故。

需要在碘坑下启动时，操纵员对反应堆停闭前运行的功率水平及运行时间、停堆前的棒栅位置、堆芯后备反应性要有充分的了解和估计，确定反应堆是否能够启动，启动过程中要防止出现反应性事故。若不是特别紧急的情况，应待碘坑过后再启动反应堆。

核动力船舶在码头临时停泊后的启动和提升功率虽然是一个特例，但却是经常使用的一种重要备航形式。停泊时，主机功率为零，但反应堆仍保持一定的功率输出，维持发电机组及其他辅助设备的运行，一旦船舶需要启航，反应堆立即提升功率，以使主机迅速投入工作。这种启动方式实质上是反应堆装置从低功率运行状态提升功率运行。

7.2.3 停闭过程

停止反应堆堆芯链式裂变反应的过程称为反应堆的停闭运行,也就是将运行着的反应堆从所运行功率水平降到中子源水平。具有一定功率水平运行的反应堆停闭,主要是依靠控制棒的插入来实现,即向堆内引入相当大的负反应性(使 $k_{eff} \ll 1$ 或 $\rho \ll 0$),从而中止堆芯链式反应过程。

停闭运行有两种方式,即正常停闭和事故停闭。正常停闭又按停闭后的工况不同及停闭时间的长短分为冷停闭和热停闭两种。

7.2.3.1 反应堆的冷停闭

反应堆冷停闭是指反应堆从一定功率运行水平停闭并冷却到常温状态的过程,主要是为了满足装置设备检修、更换燃料或长期休整的需要。

正常冷停堆的原则是先停闭二回路系统,然后再停闭一回路系统,主要步骤如下:

(1)关闭主机,停闭二回路系统。

首先降低主机功率。为保证汽轮机组的安全,主机功率降低速率必须满足汽缸金属温度允许下降速率的限制,而且主机功率应该阶跃下降,每降低一定幅度即应停留一段时间,使主机汽缸和转子温度均匀下降。

然后调整二回路给水流量,给水控制从主给水阀切换到旁路阀,逐渐降低蒸汽发生器二次侧液位至零负荷规定值,最后关闭主机。

(2)停闭反应堆,一回路系统降温降压。

将控制棒全部插入堆芯,中止堆芯核裂变反应,使反应堆处于次临界状态,并切除稳压器内的电热元件。

在停堆时,先手动将控制棒下插到 50 mm 的高度上,再切断控制棒驱动机构的电源,使控制棒依靠自身重力下插,以减小控制棒快速下插时所产生的冲击力。只有当控制棒驱动电机定子电源切断后,方可切断位置指示器的电源,并可停止定子的冷却水,以减少驱动机构内的结露,防止腐蚀。

主泵由高速运行切换至低速运行,维持反应堆冷却剂循环以冷却堆芯,蒸汽发生器产生的蒸汽用于驱动需要运行的汽动辅机,多余的蒸汽经减温减压后排入冷凝器,直至将一回路温度降到 200 ℃以下。在此温度附近,使用补水泵向一回路补水,提高稳压器液位。

(3)排出堆芯余热。

余热排出系统投入运行,排出堆芯的衰变热及一回路系统的显热。在降温降压过程中,应间断开启稳压器上部的喷雾阀,将回路中温度相对较低的冷却剂喷入稳压器以降低其压力,保持稳压器与回路的温差在允许值范围内。同时,应严格按照运行温压限制图进行降温降压,一般降温速率不得超过 30 ℃/h,以防止过大的热应力。

随着反应堆冷却剂系统温度下降,冷却剂体积收缩,稳压器液位将逐渐下降,为了维持稳压器的正常液位,需要启动补水泵,向反应堆冷却剂系统补水。

(4)消除稳压器汽腔,使反应堆冷却剂系统保持水实体。

在稳压器汽腔消失后,由于一回路温度降低而造成冷却剂体积收缩,必须通过补水泵连续地向一回路系统补水,使稳压器保持满液位。在此过程中,净化系统继续运行,用以降低冷却剂中的杂质浓度和放射性强度。为了防止流经堆芯的冷却剂产生汽化,还要保持回路和稳压器的温差在40~90 ℃范围内。

(5)继续降温降压至冷停堆状态。

当回路温度降到一定值时,即可停止堆舱空调风机和无关的热工仪表,主泵可继续运行,将反应堆温度降至冷态,即完成冷停堆的工作。

7.2.3.2 反应堆的热停闭

热停闭是指反应堆冷却剂系统温度和压力均处于热态的一种次临界停堆状态,其特点是对一回路系统实行保温保压,保留稳压器汽腔,使核动力装置处于热备用状态(反应堆冷却剂系统温度维持在200 ℃左右,压力维持在3.0 MPa以上),根据运行需要可迅速启动反应堆,满足船舶核动力装置快速启动要求。

热停闭的过程与冷停闭过程的开始阶段相同,只是在达到热备用状态后,不再降温降压,使回路温度保持在180~220 ℃,稳压器温度比回路温度高40~90 ℃。

反应堆达到停闭所需的次临界状态后,关闭稳压器中所有电加热元件,2台主泵采用低速运行,依靠停堆后的剩余功率对一回路系统进行保温保压。随着时间的推移,一回路系统的温度会因外部散热而不断下降,此时可以将主泵由低速运行切换为高速运行,并根据情况投入电加热元件来,提高回路和稳压器的温度,补偿回路的散热损失,必要时也可以手动提棒以反应堆的小功率加热回路,使回路系统维持热态。

热停闭与冷停闭的主要区别在于:热停闭后一回路系统温度保持在160 ℃以上,保留稳压器汽腔,而冷停闭后稳压器汽腔消除,一回路系统降至常温状态(20~50 ℃)。热停闭的特殊问题就是碘坑,主要影响热停闭后的再启动。

船舶核动力装置的热停闭是一种常用的运行方式,当舰船短时间停靠码头,或者处于海上抛锚、待机、潜海底等航行状态时,一般可采用热停闭状态,有时也采用低功率运行状态。

7.2.3.3 反应堆的事故停闭

事故停闭属于非正常工况,是在没有计划、没有准备的情况下,由于系统或设备的重大故障而发生的,根据事故的轻重又分为反插和紧急停堆两种。

控制棒反插是对于较小的功率起伏或刚出现事故征兆时,保护装置除了给出音响、灯光等信号外,保护装置将自动工作,使控制棒以高安全限定的速度反插堆芯,将反应堆功率降至安全限值以下,但不完全停闭。

紧急停堆时,反应堆控制系统根据事故情况的严重性触发保护装置动作,切断控制棒电源,所有控制棒在0.7~1.2 s内全部插入堆芯,中止堆芯核裂变反应。如果操纵员发现某些设备的运行状态可能会严重威胁反应堆安全,在保护装置还未动作的情况下,操纵员可在控制台上手动操作紧急停堆按钮,实现快速停堆。

事故停闭以不扩大事故、保护反应堆安全为基本原则。在事故停闭后,必须立即投入危急冷却系统,以移去堆芯剩余功率,同时根据情况迅速判断事故的原因,并根据事故排除所需的时间来确定反应堆是热停闭还是冷停闭。

7.3 核动力装置的功率运行

功率运行是船舶核动力装置的重要运行形式,运行功率范围一般为1%~100% FP。由于舰船机动性的要求,核动力装置在运行过程中不仅功率变化频繁,而且变化幅度较大,反应堆必须具有良好的自稳自调特性和负荷跟踪特性,在功率过渡时具有良好的核安全保证。

根据运行时的功率变化情况,功率运行可分为稳定工况运行和变工况运行两种形式。

7.3.1 稳定工况运行

稳定工况运行是指功率运行过程中反应堆输出功率不随时间变化的一种运行方式,一般根据核动力舰船停泊负荷或匀速推进负荷要求而维持反应堆功率水平恒定。

从理论上来讲,反应堆功率不随时间变化,则堆芯反应性也不应随时间发生变化。但实际上,反应堆处于稳定功率运行时,堆芯发生的一系列物理热工效应会引起反应性的变化,从而导致反应堆功率的变化。影响堆芯反应性的因素主要有冷却剂温度、系统压力、毒物、燃耗等,这些因素对堆芯反应性的扰动作用各不相同,在稳定工况运行时,需要通过手动或自动方式不断调节控制棒棒位来消除反应性的扰动,才能维持反应堆输出功率的恒定。

一般情况下,当反应堆功率在 15% ~20% FP 以下采用手动控制,在 15% ~20% FP 以上采用自动控制。不论是手动控制还是自动控制,都必须按照正常运行安全的要求和条件实施操作,这是确保功率区安全运行的基本条件。

为了维持核动力装置的安全、稳定运行,操纵员必须及时、准确地掌握和了解反应堆的运行状态,需要监督的主要参数有:反应堆核功率与热功率,反应堆进、出口温度及平均温度,稳压器的温度、压力和液位,冷却剂流量,堆舱温度及剂量水平,控制棒棒位等。

反应堆功率是反映核动力装置运行状态的一个重要参数,通常根据一、二回路系统之间的热平衡关系可以估算反应堆热功率,并对反应堆核功率进行校核。

一回路冷却剂从反应堆中带出的热功率为

$$Q_R = G_c c_{p,c}(T_{co} - T_{ci}) \tag{7-3}$$

式中,G_c ——一回路冷却剂流量,kg/s;

h_{co}、h_{ci} ——分别为反应堆出口、入口冷却剂焓值,kJ/kg。

如果忽略排污水带走的热量,蒸汽发生器二次侧的热功率为

$$Q_s = G_s(h_{fh} - h_{fw}) \tag{7-4}$$

式中,G_s ——新蒸汽流量,kg/s;

h_s、h_{fw} ——分别为新蒸汽、给水的焓值,kJ/kg。

一般情况下,Q_R 略大于 Q_s,但依此估算并校核反应堆运行功率仍不失为一种实用、方便的方法。

7.3.2 变工况运行

变工况运行是指功率运行过程中反应堆输出功率随时间而变化的过渡过程,这是船舶核动力装置运行的一种常见形式。

与陆地上的核电站不同,船舶核动力装置为满足船舶机动性和生命力的要求,需要频繁改变输出功率,因而核动力装置自身应具有良好的机动性能。核动力舰船需要改变航速时,操纵员通过调节主机的进汽量来改变主机的输出功率,反应堆则通过自动控制或手动控制跟踪二回路负荷的变化,将输出功率调整到适应二回路所需的功率水平。无论是升功率还是降功率,在改变工况过程中,反应堆功率随时间而变化,直至稳定在所需的功率水平,进入稳定工况运行。只有通过变工况运行,才能将核动力装置从一个功率水平的稳定工况运行

过渡到另一个功率水平的稳定工况运行。

船舶核动力装置变工况运行的操纵方式一般有两种,即不连续改变工况和连续改变工况。所谓连续改变工况就是反应堆根据二回路负荷要求从某一功率直接提升或下降到所需功率水平,其优点是速度快,但容易引发事故(如反应性事故、超功率事故等)。不连续改变工况是指反应堆根据二回路负荷逐级提升或降低功率,待中间功率基本稳定后再继续提升或降低功率,其优点是安全性好,但改变工况所需的时间较长。船舶核动力装置通常根据当时的实际情况来确定改变工况的操纵方式。

改变工况又分为提升功率和降低功率两种情况,在操纵时各有其特点。

(1)提升功率时的操纵

当二回路负荷增加时,主汽轮机进汽调节阀开度增大,蒸汽流量增加,使蒸汽发生器二次侧压力下降、液位升高,需要通过给水调节系统恢复蒸汽发生器液位。在此过程中,反应堆冷却剂传递至蒸汽发生器二次侧的热量增加,导致冷却剂平均温度下降,由于慢化剂的负温度效应,堆芯引入正反应性,使反应堆功率升高,同时,控制棒驱动机构根据功率调节器的输出信号提升控制棒,增大反应堆功率输出,使一回路功率和二回路负荷达到平衡。

在功率提升过程中,稳压器压力应保持在一定范围内,以避免堆芯冷却剂产生沸腾或反应堆冷却剂系统出现超压。稳压器内的水体积随冷却剂温度的变化而变化,稳压器液位也需要根据功率水平进行调节,使其运行在一个安全的区域内。

(2)降低功率时的操纵

降低功率一般为提升功率的逆过程。当二回路负荷减小时,主汽轮机进汽调节阀开度减小,蒸汽流量减小,使蒸汽发生器二次侧压力上升、液位降低,需要通过给水调节系统恢复蒸汽发生器液位。在此过程中,反应堆冷却剂传递至蒸汽发生器二次侧的热量减小,导致冷却剂平均温度升高,由于慢化剂的负温度效应,堆芯引入负反应性,使反应堆功率降低,同时,控制棒驱动机构根据功率调节器的输出信号下插控制棒,减小反应堆功率输出,使一回路功率和二回路负荷达到平衡。

为保证核动力装置的安全,功率降低的速率受到反应堆降温、降压速率和汽轮机汽缸金属温度允许下降速度的限制。如果需要大幅度降低功率时,一般情况下应逐级降低功率,每下降一定功率应停留一段时间,使汽轮机汽缸和转子温度均匀下降,调整二回路给水流量,维持蒸汽发生器二次侧液位。

甩负荷属于降低功率的特例,负荷变化时间短、幅度大。当核动力装置在较高功率水平运行时,若发生甩负荷,蒸汽发生器出口的大量多余蒸汽经减温减压后排放到冷凝器,或通过主蒸汽管道上的蒸汽释放阀进行排放,反应堆则紧急停闭,以保证核动力装置的安全。

7.3.3　功率运行时堆芯反应性的变化

反应堆在功率运行过程中,堆芯反应性受到各种因素的影响而不断发生变化,由于反应堆的功率控制主要通过控制堆芯反应性来实现,因此,准确掌握功率运行时堆芯反应性的变化情况极为重要。

堆芯反应性的变化比较复杂,影响因素也较多,依据堆型、提棒方式、功率大小、运行工况、运行时间等条件的不同而各不相同。就压水堆而言,主要的影响因素有慢化剂温度效应、中毒、燃耗、压力效应、多卜勒效应等,如表 7-1 所示。

表 7-1 船舶反应堆功率运行时影响反应性的主要因素

影响因素	慢化剂温度效应	多卜勒效应	平衡氙	钐	燃 耗
作用时间	约 12 min	约零点几秒	约 30 h	约 1 周	长期效应
影 响	负效应	负效应	负值	负值	负值
数值大小	$\approx 10^{-4}$	$\approx 10^{-5}$	约 4% 平衡值	约 1% 平衡值	$2 \sim 3 \times 10^{-6}$EFPD[1)]

注:1) EFPD——equivalent full power days,等效满功率天数。

(1)反应堆的燃料元件、冷却剂的温度因某种原因发生变化,能够引起堆芯反应性变化,进而导致反应堆功率变化。功率变化又引起温度变化,由于压水堆的温度系数通常为负值,温度升高时堆芯反应性减少,反之则反应性增加。堆内燃料温度变化引起反应性变化所对应的温度效应称多卜勒效应,多卜勒系数比冷却剂温度系数小一个量级,但比冷却剂温度系数反应得快。由于负温度系数的存在,使反应堆具有一定的自稳自调性能。

(2)对于压水堆来说,压力变化也会引起反应性的变化。压力系数为正值,但数值很小,而且稳定工况下压力是恒定的,即使有压力波动所引起的反应性扰动也很小,因此通常忽略压力效应的影响。

(3)氙毒平衡时间与功率水平有关,功率水平越高,则氙毒平衡时间越长,控制棒需要克服平衡氙毒所补偿的反应性就越大,反之亦然。因此,在氙平衡之前的时间里要求控制棒不断提升,以补偿氙毒引入的负反应性,保持堆功率恒定。

(4)反应堆每运行一个满功率天由燃耗而引起的反应性变化量称为燃耗反应性。燃耗反应性是个负值,属于长期效应,在短期运行的反应堆中一般不考虑燃耗对反应性的影响,对于长时期功率运行的反应堆则必须考虑燃耗反应性,这是确定换料周期的一个主要因素。

此外,负荷、流量、功率变化也会引起堆芯反应性的变化。

反应堆在功率运行过程中,上述因素会引起堆芯反应性的变化,这种变化如果超出一定范围,就需要通过调节控制棒棒位来维持反应堆功率的稳定。

7.4 核动力装置的稳态运行特性

船舶核动力装置的设计工况通常是全速工况(即 100% FP 工况),但实际上核动力舰船绝大部分时间都在低速下航行,还需要按照航行的要求不断改变航速,功率变化频繁而且变化幅度较大。因此,核动力装置的工作状态经常要偏离设计工况,各主要系统与设备的性能往往随负荷发生变化。为了对核动力装置的设计和运行提供依据,必须研究和掌握核动力装置中各主要系统与设备运行参数随负荷变化的规律。

稳定工况下核动力装置相关的主要参数随负荷变化的规律称为核动力装置的稳态运行特性,也称为核动力装置的静态特性,它取决于装置负荷的变化情况,是装置功率的函数,是装置非设计工况下的稳态特性,可以通过解析法或者实验法获得。下面介绍一些主要系统与设备的静态特性。

7.4.1 推进系统的静态特性

当要求船速改变时,主机的功率必须作相应的变化。船速与功率的关系取决于很多因

素，为了分析方便，根据实验近似认为主机功率 N_e 与航速 v_s 的三次方成正比，即

$$N_e \propto v_s^3 \tag{7-5}$$

同样，航速不同时，推进系统的转数 n 也将随之改变，$v_s = f(n)$ 的函数关系虽然较为复杂，但一般可近似认为呈线性关系，则主机功率与推进系统转数的三次方成正比，即

$$N_e \propto n^3 \tag{7-6}$$

如果用脚注“0”代表设计工况参数，则在非设计工况下推进系统参数的变化规律为

$$n = \left(\frac{n}{v_s}\right)_0 v_s \tag{7-7}$$

$$N_e = \left(\frac{N_e}{v_s^3}\right)_0 v_s^3 \tag{7-8}$$

$$N_e = \left(\frac{N_e}{n^3}\right)_0 n^3 \tag{7-9}$$

上述推进系统的静态特性表示了主汽轮机组的负载特性。

7.4.2　主汽轮机组的静态特性

7.4.2.1　主汽轮机

船舶航速的变化是由改变主汽轮机组的输出功率得到的，改变汽轮机的功率称为汽轮机功率调节。由汽轮机原理可知，汽轮机的功率为

$$N_{oe} = GH_a\eta_{oe} \quad \text{kW} \tag{7-10}$$

式中，G ——单位时间内通过主汽轮机的蒸汽流量，kg/s；

H_a ——绝热焓降，kJ/kg；

η_{oe} ——主汽轮机组的有效效率。

由上式可以看出，可以通过分别改变蒸汽流量、绝热焓降来实现汽轮机功率的调节，但不会采用改变机组效率的办法。在工程中实际采用的调节方法有汽量调节、汽质调节和汽量-汽质混合调节三种：

①汽量调节是通过调节蒸汽流量来调节功率，可通过改变调节级工作喷嘴的数目来实现，这种调节称为喷嘴调节。

②汽质调节是使蒸汽绝热焓降发生改变，可通过用操纵阀的节流使蒸汽的绝热焓降发生变化。它也称为节流调节，也可依靠蒸汽发生器的初参数的改变来调节功率，这种调节称为滑动参数调节。

③汽质-汽量混合调节是使蒸汽流量与绝热焓降同时发生变化。

实际上，任何一种调节方法都是依靠改变蒸汽流量为主要手段。可见，不可能获得纯粹的汽质调节，因为绝热焓降变化时，蒸汽的比容也改变，同时蒸汽流量也随之改变。所以一般常用通过汽轮机蒸汽流量的大小来规定船舶汽轮机的工况。因此，对设计工作来讲，主要研究部分负荷下流量的变化。

在非设计工况下，流量与功率的关系可表示为

$$\frac{N_{oe}}{N_{oe,0}} = \frac{H_a G \eta_{oe}}{H_{a,0} G_0 \eta_{oe,0}} \tag{7-11}$$

式中,脚注“0”表示设计工况的参数。

(1)汽量调节下的静态特性

对于理想的汽量调节,只改变蒸汽流量,而汽轮机的绝热焓降、有效效率均保持不变,即 $H_a = H_{a,0}, \eta_{oe} = \eta_{oe,0}$,因此可得

$$\frac{G}{G_0} = \frac{N_{oe}}{N_{oe,0}} = \left(\frac{n}{n_0}\right)^3 \tag{7-12}$$

也就是说,在理想的汽量调节时,汽轮机蒸汽流量的变化与推进器转数的三次方成正比。

对于实际的汽量调节,由于汽轮机的有效效率发生变化,同时级间有重热的影响,因此蒸汽流量与推进器转数的变化规律近似为

$$\frac{G}{G_0} \approx \left(\frac{n}{n_0}\right)^{2.5} \tag{7-13}$$

(2)汽质调节下的静态特性

对于理想的汽质调节,改变汽轮机的绝热焓降,而汽轮机的有效效率保持不变,则有

$$\frac{G}{G_0} = \frac{N_{oe}}{N_{oe,0}} \frac{H_{a,0}}{H_a} = \left(\frac{n}{n_0}\right)^3 \frac{H_{a,0}}{H_a} \tag{7-14}$$

由于理想汽质调节的汽轮机效率不变,则汽轮机的特性比亦应保持不变,故

$$\frac{\sum_{i=1}^{n} u_{i,0}^2}{RH_{a,0}} = \frac{\sum_{i=1}^{n} u_i^2}{RH_a} \tag{7-15}$$

式中,u_i—— 汽轮机第 i 级动叶的轮周速度;

R——回热系数。

将上式移项后可得

$$\frac{H_{a,0}}{H_a} = \frac{\sum_{i=1}^{n} u_{i,0}^2}{\sum_{i=1}^{n} u_i^2} = \left(\frac{n_0}{n}\right)^2 \tag{7-16}$$

将式(7-16)代入式(7-14),可得

$$\frac{G}{G_0} = \frac{n}{n_0} \tag{7-17}$$

由此可以看出,在理想的汽质调节时,汽轮机蒸汽流量与推进器转数的变化成线性关系。

对于实际的汽质调节,由于汽轮机的有效效率不可能保持不变,故有

$$\frac{G}{G_0} = \left(\frac{n}{n_0}\right)^{2.5} \frac{H_{a,0}}{H_a} = \left(\frac{n}{n_0}\right)^m \tag{7-18}$$

式中,m——指数,在 0.5 ~ 1.0 范围内,随蒸汽的初参数和背压而变,各汽轮机不尽相同。

7.4.2.2　主冷凝器

主冷凝器中乏汽的冷凝压力是装置负荷的函数,并与被冷凝的蒸汽流量、循环冷却水流量及其进口温度有关。如果循环冷却水流量及其进口温度均保持不变,则冷凝器中的压力随蒸汽负荷(即被冷凝蒸汽流量 G_{cd} 与冷凝器水侧的冷却面积 F_{cd} 之比)的减少而降低。而且,循环冷却水的进口温度愈低,则冷凝器中的真空愈高。

由图7-4 可知,排入冷凝器的蒸汽温度 T_s 总是高于循环冷却水出口温度,二者之间的关

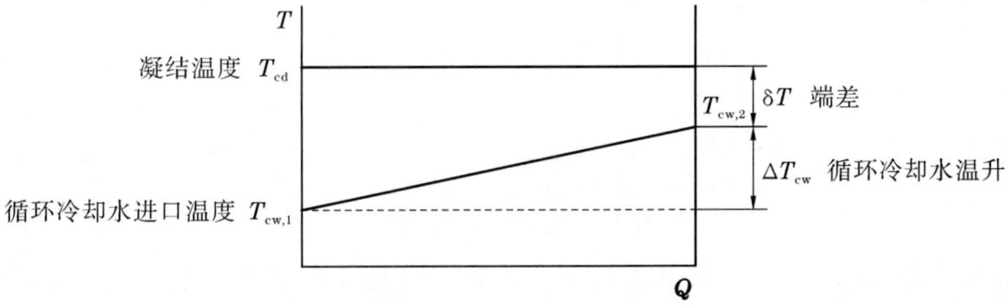

图 7-4　冷凝器的 Q -T 图

系可以表示为

$$T_s = T_{cd} = T_{cw,1} + \Delta T_{cw} + \delta T \tag{7-19}$$

式中，T_{cd} ——冷凝温度，℃；

$T_{cw,1}$，$T_{cw,2}$ ——冷凝器进、出口处的循环冷却水温度，℃；

ΔT_{cw} ——循环冷却水在冷凝器中的温升，$\Delta T_{cw} = T_{cw,2} - T_{cw,1}$；

δT ——冷凝器的传热端差，$\delta T = T_s - T_{cw,2}$。

其中，ΔT_{cw} 与 δT 均与冷凝器的负荷有关。根据冷凝器的热平衡方程，可知

$$\Delta T_{cw} = \frac{G_{cd}(h_s - h_{cd})}{G_{cw}c_{p,cw}} \tag{7-20}$$

式中，h_s ——排入冷凝器的蒸汽焓值，kJ/kg；

h_{cd} ——冷凝器中凝结水焓值，kJ/kg；

G_{cw} ——循环冷却水流量，kg/s；

$c_{p,cw}$ ——循环冷却水的定压比热，kJ/(kg·℃)。

在实际运行过程中，焓差 $(h_s - h_{cd})$ 随装置工况的变化较小，可近似认为是常数。如果循环冷却水流量 G_{cw} 不变，上式可表示为

$$\Delta T_{cw} = \frac{h_s - h_{cd}}{G_{cw}c_{p,cw}} G_{cd} = \alpha \cdot G_{cd} \tag{7-21}$$

式中，α 为常数，$\alpha = \dfrac{h_s - h_{cd}}{G_{cw}c_{p,cw}}$。

在这种情况下，ΔT_{cw} 与 G_{cd} 成正比关系，即凝汽量的增加使循环冷却水温升增大，反之使循环冷却水温升减小。

冷凝器的传热方程为

$$Q_{cd} = K_c F_c \Delta T_{m,c} = K_c F_c \frac{\Delta T_{max} - \Delta T_{min}}{\ln \dfrac{\Delta T_{max}}{\Delta T_{min}}} \tag{7-22}$$

式中，K_c ——传热系数，kW/(m^2·K)；

F_c ——传热面积，m^2；

$\Delta T_{m,c}$ ——冷凝器的对数平均传热温差，℃；

ΔT_{max} —— 冷凝器蒸汽侧与循环冷却水侧的最大端差，$\Delta T_{max} = \Delta T_{cw} + \delta T$；

ΔT_{min} —— 冷凝器蒸汽侧与循环冷却水侧的最小端差，$\Delta T_{min} = \delta T$。

忽略散热损失,冷凝器的热平衡方程为

$$Q_{cd} = K_c F_c \Delta T_m = G_{cw} c_{p,cw} \Delta T_{cw} \tag{7-23}$$

综合以上两式,可得

$$K_c F_c \frac{\Delta T_{cw}}{\ln\left(1 + \dfrac{\Delta T_{cw}}{\delta T}\right)} = G_{cw} c_{p,cw} \Delta T_{cw} \tag{7-24}$$

令 $A = \dfrac{K_c F_c}{G_{cw} c_{p,cw}}$,则端差 δT 可表示为

$$\delta T = \frac{\Delta T_{cw}}{e^A - 1} \tag{7-25}$$

将 ΔT_{cw} 与 δT 的表达式代入式(7-19)中,得

$$T_{cd} = T_{cw,1} + \Delta T_{cw}\left(1 + \frac{1}{e^A - 1}\right) = T_{cw,1} + \frac{e^A}{e^A - 1} \cdot \alpha \cdot G_{cd} \tag{7-26}$$

式(7-26)给出了冷凝温度 T_{cd} 与凝汽量 G_{cd} 之间的函数关系,由于 T_{cd} 与冷凝压力 p_{cd} 是一一对应关系,因而式(7-26) 也反映了 p_{cd} 与 G_{cd} 之间的函数关系。

由上述各式可以看出,端差 δT 不仅随 G_{cd} 改变,而且还与传热系数 K_c 及循环冷却水流量 G_{cw} 有关。由于 K_c 也随 G_{cd} 而变化,因此决定 δT 较为复杂,为了方便,可以近似认为 K_c 与工况无关。这样,在 G_{cw} 不变的情况下,可以看作 δT 与 G_{cd} 成正比。实际上,K_c 随 G_{cd} 的降低而减小,并取决于降低负荷时所增加的漏汽量。对气密性很好的冷凝器来说,并不改变当 K_c 为常数时所得的结论。

因此,当冷凝器负荷降低时,由于循环冷却水温升 ΔT_{cw} 与冷凝器端差 δT 均减小,则蒸汽冷凝温度 T_{cd} 也相应减小,即冷凝器的真空度随着冷凝器负荷的减小而增高。图 7-5 所示为冷凝器中的冷凝温度随负荷而变化的关系。

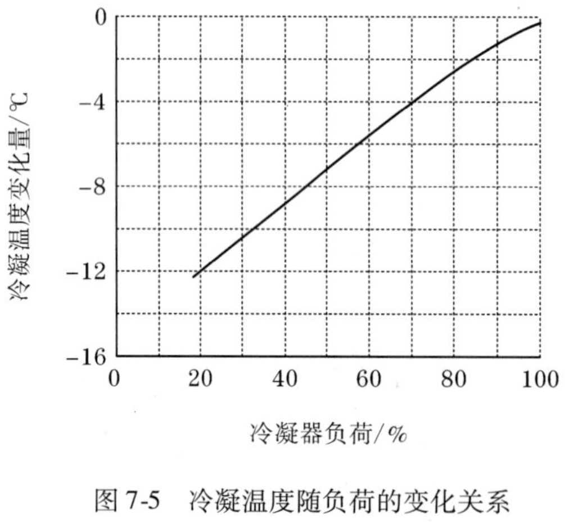

图 7-5　冷凝温度随负荷的变化关系

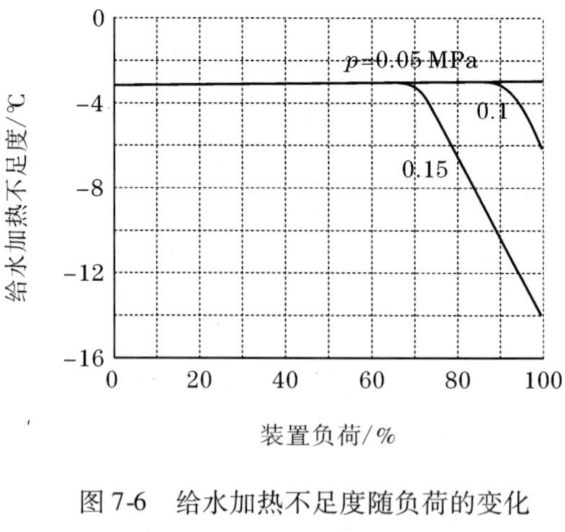

图 7-6　给水加热不足度随负荷的变化

该曲线是在设计工况下冷凝器压力为 9.8 kPa 时作出的。对随蒸汽负荷降低而漏气量急剧增大的冷凝器,δT 之值将随蒸汽负荷的降低而增大。此时,T_{cd} 与蒸汽负荷的关系将取决于 δT 与 ΔT_{cw} 变化的综合影响。

7.4.2.3 给水加热器

对于采用辅机废汽加热给水的核动力装置，随着运行工况的改变，给水温度和废汽参数均发生变化。当装置功率降低时，辅机废汽量相对于给水流量将增加，使得给水温度提高，表面式给水加热器的传热温差减小。图7-6所示为不同的废汽压力下，给水温度距加热蒸汽饱和温度的加热不足度随负荷的变化规律。

7.4.3 核蒸汽供应系统的静态特性

核蒸汽供应系统（Nuclear Steam Supply System，NSSS）由反应堆本体、反应堆冷却剂系统以及为支持反应堆冷却剂系统正常运行和保证反应堆安全的核辅助系统及安全系统组成，核动力装置运行所需的全部新蒸汽均来自核蒸汽供应系统。

在核蒸汽供应系统中，蒸汽发生器是连接一、二回路的枢纽，一、二回路之间的相互影响主要都通过蒸汽发生器来传递，因而蒸汽发生器的静态特性就是核蒸汽供应系统的静态特性，体现了核动力装置运行方案的主要内容。

7.4.3.1 静态特性方程组

忽略冷却剂在反应堆冷却剂系统中因散热和泄漏引起的能量损失，则冷却剂在蒸汽发生器一次侧放出的热量为

$$Q_{sg} = G_c c_{p,c}(T_{co} - T_{ci}) \tag{7-27}$$

即蒸汽发生器一次侧进、出口冷却剂温度分别等于反应堆出口、进口的冷却剂温度。

冷却剂的平均温度为

$$T_{av} = \frac{T_{ci} + T_{co}}{2} \tag{7-28}$$

假设在功率运行过程中蒸汽发生器一次侧冷却剂流量 G_c 保持不变，忽略冷却剂定压比热 $c_{p,c}$ 的变化，则有

$$G_c c_{p,c} = (G_c c_{p,c})_0 = \left(\frac{Q_{sg}}{T_{co} - T_{ci}}\right)_0 \tag{7-29}$$

式中，脚注“0”表示设计工况下的参数。

则不同负荷下蒸汽发生器一次侧进、出口处的冷却剂温度可表示为

$$T_{co} = T_{av} + \frac{Q_{sg}}{2} \cdot \left(\frac{T_{co} - T_{ci}}{Q_{sg}}\right)_0 \tag{7-30}$$

$$T_{ci} = T_{av} - \frac{Q_{sg}}{2} \cdot \left(\frac{T_{co} - T_{ci}}{Q_{sg}}\right)_0 \tag{7-31}$$

上述两式表示了蒸汽发生器一回路侧的静态特性。

蒸汽发生器的传热方程为

$$Q_{sg} = K_s F_s \Delta T_{m,s} = K_s F_s (T_{av} - T_s) \tag{7-32}$$

式中，$\Delta T_{m,s}$ ——蒸汽发生器一、二次侧之间的平均传热温差，℃；

F_s ——蒸汽发生器换热面积，m^2；

K_s ——与传热特性有关的传热系数，$W/(m^2 \cdot ℃)$；

T_s ——二回路侧饱和蒸汽的温度，℃。

U形管自然循环蒸汽发生器总传热系数的计算式为

$$K_s = \frac{1}{\frac{1}{\alpha_1} + R_s + R_w + \frac{1}{\alpha_2}} \tag{7-33}$$

式中，α_1 ——一次侧冷却剂在蒸汽发生器传热管内的对流换热系数，W/(m^2 · ℃)；

R_s ——蒸汽发生器传热管表面污垢的热阻，(m^2 · ℃)/W；

R_w ——蒸汽发生器传热管材料的热阻，(m^2 · ℃)/W；

α_2 ——蒸汽发生器二次侧的大容积沸腾换热系数，W/(m^2 · ℃)。

蒸汽发生器总传热系数 K_s 的大小受冷却剂流量、热负荷、二次侧的压力及平均温差等因素的影响，其中一次侧冷却剂流量的影响最大。在估算时假定冷却剂流量不变，可近似认为 K_s 的大小不变。

当装置负荷降低时，要求蒸汽发生器的蒸汽产量减小，如果一回路侧冷却剂平均温度 T_{av} 不变，则蒸汽温度 T_s 升高，对应的饱和蒸汽压力 p_s 也相应升高。由于 T_s 升高，使蒸汽发生器一、二次侧之间的平均温差($T_{av} - T_s$)减小，从而降低了一回路传至二回路的热负荷，直到蒸汽产量与二回路耗汽量相平衡时，蒸汽压力稳定在一个新的水平上。当蒸汽发生器输出功率为零时，平均温度 T_{av} 和蒸汽温度 T_s 之差也为零，此时蒸汽温度与冷却剂平均温度一致。这种关系可表示为

$$T_s = T_{av} - \frac{Q_{sg}}{Q_{sg,0}}(T_{av} - T_s)_0 \tag{7-34}$$

忽略蒸汽发生器出口蒸汽湿度以及排污的影响，二次侧工质的吸热方程为

$$Q_{sg} = G_s[r + c_{p,fw}(T_s - T_{fw})] \tag{7-35}$$

式中，r ——蒸汽发生器二次侧运行压力下饱和水的汽化潜热，kJ/kg；

$c_{p,fw}$ ——蒸汽发生器二次侧给水的定压比热。

蒸汽发生器的热负荷与蒸汽产量的变化关系为

$$\frac{Q_{sg}}{Q_{sg,0}} = \frac{G_{sg}[c_{p,fw}(T_s - T_{fw}) + r]}{G_{sg,0}[c_{p,fw}(T_s - T_{fw}) + r]_0} \tag{7-36}$$

式中，G_{sg} ——蒸汽发生器的蒸汽产量，kg/s。

综合上述各式可见，蒸汽发生器的静态负荷特性与冷却剂平均温度 T_{av} 和蒸汽饱和温度 T_s 之差有密切关系。

核动力装置在不同负荷下稳定运行时，蒸汽发生器一、二回路侧主要参数的变化规律不是唯一的，如果人为规定了其中某一参数的变化规律，则其他参数的变化规律也就相应确定，由此确定的核蒸汽供应系统静态特性即为核动力装置的一种运行方案。常见的运行方案有以下几种：

(1)冷却剂平均温度不变运行方案，保持 T_{av} 恒定；

(2)反应堆出口温度(即蒸汽发生器入口温度)不变运行方案，保持 T_{co} 恒定；

(3)二回路蒸汽压力不变运行方案，保持 p_s 恒定；

(4)折中运行方案。

下面分别介绍这些运行方案的主要特点。

7.4.3.2　冷却剂平均温度恒定运行方案

这种运行方案的特点是冷却剂的平均温度 T_{av} 不随装置负荷变化。假设冷却剂流量不

变，反应堆具有负温度系数，核蒸汽供应系统采用 U 形管自然循环蒸汽发生器，则平均温度恒定运行方案下的静态特性如图 7-7 所示。

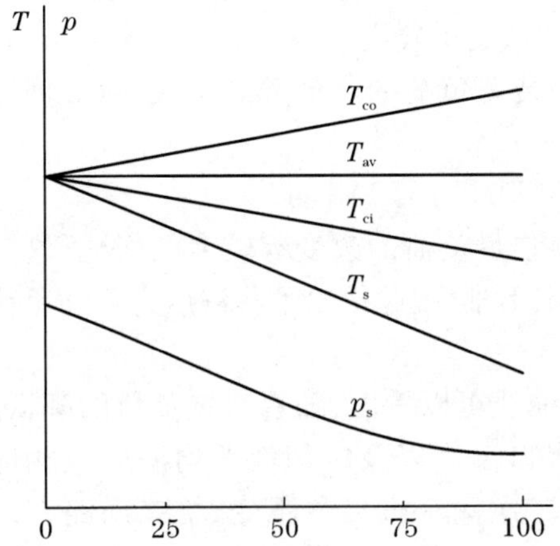

图 7-7　冷却剂平均温度恒定运行方案

由图中曲线可以看出，随着装置负荷的变化，一回路侧冷却剂在反应堆出口和入口的温度呈线性变化，二回路侧的蒸汽温度 T_s 也近似呈线性规律变化。当装置负荷降低时，蒸汽温度升高，因而蒸汽压力也随之升高。

这种运行方案的主要优点是，反应堆在没有外部控制时，反应堆冷却剂能够自己稳定在某一平均温度，并可自动适应功率的需要。例如，当装置负荷增加时，蒸汽发生器出口冷却剂温度（反应堆入口温度）降低，引起平均温度降低，由于反应堆具有负温度系数，导致堆芯反应性增加，反应堆由临界状态暂时成为超临界状态，输出功率增加，使反应堆出口冷却剂温度（蒸汽发生器的入口温度）升高，反应堆又回到临界状态，而冷却剂平均温度则恢复到原来数值。由此可见，假如不考虑燃耗和中毒的效应，在正常运行时可以不需要堆外控制系统，反应堆只依靠负温度系数就可以保持稳定工作。

该方案的另一优点是压力控制系统中的稳压器尺寸可以最小。由于运行过程中 T_{av} 保持恒定，一回路中冷却剂体积随负荷的波动最小，所以稳压器的体积可小一些。另外，该方案使装置中热应力变化也较小，负荷响应快，负荷波动后恢复到整定值所需的时间也较少。

这种运行方案的主要缺点是二回路侧蒸汽参数随输出功率变化幅度很大，尤其是在低功率运行时，蒸汽压力较高，要求二回路蒸汽管道、阀门、汽轮机等设备的承压能力较高。船舶核动力装置为满足机动性的要求，工况变化较为频繁，功率变化幅度较大，低负荷下运行的时间也较长，因此这种运行方案的缺点显得更加突出。

7.4.3.3　反应堆出口冷却剂温度恒定运行方案

这种运行方案的特点是反应堆出口冷却剂温度 T_{co} 不随装置负荷变化。在与 T_{av} 恒定运行方案相同的假设条件下，核蒸汽供应系统在 T_{co} 恒定时的静态特性如图 7-8 所示。

由图中曲线可以看出，随着装置负荷的变化，T_{av}、T_{ci} 呈线性变化，T_s 也近似呈线性规律变化。随着装置负荷的降低，蒸汽压力和温度相应升高。如果设计工况下的平均温度与 T_{av} 恒定运行方案相同，则在此运行方案下可使部分负荷时冷却剂的平均温度提高，二回路侧蒸汽参数随负荷降低而增高得更快。

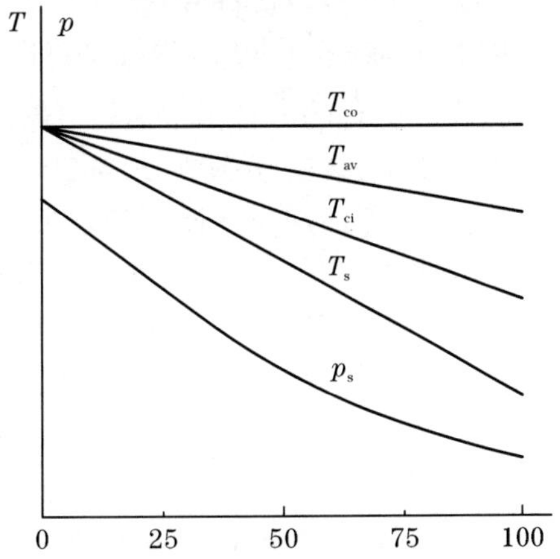

图 7-8　反应堆出口冷却剂温度恒定运行方案

核动力装置采用这种运行方案，在整个稳定功率运行范围内反应堆出口温度都保持在某一固定的最大值，不会出现反应堆出口超温的情况，可以很好地满足反应堆设计的热工安全准则，同时对材料强度也是有利的。但是，由于 T_{av} 变化较大，要求稳压器尺寸也较大，而且反应堆必须设置一个外部控制系统，以满足功率水平改变的需要。

这种运行方案的突出问题是二回路侧蒸汽参数随装置负荷的降低升高很快，对二回路蒸汽系统和用汽设备的设计、运行要求显著提高。

7.4.3.4 蒸汽压力恒定运行方案

上述运行方案的共同特点是二回路侧蒸汽压力随装置负荷的改变有较大的变化，这对二回路系统和用汽设备的设计、运行和管理都带来一定困难，因此提出了蒸汽压力不随负荷变化的方案，其静态特性如图 7-9 所示。

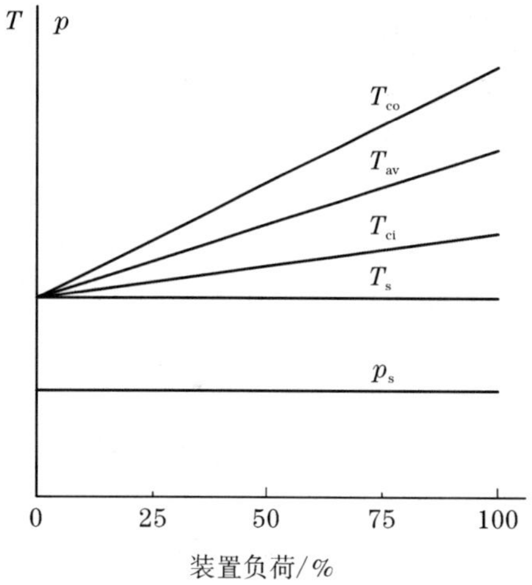

图 7-9 蒸汽压力恒定运行方案

由图中曲线可以看出，随着装置负荷的降低，反应堆进、出口温度以及冷却剂平均温度也相应降低。由于二次侧蒸汽参数不变，给二回路系统和主要用汽设备的设计、运行和管理带来许多方便。例如，可以不用蒸汽自动调压阀来稳定二回路蒸汽压力，或不需要使用特殊要求的汽轮机；由于给水泵的扬程基本不随装置负荷变化，在不同工况下给水泵叶轮进出口的压差基本不变，大大改善了给水泵的运行特性，不需要特殊设计。

但是，在整个稳定功率运行范围内 T_{av} 的变化很大，由于温度效应而引起的堆芯反应性扰动也较大，一方面要求稳压器具有更大的容积补偿能力，重量尺寸增大；另一方面也要求反应堆功率控制系统频繁移动控制棒以补偿堆芯反应性的变化，给一回路系统的设计和运行带来一定的困难。

7.4.3.5 折中运行方案

图 7-10 所示为冷却剂平均温度 T_{av}、冷却剂流量按程序变化的一种折中运行方案。

如图所示，装置负荷在 50% FP 以上时，冷却剂平均温度、冷却剂流量保持额定值不变，各参数的变化规律与 T_{av} 恒定运行方案完全相同。当装置负荷低于 50% FP 时，冷却剂流量降低为额定流量的 1/2 或 1/3，T_{av} 随装置负荷的减小而线性降低，使得二次侧蒸汽温度和压力升高的幅度显著减小。

折中运行方案的提出，是因为前面所述几种基本运行方案的优点和缺点都过于突出，有的方案对一回路有利，给二回路的设计、运行带来较大困难，有的方案则正好相反，主要限制因素是反应

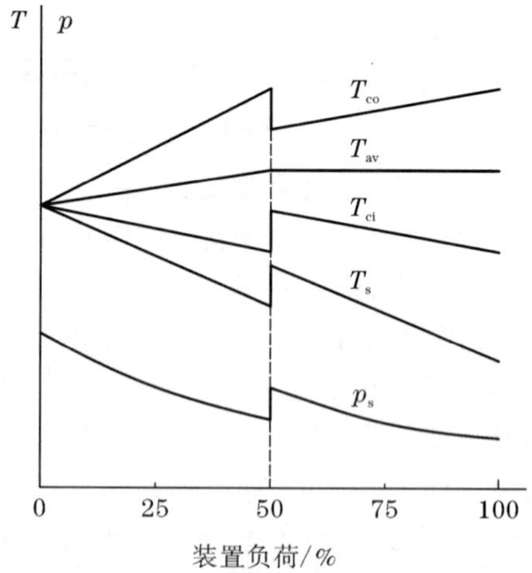

图 7-10 一种折中运行方案

堆出口温度 T_{co}、冷却剂平均温度 T_{av} 及二回路侧蒸汽压力 p_s 的变化范围不应太大。图 7-10 所示的折中运行方案实际上是将设计、运行和管理的困难由一、二回路共同承担，对于一、二回路都较为有利，但是增加了控制环节，增大了系统的复杂性。

折中运行方案还有多种形式，每一种运行方案都有自身的优缺点，在设计阶段选用哪一种运行方案取决于核动力装置总体匹配情况以及对核动力装置总体运行性能的要求。

7.4.3.6　直流蒸汽发生器的静态特性

以上讨论的几种运行方案都是针对自然循环蒸汽发生器而言，在压水堆核动力装置中直流蒸汽发生器也有采用，下面简要介绍直流蒸汽发生器的静态特性。

直流蒸汽发生器可以产生过热蒸汽，其静态特性与换热条件的变化或蒸汽发生器内各换热区段换热面积的重新分配有关，直接影响出口过热蒸汽的温度。直流蒸汽发生器的换热条件取决于工质的流速、蒸汽发生器换热面上的热负荷以及流动阻力对工质压力变化的影响，出口过热蒸汽的温度还与所采用的蒸汽压力调节程序有关。

在直流蒸汽发生器的静态特性中，可以采用任何蒸汽压力变化规律，但最合理的方案是保持蒸汽压力不变，或者随汽轮机负荷变化而使蒸汽压力呈线性变化。

图 7-11 所示为直流蒸汽发生器的静态特性，反映了反应堆出口冷却剂温度 T_{co}、直流蒸汽发生器出口过热蒸汽温度 T_{fh} 随装置负荷变化的规律。

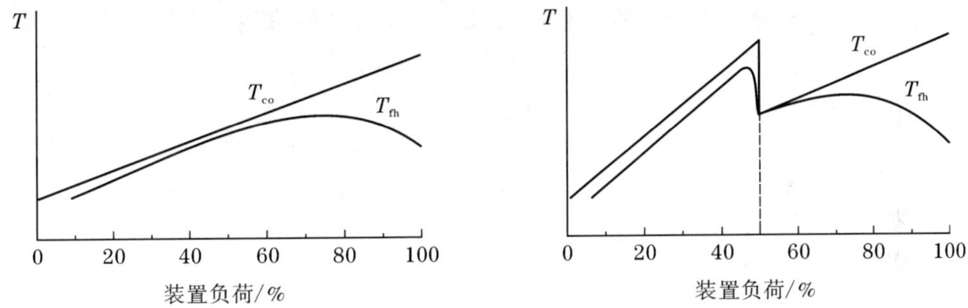

（a）冷却剂流量不变　　（b）冷却剂流量阶梯变化

图 7-11　直流蒸汽发生器的静态特性

图 a 为冷却剂流量不变的情况，此时反应堆的输出功率与堆内冷却剂的温升成正比；图 b 为冷却剂流量阶梯变化的情况，在低负荷区提高了直流蒸汽发生器出口过热蒸汽的温度，有利于改善核动力装置在低负荷运行时的能量利用系数。

7.4.4　船舶核动力装置的静态特性

以上主要介绍了核动力装置的推进系统、主汽轮机组以及蒸汽发生器的主要参数随装置负荷变化的规律。实际上，当装置负荷发生变化时，不仅主机功率改变，整个装置的辅机功率也相应发生变化。为了表示辅机功率的变化情况，引入了相对功率的概念，定义为辅机的功率占核动力装置有效功率 N_e 的份额。

为了研究方便，这里将核动力装置中的辅机分为一回路系统辅机、二回路系统辅机和凝给水系统辅机三组。其中，一回路系统辅机的相对功率为

$$n_1 = \frac{N_{mcp} + N_{ccp} + N_{swp}}{N_e} \tag{7-37}$$

式中，N_{mcp}、N_{ccp}、N_{swp} ——分别为反应堆冷却剂泵、设备冷却水泵、为设备冷却水系统服务的海水泵功率，kW。

二回路系统辅机的相对功率为

$$n_2 = \frac{N_{cwcp} + N_{losp}}{N_e} \tag{7-38}$$

式中，N_{cwcp}、N_{losp} ——分别为循环冷却水泵、滑油泵的功率，kW。

凝给水系统辅机的相对功率为

$$n_{cfs} = \frac{N_{cwp} + N_{fwp}}{N_e} \tag{7-39}$$

式中，N_{cwp}、N_{fwp} ——分别为凝水泵、给水泵的功率，kW。

核动力装置所有辅机的相对功率 n_{am} 为以上三部分之和，即

$$n_{am} = n_1 + n_2 + n_{cfs} \tag{7-40}$$

另外，汽轮发电机组的输出功率满足两个方面的需要，一部分供应装置中的用电设备，其大小与装置负荷相关；另一部分是为全船服务，其大小不随装置负荷变化。这样，汽轮发电机组的相对功率 n_{tg} 为

$$n_{tg} = \frac{N_{g,npp} + N_{g,as}}{N_e} \tag{7-41}$$

式中，$N_{g,npp}$，$N_{g,as}$ ——分别为与装置负荷有关及为全船服务的汽轮发电机的功率，kW。

图 7-12 所示为某一核动力装置的辅机相对功率、装置相对效率、反应堆相对功率 n_R 及

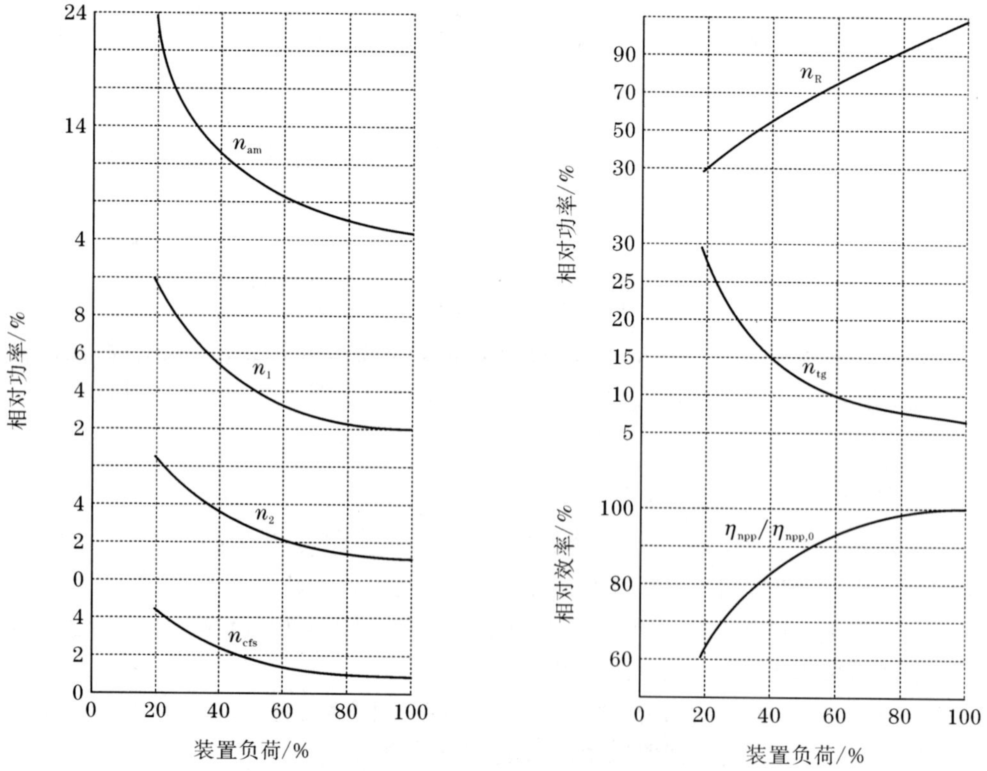

图 7-12　辅机相对功率随装置负荷的变化

汽轮发电机相对功率随装置负荷变化的规律。

该核动力装置的主要参数为:反应堆额定功率为30 MW,冷却剂在反应堆内的温升为60 ℃,蒸汽的额定压力为2.28 MPa,过热蒸汽温度为310 ℃,冷凝器压力为4.9 kPa。的装置进行部分负荷计算得出的结果。

由图7-12中曲线可以看出,当装置负荷降低时,辅机相对功率随之增加,而装置效率却随之降低。当装置负荷降至额定负荷的60%以下时,辅机相对功率增加得更为迅速,而装置效率则迅速下降。当装置负荷降至40%时,装置相对效率可降低约20%。

7.5　反应堆功率控制

船舶核动力装置设置各种控制调节和安全保护系统,其主要目的是根据装置运行情况自动控制某些设备(如流量调节阀、截止阀、泵和控制棒驱动机构等),保证装置在正常功率运行的各种工况下,各主要参数在规定的允许范围内,并使装置具有良好的适应负荷变化的能力,确保船舶航行所要求的机动性能,减小运行人员的劳动强度,增加装置运行的安全性;当装置出现异常工况时,根据运行参数偏离规定范围的程度及时报警,必要时自动停闭反应堆,启动工程安全设施,保证装置在事故情况下的安全,并通过适当措施,防止或减少运行人员的误操作而引起一些意外事故。

7.5.1　设计要求

反应堆功率控制系统的功能是根据船舶航行对负荷的要求,采用适当的方式改变反应堆功率,使反应堆功率与二回路负荷的需要相一致。

如果流经堆芯的冷却剂流量保持不变,反应堆功率的输出与反应堆进、出口冷却剂温度密切相关,因此在调节反应堆功率的同时,也调节了反应堆进、出口冷却剂的温度,所以在有些文献资料中把这一调节系统称为装置功率和温度调节系统。

反应堆功率控制系统的设计要求如下:

(1)当装置负荷发生变化时,反应堆功率应能自动跟踪负荷的变化,使反应堆功率与汽轮机负荷匹配。

船舶核动力装置在航运中负荷变化频繁,负荷变化的幅度和速率也较大,反应堆功率控制系统必须能适应这种变化,才能使船舶具有良好的机动性。这种对负荷跟随性能的要求通常是船舶总体设计提出的,在此以“陆奥”号核动力船为例加以说明。

“陆奥”号核动力船负荷变化条件如下:

①功率阶跃下降:30 s内功率自100% FP阶跃下降到18% FP;

②功率阶跃上升:30 s内功率自18% FP阶跃上升到90% FP;

③前进、后退切换:5 s内功率自100% FP阶跃下降到18% FP,50 s后,再用30 s时间将功率由18% FP提升到80% FP;

④后退、前进切换:5 s内功率自80% FP阶跃减少到18% FP,50 s后,再用30 s时间把功率由18% FP提升到100% FP。

在这样负荷大幅度急剧变化条件下,如果反应堆功率与汽轮机负荷较长时间失配,将会导致装置参数偏离正常运行值较大,影响装置安全、稳定运行。

(2)当装置在内、外扰动引起的动态过程结束时,装置的运行参数应该符合设计规定的装置稳态运行特性。

大多数船舶核动力装置采用了冷却剂平均温度恒定的运行方案,当反应堆在不同功率稳态运行时,反应堆进、出口冷却剂具有不同的温差。装置由一个稳态功率水平提升或降低到另一个稳态功率水平后,反应堆功率控制系统应该能保证反应堆冷却剂温度符合设计规定的稳态运行特性。

(3)装置在运行过程中,会有一些内扰动引起反应堆堆芯反应性的变化,影响到装置稳定运行,反应堆功率控制系统应该具备克服这些扰动的能力,保证反应堆安全稳定地运行。

在反应堆功率运行时,可能发生的反应性扰动包括:燃料燃耗引起反应堆后备反应性的减少,可燃毒物的燃耗,堆芯毒物和结渣的反应性效应,燃料和慢化剂的温度效应,空泡效应和压力效应等。为使反应堆在任何情况下都能稳定运行,反应堆功率控制系统应该能有效地控制这些反应性扰动。

7.5.2 控制原理

反应堆功率调节的基本原理以反应堆中子动力学方程为依据,其表达式为

$$\frac{\mathrm{d}n}{\mathrm{d}t} = (\rho - \beta)\frac{n(t)}{l} + \sum_{i=1}^{6}\lambda_i C_i(t)$$
$$\frac{\mathrm{d}C_i}{\mathrm{d}t} = \beta_i \frac{n(t)}{l} - \lambda_i C_i(t), \quad i = 1,2,\cdots,6 \tag{7-42}$$

式中,ρ ——堆芯反应性;

β ——缓发中子份额;

n ——中子平均密度;

l ——中子的平均寿命;

λ ——缓发中子先驱核的衰变常数;

C ——缓发中子先驱核浓度。

在这里,堆芯反应性 ρ 是扰动参数,中子密度 $n(t)$ 为输出量。当 ρ 为零时,反应堆处于临界状态,反应堆功率保持不变;当 ρ 大于零时,反应堆处于超临界状态,反应堆功率不断上升;当 ρ 小于零时,反应堆处于亚临界状态,反应堆功率不断下降。

反应性 ρ 是反应堆内所有反应性变化的总和,包括全部内、外扰动:

$$\rho = \sum_{j=1}^{m}\rho_j + \delta k \tag{7-43}$$

式中,ρ_j ——各种反应性效应,如燃料多卜勒效应 ρ_f、慢化剂温度效应 ρ_m、空泡效应 ρ_v、燃耗效应 ρ_b、压力效应 ρ_p 以及某些随机因素引起的反应性效应 ρ_x 等等;

δk ——控制棒移动引起的反应性效应。

由式(7-43)可以看到,只要控制棒组具有足够的反应性控制能力,总可以通过改变 δk 使总的反应性 ρ 等于零、大于零或小于零,从而达到控制反应堆功率的目的。

在二回路负荷发生变化时,反应堆功率控制系统以蒸汽发生器出口蒸汽流量或主汽轮机调速级后压力作为输入信号,与核测系统测量得到的反应堆核功率进行比较,差值信号经放大后送入控制棒驱动机构,通过改变控制棒棒位调节堆芯反应性,提升或降低反应堆功

率,使其与二回路负荷相平衡。

核动力装置采用不同的运行方案,则反应堆功率控制系统的组成和调节方式也各不相同,下面分别介绍冷却剂平均温度恒定和蒸汽压力恒定两种运行方案下的反应堆功率控制系统的工作原理。

7.5.2.1　平均温度恒定运行方案的功率控制

在冷却剂平均温度恒定运行方案下,反应堆功率控制系统的基本原理如图 7-13 所示。

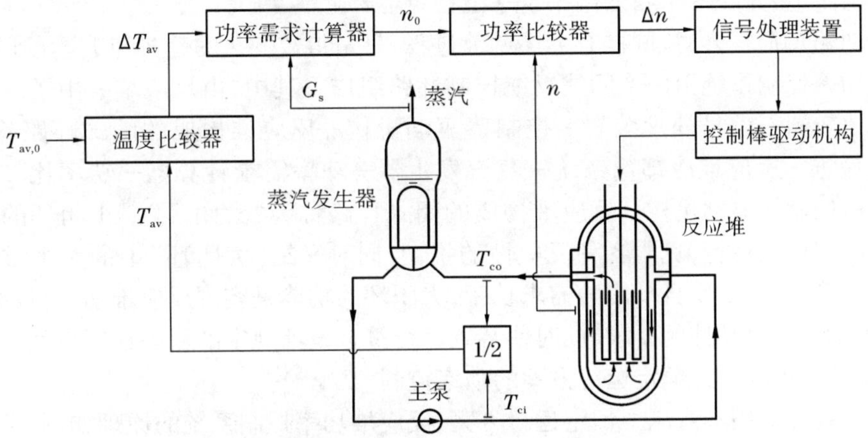

图 7-13　平均温度恒定运行方案的反应堆功率控制原理

布置在主管道冷、热管段的温度传感器将测量到的反应堆进口温度 T_{ci}、出口温度 T_{co} 分别送入运算装置,计算得到的冷却剂的平均温度 T_{av} 再送入温度比较器,与冷却剂平均温度设定值 $T_{av,0}$ 比较后得到平均温度偏差 ΔT_{av}。功率需求计算器根据平均温度偏差 ΔT_{av} 与代表装置负荷的蒸汽流量 G_s 计算出需求功率 n_0,送入功率比较器中与实际测量的反应堆功率 n 相比较,功率比较器输出的功率偏差信号 Δn 经信号处理装置处理后,通过控制棒驱动机构调节控制棒在堆芯的位置,实现反应堆功率的控制。

需求功率计算式为

$$n_0 = K_1 G_s + K_2 \left[\Delta T_{av} + \frac{1}{\tau} \int_0^t \Delta T_{av} \mathrm{d}t \right] \tag{7-44}$$

式中,n ——需求功率;

K_1, K_2 ——比例因子;

G_s ——蒸汽流量;

ΔT_{av} ——平均温度偏差;

τ ——积分时间常数。

在上述方程中,等式右侧第一项为二回路负荷信号,它使反应堆具有一定的跟踪负荷的能力;第二项为冷却剂平均温度偏差信号,它使装置中冷却剂平均温度保持在设计规定的稳态运行方案内;第三项冷却剂平均温度偏差信号的积分项,用以改善调节品质,消除调节过程中冷却剂平均温度的余差;

调整系数 K_1、K_2 可以改变反应堆功率控制系统主调节参数。通常总是以反应堆与主汽轮机的功率偏差为主调节参数,以冷却剂平均温度的偏差为副调节参数。

当二回路负荷降低时，蒸汽流量随之减小，主汽轮机调速级后蒸汽压力升高。由于反应堆仍保持原功率，一、二回路热平衡遭到破坏，冷却剂平均温度上升。此时，一方面由于温度效应引入的负反应性使反应堆功率逐渐下降；另一方面，二回路负荷信号及冷却剂平均温度偏差信号送入需求功率运算器，计算得出需求功率，功率比较器把需求功率与反应堆实际运行功率进行比较，差值信号经放大后驱动控制棒向下插入，反应堆功率随之下降，当反应堆功率与汽轮机功率相平衡，而且冷却剂平均温度恢复到预定值时，控制棒回到适当位置，堆芯反应性为零，装置在一个新的功率水平上稳定运行。

当二回路负荷提升时，同样有上述调节过程，只是参数变化的趋势与上述过程相反。

上述功率控制系统由两个闭式反馈控制环路组成。其中，由反应堆—中子通量测量装置—功率比较器—信号处理装置—控制棒驱动机构—反应堆构成的闭式环路称为“小闭环”，由反应堆—反应堆冷却剂系统—蒸汽发生器—功率需求计算器—功率比较器—信号处理装置—控制棒驱动机构—反应堆构成的闭式环路称为“大闭环”。小闭环的主要功能是保持反应堆稳定运行，克服各种反应性的扰动，同时又是“大闭环”中的一个重要组成部分，用以保证反应堆功率自动跟随需求功率；大闭环的功能是实现反应堆功率自动跟随二回路负荷，满足船舶机动性的要求，同时使装置运行符合设计规定的稳态运行方案。

7.5.2.2　蒸汽压力恒定运行方案的功率控制

核动力装置采用蒸汽压力恒定运行方案，反应堆功率控制系统的原理如图 7-14 所示。

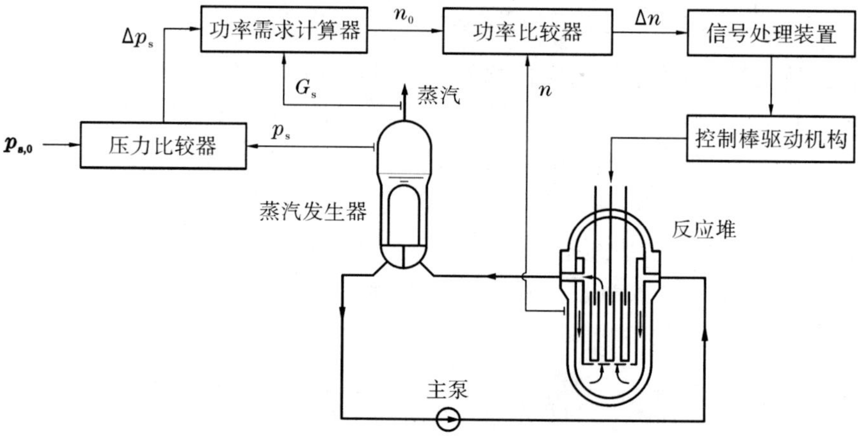

图 7-14　蒸汽压力恒定运行方案的反应堆功率控制原理

由蒸汽系统测得的蒸汽压力信号，与设定值比较后，得到蒸汽压力偏差信号，送入需求功率计算器中，加上二回路负荷信号，得出需求功率，再在功率比较器中与核测系统测量得到的反应堆功率相比较，功率偏差信号经放大后送到控制棒驱动机构使控制棒动作。

需求功率可按以下方程进行计算

$$n_0 = K_1 G_s + K_2 \left[\Delta p_s + \frac{1}{\tau}\int_0^t \Delta p_s \mathrm{d}t \right] \tag{7-45}$$

式中，n ——需求功率；

K_1, K_2 ——比例因子；

G_s ——蒸汽流量；

Δp_s ——蒸汽压力偏差；

τ ——积分时间常数。

7.6　稳压器的压力和液位控制

核动力装置在运行过程中，由于反应堆冷却剂温度变化、补水、取样和泄漏等原因会引起冷却剂体积的膨胀或收缩，进而导致一回路系统压力的波动。若压力过高，因应力的影响会使系统设备受到破坏；若压力过低，则会造成堆芯局部沸腾，严重时可能会出现体积沸腾而烧毁燃料元件。为了防止压力波动过大影响反应堆的安全、稳定运行，核动力装置中设置了压力安全系统，用于对一回路系统进行压力控制和超压保护。

对于压水堆核动力装置，稳压器的压力直接反映冷却剂系统的压力，因此，无论核动力装置在任何功率水平上运行，稳压器始终控制着反应堆冷却剂系统的压力，并维持稳压器内液相和汽相处于当前压力对应的饱和温度。

一回路系统中冷却剂的体积发生波动，波动体积流入或流出稳压器，将使稳压器的液位和压力发生变化，稳压器液位过高或者过低，都会影响稳压器的压力控制能力。因此，在考虑对稳压器的压力进行控制时，还必须考虑对稳压器的液位进行控制，图 7-15 所示为压水堆核动力装置中稳压器的压力和液位控制要求。

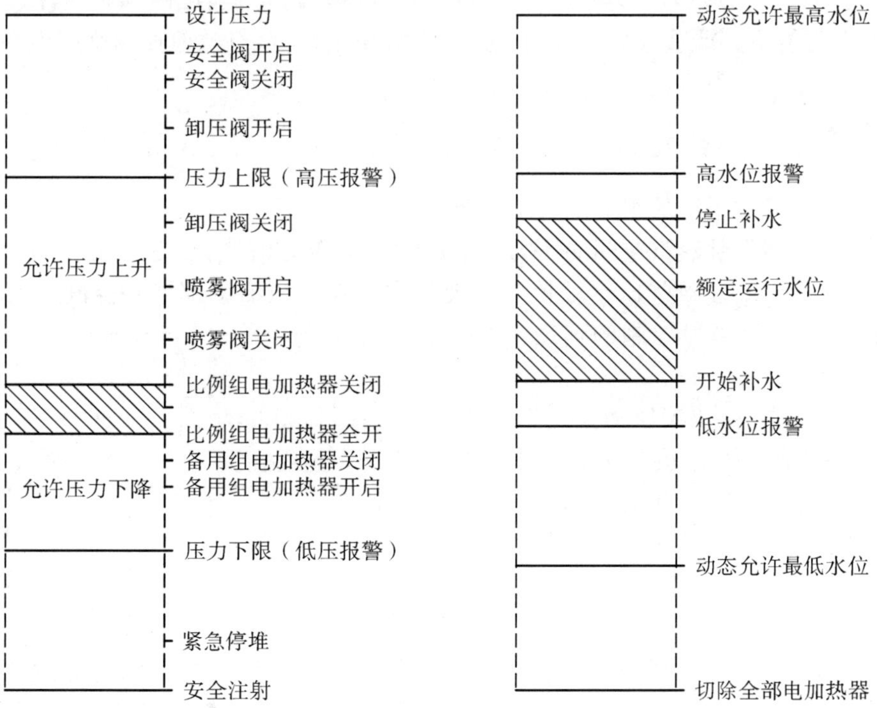

图 7-15　稳压器压力、液位控制图

7.6.1　稳压器压力控制

稳压器的压力控制主要是为了维持反应堆冷却剂系统压力的稳定，防止压力过高或过低对反应堆及冷却剂系统的安全造成损害。因此,在核动力装置运行过程中,对一回路系统压力波动的上、下限有严格限制。

(1)压力波动上限不得超过设计压力。

在功率运行过程中,反应堆冷却剂系统压力波动的上限不得超过反应堆冷却剂系统的设计压力,以防止一回路承压边界的完整性遭到破坏。

根据核动力装置强度设计规范的要求,反应堆冷却剂系统设计压力应等于额定运行压力的 1.25 倍。例如,"陆奥"号核动力船反应堆冷却剂系统额定运行压力为 10.79 MPa,设计压力取 13.23 MPa。为留有足够的安全裕量,电磁卸压阀起跳整定压力为 12.26 MPa,弹簧安全阀起跳整定压力取 13.23 MPa。

为了保证反应堆冷却剂系统承压边界的完整性,根据压水堆核动力装置安全设计准则,要求反应堆冷却剂系统的设计在各种运行工况下系统所达到的压力、温度及附加的载荷效应下,设备和部件的应力仍能在规定的允许极限内,否则有可能导致承压边界破坏,造成严重的失水事故。

(2)压力波动下限不得影响堆芯热工安全。

在功率运行过程中,反应堆冷却剂系统压力下限不得使堆芯烧毁比小于反应堆热工设计的规定安全极限,如果按 W-3 公式计算堆芯临界热流密度,则烧毁比下限通常取 1.3。

在正常运行工况下,反应堆内冷却剂处于过冷状态。在系统压力下降到反应堆出口冷却剂温度的饱和压力以下时,堆芯冷却剂可能发生激烈汽化,当堆内沸腾由沫态转为膜态时,堆芯就有可能遭到严重损坏。为防止这一事故发生,应该有效地控制反应堆冷却剂系统压力不使低于某一极限值。

7.6.2　压力控制系统及其工作原理

稳压器压力控制系统的组成及其工作原理如图 7-16 所示。

由设在稳压器上部蒸汽空间的压力传感器测得的压力信号,经变送器转换为电信号后送到压力控制器中。在某些压水堆核动力装置中还在稳压器下部液相空间设有温度检测器,以液相温度作为压力控制的辅助信号,控制电加热器。

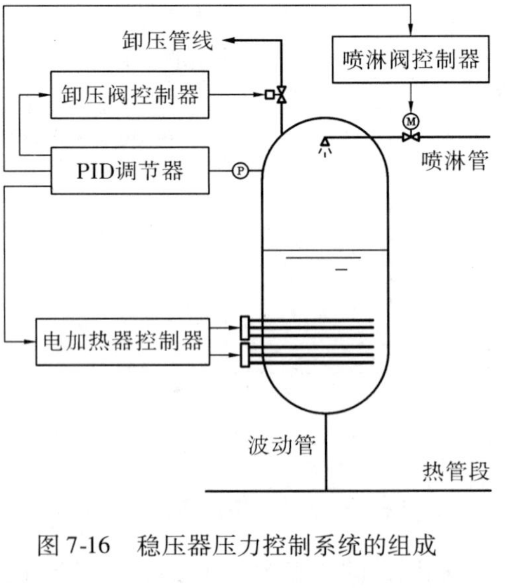

图 7-16　稳压器压力控制系统的组成

在动态过程中,稳压器压力控制系统根据测量元件送来的压力、温度信号,按预定的压力控制程序,控制包括喷淋阀控制器、卸压阀控制器及电加热器控制器在内的执行机构。

当正波动流经波动管进入稳压器下部液相空间时,稳压器液位随之上升,蒸汽空间受到压缩,蒸汽压力和温度都随之上升。此时,壁面冷凝作用对压力的上升起到了一定的缓冲作用。当压力达到喷淋阀动作整定点时,喷淋阀控制器发出动作信号,开启喷淋阀,由反应堆冷却剂系统冷管段主冷却剂系出口来的过冷水经喷淋管进入稳压器蒸汽空间,使部分蒸汽冷凝，压力随之下降。如果在喷淋阀开启到最大位置时压力仍继续上升，当压力超过卸压阀动作整定点时，卸压阀控制器发出动作信号，开启卸压阀，把部分蒸汽经卸压管排入卸压箱内，直到稳压器压力下降到预定的整定值，卸压阀自动关闭。

当反应堆冷却剂系统平均温度下降出现负波动时，稳压器液相介质经波动管流入反应堆冷却剂系统，稳压器液面下降，蒸汽空间发生膨胀，压力随之下降。此时，由于液面水处于过热状态而闪发，对压力的下降起到一定的缓冲作用。当压力下降到一定数值时，电加热器控制器发出信号，接通电加热器电源开关，电加热器加热液相水使之蒸发，从而使稳压器压力恢复到额定运行压力。

核动力装置在功率运行时，一般要严格按照运行控制图来控制反应堆冷却剂系统的温度和压力，在稳压器的压力控制中设置的压力整定值包括以下内容：

设计压力定值、安全阀副阀开启压力定值、安全阀整定压力定值、蒸汽释放阀打开定值、压力上限定值、蒸汽释放阀关阀定值、喷雾控制阀开启定值、喷雾控制阀关闭定值、切除稳态组加热器定值、额定运行压力定值、投入稳态组电加热器定值、压力下限定值、紧急停堆定值、安全注射定值等。

在正常情况下，当系统的压力上升，超过压力整定值上限时，喷雾流量可以在最小流量到最大流量范围内变动。控制在允许的范围内，当系统压力下降，可启动稳态组电加热器间断运行，补偿稳压器的热损失，使其压力在正常范围内。

当事故的情况下，由于种种原因引起系统压力持续上升，且稳压器喷雾流量开到最大仍不足以补偿和限制系统的超压时，则稳压器顶部的卸压阀开放，释放部分冷却剂的饱和蒸汽。若系统压力仍未下降而继续上升，则与稳压器顶部和卸压阀并联的安全阀动作，以限制系统的超压，从而保护核动力反应堆的安全。

7.6.3　稳压器液位控制

一回路系统中冷却剂的容积波动，会导致稳压器的液位发生变化。液位过高，使得稳压器上部蒸汽空间过小，会降低稳压器的压力控制能力；液位过低，使得稳压器下部水空间的电加热元件局部露出水面，会造成电加热元件损坏。因此，在反应堆冷却剂系统功率运行过程中，稳压器的液位必须控制在一定范围之内。

稳压器液位控制按照一定的控制逻辑来进行，需要控制的主要内容有：动态允许的最高液位定值、高液位报警定值、停止补水定值、额定运行液位定值、开始补水定值、低液位报警定值、动态允许最低液位定值。

稳压器的液位控制根据液位信号来进行，通过补水和排水来调节液位。当装置正常运行时，一般采取在某个负荷区间冷却剂平均温度不变，而改变二回路蒸汽温度和压力来维持稳压器液位的运行方案，或者改变冷却剂平均温度，二回路蒸汽压力维持不变，来维持稳压器的液位在正常范围内，以平均温度为主调节参数时，稳压器液位被看作冷却剂平均温度 T_{av} 的函数来控制的运行方案。根据一个给定的 T_{av} 来计算稳压器液位的整定值，通过液位控制将稳压器液位控制在与其运行功率相适应的液位。当功率减小时，冷却剂平均温度降低，则一回路水体积收缩，稳压器液位也降低。

7.7 自然循环蒸汽发生器的液位控制

立式U形管自然循环蒸汽发生器的液位是指蒸汽发生器筒体内壁面与传热管束套筒外壁面之间环形下降空间的冷水柱高度，是蒸汽发生器正常运行过程中需要监测和控制的一个重要参数。

7.7.1 液位控制的必要性

液位对蒸汽发生器的安全运行具有重要影响。如果液位过高，淹没了一级汽水分离器，将会直接影响汽水分离效果，使得蒸汽发生器出口蒸汽湿度过大，影响汽轮机运行的效率和安全；如果液位过低，使得传热管束露出水面，这一区域的传热管束可能沉积大量盐分而加剧腐蚀，而且在下降通道中液位上下波动，在交变热应力作用下材料容易发生腐蚀疲劳。

液位控制不当还会严重影响蒸汽发生器和装置的正常、安全运行。例如，装置负荷急剧增加时，倘若不能及时增大给水流量，由于蒸汽压力降低而使下降通道中混合流体的过冷度减小，甚至可能达到饱和状态或过热状态而汽化，造成下降通道中的介质倒流，使二次侧的自然循环遭到破坏，蒸汽发生器不能正常运行。

同样，在装置负荷增加时二次侧迅速补入过量的过冷水，有可能增加一次侧冷却剂平均温度的下降速度，在堆芯引入较大的正反应性扰动，使反应堆功率超调。

7.7.2 影响液位变化的主要因素

蒸汽发生器液位变化的影响因素主要有以下三个方面：

(1)给水流量、蒸汽流量和排污流量之间的平衡关系。

稳态运行时，给水流量应等于蒸汽流量和排污流量之和。蒸汽发生器液位的扰动，常常首先来自负荷的变化，即蒸汽流量的变化。由于给水流量不能迅速跟随蒸汽流量的变化，质量平衡被打破，导致蒸汽发生器液位的变化。

(2)蒸汽发生器二次侧压力对汽相、液相介质密度的影响。

装置负荷变化时，蒸汽发生器二次侧压力会随之发生变化。随着压力的增加，饱和水密度变小，饱和蒸汽密度增大。在蒸汽发生器液面以下是汽、水两相混合物，其平均密度也随压力发生变化，从而引起液位的波动。

(3)液面以下蒸汽体积的变化对液位的影响。

在蒸汽发生器中，由于蒸汽流量随负荷变化，使得沸腾部分的汽泡量因局部压力变化而变化，液位呈现所谓瞬时“虚假液位”现象。虚假液位现象的出现使得单参量(主通道)控制不能获得良好的过渡过程特性。通过引进蒸汽流量与给水流量失配信号，就能够抑制主给水控制阀受虚假液位的影响。

7.7.3 液位控制系统的组成

由于蒸汽发生器的液位调节是通过改变给水流量使适应蒸汽流量来实现的，因此，液位调节有时也称为蒸汽发生器给水流量调节。

蒸汽发生器给水调节系统由三冲量液位调节子系统和给水泵转速调节子系统两个相互

独立的部分组成，如图 7-17 所示。

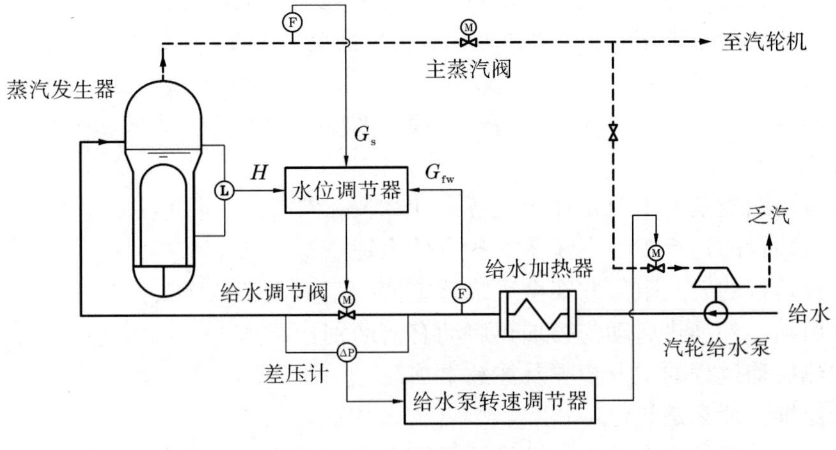

图 7-17　蒸汽发生器液位调节系统

三冲量液位调节子系统由蒸汽发生器液位、蒸汽流量、给水流量的检测元件及变送器、三冲量液位调节器以及给水流量调节阀门三部分组成。根据液位、蒸汽流量和给水流量三个信号调节给水阀开度，以保持给水流量和蒸汽流量的均衡，并保持蒸汽发生器预定的静态液位特性。

给水泵转速调节子系统由给水流量调节阀前后压差检测元件及变送器、给水泵转速调节器及给水泵汽轮机蒸汽流量调节阀三部分组成，用于调节给水泵转速以保持给水流量调节阀前后压差恒定。

蒸汽发生器液位稳态特性曲线方程

$$H_p = H_0 - K_1 G_{fw} \tag{7-46}$$

式中，H_p ——按蒸汽发生器静态液位特性得出的给定液位，m；

H_0 ——零功率时的稳态液位，m；

K_1 ——系数，表示液位静态特性斜率。

在不同负荷下，蒸汽发生器具有不同的稳态液位，通过调节系数 K_1，可以得到具有最佳动态特性的液位稳态曲线。

三冲量调节器的误差信号为

$$E = K_2(G_s - G_{fw}) + (H_p - H) \tag{7-47}$$

式中，K_2 ——流量差值信号作用率。

当液位偏离预定值或者流量出现不平衡时都会产生误差信号，使给水流量调节阀动作。当负荷突然变化时出现虚假液位，由于流量误差信号在很大程度上抵消了虚假液位的影响，保证了给水流量调节阀的准确动作。

给水流量调节阀的开度为

$$A = K_4\left[E + K_3\int_0^t E\mathrm{d}t\right] \tag{7-48}$$

式中，K_3 ——积分常数；

K_4 ——比例因子。

该方程包括了比例和积分两种调节作用。对于比例调节，阀门开度与误差信号成正比；

对于积分调节，阀门开度与误差信号的时间积分成正比。只要误差存在，调节器输出的动作信号变化率就不会为零，直到误差信号为零时，调节器输出的动作信号变化率才为零，输出信号才不再变化而稳定下来，可以有效地消除调节余差。

思 考 题

1. 核动力装置的四类基本工况是什么？各有什么特点？
2. 船舶核动力装置的运行工况有哪些？各有什么特点？
3. 核动力装置运行的安全限值和安全系统整定值的基本含义是什么？
4. 什么是冷启动？外加热启动与核加热启动有何区别？
5. 简述外加热启动过程的主要步骤及注意事项。
6. 什么是冷停堆？什么是热停堆？
7. 什么是核动力装置的静态特性？常见的运行方案有哪几种？各有什么特点？
8. 反应堆功率控制的基本原理是什么？
9. 稳压器压力控制的目的是什么？稳压器液位控制的原理是什么？
10. 为什么要对自然循环蒸汽发生器的液位进行控制？

第 8 章　核动力装置动力学

8.1　目的和方法

8.1.1　研究对象

在核动力装置运行过程中，各热力设备所进行的过程可以用两类参数描述，即数量参数和质量参数。描述过程进行的规律的参数叫作数量参数，例如流量、热量、扭矩等。描述过程在什么水平上进行的参数叫质量参数，例如水位、压力、温度和转速等。两类参数之间是有联系的，互相影响的参数称为相关的。如图 8-1 所示，G_{in} 和 G_{out} 分别为流入水箱和流出水箱的质量流量，为数量参数；T 和 H 分别为温度和水位，是质量参数。G_{in}、G_{out} 与 H 是相关的，而与温度是无关的。

装置参数不随时间变化的平衡状态称为装置的稳态工况。任何一个处于平衡状态的对象，如果由于干扰或操作破坏了平衡状态，即开始了动态过程，受某种影响又变成一个新的平衡状态，这之间的整个过程称为动态过程。在动态过程中数量参数不平衡，质量参数随时间变化。核动力装置的动态过程是由内、外扰动引起的。例如，汽轮机负荷的变化，控制棒的动作，部件或系统的失灵等等。动态过程与对象本身的性质——动态特性有关，例如：水箱直径不同，水位的变化就不同；与扰动的性质有关，例如：阀门开度不同，流量的变化就不同。

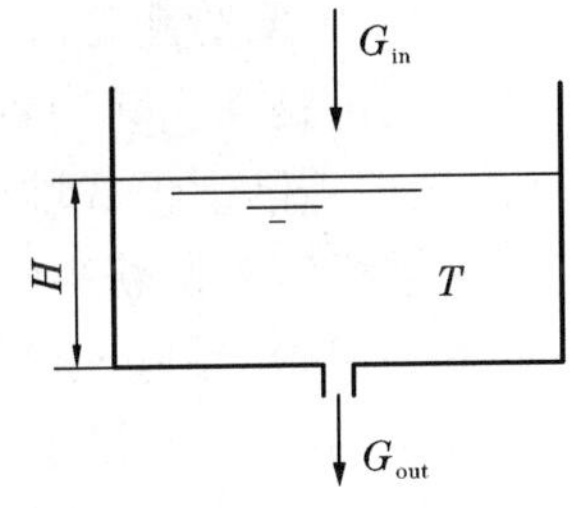

图 8-1　两类参数及其相关性

压水堆核动力装置动力学所研究的对象，是在各种扰动的情况下装置参数随时间变化的规律，也就是装置在过渡过程中系统和设备的动态特性。

8.1.2　研究装置动力学的目的

进行核动力装置动力学研究，是为了达到以下目的：

(1) 为装置的设计提供依据。

船舶核动力装置与其他类型的动力装置一样，一般都是以额定功率下的稳态运行工况作为设计工况。根据设计工况下装置运行时能量的产生、传递、分配和转换，确定系统和设备的参数。

由稳态设计确定的各种参数，应该通过对装置动态工况的分析来校核，以验证在装置可能遇到的各种动态工况下有关特性能否满足设计要求。机动性是船舶的一项十分重要的指标，因此，船舶核动力装置必须具有适应船舶各种航行工况的能力。通过对动态工况分析，可以避免系统、设备设计余量过小而影响装置适应各种动态工况的能力；也可以避免设计余量过大造成不必要的浪费,或造成动力装置体积、重量过大影响船舶的技术性能。

有些与装置动态密切相关的系统和设备,例如二回路蒸汽排放系统,不研究动态就无法确定排放系统的能力应为多大;一回路的稳压器,不研究动态就不了解一回路冷却剂的变化情况,无法确定波动量。

(2)为装置的调节、控制提供依据。

装置的动态特性是确定装置调节和控制方案,设计调节系统和整定调节系统参数的重要依据。特别是对于船舶核动力装置这样一个复杂的调节对象,各系统和各设备互相关联,互相影响。不分析其动态特性就难以对调节系统提出合理的设计要求。

(3)对装置动力学的研究,有助于正确指导运行。

装置运行操作人员必须了解在各种可能的扰动下,装置的主要物理参数和热工参数随时间变化的规律。这样,在装置出现各种扰动时,运行人员可根据仪表指示的参数变化,准确判断装置所处的状态,采取合理的操作步骤,避免忙乱和误操作。在事故工况下,能及时作出准确判断,采取必要措施,避免事故扩大。

8.1.3　研究装置动力学的方法

研究核动力装置动力学的方法可以分为两种,一是实验测定,二是数学模拟。这两种方法各有优缺点,它们在核动力装置的动力学研究中往往是互相补充,互相校核。

8.1.3.1　实验测定法

实验测定是在实际装置上通过实验获得装置的动态特性。在核动力船舶的发展过程中,往往先建造陆上模式堆或核动力实验船,从这些装置中获得必要的实验数据。这种在实际装置上进行实验所获得的第一手资料,比较客观地反映了装置的动态特性,是研究装置动力学的重要原始资料。但是,仅仅采用这样的方法进行装置动力学研究,有许多局限性。鉴于安全方面的考虑,在陆上模式堆或实验船上只能进行小扰动下的动态实验。对于一些重大事故或极端事故就无法模拟。在实际装置中很难排除各系统、设备之间的互相干扰和影响。也很难根据实验要求随时改变设备尺寸、结构和参数。因此,实验结果往往无法满足理论分析的需要。也难以排除一些随机因素的干扰。所有实验只能在装置建成后进行,不能及时为装置设计提供依据。因此,在船用核动力装置的设计过程中,人们常常先建造一些模拟台架,对某些系统和设备进行一些必要的实验。台架模拟,又称物理模拟,根据所要研究的课题,建成一比一或按相似理论缩小的实验台架。这样,可以排除某些无关的设备、系统的干扰和不利影响,使复杂的过程适当地简化。与陆上模式堆或实验船相比较,建造台架周期短,费用少,能在装置设计过程中及时提供必要的实验数据。因此,在每种新型核动力装置的设计过程中,许多重大设备的设计都必须进行台架实验。

8.1.3.2　数学模拟法

根据压水堆核动力装置的物理和热工过程的基本原理,建立一组描述装置动态特性的微分方程,这组方程称为装置的动力学模型。通过对装置动力学模型在给定的边界条件下求解,找出各参数随时间变化的规律,以及各参数之间相互影响的关系,这种方法叫做数学模拟法。

在船舶核动力装置中,各系统、设备之间许多参数互相联系又互相影响。某一设备、系统的输出参数往往又是另一设备、系统的扰动参数。因此,形成若干个互相串联、并联的动态环节的闭合环路。

此外,在反应堆、蒸汽发生器等设备中,中子通量、温度、热流密度等参数在空间的分布是不均匀的。这些参数既是时间的函数,又是空间坐标的函数,这种参数称为分布参数。

对于这种分布参数的设备的动态特性,必须用偏微分方程来描述。而且在动态过程中介质的物理性质(如比容、比热、粘度等)也随热工参数一起变化。因此,描述装置动态过程的微分方程组往往又是非线性的。这些特点给分析求解带来许多困难。

为使建立的核动力装置动力学模型可以方便地利用现有的计算方法和计算工具求解,需要进行若干必要的简化和假设,忽略对动态过程影响不大的次要因素,抓住动态过程的主要矛盾。

对于一些具有空间分布的参数,如果我们研究的重点在于这些参数在动态过程中的时间特性,而不是它们的空间分布效应,则常常采用时间——空间分离变量法,把这些参数的空间效应集中于一点,建立起集中参数方程,从而把偏微分方程组简化为常微分方程组。在装置参数变化不大的小扰动过渡过程中,常常忽略介质的物性的变化,使方程组线性化。

在建立装置的动力学模型时简化过多,可能使模型不能真实地反映装置的实际动态特性;简化太少,模型又过于复杂难以求解。一个合理的数学模型往往是介于这两种情况之间的折中方案。由于在建立方程时所作的简化和假设不同,研究的侧面不同,反映在大量文献中的核动力装置的动力学模型也不同。一个成功的数学模型应该是有比较明确的物理意义和比较简单的表达形式,易于求解,同时计算结果与实验结果比较吻合。

8.1.3.3　数学模型的求解方法

建立了装置的动力学模型后,就可以根据确定的初始条件和边界条件,对方程组进行求解。常用的求解方法有三种,即解析法、数值解法和电模拟计算法。

(1)解析法

应用变量分离法、特征方程法等古典方法求解方程组,得到装置参量与自变量时间 t 之间的解析表达式,从而得出在动态过程中参量随时间的变化规律,这种方法称为解析法。

通过对方程组进行拉氏变换,可以把求解微分方程变换为求解代数方程问题,使问题得到简化。在装置动力学研究过程中,常用拉氏变换和方块图来表示对象各环节的动态特性,进而用传递函数的方法来表示系统的动态特性。这种方法由于简便明了,得到了广泛应用。

解析法只适用于一些简单的设备或系统,在许多情况下,如果模型比较复杂,或动态过程中扰动量本身就是一个复杂的时间函数,则很难用解析法给出装置的动态特性。

(2)数值计算法

在建立装置动力学模型后,把动态过程开始后的时间划分为若干微元(称为计算时间步长),只要这一时间间隔取得足够小,由微分方程描述的动态特性便可用差分方程或增量方程来描述,这样就可以由动态过程开始时起,逐步积分求得 t 时刻的有关参数的值,这一方法称为数值方法。

利用数值方法求解微分方程组,计算是不连续的,只能得到计算时间步长正整数倍点上的参数值。但只要计算方法和步长选择恰当,可以获得很高的计算精度。

由于该方法计算工作量大,无法采用人工手算完成,通常都采用数字电子计算机求解装置动力学问题。

数值计算一般要经过以下步骤:

①根据装置特性,列出动力学方程组,确定初始条件和边界条件。

②选择适当的计算方法,确定解题步骤。

③编制计算程序。

④上机计算。

⑤对计算结果进行整理,绘制装置动态特性曲线,对计算结果进行分析。

(3)电模拟计算法

利用电路网络中的电物理量来模拟核动力装置中的参量,通过电路的适当连接,可以模拟核动力装置的动态方程组,这种利用电子模拟计算机求解装置动态方程组的方法叫做电模拟计算法。

利用电模拟计算,虽然计算精度要比数字计算机低,但在许多情况下可以满足工程上的要求。电模拟计算,计算是连续的,计算结果可利用记录仪直接描绘成曲线,或直接显示于示波器上,用照像等方法把飞升曲线记录下来。

用该方法解装置动力学问题,一般要经过以下几个步骤:

(1)建立动力学模型,确定初始条件和边界条件。

(2)选择适当的时间比例尺和幅值比例尺,把动力学原始方程变换成适合机器计算的模拟方程,或叫机器方程。

(3)绘制排题图。

(4)根据排题图,在模拟机上连接电路,进行调试和计算,并记录计算结果。

(5)对计算结果进行分析。

8.2 反应堆动力学

8.2.1 反应堆中子动力学方程

在研究船舶核动力装置动态问题时,关心的是在各种扰动下反应堆输出功率随时间的变化特性,而不是反应堆内部功率的空间分布情况。因此,通常采用集中参数的反应堆中子动力学模型,或称点堆模型中子动力学方程。

点堆模型中子动力学方程的具体形式为

$$\begin{aligned}\frac{\mathrm{d}n}{\mathrm{d}t} &= \frac{\rho - \beta}{l}n + \sum_{i=1}^{6} \lambda_i c_i \\ \frac{\mathrm{d}c_i}{\mathrm{d}t} &= \frac{\beta_i}{l}n - \lambda_i c_i, \quad i = 1,2,\cdots,6\end{aligned} \tag{8-1}$$

式中,ρ——反应性;

β——缓发中子份额;

n——中子平均密度;

λ——缓发中子先驱核的衰变常数;

c——缓发中子先驱核浓度;

l——中子的平均寿命;

下标 i——第 i 组缓发中子。

8.2.2　堆内热力系统的微分方程

在建立反应堆集中参数热动力学方程时，作如下假定：

(1)反应堆内的燃料温度一致，堆内的冷却剂温度也一致；

(2)冷却剂的流量为常数；

(3)在动态过程中，结构材料和介质的物性和传热系数保持恒定。

燃料元件的热平衡方程为

$$M_f c_f \frac{dT_f}{dt} = Q_R - K_R A_R (T_f - T_{av}) \tag{8-2}$$

式中，Q_R ——反应堆热功率，kW；

M_f ——堆内燃料的质量，kg；

c_f ——燃料的比热，J/(kg · K)；

T_f ——燃料温度，K；

K_R ——传热系数，W/(m^2 · K)；

A_R ——换热面积，m^2；

T_{av} ——主冷却剂平均温度，K。

反应堆内冷却剂的热平衡方程为

$$M_c c_{p,c} \frac{dT_{av}}{dt} = K_R A_R (T_f - T_{av}) - G_c c_{p,c} (T_{co} - T_{ci}) \tag{8-3}$$

式中，M_c ——堆内的冷却剂质量，kg；

$c_{p,c}$ ——冷却剂的比热，J/(kg · K)；

G_c ——冷却剂的流量，kg/s；

T_{ci}，T_{co} ——分别为反应堆进、出口处的冷却剂温度，K。

将整个堆芯的燃料温度认为一致，误差较大，如果要提高精度，可以将堆芯分成若干部分，分得细，工作量太大；分得粗，精度不够。应根据问题的具体情况加以选择。

8.3　管道传输动力学

在反应堆冷却剂系统中，冷却剂经主管道由一个设备流动到另一个设备需要一定的时间。当装置稳态运行时，如果管道散热和压降均很小，反应堆出口热工参数和蒸汽发生器入口热工参数基本相同，蒸汽发生器出口冷却剂的温度和反应堆入口冷却剂温度也基本相同。

当装置动态工况运行时，反应堆冷却剂系统各部位的热工参数随时间变化，由于管道传输的滞后作用，使管道前后的热工参数的变化存在一定的滞后过程。例如，在 t 时刻，反应堆出口冷却剂的温度为 $T(t)$，但蒸汽发生器入口冷却剂的温度需要到 $t+\tau$ 时刻才能达到 t 时刻反应堆出口的温度 $T(t)$，τ 为传输滞后时间，如果冷却剂流速不变，则蒸汽发生器入口冷却剂 t 时刻的温度等于反应堆出口冷却剂 $t-\tau$ 时刻的温度。

因此，反应堆冷却剂系统冷管段和热管段传输滞后方程为

$$T_{ci}(t) = T_{so}(t - \tau_1) \tag{8-4}$$

$$T_{si}(t) = T_{co}(t - \tau_2) \tag{8-5}$$

式中，T_{ci}，T_{co} ——反应堆入口、出口冷却剂的温度，K；

T_{si}，T_{so} ——蒸汽发生器入口、出口冷却剂的温度，K；

t ——时间，s；

τ_1 ——冷却剂流过冷管段所需时间，s；

τ_2 ——冷却剂流过热管段所需时间，s。

有时方程(8-4)、(8-5)用起来不方便，可以改写成

$$T_{so}(t) = T_{ci}(t + \tau_1) \tag{8-6}$$

$$T_{co}(t) = T_{si}(t + \tau_2) \tag{8-7}$$

按泰勒级数展开，当温度变化较缓慢时，可忽略高次项，得如下的近似方程

$$T_{so}(t) = T_{ci}(t) + \tau_1 \cdot \frac{dT_{ci}(t)}{dt} + \tau_1{}^2 \cdot \frac{d^2T_{ci}(t)}{2!dt^2} + \cdots\cdots$$

$$T_{co}(t) = T_{si}(t) + \tau_2 \cdot \frac{dT_{si}(t)}{dt} + \tau_2{}^2 \cdot \frac{d^2T_{si}(t)}{2!\,dt^2} + \cdots\cdots$$

略去高次项得

$$\frac{dT_{ci}(t)}{dt} = \frac{1}{\tau_1}[T_{so}(t) - T_{ci}(t)] \tag{8-8}$$

$$\frac{dT_{si}(t)}{dt} = \frac{1}{\tau_2}[T_{co}(t) - T_{si}(t)] \tag{8-9}$$

8.4 蒸汽发生器动力学

8.4.1 蒸汽发生器一回路侧动力学方程

与反应堆动态特性处理方法一样，蒸汽发生器的动态方程也采用集中参数法推导。假设传热管束各处传热工况都相同。因此，可用单一的传热系数描述整个传热工况。于是，蒸汽发生器一回路侧主冷却剂的热平衡方程为

$$M_{c,sg}c_{p,c}\frac{dT_{av}'}{dt} = G_c c_{p,c}(T_{si} - T_{so}) - KA_{sg}(T_{av}' - T_s) \tag{8-10}$$

式中，$M_{c,sg}$ ——蒸汽发生器内一回路侧冷却剂的质量，kg；

$c_{p,c}$ ——冷却剂比热，J/(kg · ℃)；

G_c ——冷却剂的质量流量，kg/s；

K ——传热系数，W/(m^2 · ℃)；

A_{sg} ——蒸汽发生器的传热面积，m^2；

T_s ——蒸汽发生器二回路侧工质的饱和温度，K；

T_{av}' ——蒸汽发生器一次侧冷却剂的平均温度，K。

8.4.2 蒸汽发生器二回路侧动力学方程

蒸汽发生器二回路侧的动态特性由质量守恒和能量守恒方程描述，为使模型简化，作如

下假设：

（1）蒸汽发生器二次侧炉水和蒸汽均处于饱和状态，忽略预热段过冷水的影响；

（2）蒸汽发生器具有良好的热绝缘，忽略壳体对环境的散热。

为了便于建立方程，如图 8-2 所示，把蒸汽发生器内二次侧容积分为液面以上蒸汽空间 V_D、液面以下蒸汽空间 V_S 和液面以下水空间 V_W 三个部分。

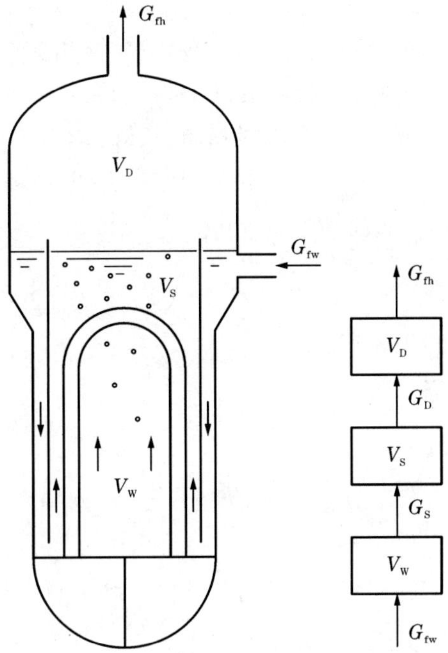

图 8-2　蒸汽发生器水动力模型

8.4.2.1　质量守恒方程

设蒸汽发生器的给水量为 G_{fw}，蒸汽流量为 G_{fh}，单位时间内通过液面进入液面以上的汽空间的蒸汽量为 G_D，液面下水蒸发成蒸汽的速率为 G_S，根据质量守恒原理，可以分别写出这三个体积的质量守恒方程：

$$
\begin{aligned}
\frac{\mathrm{d}(\rho' V_W)}{\mathrm{d}t} &= G_{fw} - G_S \\
\frac{\mathrm{d}(\rho'' V_S)}{\mathrm{d}t} &= G_S - G_D \\
\frac{\mathrm{d}(\rho'' V_D)}{\mathrm{d}t} &= G_D - G_{fh}
\end{aligned}
\tag{8-11}
$$

式中，ρ'，ρ''——分别为饱和水、饱和蒸汽的密度，$\mathrm{kg/m^3}$。

上述容积之间的阻力可忽略不计，去掉括号，将所得结果相加，并考虑下列关系：

$$V_D + V_S + V_W = V$$

$$V_W + V_S = A \cdot H$$

$$\frac{\mathrm{d}\rho}{\mathrm{d}t} = \frac{\partial \rho}{\partial p} \cdot \frac{\mathrm{d}p}{\mathrm{d}t}$$

式中，V——蒸汽发生器二次侧汽水空间总体积；

A——蒸汽发生器的横截面积；

H——蒸汽发生器水位。

经过化简，蒸汽发生器二次侧的质量守恒方程为

$$G_{fw} - G_{fh} = \left[V_{W,0} \frac{\partial \rho'}{\partial p} + (V_{S,0} + V_{D,0}) \frac{\partial \rho''}{\partial p} \right] \frac{\mathrm{d}p}{\mathrm{d}t} + (\rho_0' - \rho_0'') A \frac{\mathrm{d}H}{\mathrm{d}t} - (\rho_0' - \rho_0'') \frac{\mathrm{d}V_S}{\mathrm{d}t} \tag{8-12}$$

式中，下标 0 表示动态过程开始时的稳态值。

8.4.2.2　能量守恒方程

根据能量守恒原理，由一次侧冷却剂传递给二次侧炉水的热能，加上给水带入的热能，减去蒸汽带走的热能，应该等于蒸汽发生器的金属材料和二次侧汽、水热容量的变化率，即

可写成以下形式的微分方程

$$K_B A_{sg}(T_{av}' - T_s) + G_{fw}h_{fw} - G_{fh}h'' = \frac{d}{dt}[\rho' V_W h' + M_m c_m T_s + (V_S + V_D)\rho'' h''] \tag{8-13}$$

式中，K_B ——传热系数，W/(m² · ℃)；

h', h'' ——分别为饱和水、饱和蒸汽的焓，J/kg；

h_{fw} ——给水焓，J/kg；

M_m ——金属材料质量，kg；

c_m ——金属材料的比热，J/(kg · K)。

考虑到 $\frac{dh}{dt} = \frac{\partial h}{\partial p}\frac{dp}{dt}$，令

$$X = A_{sg}K_B(T_{av}' - T_s) + G_{fw} \cdot h_{fw} - G_{fh}h''$$

则方程(8-13)可化为

$$X = M_m C_m \frac{dT_s}{dt} + \left[V_{W,0}\left(\rho_0' \frac{\partial h'}{\partial p} + h_0' \frac{\partial \rho'}{\partial p}\right) + (V_{S,0} + V_{D,0})\left(\rho_0'' \frac{\partial h''}{\partial p} + h_0'' \frac{\partial \rho''}{\partial p}\right)\right]\frac{dp}{dt} + (\rho_0' h' - \rho_0'' h'')A\frac{dH}{dt} + (\rho_0'' h_0'' - \rho_0' h_0')\frac{dV_S}{dt} \tag{8-14}$$

在方程(8-12)、(8-14)中，除了含有压力和水位的变化外，还含有另一个未知量 $\frac{dV_S}{dt}$，即液面以下蒸汽容积的变化。

在一定的负荷和一定的压力下，蒸汽产量与蒸发面下蒸汽含量之间有一个确定的对应关系。蒸发面下蒸汽的容积是水中汽化强度的函数，汽化强度又决定于蒸汽产量 G_{fh}，一回路传入的热量以及蒸汽发生器内压力的变化。在接近饱和温度的液体中，当压力变化时，会产生“自蒸发”过程或局部冷凝过程。当压力下降时，储蓄在水中的部分热量被释放出来，产生“自蒸发”；当压力升高时，产生局部的冷凝过程。于是，液面以下蒸汽容积与压力 p 和蒸汽产量 G_{fh} 之间的关系可表示为

$$V_S = V_S(p, G_{fh}) \tag{8-15}$$

$$\frac{dV_S}{dt} = \frac{\partial V_S}{\partial p}\frac{dp}{dt} + \frac{\partial V_S}{\partial G_{fh}}\frac{dG_{fh}}{dt} \tag{8-16}$$

方程(8-16)中的偏导数 $\frac{\partial V_S}{\partial p}$ 和 $\frac{\partial V_S}{\partial G_{fh}}$ 可按稳定工况下的特性来决定：

$$V_S = f_1(p)_{G_{fh}} = \text{const}$$

$$V_S = f_2(G_{fh})_p = \text{const}$$

由实验可以获得上述两条特性曲线，于是可以确定出 $\frac{\partial V_S}{\partial p}$ 和 $\frac{\partial V_S}{\partial G_{fh}}$。

8.4.3 新蒸汽节流阀开度与负荷的关系

在压水堆核动力装置动态分析中，负荷的扰动常常由汽轮机节流阀开度变化来表示，由

于凝汽式汽轮机每一级喷嘴排放压力都设计得足够低，因此其流动工况均为临界流动，所以，通过阀门的蒸汽流量只是主蒸汽阀门上游压力与阀门开度的函数。在装置的动态研究中，通常都是在节流阀出口处断开作为整个装置动态模型的终点，也就是动态模型负荷扰动的输入端，而不再模拟汽轮机、冷凝器等设备，这样处理可使问题简化。

根据 W. J. 开尔顿对节流阀和汽轮机动态特性的分析，通过节流阀的蒸汽流量可以表示为

$$G_t = 0.016\,4 p_t^{\frac{31}{32}} \cdot A \approx K_a \cdot A \cdot p_t \tag{8-17}$$

式中，A ——阀门开度；

K_a ——因子。

二回路负荷与流经节流阀的蒸汽流量之间近似成正比关系，因此

$$L(t) = K_b \cdot G_t = K_a \cdot K_b \cdot A \cdot p_t = K_c \cdot A \cdot p_t \tag{8-18}$$

式中，K_b，K_c ——系数；

$L(t)$ ——二回路负荷。

对方程(8-18)微分可得

$$\frac{\mathrm{d}L}{\mathrm{d}t} = K_c A_0 \frac{\mathrm{d}p_t}{\mathrm{d}t} + K_c p_{t,0} \frac{\mathrm{d}A}{\mathrm{d}t} \tag{8-19}$$

式中，A_0 ——稳态运行时阀门开度；

$p_{t,0}$ ——稳态运行时阀前蒸汽压力。

由方程(8-19)可以看出，二回路负荷的变化速率由节流阀开度的变化速率和阀前蒸汽压力的变化速率两项组成。

8.5　稳压器动力学

8.5.1　基本假设和热力系统模型

在稳压器中存在着由汽水分界面分开的汽液两相介质，对于汽相和液相分别定义如下：

在 t 时刻进入稳压器的任何蒸汽都包括在汽相 G 内；在 t 时刻进入稳压器的任何液体，除了正在蒸汽空间降落的喷淋液滴外，都包括在液相 L 内，液相 L 还包括波动管内某一数量的液体。

在动态过程中，汽相 G 和液相 L 中介质的质量随时间连续变化。虽然液相 L 不包括 t 时刻正在降落的喷淋液滴，但包括在 t 时刻之前进入水面的喷淋液滴。

图 8-3 所示为稳压器的热力系统模型。

8.5.1.1　稳压器中的质量变化

自 t 时刻起，在时间间隔 Δt 内，汽相 G 和液相 L 的质量都将发生变化，其变化可能包括下列项目的若干或全部：

(1) 由波动管进入液相 L 并于液相 L 中原有介质混合的波动水，质量为 $G_1\Delta t$，其中 G_1 为波动流量；

(2) 由喷淋管进入稳压器的喷淋水，质量为 $G_2\Delta t$，其中 G_2 为喷淋流量；

(3) 由卸压阀流出稳压器的蒸汽，质量为 $G_3\Delta t$，其中 G_3 为卸压阀排量；

(4) 在喷淋的液滴上冷凝的蒸汽，质量为 $G_4\Delta t$，其中 G_4 为喷淋冷凝速率；

(5) 在蒸汽空间稳压器壁面冷凝的蒸汽，质量为 $G_5\Delta t$，其中 G_5 为壁面冷凝速率；

(6) 在汽水分界面上蒸发的水，质量为 $G_6\Delta t$，其中 G_6 为蒸发速率；

(7) 在汽水分界面上冷凝的蒸汽，质量为 $G_7\Delta t$，其中 G_7 为冷凝速率；

(8) 由安全阀流出稳压器的蒸汽，质量为 $G_8\Delta t$，其中 G_8 为安全阀排量。

8.5.1.2　稳压器内的传热过程

自 t 时刻起，在时间间隔 Δt 内，在稳压器内还可能发生下述传热过程：

(1) 自蒸汽向喷淋液滴的传热，传热量为 $q_1\Delta t$；

(2) 自蒸汽向壁面的传热，传热量为 $q_2\Delta t$；

(3) 在汽水分界面上的传热，传热量为 $q_3\Delta t$；

(4) 电加热器向液相水的传热，传热量为 $q_4\Delta t$。

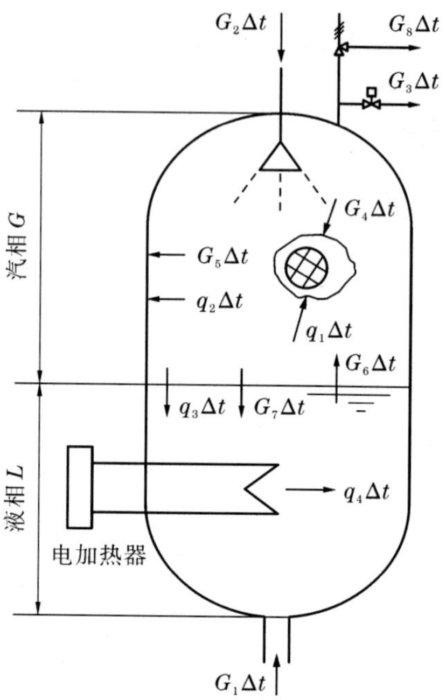

图 8-3　稳压器热力系统模型

8.5.1.3　简化和假设

(1) 在动态过程开始时，稳压器处于稳态运行工况，汽相 G 和液相 L 均处于饱和状态；

(2) 在动态过程中，稳压器内介质与稳压器壁面的热量交换只发生在蒸汽空间，在液相 L 中与壁面的热量交换忽略不计。因为液相水与壁面在动态过程中温差甚小，水的放热系数也不大；

(3) 假定稳压器具有良好的热绝缘层，不考虑壳体向环境的散热；

(4) 不考虑稳压器蒸汽空间内存在的少量不凝性气体对热工过程的影响；

(5) 喷淋液滴下降到汽水分界面时已经达到饱和温度。事实上，只要液滴直径足够小，蒸汽空间保持足够的高度，这一假设符合实际过程。

为了便于推导出稳压器动力学方程，将稳压器划分为两个热力系统Ⅰ和Ⅱ。

热力系统Ⅰ：包括在 t 时刻汽相 G 中所有介质，加上自 t 时刻起到 $t+\Delta t$ 时刻的 Δt 时间间隔内离开液相 L 经汽水分界面蒸发到汽相 G 中的介质 $G_6\Delta t$。

热力系统Ⅱ：包括 t 时刻液相 L 中的所有介质，除去自 t 时刻起到 $t+\Delta t$ 时刻的 Δt 时间间隔内，由液相蒸发到汽相 G 中的介质 $G_6\Delta t$。

正在降落中的喷淋液滴不包括在任何热力系统中，但是处于凝结过程中的蒸汽，不论是在喷雾液滴上凝结，还是在汽水分界面上凝结。都计入系统Ⅰ中。

值得注意的是，系统一旦划定，其内所属介质不随时间而变。即某个给定的分子，在 t 时刻属于系统Ⅰ或系统Ⅱ，那么在 $t+\Delta t$ 时刻仍然属于原来的系统，不论这时它属于哪个相。

8.5.2　动力学方程的推导

稳压器动力学模型建立在能量守恒、质量守恒和体积守恒的基础上，根据上述热力系统的定义和若干假设，建立一组描述稳压器动态特性的方程组。

8.5.2.1　能量守恒方程

根据能量守恒原理,在任一封闭热力系统中,介质内能的变化应该等于由外界输入该系统的热能减去系统内介质膨胀所做的功。在稳压器中,介质动能和位能的变化可以忽略不计。能量守恒方程可表示为

$$\Delta U = \Delta Q - p\Delta V \tag{8-20}$$

式中,ΔU —— 封闭热力系统中内能的增量;

ΔQ —— 外界输入该系统中的热能总和;

p —— 系统压力;

ΔV —— 系统体积增量。

对于热力系统Ⅰ,自 t 时刻到 $t+\Delta t$ 时刻的 Δt 时间间隔内,应用方程(8-20)则有

$$U_{\mathrm{I}}(t+\Delta t) = U_{\mathrm{I}}(t) - p[V_{\mathrm{I}}(t+\Delta t) - V_{\mathrm{I}}(t)] + q_{\mathrm{I}}\Delta t \tag{8-21}$$

根据热力系统Ⅰ的定义,方程(8-21)中的各项分别为

$$U_{\mathrm{I}}(t+\Delta t) = U_{\mathrm{G}}(t+\Delta t) + (G_3+G_8)u_{\mathrm{g}}\Delta t + (G_4+G_5+G_7)u_{\mathrm{f}}\Delta t \tag{8-22}$$

$$U_{\mathrm{I}}(t) = U_{\mathrm{G}}(t) + G_6 u_{\mathrm{f}}\Delta t \tag{8-23}$$

$$V_{\mathrm{I}}(t+\Delta t) = V_{\mathrm{G}}(t+\Delta t) + (G_3+G_8)v_{\mathrm{g}}\Delta t + (G_4+G_5+G_7)v_{\mathrm{f}}\Delta t \tag{8-24}$$

$$V_{\mathrm{I}}(t) = V_{\mathrm{G}}(t) + G_6 v_{\mathrm{f}}\Delta t \tag{8-25}$$

式中,u —— 介质比内能;

v —— 介质比容;

下标:Ⅰ 表示热力系统 Ⅰ,Ⅱ 表示热力系统 Ⅱ,G 表示汽相,L 表示液相,g 表示饱和汽,f 表示饱和水。

由 t 时刻开始在 Δt 时间间隔内,系统 Ⅰ 与外界通过传热和传质进行的热量交换总和为 q_{I},q_{I} 包括的项目如表 8-1 所列,因而

$$\begin{aligned} q_{\mathrm{I}} &= -(q_1+q_2+q_3) + G_3(u_{\mathrm{g}}-u_{\mathrm{g}}) + G_3p(v_{\mathrm{g}}-v_{\mathrm{g}}) + G_4(u_{\mathrm{f}}-u_{\mathrm{g}}) + G_4p(v_{\mathrm{f}}-v_{\mathrm{g}}) + \\ &\quad G_5(u_{\mathrm{f}}-u_{\mathrm{g}}) + G_5p(v_{\mathrm{f}}-v_{\mathrm{g}}) + G_6(u_{\mathrm{g}}-u_{\mathrm{f}}) + G_6p(v_{\mathrm{g}}-v_{\mathrm{f}}) + G_7(u_{\mathrm{f}}-u_{\mathrm{g}}) + \\ &\quad G_7p(v_{\mathrm{f}}-v_{\mathrm{g}}) + G_8(u_{\mathrm{g}}-u_{\mathrm{g}}) + G_8p(v_{\mathrm{g}}-v_{\mathrm{g}}) \\ &= (G_4+G_5+G_7-G_6)(u_{\mathrm{f}}-u_{\mathrm{g}}) + p(G_4+G_5+G_7-G_6)(v_{\mathrm{f}}-v_{\mathrm{g}}) - (q_1+q_2+q_3) \end{aligned} \tag{8-26}$$

表 8-1　稳压器动态过程中传热和传质项目

项　目	传质	初始状态	终了状态	由传质输出的热量	传热
卸压阀	$G_3\Delta t$	$h_{\mathrm{g}},v_{\mathrm{g}}$	$h_{\mathrm{g}},v_{\mathrm{g}}$	$[(u_{\mathrm{g}}-u_{\mathrm{g}})+p(v_{\mathrm{g}}-v_{\mathrm{g}})]G_3$	0
喷淋冷凝	$G_4\Delta t$	$h_{\mathrm{g}},v_{\mathrm{g}}$	$h_{\mathrm{f}},v_{\mathrm{f}}$	$[(u_{\mathrm{f}}-u_{\mathrm{g}})+p(v_{\mathrm{f}}-v_{\mathrm{g}})]G_4$	q_1
壁面冷凝	$G_5\Delta t$	$h_{\mathrm{g}},v_{\mathrm{g}}$	$h_{\mathrm{f}},v_{\mathrm{f}}$	$[(u_{\mathrm{f}}-u_{\mathrm{g}})+p(v_{\mathrm{f}}-v_{\mathrm{g}})]G_5$	q_2
汽水分界面闪发	$G_6\Delta t$	$h_{\mathrm{f}},v_{\mathrm{f}}$	$h_{\mathrm{g}},v_{\mathrm{g}}$	$[(u_{\mathrm{g}}-u_{\mathrm{f}})+p(v_{\mathrm{g}}-v_{\mathrm{f}})]G_6$	0
汽水分界面冷凝	$G_7\Delta t$	$h_{\mathrm{g}},v_{\mathrm{g}}$	$h_{\mathrm{f}},v_{\mathrm{f}}$	$[(u_{\mathrm{f}}-u_{\mathrm{g}})+p(v_{\mathrm{f}}-v_{\mathrm{g}})]G_7$	q_3
安全阀	$G_8\Delta t$	$h_{\mathrm{g}},v_{\mathrm{g}}$	$h_{\mathrm{g}},v_{\mathrm{g}}$	$[(u_{\mathrm{g}}-u_{\mathrm{g}})+p(v_{\mathrm{g}}-v_{\mathrm{g}})]G_8$	0

把方程(8-22) ~ (8-26)代入方程(8-21)中,并令介质焓 $h = u + pv$,经整理后方程两端再除以 Δt,令 $\Delta t \to 0$, 则稳压器汽相 G 中的能量守恒方程为

$$\frac{\mathrm{d}U_g}{\mathrm{d}t} = -(G_3 + G_4 + G_5 + G_7 + G_8 - G_6)h_g - p\frac{\mathrm{d}V_G}{\mathrm{d}t} - (q_1 + q_2 + q_3) \tag{8-27}$$

方程右端第一项是由传质过程引起的内能变化,第二项是汽相中的压缩功,第三项是由传热过程引起的内能变化。

同样,在热力系统Ⅱ中,建立自 t 时刻到 $t + \Delta t$ 时刻的时间间隔 Δt 内能量守恒方程为

$$U_{\mathrm{II}}(t + \Delta t) = U_{\mathrm{II}}(t) - p[V_{\mathrm{II}}(t + \Delta t) - V_{\mathrm{II}}(t)] + q_{\mathrm{II}}\Delta t \tag{8-28}$$

其中:

$$U_{\mathrm{II}}(t + \Delta t) = U_L(t + \Delta t) - G_1u_1\Delta t - G_2u_2\Delta t - (G_4 + G_5 + G_7)u_f\Delta t \tag{8-29}$$

$$U_{\mathrm{II}}(t) = U_L(t) - G_6u_f\Delta t \tag{8-30}$$

$$V_{\mathrm{II}}(t + \Delta t) = V_L(t + \Delta t) - G_1v_1\Delta t - G_2v_2\Delta t - (G_4 + G_5 + G_7)v_f\Delta t \tag{8-31}$$

$$V_{\mathrm{II}}(t) = V_L(t) - G_6v_f\Delta t \tag{8-32}$$

$$q_{\mathrm{II}} = q_4 - G_6(u_g - u_f) - G_7(u_f - u_g) - pG_6(v_g - v_f) - pG_7(v_f - v_g) \tag{8-33}$$

把方程(8-29) ~ 方程(8-33)代入方程(8-28)中,并令焓 $h = u + pv$,方程两端同除以 Δt,并令 $\Delta t \to 0$,则稳压器液相 L 的能量守恒方程为

$$\frac{\mathrm{d}U_L}{\mathrm{d}t} = G_1h_1 + G_2h_2 + G_4h_f + G_5h_f - G_6h_g + G_7h_g - p\frac{\mathrm{d}V_L}{\mathrm{d}t} + q_4 \tag{8-34}$$

式中,h_1, u_1, v_1 ——分别为波动水的焓、比内能和比容;

h_2, u_2, v_2 ——分别为喷淋水的焓、比内能和比容。

方程中各项物理意义与汽相 G 的能量守恒方程相同。

稳压器壳体的能量守恒方程为

$$M_{c,wa} \cdot \frac{\mathrm{d}T_{wa}}{\mathrm{d}t} = q_2 + G_5(h_g - h_f) \tag{8-35}$$

式中,$M_{c,wa}$ ——稳压器壳体热容量,kJ/℃;

T_{wa} ——稳压器器壁平均温度,℃。

式(8-35)表示稳压器器壁储存热量的变化速率等于蒸汽向壁面的冷凝放热速率与导热速率之和。

8.5.2.2　质量守恒方程

自 t 时刻起到 $t + \Delta t$ 时刻的时间间隔 Δt 内,由于卸压阀和安全阀的排放、壁面冷凝、喷淋冷凝、汽水分界面的闪发和冷凝等原因使得汽相 G 的质量发生变化,可表示为

$$M_G(t + \Delta t) = M_G(t) - G_3\Delta t - G_4\Delta t - G_5\Delta t + G_6\Delta t - G_7\Delta t - G_8\Delta t \tag{8-36}$$

方程两边同除以 Δt,并令 $\Delta t \to 0$, 则有:

$$\frac{\mathrm{d}M_G}{\mathrm{d}t} = -G_3 - G_4 - G_5 + G_6 - G_7 - G_8 \tag{8-37}$$

在同一时间间隔 Δt 中,由于波动流、喷淋液滴的降落、蒸汽在喷淋液滴上的冷凝、壁面冷凝以及汽水分界面的闪发和冷凝等原因使得液相 L 的质量发生变化,可表示为

$$M_L(t + \Delta t) = M_L(t) + G_1\Delta t + G_2\Delta t + G_4\Delta t + G_5\Delta t - G_6\Delta t + G_7\Delta t \tag{8-38}$$

方程两边同除以 Δt，并令 $\Delta t \to 0$，则有

$$\frac{\mathrm{d}M_L}{\mathrm{d}t} = G_1 + G_2 + G_4 + G_5 - G_6 + G_7 \tag{8-39}$$

方程(8-37)、方程(8-39)即为汽相和液相的质量守恒方程。

8.5.2.3　体积守恒方程

t 时刻汽相和液相的体积是由该时刻的汽相和液相的质量及其状态所决定的，因此有

$$V_G = M_G v_g \tag{8-40}$$

$$V_L = M_L v_f \tag{8-41}$$

定义稳压器在 t 时刻的有效容积 V_{act} 为该时刻稳压器内汽相和液相容积之和，即

$$V_{act}(t) = V_G(t) + V_L(t) \tag{8-42}$$

在稳态工况下，有效容积 V_{act} 应等于稳压器内容积 V_0。在动态过程中 V_{act} 可能小于 V_0，或者等于 V_0 再加上波动管内任一长度的液体体积。

由方程(8-42)可以写出体积守恒的微分形式，即

$$\frac{\mathrm{d}V_{act}}{\mathrm{d}t} = \frac{\mathrm{d}V_G}{\mathrm{d}t} + \frac{\mathrm{d}V_L}{\mathrm{d}t} \tag{8-43}$$

由于稳压器在动态工况下，有效容积的变化速率等于反应堆冷却剂系统的波动体积变化速率，因此有

$$\frac{\mathrm{d}V_{act}}{\mathrm{d}t} = \frac{\mathrm{d}V_{surge}}{\mathrm{d}t} \tag{8-44}$$

式中，V_{surge} ——主冷却剂的波动体积。

因此，由方程(8-43)可得

$$\frac{\mathrm{d}V_G}{\mathrm{d}t} = \frac{\mathrm{d}V_{surge}}{\mathrm{d}t} - \frac{\mathrm{d}V_L}{\mathrm{d}t} \tag{8-45}$$

如果忽略动态过程中稳压器液相水比容的变化，那么

$$\frac{\mathrm{d}V_L}{\mathrm{d}t} = \frac{\mathrm{d}(M_L v_f)}{\mathrm{d}t} = v_f \frac{\mathrm{d}M_L}{\mathrm{d}t} \tag{8-46}$$

方程(8-43)、方程(8-45)和方程(8-46)是稳压器的容积守恒方程。

在装置正常功率运行的大部分动态工况下，稳压器的主要扰动函数是波动流量 G_1。

当船舶航行工况发生变化时，装置的负荷也随之发生变化，在装置负荷阶跃变动过程中，反应堆功率调节的滞后，使在一定时间内反应堆与汽轮机功率不协调，从而一、二回路热平衡遭到破坏，主冷却剂的平均温度和比容跟着发生变化。主冷却剂的膨胀和收缩造成进入或流出稳压器的正、负波动流。

此外，二回路某些保护系统动作引起主蒸汽隔离阀速关，一回路保护系统动作引起反应堆紧急停闭等，也会引起冷却剂的波动。这些正、负波动流是稳压器动态工况下的主要扰动函数。

只有在一些特殊工况下，稳压器才会由于其他扰动函数作用引起动态过程，例如：在稳压器进行除气操作时，运行人员手操开启卸压阀，此时扰动函数为卸压阀排出流量 G_3；或者稳压器控制系统失灵（或误操作），此时扰动函数可能是喷淋流量 G_2，或者电加热器输入热量 q_4。

在装置动态过程中,主冷却剂的波动体积将分成两个部分进入稳压器内。一部分由波动管进入稳压器底部(其波动速率为 G_1),另一部分由喷淋管进入稳压器上部空间(其喷淋速率为 G_2)。因此,主冷却剂的波动速率 G_{surge} 应该等于这两者之和:

$$G_{surge} = G_1 + G_2 \tag{8-47}$$

由波动管进入稳压器下部的波动流 G_1 还可以分成两部分来讨论。一部分进入稳压器的下部腔室与稳压器液相水相混合,成为液相的一部分;另一部分不与液相水混合,而像活塞一样推动液相水上下运动。上述稳压器动力学方程中的波动流量 G_1 是指由波动管进入稳压器并与稳压器内液相水相混合的那一部分波动流。设混合系数为 f_{mix},则有

$$G_1 = f_{mix} \cdot G_L = f_{mix}(G_{surge} - G_2) \tag{8-48}$$

此时,稳压器的有效容积 V_{act} 将发生变化,其变化速率可表示为

$$\frac{dV_{act}}{dt} = -(1 - f_{mix}) \cdot G_L \cdot v_{surge} = -(1 - f_{mix}) \cdot (G_{surge} - G_2) v_{surge} \tag{8-49}$$

式中,v_{surge} ——波动水的比容。

混合系数 f_{mix} 在0与1之间,当波动水与液相水完全不混合时,$f_{mix} = 0$,当波动水与液相水完全混合时 $f_{mix} = 1$。这是两种极端情况,大部分情况下,$0 < f_{mix} < 1$,其值取决于稳压器的结构。如果在稳压器的底部设有套筒(如“陆奥”号采用的稳压器)将波动水与液相水隔开,则 f_{mix} 接近为0;如果在稳压器底部波动管入口设有分流帽,则 f_{mix} 接近为1。

8.6　压水堆核动力装置的动态特性

8.6.1　压水堆核动力装置的自稳自调特性

压水堆核动力装置由于反应堆具有负的温度系数,因此具有良好的负荷跟踪能力和抗反应性干扰能力,即具有良好的自稳自调特性。正是由于这一优点,核动力舰船普遍采用了压水堆核动力装置,理论和实践都证明了这种装置具有良好的机动性能和安全性能。

8.6.1.1　压水堆核动力装置的自稳特性

压水堆核动力装置在稳态功率运行时,如果出现来自反应堆内的反应性扰动,例如控制棒组的动作、冷水事故等引起反应性的增加,反应堆功率将随之上升。在这种情况下,如果二回路负荷保持不变,反应堆功率调节系统处于解列状态,操纵员也没有进行干预,那么反应堆功率的增加使反应堆和一回路系统的热平衡受到破坏,燃料元件的温度和冷却剂的温度随之上升。

燃料元件芯块温度的上升速率取决于扰动的大小,即引入的反应性大小以及燃料元件本身的时间常数 τ_f。一般情况下 τ_f 在3 s左右的数量级上,与活性区中子通量 φ 的时间常数 τ_φ 相近,因此,T_f 的飞升曲线与中子通量 φ 的飞升曲线形状相似,趋势相同。如图8-4中第一个峰值是瞬发中子的贡献,第二个峰值是缓发中子的贡献。

当燃料芯块温度 T_f 上升后,由于反应堆具有负的燃料温度系数 α_f,堆芯会自动引入一个负的反应性,以抵消由于扰动而引入的正反应性,使反应堆功率不再继续上升,并逐步恢复到原有水平。

一回路冷却剂的温度 T_{av} 上升的趋势较燃料芯块略有滞后,由于在压水堆中冷却剂同

时又是慢化剂，压水堆在功率运行中都具有负的慢化剂温度系数，所以当冷却剂温度上升后，由于慢化剂的负的温度效应，给堆内又引入一个负的反应性，从而进一步抑制了反应堆功率的上升。并使反应堆总的反应性恢复到稳态水平（零）。这时装置达到一个新的平衡状态，燃料芯块温度 T_f 和冷却剂温度 T_{av} 都高于原先的稳态工况。此时，由于燃料温度效应和慢化剂温度效应引入堆内的负反应性与扰动引入的正反应性在数值上相等，因此正好互相抵消。

压水堆核动力装置这种对反应堆内反应性扰动具有的自平衡能力称为自稳特性，压水堆的自稳特性是由反应堆的负燃料温度系数和负慢化剂温度系数提供的。反应堆的燃料温度系数和慢化剂温度系数绝对值越大，装置的自稳特性越好。

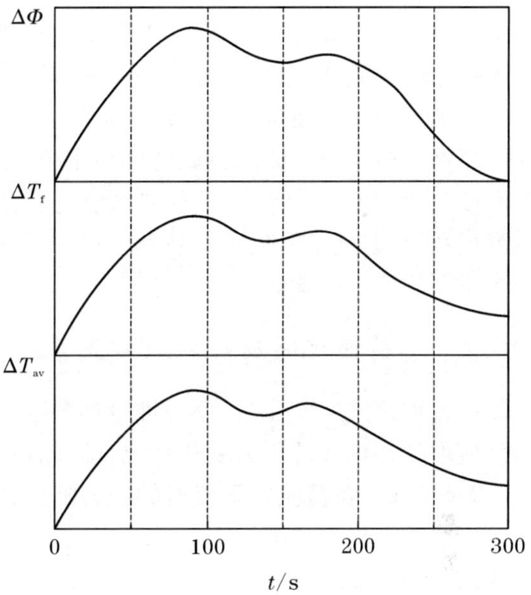

图 8-4　压水堆核动力装置的自稳特性

压水堆核动力装置的自稳特性，保证了反应堆抗干扰能力，增加了反应堆的安全程度。

8.6.1.2　压水堆核动力装置的自调特性

压水堆核动力装置在稳态功率运行时，如果出现来自二回路负荷的扰动，例如汽轮机负荷的突然阶跃上升、下降、主汽门速关等，在这种情况下我们假定反应堆功率调节系统处于解列状态，运行人员也没有进行干预，那么反应堆功率与二回路负荷失去平衡（见图 8-5）。

为分析方便起见，首先假定汽轮机负荷阶跃上升，汽轮机负荷大于反应堆功率，冷却剂平均温度首先下降。由于反应堆具有负的慢化剂温度系数 α_m，在反应堆内引入一个正的反应性，使反应堆功率自动跟随二回路功率的上升而增加，直到达到新的平衡为止。

当反应堆功率因慢化剂负的温度效应而增加时，燃料芯块温度上升。由于燃料温度系数也是负的，在芯块温度上升时引入一个负反应性，它阻尼了反应堆功率的进一步上升，直到反应堆功率与二回路负荷平衡，由慢化剂温度效应引入的正反应性与燃料温度效应的负反应性相抵消，总的反应性又恢复为零，反应堆在新的平衡状态下运行，此时，冷却剂温度和燃料芯块温度将偏离原先的稳态运行值。

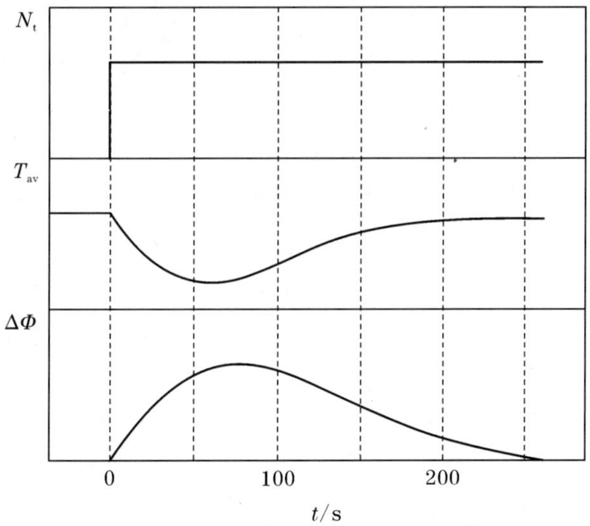

图 8-5　压水堆核动力装置的自调特性

同样，在二回路负荷阶跃下降过程中，冷却剂平均温度将上升，通过 α_m 的作用在堆内引入一个负的反应性,使反应堆功率自动跟随负荷的下降而减少。当反应堆功率下降时,燃料芯块温度也随之下降。由于燃料温度系数也是负的,由燃料温度效应在堆内引入一正的反应性,阻尼了堆功率的继续下降,直到反应堆功率与二回路负荷平衡为止。

压水堆核动力装置这种自动跟随外负荷变化的能力,叫做压水堆核动力装置的自调特性。压水堆核动力装置的自调特性。主要是由压水堆负的慢化剂温度系数提供的。当慢化剂温度系数的绝对值越大,反应堆跟随外负荷变化的能力越强,装置的自调性越好。负的燃料温度系数,起到了阻尼中子功率在自调过程中变化的作用,它的存在是反应堆自调过程中一个重要的稳定因素。

8.6.2　负荷变化时反应堆冷却剂系统的压力响应特性

装置负荷发生变化时,反应堆冷却剂系统中热工参数也随之发生变化,其中令人关心的是反应堆冷却剂系统压力变化情况,即装置在负荷变化时的压力响应特性。

8.6.2.1　负荷阶跃下降时的压力响应特性

当装置在稳态功率运行时负荷突然阶跃下降,由于反应堆功率调节的滞后,以及装置本身传热过程的滞后,在一段时间内二回路负荷小于反应堆输出的热功率,一、二回路热量的产生和传递失去平衡,主冷却剂平均温度逐渐上升,从而引起冷却剂比容的变化。

图 8-6 所示为装置负荷阶跃下降时反应堆冷却剂系统的压力响应特性曲线。

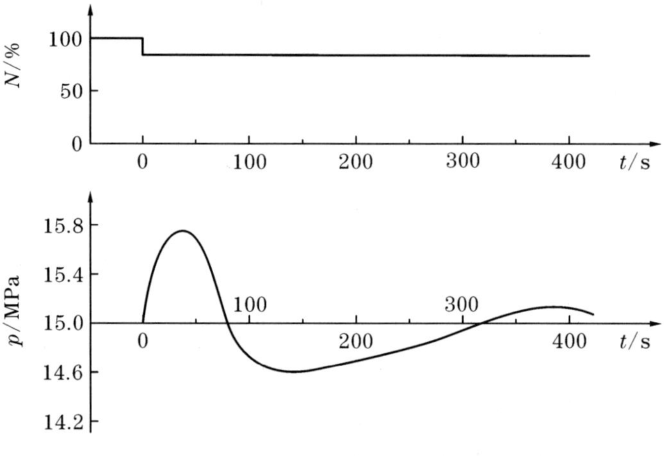

图 8-6　负荷阶跃下降时反应堆冷却剂系统的压力响应特性曲线

膨胀的冷却剂通过波动管进入稳压器内,在稳压器内形成一个正波动流。稳压器内水位逐步上升,汽相介质受到压缩,压力也随之上升。

此时,由于稳压器壁面冷凝和喷淋冷凝的作用,反应堆冷却剂系统压力上升的峰值得到一定的限制,从计算结果可以看到,压力响应特性曲线的上升过程与冷却剂平均温度及波动流量的上升过程基本上趋势相同。

冷却剂平均温度上升后,由于慢化剂的温度效应,加上反应堆功率调节系统的作用,反应堆功率逐步下降,一、二回路热平衡逐渐恢复,反应堆冷却剂平均温度随之下降,反应堆冷却剂系统的冷却剂比容下降,冷却剂体积的收缩引起稳压器中的冷却剂经过波动管进入反应堆冷却剂系统,稳压器中出现一个负波动流,稳压器液位也开始下降。

此时汽相介质由于体积膨胀,压力不断下跌,稳压器中液相水处于过热状态而闪发,从而缓和了压力下跌的速度。当压力低于电加热器动作整定点时,电加热器接通电源投入运行,使稳压器液相水不断蒸发,从而限制了压力下降的峰值,并使压力逐步回升,经过一定时间的衰减振荡,最后在 400 ~ 500 s 后稳定在稳态运行的预定值。

负荷阶跃下降的幅度不同,引起的压力响应特性也不同,在大幅度负荷阶跃变化时,压力响应特性曲线的峰值也大,恢复稳定的时间也要稍长一些。

8.6.2.2　负荷阶跃上升时的压力响应特性

图 8-7 所示为装置负荷阶跃上升时反应堆冷却剂系统的压力响应特性曲线。

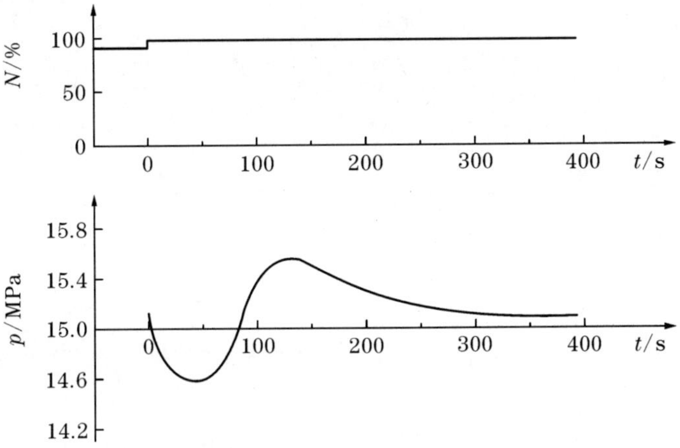

图 8-7　负荷阶跃上升时反应堆冷却剂系统的压力响应特性曲线

当装置在稳态功率运行时负荷突然阶跃提升,同样由于反应堆功率提升的滞后,一、二回路热量平衡受到破坏,冷却剂平均温度逐渐下降,从而引起冷却剂比容降低,冷却剂的收缩使稳压器内冷却剂经波动管进入反应堆冷却剂系统,形成一个负波动流,因而稳压器压力开始下降。

由于汽水分界面液相水的闪发和电加热器投入运行,缓冲了压力下降的速度,限制了压力下降的峰值,并使稳压器压力逐步得到恢复。

由于冷却剂温度下降后在堆芯的慢化剂温度效应,以及反应堆功率调节系统的作用,反应堆功率逐步提升,并跟随上二回路负荷的变化,此时冷却剂平均温度开始上升,冷却剂比容随温度上升,膨胀的冷却剂经波动管进入稳压器内,在稳压器中形成一个正波动流,它使系统压力迅速上升,经过一段时间的衰减振荡后,最终稳定在稳态运行的预定值上。

8.6.2.3　负荷线性变化时的压力响应特性

当船舶在航行中,按计划提升或降低功率时,通常以较低的速率提升或降低负荷,例如,以 ±5% FP/min 的速率改变汽轮机负荷,这种过程称为负荷线性变化,在这种情况下,装置的扰动和参数的变化幅度相应要比阶跃扰动小得多。

当装置负荷按允许速率线性变化时,反应堆功率调节系统能及时跟踪上外负荷的变化,此时冷却剂平均温度的改变速率很低,变化幅度很小,因而对稳压器的扰动很小,装置的压力在一个很小的范围内变化。因此,在有些文献中,把负荷线性变化的运行工况归纳在稳态工况内。

思 考 题

1. 什么是动态过程?
2. 研究核动力装置动力学的目的是什么?常用的方法有哪些?
3. 建立自然循环发生器动力学方程所考虑的主要因素有哪些?
4. 建立电热式稳压器动力学方程主要考虑哪些因素?通常有哪些假设?
5. 什么是反应堆的自稳自调特性?影响压水堆自稳自调特性的因素有哪些?
6. 反应堆的自稳自调特性对核动力装置的运行安全有何影响?

第 9 章　核安全基础

核动力装置的危险性主要来自于反应堆内的大量放射性物质，一旦发生事故，这些放射性物质就可能扩散到环境中，直接（通过辐射和随空气吸入）或间接（通过食物链）地对周围人员的生命安全构成威胁。

反应堆安全性的含义指的是对工作人员和周围居民的健康与安全有切实可靠的保障。正常运行情况下，不论事故是由内部原因（如系统和设备的故障）还是由外部原因（如飞机坠落、地震等）引起，反应堆的保护系统和专门的安全设施都能及时地投入工作，确保堆芯安全，限制事故发展，减少设备损坏，防止放射性物质泄漏到环境中。

9.1　核动力装置的安全特征及安全要求

9.1.1　核动力装置的潜在危险性

核动力推进的船舶具有载重量大、续航力大等显著优点，但是，由于船舶推进能量来源于反应堆内的核裂变能，按照目前能量转换、传递及分配的方式，船舶核动力装置在运行过程中具有以下潜在的危险性：

(1) 反应堆内的核裂变过程中除了释放出巨大的能量外，还伴随着大量放射性物质的生成。一个重核裂变生成两个不稳定的新核，新核以不同的半衰期、不同强度的辐射转变成稳定核。裂变产物是反应堆中放射性的主要来源，计算结果表明，一座电功率为 1 100 MW 的压水堆，经过 293 d 的运行后，裂变产物的放射性活度可高达 6.36×10^{20} Bq。裂变产物包容在燃料元件中，只有当燃料元件包壳破损时才会释放出来。活化的物质也是放射性的一个来源，但其数量与裂变产物相比要少得多。

(2) 反应堆冷却剂系统及其主要辅助系统在运行时，其中包容的冷却剂处于高温和高压状态，一旦设备或管道发生破裂，带有一定数量放射性物质的高温、高压冷却剂会从破口喷涌而出并迅速汽化，使堆舱内的温度、压力迅速升高，可能破坏堆舱的完整性，造成放射性物质外泄。另一方面，由于冷却剂不断流失，堆芯水位下降，燃料元件得不到充分冷却，最终会导致堆芯因温度过高而熔毁，从而加剧放射性物质向环境的扩散。

(3) 与常规动力装置不同，反应堆在运行一段时间后停闭时，堆芯功率不会马上降到零，由于缓发中子引起的裂变、裂变产物的衰变而使堆芯仍有较大的热功率，根据停堆前运行功率水平的不同，停堆后的衰变热功率可达反应堆额定功率的 3% ~7%，这部分能量如不及时排出，仍有引起堆芯熔毁的可能。

(4) 核动力舰船在海洋中航行，会受到复杂海洋条件的影响，如果发生海难或者遭到敌方攻击，船舶核动力装置可能发生破坏，造成放射性物质的泄漏和扩散。

需要说明的是，反应堆虽然存在着放射性物质泄漏和扩散的潜在危险，但并不会像原子弹那样引起核爆炸。反应堆一般采用低富集度的核燃料，堆芯由燃料组件、控制棒、可燃毒物、堆芯结构材料按一定排列方式组成并流过慢化剂和冷却剂，不具备使裂变能在一瞬间大量释放(即爆炸)的条件。

9.1.2　核动力装置的事故工况

如第7章所述，船舶核动力装置的全部运行状态划分为四类基本工况：正常运行工况、一般事故工况、严重事故工况和极限事故工况。其中，正常运行工况是核动力装置寿期内频繁出现的一种运行状态，只要依靠控制系统在反应堆设计裕量范围内进行调节，即可把反应堆维持在所要求的状态；后三种工况分别反映了核动力装置的几类事故状态，其发生的概率和产生的危害各不相同，下面简要介绍这几种事故工况的特点。

9.1.2.1　一般事故工况

这类工况指的是核动力装置在运行寿期内预计出现一次或数次偏离正常运行，又称为中等频繁事件。这类事故主要有：

(1)启堆时控制棒组件失控提出；

(2)满功率运行时控制棒组件失控提出；

(3)部分失去冷却剂流量；

(4)控制棒组件落棒；

(5)失去正常给水；

(6)给水温度降低；

(7)负荷过分增加；

(8)隔离环路再启动；

(9)甩负荷；

(10)失去外电源；

(11)一回路卸压；

(12)主蒸汽系统卸压；

(13)满功率运行时安全注射系统误动作。

在这一类事故工况下，安全保护系统可能动作，但最多只要求反应堆停闭，不会导致任何一道屏障破裂，也不会造成放射性物质泄漏。

9.1.2.2　严重事故工况

这类事故预期在装置的整个寿期内极少发生，根据美国国家标准协会(ANSI)1970年发布的标准，发生的概率约为$10^{-4} \sim 3 \times 10^{-2}$次/(堆·年)，又称为稀有事故或低概率事件。这类事故主要有：

(1)一回路系统管道小破口；

(2)二回路蒸汽管道小破口；

(3)燃料组件装载错误；

(4)满功率运行时抽出一组控制棒组件；

(5)全船断电(反应堆失去全部强迫流量)；

(6)放射性废气、废液事故释放；

(7)蒸汽发生器单根传热管断裂。

事故的后果可能导致一定数量的燃料元件包壳破坏，但损坏的程度是有限的，而且核动力装置在一个相当长的时间内不能恢复功率运行。为防止和限制对环境的辐射危害，需要专设安全设施投入工作。

9.1.2.3　极限事故工况

是在核动力装置中预期不会发生，但在设计过程要假想发生的极端事故，发生的概率约为 $10^{-6} \sim 10^{-4}$次/(堆·年)，因此又称为假想事故。这类事故主要有：

(1)反应堆冷却剂主管道大破口；

(2) 主蒸汽管道大破口；

(3)蒸汽发生器多根传热管断裂；

(4)一台主泵转子卡死；

(5)控制棒弹棒事故；

(6)燃料操作事故。

这类事故一旦发生，则后果非常严重，可能会释放出大量放射性物质。

9.1.3　核动力装置的安全要求

为了保证反应堆安全，防止在各种运行工况下发生反应堆堆芯熔毁、放射性物质外泄的事件，应采取各种措施满足以下安全要求：

(1)反应性控制

采用控制棒、可燃毒物以及可溶毒物等多种方式，根据反应堆运行工况不同，分别实现功率控制、补偿控制和紧急停堆控制，确保对反应堆功率的有效控制。

(2)反应堆堆芯冷却

在任何工况下都必须导出核燃料的释热，确保对堆芯的有效冷却，防止由于过热而引起燃料元件损坏。

(3)放射性产物包容

在核燃料与环境之间设置多道屏障，防止放射性产物泄漏和扩散到环境中。

上述三方面的安全要求也称为核安全三要素，在任何情况下，只要核安全要求得以满足，反应堆的安全性就能得到保证。

9.2　核动力装置的安全设计

核安全是核设施在其设计、制造、运行、维修和退役期间，为保护工作人员、公众和环境受可能的放射性危害所采取的所有措施的总和。这些措施包括：确保核设施正常运行，预防事故的发生，限制可能的事故后果。

核安全在核动力装置的设计、制造、运行、维修和退役等各个阶段都会有不同的内容和要求，在设计阶段主要是从核安全目标出发，将核安全的基本原则体现在核动力装置的设计方案中，是保证其他阶段核安全的前提条件。

9.2.1　核安全的目标及其基本原则

核安全的总目标是：建立并维持一套有效的防护措施，以保证工作人员、公众和环境免遭放射性危害，包括辐射防护目标和技术安全目标两个辅助目标。

辐射防护目标是:确保在正常状态时放射性辐照和由放射性物质引起的辐射照射低于规定的限值,并保持在可合理达到的尽量低的水平;确保减轻事故情况下的放射性后果。

技术安全目标是:防止发生事故,并在发生事故时减轻其后果;确保有严重放射性后果的事故发生的概率极低。

随着核动力装置运行经验的不断积累,逐渐形成了一套对于提高核安全起到关键作用的基本原则,这些原则的贯彻将有利于核安全目标的实现。核安全的基本原则包括三类:

(1)涉及管理责任的原则

涉及核安全文化、运营单位的责任和监管当局的控制等。

(2)基本技术原则

涉及安全分级、设备鉴定、系统和部件的可靠性设计、火灾和爆炸、其他内部危害、外部事件、运行限值和条件、设计基准事故、严重事故、采用经验验证的工程实践、应用经验反馈和安全研究成果、安全评价及其独立验证、老化、人因考虑和人机接口、辐射防护。

(3)纵深防御原则

这是核安全的一项基本原则,贯彻于核安全有关的全部活动,保证核安全相关活动在多重措施的防护之下,即使发生一种故障,也可以采取适当的措施探测、补偿或纠正。三哩岛核事故证明了纵深防御安全原则的重要性,尽管有一半的堆芯已经熔化,但包容着反应堆的安全壳建筑物阻止了放射性物质的大量释放。

在工程实践中,纵深防御原则的贯彻主要体现在两个重要的思想,即多道屏障和多级防御,如图 9-1 所示。

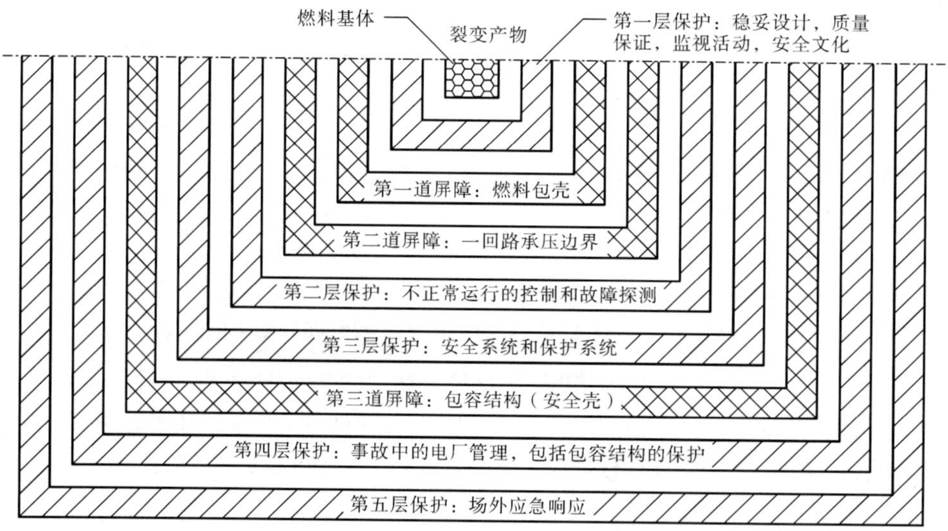

图 9-1　核电站采取的多道屏障和多级防御

9.2.1.1　多道屏障

反应堆安全设计的首要任务是防止放射性物质从反应堆中泄漏和扩散出来,为此在放射源(裂变产物)与环境之间设置了多道屏障,图 9-2 大体上描述了一座压水堆的防护情况。

第一道屏障是燃料元件包壳。裂变产物有固态和气态两种形式,它们的绝大部分保留在燃料的分子晶格中,根据这一效应有人把陶瓷燃料芯块也看作一道屏障。气态的裂变产

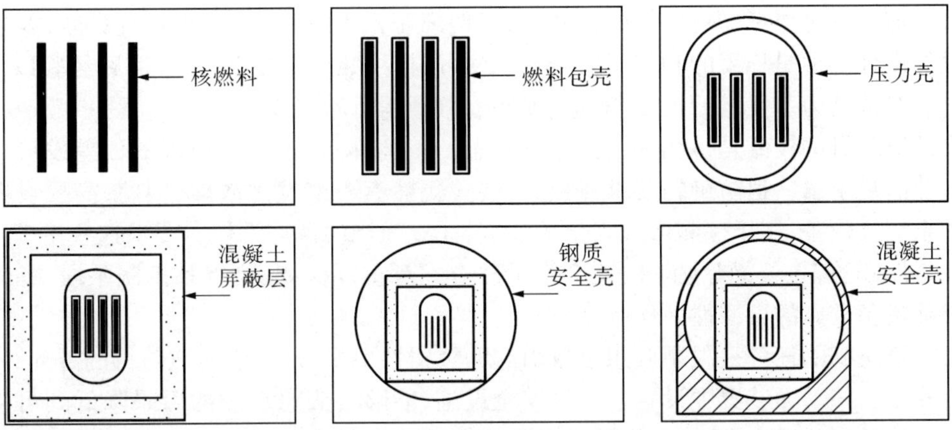

图 9-2　核电站采取的安全屏障

物能部分地扩散出芯块,进入芯块和包壳的间隙内。只要包壳不破损,放射性裂变产物一般是不会逃逸出来的。如果包壳有缺陷或破损,则将有裂变产物进入冷却剂中,设计时假定有 1% 的包壳破裂和有 1% 的裂变产物从包壳逸出。据美国统计,反应堆正常运行时,燃料元件包壳的实际最大破损率为 0.06%。

第二道屏障是包容冷却剂的一回路承压边界。压水堆的一回路承压边界主要由反应堆压力壳、蒸汽发生器、主泵、稳压器和主管道构成,整个一回路系统是密闭的。

为了确保第二道屏障的严密性和完整性,防止因为包壳破损而逸出的放射性物质漏出,除了设计时在强度上留有足够的裕量外,还必须对一回路的设备和管道材料选择、建造和运行提出较高的要求。

第三道屏障是堆舱,对核电站而言是安全壳。堆舱(或安全壳)容纳着反应堆及一回路的绝大部分系统和设备,在发生严重事故时,用于防止从破损的第二道屏障中泄漏出的放射性气体和液体再泄漏到环境中。在核电站中,紧贴在钢质安全壳外表面还有一层混凝土安全壳,其作用是保护设备免受袭击(如飞机坠落)。

在正常运行情况下,多道屏障可以将核动力装置周围的放射性剂量保持在很低的水平。

9.2.1.2　纵深防御

为了保证上述三道屏障在正常运行和事故工况下的有效性,在核动力装置的设计中广泛地采用了纵深防御原则。目前,国际上针对核电站采取的纵深防御一般分为五个层次,如表 9-1 所示。对于船舶核动力装置所采取的纵深防御一般参照核电站来考虑。

表 9-1　核电站中纵深防御的层次

层　次	防　御　目　标	措　施
第一层	预防出现异常工况和系统故障	保守设计、高质量的建造和运行
第二层	异常工况的控制和故障检测	控制、保护系统和定期检查
第三层	控制事故在设计基准事故内	工程安全设施和事故处置程序
第四层	防止事故的扩展,减轻严重事故的后果	备用措施和事故管理
第五层	减轻大量放射性物质释放所造成的环境影响	厂外应急响应计划

第一道防御主要考虑对事故的预防，防止偏离正常运行状态，防止系统失效，要求核动力装置的设计必须是稳妥的和偏于安全的，必须严格按照质量标准、工程实践经验以及质量保证程序对核动力装置进行设计、制造、安装、调试、运行和维修。

第二道防御的任务是检测和纠正运行状态的偏离，防止运行中出现的偏差发展成为事故。即使满足了第一道防御的要求，核动力装置仍然有可能发生故障，因此，需要设置必需的保护系统和设备，用于探测影响安全的瞬变，完成适当的保护动作。要求这些系统和设备的设计是保守的，必须留有足够的安全裕量并应配有重复探测、检查和控制手段，各种测试仪表必须具备较高的可靠性。

第三道防御的任务是限制假想事故引起的放射性后果，是对前两道防御的补充，以保障公众的安全。核动力装置中设置了专设安全设施，能够将假想事故的后果降低到可以接受的水平。核动力装置正常运行时，专设安全设施处于备用状态，为确保其可用性必须定期进行检查。

第四道防御的目的是在发生严重事故时保护包容功能。严重事故是指堆芯遭到严重破坏和熔化，甚至安全壳完整性遭到破坏的事故，将导致放射性物质大量释放到环境，属于超设计基准事故。

除了事故管理规程之外，还可以由防止事故进展的补充措施与规程，以及减轻选定的严重事故后果的措施来达到。

第五道防御的目的是减轻可能由事故工况引起潜在的放射性物质释放造成的放射性后果。对每个核电厂均应制订应急计划，以便万一发生严重事故、造成大量放射性外逸时，能对附近居民实行屏蔽、疏散、供给药物，并对食物进行封锁，使损害降到最小限度。

纵深防御体系是核动力装置整个安全技术的基础，所有与安全有关的措施构筑成一个互补搭接、多层次的保护体系，一旦某道防御失效，另外的防御措施加以填补或者加以校正，以保持反应性控制、堆芯热量排出和放射性包容的三个基本安全功能，使放射性物质不会危及公众和环境，这是核动力装置设计、运行总的指导思想。

9.2.2　安全设计的基本原则

核动力装置安全设计的一般原则是：采用行之有效的工艺和通用的设计标准，加强设计管理，在整个设计阶段和任何设计变更中必须明确安全职责。安全设计的对象主要是安全系统、安全有关物项或系统两大部分。其中，安全系统是核动力装置在预计运行事件及事故工况下发挥安全功能，保证反应堆安全停堆、从堆芯排出余热或限制放射性后果的系统，包括保护系统、安全执行系统和安全系统辅助设施。安全有关物项或系统是除安全系统以外与反应堆安全有关的其他系统或部件，如一回路压力边界、安全壳等。

核动力装置各系统安全设计的基本原则如下：

(1)单一故障准则

单一故障是指一个使某一部件不能执行其预定安全功能的随机故障及其所有继发性故障。安全系统的任何设备组合，在任何部位发生可信的单一随机故障时，应当能执行其正常功能。

(2)多样性原则

多样性应用于执行同一功能的多重系统或部件，即通过多重系统或部件中引入不同属性来提高系统的可靠性。获得不同属性的方式有:采用不同的工作原理、不同的物理变量、不同的运行条件以及使用不同制造厂的产品等。

采用多样性原则能减少某些共因故障或共模故障,从而提高某些系统的可靠性。

(3)独立性原则

为了提高系统的可靠性,防止发生共因故障或共模故障,系统设计中应通过功能隔离或实体分隔,实现系统布置和设计的独立性。

(4)故障安全原则

安全系统或部件发生故障时,核动力装置能在无须任何触发动作的条件下进入有利于安全的状态。例如,安全系统中的动力操作阀门在失去动力源时,应能进入对安全有利的开启或关闭状态。

采用故障安全原则可简化系统和设备,且在满足单一故障准则条件下仍能完成同样的安全功能。

(5)定期试验、维护、检查的措施

为使核动力装置的安全系统和部件保持其执行功能的能力,在核动力装置的寿期内应能对这些系统和部件进行标定、试验、维护、修理、检查或监测。

(6)充分采用固有安全性的设计原则

所谓的固有安全性,是指反应堆在运行参数偏离正常范围时能依靠自然物理规律趋向安全状态的性能。例如,压水堆的慢化剂温度系数和燃料多卜勒系数为负值时,如果反应性扰动使反应堆功率增加,则由于慢化剂和燃料芯块温度升高会引入负反应性,从而使反应堆功率降低;具有自然循环能力的反应堆在事故紧急停堆时,可依靠冷却剂的自然循环导出堆芯热量,保证堆芯的冷却。

在设计中适当地引入固有安全概念,能改进反应堆的安全性,降低建造成本。

(7)运行人员操作优化的设计

实际运行经验表明,人因对核安全具有重要的影响。例如,在异常工况下,操纵员若能采取正确的行动,对未明情况下反应堆安全可作出重要的贡献;反之,操纵员若未能作出正确的判断即动用安全设施或采取了错误的应对措施,对核安全是很大的威胁。实际运行过程中发生的许多异常事件(从较小事件直至严重事故),追根溯源都是由于操纵员错误操作或不当干预的结果。

从安全观点出发,核动力装置运行人员的工作场所和环境必须按照人机工程学原则进行设计,必须利于操纵员在有限的时间内、预计的周围环境中和有心理压力的状态下能采取成功的行动,应尽量减少操纵员在短期内进行干预的必要性。

9.2.3　核动力装置的辐射防护

为保证核动力舰船工作人员的健康,对人员的辐射安全有严格的标准规定,在核动力装置安全设计中辐射防护也是需要考虑的一项重要内容。船舶核动力装置的辐射防护通常采用以下措施。

反应堆及一回路系统的主要设备和管路以及一回路辅助系统都布置在核动力舰船中后部密封的反应堆舱中,防止放射性物质或裂变碎片在一回路破损时漏出,污染其他舱室。

为了防止堆舱内的放射性气体逸出进入其他舱室,核动力装置在正常运行时堆舱应保持负压，为此设置了堆舱负压系统。堆舱负压系统设有负压压缩机和储气瓶，储气瓶储存从堆舱抽出的放射性气体，经衰变后排出船外。

为了防止堆芯的放射性辐射对周围人员和环境造成损害，在反应堆及堆舱外侧均要设置屏蔽，其中对反应堆的屏蔽称为一次屏蔽，对堆舱的屏蔽称为二次屏蔽。

一次屏蔽主要屏蔽来自反应堆堆芯的辐射，用于将快中子流减少到在一回路系统中不致激活出强烈放射性的程度，并将 γ 辐射降低到安全水平。同时，还要考虑到在停堆一定时间后，反应堆的剩余放射性可以允许人员进入堆舱内的某处进行工作。核动力装置中设置了一次屏蔽水系统，由一次屏蔽水箱和管路等组成，布置在堆舱内并环绕在反应堆压力容器的周围，一次屏蔽水箱筒体和船体固定。

二次屏蔽包括堆舱的前舱壁屏蔽、后舱壁屏蔽、通道屏蔽、顶部甲板屏蔽以及一些其他的局部屏蔽等，能够屏蔽包括反应堆、一回路及堆舱内所有的辐射，降低中子流和 γ 辐射，达到安全水平，同时防止受放射性污染的空气进入船员的住舱和工作舱室。

为了减轻屏蔽的重量，应将堆舱内的所有设备作紧凑布置，还可利用放射性辐射危险较小的设备、系统、基座等来防护一些辐射较强的设备，如反应堆本体、离子交换器、过滤器等，这就是所谓的“阴影屏蔽”。此外，还应将一回路系统管路尽量布置在堆舱底部。

屏蔽层可采用钢、铅(Pb)、塑料(聚乙烯)、混凝土和含有硼化物的物质等制成，美国的一些核潜艇则主要用铅板做屏蔽。铅和钢主要用于屏蔽 γ 辐射，而混凝土、塑料、天然水和柴油等可用于对中子的屏蔽。屏蔽的重量约占核动力装置总重量的30% ~50% 。

9.3 核安全分析

核动力装置安全分析的任务，是研究不同工况下核动力装置的安全性，主要包括以下几个方面的内容：

(1)对反应堆的正常运行加以分析，证实在正常运行时放射性的强度在允许值以下。

(2)预计核动力装置可能发生事故的种类和大小，并给出定量结果，确定潜在事故的发生概率和放射性物质的释放量。

(3)评估事故发生后各道安全屏障的完整性，至少有一道屏障完整无损就可以限制放射性物质逸出。

(4)评价事故释放所引起的后果，评价对受照射人员健康的影响。

为了确保核动力装置的安全，规定在安全分析报告中要对四类基本工况中的第二类、第三类和第四类的各种事件和事故进行详细的分析和计算，给出定量的结果，并评价其是否满足目前的规范和标准。

9.3.1 安全分析方法

目前对核动力装置安全性的评价有两种方法，一种是依据设计基准事故(Design Basis Accident, DBA)的确定论评价法，是核动力装置发展史上长期使用的方法；另一种是概率安全评价(Probability Safety Assessment, PSA)方法，是20世纪70年代以后发展起来的一种系统工程方法。

9.3.1.1　确定论评价法

这种方法的基本思想是根据反应堆纵深防御的原则，对于反应堆设计要求尽可能安全可靠外，还设置了多重的专设安全设施，一旦发生最大假想事故，依靠安全设施能使事故后果减至最轻，保持核动力装置的完整性，并确保工作人员及周围居民的安全。在确定安全设施的种类、容量和响应速度时，需要一个参考的假想事故作为设计基础，并将此事故看作最大可信事故，认为所设置的安全设施如果能够防范这一事故，就必定能防范其他各种事故。

确定论评价属于事故后果预审分析，其做法是规定典型假想核事故为设计基准事故（DBA），假定事故已经发生，按要求采取合理的或保守的假设，对事故引起的整个核动力装置的响应过程进行分析，确定事故的放射性后果，来检验各项安全措施的有效性。

确定论评价法根据以往的经验和社会可接受的程度，人为地将事故分为“可信”与“不可信”两类。对于压水堆核动力装置，通常将主冷却剂管道冷管段双端断裂作为最大可信事故，在设计中予以认真考虑，即使这种事故发生，只要专设安全设施的功能得以正常发挥，就不会产生严重的后果。对于后果相对较轻的事故，例如小破口失水事故、核动力装置运行瞬变等，不再进行深入研究。但是，1979 年美国三哩岛核电站发生的堆芯熔化事故，却是由小破口失水事故和运行瞬变引起的，这说明确定论评价方法存在一定的局限性。

确定论的安全评价方法是迄今为止被广泛应用的一种成熟的评价方法，得到各国安全当局的批准和认可。这种方法较为简便，评价速度较快，但是，由于通常以多年实际应用的经验和一些保守的假设为基础，而许多假设又不完全符合客观实际，因而得出的结果往往过于保守。

9.3.1.2　概率安全评价

概率安全评价又称概率风险评价（Probabilistic Risk Assessment，PRA），采用系统可靠性评价技术（即故障树、事件树分析）和概率风险分析方法对复杂系统的各种可能事故的发生和发展过程进行全面分析，从其发生概率以及造成的后果综合进行考虑，是一种用以辨识与评估复杂系统的可靠性、安全性风险为目标的结构化、集成化的逻辑分析方法。

PSA 方法认为核动力装置的事故并不存在“可信”与“不可信”的截然界限，仅仅是事故发生的概率有大小之别，事故的发生是随机事件，引发事故的潜在因素很多，核动力装置的安全性由全部潜在事故的数学期望表示。PSA 把整个系统的失效概率通过结构的逻辑性推理与它的各个层次的子系统、部件及外界条件等失效概率联系起来，从而找出各种事故发生的概率，可以达到较高的安全目标。

PSA 方法对核动力装置这样复杂的对象作系统的分析思考，以严格的数理逻辑推理和概率论为理论基础，提供一种综合的结构化的处理方法，找出可信的事故序列，评价相应的发生概率并描绘造成的后果。PSA 与传统的确定论安全分析的区别在于：不仅能确定从各种不同初始事件所造成的事故序列，还能够系统地和现实地确定该事故的发生频率和事故造成的后果。

PSA 方法自 20 世纪 70 年代问世以来，经过 30 多年的发展，在核安全运营及监管领域的应用日趋成熟。利用 PSA 可支持核动力装置的设计、优化和改进，评估安全问题，改善操纵员培训程序，对运行事件进行评估和分级，为核动力装置的设计、建造、运行、维修、人员行为、堆芯损坏事故物理进程以及对公众健康与安全的潜在影响等进行的综合分析提供了一种有效的手段。

9.3.2　风险分析

风险可定义为从事某种活动在一定时间内给人类带来的危害,利用事件发生的概率和后果幅值可以定量地描述风险。如果单位时间内事件发生的概率和每个事件造成的后果均为已知,风险即为单位时间内造成的损害,可表示为

$$\text{风险}\,R\left[\frac{\text{损害}}{\text{单位时间}}\right] = \text{发生概率}\,P\left[\frac{\text{事件}}{\text{单位时间}}\right] \times \text{后果}\,C\left[\frac{\text{损害}}{\text{事件}}\right]$$

如果用 R_i 表示第 i 种事件的风险,P_i 表示第 i 种事件发生的概率,C_i 为第 i 种事件的后果,则有

$$R_i = P_i \cdot C_i \tag{9-1}$$

总风险等于各部分风险之和

$$R = \sum_{i=1}^{N} R_i = \sum_{i=1}^{N} P_i \cdot C_i \tag{9-2}$$

风险又分为个人风险和社会风险,个人风险是指在一定时间内,由于发生了某一事件给个人带来的危害;社会风险系指该集团的人受到的危害。显然,社会风险等于个人风险与该集团人数的乘积。

例如,某城市每年大约发生 16 000 起交通事故,其中约每 80 起事故造成 1 人死亡,于是交通事故引起的社会风险为

$$\frac{16\,000\ \text{起事故}}{1\ \text{年}} \times \frac{1\ \text{人死亡}}{80\ \text{起事故}} = 200\ \text{死亡人数}/\text{年}$$

如果该城市有 1 000 万人口,则平均个人风险为

$$\frac{200\ \text{死亡人数}/\text{年}}{10^7\ \text{人}} = 2 \times 10^{-5}\text{死亡人数}/(\text{人} \cdot \text{年})$$

与自然界的日常活动和各类生产活动一样,核能利用也有一定程度的风险。美国首先利用 PSA 方法对轻水堆进行研究,将能够导致堆芯部分或全部熔化并释放大量放射性物质的事件定义为事故。根据安全壳的状态和当时的天气情况,放射性物质有可能不同程度地散布到周围环境中,使人们以下列不同方式受到放射性辐照:由空气中的放射性物质直接辐照,呼吸时吸入,核辐照区域地面上活化物质的辐照,摄取污染了的食物,饮用污染水或吃污染水中的鱼,等等。辐射剂量的大小以及辐照的形式确定了释放出的放射性物质所引起的后果,而人口密度是最终的决定性因素。

通过对大量的事故综合原因及其后果进行研究分析,定量地确定了事故发生的概率。研究结果给出了风险的范围,其下界限是堆芯熔化,但安全壳不破损,在事故中经济损失几十万美元,无人员伤亡,这样的事故约每 20 000 堆 · 年发生一次;导致严重人员伤亡的事故发生概率远小于 5×10^{-5}/(堆 · 年),研究结果确定其风险的上界限为 10^{-9}/(堆 · 年),即每个堆 10 亿年发生一次,在这样的事故中有 3 300 人立即死亡,45 000 人受伤,45 000 人死于事故后 30 年内由放射性引起的癌症,造成 \$ 140 亿的经济损失(包括被放射性污染的地皮的价值在内)。

对核能的风险不能孤立地看,必须与日常生活中的风险、生产活动中的风险和自然风险相对比。图 9-3 中给出 100 座核电站的风险与日常生活中的其他风险相对比情况,例如飞机失事、爆炸、拦河坝决口以及从化工厂漏出氯气中毒等,表示出各种事件发生的概率与死

亡人数的关系。每种事件用一条曲线表示，清楚地表明后果严重的事件发生的可能性很小。图 9-4 用经验数据也证明了这个一般性的结论，如英国的研究表明，自然事件如地震、龙卷风、飓风和陨石的风险比 100 座核电站的风险大 500 ~ 10 000 倍。

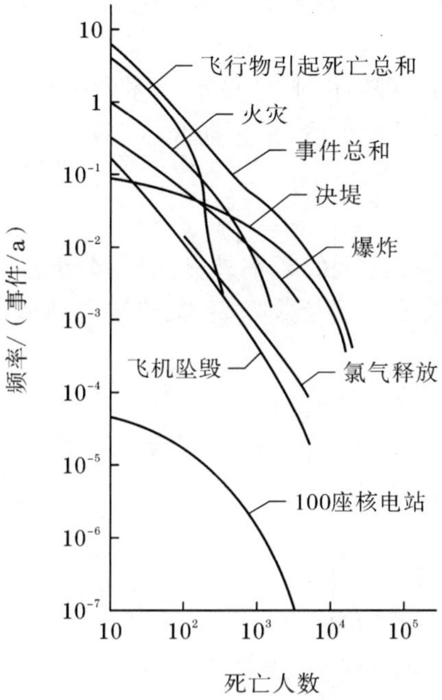

图 9-3　核电站风险与其他事件风险的比较

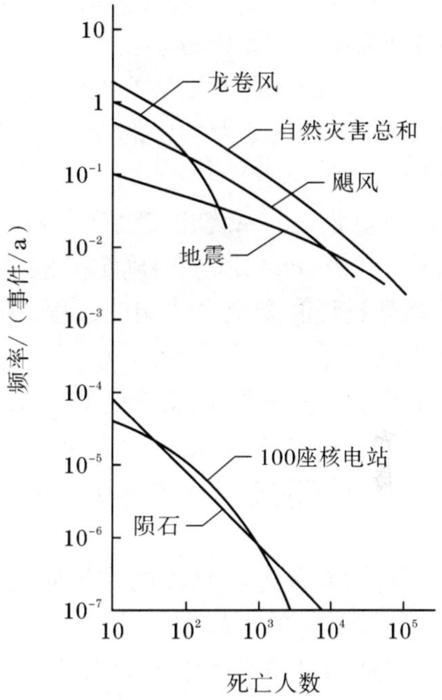

图 9-4　核电站风险与自然灾害风险的比较

尽管核反应堆存在着潜在的危险，但由于核电站事故而造成死亡的概率和被陨石砸死的概率相同，因而没有必要对核动力装置产生恐惧心理。随着人们对核安全的重视程度不断加深，安全设施不断完善，设计、建造和运行水平不断提高，可以确保核反应堆安全可靠地正常运行，在正常运行工况下，核反应堆对所在地区总的放射性强度的影响微不足道。

其实，人类在其生存的自然环境中会受到各种射线的放射性辐照，这些射线一方面来自宇宙空间，另一方面来自地球内部，自然界的放射线的强度随各地的地质条件而变，同时随着高度的增加而增大，因为随着高度的增加大气层逐渐减薄，大气的吸收效应变小。例如，德国的自然界本底辐照平均值大约为 1.1 mSv/a，由于各种生产活动和文明措施（首先是医药领域）使辐照水平增加了 0.6 mSv/a，而其中德国核电站的放射性贡献小于 0.01 mSv/a，几乎可以忽略不计。因此，核动力装置在正常运行工况下是非常安全的，危险仅存在于潜在的故障及其后果之中。

9.4　概率安全分析方法

概率安全分析（PSA）方法是把整个系统的失效概率通过结构的逻辑性推理与它的各个层次的子系统、部件及外界条件等的失效概率联系起来，从而找出各种事故发生频率的安全分析方法，以对事件树和故障树的分析为基础。

9.4.1　PSA 的三个等级

PSA 包括的内容很广,可以是单个部件或系统的可靠性分析,也可以是对整个核动力装置进行总的风险评价。一般可以将 PSA 分为以下 3 种分析规模:

(1)规模Ⅰ——系统分析。

也称为一级 PSA,主要是找出能导致堆芯熔化的事故序列,计算事故序列的发生频率,分析事故原因,对核动力装置的安全性和设计合理性进行评价,提供防止堆芯熔化的核动力装置模型。

(2)规模Ⅱ——系统和安全壳分析。

又称为二级 PSA,除了要确定导致堆芯熔化的事故序列的频率外,还必须分析事故后的反应堆物理过程和安全壳的响应过程,预计安全壳故障时间及故障模式,确定向环境释放放射性核素的数量。

(3)规模Ⅲ——系统、安全壳和后果分析。

也称为三级 PSA,这是核动力装置的总风险评价,除了要完成一、二级 PSA 规定的任务外,还必须分析核素在环境中的迁移及其对核动力装置周围居民的健康影响和导致的经济损失。

对核动力装置进行 PSA 的结果应能回答下列问题:

(1)风险最大的事故列是什么?其发生频率和事故后果怎样?

(2)在所假设的事故中核动力装置是如何响应的?到达临界条件(如蒸汽发生器干涸或堆芯裸露)的时间有多长?为了避免达到临界条件,哪些工程安全设备必须运行?

(3)为避免堆芯熔化能给予多长时间采取缓解措施?可以采取的缓解措施是什么?

(4)为使操纵员采取正确的缓解措施,需要哪些信息?需要采取应急措施时的核动力装置的临界征兆是什么?

9.4.2　PSA 的实施程序

典型的 PSA 实施过程包括:定义目标与系统分析、识别初因事件、事件链建模、确定事件的故障模式、数据的收集和分析、模型的量化和集成、不确定性与敏感性分析、评价结果与分析(重要度排序)等步骤。图 9-5 所示为 PSA 的流程。

(1)定义目标与系统分析

恰当地定义评估目标(系统、分系统级、单机级等),确定最终状态所不期望的后果。

(2)识别初因事件

在完整的事件链中,首先要识别初因事件,必须正确地识别出来。可以采用主逻辑图(MLD)或失效模式分析(Failure Mode and Effect Analysis,FMEA)等来实现。

主逻辑图(Master Logic Diagram,MLD)主要用来确定导致事故发生的初因事件,是一种层次结构图,是对顶事件发生的必要条件的一种分级描述。一般说来,上面各级事件是系统顶级或系统单元的功能失效,下面各级事件是子系统或单机的功能失效。

(3)事件链建模

事件链(Scenario)是一串按时间排列的事件顺序,由某些偶发事件发生,通过关键事件最终导致后果发生。如果事件链的结束状态是一个事故,就称为事故链。即使在最简单的

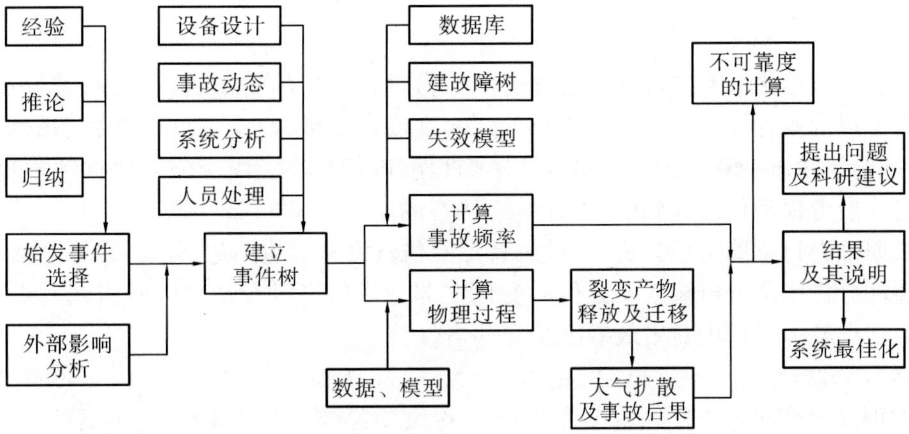

图 9-5　概率安全评价(PSA)流程

系统中,一个初因事件都可以导致几条事件链。

事件序列图(Events Sequent Diagraph, ESD)描述了从初因事件到事故发生所经历的全部中间事件。对每个初因事件建立相应的事件序列图，之后可将其转化成事件树，从而可确定导致事故发生的事件链。事件树是每一事件有两种输出结果的决策树,通常与事件序列图有相同的信息,根据事件序列图可以得到简化的事件树。

采用事件树(ET)建立事件链模型，从初因事件开始，经轴心事件到达最终状态。有时可以首先通过事件序列图(ESD)来描述事件链，因为从工程分析的角度来看，事件序列图比事件树更有优势,事件序列图可进一步转换为可以量化的事件树。

(4)关键事件故障模式的确定

事件链的轴心事件(关键事件)采用故障树来确定关键事件的故障模式。

故障树(Fault Tree,FT)是以不希望发生的、作为系统失效判据的一个事件(顶事件)作为分析的目标,以图形的方式表明系统的失效途径和原因。对事件树中的关键事件建造故障树时,首先把关键事件的失效状态作为故障树的顶事件,然后找出导致顶事件发生的所有可能的直接因素和原因,即所有的故障模式。故障树通常用来建立事件的层次,可以为事件树中的事件提供更多的细节以帮助量化。由于归纳过程和演绎过程的互补性,事件树和故障树经常一起使用,表示从初因事件到故障状态的系统响应。二者结合使用比只使用其中一种能够更加完全、精确、清晰地构造和记录事件链。

(5)数据采集与分析

PSA 的关键是正确给出故障模式与构成底事件的基本事件的发生概率。采集与处理不同类型的数据是 PSA 的难点,对数据进行分析处理以定量分析事件链和故障原因。这些数据一般包括部件失效率、初因事件概率、结构失效概率、人为差错概率、共因失效概率等。

(6)模型的量化和集成

通过对所获取的基本事件的概率分布进行量化处理,可以得到事件链上的关键事件的发生概率。

在独立假设条件下,事件树的每个最终状态出现的概率是初因事件和关键事件条件概率的乘积,由此得到各条事件链的发生概率。可以确定出各事件链对最终故障状态发生的影响程度,从而对事件链进行排序。

(7)不确定性分析

PSA 必须对量化结果进行不确定分析。作为量化分析的重要组成部分,进行不确定性分析是为了评价所计算出来的风险结果的认知度或可信度,定量估计最终状态的事件链的概率,并按照风险级别对各种初因事件和影响程度进行排序。由于输入数据和模型假设中的不确定性沿着模型传播,因此在估计最终状态的不确定性时要考虑这一因素。许多仿真方法可以用来进行不确定性分析,其中蒙特卡罗仿真方法是应用最广的一种。

敏感性分析用来分析输入单元值的变化在部分或最终风险结果中所引起的最大变化,它可以识别出基本事件中对事故敏感的那些事件。

(8)结果分析

通常用文字和图表的形式表示出 PSA 的风险结果、假设条件及敏感性分析结果。PSA 能够分析出不同分系统(单机)之间的接口作用,可以辨识出对可靠性、安全性风险有显著影响的关键因素。PSA 最重要的输出之一就是对主要事件链和初因事件进行排序,以进一步确定降低可靠性、安全性风险的措施,同时可以为事故处理规程的制定提供决策依据。

9.4.3 事件树分析法

事件树分析(Event Tree Analysis, ETA)起源于决策树分析(Decision Tree Analysis, DTA),是一种按事故发展的时间顺序由初始事件开始推论可能的后果,从而进行危险源辨识的方法。

一起事故的发生是许多原因事件相继发生的结果,其中一些事件的发生是以另一些事件首先发生为条件的,在事件发生的顺序上存在着因果的逻辑关系。事件树分析法是一种时序逻辑的事故分析方法,它以一个初始事件为起点,按照事故的发展顺序划分阶段,一步一步进行分析,每一事件可能的后续事件只能取完全对立的两种状态(成功或失败,正常或故障,安全或危险等),逐步向结果方面发展,直到达到系统故障或事故为止。由于所分析的情况用树枝状图表示,故称为事件树,它既可以定性地了解整个事件的动态变化过程,又可以定量计算出各阶段的概率,最终了解事故发展过程中各种状态的发生概率。

采用 ETA 可以预测事故及不安全因素,估计事故的可能后果,寻求最经济的预防手段和方法。在发生事故后,可以采用 ETA 分析事故原因,为预防此类事故的发生提供依据。

9.4.3.1 事件树的编制

(1)确定初始事件

事件树分析是一种系统地研究作为危险源的初始事件如何与后续事件形成时序逻辑关系而最终导致事故的方法,正确选择初始事件十分重要。初始事件是造成核动力装置扰动并且有可能导致堆芯损坏的事件,可以采用两种方法确定。

一种方法是广泛的工程评价,根据系统设计、系统危险性评价、系统运行经验或事故经验等确定出初始事件的清单。

另一种方法是演绎分析,将堆芯损坏作为分析的顶事件,从顶事件开始逐步分解成不同类别的可能导致堆芯损坏发生的事件,在此过程中不考虑安全系统成功运行以及其他预防性措施,然后从最底层的各事件中选出初始事件。

（2）判定安全功能

核动力装置中设置了多个安全功能，在初始事件发生时消除或减轻其影响以维持系统的安全运行。对于轻水堆，防止堆芯损坏的安全功能有：控制反应性，排出堆芯衰变热和潜热，保持一回路承压边界的完整性，保持反应堆冷却剂总量，保护安全壳（或堆舱）的完整性，从安全壳（或堆舱）大气中清除放射性物质。

为了实施安全功能，需要投入执行该项安全功能的各个系统。直接执行安全功能的系统称为前沿系统，为保证前沿系统正确执行功能所需的系统称为支持系统。

（3）绘制事件树

从初始事件开始，按事件发展过程自左向右绘制事件树，用树枝代表事件发展途径。首先考察初始事件一旦发生时最先起作用的安全功能，把可以发挥功能的状态（又称成功状态）画在上面的分枝，不能发挥功能的状态（又称失败状态）画在下面的分枝。然后依次考察各种安全功能的两种可能状态，并按照上面的分枝为成功状态、下面的分枝为失败状态的原则在事件树上画出，直到到达系统故障或事故为止。

（4）简化事件树

在绘制事件树的过程中，可能会遇到一些与初始事件或与事故无关的安全功能，或者其功能关系相互矛盾、不协调的情况，需用工程知识和系统设计的知识予以辨别，然后从树枝中去掉，即构成简化的事件树。

在绘制事件树时，应该在每个树枝上写出事件状态，树枝横线上面写明事件过程内容特征，横线下面注明成功或失败的状况说明。图 9-6 所示为压水堆核电站失水事故的事件树。

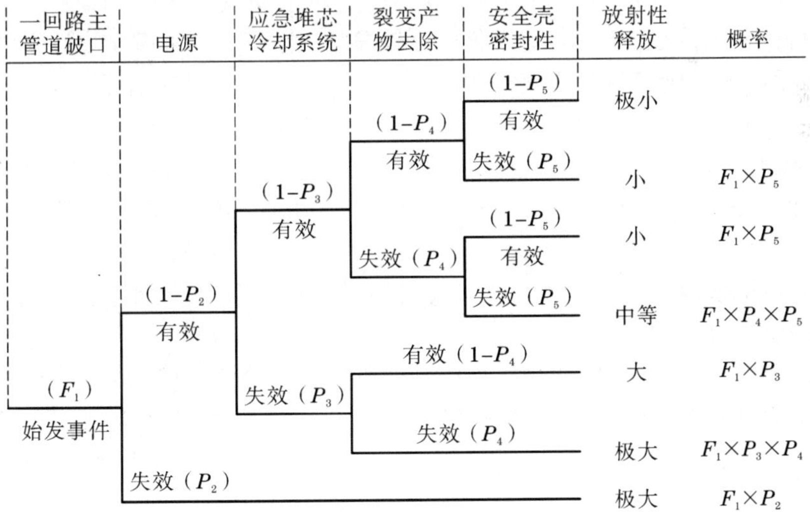

图 9-6　压水堆核电站失水事故的事件树

始发事件是一回路系统的主管道破裂，其发生频率为 F_1，此事故进程中可能涉及的系统或设备有电源、应急堆芯冷却系统、放射性裂变产物去除系统和安全壳等。

每个系统或设备分为有效和失效两个状态，对事件树的展开取双树杈状，上、下树杈分别代表有效及失效，失效概率分别为 P_2，P_3，P_4，P_5。按此例可产生 $2^4=16$ 种潜在的事故序列，但根据事件树所涉及的各种功能的工程性质及各个功能件的依赖关系，可简化为图 9-6 的形状。

9.4.3.2 事件树定性分析

事件树定性分析在绘制事件树的过程中就已进行，绘制事件树必须根据事件的客观条件和事件的特征作出符合科学性的逻辑推理，用与事件有关的技术知识确认事件可能状态，所以在绘制事件树的过程中就已对每一发展过程和事件发展的途径作了可能性的分析。

事件树编制完成之后的工作，就是找出发生事故的途径和类型，提出预防事故的对策。

(1)找出事故连锁

事件树的各分枝代表初始事件一旦发生其可能的发展途径，其中最终导致事故的途径即为事故连锁。一般情况下，导致系统事故的途径有很多，即有许多事故连锁。事故连锁中包含的初始事件和安全功能故障的后续事件之间具有“逻辑与”的关系。显然，事故连锁越多，系统越危险；事故连锁中事件树的分枝越少，系统越危险。

(2)找出预防事故的途径

事件树中最终达到安全的途径可以为采取措施预防事故提供指导。在达到安全的途径中，发挥安全功能的事件构成事件树的成功连锁。如果能保证这些安全功能发挥作用，则可以防止事故。一般情况下，事件树中包含的成功连锁可能有多个，即可以通过若干途径来防止事故发生。显然，成功连锁越多，系统越安全，成功连锁中事件树越少，系统越安全。

由于事件树反映了事件之间的时间顺序，所以应该尽可能地从最先发挥功能的安全功能着手。

9.4.3.3 事件树定量分析

事件树定量分析是指根据每一事件的发生概率，计算各种途径的事故发生概率，比较各个途径概率值的大小，作出事故发生可能性序列，确定最易发生事故的途径。通常情况下，当各事件之间相互统计独立时，其定量分析比较简单；当事件之间相互统计不独立时（如共因故障、顺序运行等），则定量分析变得非常复杂。这里仅讨论前一种情况。

各发展途径的概率等于自初始事件开始的各事件发生概率的乘积。事件树定量分析中，事故发生概率等于导致事故的各发展途径的概率和。定量分析要有事件概率数据作为计算的依据，而且事件过程的状态又是多种多样的，一般都因缺少概率数据而不能实现定量分析。

事件树分析把事故的发生发展过程表述得清楚而有条理，对设计事故预防方案，制定事故预防措施提供了有力的依据。

从事件树上可以看出，最后的事故是一系列危害和危险的发展结果，如果中断这种发展过程就可以避免事故发生。因此，在事故发展过程的各阶段，应采取各种可能措施，控制事件的可能性状态，减少危害状态出现概率，增大安全状态出现概率，把事件发展过程引向安全的发展途径。

采取在事件不同发展阶段阻截事件向危险状态转化的措施，最好在事件发展前期过程实现，从而产生阻截多种事故发生的效果。但有时因为技术经济等原因无法控制，这时就要在事件发展后期过程采取控制措施。显然，要在各条事件发展途径上都采取措施才行。

9.4.4 故障树分析法

故障树分析（Fault Tree Analysis，FTA）法把系统最不希望发生的状态作为系统故障的分析目标，然后找出直接导致这一故障发生的全部因素，再进一步找出造成下一级事件发生的全部直接因素，直到不需要深究其发生的原因为止。在故障树分析中，把这个最不希望发生的事件称为“顶事件”，无须再深究的事件称为“底事件”，介于顶事件与底事件之间的一切事件称为“中间事件”。分析中这些事件由相应符号表示，并用适当的逻辑门把顶事件、中间事件和底事件联结成倒置的树形图，这种树形图称为“故障树”。以故障树为工具对系统故障进行评价的方法称为“故障树分析法”，简称“FTA”法。

故障树分析法可用于复杂系统的功能逻辑分析，分析同时发生的非关键事件对顶事件的综合影响，评价系统可靠性与安全性，确定潜在设计缺陷和危险，评价采用的纠正措施，简化系统故障查找。

整个故障树分析工作大致可以分为以下几个步骤：建立故障树，故障树的规范化、简化和模块分解，故障树的定性分析和故障树的定量分析。

9.4.4.1　故障树的建立

建立故障树之前，应选择合理的顶事件、系统的分析边界和定义范围，确定成功与失败的准则。然后根据已收集的技术资料，借助设计、运行和管理人员的经验，建造故障树。

故障树是由各种事件符号和逻辑门组成的，事件之间的逻辑关系用逻辑门表示，故障树中常用的符号如表 9-2 所示，最重要的逻辑联结是“与门”和“或门”。

表 9-2　故障树常用符号

类　别	符　号	名　称	含　义
底事件	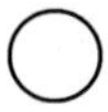	基本事件	不需进一步发展的初始失效事件
	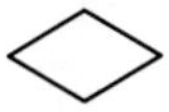	待发展事件	由于某种原因还没有发展的失效事件，作底事件处理
		房形事件	不是失效事件，而是正常预计要发生的事件，如触发事件
结果事件	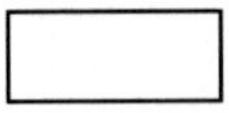	中间事件	通常为其他事件逻辑组合产生的结果，包含顶事件和中间事件，框中包含事件说明
逻辑门		与门(AND)	事件的“交”操作，仅当所有输入发生时，输出事件才发生
		或门(OR)	事件的“并”操作，只要输入有一个发生，输出事件就发生
		表决门	在 n 个输入中有 m 个发生时，输出事件就发生
	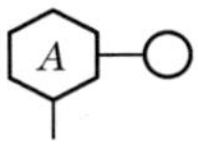	禁止门	仅当禁止条件 A 出现和输入事件存在时，才有输出事件
转移符号	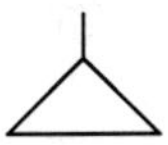	转入符	从另外的门接受输入，只能接受从一个门来的输入，与转出符配合使用
	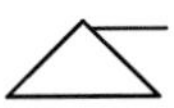	转出符	输出至另外的门，可以被多个门接受，与转入符配合使用

下面以图 9-7 所示的反应堆压力保护系统为例,介绍故障树的建立过程。

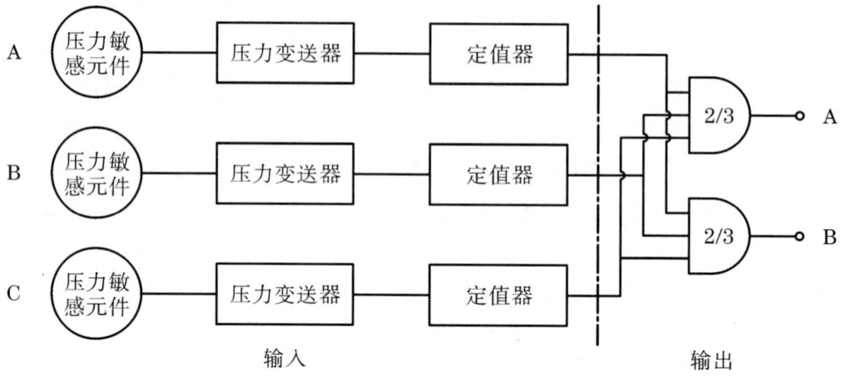

图 9-7　反应堆压力保护系统逻辑图

该系统是由三个通道组成的三取二系统,其功能是当三个输入通道中有两个通道的压力信号超出允许范围时,输出通道就会有信号输出,使反应堆停闭。

将反应堆压力保护系统失效作为顶事件,产生顶事件的直接原因有两个,即输入通道失效或者输出通道失效,把这两个中间事件画在第二排,并用或门联结。造成输出通道失效的直接原因是两个三取二逻辑门同时发生故障,用与门联结,三取二逻辑门故障是底事件,因此故障树的这一分枝到此结束。类似地,可对输入通道失效建立故障树的另一分枝。反应堆压力保护系统的故障树如图 9-8 所示。

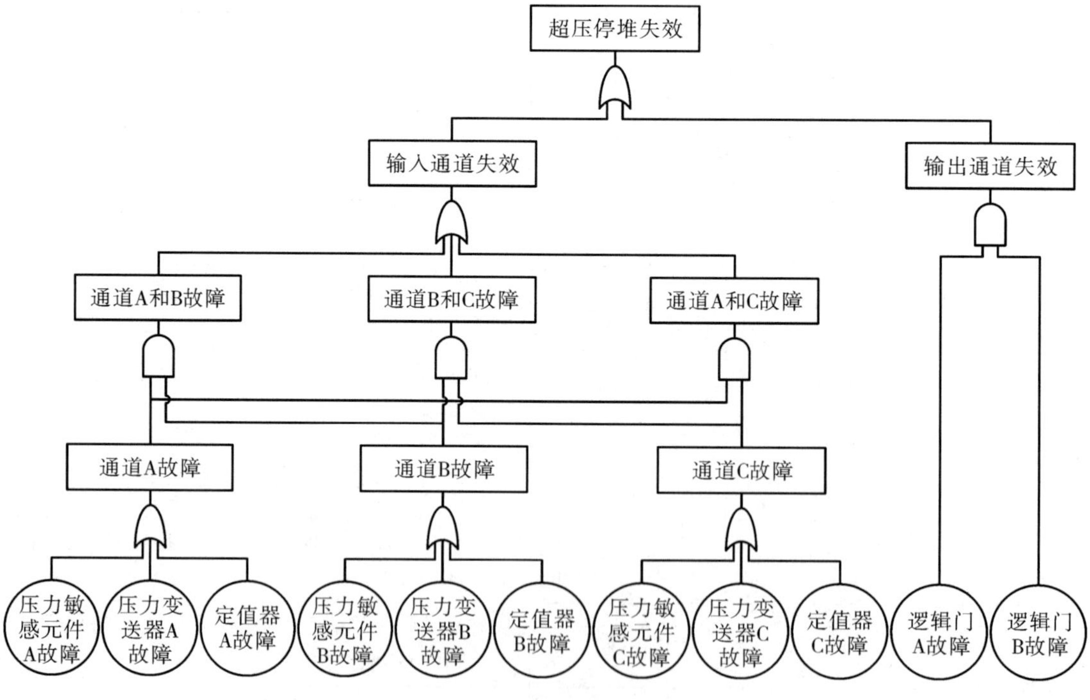

图 9-8　反应堆超压停堆的故障树

9.4.4.2　故障树的定性分析

故障树定性分析是故障树分析最为关键的一步，是定量分析的基础，目的在于寻找导致顶事件发生的基本事件或基本事件的组合，即识别导致顶事件发生的所有失效模式。

故障树定性分析工作包括下列三方面内容：首先，对建立起来的故障树要进行规范化处理，将非规范化的逻辑门或事件，例如禁门、互斥或门、顺序与门、房形事件等按等效变换为规范化的逻辑门或事件，使建造出来的故障树为仅含有基本事件、结果事件以及“与”、“或”和“非”三种逻辑门的故障树。然后，对故障树进行简化和模块化处理，这一步虽不是故障树定性分析的必要步骤，但有利于减小故障树的规模、节省处理工作量。最后，采用故障树算法（上行法或下行法）对故障树处理，并按布尔代数规则进行化简吸收求得全部最小割集，当割集的数量太多时，可以通过程序进行概率截断或割集阶数截断。

故障树只是一个定性的描述，定量地描述要利用布尔代数。通过布尔代数的运算规则，可以求出故障树的表达式并进行定量计算。

（1）布尔代数的运算规则

设一个集合的全集为 Ⅰ，A、B、C…… 是组成这个集的元素，全集中如果没有元素，则称为空集，记作0。

两个元素的交集（或积集）记作 $A \cap B$（或 $A \cdot B$）。如果 A 和 B 的值均为真，则 $A \cap B$ 的结果为真；如果 A 和 B 中只要有一个值为假，则 $A \cap B$ 的结果就为假，这种关系称为“逻辑乘”，表示为

$$1 \times 1 = 1,\ 1 \times 0 = 0,\ 0 \times 1 = 0,\ 0 \times 0 = 0$$

这里“1”相当于真，“0”相当于假，只有两个量均为1时，运算结果才为1，其他情况均为0。

两个元素的并集（或和集）记作 $A \cup B$（或 $A + B$）。A 和 B 中只要有一个值为真，则 $A \cup B$ 的结果就为真，这种关系称为“逻辑加”，表示为

$$1 + 1 = 1,\ 1 + 0 = 1,\ 0 + 1 = 1,\ 0 + 0 = 0$$

两个量中只要有一个为1，运算结果就是1，如果两个量都不为1，则运算结果为0。

常用的布尔代数运算规则如下：

交换律：$A + B = B + A, AB = BA$

结合律：$A + (B + C) = (A + B) + C, A(BC) = (AB)C$

等幂律：$A + A = A, AA = A$

吸收律：$A + AB = A, A(A + B) = A$

分配律：$A(B + C) = AB + AC, A + BC = (A + B)(A + C)$

（2）故障树的结构函数

考虑一个由 n 个独立底事件构成的故障树，令 X_i 代表第 i 个底事件的状态变量，φ 代表顶事件的状态变量，如果系统及其部件均只考虑成功和失效两个状态，则底事件可以定义为

$$X_i = \begin{cases} 1 & \text{第 } i \text{ 个底事件发生} \\ 0 & \text{第 } i \text{ 个底事件不发生} \end{cases} \qquad i = 1,2,3,\cdots,n$$

顶事件可以定义为

$$\varphi = \begin{cases} 1 & \text{顶事件发生} \\ 0 & \text{顶事件不发生} \end{cases}$$

显然，系统状态 φ 可以用 n 个部件的状态组合 X 的函数来表示，即

$$\varphi = \varphi(X) = \varphi(X_1, X_2, \cdots, X_n)$$

则称 $\varphi(X)$ 为故障树(或系统)的结构函数。由于所讨论的底事件和顶事件都只取两个状态,所以 X_i 是布尔变量,φ 也是布尔变量。

下面以两个简单系统为例介绍故障树结构函数的确定。

由三个部件组成的并联系统,其故障树和系统结构函数的真值表如图 9-9 所示。

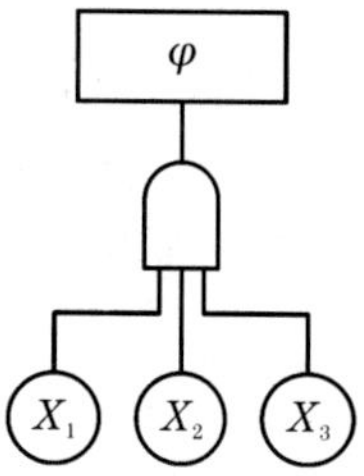

序号	状态变量				序号	状态变量			
	X_1	X_2	X_3	φ		X_1	X_2	X_3	φ
1	0	0	0	0	5	1	0	0	0
2	0	0	1	0	6	1	0	1	0
3	0	1	0	0	7	1	1	0	0
4	0	1	1	0	8	1	1	1	1

图 9-9　并联系统的故障树及其真值表

从真值表可知,该并联系统的结构函数为

$$\varphi(X) = \varphi(X_1, X_2, X_3) = X_1 \cdot X_2 \cdot X_3$$

同理,由 n 个部件组成的并联系统的结构函数为

$$\varphi(X) = \varphi(X_1, X_2, \cdots, X_n) = \prod_{i=1}^{n} X_i \tag{9-3}$$

由三个部件组成的串联系统,其故障树和系统结构函数的真值表如图 9-10 所示。

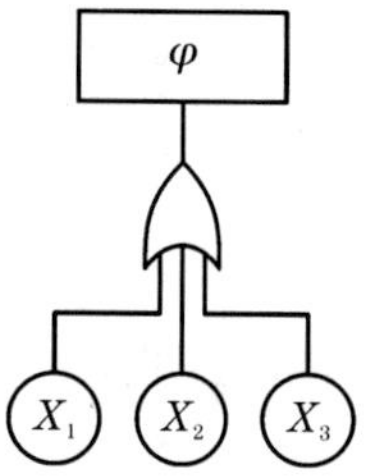

序号	状态变量				序号	状态变量			
	X_1	X_2	X_3	φ		X_1	X_2	X_3	φ
1	0	0	0	0	5	1	0	0	1
2	0	0	1	1	6	1	0	1	1
3	0	1	0	1	7	1	1	0	1
4	0	1	1	1	8	1	1	1	1

图 9-10　串联系统的故障树及其真值表

从真值表可知,该串联系统的结构函数为

$$\varphi(X) = \varphi(X_1, X_2, X_3) = X_1 + X_2 + X_3$$

同理,由 n 个部件组成的串联系统的结构函数为

$$\varphi(X) = \varphi(X_1, X_2, \cdots, X_n) = \sum_{i=1}^{n} X_i = 1 - \prod_{i=1}^{n}(1 - X_i) \tag{9-4}$$

(3)事件积和事件和的概率

设事件 $X_1, X_2, \cdots, X_n$ 发生的概率分别为 $P_1, P_2, \cdots, P_n$,则事件积的概率为

$$P(X_1 \cap X_2 \cap \cdots \cap X_n) = P_1 \cdot P_2 \cdot \cdots \cdot P_n = \prod_{i=1}^{n} P_i \tag{9-5}$$

事件和的概率为

$$P(X_1 \cup X_2 \cup \cdots \cup X_n) = 1 - (1 - P_1)(1 - P_2)\cdots(1 - P_n)$$

$$= 1 - \prod_{i=1}^{n}(1 - P_i) \tag{9-6}$$

仍以图 9-9、图 9-10 所示的三个部件组成的简单并联系统、简单串联系统的故障树为例，假设三个底事件发生的概率分别为 $P(A)$、$P(B)$ 和 $P(C)$。

对于三个事件并联的故障树，由于这三个事件用逻辑与门相联，所以顶事件的概率为

$$P(A\cap B\cap C)=P(A)P(B)P(C)$$

对于三个事件串联的故障树，由于这三个事件用逻辑或门相联，所以顶事件的概率为

$$\begin{aligned}P(A\cup B\cup C)&=1-[1-P(A)][1-P(B)][1-P(C)]\\&=P(A)+P(B)+P(C)-P(A)P(B)-P(A)P(C)-\\&\quad P(B)P(C)+P(A)P(B)P(C)\end{aligned}$$

当 $P(A)$、$P(B)$ 和 $P(C)$ 的数值很小时，表达式中的乘积项可以忽略，一些常用的联结法的概率可按照上述方程来求。

对于三取二系统，其失效概率可表示为

$$P(3\text{取}2)=P(A)P(B)+P(A)P(C)+P(B)P(C)-2P(A)P(B)P(C)$$

假设三个部件的失效概率相等，即 $P(A)=P(B)=P(C)=P$，则有

$$P(3\text{取}2)=3P^2-2P^3 \tag{9-7}$$

同理，可得

$$\begin{cases}P(4\text{取}3)=4P^3-3P^4\\P(5\text{取}4)=5P^4-4P^5\end{cases} \tag{9-8}$$

（4）割集与最小割集

割集是故障树底事件集合的一个子集合，如果该子集的所有这些底事件发生，则顶事件必定发生。最小割集是割集集合的一个子集，是底事件数量不能再减少的割集，即如果在这个割集中任意去除一个底事件之后，剩下的事件集合不再是一个割集。任意一个故障树均由有限数量的最小割集组成。

最小割集中所含底事件数目称为最小割集的阶数。一般情况下，如果各底事件发生概率较小而且相互差别也相对较小，则阶数越小的最小割集越重要，在低阶最小割集中出现的底事件比高阶最小割集中的底事件重要，在不同最小割集中重复出现次数越多的底事件越重要。

由于全部最小割集反映系统的全部失效模式，这为寻找系统薄弱环节、提高系统可靠性的途径提供了依据。

9.4.4.3　故障树的定量分析

故障树的定量分析工作包括：

（1）确定底事件的失效概率。

（2）利用底事件的发生概率算出顶事件发生概率的点估计值和区间估计值，以确定系统的可靠性。

（3）确定每个最小割集的发生概率，以便改进设计，提高系统的可靠性。

（4）确定每个底事件的发生对引起顶事件发生的重要程度，即重要度分析，以便合理设计和正确选用部件或元件的可靠性等级，并识别设计上的薄弱环节。

9.5 船舶核动力装置严重事故及其教训

自核潜艇问世以来，美国、苏联/俄罗斯、英国、法国和中国共建造和发展核潜艇 500 余艘。自 20 世纪 50 年代至今，各国核潜艇发生事故 160 余起，其中沉艇事故 13 起，艇员死伤事故 40 余起，死亡艇员 650 余人，海洋环境也受到威胁。虽然核潜艇沉没的具体原因不同，但仍有其基本特点和规律。

9.5.1 核潜艇事故后果

核动力潜艇是多种高新技术集中的大型武器装备，是一个国家战略威慑力量的重要组成部分，能够有效地提高国家的军事战略地位。

由于核潜艇结构复杂，工作环境恶劣，如果设计、制造、维修、运行等环节的管理存在漏洞，会使其发生各种事故的可能性增加。核潜艇发生事故，特别是发生核事故，不仅对核潜艇、艇员、公众和环境产生严重的危害，而且可能中断正常的军事行动，造成重大的经济损失，甚至还会对国家的国际声望造成政治影响。

(1)影响国家军事战略的实现

攻击型核潜艇担负着侦察、掩护、反潜、反舰和对陆实施战略攻击等使命，弹道导弹核潜艇是目前最有效的核打击力量，是陆海空“三位一体”战略核力量的中坚。核潜艇在现代战争中具有举足轻重的作用，一旦出现事故不能使用，不但影响平时的训练使用和威慑能力，而且可能在战时对整个军事部署乃至战争结局产生重大影响。

(2)对人员和环境造成严重威胁

现代核潜艇采用核动力推进装置，执行任务时大多携带核弹，一旦发生核事故，放射性物质外逸，会对核潜艇艇员、周围公众以及海洋生态环境造成威胁。核潜艇核事故虽然不如核电站核事故的危害范围大，但核潜艇在海洋中航行，反应堆运行条件比核电站更加恶劣，而且核潜艇经常远离基地，如果发生事故则孤立无援或者来不及救助，海上应急救援工作难度很大。

(3)造成严重的经济损失

核潜艇的研制和建造耗资巨大，有核国家都尽量把最先进的技术和装备用于核潜艇，一艘弹道导弹核潜艇的价格可以高达数十亿美元。如此昂贵的装备，使得任何事故都伴随着巨额经费的损失。

(4)产生重大国际影响

核潜艇的建造和使用标志着国家科技进步和经济发展的综合水平，一直是世人关注跟踪的对象。而核潜艇事故特别是核事故一般发生在公海，更带有国际性，是世界敏感问题，可能引起国际纠纷，影响本国形象。为了加强对核事故及早通报、处理和紧急救援，国际上于 1986 年通过了《及早通报核事故公约》和《核事故或辐射紧急情况援助公约》，各国将对这两个国际公约承担核安全义务。

9.5.2 核潜艇常见事故

核潜艇事故通常包括沉没事故、火灾事故、失水事故、反应性引入事故、辐射安全事故、碰撞事故、电气事故、电子装备事故以及维修事故等，其中火灾事故、失水事故、反应性引入事故和沉没事故对核潜艇来说最为典型。据不完全统计，截至 2000 年底，国外核潜艇共发生较大事故 247 起，按事故性质分类如表 9-3 所示。

表 9-3　国外核潜艇事故统计表

事故性质	碰撞	火灾	核事故	各种非核泄漏	沉没	爆炸	其他	总计
发生次数	102	47	35	21	19	11	12	247
比例/%	43	19	14	9	7	4	5	100

反应堆失水事故又称反应堆冷却剂丧失事故（Loss-Of-Coolant Accident，LOCA），是指反应堆冷却剂系统压力边界产生破口或发生管道破裂，一部分或全部冷却剂泄漏的事故。在发生这种事故时，堆芯燃料元件因冷却条件极度恶化，温度迅速升高，可能导致堆芯烧毁进而造成放射性释放的严重后果。失水事故是船用核动力装置中发生概率较高、后果较为严重的事故之一。根据公开的资料，世界上核潜艇压水堆发生失水事故至少 10 起，基本上都发生于苏联早期建造的核潜艇，造成了堆芯裸露、部分燃料熔化、大量放射性外逸、艇员受到放射性照射、部分人员死亡等严重后果。下面简要介绍其中 6 次失水事故的基本情况。

（1）1960 年 10 月 13 日，K8 号核潜艇的一回路系统发生大破口，安全注射系统无法投入。反应堆立即停堆，艇员安装临时的安全注射系统。事故造成大量放射性气体释放，全艇被污染，有 13 名艇员受到 180 ~ 200 rem 乃至更高剂量的照射，其中 1 人两年后死亡。

（2）1961 年 6 月 4 日，K19 号核潜艇的稳压器支管破裂，安全注射系统无法投入，主泵停转，事故泵转子卡死，堆舱排水系统因两个排水阀咬死而失效。反应堆自动停堆，艇员安装临时的安全注射系统，潜艇浮出了水面，艇员设法打开了排水阀。堆舱发生火灾，放射性气体在艇内扩散，控制室剂量达到 50 R/h，22 人因受到 50 ~ 60 Sv 的剂量照射而死亡。

（3）1979 年 7 月，K116 号核潜艇的操纵员误关主泵，由于控制台信息显示不适当，未能及时发现和纠正错误，导致堆芯裸露，部分燃料熔化。

（4）1980 年 11 月，K162 号核潜艇主泵的补偿器超压破裂，由于控制棒线圈相位接反，操纵员误提控制棒，导致数吨放射性水漏入舱内。

（5）1985 年 8 月 10 日，K431 号核潜艇由于一回路系统局部存在建造缺陷、操纵员违反技术规范而发生失水事故，艇员未及时隔离事故阀门，导致燃料元件裸露并部分熔化，全部艇员受到剂量照射。

（6）1989 年 6 月 26 日，K192 号核潜艇的主回路某个部件发生泄漏，在堵漏时人为切断补水又未及时恢复。触发反应堆停堆，潜艇浮出水面，由辅助船只向一回路补水。事故导致部分燃料熔化，全部艇员受到过量剂量照射，放射性 ^{131}I 释放到大气中，周围环境包括基地受到污染。

9.5.3　核潜艇事故的教训

9.5.3.1　核潜艇沉没事故原因分析

1963 年 4 月，美国“长尾鲨”号核潜艇在美国科德角附近海域沉没，129 人遇难，这是世界上第一艘失事的核潜艇。至今全世界共沉没核潜艇 20 艘，基本情况如附录附表 5 所示。

导致核潜艇沉没的原因占前三位的是火灾 6 起（占 38%）、进水 3 起（占 19%），爆炸、碰撞、误操作等原因各 2 起（各占 12.5%）。引起火灾的主要原因是核潜艇自动化水平提高后，用电设备猛增，并且使用易燃、易爆物质过多，加之设备陈旧、保养不善和消防能力差等。火灾不但对艇员的生命威胁最大，而且殃及核反应堆的安全，有时不得不采取沉艇保堆的办法，即在火灾无法扑灭时，设法关闭反应堆，沉艇灭火。例如 1970 年两艘“十一月级”攻击型核潜艇就属于此种情况。

核潜艇进水事故是指海水从舱口、鱼雷发射管、艇体破损处以及各通海部件不正常进水所引起的事故，严重的进水可导致核潜艇沉没。美国沉没的 3 艘核潜艇都是由非火灾原因进水引起的，可见美国早期核潜艇在防海水泄漏设计方面比较欠缺。实际上，所有沉艇最终都是因舱室进水，只是引发进水的初始原因不同而已。

在沉没的 20 艘核潜艇中，因碰撞沉没的只有 1 艘，这是因为核潜艇长期在公海水下活动，往返港口、海峡的次数少，离靠码头时一般又有拖船拖带，故与水面舰船和物体相碰的可能性大为降低。即使发生碰撞，由于核潜艇吨位大，而且自 20 世纪 50 年代后艇壳强度不断提高（有些已用钛合金），艇体结构多为双壳体，可起到缓冲保护作用，因而抗撞击性能好，不易沉没。

（1）初期核潜艇易出事故

初期建造的核潜艇在装备质量上不够精良，在艇员操纵管理方面不够成熟，各种应急措施也不够完善，容易发生故障甚至重大事故。在已知沉没的核潜艇中，有近 10 艘属第一代核潜艇。美国海军的 3 起核潜艇沉没事故全部发生在 20 世纪 60 年代，沉没的 3 艘核潜艇虽然不属于第一代艇，但均为初期建造的核潜艇。

20 世纪 60 年代是沉没核潜艇最多的年代，达 7 艘。70 年代后，美、英、法总结经验，大力提高核潜艇装备的安全可靠性，同时加强了训练管理，近 30 年来未再发生沉艇事故。

（2）核安全意识薄弱是重要原因

20 世纪 90 年代前，由于核安全机构不健全，核安全法规不完善，对核潜艇的研制、运行、修理、退役等缺乏严格的核安全监督管理，所以难免出现疏漏和隐患，核事故时有发生，引起了世人的关注，特别是 1986 年震惊世界的切尔诺贝利核电站核事故，是人们对核安全认识根本转变的分水岭。1990 年后，核安全引起了国际社会的高度重视，国际社会开始进行全面合作，制定了一系列核安全措施，核安全意识的提高和核安全保证措施的落实，使得各国核设施（包括核潜艇）的事故率明显下降，在 90 年代只有一艘报废待拆的核潜艇沉没。

9.5.3.2 苏联/俄罗斯核潜艇事故原因分析

苏联核潜艇沉没数量居世界首位，引发事故的原因令人深思。从沉没数量上看，世界上总共沉没的 20 艘核潜艇中，苏联就有 16 艘，占 80%；从年代看，1970 年至 1999 年的 30 年中，世界沉没的 10 艘核潜艇全部来自苏联（其中前 20 年沉没达 9 艘，后 10 年沉没 1 艘）。苏联核潜艇海难事故如此之多，不仅仅因为核潜艇数量占世界首位（共建造约 250 艘，占世界总数的 1/2），使沉没的绝对数量增加，更主要的是以下因素所致：

（1）级别和艇型过于庞杂

在近 40 年里，苏联共发展了三个艇种、15 个级别、25 个型号的核潜艇。如此杂乱的艇型存在很大弊端，主要是在维修保养、后方支援和教育训练等方面都必须同时保持若干联系，势必造成机构庞大、标准化程度低、管理困难，难以确保质量和安全，增加了诱发事故的因素。鉴于此，俄海军已决定加快老旧杂牌核潜艇的退役步伐，今后建造核潜艇，在充分论证定型后，一律只建造一种型号。

(2)装备设计质量不过关

苏联在20世纪60年代前后建造的核潜艇装备存在重大缺陷，安全标准低，安全性差，据悉有些连常规指标也未能达到。在沉没核潜艇中，由于电器老化、采用高电压制、电路配置不当以及误操作等原因造成的电器故障、短路以致爆炸火灾事故占相当大的比例。由于艇内各舱室密封差，加上艇内不少电缆材料等物质含有易燃有毒成分，一旦着火，迅速蔓延，不但直接危及人员，而且很快威胁到反应堆舱和反应堆控制舱的设备、仪表安全。

(3)人员素质较差

一是士气低落，责任心不强。如北方舰队潜艇基地位于高寒地区，生活及工作环境十分艰苦，不少官兵不安心服役，造成思想松懈、麻痹；二是业务水平不高。由于装备问题和经费不足，核潜艇长年停泊在基地，在航率只有20%左右，大大低于美国的70%，由此造成艇员训练不足，专业知识缺乏，业务素质较低，应急处置能力差；三是实行义务兵役制使人员轮换很快，一些技术部门的人员不符合要求。

(4)缺乏严格管理

苏联比较重视新型装备的使用，而对装备的日常管理缺乏严格制度，忽视安全措施，不重视维修保养，零部件严重缺乏，致使近一半的潜艇失修，不具备海上执勤能力。

(5)事故应急准备不落实

一是救生设备失灵。“共青团员”号核潜艇发生火灾时，投放的2艘救生筏或未自动充气、或筏倒扣离，飞机投放的3艘救生筏也未能自动充气；二是在高寒海区执勤的潜艇均未配备特种防寒服，致使落水人员难以自救；三是潜艇内部及潜艇对上级的请示报告制度繁琐，甚至隐情不报，往往贻误或丧失妥善处置情况的时机；四是现有灭火设备不完善，可靠性差，难以抑制一场大火。为此，苏联于1990年装备了新型胀气救生筏，1991年开始装备呼吸混合气净化组件和灌装系统，并批量生产新型水下救生衣，该救生衣可允许人体在冰块中逗留6 h。

由此可见，如果说美、英核潜艇为数不多的沉没事故属于偶发事件的话，那么苏联屡屡发生核潜艇沉没事故就有它的必然性。

9.6　核电站严重事故实例

自1954年第一座核电站诞生以来，商用核电站在32个国家中累计运行12 000堆·年期间，仅发生了2起严重事故，即1979年美国三哩岛(Three Mile Island，TMI)核事故以及1986年苏联切尔诺贝利(Chernobyl)核事故，尽管对世界核电的发展进程产生了重大影响，但核电从总体上来说仍然是非常安全的。

9.6.1　三哩岛核事故

1979年3月28日，三哩岛核电站2号机组发生了美国商用核电站历史上最严重的事故。事故由给水丧失引起的瞬变开始，经过一系列事件造成了堆芯部分熔化，大量放射性物质释放到安全壳。尽管向环境的放射性释放以及对运行人员和公众造成的辐射后果很微小,但这一事故对世界核工业的发展产生了深远的影响。

三哩岛核电站位于美国宾夕法尼亚州哈里斯堡萨斯克海默河中的三哩岛上,共有 2 个机组。发生事故的 2 号机组由 Babcock-Wilcox 公司设计,热功率 2 772 MW,额定电功率 959 MW,反应堆冷却剂系统由 2 个环路组成,每个环路有 2 台主泵和 1 台直流蒸汽发生器,2 个环路共用 1 台稳压器。该机组于 1978 年 12 月投入运行。

9.6.1.1　事故经过

事故发生前,2 号机组在例行的检修以后重新启动运行,输出电功率为 845 MW。

1979 年 3 月 28 日凌晨 04:00:36,2 号机组的一台给水泵突然跳闸,使蒸汽发生器给水中断,向汽轮发电机组的供汽随后停止,电站的安全保护系统自动关闭了汽轮发电机组。由于负荷迅速减小,导致反应堆冷却剂温度升高,主系统压力随之增加,超过了稳压器上部卸压阀的开启整定压力,卸压阀自动开启,将稳压器中的一部分蒸汽排入卸压箱,稳压器压力迅速下降,但是当压力恢复到正常范围后,卸压阀失灵,卡在开启位置未能按预定程序关闭,而主控制室中卸压阀的信号灯有故障,没有给出卸压阀状态的正确指示。卸压阀卡在开启位置持续了大约 2 h 22 min,导致一回路冷却剂源源不断地排入卸压箱,在最初 100 min 内排出的冷却剂就占主系统内冷却剂总容积的 1/3 强。

给水泵停止运行后,控制系统立即启动辅助给水系统向蒸汽发生器供水,但是三台辅助给水泵出口管路上的隔离阀在两周前检修时被关闭了,检修完成后却没有按规定打开,因而辅助给水系统未能将水注入蒸汽发生器。

事故发生后 1 min 45 s,蒸汽发生器二次侧因给水中断而出现“干锅”现象,一次侧冷却剂传递到二次侧的热量迅速减少,冷却剂温度持续升高,冷却剂体积膨胀。事故后 2 min,稳压器水位继续上升而压力急剧下降,高压安注泵自动启动,对反应堆冷却剂系统进行安全注射。此时,操纵员将稳压器的水位上升误认为主回路内已有足够的水,便手动关闭了一台高压安注泵,将另一台高压安注泵的流量降低。事故后 5 min 30 s,主回路中的冷却剂达到饱和温度而部分汽化。由于通过卸压阀排出的水量超过了注射到主回路内的水量,堆芯出现局部裸露。事故后 8 min,有人才发现辅助给水没有送入蒸汽发生器,打开了辅助给水系统出口管路上误关的隔离阀。

4:11,卸压箱出现高水位报警;4:15,卸压箱上的防爆膜爆破,造成大量放射性水排入安全壳地坑。由于误操作,地坑泵启动,将地坑中具有放射性的水源源不断地输送到辅助厂房的贮水箱,直到事故发生 5 h 后输水管线上的隔离阀才关闭,造成贮水箱溢流,水流到地板上,放射性物质散发到辅助厂房的空气中,经过通风系统从烟囱排放出来。

清晨 5:00 以后,由于主回路中出现了蒸汽,四台主泵开始强烈振动。为避免主泵损坏,操纵员于 5:14 关闭了 B 环路的两台主泵,过了 27 min,又关闭了 A 环路的两台主泵,使得主回路系统的强迫循环完全停止。主泵关闭后 10 min 左右,反应堆出口冷却剂温度迅速上升,超过了仪表量程范围。6:30 左右,堆芯大部分已经裸露,并经受了持续的高温,堆芯燃料元件出现损坏。

上午 8:26,操纵员再次投入安全注射系统,以相当大的流量向堆芯注水,到 10:30 左右堆芯才重新被水完全淹没。由于燃料元件的锆合金包壳与水蒸汽发生剧烈的氧化反应,堆内大量的燃料元件包壳破损,部分包容在燃料元件空腔中的气态和挥发性的放射性裂变产物释放出来。

11:38,操纵员试图对反应堆冷却剂系统进行减压,关闭了高压安注系统,使得主回路系统再次失水,堆芯又一次裸露。15:08,操纵员停止了对反应堆冷却剂系统减压的尝试。

事故发生后 15 h 50 min,主回路系统实现了强迫循环,系统压力维持在 6.9 ~ 7.6 MPa,表明事故序列的结束。

9.6.1.2　事故后果

在这次事故中,估计堆芯的锆合金氧化了 30% ~ 40%,堆芯上部 1/3 严重损坏,裂变产物从燃料向冷却剂、安全壳、反应堆辅助厂房和环境的释放份额如表 9-4 所示。

表 9-4　三哩岛核事故裂变产物释放份额

裂变产物种类	释放份额/%			
	到反应堆冷却剂	到安全壳	到辅助厂房	到环境
惰性气体	70	70	5	5
碘	30	20(液),0.6(气)	3(液),10^{-4}(气)	10^{-5}(气)
铯	50	40(液),≪1(气)	3(液)	
锶、钡	2	1		

事故发生后,美国环境保护局、核管理委员会和卫生教育福利部共同组成了一个专门小组,调查三哩岛核电厂事故对周围环境和居民的影响。除了出动飞机采集空气样品以外,又对周围 50 mile 范围内的河水、土地、牛奶等食品进行了抽样调查,仔细地进行了放射性分析。调查结果表明,三哩岛事故排放到周围环境中去的 ^{133}Xe 总共才约 10^{16} Bq,^{131}I 只有约 10^{11} Bq,裂变产物的泄漏量很小,对周围环境和居民没有造成任何危害和伤亡,也没有发现明显的放射性影响。

调查结果证明了多道屏障的设计原则是有效的,尽管由于种种原因造成放射性物质的泄漏,但是一道道的屏障把放射性物质限制在一定的范围内;其次,证明安全控制系统的设计思想是正确的。在整个事故过程中,安全系统是有效而可靠的,正是由于安全系统按预定程序投入工作,才避免了事故的进一步扩大;另外,从三哩岛事故也可以看出用概率风险评价法进行安全分析较为合理。三哩岛事故就是由一般性的故障引起,此后由于操作人员误操作进一步扩大,造成了比较严重的事故。确定论法把压水堆主冷却剂管道冷管段双端断裂作为最大可信事故,在设计中必须认真考虑,并加以严密的防范。在这种思想指导下,各国的核管理部门把核电站的安全研究和管理的重点集中在大破口的失水事故上,而对那些后果较小的事故未进行深入研究。

9.6.1.3　事故原因

根据各方面资料分析,三哩岛事故的原因可归结为设计缺陷、设备失效、操作错误和管理不善四个方面。

(1)设计缺陷

机组采用直流蒸汽发生器,没有设置除氧给水箱,二回路水容量较小,给水中断很快就导致蒸汽发生器二次侧“干锅”。

安全壳地坑泵自动将地坑中的积水排入辅助厂房的贮水箱,对于非放射性废水可以这样设计。但在一回路系统发生泄漏事故时,会将放射性废水排到没有屏蔽措施的辅助厂房,造成环境污染。

控制系统不够完善。例如,辅助给水系统属于安全系统,在其不能正常工作时反应堆应该停止运行,发生事故的机组缺乏这样的安全连锁。

(2)设备失效

主给水系统设备故障,稳压器卸压阀复位故障,主控制室中稳压器水位指示器故障。

(3)操作错误

操纵员在发现稳压器水位指示过高,又不知道卸压阀未复位的情况下,关闭了安全注射系统,导致堆芯过热,燃料元件损坏。堆芯冷却剂剧烈汽化后,又担心主泵发生汽蚀,从而关闭了主泵,致使堆芯进一步过热,燃料元件损坏加剧。

(4)管理不善

辅助给水系统在检修后,出口管路上的截止阀处于关闭状态,维修人员失职,操纵员没有察觉。自 1978 年 10 月以来,主给水系统曾因类似故障失效过 8 次,均未采取有效措施。

核电机组中多个设备同时出现故障,表明设备检修工作未得到足够重视。

9.6.2　切尔诺贝利核事故

切尔诺贝利核电站位于乌克兰境内,乌克兰与白俄罗斯边界以南约 20 km 处。电站共有 4 台 RBMK-1000 石墨水冷堆机组在运行,另有两个机组正在建造。RBMK 是一种石墨慢化、沸水冷却的压力管式反应堆,其原理如图 9-11 所示。

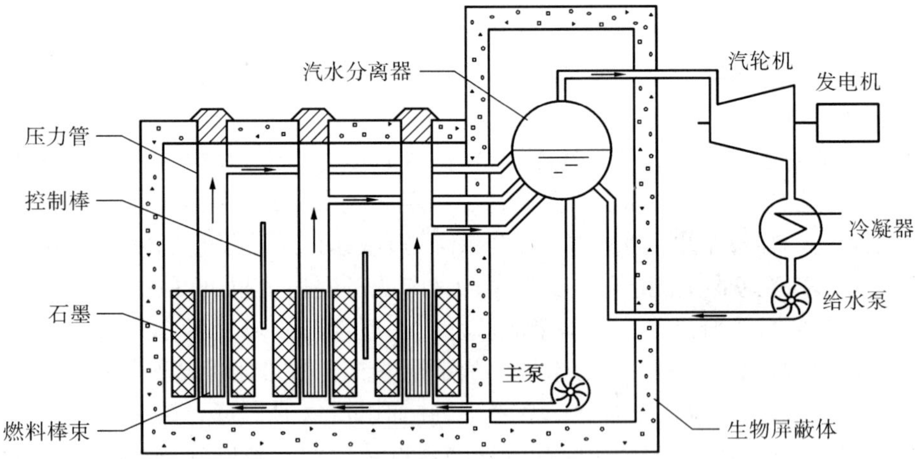

图 9-11　RBMK-1000 机组结构原理图

反应堆热功率为 3 200 MW,采用垂直压力管装载燃料与冷却剂,可以实现不停堆换料。核燃料采用富集度为 2.0% 的 UO_2 芯块,燃料元件采用锆合金包壳,每个组件由 18 根燃料元件组成,堆芯中共有 1 659 个燃料组件。用作慢化剂和反射层的石墨砌体密封在一个壳体内,内充低流量循环的氦氮混合气体。沸水冷却剂采用强迫循环,产生的蒸汽直接供给汽轮机。

RBMK-1000 反应堆的物理设计中存在着明显的缺陷。对于一个充分慢化的石墨堆,可能具有正的反应性系数,不允许以 20% 以下的功率运行。该反应堆高 7 m,直径 12 m,由于体积巨大,^{135}Xe 积累引起的反应性变化使得反应堆的控制变得很复杂,较低的控制棒插入速度使得紧急停堆系统难以跟踪快速瞬变,因此,运行规程要求反应堆内始终有一定数量的控制棒插入到一定深度。

1986 年 4 月 26 日,切尔诺贝利核电站 4 号机组发生了核电历史上最为严重的事故,反应堆堆芯、部分反应堆厂房及汽轮机厂房被摧毁,大量放射性物质释放进入大气,厂区周围居民撤退,放射性沉降物甚至影响到西欧国家。

4 号机组于 1983 年 12 月建成投入运行,这次事故是由该机组年度计划停堆检修所做的一项试验引起的,试验目的是确定在失电情况下汽轮机惰转发电维持机组短期运行的能力,试验要求反应堆功率维持在 25% 左右的水平。

9.6.2.1　事故经过

事故发生前 24 h,反应堆运行于满功率。4 月 25 日凌晨 1:00,反应堆功率开始下降,当日 13:05,功率水平降至 50%,按计划关闭了一台汽轮发电机。根据试验大纲,14:00 整堆芯应急冷却系统被断开,由于地区电网调度的要求,推迟了进一步降功率过程,反应堆以 50% 功率连续运行了近 10 h,造成堆芯氙浓度上升,抽出了更多的控制棒来补偿氙毒。23:10恢复降功率过程,但功率自动控制系统已无法维持所预定的 700 ~ 1 000 MWt 功率水平,实际功率跌至 30 MWt。4 月 26 日凌晨 1:00,操纵员成功地将反应堆功率恢复到 200 MWt,但为补偿氙毒,操纵员提升的控制棒数目已经超过了运行规程的限制,进一步提升功率也已不可能。尽管如此,还是决定继续试验。在随后的准备工作中,反应堆被进一步推入了明显不许可的状态,主环路的温度几乎达到饱和点,冷却剂流量超过限值,给水也失去了平衡。

1:23:04,操纵员关闭了汽轮机进汽阀,开始进行试验。为了在试验失败后可以重新做一次试验,操纵员切除了停堆保护信号,因而汽轮机进汽阀关闭未引起停堆,堆功率开始缓慢上升。1:23:40,操纵员按下紧急停堆按钮,此时所有控制棒和停堆棒都应插入堆芯,但几秒钟后操纵员感到几次震动,同时观察到控制棒未能全部插到底,随后手动释放,使控制棒靠重力下落。

由于工作人员违反操作规程(特别是关闭了反应堆的应急安全系统)和反应堆设计中的固有缺陷(如在一定条件下会出现高的正反应性),使得进入反应堆堆芯的冷却水的温度和流量发生急剧变化,导致多数连接锆燃料孔道和冷却水进口钢管的接头损坏,一回路里的高压冷却水大量泄漏,并立即变成蒸汽,发生蒸汽爆炸。这一爆炸将整个反应堆堆芯抛上至少 16 m 高的空中。这时堆芯完全失水,反应性以极快的速度提升,使燃料组件中部的燃料蒸发,燃料蒸汽的快速膨胀导致大爆炸,不但摧毁了整个反应堆,而且使整个 4 号机组建筑物顷刻间化为废墟,导致极其大量的放射性物质释放出来。这一刻发生在 1986 年 4 月 26 日凌晨 1:24。

在准备于 4 月 26 日凌晨进行试验之前,操作员进行了一系列操作,其中包括关闭了反应堆的自动停堆装置。随着冷却水流量的降低,反应堆的输出功率不断上升。此后,由于一系列操作错误,反应堆处于不稳定运行状态。当操作员实施停堆的操作时,一个特定的设计缺陷导致功率发生急剧波动,并最终导致反应堆堆芯燃料元件破裂和蒸汽爆炸。

蒸汽爆炸使反应堆的顶盖受到破坏,导致大量裂变产物被释放到大气中。此后的二次爆炸将燃料和石墨碎片从堆芯抛出，并使空气进入堆芯，从而导致石墨慢化剂发生燃烧。

9.6.2.2 事故后果

专家们就二次爆炸的本质目前仍存在某些争议。石墨燃烧了9 d，这是导致放射性释放的主要原因。这次事故从堆芯逸出的放射性物质估计为$9.25\times10^{17}\sim1.85\times10^{18}$ Bq，其中约3.7×10^{17} Bq碘和7.4×10^{16} Bq铯。为了熄灭大火并减少放射性微粒的释放，有关部门使用直升飞机向燃烧的堆芯共投放了约5000 t硼、白云石、沙、黏土和铅条。

表9-5给出了发生事故时堆芯中各主要放射性核素的总量和释放量的最新估计值。

表9-5 切尔诺贝利核事故反应堆内主要放射性核素总量及释放量估计值

放射性核素		放射性半衰期	堆芯总量/($\times10^{15}$ Bq)	释放量/($\times10^{15}$ Bq)
惰性气体	^{85}Kr	10.7 a	33	33
	^{133}Xe	5.25 d	6 500	6 500
挥发性元素	^{132}Te	3.26 d	4 200	1 040
	^{131}I	8.04 d	3 200	1 760
	^{133}I	20.8 h	4 800	910
	^{134}Cs	2.06 a	170	54
	^{137}Cs	30.0 a	260	85
中间产物	^{90}Sr	29.1 a	220	10
	^{103}Ru	39.3 d	3 800	>168
	^{106}Ru	368 d	850	>73
难熔元素（包括堆芯碎片）	^{95}Zr	64.0 d	5 800	196
	^{144}Ce	39.3 d	3 900	116
	^{240}Pu	368 d	0.96	0.03

表9-6给出了事故处理过程中各类人员受到的外辐射剂量分布。

表9-6 应急处理过程中各类人员受到的外辐射剂量分布

人员类别	人数	在各剂量区间(mSv)的百分比/%						
		0~10	10~50	50~100	100~200	200~250	250~500	>500
应急人员和事故目击者	820	—	—	2	4	—	7	87
核电站工作人员(1986)	2 358	13	45	24	14	2	2	—
核电站工作人员(1987)	4 498	66	42	1	1	—	—	—
建筑工人(1986)	21 500	23	24	11	18	11	13	—
建筑工人(1987)	5 376	47	23	24	4	1	1	—
军人(1986)	61 762	13	22	16	23	19	19	—
军人(1987)	63 751	15	15	49	15	6	6	—
来自其他电站工作人员	3 458	78	21	1	—	—	—	—

事故导致的蒸汽爆炸和大火导致至少 5% 的堆芯物质被释放到环境中。

截止到 2004 年,这起事故共造成 56 人死亡,其中 28 人在事故后的 4 个月内因辐照或热烧伤而死亡,在以后的时间里又有 19 人死亡,此外还有约 9 人因甲状腺癌而死亡。

联合国在 2000 年发布的权威报告表明,没有科学证据表明受到辐照的大部分人产生了任何与辐射相关的严重健康效应。这一结论在 2005 年进行的一项详细研究中得到了确认。

9.6.2.3　事故原因

切尔诺贝利 4 号机组于 1986 年发生核事故的主要原因有 3 个,即反应堆的设计缺陷、操作人员未经过良好的培训以及切尔诺贝利核电厂未形成良好的安全文化。

错误和违反操作规程是发生事故的主要原因,表 9-7 给出了违反操作规程的情况。

表 9-7　切尔诺贝利核事故中违反操作规程情况

序号	违章内容	动　机	后　果
1	将运行反应性裕度降低到容许限值以下	试图克服氙中毒	应急保护系统不起作用
2	实际功率水平低于试验计划中规定的水平	切除局部自动控制方面的错误	反应堆难以控制
3	所有主泵投入运行,循环流量超过规定值	满足试验要求	冷却剂温度接近饱和值
4	闭锁了两台汽轮发电机来的停堆信号	必要时可重复试验	丧失自动停堆的可能性
5	闭锁了汽水分离器的水位和蒸汽压力事故停堆信号	尽管反应堆不稳定,也能进行试验	丧失与热工参数有关的保护系统
6	切除了应急堆芯冷却系统	避免试验时应急堆芯冷却系统误投入	丧失减轻事故后果的能力

思　考　题

1. 核动力装置具有哪些潜在的危险性?
2. 核动力装置的事故分哪几类?各有什么特点?
3. 简述核安全三要素的内容。
4. 核动力装置安全设计的基本原则有哪些?其基本含义是什么?
5. 核安全分析的主要任务是什么?常用的分析方法有哪两种?各有什么特点?
6. 简述 PSA 的主要步骤。
7. 简述事件树分析法的主要步骤。
8. 简述故障树分析法的主要步骤。
9. 核潜艇发生事故会产生哪些后果?简述国外核潜艇沉没事故的主要原因。

附　录

附表 1　船舶核动力装置主要参数表

船　名		“萨瓦娜”号	“列宁”号	“奥托 · 汉”号	“陆奥”号
国别/船种		美国/客货船	前苏联/破冰船	德国/矿砂船	日本/货船
建造日期/完工时间		1958.5/1962.2	1956.8/1959.9	1963.9/1968.11	1968.11/1972
满载排水量/t		22 170	16 000	25 900	10 400
最大输出轴功率/hp		22 000	44 000(三轴)	11 000	10 000
航速/kn		20.0	18.0	16.0	16.5
辅助推进航速/kn		6.5(电机)		8.5(辅助锅炉)	10(辅助锅炉)
反应堆最大热功率/MW		80	3×90(一台备用)		
反应堆额定热功率/MW		69	3×65	38	36
压力壳内径×高度/mm		2 489×8 190	– ×5 000	2 360×8 580	1 750×5 651
一回路环路数		2	2	3	2
辅助锅炉蒸发量/(t/h)		34×1	10×1	8×2	18×1
核动力装置效率/%		23.6	18	21.3	20.4
设计参数	一回路设计压力/MPa	13.8	22.1	8.3	13.2
	一回路设计温度/℃	336	325	300	333
	二回路设计压力/MPa	5.5			6.7
	二回路设计温度/℃	270			284
运行参数	一回路压力/MPa	12.0	19.6*	6.1	10.8
	堆芯进/出口温度/℃	257/273	248/325*	267/278	271/285
	冷却剂堆内温升/℃	16	77(24)	11	14
	冷却剂欠饱和度/℃	51.5	39.1	汽泡容积≤6%	30.6
	二回路额定压力/MPa	3.1	2.8	2.9	3.9
	蒸汽温度/℃	238(饱和)	307(过热 66 ℃)	273(过热 36 ℃)	251(饱和)
	零负荷时压力/MPa	5.0		2.9	6.1
	蒸汽温度/℃	265(饱和)		278(过热 41 ℃)	278(饱和)
堆芯	冷却剂流量/(t/h)	3 635	3×780	3×800	1 800
	流程数	2	2		1
	平均流速/(m/s)	2.84/2.56		1.7	1.1

续表

船　名		“萨瓦娜”号	“列宁”号	“奥托·汉”号	“陆奥”号
堆芯	燃料形式	UO_2 芯块	UO_2 芯块	UO_2 芯块	UO_2 芯块
	燃料装量(UO_2/U)/t	8.05/7.10	5.1/ -	2.98/2.6	2.77/2.44
	燃料分区	2		4	2
	浓缩度/%	4.6/4.2		4.38/3.5/2.88/2.5	3.24/4.44
	平均浓缩度/%	4.4	5.0	4.03	3.99
	堆芯寿期/EFPD	650	365	500	375(9 000 h)
	燃耗/MWd	52 200		19 000	13 500
	平均燃耗深度/(MWd/tU)	7 362	12 000	7 260	5 500
	换料期/a	4		3	2
	燃料包壳材料	304 不锈钢	锆合金	$10CrN_iN_b189$	304 不锈钢
	燃料棒数	5 248		3 128	3 584
	燃料棒直径/mm	12.7×0.98	6×0.8	11×0.38	10.53×0.4
	包壳温度/℃	335		475	322
	燃料元件中心温度/℃	2 350		1 475	1 770
	可燃毒物棒数	无		124	288
	堆芯有效直径/mm	1 576	1 000	1 150	1 146
	有效高度/mm	1 670	1 600	1 120	1 040
	功率密度/(kW/cm^3)	23	71.7	33.8	33.5
	比功率/($kW/kgUO_2$)	9.95		12.75	12.8
	最大热负荷/[$kJ/(m^2·h)$]	$3.1×10^6$	$4.2×10^6$		$3.9×10^6$
	平均热负荷/[$kJ/(m^2·h)$]	$7.1×10^5$		$1.1×10^6$	$1.0×10^6$
控制棒驱动机构	控制棒根数	21		12	12
	控制棒材料	含硼不锈钢		含硼不锈钢	银铟镉
	驱动机构形式	电机齿轮副	电动油压活塞式	齿轮齿条电机	齿轮齿条电机
	驱动速度/(mm/min)			150	80
主泵	形式	密封电机	密封电机	恒速电动轴流	双速密封电机
	数目	4	3	3	2
	流量/(t/h)		780	800	900
	压头/MPa		0.98	0.032	0.34
	电机功率/kW		250	15	
	净化流量比/%	0.126	1.0	0.115	0.081

续表

船名		“萨瓦娜”号	“列宁”号	“奥托·汉”号	“陆奥”号
蒸汽发生器	型式	卧式	直流	直流,强制循环	立式 U 形管
	数目	2	3(备用一台)	3	2
	总蒸发量/(t/h)	136	360(三台)	64.2	61.2
	单台传热面积/m^2		375	232.5	147
稳压器	形式	电热加压		自加压	电热加压
	水容积/汽容积/m^3	1.75/2.6			1.12/1.48
	电热容量/kW	222.5		无	130
主汽轮机组	形式	双壳凝汽	单壳凝汽	双壳凝汽	双壳凝汽
	单机功率/kW	16 170	8 085	8 085	7 350
	蒸汽参数/MPa	2.8(饱和)	2.8(285 ℃)	2.7(268 ℃)	3.7(饱和)
	高/低压缸转速/rpm		3 850/3 850	6 050/3 185	6 517/4 337
	倒车功率/kW			4 000	3 400
	单位耗汽率/(kg/kWh)	4.27	4.7	4.45	3.9
	冷凝器压力/kPa	4.9	9.8		4.7
	热线图形式		辅机废汽回热	主机抽汽回热	主机抽汽回热
	给水温度/℃	175	100	185(四级加热)	160(三级加热)
电站功率	主发电机/kW	1 500 × 2		450 × 2	800 × 2
	辅助发电机/kW	750 × 2		450 × 1	720 × 2
	应急发电机/kW	300 × 1		240 × 1	240 × 1
	总计/kW	4 800		1 590	3 280
重量指标	反应堆装置总重/t	2 595	3 017		2 960
	屏蔽重量/t	2 070	1 963		1 950
	核动力装置总重/t	3 650	5 767		3 810
	反应堆装置单位热功率比重/(kg/kW)		15.2		111.8
	反应堆装置单位轴功率比重/(kg/kW)		93.2		402.7
	核动力装置单位热功率比重/(kg/kW)		29.0		144.0
	核动力装置单位轴功率比重/(kg/kW)	225.9	178.2		518.4

注：* 为最初设计值,后改为 12.75 MPa,堆入口温度为 286 ℃,出口为 310 ℃。

附表 2　国外在役/在建(计划)核潜艇一览表

国别	潜艇类型	级　别	在役数量	在建(计划)数量	核动力装置概况
美国	SSBN[1]	俄亥俄(Ohio)	14	—	S8G,双机,单轴,6 000 hp
	SSN[2]	洛杉矶(Los Angeles)	50	—	S6G,双机,单轴,35 000 hp
		海狼(Seawolf)	3	—	S6W,双机,单轴,45 000 hp,泵喷
		弗吉尼亚(Virginia)	1	6(3)	S9G,双机,单轴,40 000 hp,泵喷
	SSGN[3]	俄亥俄(Ohio)	—	4[4]	S8G,双机,单轴,6 000 hp
俄罗斯	SSBN	台风(Typhoon)	3	—	2 × VM-5,380MW,双机,双轴,81 600 hp
		德尔塔-4(Delta-Ⅳ)	6	—	2 × VM-4,180MW,双机,双轴,37 400 hp
		德尔塔-3(Delta-Ⅲ)	7	—	2 × VM-4,180MW,双机,双轴,37 400 hp
		伯里(Borey)		1(5)	—
	SSN	塞拉-2(Sierra-Ⅱ)	2	—	VM-5,190MW,单机,单轴,47 500 hp
		阿库拉(Akula)	8	2	VM-5,190MW,双机,单轴,47 600 hp
		塞拉-1(Sierra-Ⅰ)	1	—	VM-5,190MW,单机,单轴,47 500 hp
		维克多-3(Victor-Ⅲ)	5	—	2 × VM-4,150MW,双机,单轴,31 000 hp
		雅森(Severodvinsk)		1	单堆,195MW,双机,单轴,43 000 hp,泵喷
	SSGN	奥斯卡-2(Oscar-Ⅱ)	6	1	2 × VM-5,380MW,双机,双轴,98 000 hp
英国	SSBN	前卫(Vanguard)	4	—	PWR-2,双机,单轴,27 500 hp,泵喷
	SSN	特拉法尔加(Trafalgar)	7	—	PWR-1,双机,单轴,15 000 hp,泵喷
		快速(Swiftsure)	4	—	PWR-1,双机,单轴,15 000 hp,泵喷
		机敏(Astute)		3(3)	PWR-2,双机,单轴,泵喷
法国	SSBN	不屈(Le Inflexible)	1	—	PTR,85MW,双机,单轴,16 000 hp,电力
		凯旋(Le Triomphant)	3	1	K-15,150MW,双机,单轴,41 500 hp,泵喷
	SSN	红宝石(Rubis)	6	—	K-48,48MW,双机,单轴,9 500 hp,电力
		梭子鱼(Barracuda)	—	0(6)	K-15,单轴,涡轮发电
印度	SSN	先进技术船(ATV)	—	1	PWR
		总　计	131	20(17)	

注:1. SSBN:Submarine Ship,Ballistic Missile,Nuclear,弹道导弹核潜艇。

2. SSN:Submarine Ship,Nuclear,攻击型核潜艇。

3. SSGN:Submarine Ship,Guided Missile,Nuclear,巡航导弹核潜艇。

4. 统计为在建的 4 艘“俄亥俄”级 SSGN 系改装。

附表3　国外潜艇堆性能一览表

国别	堆名	堆型	堆热功率/MW	有效功率/×10⁴ hp	满功率寿期/d	换料周期/a	续航力/n mile	初次投运时间
美国	S5W	PWR	60	1.5	125	4～5	120 000	1958
	S5W-Ⅱ	NPWR[1)]	85～100	2～2.5	143	4～5	120 000	1961
	S5G	NPWR	60	1.7	400	9	400 000	1969
	S6G	NPWR	160	4	400	10～13	1 000 000	1976
	S8G	NPWR	250	6	500	10～13	1 000 000	1981
	S6W	PWR	250	6	500	10～13	1 000 000	1995
法国	PAT	PWR	85	2		3～4		1964
	CAS48	IPWR[2)]	48	0.95		25		1975
	K-15	IPWR	150	4.1		25		1994
俄罗斯	阿尔法	LMCR[3)]	250	6.1				1970
	台风	PWR	2×250	12	460～660	7～8		1982
	D-Ⅳ	PWR	2×110	5	460～660	7～8		1984
英国	PWR-1	PWR	60～80	1.7～2		8		1971
	PWR-2	PWR	110	2.75		10		1992

注：1. NPWR：Natural Circulation PWR，自然循环压水堆。

2. IPWR：Integrate PWR，一体化压水堆。

3. LMCR：Liquid Metal Cooling Reactor，液态金属冷却堆。

附表4　国外舰船一体化压水堆技术特点

国家	美国		法国		德国	俄罗斯	日本	
堆型	CNSG-4	CNSG-4A	K-48	K-15	FDR	ABV-6M	MRX	DRX
热功率/MW	313	365	48	150	38	38	100	0.75
轴功率/×10⁴ hp	12	>12	0.95	3.7～4.1	1		3	
蒸汽发生器型式	直流螺旋管	直流直管式	U型管	U型管	直流螺旋管	直流直管式	直流螺旋管	直流螺旋管
一回路循环型式	强迫循环	强迫循环	强迫循环	强迫循环	强迫循环	自然循环	强迫循环	自然循环
控制棒驱动机构	外置	外置	横置	横置	外置	外置	内置	内置
稳压器	内置	外置	外置	外置	内置	外置两台	内置电热式	
安全壳冷却	湿式	湿式					湿式	湿式
应用情况			核潜艇	潜艇、航母	奥托·汉	电站或舰船	破冰船	深海考察船

附表 5　核潜艇沉没事故统计表

序号	事故时间	事故过程及原因
1	1963 年 4 月	美国“长尾鲨”号核潜艇修船后在进行深潜试验时主机舱海水系统漏水，沉没在美国的科德角附近海域，129 人遇难。
2	1967 年	英国第一代攻击型核潜艇 105 号在贝尔金海德造船厂舾装时进水沉没。
3	1967 年 9 月 8 日	苏联 H 级 K-3 号核潜艇因 1 号、2 号舱起火，沉入挪威海，39 人死亡。
4	1968 年 10 月 2 日	苏联一艘核潜艇(型号不详)因爆炸、舱室起火，沉入北莫尔斯克附近海湾，90 人丧生，后被打捞起来。
5	1968 年	美国“天蝎”号核潜艇在前往加那利群岛途中沉没在大西洋中部，艇上 99 人全部遇难。
6	1968 年 4 月	苏联 E-Ⅱ级 K-172 号飞航导弹核潜艇因汞泄漏，艇员全部中毒，导致潜艇在地中海沉没，90 人遇难。
7	1968 年	苏联一艘核潜艇(型号不详)沉没于科拉半岛附近，原因不详。
8	1969 年 5 月 16 日	美国“鲟鱼”级 665 号核潜艇在瓦利霍马尔岛海军船厂进行舾装过程中，因船厂人员违背安全规则，发生进水事故而沉没，4 天后被打捞起来。
9	1970 年 4 月 12 日	苏联 N 级 K-8 号核潜艇由 160 m 向 40 m 上浮时，动力电缆短路，艇内失火，动力装置失灵，艇员弃艇，在西班牙附近的大西洋沉没，死亡 52 人。
10	1970 年 10 月	苏联一艘 N 级核潜艇(舷号不详)起火，火势蔓延到反应堆附近，被迫打开通海阀，沉没于大西洋费罗群岛附近，多名艇员丧生。
11	1972 年 2 月 24 日	苏联 H-Ⅱ级 K-19 号核潜艇起火爆炸，推进器严重失灵，拖船和油轮实施救助无效，沉入纽兰岛东北 600 海里处，21 名艇员在救火中死亡。
12	1979 年 7 月	苏联一艘 N 级核潜艇(舷号不详)在英国南部海域沉没，原因不详。
13	1983 年 6 月 29 日	苏联第二代飞航导弹核潜艇 C-Ⅰ级 K-429 号下潜时忘记关闭通风道，使海水涌入舱室，沉没于勘察加半岛东海岸附近，90 名艇员丧生。
14	1984 年 6 月 18 日	苏联一艘第一代飞航导弹核潜艇 E-Ⅰ级(舷号不详)执行任务时舱室起火，沉没于巴伦支海，13 人死亡。
15	1985 年 5 月	苏联 C-Ⅱ级 K-431 号核潜艇因艇员误操作引起瞬发临界，爆炸起火，沉没于海参崴附近海军基地船坞内，死亡 8～11 人。
16	1986 年 10 月 6 日	苏联 Y-Ⅰ级 K-219 号战略核潜艇因导弹的液体燃料推进剂被引燃而产生爆炸，沉没于百慕大东北部海域，4 名艇员丧生。
17	1989 年 4 月 7 日	苏联 M 级 K-278 号核潜艇试航时因机舱线路短路起火，高压空气设备爆炸，在挪威北部海域沉没，42 名官兵遇难。
18	1997 年 5 月 30 日	俄罗斯一艘 C 级核潜艇(舷号不详)在换泊位时与其他船只相撞，沉入勘察加附近海域。
19	2000 年 8 月 13 日	俄罗斯“库尔斯克”号多用途核潜艇在巴伦支海参加北方舰队演习时发生事故沉没，艇上 118 人全部遇难。
20	2003 年 8 月 30 日	俄罗斯 K-159 号的核潜艇在巴伦支海沉没，艇上 10 名艇员中只有 1 人生还，其余 9 人全部罹难。

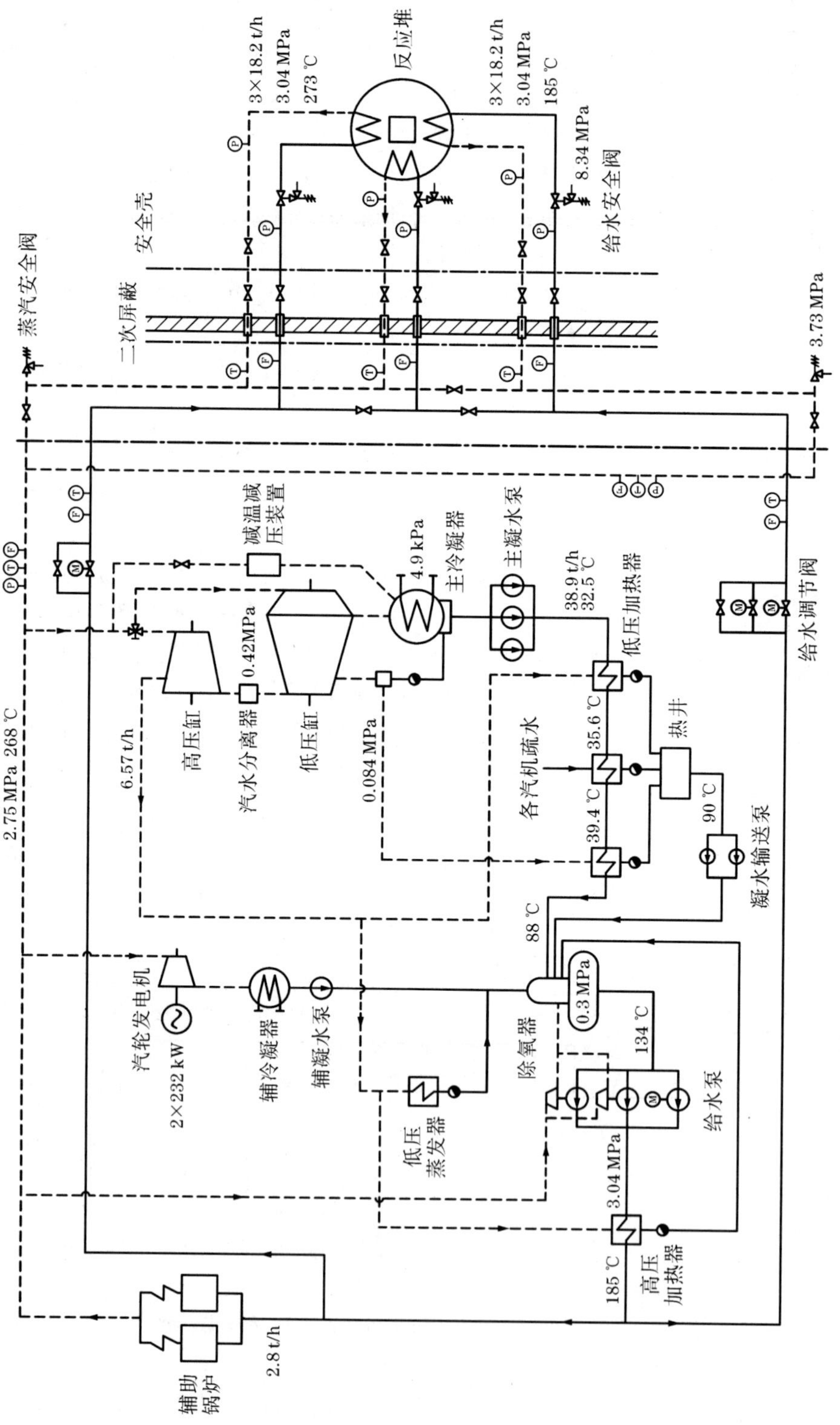

附图 1　“奥托·汉”号核动力船二回路系统流程图

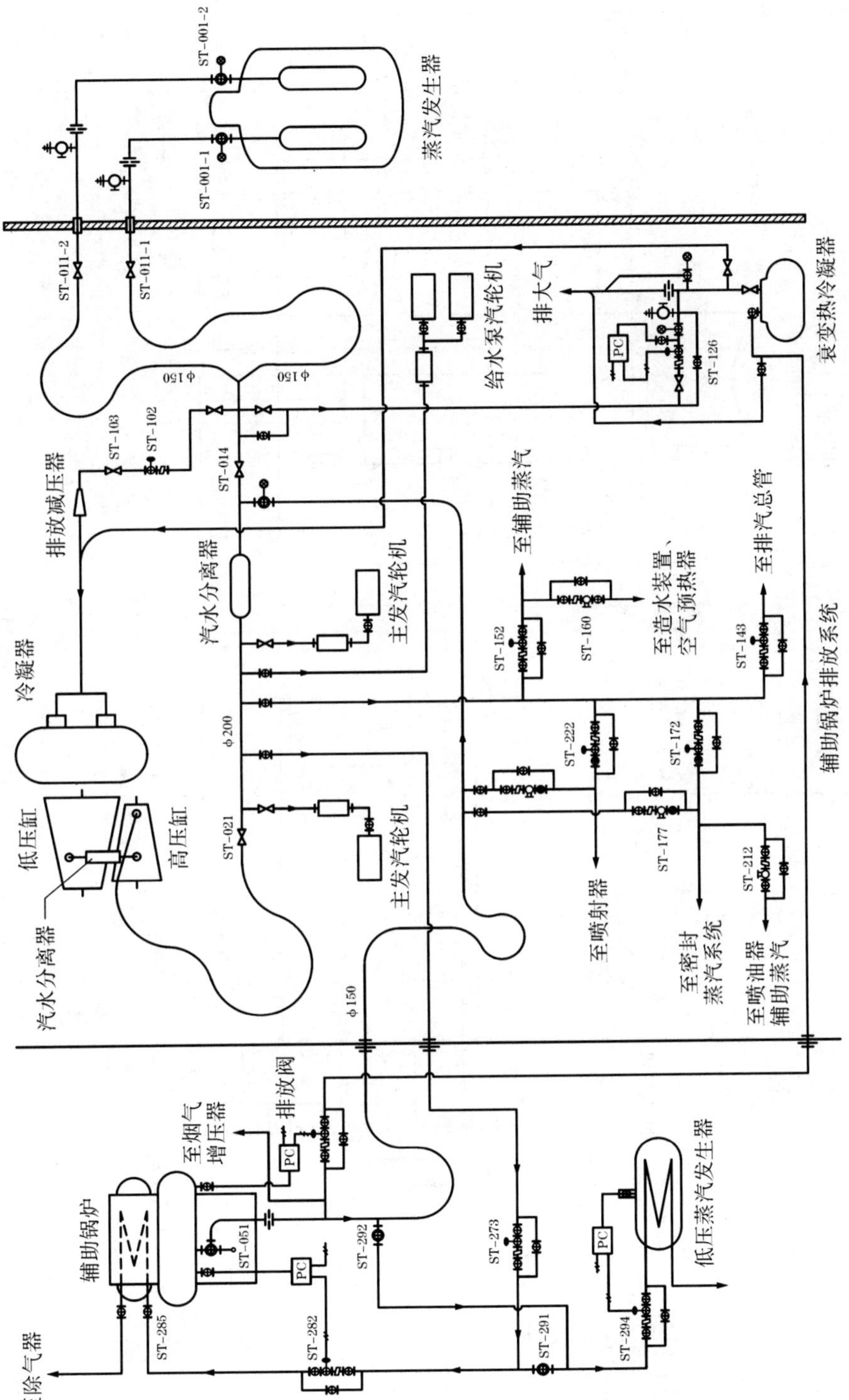

附图2　"陆奥"号核动力船主蒸汽系统流程图

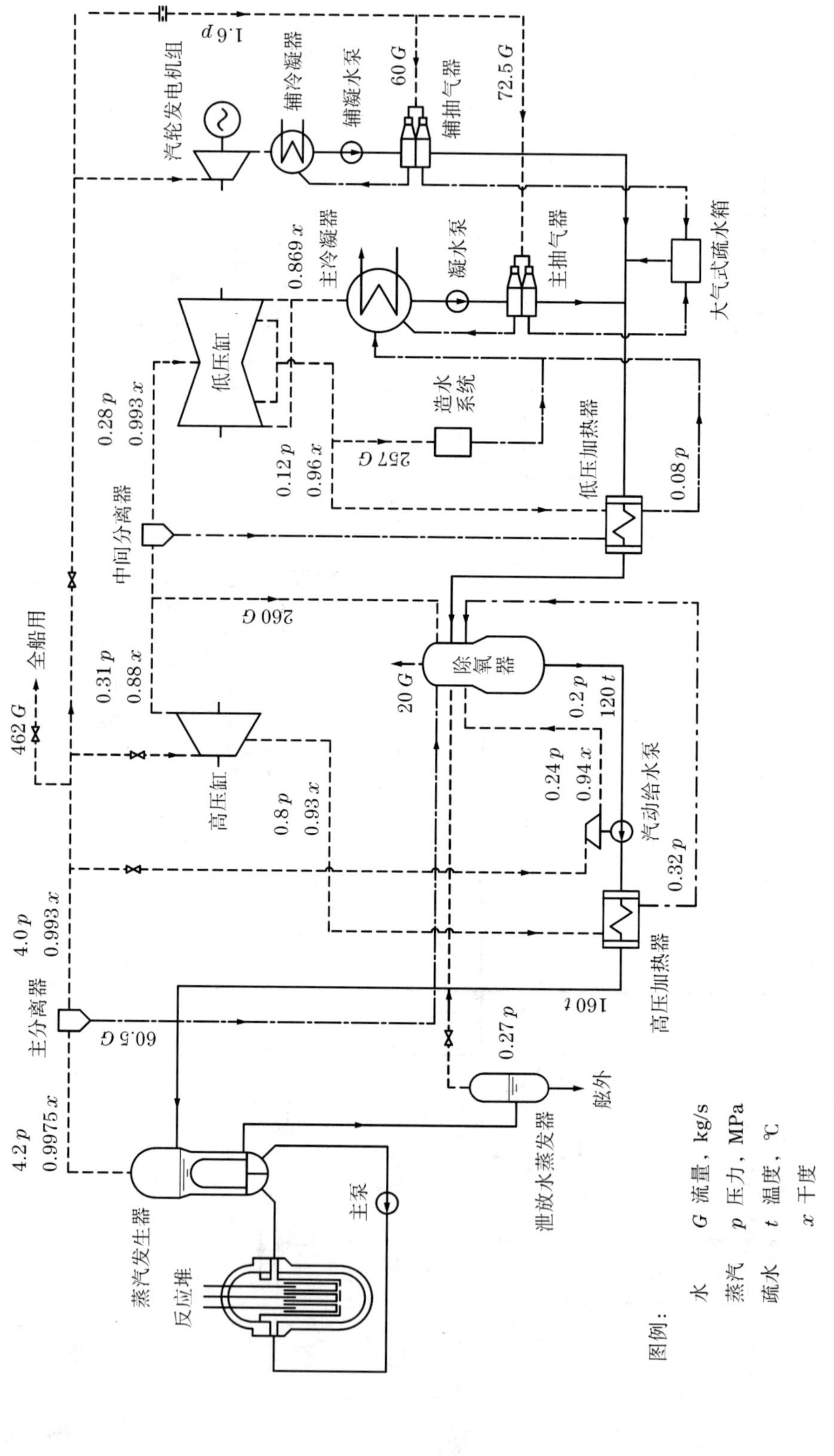

附图 3　核动力装置热平衡计算用热线图

参考文献

[1] 陈君尧. 国外潜艇核动力装置的由来和展望[J]. 核动力工程,1993,14(3):263~268.

[2] 张法邦. 核反应堆运行物理[M]. 北京:原子能出版社,2000.

[3] 金德昌,姜孟文,云峻峰. 船舶电力推进原理[M]. 北京:国防工业出版社,1993.

[4] 王天奎,唐登海. 泵喷推进器——低噪声的核潜艇推进方式[J]. 现代军事,2006,7:52~54.

[5] 周明明. 世界核潜艇现状[J]. 海事大观,2004.9:40~43.

[6] 汪玉,姚耀中. 世界海军潜艇[M]. 北京:国防工业出版社,2006.

[7] 诺曼·弗里德曼. 1945 年以来的美国潜艇[M]. 北京:中国船舶信息中心,2000.

[8] 张海波,张忠树. 苏联—俄罗斯潜艇技术与发展[M]. 北京:海潮出版社,2000.

[9] 夏银山. 国外核潜艇关键技术发展研究[J]. 舰船科学技术,2003,25(4).

[10] 连培生. 原子能工业[M]. 北京:原子能出版社,2002.

[11] 薛汉俊. 核能动力装置[M]. 北京:原子能出版社,1990.

[12] 陈世君. 国外舰船一体化压水堆技术发展趋势及其应用前景[J]. 国外核动力,2003,1:2~11.

[13] 刘聚奎. 法国一体化压水堆 C. A. P 述评[J]. 核动力工程,1990,11(1):43~47.

[14] 刘聚奎,唐传宝. 俄罗斯一体化压水堆 ABV-6M 综述[J]. 核动力工程,1997,18(3):279~283.

[15] Andrew W. Kramer. Nuclear Propulsion for Merchant Ships[M]. University Press of the Pacific,2005.

[16] T. Kusunoki,N. Odano, et. Design of advanced integral-type marine reactor, MRX[J]. Nuclear Engineering and Design, 201(2000):155~175.

[17] Recommended General Design Creteria for Nuclear Merchent Ship. Principles and Standards of Reactor Safety, International Atomic Energy Agency,VIENNA,1973.

[18] 于平安,朱瑞安,喻真烷,等. 核反应堆热工分析[M]. 北京:原子能出版社,1986.

[19] 蒸汽发生器编写组. 蒸汽发生器[M]. 北京:原子能出版社,1982.

[20] 原子力第一船“むつ”船体部计划. 建造の记录[J]. 石川岛播磨重工业株式会社,1970.

[21] Hiroyuki Murata,Kenichi Sawada,Michiyuki Kohayashi. 潜艇反应堆在摇摆运动中的自然循环和堆芯传热特性[J]. 国外核动力,2005,5:2~14.

[22] 中村诚之,等. 电磁ろ过器によるPWR 二次系系统水中の铁の除去[J]. 火力原子力发电,1977,28(6).

[23] Steam Side Water Chemistry in PWR Steam Generator[J]. ANS Transactions,1975,20.

[24] 于瑞侠. 核动力汽轮机[M]. 哈尔滨:哈尔滨工程大学出版社,2000.

[25] 张俊迈,胡德明. 舰船汽轮机[M]. 北京:国防工业出版社,1992.

[26] 简明动力管道手册编写组. 简明动力管道手册[M]. 北京:机械工业出版社,1998.

[27] 高翔. 舰船辅助机械[M]. 北京:国防工业出版社,2005.

[28] 刘英贵,刘令勋. 船舶特辅装置与系统[M]. 北京:国防工业出版社,1991.

[29] 叶小芳. 旋膜式热力除氧技术分析[J]. 能源研究与信息,2003,19(3):159~164.

[30] 高从楷,陈国华. 海水淡化技术与工程手册[M]. 北京:化学工业出版社,2004.

[31] 沃伦,依·贝里. 核工程中的腐蚀[M]. 丛一译. 北京:原子能出版社,1977.

[32] 武汉水利电力学院电厂化学教研室. 热力发电厂水处理(修订本)[M]. 北京:水利电力出版社,1984.

[33] 许立国. 火电厂水处理技术[M]. 北京:中国电力出版社,2006.

[34] 丁训慎. 压水堆核电站蒸汽发生器传热管材料[J]. 核电工程与技术,2000,13(4):37~42.
[35] 丁训慎. 压水堆蒸汽发生器的水化学运行经验及其研究[J]. 核电,1991,1:40~46.
[36] 张大发. 船用反应堆运行与管理[M]. 北京:原子能出版社,1993.
[37] 陈文威,李沪萍. 热力学分析与节能[M]. 北京:科学出版社,1999.
[38] 彭敏俊. 核动力装置热力分析[M]. 哈尔滨:哈尔滨工程大学出版社,2003.
[39] 蔡琦,王少明,等. 船用蒸汽发生器的动态模型与模拟研究[J]. 海军工程学院学报,1997,2:59~63.
[40] 朱继洲. 核反应堆安全分析[M]. 西安:西安交通大学出版社,2000.
[41] 周海京,遇今,郑恒. 概率风险评价技术及应用[J]. 质量与可靠性,2007,6:6~8.
[42] 周法清. 核电厂概率安全评价[M]. 上海交通大学出版社,1996.
[43] 李春,张和林. 概率安全分析的发展及应用展望[J]. 核安全,2007,1:54~59.
[44] 杨连新. 国外核潜艇事故[M]. 北京:海军出版社,2001.
[45] John Glenn. 两次重大核事故分析[J]. 李大鹏译. 国外核动力,2000,1:125~127.
[46] 王恒德. 切尔诺贝利核事故及其后果[J]. 辐射防护通讯,2000,20(118):38~41.